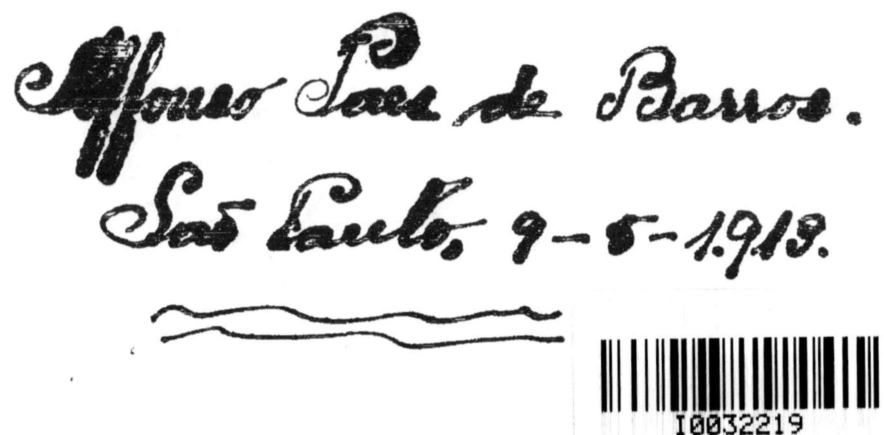


# ESSAI

SUR LA

# RÉPARTITION DES RICHESSES

ET SUR LA

## TENDANCE A UNE MOINDRE INÉGALITÉ DES CONDITIONS

## AUTRES OUVRAGES DE M. PAUL LEROY-BEAULIEU

De l'État moral et intellectuel des populations ouvrières et de son influence sur le taux des salaires. Ouvrage couronné par l'Académie des sciences morales et politiques. Un volume in-18, Paris, 1868. *Guillaumin.* (Épuisé.)

Recherches économiques, historiques et statistiques sur les guerres contemporaines. Un volume in-18, Paris, 1869. *Lacroix-Verbœckhoven.*

La question ouvrière au xix^e^ siècle. Un volume in-18, Paris, 1872. *Charpentier.*

L'administration locale en France et en Angleterre. Ouvrage couronné par l'Académie des sciences morales et politiques. Un volume in-8, Paris, 1872. *Guillaumin.*

Le travail des femmes au xix^e^ siècle. Ouvrage couronné par l'Académie des sciences morales et politiques. Un volume in-18, Paris, 1873. *Charpentier.*

De la colonisation chez les peuples modernes. Ouvrage couronné par l'Académie des sciences morales et politiques. Un volume in-8, Paris, 1874. *Guillaumin.*

Traité de la science des finances. (Tome I^er^. Des revenus publics ; tome II. Du budget et du crédit public). 2^e^ édition. Deux volumes in-8, Paris, 1879. *Guillaumin.*

1912-79. — Corbeil. Typ. et stér. Crété.

# ESSAI

SUR LA

# RÉPARTITION DES RICHESSES

ET SUR

## LA TENDANCE A UNE MOINDRE INÉGALITÉ DES CONDITIONS

PAR

**PAUL LEROY-BEAULIEU**

MEMBRE DE L'INSTITUT
PROFESSEUR D'ÉCONOMIE POLITIQUE AU COLLÈGE DE FRANCE
DIRECTEUR DE L'*Economiste français*.

---

PARIS

GUILLAUMIN ET Cie, LIBRAIRES

Éditeurs du Journal des Economistes de, la Collection des principaux économistes.
du Dictionnaire de l'Economie politique,
du Dictionnaire universel du Commerce et de la Navigation, etc.

RUE RICHELIEU, 14

1881

# PRÉFACE

On parle beaucoup depuis quelque temps de ce que l'on est convenu d'appeler la *question sociale.* Nombre de personnes proposent ce qu'elles croient des solutions. Parmi les esprits les moins doués d'imagination et les plus sceptiques, il n'en est guère qui ne disent qu' « Il y a quelque chose à faire. »

Le mot de *socialisme* redevient à la mode et l'on s'en effraye moins. Les variétés de socialistes abondent : les socialistes anarchistes, les socialistes progressifs ou opportunistes, les socialistes de la chaire ou économistes socialisants, les socialistes chrétiens, etc.

Tout ce monde paraît convaincu que, d'après les seules lois naturelles, la répartition des richesses s'opère très mal, très peu équitablement dans les sociétés modernes. « Les riches deviennent chaque jour plus riches, écrit-on, et les pauvres chaque jour plus pauvres. » L'industrie crée le paupérisme ; l'abus de la concurrence aboutit au triomphe exclusif du fort, à l'accaparement des fortunes par la haute finance, la haute industrie, le haut commerce.

Tous ces griefs nous préoccupaient. Ils nous ont porté depuis plusieurs années à étudier, scientifiquement et expérimentalement, les lois qui président à la répartition des richesses dans la société moderne et l'effet naturel de ces lois.

Nous soumettons au lecteur le résultat de nos observations.

Ce livre est à la fois un livre de doctrine et, dans une certaine mesure, un livre de circonstance.

Au point de vue théorique, nous sommes arrivé à la conclusion que presque toutes les doctrines acceptées en économie politique sur la distribution des richesses sont à refaire, ou du moins à rectifier.

La célèbre loi de Ricardo sur la rente de la terre n'a aucune application au temps présent, et avec cette loi tombe le corollaire qu'en avait tiré Proudhon : « la propriété, c'est le vol. »

La loi plus célèbre encore de Malthus sur la population ne trouve guère plus d'application dans un monde à moitié inhabité, où la circulation des personnes et des produits devient de plus en plus facile, de moins en moins coûteuse, et où la production des subsistances s'accroît au point que le prix des denrées principales a beaucoup plus de tendance à s'avilir qu'à s'élever.

L'image classique de Turgot sur le taux de l'intérêt est ou erronée ou incomplète.

Les réflexions d'Adam Smith, de Turgot, de Ricardo, de Stuart Mill sur le *salaire naturel*, sur le *fonds des sa-*

*laires*, sur la puissance réciproque des patrons et des ouvriers, ne méritent aucune créance, et sont démentis par tous les faits de la civilisation contemporaine.

La « célèbre loi d'airain », qui a servi de thème habituel aux discours du socialiste allemand Lassalle, n'a jamais eu d'existence que dans l'imagination de Lassalle et dans celle de Ricardo ou de Stuart Mill.

Bref, presque tout ce que l'école économique classique a écrit sur la répartition des richesses, quand on le soumet à un contrôle attentif, s'évanouit.

La critique de ces doctrines erronées forme la première partie de ce livre.

Les préjugés répandus parmi les gens du monde ou les publicistes contemporains sur la répartition actuelle des revenus dans les sociétés civilisées ne sont pas moins nombreux et moins faciles à dissiper.

L'écart entre les fortunes et surtout entre les revenus est moindre qu'on ne le pense, et cet écart va en s'amoindrissant.

Le paupérisme diminue, au lieu d'augmenter.

Nous sortons de ce que j'ai appelé « la période chaotique de la grande industrie », période de transformation, d'agitation, de souffrances, de tâtonnements. Sismondi, Villermé, Blanqui l'aîné ont été à bon droit effrayés de tous les maux que comportait cet âge de transition. Ces maux sont de nature temporaire : s'ils n'ont pas encore tous disparu, ils sont en train de disparaître.

La société moderne reprend sa marche vers un état qui sera caractérisé par une beaucoup moins grande inégalité des conditions.

La question sociale, en tant qu'elle est résoluble, se résoudra d'elle-même, graduellement, par l'action continue des grandes causes économiques qui sont depuis quelques années en travail.

Toute action révolutionnaire de l'État pour hâter ce mouvement ne saurait que l'entraver et le retarder.

Voilà la conclusion qui découle de ce livre. Nous avons rassemblé et soumis au lecteur un assez grand nombre de faits et d'observations pour qu'il puisse juger lui-même de la vérité de nos assertions.

P. L.-B.

Novembre 1880.

DE LA

# RÉPARTITION DES RICHESSES

ET DE LA TENDANCE A UNE MOINDRE INÉGALITÉ DES CONDITIONS.

---

## INTRODUCTION

De la division de la science économique en quatre parties. — La répartition des richesses a été jusqu'ici moins étudiée que les autres branches de la science.

Le pessimisme économique et le socialisme. — Préjugés scientifiques et préjugés populaires à l'égard de la répartition des richesses. — Les trois genres de socialisme. — Critiques qu'ils adressent aux économistes à propos des machines, de la division du travail, de l'association, de la concurrence. — Ce que l'on appelle le *Sysiphisme*. — Objection de Mgr de Ketteler à la liberté commerciale : elle amènerait le triomphe de la nation ayant les salaires les plus bas. — Réponse à cette objection.

Les théories de Malthus, de Ricardo, de Turgot et de Stuart Mill sur la population, la rente de la terre et le salaire. — Ces trois théories n'ont pas un caractère scientifique ; elles ne contiennent que des vérités contingentes et passagères, propres à certains temps et à certains pays,

Réfutation de la doctrine de Malthus par un apologue. — La concurrence des pays neufs, la baisse du fret maritime et la loi de Ricardo. — Le « salaire naturel »; la « loi d'airain » de Lassalle ; Réfutation de cette théorie et du principe de Turgot.

Définition de la civilisation. — Du préjugé que les riches deviennent chaque jour plus riches et les pauvres chaque jour plus pauvres. — Définition des principaux besoins de l'homme. — Comparaison des salaires soit en argent, soit ramenés au prix du blé, dans les trois derniers siècles. — De l'accroissement de toutes les consommations par tête. — De l'amélioration du logement de l'ouvrier. — D'un progrès plus grand encore dans le vêtement et dans l'ameublement; démonstration par le mouvement des prix depuis cinquante ans. — Du développement des garanties qu'a l'ouvrier contre la maladie, le chômage, la misère. — L'action des sociétés de secours mutuels et des caisses d'épargne. — Critiques de Proudhon relativement aux caisses d'épargne; réponse.

Accroissement des loisirs de l'ouvrier. — Diminution progressive de la journée de travail.

Théorie de Lassalle sur le criterium de la situation de la population ouvrière. — Réfutation de cette théorie.

Du mouvement général vers une moindre inégalité des conditions.

On divise, d'ordinaire, la science économique en quatre parties distinctes, quatre provinces, pour employer le langage de l'école. La première concerne exclusivement la production des richesses : on y recherche les lois générales qui, en dehors de tout procédé technique, donnent au travail de l'homme vivant en société le maximum d'efficacité. Parmi les phénomènes les plus importants qu'embrasse cet ordre d'études, on peut signaler la nature et le rôle du capital, la division du travail, la liberté industrielle, la concentration des ateliers, l'emploi des machines, la concurrence. Les premiers économistes, Adam Smith, Jean-Baptiste Say et leurs successeurs ont excellé dans cette fraction du domaine de leur science, ils l'ont pour ainsi dire épuisée, n'y laissant après eux aucune vérité importante à découvrir. La seconde partie de la science comprend la circulation des richesses; elle traite des lois générales qui règlent l'échange, la monnaie, les banques, le crédit. Sur ces sujets les travaux ont été innombrables; les doctrines, cependant, sont moins fixes et moins certaines; il y a place à des efforts utiles et à des vues nouvelles. Après ces deux catégories de phénomènes la science économique doit étudier la distribution ou, plus exactement, la répartition des richesses, ce qui diffère beaucoup de leur circulation : il s'agit de se rendre compte de la part qui doit revenir en stricte justice et de celle qui échoit en réalité aux divers facteurs de la production, aux hommes qui détiennent le sol en conformité avec nos lois civiles, à ceux qui possèdent les instruments de travail, aux hommes qui ont la conception et la direction des entreprises, à ceux enfin qui prêtent leurs mains ou leur esprit pour l'exécution; cette dernière classe d'agents de la production forme en tout pays la majorité des habitants. Le champ que comprend cette troisième province de la science économique n'est pas restreint, comme on le voit, et l'exploration n'en est pas d'un mince intérêt. Enfin, le quatrième ordre de phénomènes qui complète notre science, c'est la consommation des richesses; la destruction improductive et l'emploi reproductif des capitaux, les effets respectifs de la prodigalité et de l'économie, le luxe et son influence, l'impôt, telles sont les grandes questions que l'observateur rencontre dans cette dernière partie de la science.

Quelques économistes ont aussi considéré, comme une des parties intégrantes et principales de leur science, le phénomène de la population; et l'un d'eux s'est fait un nom impérissable par un traité sur cet important sujet. Quoique se rattachant à toutes les parties de notre science, quoique exerçant une influence parfois décisive non seulement sur la répartition des richesses, mais aussi sur la production, sur la circulation et sur la consommation, le phénomène de la population ne constitue pas, à proprement parler, une partie distincte de la science économique.

Appelé subitement en 1879 à remplacer dans la chaire d'économie politique du Collège de France M. Michel Chevalier et obligé de désigner en quelques jours un sujet pour le cours d'une année, mon choix s'est porté, sans la moindre hésitation, sur la répartition des richesses. Quelles raisons me déterminaient à parler de cette vaste question plutôt que des autres que je viens d'énumérer? Trois considérations d'ordres différents m'avaient dicté cette décision. Voici la première : l'influence des lois économiques sur la répartition des richesses est un sujet beaucoup moins exploré que l'influence des mêmes lois sur la circulation. On remplirait des salles entières des innombrables traités sur la production, sur les banques, sur l'échange; au contraire, le problème si grave de la distribution des richesses ne tient en général qu'une place médiocre, secondaire, dans les livres d'économie politique, et il n'a guère été l'objet de longs traités que de la part d'écrivains appartenant à l'école sentimentale ou socialiste. Sans doute, les volumes sur ce que l'on appelle les questions ouvrières abondent, mais la plupart sont absolument vides, de simples amplifications et des redites, sans rien de précis, de positif et de scientifique. De ce que la distribution des richesses est un sujet moins exploré que la production et la circulation des richesses, il en résulte aussi que c'est un sujet moins élucidé, moins connu, sur lequel il y a beaucoup plus d'ombres. Or, la science qui ne doit pas rester immobile, qui tend toujours à progresser, doit se consacrer principalement à l'étude des questions qui, tout en étant importantes, ont été jusque-là le plus négligées. Voilà la première considération qui a frappé mon esprit.

Une seconde est venue se joindre à celle-là. On a souvent et vivement reproché aux économistes de ne s'occuper que de la production et de la circulation, non de la répartition des richesses, de renfermer toute leur science dans quelques formules simples et abstraites, de la faire tenir presque tout entière dans deux principes, celui de la liberté du travail et celui de la liberté des échanges, sans se préoccuper le moins du monde des effets que ces deux libertés illimitées peuvent avoir sur le sort du plus grand nombre, des perturbations que parfois elles peuvent entraîner.

La moquerie sur ce point s'est jointe à la critique. Pour n'en citer qu'un exemple, un des chefs du socialisme allemand, celui qui en est l'apôtre, Lassalle, tandis que Karl Marx en est le docteur, disait un jour avec plus d'esprit que d'exactitude: « Voulez-vous savoir ce qu'est l'économie politique; prenez un sansonnet, faites-lui répéter à l'infini ce seul mot : Échange, Echange, et vous avez un économiste. » On eût pu répondre avec plus de raison à cette boutade : « Voulez-vous savoir ce « qu'est le socialisme; prenez un sansonnet, faites-lui répéter à l'infini ce mot: Solidarité, Solidarité, et vous avez un socialiste. » Mais les réponses de ce genre n'ont qu'une portée négative, et, en prouvant que l'adversaire a des torts, elles ne démontrent pas qu'on en soit exempt soi-même.

Quelle que soit l'injustice ou l'exagération de ces reproches que l'on adresse à l'économie politique, il en est resté dans l'opinion de beaucoup de personnes une certaine défaveur contre cette science que l'on suppose une science étrangère aux faits, une métaphysique creuse, une phraséologie vide et que l'on accuse aussi d'être une science sans entrailles, pour employer une locution vulgaire. Parmi les hommes d'étude, les hommes d'affaires et les hommes du monde, il n'en est que trop qui ont la conviction ou le préjugé que les lois économiques relatives à la répartition des richesses sont de pures conceptions de l'esprit, des abstractions sans réalité ou que, si elles ont quelque réalité, elles exercent une influence fatale, qu'elles créent un ordre de choses qui n'est avantageux qu'au petit nombre, qu'elles mettent le faible à la discrétion du fort, qu'en un mot elles amènent une croissante inégalité des conditions.

C'est ce reproche dont j'ai à cœur de défendre l'économie politique, non par une vaine sentimentalité, mais par une profonde conviction scientifique.

Enfin, pour achever ces préliminaires, une troisième considération m'a engagé à traiter de ce sujet de la distribution des richesses. Depuis trente ou quarante ans on peut dire que la face du monde économique a changé plus qu'autrefois en plusieurs siècles. Les expériences se sont multipliées; des faits nouveaux se sont produits. La civilisation a pris une autre allure, si ce n'est une autre direction. On ne peut plus raisonner aujourd'hui soit du principe de la population, soit de la propriété foncière et de ce que l'on appelle la rente de la terre, le fermage, soit des salaires et des profits, comme on le faisait à la fin du dernier siècle ou même au commencement de celui-ci. Beaucoup d'économistes, il est vrai, les anciens surtout, considéraient l'économie politique comme une science de déduction qu'un penseur, doué d'une tête solide, pourrait construire à lui tout seul dans son cabinet. Rossi lui-même écrivait, il y a quarante ans, que l'économie politique est une science de raisonnement plutôt qu'une science expérimentale. Aujourd'hui on demande à l'économie politique, on lui fait sommation d'être une science expérimentale, de donner la démonstration de ses théorèmes, non seulement par leur exactitude logique, mais par une accumulation de faits. Elle doit se soumettre à cette épreuve; il est utile qu'elle le fasse de bonne grâce.

Il y a parmi les doctrines économiques des vérités qui sont éternelles, ce sont celles qui forment le fond et la substance de la science, mais il y a aussi des observations qui sont contingentes, auxquelles on a eu le tort de donner souvent la forme de lois et qui n'ont qu'une vérité relative, suivant le temps et les circonstances. Or, il arrive que presque tous les principes qui ont été établis par les économistes les plus célèbres, à la fin du siècle dernier ou au commencement de celui-ci, sur la répartition des richesses, rentrent dans cette seconde catégorie de théories sujettes à contrôle, à réserve, ne possédant qu'une vérité relative et variable.

Un économiste, au courant du mouvement actuel du monde depuis un quart de siècle et doué de quelque pénétration pour deviner la marche prochaine de la civilisation, ne peut plus raisonner sur la répartition des richesses comme le faisaient Turgot, ou Malthus, ou Ricardo.

Telles sont les trois raisons qui m'ont porté à choisir le sujet d'un cours, devenant aujourd'hui un livre : nouveauté relative des questions, intérêt particulièrement actuel, abondance de matériaux inconnus des économistes anciens.

La transformation qui s'est opérée dans les procédés de production, dans l'organisation du travail, dans les habitudes commerciales même depuis un demi-siècle et surtout depuis un quart de siècle, a jeté de l'inquiétude dans beaucoup d'esprits. Que cette transformation ait beaucoup accru la production, personne ne le conteste. Tout le monde avoue que la puissance productive de l'humanité a augmenté dans d'énormes proportions. On ne peut nier la lumière ; mais beaucoup d'hommes, d'ailleurs impartiaux, intelligents, réfléchis, affirment que ce progrès est presque illusoire pour le bonheur de l'humanité, qu'il n'a profité qu'au petit nombre, que le grand nombre n'en a retiré ni plus de bien-être, ni plus d'indépendance, ni plus de loisirs, ni plus de sécurité, conditions nécessaires du bonheur.

L'industrie manufacturière agglomérée, l'excessive division et par conséquent l'excessive spécialité du travail, la liberté commerciale, la concurrence indéfinie à l'intérieur et au dehors, la puissance de l'association qui ne profiterait guère qu'aux gros capitalistes, la spéculation qui devient universelle et les facilités nouvelles qu'elle trouve, toutes ces circonstances caractéristiques de notre temps, sont-elles des avantages pour le grand nombre ? La situation de la généralité de l'humanité en est-elle physiquement et moralement améliorée ? N'en ressort-il pas, au contraire, pour elle un assujettissement nouveau, un servage d'un nouveau genre avec l'instabilité en plus ? N'est-il pas vrai que les privilégiés de ce monde en profitent seuls ? N'est-il pas vrai qu'avec cette liberté illimitée, cette lutte ardente pour la fortune, les riches deviennent chaque jour plus riches, les pauvres chaque jour plus pauvres ? Ce mot dans ces derniers temps a été répété par des voix prétendues savantes, des deux côtés de l'Atlantique (1). Ne doit-on pas dire, comme l'a écrit Proudhon, que l'économie politique est l'organisation de la misère ?

Telles sont les idées qui prévalent dans beaucoup d'esprits, dans des esprits de nature très-différente, de tendances très-diverses, d'opinions opposées. Il surgit ainsi une sorte de pessimisme économique qui, ou bien ne croit pas à la vérité des lois économiques, ou bien, les croyant vraies, les juge funestes, et pense que l'État, ce que l'on a appelé dans ces derniers temps d'un nom barbare, la *collectivité*, doit intervenir pour en entraver, pour en redresser l'action.

Il n'en est pas du pessimisme économique comme du pessimisme moral. Celui-ci reste en général à l'état d'opinion intérieure ; il est contemplatif et recule devant l'action ; il conduit au découragement et à l'inertie. Le pessimisme économique, au contraire, ne peut rester passif ; l'intérêt est trop grand pour que si, abandonnée à elle-même, la société tourne à l'oppression et au malheur du plus grand nombre, on ne s'efforce pas de réagir contre ces tendances naturelles et d'y opposer des obstacles artificiels. Le pessimisme économique, devenant actif,

(1) Voir notamment l'ouvrage assez médiocre de T.-N. Bénard : *De l'influence des lois sur la répartition des richesses*, où ce mot « les riches deviennent chaque jour plus riches, les pauvres chaque jour plus pauvres » revient comme un refrain, sans d'ailleurs que l'auteur se donne la peine de fournir la démonstration de ce prétendu axiome.

passant de la négation à l'affirmation, prend un autre nom, il s'appelle le Socialisme.

Il ne faut pas se le dissimuler; le socialisme a pris un développement considérable, une vie nouvelle, depuis quelques années. On le croyait mort, il reparaît. On ne le connaissait que sous une forme ; il surgit maintenant sous trois formes différentes. Nous rencontrons d'abord le socialisme ancien, le plus connu, celui qu'on combat avec le plus d'ardeur, le seul presque qu'on considère comme un ennemi, c'est le socialisme démocratique, qui a pour adhérents une notable partie de la classe ouvrière. A côté de ce premier socialisme qui est d'instinct plus que de raisonnement, on trouve le socialisme savant, celui qui a pris naissance dans quelques chaires ou dans quelques écrits d'économie politique et qui a gagné à sa doctrine ou à quelques-unes de ses doctrines une partie du monde officiel et administratif dans certains pays. Ce socialisme, on l'a appelé socialisme de la chaire; on pourrait aussi le nommer « socialisme d'État (1) ». Enfin il y a un troisième mode du pessimisme économique, c'est le socialisme mystique et religieux.

De ces trois formes du socialisme contemporain les deux dernières n'existent guère en France : ou du moins le public les ignore, elles ne s'y sont pas encore constituées en corps de doctrine compact; on en rencontre cependant les éléments, les membres épars, dans beaucoup de discours, de rapports, de pétitions et de projets. Quant à la première et la plus antique forme du socialisme, celle qui a séduit une notable partie de la population ouvrière, on la croyait, elle aussi, disparue ; les politiques se flattaient, quelques-uns se flattent encore, qu'elle n'est qu'une sorte d'ombre ou de fantôme qu'évoquent de temps à autre, dans des desseins personnels, les partis vaincus. Les hommes qui suivent de près depuis quelques années le mouvement économique et social n'ont jamais été dupes d'une aussi grossière ou aussi volontaire illusion. Nous-même, dans le premier ouvrage

(1) Nous nous sommes servi de ce mot « socialisme d'État » dans divers articles de notre journal *l'Économiste français*, pour caractériser des tendances qui dominent dans certains groupes de notre Chambre actuelle des députés.

que nous ayons publié et qui date de douze ans, au milieu de la quiétude générale et avant les réunions publiques qui firent tant de bruit vers la fin de l'Empire, nous signalions le danger du socialisme démocratique, reprenant des forces alors qu'on le croyait mort. Les derniers congrès ouvriers, celui de Marseille entre autres, l'apparition d'un grand nombre de feuilles politiques qui ajoutent à leur titre l'épithète de journal socialiste, doivent prouver à tous que le socialisme est encore vivant. S'il l'est en France, il a encore plus de vie dans d'autres contrées européennes : en Allemagne, en Russie, même en Italie.

Les trois socialismes que nous venons d'indiquer, le socialisme démocratique, le socialisme scientifique et le socialisme mystique ou religieux, ont une attitude différente vis-à-vis de la société que chacun d'eux cependant cherche à subjuguer. Le premier est agressif et violent, il veut s'emparer de la société de vive force; le second est doctrinal, magistral, il veut convaincre la société et la régenter ; le troisième est insinuant, il prétend la convertir.

Tous les trois ont ceci de commun qu'ils croient que les lois économiques sur la distribution des richesses produisent, abandonnées à elles-mêmes, une inégalité croissante des conditions humaines, une concentration croissante des capitaux, de l'industrie et du commerce en un petit nombre de mains, et que par conséquent le législateur doit intervenir pour corriger ces tendances qui seraient fatales au corps social.

Prenant un à un chacun des progrès industriels et chacune des lois économiques, ces trois socialismes s'efforcent de prouver que ce progrès ou que cette loi a contribué soit à une plus grande inégalité des fortunes, soit à une plus grande instabilité du sort des ouvriers. On parle des machines et de leurs bienfaits, mais les machines produisent le chômage, au moins temporaire ; à chaque instant, par leurs incessants perfectionnements, elles jettent la perturbation dans les ateliers, elles

(1) Voir notre ouvrage : « *De l'état social et intellectuel des populations ouvrières et de son influence sur le taux des salaires* .

enlèvent à l'ouvrier toute la sécurité du lendemain. Puis les machines amènent ce que l'on appelle *sysiphisme*, mot ingénieux qui est censé dépeindre le mal de l'industrie moderne. L'homme trouve mille moyens d'abréger sa peine, et cependant sa peine ne devient pas moindre. M. Michel Chevalier, comparant aux procédés actuellement en usage pour la mouture du blé ceux qui étaient employés dans la maison de Pénélope d'après Homère, prouve que la réduction du froment en farine coûte aujourd'hui cent fois moins de travail qu'autrefois. Un autre économiste décrira avec complaisance les perfectionnements merveilleux qui ont permis de produire avec la filature mécanique, par jour et par paire de bras, 500 fois plus de fils que n'en donnait la quenouille. Un statisticien habile, supputant la puissance des machines qui fonctionnent à l'heure actuelle en France, trouve qu'elle équivaut à 1,500,000 chevaux-vapeur, soit à 30 millions de nouveaux travailleurs de fer, triplant ainsi la force productive du pays (1). Mais les trois socialismes dont nous parlons n'admettent pas que ce progrès représente un bénéfice net pour la classe ouvrière ; celle-ci a-t-elle plus de loisirs qu'autrefois, est-elle moins dépendante, sa tâche est-elle plus facile, plus sûre, moins rebutante? Les trente millions de paires de bras que représentent les 1,500,000 chevaux-vapeur de la machinerie en France font-ils que les 15 millions de travailleurs humains en chair et en os travaillent seulement le tiers de ce qu'ils travaillaient autrefois, ou que, travaillant autant, leurs jouissances, la sécurité et la dignité de leur vie se soient notablement accrues ? Et les trois socialismes résolvent par une négation hautaine toutes ces délicates questions.

Il n'en est pas autrement pour la division du travail. Les trois socialismes lui reconnaissent les mêmes mérites pour le développement de la production, ils lui attribuent la même influence perturbatrice sur la distribution des richesses. Qu'un homme par un travail morcelé et toujours uniforme, que le « travailleur parcellaire», pour employer l'expression de Proudhon, arrive à une dex-

(1) Voir, dans l'*Économiste français* du 8 février 1878, l'article de M. de Foville, sur la *Transformation des moyens de production.*

térité merveilleuse, ce n'est pas contestable. Que par cette spécialité à outrance on parvienne à une multiplication indéfinie et à un bon marché inouï de certains produits, personne ne s'aviserait de le nier. Mais que devient l'intelligence, la liberté, en un mot la personne humaine dans cette organisation du travail qui condamne un homme à faire pendant des dizaines d'années le même détail infime d'un produit vulgaire ? Cette division excessive du travail, est-ce qu'elle ne crée pas l'asservissement en même temps que la dégradation de l'ouvrier, est-ce qu'elle n'amène pas les crises et les chômages ? Les excès de production si fréquents dans l'industrie moderne, d'où viennent-ils, si ce n'est de la division extravagante du travail qui enlève toute idée de mesure, toute prévision des exigences de la consommation ? La division du travail et les machines, voilà à la fois les deux grands facteurs du progrès de la production et les deux auteurs responsables de l'avilissement et de l'instabilité de la situation de l'ouvrier. Quand par l'entraînement qui est inhérent aux machines et à la division du travail il se manifeste un encombrement dans une industrie quelconque et que celle-ci ferme ses ateliers, que devient « le travailleur parcellaire » ? A quoi est-il bon ? Quelle autre occupation peut-il prendre pour soutenir sa vie ? Il est aussi inutile, aussi incapable de rendre un service que le serait une machine à filer, séparée de tous ses engrenages et de sa force motrice. Ce n'est plus qu'un outil qui ne correspond à aucun besoin. Cependant cet outil humain, devenu hors d'usage, au moins pendant des semaines ou des mois, il faut qu'il vive : de quoi vivra-t-il, si ce n'est de la charité publique ?

Pour répondre à ces objections des divers socialismes, invoquera-t-on l'association ? vantera-t-on les bienfaits de ce principe, les diverses applications dont il est susceptible ? Mais les socialistes, après un premier moment de ferveur, ont abandonné pour la plupart le culte de l'association volontaire et libre. Celle-ci ne serait qu'un leurre ; l'association, dans l'état de désorganisation de la société, ne profiterait qu'aux gros capitaux, aux « monopoles », comme dit Proudhon. Ce sont ces capitaux qui accaparent non seulement la production proprement dite, mais les transports, mais le commerce de détail, qui refoulent de plus en plus les petits patrons, les ouvriers façonniers, les petits boutiquiers, tous les travailleurs autonomes et indépendants. C'est toute une race d'hommes libres qui disparaît. Le capital, agissant par grandes masses, supprime ou s'assujettit toutes les petites forces qui essayeraient en vain de se grouper : la lutte est trop inégale ; les avantages des gros capitaux sont trop grands dans toutes les transactions. L'association libre et volontaire, disent les trois socialismes, qu'a-t-elle produit depuis trois quarts de siècle si ce n'est de gigantesques monopoles et les monstrueux abus des sociétés anonymes, cette piraterie nouvelle, qui obtient en quelque sorte de la législation des lettres de marque pour détrousser légalement les passants? Une sorte de brigandage toléré et patenté, à la faveur de nos lois sur les sociétés, voilà, selon le socialisme, le principal fruit de l'association libre et volontaire. Le jeu naturel et anarchique des lois économiques a rendu de plus en plus difficile la formation de l'épargne du pauvre, il en rend de plus en plus malaisés la conservation et l'emploi.

Il nous faudrait beaucoup d'espace si nous voulions exposer ici toutes les critiques d'un caractère plus ou moins déclamatoire, mais d'une forme saisissante, que soulève chaque jour, de la part des esprits inquiets, l'action naturelle des lois économiques sur la distribution des richesses. Les économistes depuis plus d'un siècle célèbrent, par exemple, les bienfaits de la liberté commerciale, ils y voient une mesure favorable au travailleur manuel, au consommateur qui est tout le monde, surtout au consommateur pauvre qui a besoin du bon marché des produits. Les socialistes des trois écoles que nous avons indiquées trouvent, au contraire, à la liberté commerciale un grand vice. Nul ne l'a mieux formulé qu'un célèbre prélat allemand, l'un des chefs du socialisme religieux, Mgr de Ketteler; plus véhément encore et plus saisissant que Proudhon, il s'écrie : Quel est l'effet de cette liberté commerciale entre les nations, si ce n'est de soumettre industriellement les différentes contrées au pays où les salaires sont les plus bas ? Il aurait pu ajouter, d'autres l'ont fait pour lui : quel est l'effet de la liberté commerciale entre les nations si ce n'est de forcer à employer les enfants dès le plus bas âge et à prolonger d'une façon abusive la durée de la journée de travail ? C'est la concurrence qui produit tous ces maux.

Ce premier chapitre est consacré à l'exposé des objections, non à celui de notre doctrine. Néanmoins, anticipons un instant sur la suite de ce livre. Quand on rencontre une aussi fausse maxime que celle de Mgr de Ketteler, il est utile, même en passant, d'en démontrer l'erreur. Comment l'évêque de Mayence a-t-il aussi peu réfléchi sur un aussi grave sujet ? S'il eût été doué de quelque esprit d'observation, s'il eût ouvert seulement les yeux et les eût promenés sur le globe, il ne lui eût pas échappé cette vérité éclatante que, lorsqu'un pays l'emporte sur un autre dans le commerce international pour une branche d'industrie, les salaires sont dans ce pays et pour cette branche d'industrie beaucoup plus élevés que pour la même spécialité dans toutes les autres contrées. Ainsi l'Angleterre a une supériorité incontestable sur les autres nations pour les cotonnades, pour les fers, pour la production de la houille, pour la marine marchande ; l'Amérique pour la production du blé, la France recouvre l'avantage pour le vin, pour les articles de luxe dits articles de Paris : eh bien, dans aucun pays les fileurs de coton, les ouvriers métallurgistes et les houilleurs, les matelots n'obtiennent des gages aussi élevés qu'en Angleterre, dans aucun pays le cultivateur n'est aussi rémunéré qu'aux États-Unis d'Amérique, et dans aucune contrée le vigneron, d'une part, et d'autre part l'ouvrier en articles de luxe n'est aussi rétribué qu'en France. Tellement il est faux qu'on puisse édifier une supériorité industrielle simplement sur le bas prix du salaire ! Qu'à cette règle il y ait quelques exceptions, cela n'est pas douteux, nous prenons le cas général : il démontre la fausseté de la proposition de Mgr de Ketteler. Ce sont précisément les avantages, soit naturels, soit acquis, de certaines régions et de certains peuples pour certaines branches de laproduction qui permettent que dans ces branches et pour ces régions ou pour ces peuples les salaires soient plus élevés que partout ailleurs.

A l'appui de leur pessimisme les socialistes invoquent des théories économiques célèbres. Que plusieurs illustres économistes aient été trop absolus dans leurs doctrines, qu'ils aient trop généralisé, qu'ils aient anticipé des périls excessivement éloignés, qu'ils aient représenté au monde comme actuelles des difficultés qui ne seront graves que dans bien des siècles, tout homme doué d'un esprit exact doit le reconnaître. Trois hommes surtout sont tombés dans ce défaut de généralisations précipitées et excessives, Malthus, Ricardo, Turgot. D'une parcelle de vérité, souvent d'ailleurs de nature contingente, ils ont fait un corps de doctrines, une théorie prétendue inflexible et universelle, à laquelle l'expérience donne sur bien des points des démentis catégoriques. Malthus a enseigné que l'accroissement de la population est naturellement, sauf l'action des obstacles préventifs ou répressifs, supérieur à la croissance des subsistances et des capitaux, d'où il résulterait qu'à moins d'une continence héroïque ou de pratiques vicieuses la misère et l'abjection auraient dans l'humanité une marche constante et progressive. La théorie de Ricardo sur la rente de la terre n'est pas moins désolante : d'après cet esprit si remarquablement sagace, mais si imprudemment généralisateur, l'homme, dans le développement historique des sociétés, commencerait à mettre en culture les terres les plus fertiles, puis, au fur et à mesure que la population se développe, il arriverait à défricher les terres moins bien douées de la nature, ce qui ferait hausser le prix du blé et ce qui amènerait, au profit des propriétaires des terres les plus anciennement cultivées, ce revenu d'une nature particulière, dépassant les frais de production et l'intérêt des capitaux engagés, revenu obtenu sans travail aucun, sans mérite aucun, et dénommé rente de la terre. Suivant cet ingénieux système la part du propriétaire dans l'actif social ou du moins dans l'ensemble du revenu national s'accroîtrait spontanément et constamment. Enfin, une troisième théorie, plus ancienne que les deux précédentes, due aussi à un puissant esprit, la théorie de Turgot et après lui de toute l'école anglaise sur le salaire, n'a pas moins contribué à ce pessimisme économique que nous considérons comme le père du socialisme. « En tout genre de travail, a écrit Turgot, il doit arriver et il arrive, en effet, que le salaire de l'ouvrier se borne à ce qui lui est nécessaire pour lui procurer sa subsistance. » Toute l'école anglaise, s'appropriant cette définition et la développant, a donné à ce salaire minimum le nom malheureux et plein d'ambiguité de salaire naturel.

S'emparant à leur tour de ces trois prétendues lois, celle de Malthus, celle de Ricardo, celle de Turgot, les pessimistes et les socialistes de toutes sortes s'écrient : « Vous voyez la *loi* « *d'airain* qui, d'après les spécialistes, les économistes, con« damne irrémédiablement le grand nombre des hommes à la « misère, et même à la misère progressive. » Avouons-le, si les trois principes de Malthus, de Ricardo et de Turgot sont vrais, en tant que lois universelles, et non pas seulement en tant qu'accidents passagers, le cri de désespoir des pessimistes et des socialistes est presque justifié.

Heureusement les trois principes de Malthus, de Ricardo et de Turgot ne sont pas des vérités universelles ; ils n'ont pas le caractère de loi. Malthus n'avait pas pensé que son système péchait faute de trois observations : la première, c'est que la terre est infiniment loin d'être peuplée tout entière, c'est qu'il y a des réserves presque indéfinies de sol cultivable et inoccupé, c'est que l'homme, de même que les produits, est transportable, d'autant plus aisément transportable que la civilisation fait des progrès. La seconde observation qui a échappé à Malthus, c'est que le développement même de l'aisance ou de la richesse modifie les habitudes de la population et que, sans qu'il soit besoin de faire intervenir ici les pratiques vicieuses, il a pour effet de réduire le taux d'accroissement du nombre

(1) Ce mot de « loi d'airain » a fait fortune et se trouve aussi bien sous la plume des socialistes religieux que dans les discours des socialistes savants ou des socialistes révolutionnaires.

des habitants. Une dernière observation encore, c'est que Malthus n'avait tenu, pour ainsi dire, aucun compte des progrès dont la culture est susceptible. Un apologue nous servira à mesurer en quelque sorte la portée de ces progrès.

Je suppose une contrée vaste et incivilisée, les États-Unis d'Amérique avant l'occupation par les Européens. Cette immense solitude à l'état vierge est habitée par quelques tribus d'un peuple chasseur. Il faut à chacune d'elles, pour la nourrir de gibier ou des rares fruits que lui donne la cueillette, une énorme étendue de terrain; des centaines d'hectares suffisent à peine à chaque individu. Au bout de quelques siècles un sage se lève au milieu de ce peuple chasseur, et avec gravité : « La terre est limitée, fit-il; nos forêts sont restreintes; les « daims, les cerfs, les buffles commencent à manquer à notre « population exubérante. L'homme multiplie trop, et les sub- « sistances n'augmentent pas. Chaque addition d'une tête « nouvelle à notre tribu réduit la part de chacun des autres « membres. L'accroissement du nombre des habitants produit « d'abord la disette, plus tard la famine; encore quelques « dizaines d'années et nous serons réduits à manquer de vivres. « Si l'homme ne se fait à lui-même violence, ne réprime l'in- « stinct le plus doux et le plus impérieux de sa nature, la forêt « et la prairie seront trop étroites pour les nombreux chasseurs « qui y chercheront leur subsistance. La faim rendra les hom- « mes féroces; ils tourneront les uns contre les autres ces « armes dont ils ne devraient se servir que pour atteindre les « animaux; les plus faibles périront, les plus forts eux-mêmes « auront une vie précaire. La misère, la dégradation, le crime, « la mort prématurée, voilà ce qu'amènera chez nos tribus « innocentes et adonnées à la chasse la multiplication désor- « donnée du nombre des humains. » Si quelque Malthus sauvage eût tenu ce langage il y a plusieurs siècles, dans le premier âge des sociétés, il semble qu'on n'eût pu rien lui répondre; les arguments eussent fait défaut à ceux que la morale ou l'amour de l'humanité eût portés à être ses contradicteurs. Mais voici que l'expérience, plus inventive et plus féconde que la raison, s'est chargée de démontrer combien étaient frivoles, prématurées, les observations ou les prédictions du sage que nous avons fait parler. Parmi ce peuple chasseur quelques hommes plus réfléchis ou d'un tempérament plus sédentaire que le reste de la tribu s'avisent qu'en réunissant vivantes quelques-unes des bêtes qui servaient à leur nourriture, en en formant un troupeau, en les enfermant ou les tenant dans un pâturage propice, en veillant avec soin à leur conservation et à leur reproduction, ils ont avec moins de peine des vivres plus assurés et plus abondants. Ce premier essai réussit et fait impression sur l'esprit de la tribu tout entière. Peu à peu, de chasseresse, la tribu devient pastorale. Alors on commence à s'apercevoir que la terre est vaste, que, mieux aménagée, les ressources en sont étendues. Au lieu de quelques centaines d'hectares, quelques dizaines suffisent pour nourrir sous ce régime chaque individu, même chaque famille. Les habitants se sentent au large dans la contrée; plus rapprochés les uns des autres, ils se trouvent moins gênés. Ils croissent et multiplient, et cela dure plusieurs siècles. Alors pour la seconde fois, et sans qu'il ait entendu parler de son prédécesseur en pessimisme, un pasteur de grand âge et d'esprit méditatif s'adresse au peuple : « Enfants, dit-il, Dieu fit les pâturages bornés; « l'homme, au contraire, a l'instinct de multiplier à l'infini. « Chaque jour notre peuple devient plus nombreux; cependant la terre ne peut nourrir plus de troupeaux. Jetez « les yeux sur le pays, il n'est pas un coin que ne parcoure et « que ne tonde notre bétail. Nos vivres ne peuvent plus s'accroître. Chaque nouveau venu dans la tribu, au delà du « chiffre actuel des habitants, enlève aux autres une part de « leur nourriture ou est réduit à mourir de faim. Quel triste « avenir nous réservent nos penchants désordonnés! Continence, célibat, ou misère et destruction, telles sont les deux « extrémités entre lesquelles il faut choisir. » Il se tut, et l'on conçoit la perplexité de ses auditeurs. Quelles réponses trouver à un langage si net, si judicieux, si péremptoire? Le genre humain est condamné à la famine ou à la continence, cela paraissait évident. Voici, cependant, que pour la seconde fois la Providence, plus clémente que nos folles appréhensions ne l'imaginent, vient au secours de l'homme. Un berger, occupant ses vastes loisirs, gratte un coin de terre et y sème négligemment quelques grains d'une graminée vulgaire : l'été suivant il y trouve une moisson, il recommence l'expérience, il l'étend, et il a un champ de blé. Un petit espace lui donne de la nourriture pour toute une année. Suivant la belle expression d'un économiste (1), « la civilisation paraît un épi à la main. »

Au lieu d'errer avec ses troupeaux sur d'énormes espaces déplaçant ses pacages, la tribu se fixe ; ce peuple, d'abord chasseur puis pasteur, devient enfin agriculteur. La terre lui semble vaste, ses inquiétudes sur l'avenir disparaissent, il se sent maître de la nature et confiant en ses propres destinées. La division du travail, le commerce s'établissent, les arts naissent; pour vivre, il ne faut plus à chaque individu des centaines, ni même des dizaines d'hectares, quatre ou cinq suffisent.

Avons-nous épuisé la série des stages successifs par lesquels passe la société, reculant de plus en plus la limite des subsistances ? Non certes. Après que tout le pays fut défriché et mis en culture, que la population se fut accrue, il est possible qu'une fois encore quelque calculateur alarmé ait signalé à ses concitoyens l'augmentation désordonnée du nombre des habitants en présence de la petitesse de la terre, qu'il ait suscité chez eux des inquiétudes. Mais quoi !... un progrès succède à un autre. Les jachères disparaissent ; le vieil assolement triennal est remplacé ; l'art agricole apprend à se servir des eaux et des engrais ; il invente les cultures dérobées qui permettent sur un même terrain plusieurs récoltes annuelles ; il connaît mieux les plantes et sait les adapter au sol. Sans gagner en étendue, la terre, l'*alma mater,* devient plus féconde ; les sinistres prédictions que pouvait faire, avec une apparence de raison, quelque Malthus sous un système de

(1) M. Michel Chevalier.

jachères et de cultures légères sont encore une fois démenties par les faits.

Croit-on que cet apologue n'est pas concluant? Le monde ne nous réserve-t-il pas dans les deux Amériques, dans l'Asie septentrionale et centrale, dans toute l'Afrique, dans les innombrables îles de l'Océanie, dans les vastes plaines de la Russie et même dans les pays les plus civilisés de l'Europe beaucoup de terres que la charrue n'a pas encore effleurées? Et parmi celles même que le soc défonce, combien, de beaucoup le plus grand nombre, sont encore exploitées par les procédés de l'ancienne barbarie, sans science, sans art, sans capitaux? Combien de terres sont cultivées comme la Flandre ou comme la Lombardie? Pas un centième peut-être de la superficie terrestre. Puis l'esprit de l'homme, l'art agricole ont-ils dit leur dernier mot, ont-ils touché le point extrême au delà duquel ils ne peuvent plus rien inventer d'utile? La Flandre même et la Lombardie, si splendide qu'en soit la culture, ne comportent-elles aucun progrès nouveau (1)?

On dira qu'il y a une limite même à la science, même à l'esprit d'invention, que l'homme peut la reculer sans réussir à la faire disparaître, que le problème de l'inégalité entre l'accroissement de la population et l'accroissement des forces productives du sol finira un jour, si ce n'est aujourd'hui, si ce n'est demain, par être le grand obstacle que rencontrera l'humanité. Oui, certes, nous l'admettons. Selon la parole de Stuart Mill, il y a une « inévitable nécessité de voir le fleuve de l'industrie humaine aboutir en fin de tout à une mer stagnante. » Mais quoi, si quelques dizaines de siècles nous séparent de ce temps fatal, ne pouvons-nous mettre notre esprit en repos? N'est-ce pas le cas d'appliquer le précepte du poète *Carpe diem?*

D'autres savants aussi nous offrent des perspectives beaucoup plus redoutables que celles de Malthus sans que notre

(1) D'après Jules Duval, l'étendue de la terre habitable serait de douze milliards d'hectares : la population du monde n'est guère que de 1,200 millions d'âmes, soit un habitant par dix hectares : en France il y a 70 habitants par 100 hectares; la population du globe pourrait donc au moins sextupler.

imagination en soit troublée : le refroidissement du globe, par exemple. Si quelque physicien démontre que la chaleur de la surface terrestre va en diminuant, que l'espèce humaine ne peut espérer une vie éternelle sur notre planète, que le séjour lui en deviendra, à la fin du temps, inhabitable, et que l'humanité est destinée à une totale disparition, quel esprit raisonnable s'attristerait de ces sombres prédictions, alors même que la science viendrait les confirmer? Les douleurs et les anxiétés de nos extrêmes descendants peuvent intéresser notre intelligence, mais elles ne démontent pas plus notre âme que le souvenir des luttes et des misères de nos premiers aïeux. Si donc la théorie de Malthus ne doit acquérir quelque actualité que dans plusieurs dizaines de siècles, nous pouvons ne pas la faire entrer en ligne de compte, ne pas la considérer comme un problème contemporain (1). Il y a des pays, cependant, où dès maintenant le surcroît de population par rapport à l'étendue des capitaux ou à la superficie du sol cultivable se fait sentir par la baisse des salaires en même temps que par la hausse des fermages ; la Flandre, une partie de l'Allemagne et de l'Italie sont dans ce cas ; mais le remède est tout trouvé et facile, c'est l'émigration dans toutes les régions inhabitées qui n'attendent que des bras.

Si la doctrine de Malthus a été placée trop haut dans l'école et qu'on lui ait attribué une importance exagérée, surtout prématurée, il en est de même de celle de Ricardo. L'homme, suivant lui, met d'abord en culture les sols naturellement les plus riches ; puis, lorsque la demande des produits agricoles augmente dans de vastes proportions, il défriche les terres de qualité inférieure ; le fermage représente l'écart entre le prix de revient sur les terres les plus fertiles, les plus anciennement cultivées, et le prix de revient sur les terres les plus arides que

(1) La théorie de Malthus qui hante beaucoup d'esprits a inspiré un grand nombre d'écrits singulièrement extravagants ou immoraux : nous ne citerons que l'ouvrage anglais *Les éléments de la science sociale ou religion physique, sexuelle et naturelle, par un docteur en médecine*. Ce livre, qui a eu plusieurs éditions et a été traduit en français, est d'un naturalisme parfois abject. Il se publie encore à l'heure actuelle, en Angleterre, un journal intitulé « *Le Malthusien*. »

le nombre croissant des habitants et la demande accrue des produits agricoles poussent à mettre en culture. Hausse progressive des denrées d'alimentation et du fermage, par conséquent détresse progressive de la population laborieuse, ou du moins inégalité croissante des conditions humaines, telles sont les conclusions de la théorie de Ricardo. Nous l'examinerons de près dans un autre chapitre. Faisons en ce moment deux seules observations. Au point de vue historique, l'économiste américain, Carey, et avec beaucoup plus de précision l'économiste français Hippolyte Passy ont démontré d'une manière irréfutable que l'ordre de mise en culture des terres n'est pas celui que Ricardo a imaginé, et que la société ne va pas nécessairement dans sa marche du défrichement des terres les plus riches au défrichement des terres les plus pauvres. La seconde observation, c'est que la doctrine de Ricardo, fût-elle idéalement, théoriquement exacte, n'a, de même que celle de Malthus, aucune importance actuelle ni prochaine. Ricardo vivait avant le prodigieux essor du peuplement des États-Unis et de l'Australie, avant la découverte des chemins de fer et des bateaux à vapeur. Il ignorait de nom ces territoires du *Far-West* américain ou canadien, le Minnesota, le Dakota, le Manitoba ; c'est à peine s'il avait entendu parler de l'Ohio et de l'Illinois. Il ne pouvait mesurer les ressources que toutes ces contrées fourniraient à l'alimentation européenne ; il ne prévoyait pas que la baisse des frets rendrait moins coûteux le transport d'une tonne de blé de l'extrémité du Canada à Liverpool que ne l'était, de son vivant, le transport de la même tonne du milieu de l'Écosse à Londres. Les deux causes des fermages, d'après Ricardo, la supériorité de fécondité naturelle de certaines terres sur d'autres mises en culture et la plus grande proximité de certaines fermes des principaux marchés perdent chaque jour de leur importance, par le défrichement, aux antipodes, de terres également bien douées de la nature et par la diminution croissante du prix de transport (1). Le genre humain a devant lui l'assurance d'avoir pour

(1) Nous ne contestons pas que la théorie de Ricardo ne soit en partie vraie ;

bien des dizaines d'années ; ou plutôt pour de longs siècles, les subsistances à bon marché.

Anticipant sur la suite de cet ouvrage, nous avons très-succinctement démontré que les théories de Malthus et de Ricardo n'ont pas d'application, du moins universelle, à l'époque du monde où nous vivons. Il en est de même de la théorie de Turgot et de toute l'école anglaise sur le salaire, sur ce que celle-ci appelle « le salaire naturel ». On se souvient des termes où a été formulée cette prétendue loi d'airain. « En tout « genre de travail, il doit arriver et il arrive, en effet, que le « salaire de l'ouvrier se borne à ce qui lui est nécessaire pour « lui procurer sa subsistance (1). » Cette formule est sœur, en

il est incontestable que dans beaucoup de fermages on rencontre trois éléments : d'abord l'intérêt et l'amortissement du capital engagé, incorporé dans la terre ; en second et en troisième lieu la représentation de la supériorité de fécondité naturelle ou de la supériorité de situation de certaines terres par rapport aux autres terres en culture. Ce qui est faux dans la théorie de Ricardo, c'est ce qui concerne l'ordre historique des cultures, c'est aussi la conclusion que la rente de la terre a une tendance à toujours hausser.

(1) Il est malheureux que la plupart des économistes aient adopté comme une sorte de postulat une proposition aussi creuse et aussi dépourvue de démonstration. Malgré l'autorité des grands noms qui la recommandent, nous la regardons comme une niaiserie contre laquelle protestent l'expérience et l'évidence. « *En tout genre de travail*, dit Turgot, etc. » Nous voudrions savoir si les boulangers de Paris, qui gagnent actuellement 6 francs par jour et qui se mettent en grève au moment où nous écrivons pour en gagner 7, plus 20 centimes de vin et 2 livres de pain, si les ouvriers fumistes parisiens qui obtiennent également 7 francs de rémunération journalière, si les charpentiers et les menuisiers qui se sont mis en grève pour gagner la même somme, si les maçons parisiens qui sont payés 7 et 8 francs par jour, si les fondeurs en bronze qui se font 8, 9, 10 et jusqu'à 12 francs de salaire quotidien et qui n'en sont pas contents puisqu'ils suspendent leur travail afin d'obtenir mieux, nous voudrions savoir si tout ce monde qui est légion, vérifie l'exactitude de la sentence de Turgot : « *En tout ce genre de travail* il doit « arriver et il arrive, en effet, que le salaire de l'ouvrier se borne à ce qui lui « est nécessaire pour assurer sa subsistance. » Notez les premiers mots : *en tout genre de travail.*

Cependant cette proposition pédantesque, qui n'a aucun fondement expérimental et qui n'est qu'une affirmation arbitraire a fait fortune. Lisez la célèbre adresse du socialiste allemand, Ferdinand Lassalle, au comité central pour la convocation, à Leipzig, d'un Congrès général des travailleurs allemands: on y parle de cette « cruelle loi d'airain, *jenes grausame eherne Gesetz* », comme si c'était l'axiome sur lequel reposât toute la science économique ; il aurait la même évidence que l'axiome géométrique d'après lequel la ligne droite est le plus court chemin d'un point à un autre. Écoutez Lassalle (*opus citatum, fünfte Auflage*) : « Cette cruelle loi d'airain, dit-il en s'adres- « sant aux ouvriers, vous devez avant toute chose la graver profondément,

quelque sorte, de celle d'Adam Smith qui dit : « A la longue, « le maître ne peut pas plus se passer de l'ouvrier que l'ouvrier « du maître, mais le besoin qu'il en a n'est pas aussi urgent. »

Cette maxime est encore un exemple des grands inconvénients scientifiques que présentent les généralisations précipitées. Vraie peut-être, sur certains points du moins, il y a un siècle, la formule d'Adam Smith est généralement fausse aujourd'hui. Cela sera démontré plus loin.

« dans votre âme, et ne jamais vous en séparer dans aucune de vos pen- « sées. A cette occasion, je puis vous donner à vous et à toute la classe « ouvrière un moyen infaillible d'échapper une fois pour toutes à toutes les « tromperies et à toutes les mystifications. A tout homme qui vous parle de « l'amélioration du sort des travailleurs, vous devez poser avant tout la ques- « tion, s'il reconnaît ou s'il ne reconnaît pas cette loi. S'il ne la reconnaît pas, « vous devez dès l'abord vous dire que cet homme, ou bien veut vous trom- « per, ou qu'il est d'une lamentable inexpérience dans la science économique. « Car il n'y a, comme je vous l'ai déjà fait remarquer, dans l'école libérale « même, pas un seul économiste ayant un nom qui ait contesté cette loi. Adam « Smith comme Say, Ricardo comme Malthus, Bastiat comme John Stuart- « Mill, sont unanimes à en reconnaître la vérité. Il y a sur ce point un accord « complet parmi tous les hommes de la science. Et si votre interlocuteur qui « vous entretient de la situation des ouvriers a une fois, sur votre demande, « reconnu cette loi, alors posez-lui une autre question : Comment veut-il « triompher de cette loi? Et s'il ne sait rien répondre, tournez-lui tranquille- « ment le dos, c'est un babillard vide (*ein leerer Schwätzer*) qui veut avec des « phrases creuses vous tromper et vous éblouir vous-même ou soi-même. »

Eh bien ! dussions-nous passer pour être d'une « lamentable inexpérience dans la science économique », nous refusons toute espèce de caractère scientifique, de portée générale, à ce prétendu axiome « qu'en tout genre de tra- « vail il doit arriver, et il arrive en effet que le salaire de l'ouvrier se borne « à ce qui lui est nécessaire pour assurer sa subsistance. » Il ne suffit pas qu'un maître ou même une demi-douzaine de maîtres aient parlé, pour qu'on s'incline malgré les faits.

Si, d'ailleurs, la proposition de Turgot et de l'école anglaise sur le salaire naturel était vraie, comme l'admet Lassalle dans sa polémique, ce serait une vérité de l'ordre à la fois physique et moral, dérivant de la nature humaine, laquelle pousserait l'homme à une multiplication effrénée dès qu'il aurait plus que ce dont il a besoin pour sustenter son existence (*Fristung der Existenz*). Tous les arrangements socialistes de Lassalle, toutes les associations subventionnées par l'État, n'arrêteraient pas cet instinct de nature et par conséquent n'amélioreraient en rien la condition du travailleur manuel. Si Lassalle tourne contre ses adversaires, les économistes, la prétendue loi d'airain, il doit également admettre qu'on la tourne contre lui ; car, ou bien elle est fausse à ses yeux, et il ne doit point s'en faire une arme contre les économistes, ou elle est vraie, et alors il doit comprendre qu'elle renverse absolument tous ses plans. Cette loi d'airain, comme on l'appelle, empêcherait tout progrès dans l'humanité ; or, comme l'amélioration de la situation matérielle du travailleur depuis plusieurs siècles est incontestable, c'est que la loi d'airain est une fiction. L'histoire la dément tout aussi bien que les faits actuels.

Le développement de la civilisation a singulièrement modifié la situation respective de l'ouvrier et du patron. L'adage d'Adam Smith, la théorie du salaire naturel sont des réminiscences d'un temps où le plus grand nombre des hommes croupissait dans un état de servitude mentale et d'incapacité légale. Il y a moins de vérité encore dans ces formules de Smith ou de Turgot que dans les théories de Malthus et de Ricardo, et cependant nous n'avons pas dissimulé combien celles-ci nous paraissent exagérées et prématurées.

Plaçons-nous à l'époque actuelle, dans le dernier quartier du XIXe siècle, non pas à l'époque où vivaient encore les institutions du moyen âge, ni à celle où naissait avec peine et se débrouillait, au milieu d'une sorte de chaos, la grande industrie agglomérée. N'anticipons pas non plus sur cette époque reculée, distante de nous de plusieurs siècles, où la terre tout entière, dans ses moindres recoins, sera habitée, où chaque parcelle du sol aura son occupant, et où le grand fleuve de l'industrie humaine, suivant la magnifique image de Stuart Mill, aboutira à cette mer stagnante que l'on appelle l'état stationnaire. Bornons nos méditations et nos regards à la période caractéristique de l'histoire du monde où nous venons à peine d'entrer il y a un demi-siècle et où l'humanité restera pendant quelques centaines d'années; en vérité, cette étendue de temps suffit pour occuper nos esprits finis; ce sont des perspectives assez vastes pour que l'observation s'y restreigne.

Quelle est à l'époque actuelle, quelle sera à l'époque prochaine l'influence du progrès de la civilisation et du développement industriel sur la répartition des richesses, c'est-à-dire sur la part qui affère dans le produit social à chacun des quatre éléments composant la société? Tel est le sujet de ce livre. Les quatre éléments qui entrent comme copartageants dans le produit social sont les suivants : les propriétaires, les capitalistes ou rentiers (1), les entrepreneurs d'industrie ou de commerce

(1) La langue vulgaire n'attache pas le même sens au mot de capitaliste et au mot de rentier. Le premier semble indiquer à la fois plus d'activité, plus de spéculation, plus d'opulence que le second. Dans le sens scientifique le capi-

et les salariés. Ce sont là les quatre catégories de personnes économiques. Plusieurs d'entre elles, toutes les quatre parfois, peuvent être confondues dans un même homme; la complexité même de nos relations sociales fait que beaucoup d'individus présentent réunis plusieurs de ces caractères, quelquefois tous. Il n'est pas rare de rencontrer un homme qui soit à la fois propriétaire, capitaliste, entrepreneur et salarié. Il faut, cependant, par la pensée rompre ce faisceau pour se faire une idée nette de la marche de la civilisation; il faut considérer comme absolument distinctes des catégories qui souvent sont groupées.

Comment les intérêts de ces quatre catégories, de ces quatre classes d'individus sont-ils affectés, soit d'une manière absolue, soit dans leurs relations réciproques, par les progrès de la civilisation et par le développement industriel?

Définissons les termes: qu'est-ce que la civilisation?

La civilisation est un état de société ascendante où l'on rencontre les caractères suivants: l'accroissement général de la sécurité et de la liberté des personnes et des transactions; le progrès incessant des sciences et des arts appliqués à l'industrie; l'accumulation continue des capitaux; enfin le progrès de l'éducation générale. Voilà les traits auxquels nous reconnaîtrons qu'un peuple est civilisé.

Une société de cette nature, fonctionnant sous ces influences, engendre-t-elle une plus grande ou une moins grande égalité des conditions humaines? A-t-elle pour effet de développer les deux extrêmes de la richesse et de la misère? Supprime-t-elle les degrés intermédiaires? Se résout-elle à la longue en deux classes de plus en plus tranchées: une petite légion d'opulents entrepreneurs, capitalistes, spéculateurs, et un nombre infini d'hommes dépendants, vivant au jour le jour, soumis à une concurrence effrénée? Quelques publicistes ont cru à cette tendance; nul ne l'a décrite avec plus d'âpreté et d'éloquence que Proud'hon.

taliste ou le rentier est tout homme qui vit du revenu ou de l'intérêt d'un capital prêté : il se distingue de l'entrepreneur d'industrie et de commerce, qui met en œuvre le capital, soit qu'il le possède, soit qu'il l'emprunte.

Des esprits plus mesurés, moins portés à l'invective, n'ont pas considéré que la fatalité de nos lois économiques dût rendre les riches chaque jour plus riches et les pauvres chaque jour plus pauvres; ils n'ont pas admis que les influences inhérentes à la civilisation dussent nuire à la classe inférieure, mais ils pensent qu'elles doivent porter atteinte à la situation de la classe moyenne. Ils regardent comme inévitable que celle-ci se trouve amoindrie par la diminution du taux de l'intérêt, par la baisse des profits industriels, par la concentration croissante de l'industrie manufacturière et du commerce même de détail, enfin par le développement de l'éducation générale qui fait perdre chaque jour à la classe moyenne une partie du monopole qu'elle possédait. Cette opinion ne manque pas de vraisemblance; elle sera dans cet ouvrage l'objet d'un sérieux examen.

Avant de terminer cette introduction, jetons un rapide coup d'œil sur les progrès de la condition du grand nombre des hommes, dans les sociétés civilisées, je ne dis pas depuis plusieurs siècles, mais depuis trois quarts de siècle environ. Nous verrons par un rapide résumé quelle a été dans le passé récent l'action de cette prétendue loi d'airain (*grausames ehernes Gesetz*), que « le salaire de l'ouvrier est borné, par la concurrence entre les ouvriers, à sa subsistance ; qu'il ne gagne que sa vie. »

Quels sont les principaux besoins de l'homme vivant en société? C'est de se nourrir, de se vêtir, de se loger. Est-ce tout? Non certes, c'est de se prémunir contre la maladie, contre les accidents, contre le dénûment de la vieillesse. Est-ce tout encore? Non pas. C'est d'acquérir plus de loisirs pour les occupations intellectuelles et morales. Avons-nous quelques données sur la manière dont la civilisation a affecté la satisfaction de ces différents besoins dans les classes populaires? Nous en avons, grâce au ciel; il est facile et bon d'en faire usage.

Prenons d'abord l'alimentation. La population en général se nourrit-elle mieux qu'autrefois? Qui en douterait? Qu'on se rappelle les lugubres descriptions que Vauban, Boisguillebert,

La Bruyère (1) faisaient des habitants de nos campagnes au temps du grand roi. « Comme le menu peuple, écrit Vauban « dans sa dîme royale, est beaucoup diminué dans ces derniers « temps par la guerre, les maladies et par la misère des chères « années, *qui en ont fait mourir de faim un grand nombre,* « et réduit beaucoup d'autres à la mendicité, il est bon de faire « tout ce qu'on pourra pour le rétablir, d'autant plus que la « plupart *n'ayant que leurs bras affaiblis par la mauvaise nourri-* « *ture*, la moindre maladie ou le moindre accident qui leur « arrive les fait manquer de pain, si la charité des seigneurs « des lieux et des curés ne les soutient. » Notez que c'est un homme de sens, de mesure, non un démagogue qui parle ainsi. Voit-on maintenant, même dans les jours les plus mauvais, un grand nombre d'habitants mourir de faim et la plupart des autres n'avoir pour tout bien que « leurs bras affaiblis par la mauvaise nourriture ? »

Sans remonter à Vauban, Boisguillebert, La Bruyère, renfermons-nous dans l'enceinte de notre siècle, le progrès de l'alimentation du peuple y est sensible. D'après les statisticiens qui ont le plus d'autorité (2) la consommation du froment en France était en 1825 de 46 millions d'hectolitres, en 1835 de 51 millions, en 1852 de 66 millions, en 1856 de 69, en 1866 de 77; en 1880, avec une population moindre, elle montait à 84 millions d'hectolitres (3). Divisons ces quantités

(1) Si nous citons ici le nom de La Bruyère, c'est parce qu'il a écrit une phrase célèbre sur les habitants des campagnes; mais nous croyons que cet homme de cour et de lettres a singulièrement exagéré. Les témoignages de Vauban et de Boisguillebert sont autrement importants.

(2) *Statistique de la France*, de Maurice Block, 2e édition, t. II, p. 389.

(3) Nous empruntons à la Revue agricole du *Journal des Débats*, du 24 mai 1880, les instructifs détails suivants sur la consommation du blé en France :

« Autrefois, le seigle, l'orge, l'avoine, le maïs, le sarrasin entraient dans une certaine mesure dans la fabrication du pain. Aujourd'hui, bien rares sont les campagnards qui n'ont pas substitué le froment à tous ces farineux peu nourrissants. C'est le résultat du bien-être et de la richesse agricole de la France. Donc, il faut plus de froment à notre pays qu'il y a dix ans, et la consommation alimentaire, qui s'élevait en 1870 à 6 millions par mois, soit 72 millions par an, atteint aujourd'hui au moins 7 millions par mois, soit par an 84 millions d'hectolitres.

« D'autre part, les besoins de l'industrie se sont développés. La fabrication des pâtes alimentaires, qui a pris depuis dix ans un développement considérable, emploie environ 6 millions d'hectolitres par an ; l'amidonnerie, la distil-

par le chiffre de la population à ces différentes époques, nous avons une consommation moyenne de 1 hectolitre 53 en 1825, 1 hectolitre 59 en 1835, 1 hectolitre 85 en 1852, 2 hectolitres 02 en 1866, 2 hectolitres 27 en 1880. La consommation individuelle de froment en France a augmenté de 50 p. 100 depuis cinquante-cinq ans! Il ne s'agit là que d'une moyenne, nous dira-t-on. Cette objection qui, en d'autres circonstances, est topique, n'a ici aucune portée. La classe supérieure et la classe aisée ne mangent certainement pas plus de pain qu'autrefois; elles en consommeraient même moins, parce qu'elles font plus d'usage de viande et d'une variété infinie de légumes. Il faut considérer en outre qu'au pain de froment qui, dans la consommation courante, a remplacé le seigle, l'avoine, les châtaignes, le maïs et les autres aliments inférieurs, sont venus se joindre encore de puissants et utiles auxiliaires, les pommes de terre par exemple. La consommation du seigle pour la nourriture hu-

lerie en emploient aussi une certaine quantité; enfin, dans les années où le blé est de mauvaise qualité et « inboulangeable », les fermiers qui n'en ont pas la vente le donnent à consommer au bétail, à la volaille surtout, comme on le voit dans la Sarthe, dans la Bresse, etc., pays d'élevage de volailles. Il en résulte que, si nous ajoutons à tout cela les 14 ou 15 millions d'hectolitres que nécessitent nos emblavements de l'automne et de mars, la consommation de la France s'est modifiée sensiblement depuis dix à quinze ans, et l'année 1880 comparée à l'année 1865 pourrait présenter les différences suivantes :

| | 1865. | 1880. |
|---|---|---|
| « Ensemencements....... | 15,000,000 | 14,000,000 |
| « Consommation humaine. | 78,000,000 | 84,000,000 |
| « Industrie............. | 4,000,000 | 6,000,000 |
| « Bétail................ | 1,000,000 | 9,000,000 |
| Total....... | 98,000,000 | 107,000,000 |

« C'est-à-dire qu'en y comprenant les déchets et les besoins d'exportation en année normale, il nous faut, pour vivre en France, non pas 100, mais 110 millions d'hectolitres. Ce chiffre est-il impossible à obtenir? Nous avons la preuve du contraire. En 1874, la France a récolté sur 7 millions d'hectares 132 millions d'hectolitres de blé, c'est-à-dire un peu plus de 18 hectolitres à l'hectare. Que la culture s'efforce d'obtenir annuellement ce rendement et surtout qu'elle produise de bon blé, et nous n'aurons rien à redouter de l'importation, par cette raison que, produisant davantage, les fermiers pourront abaisser leurs prix de vente, tout en conservant des bénéfices. Ces 18 hectolitres à l'hectare que nous demandons sont souvent dépassés dans les départements où l'agriculture est en progrès. Notre grande région du Nord atteint moyennement 20 et parfois 25; par malheur, le Centre se tient à 13 et 14, et le Midi de 8 à 12. »

maine a baissé, tombant de 23 millions d'hectolitres à 20 millions et demi de 1825 à 1872 ; celle des pommes de terre a plus que triplé depuis 1820, passant de 40 millions environ d'hectolitres à 127 millions pendant la même période. La consommation de la viande a aussi notablement augmenté dans le même temps ; ici les calculs sont plus difficiles. Les statisticiens estiment que de 17 kilogrammes 16 en 1812 par individu et par an elle s'est élevée à 25 kilogrammes 10 en 1862 (1). On ne manquera pas de prétendre que l'accroissement de la consommation de la classe riche et de la classe aisée prend une forte partie de cette augmentation de la consommation totale de cette denrée ; cela est vrai. Mais il n'en est pas moins certain que même les classes les plus humbles de la population ouvrière salariée ou rurale font un beaucoup plus grand usage de la viande qu'autrefois. Le fait est tellement notoire que les chiffres à ce sujet devraient être superflus : c'est parfois une maladie de notre époque de vouloir substituer des chiffres, souvent variables et quelquefois incertains, à l'évidence universellement reconnue de faits que tout observateur peut constater. Il en est du vin comme de la viande : de 25 à 30 millions d'hectolitres dans la période de 1820 à 1830, la production en a passé à 50 ou 70 millions dans la période récente et avant les ravages du phylloxera ; déduction faite des quantités distillées ou exportées, la consommation moyenne par habitant s'est élevée de 62 litres vers 1830 à plus de 100 vers 1865 ; depuis lors elle a encore augmenté ; ce ne sont certainement pas les classes riches ou aisées qui ont absorbé tout cet accroissement de la production. Cependant, les autres boissons se consommaient aussi chaque année en quantités croissantes : la bière, dont chaque habitant de la France ne buvait en moyenne que 10 à 12 litres par an de 1812 jusque vers 1830, figure maintenant pour plus de 20 litres dans la consommation individuelle moyenne.

(1) Block, *Statistique de la France*, II, 397. Depuis lors elle a notablement augmenté comme en témoignent les importations de plus en plus considérables de viande étrangère.

Tous ces renseignements confirment ce qu'apprend l'expérience vulgaire, que l'alimentation de toutes les classes de la population est devenue depuis un demi-siècle, depuis 25 ans surtout, plus abondante et plus raffinée; on pourrait presque dire que l'estomac de l'homme semble s'être élargi, tellement il absorbe aujourd'hui plus qu'autrefois. Faut-il parler du sucre et du café, raretés naguère, aujourd'hui d'un usage fréquent parmi la population ouvrière des villes, et même parmi celles des campagnes les jours de marché et de réunion ?

Le premier, le plus matériel besoin de l'homme, celui de l'alimentation, est donc pour toutes les couches d'habitants mieux satisfait aujourd'hui qu'autrefois. On en a une autre preuve dans le relèvement de la ration du soldat, qui se compose actuellement d'un plus grand nombre de grammes de viande qu'il y a quelques années.

Pour le logement, le criterium du progrès général est plus difficile à trouver que pour l'alimentation. C'est moins, d'ailleurs, sous le rapport de la nourriture que sous celui de l'habitation qu'est défectueux le régime de l'ouvrier. Beaucoup de gens de la classe aisée se résigneraient à la table de l'homme du peuple, non à sa chambre ou à sa chambrée. Le foyer, le *home*, lui manque trop souvent, ou celui qu'il a mérite-t-il ce nom? Cependant, même de ce côté, l'amélioration est certaine, considérable ; seulement l'évaluation en est plus difficile. En Angleterre, la valeur locative des maisons déclarées à l'*Income tax* double presque regulièrement dans le cours de chaque période de vingt ans. De 53,234,970 livres sterling en 1862 pour l'Angleterre proprement dite, elle s'est élevée à 83,851,638 liv. sterl, en 1876, soit de 1,330 millions de francs à 2 milliards 96 millions; c'est près de 60 p. 100 d'augmentation en quatorze ans. Pour tout le Royaume-Uni la valeur locative des maisons déclarées à l'*Income tax* est passée de 61,924,178 liv. sterl. en 1862 à 96,860,508 liv. sterl. en 1876, soit de 1,548 millions de francs à 2 milliards 422, ce qui est encore un accroissement de près de 60 p. 100. C'est en Écosse que le progrès a été le plus rapide; de 5,355,000 liv. sterl. en 1862, soit 134 millions de francs, la valeur locative s'est élevée à 9,396,788 liv. sterl. ou 235 millions de francs en 1876 : ici la plus-value est de 75 p. 100 environ. Au contraire, en Irlande, pays soumis à des causes particulières de misère et qui subit encore l'organisation sociale du moyen âge, la valeur locative des maisons ne s'est pas accrue de 20 p. 100 en ces quatorze années. De 3,333,783 liv. sterl. ou 83 millions de francs en 1862, elle s'est à peine élevée à 3,612,082 liv. sterl. ou 90 millions et demi de francs en 1876 (1).

Peut-être dira-t-on que les chiffres que nous venons de citer, même pour l'Angleterre proprement dite et l'Écosse, ne sont pas concluants pour notre thèse, qu'ils ne démontrent pas que la généralité des habitants de ce pays soit mieux logée qu'autrefois. L'augmentation de la valeur locative pourrait venir, en effet, de la hausse du loyer, du plus grand nombre des maisons nécessaire à une population plus nombreuse, enfin du luxe plus grand de l'habitation dans la classe riche et dans la classe aisée. Que ces trois causes aient contribué à l'accroissement de 60 p. 100 de la valeur locative des maisons en Angleterre et en Écosse dans la période que nous examinons, il est impossible de le contester; mais on ne peut nier non plus qu'il n'y ait une quatrième cause à cette plus-value, et cette quatrième cause, c'est l'amélioration du logement de l'ouvrier et du paysan.

Si imparfaites qu'elles soient, les statistiques françaises nous en fournissent la démonstration. Ce sont toujours les renseignements fiscaux qui peuvent jeter quelque lumière sur les questions sociales. On sait quelle est en France l'organisation de l'impôt sur les portes et fenêtres : il est gradué d'après le nombre des ouvertures. Une publication officielle a donné récemment les chiffres suivants sur la matière imposable à cette taxe : on comptait en 1822, en France, 6,432,000 maisons ou usines (ces deux natures d'immeubles sont réunies); en 1876 on en recensait 8,630,000, soit 35 p. 100 en plus, quoique la population ait augmenté de 20 p. 100 seulement dans cet intervalle.

(1) Voir le *Statistical abstract*, pour 1877, p. 18.

Si maintenant on laisse de côté les usines et que l'on s'occupe des maisons seules, on constate que le nombre des ouvertures, portes ou fenêtres, s'est élevé de 33,949,000 en 1822 à 58,495,733 en 1876 : ici l'accroissement est de près de 80 p. 100 pour une augmentation de 20 p. 100 du nombre des habitants. Il y a donc plus de lumière, plus d'air, probablement plus d'espace dans nos demeures d'aujourd'hui que dans celles de nos pères. Ce n'est pas seulement la classe riche et la classe aisée qui ont profité de ce progrès : toutes les parties de la population y ont participé. Que n'a-t-on pas écrit jadis contre cet impôt impie et meurtrier des portes et fenêtres qui privait de jour la maison du pauvre? Ces morceaux d'éloquence appartiennent au passé; ils n'ont plus d'application dans le présent. Déjà pour la période de 1837 à 1846 on constatait que le nombre des maisons à une ouverture, qui était de 346,401 à la première de ces dates, s'était réduit à 313,691, soit une diminution de 9 p. 100, à la seconde; que le chiffre des maisons à deux ouvertures avait aussi légèrement baissé, de 1,817,328 à 1,805,422; que le nombre des maisons à 3 ouvertures s'était faiblement accru, passant de 1,320,937 à 1,433,642, ce qui est une augmentation de 8 1/2 p. 100; que celui des maisons à quatre ouvertures avait plus progressé, s'élevant de 884,061 à 996,348, soit 12 1/2 p. 100 d'accroissement; mais l'amélioration était surtout sensible pour les maisons plus grandes. De 583,026 en 1837, les maisons à cinq ouvertures étaient passées au nombre de 692,685, soit une augmentation de près de 19 p. 100; quant aux maisons à six ouvertures et au-dessus, on n'en comptait que 1,846,398 en 1837 et il y en avait 2,220,757 en 1866, soit 20 p. 100 en plus. La période que nous venons d'examiner n'est pas celle qui a été témoin de l'amélioration la plus grande; mais c'est la plus récente sur laquelle nous ayons des chiffres officiels détaillés. Les statistiques moins minutieuses, faites de 1870 à 1876, montrent que le nombre des maisons ayant moins de six ouvertures continue à rester stationnaire et que l'augmentation des constructions porte surtout sur celles qui ont un plus grand nombre de portes et de fenêtres. Ainsi en 1870 on recensait 5,715,920 maisons ou usines (nous regrettons cette confusion qui n'est pas de notre fait) ayant moins de six ouvertures et 2,789,415 maisons ou usines en ayant davantage. En 1876, les maisons ou usines de la première catégorie n'étaient plus qu'au nombre de 5,698,575, ce qui représente une diminution de 4 p. 100 environ; celles de la seconde catégorie s'élevaient dans la même année à 2,931,607, soit un accroissement de 5 p. 100 en six ans. Depuis 1837 le nombre des maisons ou usines ayant plus de cinq ouvertures a augmenté de 1,080,000 ou 60 p. 100; les maisons ou usines ayant moins de six ouvertures, n'ont augmenté que de 700,000, soit de 13 à 14 p. 100 seulement (1). Encore dans cette seconde classe doit-on dire que tout l'accroissement est pour les maisons de 5 ou 4 ouvertures, que le nombre des maisons à 1, 2 ou 3 ouvertures va sans cesse en diminuant. Il n'existe plus guère en France que quelques restes de ces anciennes huttes qui abondaient jadis dans les campagnes et dans les banlieues de nos villes.

Le lecteur nous pardonnera ces fastidieux rapprochements de chiffres : ils sont instructifs. Certes, le taudis destiné à l'habitation de l'homme n'a pas encore disparu ; et le nombre des ouvertures des maisons n'est pas toujours un critérium exact du confortable de l'habitation. Dans les vastes cités ouvrières il y a encore bien des galetas misérables; trop d'êtres humains logent dans des greniers ou dans des soupentes d'escalier ou bien s'entassent dans des chambrées nauséabondes. Mais laissons ces exceptions de l'extrême paupérisme ; voyons les choses de haut et dans l'ensemble. Le progrès de l'habitation humaine, même pour la classe la plus humble de la population, est incontestable depuis un demi-siècle. Il n'est pas de propriétaire obligé de reconstruire ses fermes ou ses logements de manœuvres des champs qui n'ait éprouvé combien étaient accrues les exigences de ces catégories de personnes pour leur habitation. On ne trouverait pas non plus aujourd'hui dans une

(1) Voir le *Bulletin de statistique et de législation comparée* (publication du Ministère des finances) de novembre 1877 ; voir aussi notre *Traité de la Science des finances*, 2e édition, t. I, pages 356 et suivantes.

ville ouvrière des quartiers entiers comme la rue des Étaques de Lille qui doit une triste célébrité aux descriptions de l'économiste Blanqui. Si la misère de beaucoup de logis d'ouvriers est souvent poignante, il ne faut pas oublier qu'elle était générale autrefois, qu'elle est exceptionnelle aujourd'hui.

Dans les pays neufs, aux États-Unis d'Amérique, par exemple, l'ouvrier est en général mieux logé qu'en Europe. La configuration des villes qui s'étendent sur une surface beaucoup plus vaste que chez nous, eu égard à la population, la facilité et le bon marché des transports urbains, permettent aux artisans d'acquérir ou de louer des *cottages* entiers. Le prix en varie de 4 à 10,000 francs dans la plupart des villes américaines (1). L'ouvrier des États-Unis consacre, d'ailleurs, à son logement une beaucoup plus forte proportion de son salaire que son confrère d'Europe. En France, quoique l'on soit encore loin d'avoir atteint pour les logements d'ouvriers une situation satisfaisante, cependant de grands progrès ont été faits : à Mulhouse, dans presque toute l'Alsace, au Havre, à Paris même on s'est occupé, par philanthropie, non par spéculation, de créer des maisonnettes destinées à être livrées ou vendues aux ouvriers, il est probable que les prochaines années seront témoins d'une amélioration sensible dans les logements de la population laborieuse. Nous énumérerons dans un des chapitres suivants quelques-uns des obstacles qui s'opposent à cette réforme si désirable : la plupart sont faciles à supprimer.

Si l'ouvrier est en général mieux nourri et mieux logé qu'autrefois, il est incontestable qu'il est mieux vêtu et, d'ordinaire, mieux meublé. C'est, en effet, pour le vêtement et pour l'ameublement de la population laborieuse que l'industrie a surtout fait des progrès. Toutes les denrées qui y concourent ont singulièrement fléchi de prix. C'est un des lieux communs de l'économie politique et de la morale que la description des objets,

(1) Voir dans la *Revue des Deux Mondes* du 1er décembre 1871 notre article sur *La situation des classes laborieuses et la puissance d'achat des métaux précieux dans les diverses contrées*. Voir aussi le second volume de notre *Traité de la Science des finances* (2e édition) p. 349.

autrefois de grand luxe, qui sont devenus de l'usage le plus vulgaire : bas, souliers, chemises, rideaux, tapis, fauteuils, bougies, etc. Ce qui était, il y a quelques siècles, une parure exceptionnelle pour les grandes dames, la moindre fille d'atelier s'en sert journellement sans y attacher d'importance. Ainsi le domaine commun de l'humanité s'accroît à chaque génération : le superflu d'hier devient le nécessaire d'aujourd'hui. Déjà Adam Smith faisait une remarque infiniment moins exacte de son temps que du nôtre : « Il est bien vrai, disait-il, que le « mobilier du plus petit particulier paraîtra extrêmement sim- « ple et commun, si on le compare avec le luxe extravagant « d'un grand seigneur ; cependant entre le mobilier d'un prince « d'Europe et celui d'un paysan laborieux et rangé il n'y a « peut-être pas autant de différence qu'entre les meubles de « ce dernier et ceux de tel roi d'Afrique qui règne sur 10,000 « sauvages nus, et qui dispose en maître absolu de leur liberté « et de leur vie (1). » Ce qu'Adam Smith suggérait comme une vraisemblance est aujourd'hui une certitude. Tous les meubles que l'on admire dans l'hôtel d'un financier, on les retrouve, plus grossiers sans doute, mais aussi commodes, dans les mansardes des bons ouvriers. La matière est différente, et le tour artistique, l'élégance de la forme ne sont pas les mêmes ; mais qu'importe pour la satisfaction des besoins physiques ? Le trait caractéristique de notre temps, c'est que toutes nos inventions mécaniques et toutes nos découvertes chimiques ne sont pas parvenues à empêcher le renchérissement des objets de vrai luxe, et qu'au contraire elles ont merveilleusement abaissé le prix des articles manufacturés de consommation générale.

Faut-il citer des chiffres dans une matière qui est d'une aussi complète évidence et où l'œil de chacun est un témoin convaincant ? Oui certes, puisque notre époque ne reconnaît que le chiffre comme argument décisif et démonstratif. Eh bien ! que l'on parcoure les savantes recherches de M. de Foville sur les variations des prix ; qu'on lise les enquêtes industrielles de 1870

(1) *Recherches sur la nature et les causes de la richesse des nations*, édit. de Joseph Garnier, t. I, p. 103.

ou de 1879, on trouvera des exemples frappants de cette diminution de prix des objets de vêtement commun et d'ameublement vulgaire. D'après les tableaux du commerce extérieur le fil simple écru de lin qui coûtait 5 francs le kilogramme en 1826 s'est abaissé par des gradations continues à 2 fr. 80 en 1873; dans la même période le fil simple écru de coton a fléchi de 8 fr. à 5 fr. 07; le fil simple écru de laine est tombé de 16 fr. 25 à 10 fr. 50; et depuis 1873, année de grande cherté, tous ces prix ont encore notablement diminué. Au lieu des fils, qui sont un élément de fabrication, considérons les tissus qui sont un objet achevé; la toile de coton écrue ou blanche, la perçale ou le calicot, qui tiennent une si grande place dans le vêtement des femmes et dans le ménage, étaient évalués à 15 francs en moyenne le kilogramme en 1826; on ne les cotait plus que 4 francs en 1873. Les couvertures de coton, dans le même laps de temps, sont descendues de 8 francs à 3 francs. Les toiles unies de lin, écrues blanches ou mi-blanches et peintes se vendaient respectivement en 1826 en moyenne 14 fr. 20 francs, 6 francs; elles ne coutaient plus que 4 fr. 80, 9 fr. 65, 3 fr. 30 en 1873. La proportion de la baisse est un peu moins forte pour les draps, elle est encore saisissante : en 1826 et en 1847 on les évaluait en moyenne à 27 francs, en 1869 à 10 fr. 50 seulement, en 1873, par suite d'un renchérissement passager, à 14 fr. 50. Dans l'enquête de 1870 sur les traités de commerce, un négociant de Sédan déclarait qu'en 1860 un mètre de « drap façonné noir hiver, extrême bas prix, « valait environ 10 francs net, et qu'en 1870 le même article, « beaucoup plus solide, ne coûtait plus que 5 fr. 75 (1). » D'autres déposants à la même enquête, M. Chauchard, directeur des magasins du Louvre, M. Larivière, chef de la maison du Coin de Rue, affirmaient que pour la grande masse de leurs articles de vêtement les prix dans la série d'années qui venait d'expirer, à qualité égale, avaient fléchi de 10 à 15 pour 100. De même encore les tapis vulgaires valent moitié moins qu'il y a cinquante ans. Il en est ainsi de la plupart des objets d'usage

(1) Voir dans *l'Économiste français* les études de M. de Foville, sur *les Variations des prix*, particulièrement les livraisons du 27 mars et du 17 avril 1875.

populaire, et l'on peut presque dire, seulement de ceux-là. Tout ce qui est article de luxe, de vrai luxe, à l'usage des classes élevées, a augmenté. De 1826 à 1873 les tissus de soie n'ont pas baissé de prix; quelques-uns même ont singulièrement haussé ; les crêpes, par exemple, se sont élevés de 88 fr. en 1826 à 175 en 1873. L'homme élégant qui se fait habiller par un tailleur ne profite en rien de la grande diminution de prix que les magasins de confection offrent à la population peu aisée; et si ceux-ci parfois vendent à des prix merveilleusement minimes des étoffes qui n'ont guère qu'une apparence de solidité, on ne peut nier qu'ils ne fournissent des marchandises d'un bon usage à des prix beaucoup plus bas qu'autrefois. Les progrès de la mécanique, ce grand agent de la démocratie, ont permis, en outre, à la plus simple ouvrière, de se donner à bon marché des objets jadis de luxe qui autrefois excitaient sa convoitise : c'est ainsi que de 1826 à 1873 le tulle et le gaz sont descendus de 200 francs le kilogramme, l'un à 65 francs, l'autre à moins de 25.

Les objets d'ameublement et de ménage échappent, par leur variété, à des constatations aussi précises, mais la diminution des prix, à l'avantage des classes laborieuses, n'y est pas moins sensible.

La satisfaction de tous ces besoins élémentaires, la nourriture, le logement, le vêtement, l'ameublement, ne suffit pas au bien-être et à la dignité d'une société civilisée. Ce qui constitue, en effet, la civilisation, c'est la sécurité et ce sont les loisirs pour les occupations ou les distractions intellectuelles et morales. Le sauvage vit au jour le jour et l'horizon de sa pensée est limité par les plus étroites bornes. Peut-on dire que dans nos sociétés industrielles la situation de l'ouvrier soit sous les rapports que nous venons d'indiquer très-supérieure à celle du sauvage?

La statistique vient encore ici à notre aide, et notons que sur ce point la statistique est rigoureuse, qu'elle ne fait aucune part à la conjecture. On peut juger de l'amélioration du sort de l'ouvrier au point de vue de la sécurité par le développement de deux institutions essentiellement populaires, les caisses de secours mutuels et les caisses d'épargne. Ce sont là des filles de notre siècle et qui parviennent seulement à l'adolescence. Dans les anciennes corporations et confréries il y avait des organisations qui leur étaient analogues, surtout aux premières; mais le réseau des sociétés mutuelles et des caisses d'épargne s'est singulièrement étendu depuis cinquante ans, surtout depuis vingt-cinq, en même temps qu'il se fortifiait.

Considérons la France : en 1834 on n'y recensait que 2,940 sociétés de secours mutuels comprenant 315,801 membres, dont 35,300 membres honoraires, contribuant à l'œuvre par leurs cotisations et 280,501 membres participants. L'avoir général de ces institutions ne montait qu'à 13,330,000 francs, qui ne représentaient que la somme minime de 47 fr. 60 par membre participant. Quarante-deux ans après, en 1876, le nombre des sociétés était de 5,923, celui des membres de 901,907 dont 125,319 membres honoraires et 776,588 membres participants. L'avoir général s'élevait à 75,953,000 francs, soit 97 fr. 81 centimes par tête (1). Dans ce court espace de temps, qui ne représente qu'une génération, le nombre des participants, déduction faite des membres honoraires, a augmenté de 160 pour 100; la part moyenne de chacun d'eux dans l'avoir social a en outre plus que doublé; la plupart des ouvriers et des employés sont ainsi aujourd'hui assurés contre la maladie. Les caisses de secours mutuels se perfectionnant sans cesse et étendant leurs attributions commencent à créer des pensions de retraite, et les plus grands établissements industriels sont depuis un quart de siècle entrés dans cette voie. Le personnel qu'ils emploient est garanti contre l'extrême misère dans l'âge avancé de la vie.

Le progrès des caisses d'épargne n'est pas moindre : il cause même au Trésor public de grands embarras pour l'emploi à la fois fructueux et prudent des fonds qui affluent à ces institutions. Cependant, elles sont nées d'hier. La plus ancienne de France, celle de Paris, a été fondée par une ordonnance du 29 juillet 1818. En 1878 on en comptait 526 avec 794 succursales, soit ensemble 1320, auxquelles il faut ajouter 373 percep-

(1) Voir dans *l'Économiste français* du 11 janvier 1879 l'étude de M. Toussaint Loua, sur *les Sociétés de secours mutuels*.

tions, 60 bureaux de poste et 10,440 caisses d'épargne scolaires (1). En 1835 on ne recensait encore que 200,000 livrets de dépôts, et le solde dû aux déposants ne s'élevait qu'à 35 millions de francs, 175 francs en moyenne par livret ; en 1869 on comptait 1,968 007 déposants et le solde qui leur était dû montait à 632 millions de francs, ou 321 francs par tête. En 1878 les déposants sont au nombre de 3,200,000 et le solde qui leur est dû atteint 1 milliard 12 millions de francs, soit 306 francs en moyenne pour chacun d'eux. Ce n'est pas là sans doute une fortune, mais il s'en faut que la caisse d'épargne recueille la totalité des économies de la population laborieuse. A la campagne, la terre en absorbe une grande partie ; à la ville, les valeurs mobilières, la rente sur l'Etat, les obligations de chemins de fer, celles de la ville de Paris, avec leurs coupures qui descendent jusqu'à 100 francs, sont encore les placements préférés des bons ouvriers : ce goût des valeurs mobilières qui est propre à la population française explique que les dépôts des caisses d'épargne aient une importance relativement moindre en France qu'en Angleterre où ils atteignent près de 2 milliards de francs (2), en Autriche où ils dépassent un milliard et demi, et dans l'Etat de New-York où ils s'élèvent à près de 1,700 millions de francs pour 844,000 déposants (3).

Les esprits qui sont systématiquement hostiles à notre organisation sociale, Proudhon entre autres, contestent, il est vrai, tous les mérites des caisses d'épargne. Ils ne veulent même pas y voir un palliatif aux maux de la société. Il est curieux de rassembler les anathèmes que lance contre cette institution le fougueux auteur des *Contradictions Économiques* : « La caisse « d'épargne, selon lui, n'est qu'une déclaration officielle, une « sorte de recensement du paupérisme.... Les effets subversifs « de la caisse d'épargne sont de deux sortes..... Un milliard, « sans vote, sans contrôle, court se vaporiser dans l'officine du

(1) Consulter les tableaux graphiques de M. de Malarce publiés en 1879.

(2) D'après les tableaux de M. de Malarce, en 1878 les dépôts aux caisses d'épargne britanniques s'élevaient à 1,892.756,000 francs pour 3,408,481 livrets.

(3) Voir un article de M. Fougerousse dans *l'Économiste français* du 31 août 1878 sur le Congrès des Institutions de prévoyance.

« pouvoir.... Du côté des déposants la caisse d'épargne est un « agent de misère énergique et sûr.... La caisse d'épargne est « la confession publique et presque la sanction de l'arbitraire « mercantile, de l'oppression capitaliste et de l'insolidarité « générale, causes véritables de la misère de l'ouvrier..... Le « but, économique et secret de la caisse d'épargne, est de pré- « venir, au moyen d'une réserve, les émeutes pour les subsis- « tances, les coalitions et les grèves, en répartissant sur toute la « vie de l'ouvrier le malheur qui, d'un jour à l'autre, peut le « frapper et le mettre au désespoir..... Elle est la mort au « monde, la déchéance esthétique du travailleur.... Tout en « écartant les misères suprêmes, les dénuements extrêmes, « l'épargne obligatoire ferait de l'infériorité de la classe travail- « leuse une nécessité sociale, une loi constitutive de l'Etat..... « Le but politique et dynastique de la caisse d'épargne est d'en- « chaîner, par le crédit qu'on lui demande, la population à « l'ordre de choses..... Elle ne fait que changer le caractère du « paupérisme, lui rendant en étendue ce qu'elle lui ôte en « intensité (1) ».

Voilà une bien grande quantité d'invectives contre cette institution modeste et populaire. Il est facile de réfuter la thèse de Proudhon par les faits eux-mêmes. Ceux-ci se chargent de démontrer que la caisse d'épargne a un autre rôle que de changer le caractère du paupérisme. Si l'ouvrier fait plus d'économies qu'autrefois, ce n'est pas qu'il préfère s'imposer des privations qu'il ne subissait pas jadis. On a prouvé plus haut que tout en économisant davantage, il est mieux nourri, mieux logé, mieux vêtu qu'il y a cinquante ans. Le langage que tient la Caisse d'Épargne à l'ouvrier n'est pas celui que Proudhon suppose. « Souffre davantage, abstiens-toi, jeûne, sois plus pauvre encore, plus nécessiteux, plus dépouillé ; ne te marie pas, n'aime pas. » Non, la Caisse d'Épargne n'a pas exigé de l'ouvrier qu'il se fît plus pauvre, plus nécessiteux, plus dépouillé, qu'il se sevrât des joies légitimes du cœur et de la vie : elle lui

(1) *Contradictions économiques*, t. II, pages 150 et suivantes.

a seulement demandé de retrancher quelques-unes des superfluités dont il eût été tenté de faire usage, et de prélever sur l'accroissement de son salaire une petite part pour se prémunir contre les mauvais jours. Voilà comment, tout en vivant mieux que les générations précédentes, 3,300,000 déposants soit dix à douze millions de personnes, en comptant les enfants et les femmes, ont ensemble à la Caisse un crédit qui dépasse un milliard de francs. Qu'on y joigne ceux qui possèdent un peu de terre et quelques valeurs mobilières sans avoir de livret, et on trouvera que l'énorme majorité de la nation a quelque bien. Quand la Caisse d'Épargne ne serait parvenue qu'à écarter les « misères suprêmes, les dénuements extrêmes » ne serait-ce déjà pas un bienfait?

Proudhon s'étonnait de ce que, de son temps, sur 400,000 ouvriers et domestiques que renfermait Paris, 124,000 seulement furent inscrits aux caisses d'épargne ; le reste absent. « Quel usage ceux-ci font-ils donc de leur salaire ? » s'écriait-il. La proportion aujourd'hui des déposants à l'ensemble de la population ouvrière est infiniment plus forte, et le nombre de ceux qui possèdent quelque petit avoir, pouvant tout au moins les préserver d'une absolue détresse, ne forme plus l'exception dans la nation. Ce qui est exceptionnel, c'est le manque absolu d'économies, de petites fortunes, de ressources accumulées. Quant à l'usage que les ouvriers, domestiques, ou employés non épargnant font de leurs salaires, pour un certain nombre d'entre eux sans doute il est absorbé jusqu'à la dernière obole par les nécessités pressantes de la vie et par les charges de famille, mais pour la plupart il se gaspille en dépenses superflues, nuisibles au corps, à l'esprit et à l'âme. Si Proudhon avait lu un livre curieux, écrit par un ancien ouvrier, à moitié socialiste, le *Sublime* (1), il n'eût pas posé une question

(1) *Question sociale. Le Sublime ou le Travailleur comme il est en* 1870 *et ce qu'il peut être*, par D. P. Ce livre singulier décrit dans un langage très-pittoresque les mœurs d'une certaine catégorie d'ouvriers parisiens. Il a servi de matière première et de dictionnaire à M. Émile Zola pour son célèbre roman intitulé *l'Assommoir*. L'auteur du *Sublime* est devenu, en 1879, maire d'un des arrondissements de Paris.

à laquelle la réponse est si aisée. Les seules statistiques de la consommation des liqueurs fortes en Angleterre eussent dû l'édifier.

Laissons Proudhon avec son *idéomachie* et sa *logomachie*. La thèse que la situation de l'ouvrier, au point de vue de l'épargne, s'est améliorée depuis un quart de siècle ou un demi-siècle n'a pas besoin de plus ample démonstration. En est-il de même pour les loisirs ? L'ouvrier est-il aujourd'hui plus courbé qu'autrefois sur sa tâche ? Cette nourriture plus substantielle et plus variée, ce logement plus propre et plus spacieux, ce vêtement et cet ameublement plus confortables et plus dignes, cette assurance contre les maladies, parfois contre la vieillesse, cette épargne plus ample, achète-t-il tous ces biens par un plus grand nombre d'heures de travail, par un plus grand sacrifice de sa liberté et du temps dont il pouvait disposer pour ses délassements, ses récréations, ses jouissances de famille ? La réponse n'est pas plus difficile sur ce point que sur les autres. L'évidence des faits tout aussi bien que des chiffres ne laisse aucune incertitude. La journée de travail s'est réduite dans des proportions qui la rendent plus humaine. Parcourez les anciennes enquêtes, celles de Villermé, de Blanqui, lisez les descriptions de Sismondi, qu'y voyez-vous ? Un labeur effrayant saisissait l'ouvrier au réveil et ne l'abandonnait qu'au moment du sommeil, lui laissant à peine quelques instants de répit pour vaquer, dans le courant de la journée, aux nécessités du corps. Dans cet état chaotique de l'industrie, l'homme-machine, telle était la formule qui eût exactement dépeint l'état social de la population des usines. Le dimanche seulement, et encore pas toujours, l'ouvrier reprenait la liberté qui lui avait été inconnue pendant les six autres jours, et déshabitué qu'il en était, il ne savait en faire un utile usage. Qui oserait soutenir qu'aujourd'hui la situation soit la même ? Autrefois, naguère, car nous parlons d'il y a trente ou quarante années, les journées de quatorze ou quinze heures de travail étaient habituelles, celles de seize à dix-sept heures n'étaient pas sans exemple, tant dans l'atelier domestique que dans l'atelier commun. De nos jours la durée du travail ne dépasse nulle part douze heures effectives, et c'est beaucoup trop. La loi française l'a fixée à ce chiffre ; la loi suisse l'a abaissée à onze heures ; en Angleterre elle est descendue à neuf heures et demie ; à Paris et dans presque toutes les villes, pour l'innombrable quantité des métiers divers, elle ne dépasse pas 10 ; dans les mines elle descend généralement au-dessous, et dans la plupart des usines elle varie entre dix heures et demi et onze. Ainsi sur les vingt-quatre heures du jour l'ouvrier en a treize à sa disposition pour ses besoins physiques ; en prélevant la part du sommeil et des repas, il lui reste toujours trois ou quatre heures pour vaquer à ses affaires, pour la vie de famille, les distractions, les causeries, les lectures, en plus du dimanche tout entier. Ce n'est certainement pas là, comme on le prétend, l'esclavage ; et il est probable que bientôt, dans toute l'Europe, sans aucune loi, par le simple accord des volontés, la journée de travail effectif sera partout réduite à dix heures, soit à soixante heures sur les cent soixante-huit qui composent la semaine: en déduisant neuf heures par jour pour le sommeil et les repas, il resterait encore à l'ouvrier quarante-cinq heures par semaine à sa libre disposition. Si l'on voulait aller plus loin, ce ne serait pas sans de grands inconvénients : gare alors à l'homme de race jaune, au Chinois et au Japonais, sans parler de l'Indien qui, lorsqu'ils seront en possession de nos arts mécaniques et de nos découvertes industrielles, viendront peut-être prouver à nos ouvriers d'Europe et des États-Unis par de cruelles leçons la nécessité du travail, de la sobriété et de la tempérance.

Les faits que nous avons rapidement rassemblés dans cette introduction démontrent avec une irrésistible évidence que toutes les classes de la nation ont participé au progrès général, que la classe ouvrière particulièrement en a profité sous la triple forme d'un accroissement de bien-être matériel, d'un accroissement de sécurité et d'un accroissement de loisirs. On examinera, dans le cours de cet ouvrage, s'il est vrai que les riches deviennent chaque jour plus riches ; mais dès ce moment on peut affirmer qu'il est faux que les pauvres deviennent chaque jour plus pauvres. Cependant, les améliorations partielles et graduelles que nous venons de décrire ne touchent pas le cœur de ceux qui se sont faits les apôtres des revendications populaires. C'est avec un superbe dédain que ces hommes parlent de ces progrès qu'ils qualifient de mesquins et d'insignifiants. Pour eux, le mot de pauvreté n'a pas de sens absolu ; il indique simplement une relation entre les moyens de jouir qu'a un individu et les moyens de jouir qu'ont d'autres membres de la société. La pauvreté, ce n'est plus le manque de ressources propres pour lutter contre la faim, contre le froid, contre la maladie ; la pauvreté, c'est l'état de tout homme qui ne peut se procurer toutes les jouissances qu'un autre de ses semblables se donne. Ainsi un ouvrier bien nourri, bien vêtu, bien logé, confortablement meublé, ayant en outre un dépôt important à la caisse d'épargne et des valeurs mobilières daus son portefeuille, allant le dimanche ou le lundi en *tramway* passer la journée à la campagne et revenant le soir assister du haut des galeries supérieures aux représentations d'un théâtre populaire, cet ouvrier se déclare pauvre parce qu'il n'a ni hôtel, ni domestiques, ni voiture, ni chevaux, ni loge dans les grands théâtres.

Telle est, entre autres, la doctrine du célèbre socialiste allemand Ferdinand Lassalle. Lisez sa lettre au Comité central pour la convocation d'un Congrès général des travailleurs allemands à Leipzig, et vous verrez que telle est sa prétention. « Remarquez-bien ma parole, messieurs, écrit-il. Il peut arriver « par la raison indiquée que le minimum nécessaire d'existence « et, par suite, la situation de la classe ouvrière (*Arbeiterstand*), « si on les compare d'une génération à l'autre, se soient un « peu élevés. Si cela est arrivé en effet, si réellement l'ensemble « de la situation de la classe ouvrière et d'une manière con- « tinue s'est améliorée à travers les siècles, messieurs, c'est là « une question très-difficile, très-compliquée, qui comporte « beaucoup trop de science pour que ceux-là eussent été ca- « pables de la résoudre, même approximativement, qui cher- « chent à vous distraire (*amüsiren*) en vous représentant quel

« était le prix du coton au dernier siècle et combien d'étoffes « de coton vous employez aujourd'hui, et en recourant à d'au- « tres lieux communs analogues que l'on peut tirer du premier « manuel venu.......

« Quand vous parlez de la situation de la classe laborieuse « et de l'amélioration de votre sort, vous entendez parler de vo- « tre situation comparée à celle de vos concitoyens dans le « présent, comparée par conséquent avec la mesure moyenne « (*Maszstab*) des habitudes dans le temps actuel. Et l'on veut « vous distraire par de prétendues comparaisons de votre si- « tuation avec la situation des travailleurs dans les siècles « passés.....

« Chaque satisfaction humaine (*jede menschliche Befriedi-* « *gung*) dépend toujours et seulement du rapport des moyens « (*Befriedigungsmitteln*) aux besoins devenus habituels dans un « temps donné, ou ce qui est la même chose, du superflu des « moyens au delà de la limite la plus basse des besoins deve- « nus habituels dans ce temps. Chaque élévation du minimum « des besoins habituels apporte avec elle des souffrances et des « privations que les temps antérieurs n'avaient pas connus. « Quelle privation éprouve le Botokoudo, s'il ne peut ache- « ter de savon? le sauvage anthropophage s'il n'a pas un vête- « ment convenable? Quelle privation éprouvait l'ouvrier avant « la découverte de l'Amérique s'il n'avait pas de tabac à fu- « mer? Quelle privation ressentait l'ouvrier avant la décou- « verte de l'imprimerie s'il ne pouvait se procurer un livre « utile?.....

« Toute souffrance et toute privation humaines, de même « que toute satisfaction humaine, par conséquent aussi la « situation de chaque partie de l'humanité, ne peuvent se me- « surer que par comparaison avec la situation dans laquelle se « trouvent d'autres hommes du même temps relativement à la « moyenne habituelle des besoins (*Lebensbedürfnisse*). La situa- « tion de chaque classe a toujours pour unique mesure la si- « tuation des autres classes dans le même temps.

« Quand bien même il serait établi que le niveau des condi-

« tions nécessaires de l'existence (*nothwendigen Lebensbedingun-* « *gen*) dans les différents âges s'est élevé, que des satisfactions « auparavant inconnues sont devenues des besoins habituels, « et qu'avec elles sont venues des privations et des souffrances « inconnues aussi auparavant, votre situation humaine (*ihre* « *menschliche Lage*) est dans ces temps différents demeurée, « néanmoins, toujours la même, à savoir celle-ci : elle consiste « à osciller (*herumzutanzen*) autour de la limite extrême des be- « soins habituels de la vie dans chaque temps, tantôt s'élevant « un peu au-dessus de cette limite, tantôt restant un peu au- « dessous.

« Votre situation comme hommes est donc demeurée la même, « car votre situation comme hommes ne se mesure pas com- « parativement à la situation de l'animal dans la forêt vierge, « ou comparativement à celle du nègre de l'Afrique, ni à celle « du serf d'il y a deux cents ans ou même d'il y a quatre-vingts « ans; elle n'a pour mesure que la situation de vos compa- « gnons de l'humanité (*Mitmenschen*), que la situation des au- « tres classes dans le temps où vous vivez (1). »

Nous nous sommes efforcé de traduire aussi exactement que possible les paroles de Lassalle. Si certaines expressions de ce discours peuvent paraître obscures, le fond en est très-clair. Tous les progrès accomplis dans la situation des classes laborieuses, considérés isolément, n'ont aucune importance, sont absolument négligeables, s'ils n'ont pas dépassé les progrès accomplis par les classes supérieures et diminué ainsi l'écart existant entre les unes et les autres. Ce n'est pas la situation absolue de la population ouvrière qui importe, c'est la situation relative. Que les ouvriers soient bien nourris, bien logés, bien meublés, bien vêtus, qu'ils aient des loisirs, qu'ils jouissent de la sécurité du lendemain et du repos de la vieillesse, tout cela socialement n'a pas d'importance aux yeux de l'agitateur allemand, si d'autres hommes ont une table plus raffinée, des palais plus amples, des vêtements plus élégants, des meubles plus

(1) *Offenes Antwortschreiben an das Central-Comite zur Berufung eines Allgemeinen Deutschen Arbeiter Congresses zu Leipzig.* Pages 15 à 18.

luxueux. Sans doute, Lassalle aimerait mieux que la classe ouvrière fût plus misérable, mais qu'il y eût moins de distance entre elle et les classes supérieures. L'homme social différerait donc singulièrement, d'après Lassalle, de l'homme réel ; tandis que celui-ci se trouve aux prises avec des besoins faciles à définir et important à son existence même, l'homme social aurait principalement des besoins de vanité, d'ambition, de jalousie et d'envie. Or, comme il est chimérique d'espérer que l'on pourra atteindre l'égalité absolue dans l'extrême opulence, qu'il est même présomptueux de penser qu'on pourra bientôt la réaliser dans l'universelle médiocrité, il en résulterait qu'on devrait préférer à l'état social actuel l'égalité dans l'indigence et le dénuement. Lassalle parle, on l'a vu, avec dédain des tribus de sauvages du Brésil qu'on appelle les Botocoudos ; et cependant, si l'on prenait pour mesure de la situation sociale d'un peuple celle qu'indique Lassalle, si, sans s'inquiéter des moyens absolus de subsistance et de jouissance que possèdent les individus qui le composent, on se contentait de comparer la situation de la classe inférieure avec la situation de la classe supérieure, on trouverait que les différences entre ces classes étant bien moindres chez les Botocoudos que chez les Allemands, les Anglais, les Français ou les Américains, les sauvages du Brésil sont socialement dans une situation supérieure à celle des quatre peuples que nous venons de nommer. C'est à ce singulier paradoxe qu'aboutit logiquement la doctrine de Lassalle, cette doctrine qui ne tient aucun compte des moyens absolus de subsistance et de jouissance que possèdent les individus, et qui n'attache d'importance qu'à la situation respective des diverses parties de la société.

Cependant, même si l'on se place au point de vue de Lassalle, les phénomènes économiques du temps où nous vivons sont très-loin de devoir être interprétés dans un sens pessimiste. Les progrès du bien-être de la classe inférieure de la population sont et surtout seront, dans un prochain avenir, plus rapides que ceux de la classe moyenne et de la classe élevée. Sans arriver à un nivellement des conditions qui est impossible, à une uniformité des situations humaines qui serait mortelle à la société, le mouvement économique actuel conduit à un plus grand rapprochement des conditions sociales, à une moindre inégalité entre les fortunes. C'est la conclusion qui ressortira de ce livre ; nous ne disons pas, remarquez-le, que ce soit la thèse qui est soutenue dans ce livre ; car cette pensée n'a pas inspiré notre ouvrage, elle en découle seulement ; elle n'a pas présidé à nos observations, elle en est la conséquence.

---

# CHAPITRE PREMIER

## DE LA NATURE ET DE L'ORIGINE DE LA PROPRIÉTÉ FONCIÈRE RURALE.

Des diverses catégories de copartageants dans le revenu de la nation : les propriétaires fonciers, les capitalistes, les entrepreneurs d'industrie, les salariés ou ouvriers.

Les quatre ordres de recherches qui se rattachent à l'étude de la propriété foncière.

De la nature et de l'origine de la propriété foncière privée, perpétuelle et absolue. — La terre n'a pas de valeur sur les confins de la civilisation. — Exemples tirés de l'Asie Centrale, du Far West américain ou canadien, de l'Australie. — La faible valeur qu'a la terre dans ces régions vient du travail social qui l'approche ou l'entoure.

Opinion de M. Émile de Laveleye sur la propriété primitive et sur la « propriété quiritaire ».

Les quatre explications ou justifications de la propriété privée, perpétuelle et absolue. — La véritable cause de cette propriété est l'utilité sociale. — Démonstration de l'utilité de la propriété privée, perpétuelle et absolue.

La propriété collective communale n'aurait pas moins d'inconvénients que la propriété privée, et elle n'en offrirait pas les avantages. — La propriété privée est indispensable pour le rapide défrichement et le prompt peuplement des contrées neuves.

Deux causes ont contribué à la disparition de la propriété collective : la division du travail et le progrès des cultures. — La culture variée et perfectionnée n'est pas compatible avec ce genre de propriété.

Du plan de M. de Laveleye pour « communaliser » ou « nationaliser » le sol.

Le revenu de la nation est le fonds sur lequel vivent tous les habitants et sur lequel aussi ils prélèvent une épargne qui sert à améliorer de générations en générations la condition de l'humanité : telle est à peu près la définition de tous les économistes depuis Adam Smith ; on n'en saurait contester l'exactitude. Quelles sont les origines du revenu de la nation? Elles sont triples : ce revenu est, en effet, le produit de la coopération des agents naturels, du travail humain et du capital ou des instruments de travail accumulés. Ce sont là des vérités d'une absolue évidence.

Quelles sont maintenant les catégories de personnes qui doivent se partager ce revenu? La généralité des économistes anglais comptent trois classes de copartageants qu'ils désignent par ces noms abstraits : la rente de la terre, le capital et le travail, autrement dit les propriétaires fonciers, les capitalistes et les ouvriers. A ces trois catégories de personnes Rossi joint un quatrième copartageant : l'État, qui par voie d'impôt, prélève sur le revenu de la nation, ce qui est nécessaire à sa subsistance et à l'accomplissement de ses fonctions. Nous repoussons cette classification de Rossi. L'État, en effet, est, si nous pouvons parler ainsi, un copartageant secondaire, qui vient à un moment postérieur. Quand les diverses classes de personnes ayant un droit sur le revenu de la nation se sont fait leur part, l'État intervient et requiert de chacune d'elles ce qu'il juge nécessaire ou utile à ses propres besoins; mais l'État n'est jamais en première ligne ; les revenus dont il jouit sont des revenus dérivés prélevés sur d'autres revenus. En outre, il n'y a aucune règle naturelle, aucune mesure fixe, pour déterminer les droits de l'État. Laissons donc, pour le moment, l'État en repos et ne le prenons pas en considération.

C'est à grand tort que l'école anglaise ne fait figurer que trois catégories parmi les copartageants, à savoir les propriétaires fonciers, les capitalistes et les ouvriers. La seconde de ces catégories est trop étendue et comprend des éléments de nature très-diverse, qui n'ont pas la même situation dans la société. Il faut distinguer les capitalistes proprement dits, ceux qui possèdent les capitaux, qui en tirent un revenu en les prêtant à autrui, et les entrepreneurs d'industrie qui font eux-mêmes valoir ces capitaux, soit qu'ils en soient les maîtres absolus en qualité de propriétaires, soit qu'ils en aient seulement la disposition en qualité d'emprunteurs. Il y a une nécessité scientifique et une grande importance pratique à ne pas confondre dans une même classe les capitalistes et les entrepreneurs d'industrie, à ne pas établir une sorte d'identité entre l'intérêt des capitaux et le bénéfice des entrepreneurs. Cette confusion qui est habituelle à l'école anglaise est un des grands défauts de cette école. Il y a une singulière différence entre l'intérêt des capitaux qui varie peu en général, au même instant dans un même pays, et les profits industriels ou commerciaux dont l'essence est d'être singulièrement variables. De même, la classe des capitalistes, plus souvent dénommés rentiers, qui est en général oisive, diffère singulièrement de la classe des industriels et des commerçants qui est la plus active de toute la société.

Il y a donc quatre catégories de copartageants du revenu de la nation : les propriétaires fonciers, les capitalistes ou rentiers, les entrepreneurs d'industrie et enfin les ouvriers.

Quelques auteurs y en ajoutent une cinquième : celle des fonctionnaires et des personnes adonnées aux professions libérales. Nous écartons encore, comme superflus, ces prétendus copartageants nouveaux, de même que nous avons éloigné l'État. Eux aussi ne sont que des copartageants en second ordre; les revenus dont ils jouissent ne sont que des revenus dérivés, prélevés sur d'autres. Ils n'interviennent qu'après que chacune des quatre classes de copartageants primitifs a prélevé sa part. Que l'on prenne un objet quelconque, une étoffe de laine par exemple : il y a dans le prix de cette étoffe la part du propriétaire foncier, celle du capitaliste, celle de l'entrepreneur d'industrie ou de commerce, celle de l'ouvrier; il n'y a pas la part du médecin ni de l'avocat. Certes, nous n'entendons pas dire que le prix de tout objet ayant une valeur se répartisse entre les quatre classes de copartageants primitifs que nous avons indiqués (1), mais il en est ainsi de la plupart, de la grande généralité, de la presque universalité des marchandises.

De ces quatre catégories de copartageants, plusieurs, toutes même, peuvent être parfois réunies dans une même personne. C'est le cas pour beaucoup de petites industries. Le porteur

(1) Le prix du poisson, par exemple, ne se distribue qu'entre trois classes de copartageants : le capitaliste qui a fourni l'argent pour faire la barque, pour acheter les filets, l'entrepreneur qui prend la pêche à ses risques et périls et fait l'avance du salaire, l'ouvrier enfin qui prête son concours et reçoit un salaire fixe, souvent augmenté par une participation aux bénéfices.

d'eau, s'il est propriétaire de son baril et de ses seaux, est à la fois capitaliste, entrepreneur d'industrie et ouvrier : dans le gain qu'il fait on doit distinguer l'intérêt du capital, le profit de l'entrepreneur et le salaire de la main-d'œuvre. Le petit propriétaire qui fait valoir son champ réunit en sa personne les quatre catégories de propriétaire foncier, de capitaliste possédant les instruments agricoles et les avances nécessaires à la culture, d'entrepreneur d'industrie et d'ouvrier enfin. Quoique ces réunions de plusieurs qualités en une même personne soient fréquentes, il n'en est pas moins nécessaire, pour la précision de l'analyse, de distinguer toujours par la pensée les quatre classes de copartageants, et de rechercher quelle est l'influence de la civilisation sur le bien-être, non seulement absolu, mais relatif, de chacune d'elles. Tel est l'objet de ce livre.

La première catégorie de copartageants qui se présente à notre étude, c'est celle des propriétaires fonciers. Il est impossible de se rendre compte de l'influence qu'exerce la civilisation sur le sort des propriétaires, si d'abord nous n'avons résolu quelques questions que soulève la propriété foncière elle-même.

C'est un problème très-complexe, très-discuté, éternellement discutable que celui de la propriété foncière privée, de ses origines, de ses droits et de ses limites. Ne reculons pas devant un examen rapide des difficultés qui s'y rattachent. Quatre ordres de recherches se présentent successivement à l'esprit. Les voici :

1° Quelle est la légitimité de la propriété foncière, individuelle, absolue, perpétuelle, de la propriété *quiritaire*, du *dominium absolutum*, comme l'ont appelée certains critiques récents, épris de la propriété collective, communale ou familiale ?

2° Quels sont les caractères du revenu foncier? Représente-t-il simplement, comme le veut Bastiat, le travail du propriétaire actuel et de ses prédécesseurs ; ou bien, au contraire, comme l'affirment le célèbre économiste anglais Ricardo et à sa suite toute l'école britannique, comprend-il deux parts, l'une qui est le prix du travail et l'autre qui est la rémunération des agents naturels du sol, des forces gratuites de la nature, rémunération que le propriétaire perçoit et s'attribue par surcroît, à la faveur et sous la protection des lois civiles?

3° Quelle est l'influence de la civilisation, telle que nous l'avons définie (page 25), sur le développement ou sur la réduction du produit net de la terre, en un mot sur le sort du propriétaire foncier?

4° Quels sont aussi les effets de la civilisation, de l'accumulation des capitaux, quelle est l'influence des lois civiles sur le morcellement ou sur la concentration de la propriété foncière?

Il y a deux tendances opposées qui, tour à tour ou même simultanément, effraient les esprits songeurs : c'est la tendance à la constitution de propriétés énormes, aux *latifundia*, et, d'autre part, c'est la tendance à ce que l'on a appelé *la pulvérisation du sol*. A cet ordre de questions se rattache l'examen des mérites respectifs de la grande et de la petite culture.

Il a suffi d'exposer tous ces problèmes que soulève la propriété foncière pour que le lecteur vît qu'il nous est impossible dans un ouvrage comme celui-ci de les étudier chacun en détail. Il n'en est pas un qui ne comportât tout un volume. Cependant il ne nous est pas permis de les laisser de côté, sinon toutes nos observations sur la manière dont la civilisation affecte le sort des propriétaires fonciers manqueraient de base scientifique et paraîtraient des conjectures ou des propositions incohérentes.

La première question est celle de l'origine et de la légitimité de la propriété foncière privée, perpétuelle et absolue.

Un fait qui est incontestable c'est que la terre n'a pas une valeur naturelle qui soit indépendante du travail humain. Ce qui communique au sol une valeur, c'est le travail de l'occupant, ou le travail social environnant. Il faut bien distinguer ces deux catégories de travaux, celui du détenteur de la terre à proprement parler, et celui de la société qui l'avoisine.

Les contrées primitives et insuffisamment peuplées abondent encore sur notre petit globe ; les terres disponibles, de bonne qualité, y sont en quantités énormes, égalant peut-être les terres appropriées. L'Asie Centrale, les États-Unis d'Amérique et le Canada, le Brésil et la Plata, plusieurs régions de l'Afrique, conservent des étendues presque indéfinies de terres sans maître. Il en est de même de l'Australie.

Quelle est la valeur de la terre dans ces contrées ? Elle est nulle ou négligeable ; nous entendons parler de la terre non appropriée, à l'état brut, absolument vierge de tout travail humain, de tout travail social.

Le capitaine anglais Burnaby, dans son intéressant voyage à Khiva, raconte qu'entre Orenbourg et Orsk (ce n'est pas là une contrée bien éloignée des confins de la civilisation) on peut acheter quatre-vingts acres de terre pour un rouble et demi, c'est-à-dire pour 6 francs (1). Dans le même pays et d'après le même narrateur les productions naturelles ont une valeur très-faible : une vache vaut 77 francs, un mouton gras de deux ans, 15 fr. 50. Mieux encore dans le Yarkand, d'après les récits de l'Ambassade Anglaise de 1877 : un mouton gras, non pas comme les petits moutons de l'Inde, se vend 40 ou 60 centimes, et la farine de froment coûte 2 fr. 50 les quatre-vingts livres. Dans le Soudan, un bœuf coûte 5 francs d'après Barth, tandis que le sel et les cotonnades y sont à un prix élevé. D'après la valeur des produits de la terre de ces contrées, qui ne sont pas cependant livrées à l'absolue sauvagerie, on peut juger de la valeur de la terre elle-même.

La valeur de la terre dans les contrées primitives est donc nulle, ou du moins insignifiante, faute de travail humain et faute de travail social ; car ce dernier, sous la forme de routes, de desséchements, de moyens d'irrigation, d'endiguements etc., contribue pour une large part à la valeur de la terre appropriée.

En est-il autrement dans les contrées encore jeunes où se porte l'élément européen ? au Far West des États-Unis, du

(1) L'acre anglais égale 41 ares.

Canada, à l'extrémité de la zone colonisée de l'Australie? Non, dans ces pays aussi la valeur de la terre est nulle également. On connaît le régime des terres aux Etats-Unis : il est parfait. Depuis 1826 l'Union fait vendre aux enchères les terres domaniales au prix de 1 dollar 1/4 l'acre, c'est-à-dire 16 fr. 50 l'hectare. Quarante hectares sont considérés comme suffisant à l'activité d'une famille ; moyennant 660 francs une famille de prolétaires américains peut donc se mettre en possession de cette matière première indispensable de la culture. Il est vrai qu'elle aura de la terre à l'état brut ; couverte de broussailles ou d'arbres sans valeur, malsaine peut-être, sans clôtures, sans rigoles, surtout sans habitation. Elle se trouvera dans la situation de Caïn et d'Abel aux premiers jours du monde ; dans une situation inférieure même, car les animaux lui manqueront, et il lui faudra les acheter, comme les semences ; mais dans ces zones éloignées tout cela a peu de valeur. En revanche, cette famille de prolétaires agricoles aura plus de connaissances, plus de sécurité, elle pourra se procurer à peu de frais des instruments plus puissants que les premiers hommes.

Que l'on pût acquérir pour 16 fr. 50 un hectare, ou pour 660 francs un lot de quarante hectares, c'étaient déjà des conditions bien satisfaisantes, et il n'en coûtait pas beaucoup pour être « seigneur terrien ». Depuis 1854, cependant, ces conditions sont devenues encore plus avantageuses. En général, l'enchère est purement nominale, les terres sont vendues à bureau ouvert au prix que nous avons indiqué plus haut. Quelques-unes, cependant, soit qu'on les croie inférieures de qualité, soit qu'elles se trouvent moins rapprochées des chemins ou des cours d'eau, soit pour toute autre cause, n'ont pas preneur à ce prix de 1 dollar et quart l'acre. Que fait-on alors? Quand elles sont restées ainsi dix ans en vente sans tenter l'acheteur, on abaisse le prix à 1 dollar ou 100 cents l'acre, 13 fr. 20 l'hectare ; au bout de quinze ans ce prix descend à 75 cents ou 4 francs l'acre ; au bout de vingt ans à 50 cents ou 2 fr. 67 centimes; au bout de vingt-cinq ans à 25 cents; au bout de trente ans à 12 cents et demi, soit trente sous l'hectare.

C'est sous ce régime que se sont peuplés l'Ohio, d'abord, puis l'Illinois, ensuite l'Orégon, aujourd'hui le Minnesota et le Texas. Le dernier de ces États à lui seul a vendu dans l'année 1870 quatorze cent mille hectares de terres dans ces conditions, soit la superficie de trois départements français. Au Canada, qui lutte actuellement avec les États-Unis pour la colonisation du Far West, dans le vaste territoire surtout connu sous le nom de Manitoba, le régime des terres incultes et domaniales n'est pas plus restrictif ; il l'est même encore moins.

Ainsi la terre libre et vierge, cette denrée qui est maintenant presque inconnue en Europe, on se la procure pour quelques francs dans ces jeunes et grandissantes sociétés du nouveau monde : un hectare y coûte moins qu'un pantalon ou qu'une paire de bottes. Le fameux monopole de la propriété foncière autour duquel on a fait tant de bruit, que devient-il avec cette énorme quantité de terres sans maître et sans culture que l'on rencontre sur le vieux et sur l'ancien continent et dans les îles qui parsèment les mers ? Notez que ces terres domaniales que l'Union américaine ou le Dominion canadien livre à si bon compte ne sont pas absolument nettes de tout travail humain, de tout travail social. Elles ont été arpentées, cadastrées, distribuées en lots ; l'État en garantit la possession indéfinie et sans troubles ; on y a fait aussi quelques chemins si rudimentaires qu'ils soient, ou du moins elles ne sont pas éloignées des grandes routes. La faible valeur qu'on leur assigne peut être considérée comme l'équivalent de tout ce travail social qui les enveloppe, qui leur a donné une forme, qui les a rendues accessibles. Voilà pourquoi dès que le colon s'enfonce plus loin dans les bois ou dans la prairie, dès qu'il devient pionnier ou squatter, dès qu'il s'établit sur une terre non allotie, non cadastrée, pas encore mise en vente, la société n'ayant rien fait pour lui, d'ordinaire on respecte sa jouissance, on ne lui réclame aucun prix, aucune redevance, jusqu'au jour où la colonisation ayant avancé davantage et enveloppant à son tour ce pionnier, lui offrant une garantie contre tout trouble, lui présentant ses ressources, le faisant bénéficier de la proximité de ses voies de communication, il est juste qu'il paie une légère contribution, un prix d'achat.

Quoique la terre soit ainsi presque à la gratuite disposition de tout amateur à très-peu de distance des confins de la colonisation américaine, on ne voit pas que les ouvriers des États de l'est de la Nouvelle-Angleterre, se soient empressés d'aller s'emparer de cet instrument, qui paraît un monopole aux yeux de leurs frères d'Europe. Il n'est pas rare que des travailleurs soient assujettis à mille privations dans les États de New-York ou de Massachussets, même dans l'État plus central de Philadelphie, que parfois même ils subissent les tortures de la misère et de la faim, sans que la pensée leur vienne d'aller un peu plus à l'Ouest et de se faire eux aussi propriétaires. Ceux qui ont eu cette hardiesse ne paraissent pas tous — tant s'en faut — avoir à s'en féliciter. La plupart des *farmers* du *Far-West* ne sont pas dans une position opulente, ni même très-attrayante : l'*Économist* de Londres en faisait, dans le courant de l'année 1878, une description qui n'était pas séduisante pour les émigrants. La littérature même a fait un tableau navrant des mécomptes de ces pauvres agriculteurs du vieux monde que le style des prospectus avait entraînés à acquérir de compagnies financières des terres aux États-Unis. Aucun lecteur n'a oublié les pages si poignantes que contient sur ce point le célèbre roman de Dickens, Martin Chuzzlewit. Les gouvernements européens ont dû plusieurs fois prévenir leurs émigrants du sort misérable qui les attendait dans les concessions gratuites de terres que leur offraient le Brésil et d'autres États de l'Amérique du Sud. Au moment où nous écrivons (décembre 1879) un *farmer* (propriétaire exploitant) du Wisconsin, Anglais de naissance, publie dans le *Times* une lettre où il détourne les fermiers de la Grande-Bretagne de venir chercher fortune aux États-Unis (1).

Ce qui est incontestable, c'est que, absolument vierge de tout travail du possesseur et de tout travail social environnant, la

(1) Voir *l'Économiste français* du 20 décembre 1879.

terre n'a pas de valeur. Elle en acquiert quelquefois une fort grande dès qu'un travail social s'y applique. Ainsi, à Winnebayo, où le chemin de fer du Minnesota méridional a une de ses stations, la terre qui, déjà exploitée, ne valait, il y a quelques années, que 87 à 125 francs l'hectare est montée en 1879 à 500 ou 575 francs. C'est le travail social qui est la cause de cette plus-value.

A l'exemple des États-Unis et du Canada, faut-il joindre celui de l'Australie ? D'abord, dans cette contrée la terre fut donnée pour rien, l'émigration était alors subventionnée, et cependant les émigrants n'affluaient pas. A partir de 1831, on renonça au régime des concessions pour adopter avec quelques modifications le système américain. On vendit les terres aux enchères sur la mise à prix de 5 shellings l'acre, soit environ 16 francs l'hectare ; le prix moyen, par suite des auctions, montait à 7 ou 8 shellings l'acre, soit à 18 ou 20 francs l'hectare. A partir de 1838, le gouvernement voulut tirer plus de ressources de ses domaines en haussant les prix ; la mise à prix fut de 12 shellings l'acre, soit 37 fr. 50 l'hectare. La quantité de terres vendues diminua et l'émigration se ralentit. Plus tard, de 1851 à 1860, la colonisation ayant reçu une grande impulsion de la découverte des mines d'or, la vente des terres domaniales se fit au prix uniforme de 20 shellings l'acre ou 50 francs l'hectare (1). Étaient-ce là des terres absolument vierges de travail social ? Non, certes. C'étaient des terres arpentées, cadastrées, alloties, situées le long des rivières ou à proximité des routes et des marchés que le travail de l'homme avait créés. On ne vendait pas à ce prix les terres de l'intérieur, et nous ne parlons pas ici de celles du centre du continent australien, mais simplement de celles qui se trouvaient un peu moins à proximité des villages ou des villes. Ainsi on accordait et l'on accorde encore aux *squatters* pour les bestiaux une superficie que l'on appelle un *run*, un parcours, qui consiste en 640 acres de terres ou 260 hectares, moyennant une redevance annuelle de 10 livres

(1) Voir notre ouvrage : *De la colonisation chez les peuples modernes* (p. 434). Paris, Guillaumin, éditeur, 1874.

sterling, ou 250 francs, moins d'un franc par hectare. Les grands frais qui s'imposent aux concessionnaires sont les clôtures.

Voilà donc le prix de la terre à l'état naturel près des sociétés opulentes. On se demande comment les prolétaires ne sont pas tentés par ce bon marché de l'instrument de travail par excellence. Avec quelques mois d'économie, la plupart des bons ouvriers d'Europe pourraient se tailler un domaine dans ces contrées nouvelles. Ils ont peut-être, disons-le, de bonnes raisons pour ne pas se laisser séduire par cet appât. Déjà nous avons indiqué les déboires qu'ont éprouvés beaucoup des émigrants qui se sont établis sur des terres incultes soit aux États-Unis, soit dans l'Amérique du Sud. Voici un trait nouveau et précis qui appartient à l'histoire de la colonisation. Un capitaliste appelé M. Peel, partit en 1830 pour l'Australie de l'ouest; il emmenait avec lui 300 laboureurs ou ouvriers agricoles et pour 1,250,000 francs de matériel agricole, d'animaux, de provisions. La discipline cessa, paraît-il, parmi tout ce monde à l'arrivée; chacun voulut devenir propriétaire, et presque tous ces émigrants, choisis cependant avec soin dans la métropole, moururent de faim (1). Cet exemple s'est répété des centaines de fois.

Il demeure établi que la terre ne peut être considérée comme ayant une valeur naturelle qui précède le travail du possesseur, ou du moins qui devance le travail social. Cela ne veut, certes, pas dire que la valeur ultérieure de chaque terre soit proportionnelle au travail dont elle a été l'objet, soit de la part des possesseurs, soit de la part de la société. Une semblable proposition serait manifestement contraire aux faits.

Quelle est l'origine, quelle est la justification de la propriété individuelle, perpétuelle, absolue de la terre ? Comment cet agent de production le plus indispensable à l'humanité et qui par sa nature semblait devoir être commun est-il tombé sous le régime de l'appropriation et y reste-t-il encore ?

(1) Voyez notre ouvrage sur la *Colonisation chez les peuples modernes*. Paris, 1874, Guillaumin, éditeur.

Suivant un économiste bien connu, M. Émile de Laveleye, la propriété individuelle, absolue, quiritaire, pour nous servir de son expression, est de date récente. D'après cet écrivain, le débat entre la propriété collective et la propriété individuelle n'est pas clos. Les sociétés modernes ne seraient pas encore parvenues à une organisation agraire définitive (1). On rencontre chez un autre penseur, M. Le Play, des idées moins radicales assurément, mais de nature analogue. L'un et l'autre semblent préférer à la propriété individuelle la propriété familiale, ou même la propriété communale. Chaque homme aurait droit à la terre, cette commune nourricière de l'humanité ; abandonnée à ses logiques conséquences, avec la puissance toute moderne des grands capitaux, la propriété individuelle conduirait aux *latifundia*, ces possessions géantes qui désintéressent le gros de l'humanité de la culture du sol, qui déracinent, en quelque sorte, les hommes et engendrent ce que l'on a appelé le prolétariat.

Au service de sa thèse, M. Émile de Laveleye apporte une vaste érudition. Il a rassemblé, dans tous les âges et dans tous les coins du monde, une multitude d'exemples qui tendraient à montrer que la propriété individuelle, perpétuelle, absolue, est à la fois un fait nouveau et presque un fait local, qu'au contraire, la propriété collective a survécu à travers toutes les révolutions et fait, en quelque sorte, partie de la conscience confuse de l'humanité. L'antiquité classique, le moyen âge, quelques coutumes presque effacées des petits cantons suisses ou du Portugal, les communautés de village de Java et de l'Inde, le communisme agraire des Arabes, le régime terrien de l'Égypte et de la Turquie, le *Mir* russe, défilent tour à tour devant les yeux du lecteur de M. Émile de Laveleye pour témoigner de l'universalité et de la persistance de ce grand fait primordial, la propriété collective.

Les anciens Germains, suivant le publiciste belge qui emprunte ici l'autorité de Grimm, n'auraient pas eu de mot pour

(1) *De la propriété et de ses formes primitives* par Émile de Laveleye. Paris, 1874.

désigner la propriété privée. Celui d'*Eigenthum* serait de date récente. C'est de Rome que serait venue la propriété individuelle, perpétuelle et absolue, que M. de Laveleye appelle pour cette raison *quiritaire;* et il relate avec complaisance l'étonnement de César et de Tacite devant la propriété commune et la répartition annuelle des terres chez les Gaulois et chez les Germains. On connaît la description du grand historien romain : *Agri pro numero cultorum ab universis per vices occupantur, quos mox inter se secundum dignationem partiuntur ; facilitatem partiundi camporum spatia præstant. Arva per annos mutant, et superest ager ; nec enim cum ubertate et amplitudine soli labore contendunt, ut pomaria conserant et prata separent et hortos rigent ; sola terræ seges imperatur.*

Ce régime germanique aurait eu une assez longue durée, même après la conquête romaine, si les renseignements de M. Émile de Laveleye sont exacts. En France, par exemple, ce serait un édit de Chilpéric, en 561, qui aurait établi que les fils et les filles, les frères et les sœurs hériteraient des biens du défunt, préférablement aux habitants du village où ils sont situés. Plein d'admiration pour la propriété collective, M. de Laveleye fait un curieux parallèle entre le sort de l'ouvrier germain et celui de son successeur, le paysan allemand de nos jours (1). Ce parallèle rappelle les descriptions de l'âge d'or des

(1) Voici comment s'exprime M. Émile de Laveleye sur cet âge d'or germanique : « Quelle différence entre un des membres de ces communautés de vil-« lage et le paysan allemand qui occupe aujourd'hui sa place ! Le premier se « nourrit de matière animale, de venaison, de mouton, de bœuf, de lait et de « fromage, le second de pain de seigle et de pommes de terre ; la viande étant « trop chère, il n'en mange que très-rarement aux grandes fêtes. Le premier « se fortifie et se délie les membres par des exercices continuels; il traverse « les fleuves à la nage, poursuit l'aurochs des jours entiers dans les vastes « forêts, et s'exerce au maniement des armes. Il se considère comme l'égal de « tous et ne reconnaît nulle autorité autour de lui. Il choisit librement ses « chefs, il prend part à l'administration des intérêts de la communauté; « comme juré, il juge les différends, les querelles, les crimes de ses pairs; » guerrier, il ne quitte jamais ses armes, et il les entrechoque (*Wapnatak*) « lorsqu'une grave résolution est prise. Sa manière de vivre est barbare, en ce « sens, qu'il ne songe pas à pourvoir aux besoins raffinés que la civilisation « fait naître; mais elle met en activité et développe ainsi toutes les facultés « humaines, les forces du corps d'abord, puis la volonté, la prévoyance, la « réflexion. Le paysan de nos jours est inerte ; il est écrasé par ces puissantes

poètes. M. Le Play, devançant sur ce point M. de Laveleye, a fait aussi dans un de ses ouvrages le tableau du bonheur de l'habitant de la grande steppe de l'Asie centrale. Il est impossible de considérer ces brillants hors-d'œuvre comme autre chose que des épisodes poétiques destinés à charmer l'imagination du lecteur, à le reposer au milieu d'une lecture aride. Des intermèdes ne sont pas des arguments.

Puisque, même de nos jours, chez des écrivains qui ne sont, à proprement parler ni révolutionnaires, ni complètement socialistes, la propriété privée trouve des adversaires, tout au moins des critiques, nous devons rechercher quelles sont les origines et les justifications de ce fait que l'on prétend récent, et qui est maintenant à peu près universel. Est-il si récent, d'ailleurs, que l'affirme M. de Laveleye ? De plus érudits que nous dans la science historique pourraient élever à ce sujet non seulement des doutes, mais des objections sérieuses. C'est ainsi qu'au moment même où nous écrivons ces lignes, un homme dont personne ne niera et la science et le don d'interpréter, de reconstituer l'histoire, M. Fustel de Coulanges, dans des lectures à l'Académie des Sciences Morales et Politiques a rectifié, ou plutôt réfuté les assertions de M. de Laveleye relativement à Sparte. Le savant et sagace historien a démontré que les Spartiates avaient mis en pratique la propriété privée et que leurs fameux repas communs étaient tout autre chose que ne le croit le vulgaire ; c'étaient des sortes de réunions assez

« hiérarchies politiques, judiciaires, administratives, ecclésiastiques, qui « s'élèvent au-dessus de lui ; il n'est pas son maître, il est pris dans l'engre- « nage social, qui en dispose comme d'une chose. Il est saisi et embrigadé par « l'État ; il tremble devant son curé, devant le garde-champêtre ; partout des « autorités qui lui commandent et auxquelles il doit obéir, attendu qu'elles « disposent, pour l'y contraindre, de toutes les forces de la nation. Les sociétés « modernes possèdent une puissance collective incomparablement plus grande « que celle des sociétés primitives ; mais dans celles-ci, quand elles avaient « échappé à la conquête, l'individu était doué d'une vigueur très-supérieure. » Qu'il y ait quelque parcelle de vérité dans ces dernières réflexions, nous ne le contesterons pas, quoique l'état de terreur du paysan appartienne plutôt au passé qu'au présent. Le paysan français s'est déjà fort affranchi de cette servitude morale et de cette dépendance intellectuelle. Pour ce qui est du bonheur de l'ancien Germain, un simple fait suffit pour le contester : ce sont ces invasions des barbares, ces émigrations de tribus entières qui prouvent que l'ancien Germain mourait de faim.

analogues à nos cercles, et qui étaient fort éloignées des repas qu'on eût faits dans l'Icarie de M. Cabet. Il y avait, d'ailleurs, à Sparte une grande inégalité des richesses.

On donne, d'ordinaire, quatre explications ou justifications de la propriété privée. Les jurisconsultes la font dériver de l'occupation ; la terre, avant l'appropriation individuelle, était, dans cette doctrine, une chose sans maître, une *res nullius*, qu'il suffisait d'occuper pour en être propriétaire. A cette thèse on fait bien des objections. On dit que la terre, avant l'appropriation individuelle, n'est pas une chose sans maître, une *res nullius*, qu'il n'en est ainsi ni chez les peuples chasseurs, ni chez les peuples pasteurs, ni chez les peuples agriculteurs, qu'elle appartient indivisément à la tribu dont elle est ou le domaine de chasse, ou le domaine de parcours, ou le domaine agricole. Un casuiste parmi les jurisconsultes, M. Renouard, fait à ce système une autre critique : l'occupation de la terre, dit-il, ne peut jamais être complète, absolue, parce que la terre ne peut être réellement appréhendée.

Une seconde théorie, celle de la plupart des économistes et de quelques philosophes, Locke, Adam Smith, Bastiat, donne à la propriété foncière pour base unique le travail. Ici encore, il y a des objections et des difficultés. La terre produit souvent plus que la rémunération habituelle du travail ; le célèbre épisode de Bastiat sur le Clos-Vougeot n'est pas probant. La propriété des chutes d'eau, des mines, des terrains d'une exceptionnelle situation ou d'une rare fertilité, rapporte en général bien au delà du travail qu'elle a causé. Les adversaires de ce système font valoir que le propriétaire ne devrait pas avoir droit à la plus-value de la terre louée et exploitée par un autre. Il faudrait en revenir à ces arrangements qu'a décrits avec amour M. de Laveleye, le *beklemgt recht* ou le *contratto di livello*, qui ne laissent au propriétaire non exploitant qu'une rente fixe.

Quelques philosophes, embarrassés par les lacunes des deux précédentes doctrines, admettent que la propriété résulte d'un contrat au moins tacite : tel est Kant. A ce système s'en rattache un quatrième qui n'en est que le développement, et qui fonde la propriété sur la loi : « Le droit de propriété, dit M. Laboulaye, n'est pas naturel, mais social. » Si la loi crée le droit de propriété, n'est-il pas à craindre qu'elle puisse aussi le défaire ; ce qu'elle a donné, ne peut-elle le reprendre ? Oui, si on entend le mot loi dans l'acception vulgaire, qui exprime les opinions mobiles et les arrangements fugitifs des gouvernements ou des parlements. Non, si on donne à ce grand et vénérable mot de loi le sens général qu'il doit avoir et que Montesquieu a si admirablement formulé, si par loi on entend un rapport qui résulte de la nature des choses.

Les quatre justifications que nous venons de donner, d'après les auteurs, du droit de propriété sont chacune partiellement vraies, et chacune présente quelques lacunes. Il faut les mettre en faisceau pour avoir la vérité complète. La vraie justification de la propriété, c'est l'utilité sociale, c'est le service rendu à la société. Le régime de la propriété privée est-il celui sous lequel la terre peut nourrir le mieux le plus d'habitants ? Toute la question est là. Et ce n'est pas par quelques anomalies particulières qu'il faut répondre comme s'y complait Proudhon. La propriété est le droit d'user et d'abuser, *jus utendi et abutendi;* et s'il arrive que certains propriétaires abusent, on ne les inquiète pas. C'est que le régime de la propriété foncière privée est, d'ordinaire, tellement bienfaisant qu'on craindrait de lui porter la moindre atteinte, même en réprimant quelques abus qui, si choquants qu'ils soient, sont exceptionnels. La réglementation que l'on voudrait introduire pour les empêcher serait plus nuisible qu'ils ne le sont eux-mêmes.

Y a-t-il une utilité sociale à la propriété foncière individuelle, perpétuelle, absolue ? Quelques écrivains le nient. Quels autres systèmes pourrait-on opposer ou substituer au régime actuel ? Ou bien la propriété individuelle pour tout le monde, pour chaque être humain, dans des proportions égales, avec des révisions périodiques et fréquentes ; ou bien la propriété nationale collective ou plutôt, car ce serait là une concentration et une confusion devant laquelle on recule, la propriété communale.

Parlons d'abord de la première. La propriété individuelle égale trouve beaucoup de partisans. Locke qui émettait, il est vrai, plutôt un désir vague qu'une proposition de loi, disait « que chacun doit posséder autant de bien qu'il lui en faut pour « sa subsistance ». On a cherché à établir une identité entre ces deux termes, liberté et propriété. Ne serait libre que celui qui possède assez de terre pour pourvoir à sa nourriture; or, comme tout homme doit être libre, on en conclut que tout homme doit être propriétaire foncier. Ce lieu commun, cette thèse à déclamation : liberté et propriété, est à la fois un anachronisme et une extravagance. N'est-il pas libre le banquier parisien qui n'a peut-être pas un pouce de sol au soleil, qui loue un appartement ou un hôtel dans une de nos grandes avenues, qui loue une villa ou un chateau aux bains de mer ou à la campagne, qui loue à l'État la chasse d'un lot de ses forêts, et qui, au moindre bruit de révolution, à la moindre crise, transporte avec ses capitaux son opulence, son bien-être et sa puissance, dans celle des parties du monde qu'il lui plaît de choisir? Soutenir que cet homme n'est pas libre, n'est-ce pas un singulier paradoxe? Si chaque homme devait posséder réellement autant de terre qu'il en peut cultiver, il n'y aurait plus d'arts et de métiers, la terre comporterait beaucoup moins d'habitants, beaucoup moins de bien-être pour chacun d'eux.

La propriété collective communale aurait-elle moins d'inconvénients? Si l'on se place dans les pays neufs, à l'origine même de l'occupation du sol, il n'y a aucun doute que la propriété collective communale rendrait beaucoup plus difficile, beaucoup plus lent, le peuplement. C'est l'absolue franchise laissée à l'individu, c'est le droit sans limite qui lui est concédé sur la terre dont il prend possession ou qu'il achète moyennant un prix dérisoire, c'est la liberté pleine et entière dont il jouit pour les défrichements, pour les cultures, pour les instruments de travail, c'est l'espoir d'avoir tout le bénéfice de ses efforts personnels et de s'acquérir une petite fortune, c'est la foi en sa propre capacité, en sa propre persévérance, ce sont toutes ces conditions réunies qui ont fait naître en si peu de temps des sociétés florissantes dans l'Ohio d'abord, puis dans l'Illinois, l'Orégon, plus tard, aujourd'hui même, dans le Minnesota, le Manitoba, le Dakota. Allez demander à ces hardis pionniers s'ils veulent se lier les uns aux autres de façon qu'ils exploitent en commun dix ou douze mille hectares, subordonnant leur volonté individuelle et leur intelligence propre aux décisions de la communauté ? Tous ceux qui se sont occupés de colonisation savent combien ce communisme agricole est fatal aux contrées neuves. Peut-on dire que le pionnier de l'Ohio, de l'Illinois, de l'Orégon, du Minnesota, du Manitoba, du Dakota n'ait pas rendu un service social de premier ordre ? Si les famines sont supprimées, n'est-ce pas à lui qu'on le doit ? Si dans les années 1878 et 1879 l'Europe tout entière n'a pas été affamée, si des centaines de mille êtres humains n'ont pas péri de misère et de faim en Angleterre, en France, en Allemagne, quelle en est la cause, quelle institution en a le mérite ? C'est la propriété foncière, individuelle, perpétuelle, absolue, puisque sans elle tous ces vastes territoires du nouveau monde seraient encore des friches. Si l'on avait voulu respecter comme un droit la propriété collective du peuple chasseur qui occupait ces contrées illimitées, et qui faisait vivre dans le dénûment quelques centaines de milliers d'hommes sur une terre qui peut en nourrir dans l'aisance quelques centaines de millions, ou même si à cette propriété collective d'un peuple chasseur on eût substitué la propriété collective agricole avec toutes ses entraves, toutes ses lenteurs, toute sa réglementation et toute sa routine, qui oserait dire que les États-Unis d'Amérique, que le Canada, que l'Australie, que la Nouvelle-Zélande, eussent atteint en si peu d'années le prodigieux développement, la merveilleuse prospérité qui ne fait pas seulement notre admiration, mais qui sont d'un si puissant secours pour le monde entier ?

Voilà un premier point acquis : la propriété foncière, individuelle, perpétuelle, absolue, quiritaire, le *jus utendi et abutendi*, est pour le défrichement et le peuplement des contrées neuves un instrument infiniment plus actif, plus efficace, plus rapide et plus puissant que la propriété communale collective, et ce n'est pas là un mince mérite.

La propriété collective communale serait-elle, d'ailleurs, plus juste que la propriété foncière privée? La négative est évidente. Toutes les communes n'auraient pas la même étendue de territoire relativement à la population ; toutes n'auraient pas un sol également fertile. Les inégalités de ce côté seraient énormes. Que l'on considère, par exemple, les communes de la plaine de l'Hérault ou de la plaine de l'Aude avant le phylloxera, possédant un sol qui donnait environ, 1,500 fr. ou 2,000 fr. par hectare de revenu brut et 1,000 fr. de revenu net, comment ces communes privilégiées justifieraient-elles leur droit relativement aux communes pauvres des plateaux de l'Aveyron ou de la Lozère où l'hectare ne produit pas en moyenne 20 fr. de revenu brut et 10 fr. de revenu net ? C'est uniquement en invoquant l'occupation, la longue possession, le travail, un contrat tacite, ou la loi, que les premières de ces communes pourraient se mettre à l'abri des revendications des secondes? Mais comment l'occupation, la longue possession, le travail, le contrat tacite ou la loi que l'on déclare n'être pas des justifications suffisantes pour la propriété individuelle seraient-ils des justifications suffisantes pour la propriété collective d'une commune que le hasard aurait placée sur un sol riche relativement aux autres communes que le hasard aurait placées sur un sol pauvre? Si la propriété foncière privée est un vol ou une usurpation, la propriété foncière communale n'est pas moins une usurpation ou un vol; les rudes habitants des montagnes ont le droit de se précipiter sur les habitants des vallées ou des plaines et d'arracher à ceux-ci une part de leur récolte. Les peuples pauvres, comme ceux du centre et du nord de l'Europe, des steppes et du plateau central de l'Asie ont aussi le droit strict d'imposer un tribut aux peuples qui se trouvent placés sur des terres plus fertiles. On retourne à l'absolu chaos, à l'absence de tout autre droit que celui de la force. La propriété foncière communale collective ne se justifie pas mieux que la propriété foncière individuelle; elle n'est qu'un expédient illogique. Si la propriété foncière individuelle n'est pas fondée en justice et en droit, il ne peut y avoir de juste et de vrai que la propriété collective du sol pour toute la nation, sans distinction de communes, ou plutôt que la propriété collective du sol pour l'humanité tout entière, sans aucune distinction de nations.

Il nous faudrait trop de temps pour analyser et réfuter ici toute la doctrine de M. de Laveleye. Elle repose à la fois sur des considérations historiques et sur des raisonnements économiques. Le publiciste belge prétend démontrer que jusqu'à la fin du moyen âge la propriété foncière individuelle était rare, que le fait dominant était la propriété communale, celle du clan, de la famille ou de la marke; il en reste des traces qui sont le *mir* russe, l'*almend* suisse; ce dernier, disons-le en passant, est un privilège, car ne sont pas admis à l'*almend* les nouveaux venus, les habitants qui n'ont pas dans la localité une ancienne origine. Ce serait par des usurpations successives, qu'aidaient les doctrines des légistes et des économistes, que la propriété familiale ou communale se serait transformée graduellement en propriété individuelle absolue. M. de Laveleye mentionne avec une certaine indignation les lois anglaises sur les clôtures, lois qui firent disparaître les communaux et furent cause de beaucoup de désordres. Ce sont aussi les clôtures, la suppression du pâturage commun qui en Espagne, dans l'Andalousie notamment, sont à l'heure actuelle la cause du socialisme rural, si répandu dans cette contrée.

Qu'il y ait eu des abus de la part des seigneurs ou de la part des lois, qu'on n'ait pas proportionné au dommage l'indemnité que méritait la communauté expropriée, c'est possible, même certain dans beaucoup de cas. Mais quel était l'état de la culture et de la population alors que les communaux et les terres indivises occupaient une si grande partie du sol ? Un célèbre économiste américain, Carey, va nous le dire en citant un passage d'un écrivain anglais, Eden, dont le livre date de 1797 : « La Grande-« Bretagne était défigurée et écrasée par d'incommensurables « étendues de communaux et de landes ; elle ressemblait à un de

« ces vastes et incommodes manteaux que l'on porte en Italie et « en Espagne, dont une très-petite partie sert à celui qui en est « chargé et le reste est sans utilité, embarrassant et gênant. »

Comment cette propriété collective si vantée a-t-elle disparu presque du monde entier, sans accord préalable entre les différentes nations, si bien qu'on ne cite plus comme la conservant que Java, quelques districts des Indes, la Russie, quelques districts des cantons suisses, les plus pauvres et les plus arriérés, Schwytz, Unterwald, le Valais ?

A cette disparition de la propriété foncière collective ont contribué deux causes qui sont la civilisation même : la division du travail et le progrès des cultures. Ni l'un ni l'autre, en effet, n'est compatible avec la propriété collective. La division du travail qui entraîne l'emploi de toutes les facultés à une occupation toute spéciale, à un détail de la production, afin d'augmenter la quantité et le bon marché des produits et de nourrir dans la plus grande aisance possible le plus grand nombre d'humains, la division du travail impose à une partie de l'humanité l'abandon de la culture du sol, crée les métiers industriels, les professions commerciales et fait sortir de terre les grandes villes.

Comment pourrait-on concilier l'industrie et les grandes villes avec la propriété communale collective ? Se figure-t-on tous les habitants de Paris propriétaires collectifs du territoire de la commune et se répartissant entre eux le sol soit annuellement, soit par décades d'années ? Pour qu'il eussent seulement vingt ares par tête il leur faudrait un domaine de 500,000 hectares, soit dix fois la superficie du département de la Seine (1). Mais vingt ares par tête, ce ne serait pas le dixième de ce qu'il leur faudrait pour subsister : les habitants de la place Vendôme ou du faubourg Saint-Denis seraient donc obligés d'aller chercher jusqu'à Orléans ou jusqu'à Rouen le champ que chacun d'eux aurait à cultiver.

Ce n'est pas.seulement la division du travail, ce grand fait social sur lequel Adam Smith fait reposer toute la société mo-

(1) Ce département a environ 47,000 hectares.

derne, ce n'est pas elle uniquement qui s'oppose à la propriété collective, c'est aussi le progrès des cultures. Autrefois la culture était très-simple : une céréale, le seigle, un pâturage commun et des bois; qu'on se reporte aux paroles de Tacite, citées plus haut, sur les anciens Germains : « *nec enim cum ubertate et amplitudine soli labore contendunt, ut pomaria conserant et prata separent et hortos rigent; sola terræ seges imperatur.* » Aujourd'hui la culture est bien autrement compliquée : à côté des céréales et du pâturage commun viennent les fourrages artificiels, les plantes industrielles, le lin, la betterave, le colza, bien d'autres encore, puis les vignes, les arbres fruitiers, le jardinage, les potagers, l'élève soigneuse du bétail et des chevaux, la laiterie, la basse-cour. Parlant en Écosse de la crise agricole et de la concurrence américaine dans l'automne de 1879 M. Gladstone recommandait aux agriculteurs de son pays tous les menus produits de l'agriculture, et il allait jusqu'à leur dire : « Faites des roses, l'Amérique ne luttera pas contre vos roses. » Croit-on que toutes ces productions s'accommodent de la propriété collective? Est-ce que la betterave, est-ce que la vigne, ces cultures si rémunératrices, se seraient aussi rapidement propagées, si chaque propriétaire n'avait pas été libre, à ses propres risques, de les substituer au blé? S'il avait fallu une réglementation pour autoriser des changements de culture ou de procédés; si le Conseil municipal devait intervenir toutes les fois qu'on voudrait mettre en herbe ce qui est en labour, planter en vigne ce qui est en garrigue; ou bien si l'occupant actuel n'avait pas devant lui une longue perspective de possession qui l'assurât de profiter de tout le produit de ses efforts, si au bout de cinq ou six ans qu'il aurait établi sa vigne ou son verger et « couché en herbe » sa terre labourable, son lot devait être de nouveau tiré au sort et pouvait échoir à son voisin, pense-t-on que les progrès agricoles eussent été ce qu'on les a vus depuis cinquante ans? Pendant trente ou quarante siècles, dit M. de Laveleye, la propriété du sol a été collective; admettons-le, mais quels progrès la culture a-t-elle faits pendant ces trente ou quarante siècles? Depuis trois ou quatre siècles, au contraire, la propriété du sol est partout individuelle, absolue, perpétuelle, quels progrès n'a-t-elle pas faits durant ce temps ?

Si la propriété collective pouvait convenir à la culture simple et rudimentaire des temps primitifs, elle répugne à la culture variée et perfectionnée des temps nouveaux.

Quand l'État veut se mêler de culture avec sa lourde bureaucratie, sauf pour un ou deux services-simples comme celui des forêts, on voit à quoi il aboutit. Le fléau du phylloxera en France en est une preuve. L'État, avec son esprit de réglementation, sa paperasserie, la lenteur inévitable et l'uniformité nécessaire de ses décisions, n'a pu ni entraver les progrès du phylloxera ni trouver un remède à ce mal. Dupe de quelques savants qui avaient sa faveur, il proscrivait tels ou tels essais, comme les plants américains, et ordonnait tels ou tels autres comme le sulfure de carbone. Les prix même qu'il promettait, il ne trouvait pas à les décerner. Tout ce qui est détail et variété sort, par la force des choses, du domaine de l'État. Quant à la Commune elle pourrait peut-être se mouvoir avec plus de rapidité que l'État; mais elle a bien plus d'ignorance, de préjugés et moins d'impartialité.

La prétention de « communaliser » ou de « nationaliser » le sol est contraire aux deux principes de la civilisation moderne, la division du travail et le perfectionnement incessant des méthodes et des procédés de production. M. de Laveleye, il est vrai, s'arrête à mi-chemin comme Stuart Mill. Son plan de nationalisation consisterait en ce que l'État s'emparât de tout le produit net du sol, et fît ensuite des concessions de jouissance temporaire, des baux emphythéotiques à des associations d'agriculteurs ou aux communes. L'État surveillerait de loin et de haut par ses fonctionnaires propres l'exploitation de ces fermiers, et il encaisserait les redevances ou fermages. Il ressemblerait à ces grands lords anglais qui ont plusieurs millions de revenu foncier et toute une armée d'intendants ou de sous-intendants. Nous ne savons si cette comparaison est fort heureuse. L'Angleterre a une culture uniforme, qu'on affirme n'être pas assez progressive; elle ignore ou ne pratique pas toutes ces productions secondaires qui rehaussent tant la valeur de l'agriculture du continent; et la cause de ces lacunes, c'est précisément que la terre est administrée et exploitée comme l'approuve M. de Laveleye. Dans la détresse agricole actuelle, la plupart des Anglais ne voient qu'un remède, c'est la suppression de ces énormes *Estates*, et la création de la moyenne et de la petite propriété. Encore doit-on dire qu'il y a une grande différence entre les plus riches de ces lords anglais, ayant 3 ou 4 millions de francs de revenu rural, s'intéressant d'ailleurs aux progrès agricoles, par tradition, par vanité, par intérêt de popularité, et un État qui à lui seul jouirait d'un revenu foncier de 3 ou 4 milliards de francs et voudrait administrer 30 ou 50 millions de kilomètres carrés par des règles uniformes.

Le propriétaire n'est pas l'être oisif, indolent, neutre que l'on prétend, *fruges consumere natus*. Il a son rôle essentiel à côté de l'exploitant ou du fermier, et quand il ne le remplit pas, la terre souffre ou dépérit. Quel est ce rôle? C'est de représenter les intérêts futurs ou perpétuels du domaine, tandis que le fermier n'en représente que les intérêts actuels et passagers. C'est à ce titre que le propriétaire s'oppose à toute exploitation abusive qui détruirait ou amoindrirait les forces productrices du sol; c'est à ce titre aussi qu'il est ou qu'il doit être le promoteur, l'agent ou l'auxiliaire de toutes les améliorations de longue durée. S'agit-il de drainages ou d'irrigations, de défrichements ou de changements de cultures, de construction de bâtiments qui permettent une production soit moins coûteuse, soit plus abondante, le propriétaire doit intervenir; en général, il se prête volontiers à cette tâche. Par son origine aussi le propriétaire a d'autres mérites que n'a pas d'ordinaire le fermier; son esprit est plus éclairé; avec une moindre compétence pour la technique agricole, il conçoit d'ordinaire mieux les grands intérêts de la culture; il est ou doit être pour son fermier un conseil ou un guide. Ses capitaux encore sont plus abondants, il les puise souvent à d'autres sources que le revenu de la terre et, assuré de la perpétuité de la possession, confiant en la transmission de l'immeuble dans sa famille, il ne lésine pas sur les sacrifices présents pour une plus-value à venir. C'est donc une erreur de considérer le propriétaire comme une doublure du fermier, comme un parasite du fermier; c'était autrefois le rôle du décimateur; ce n'est pas la fonction du propriétaire. Celui qui dépraverait ainsi sa mission ne tarderait pas à déchoir; il suffit de la liberté des transactions pour faire passer en peu de temps la terre du propriétaire négligent au propriétaire entreprenant (1).

Il est si vrai que les deux conditions de fermier et de propriétaire ne font pas double emploi, qu'on peut se demander si la culture et la propriété ne perdraient pas à ce qu'elles fussent sur toute la surface du pays confondues dans la même personne. Les forces productrices du sol ne seraient-elles pas alors moins ménagées, et la culture ne deviendrait-elle pas plus routinière, plus pauvre, en même temps que la société perdrait une classe intermédiaire qui lui est précieuse?

C'est une illusion de M. de Laveleye de croire qu'il suppléera à l'initiative de ces milliers de propriétaires ruraux par la lente, uniforme et pédantesque bureaucratie de l'État. Une grande incertitude, un poids énorme de formalités et de règlements pèseraient sur tous les progrès agricoles. Le cultivateur ou le possesseur du sol n'aurait plus le long espoir et les vastes pensées qui seules poussent au sacrifice du revenu actuel pour l'augmentation du revenu futur.

Pour arriver au but qu'il se propose, la nationalisation du sol, les procédés de M. de Laveleye ne sont pas moins sujets à critique que le but lui-même. Il voudrait limiter au degré de cousin germain le droit de succession *ab intestat* et établir sur les autres successions un impôt spécial pour le rachat de terres que l'État louerait ensuite aux associations ou aux communes : ensemble de moyens pernicieux et décevants. La suppression

(1) Disons, toutefois, que les droits élevés de mutation, comme ils existent en France, empêchent cette transmission prompte de la terre des mains du propriétaire indolent ou incapable aux mains du propriétaire vigilant et habile. Aussi ces énormes droits de mutation sont-ils parmi les plus barbares et les plus funestes de notre régime fiscal.

d'une ou deux catégories d'héritiers *ab intestat* serait une inutile tracasserie. Il y a dans nos sociétés modernes si agitées bien des individus riches qui n'ont pas de parents au degré successible ; on ne voit pas que l'État recueille, d'ordinaire, leur succession ; les testaments y pourvoient. Tout homme a en horreur d'avoir pour héritier l'État qu'il considère presque comme le néant. Ceux mêmes qui laissent leur fortune à l'État ont soin de prendre des précautions contre l'usage arbitraire ou vulgaire qu'il ferait de leurs biens. Ils ne se soucient pas que les dizaines ou les centaines de mille francs qu'ils ont péniblement amassées aillent se confondre dans le chapitre des « Ressources diverses du budget ». Ils attachent à leur legs des conditions qui conservent à leurs biens quelque individualité et les préservent de la complète confusion avec les colossales recettes de l'État. Le premier moyen suggéré par M. de Laveleye serait donc inefficace. Reste le second, un impôt spécial et accessoire mis sur les successions afin de racheter des terres et de nationaliser peu à peu le sol. Il ne vaut pas mieux que le premier. En France avec des tarifs qui, pour les collatéraux et les héritiers étrangers, oscillent entre 8 et 12 p. 100 (y compris les décimes) et qui, aggravés par les droits de timbre, les frais de justice et d'officiers ministériels, montent à 12 ou 15 p. 100 pour les grandes fortunes, à 20 ou 30 pour les moyennes et absorbent complètement les petites, le produit des droits est de 130 millions de francs (1) ; et encore on ne défalque pas les dettes. Si on les défalquait, le produit de l'impôt baisserait de 30 ou 40 millions de francs, au dire de l'administration, et ne serait plus que de 100 millions au maximum. M. de Laveleye voudrait-il doubler le taux de ces droits successoraux, mettre 16 p. 100 sur les successions entre frères et sœurs, 24 p. 100 sur celles entre personnes non parentes? En supposant que la fraude n'augmentât pas, que les dissimulations si aisées avec les valeurs mobilières au porteur ne devinssent pas la règle habituelle, le produit total de l'impôt doublé sur les successions en

(1) Voir notre *Traité de la Science des finances* (2e édition), t. I, p. 502.

ligne directe ou indirecte ou entre étrangers serait de 260 millions de francs, 130 de plus qu'à l'heure actuelle ? Combien de temps faudrait-il à ce compte pour nationaliser en France le sol dont on estime la valeur à une centaine de milliards? L'opération demanderait près de 1,000 ans. Mais, dira-t-on, les terres achetées au moyen de cet impôt et affermées à des associations coopératives ou à des particuliers produiraient à l'État un revenu qui viendrait accroître le fonds d'achat de terres pour la nationalisation du sol. Soit, mais quel serait ce revenu, et peut-on espérer beaucoup de toutes ces sociétés coopératives, tenancières de l'État? Mettons que la durée de l'opération fût abrégée de moitié ; ce ne serait toujours qu'en quatre ou cinq siècles que le sol serait nationalisé ? Et nous avons supposé par impossible, pour arriver à ce résultat, des impôts exorbitants (1), nous avons accueilli l'hypothèse inadmissible qu'ils seraient exactement payés, et qu'on ne parviendrait pas à s'y soustraire par des dissimulations, et que le progrès de la richesse publique, l'esprit d'épargne, n'éprouveraient aucune atteinte de cette confiscation du cinquième ou du quart des héritages entre collatéraux ou entre étrangers.

Pour accomplir cette nationalisation du sol dans un temps qui n'exigeât pas la durée de vingt ou trente générations, on pourrait indiquer un autre procédé, l'emprunt. L'État emprunterait des milliards qu'il emploierait à racheter des terres pour les affermer ensuite à des associations d'ouvriers. Un économiste anglais, le docteur Fawcet, a fait une grave objection à ce plan : l'État, dit-il, emprunterait à 3 1/2 p. 100, pour racheter un bien rapportant 2 1/2. Bien plus, comme l'État voudrait racheter à la fois de grandes quantités de biens, soit qu'il recourût à des transactions amiables, soit qu'il se servît du procédé de l'expropriation, il ferait hausser la valeur des terres au delà du taux normal. D'un autre côté, il est fort pro-

(1) Nous avons démontré, dans notre *Traité de la Science des finances* (2e édition, t. I, pages 500 et suivantes), qu'au lieu d'élever les droits de succession entre collatéraux et entre étrangers, l'État les devrait considérablement réduire.

bable qu'il déprécierait son crédit ; on se soucierait peu de prêter des milliards à un Etat qui les emploierait dans une semblable aventure. Les risques de l'opération paraîtraient tels, qu'au lieu de trois et demi, le prêteur exigerait sans doute un intérêt de 4 à 5 pour 100.

Sur un point, les idées de M. de Laveleye soutiennent davantage l'examen. Il se plaint que les gouvernements des pays neufs, les États-Unis, l'Australie, la Nouvelle-Zélande, aliènent d'une manière définitive les terres vacantes pour les sommes dérisoires que nous avons indiquées plus haut (pages 54 et suivantes). Ne pourrait-on, dit-il, au lieu de vendre à perpétuité ces terres moyennant quelques shillings ou quelques dollars l'hectare, les donner pour le même prix en concession pendant soixante-quinze ans, ou cent ans, ou cent cinquante ans, comme le font les lords anglais ? De cette façon, au bout de trois ou quatre générations, la Société rentrerait en possession des terres dont la valeur se serait accrue, elle pourrait supprimer tous les impôts ? Sans doute cet arrangement serait possible, peut-être profitable. Le colon actuel se contenterait vraisemblablement de la perspective d'une jouissance d'un siècle ou d'un siècle et demi. C'est seulement lorsque l'on approcherait du terme de la concession que les difficultés commenceraient, et que le goût des améliorations agricoles pourrait être paralysé. On pourrait alors, il est vrai, par mesure générale, renouveler les conditions de bail pour la même durée d'un siècle ou d'un siècle et demi moyennant une redevance soit une fois payée, soit annuelle. Les colonies et les nations nouvelles pourraient essayer de ce système ; il ne faudrait pas, cependant, s'en exagérer les avantages. Le moment du renouvellement des concessions ouvrirait toujours pour le pays une terrible crise économique, politique et sociale ; l'on peut se demander si cette crise ne compenserait pas le revenu que l'Etat retirerait de ce fermage.

Il est temps de clore ces observations préliminaires sur la propriété foncière. Nous croyons avoir justifié la propriété individuelle, absolue, perpétuelle. Quant au vieux dicton qui fait la liberté dépendante de la propriété du sol, il a été facile de prouver que c'était un sophisme. Dans l'impossibilité de rendre tous les habitants de nos grandes villes propriétaires de la terre qui les nourrit, sans supprimer la division du travail et les agglomérations humaines, on a imaginé ce que l'on a appelé « la jouissance idéale du domaine public ». Un article d'une circulaire d'une société australienne pour la réforme des lois terriennes (*Land tenure reform League of Victoria*) est ainsi formulé : « L'absence de tout impôt et la liberté absolue de toutes les in- « dustries feraient jouir tout habitant du pays, de sa part idéale « du domaine public, qu'il en occupe ou non une partie (1) ». Que l'absence de tout impôt et la liberté absolue de toutes les industries soient de bonnes choses, c'est incontestable ; mais que l'on offre à l'homme, pour justifier le vieux dicton *property and liberty*, la jouissance d'une *part idéale* du domaine public, c'est une subtilité puérile. Ou l'on peut être libre sans être propriétaire foncier, ou la liberté a pour condition, non pas la jouissance d'une part idéale de propriété, mais bien une propriété réelle.

(1) Laveleye. *De la propriété et de ses formes primitives*, page 362.

## CHAPITRE II

### DU CARACTÈRE PARTICULIER DU REVENU FONCIER. — EXAMEN DE LA DOCTRINE DE RICARDO SUR LA RENTE DE LA TERRE.

D'après la théorie de Ricardo le propriétaire foncier serait un être privilégié auquel profiteraient d'une manière particulière tous les progrès de la civilisation. — Exposé de la doctrine de Ricardo. — Caractère de la période où a écrit cet économiste.

De l'ordre historique des cultures d'après Ricardo. — Les terres les meilleures sont les premières cultivées; la supériorité de fécondité de certaines terres est la première cause de la rente de la terre. — La supériorité de situation est la seconde cause. — Au delà d'une certaine limite les nouveaux capitaux consacrés à l'amélioration des terres sont moins productifs que les premiers capitaux qui ont mis les terres en valeur; troisième cause de rente.

Les diverses hypothèses de Stuart Mill sur les circonstances qui affectent la rente de la terre. — Première hypothèse : la population augmente et les capitaux restent stationnaires; deuxième hypothèse : les capitaux augmentent et la population reste stationnaire ; troisième hypothèse : la population et les capitaux augmentent également et les arts de la production restent stationnaires; dans ces trois cas, suivant Stuart Mill, la rente de la terre hausse. — Quatrième hypothèse : les capitaux et la population restent stationnaires, l'art agricole fait des progrès rapides : baisse de la rente.

Hausse considérable du revenu foncier en Angleterre, en Belgique et en France.

Essai de réfutation de la théorie de Ricardo par Bastiat. — Faiblesse de l'argumentation de Bastiat. — Petite part de vérité qu'elle contient.

Excellente réfutation de la théorie de Ricardo par Carey et par Hippolyte Passy. — L'ordre historique des cultures n'est pas celui qu'indique Ricardo. — Réduction considérable des fermages en Angleterre de 1812 à 1840. — Les terres réputées autrefois les plus mauvaises sont souvent celles qui aujourd'hui se montrent les plus fécondes. — Influence des progrès de la technique agricole : démonstration par des faits empruntés à l'agriculture anglaise et à l'agriculture française.

Il est faux que les progrès de la civilisation amènent toujours la hausse de la rente de la terre. — La concurrence des pays neufs, l'influence de la baisse des transports et du fret maritime. — Il y a plus de chances pour la baisse de la rente de la terre en Europe que pour la hausse pendant une période de plusieurs siècles.

Des quatre grandes questions que suggère la théorie de la propriété foncière, nous en avons étudié une : l'origine et la légitimité de la propriété individuelle, absolue, perpétuelle. Il convient d'aborder la seconde : quel est le caractère particulier du revenu foncier? Représente-t-il ou non le travail? Quelle est l'influence de la civilisation sur le développement ou la réduction de la rente de la terre? Il n'échappe à personne que ce nouveau chapitre fournira indirectement de nouvelles lumières sur la question de la légitimité de la propriété individuelle.

Pour ne pas tomber dans de regrettables confusions, il faut d'abord distinguer très-nettement deux catégories de propriétés foncières : la propriété bâtie et la propriété non bâtie, ou plus exactement la propriété urbaine et la propriété rurale, car cette dernière comporte aussi des bâtiments. La nature de ces deux propriétés est très-différente; les mêmes règles, les mêmes influences ne s'appliquent pas à l'une et à l'autre. Dans ce chapitre nous ne parlerons que de la propriété foncière rurale.

Les personnes qui sont peu au courant des questions économiques et dont l'esprit est complètement dominé par ce grand fait social, universel et si ancien, la propriété individuelle, s'étonnent des controverses que suscite le revenu foncier, la rente de la terre, pour employer l'expression scientifique. Elles voient dans ces discussions d'école un retour à la métaphysique creuse du moyen âge ou à une casuistique vaine. La question, cependant, est de la plus grande importance, et il faut l'aborder sans aucun préjugé, sans parti pris. Quel est le caractère particulier de la rente de la terre?

Il y a sur le caractère et la nature de la rente de la terre deux écoles, la première qui tire son nom de son inventeur Ricardo et à laquelle adhèrent presque tous les économistes anglais (1), ainsi que beaucoup d'économistes du Continent.

D'après elle, le propriétaire foncier est un être privilégié, qui profite non seulement de son travail, mais aussi de la libéralité de la nature dont il dérobe pour ainsi dire à l'humanité les dons gratuits. Le propriétaire foncier se fait payer par le

(1) Il y a cependant quelques exceptions parmi les économistes anglais les plus récents, ainsi Mac Leod et Jevons.

fermier, non seulement l'intérêt et l'amortissement du capital engagé dans la terre, mais encore le droit d'exploiter « les facultés productives et impérissables du sol ». Prenons les termes mêmes de l'auteur de la théorie. « La rente est cette portion du produit de la terre que l'on paie au propriétaire « pour avoir le droit d'exploiter les facultés productives et impérissables du sol. » Et développant cette pensée il ajoute : « On confond souvent la rente avec l'intérêt et le profit du capital... Il est évident qu'une portion de l'argent représente « l'intérêt du capital consacré à amender le terrain, à ériger « les constructions nécessaires, et le reste est payé pour exploiter les propriétés naturelles et indestructibles du sol. — « C'est pourquoi quand je parlerai de *rente* dans la suite de « cet ouvrage, je ne désignerai sous ce nom que ce que le fermier paie au propriétaire pour le droit d'exploiter les facultés primitives et indestructibles du sol. » Ainsi « facultés « productives et impérissables du sol », « propriétés naturelles « et indestructibles du sol », « facultés primitives et indestructibles du sol », voilà les diverses expressions dont se sert Ricardo pour désigner des biens jadis communs, que la propriété a soustraits à la communauté, et pour la jouissance desquels la première, sans d'ailleurs aucun travail de sa part, se fait payer une redevance. Cette théorie et la démonstration qu'il en donne ont valu à Ricardo l'immortalité et le renom d'une des plus fortes têtes scientifiques dont se puisse glorifier l'économie politique.

Les disciples sont quelquefois plus affirmatifs encore et plus compromettants que les maîtres. C'est ainsi que Mac-Culloch, avec son habituelle lucidité, présente à son tour la doctrine de Ricardo : « Ce qu'on nomme proprement *la rente*, c'est la « somme payée pour l'usage des forces naturelles et de la puissance inhérente au sol. Elle est entièrement distincte de la « somme payée à raison des constructions, clôtures, routes et « autres améliorations foncières. La rente est toujours un monopole. »

De cette doctrine résulteraient des faits sociaux considérables qu'admettent aussi, comme des vérités démontrées, la plupart des économistes de l'école anglaise : le propriétaire serait un être privilégié en ce sens que tous les progrès de la civilisation lui profiteraient. L'accroissement de la population amènerait une plus grande demande de ses produits, par conséquent en relèverait le prix ; il forcerait aussi à mettre en culture des terres restées incultes à cause de leur peu de fécondité naturelle ; et cette mise en culture des terres les moins fertiles, étant la suite en même temps que la cause d'une hausse des produits agricoles dont le prix de revient sur les terres de la dernière classe cultivée se trouverait accrû, aurait pour conséquence de faire augmenter le fermage sur les terres les mieux douées de la nature et sur celles qui sont placées le plus près des principaux marchés et des lieux de consommation. Stuart-Mill et toute l'école anglaise reconnaissent cette conséquence de la doctrine de Ricardo. Ainsi le propriétaire, dans les sociétés avancées en civilisation, serait une sorte de parasite qui tirerait à lui le principal profit de tout le travail social, de tous les progrès sociaux, sans qu'il eût besoin de s'y associer et d'y coopérer par son activité personnelle, par son industrie, ou par cette abstinence que l'on appelle l'épargne.

La doctrine de Ricardo a rencontré des opposants : deux particulièrement notables, un Américain et un Français, Carey et Bastiat ; le premier qui se livre surtout à une réfutation expérimentale des faits sur lesquels Ricardo a établi sa théorie ; le second qui la combat par des arguments de raison et d'analogie. D'après eux, la rémunération du propriétaire, la rente de la terre, ne représenterait que les légitimes profits du capital incorporé au sol, profits d'ailleurs variables, suivant les cas et les espèces, comportant des chances bonnes et mauvaises comme toute entreprise humaine. A côté de ces deux adversaires bien connus de la doctrine de Ricardo, il y aurait de l'ingratitude à ne pas mentionner un économiste français qui a peu écrit, mais qui a publié un petit volume, véritable chef-d'œuvre d'observation, M. Hippolyte Passy : son traité *Des systèmes de culture en France et de leur influence sur l'économie sociale* est le plus abondant et le plus précis recueil d'observations sur le caractère et l'allure du revenu foncier.

Entre les deux écoles, celle de Ricardo et celle de Carey et de Bastiat, s'en rencontre une éclectique, qui admet l'exactitude théorique des doctrines de Ricardo, mais qui prétend qu'en pratique elle n'a qu'une très-faible importance, la rente de la terre, au sens de l'économiste anglais, c'est-à-dire défalcation faite de l'intérêt de tous les frais faits par le propriétaire et ses prédécesseurs, étant en général insignifiante et négligeable.

Les écoles socialistes se sont appropriées avec bonheur la théorie de Ricardo, comme tous les publicistes habiles se saisissent de celles des doctrines de leurs adversaires qui peuvent être compromettantes. Lassalle, on l'a déja vu, y revient sans cesse ; Proudhon en a fait le point de départ de la célèbre discussion qui aboutit à cette conclusion, « la propriété, c'est le vol ». On sait avec quel orgueil il tenait à ce fameux apophtegme qui eut tant de retentissement : « La propriété, c'est le « vol ; il ne se dit pas, en mille ans, deux mots comme celui-là. « Je n'ai d'autre bien sur la terre que cette définition de la « propriété : mais je la tiens plus précieuse que les millions « des Rothschild, et j'ai dit qu'elle sera l'événement le plus « considérable du règne de Louis-Philippe (1). » Quand il prononçait ce mot, auquel par la suite il attacha une si grande importance, Proudhon n'entendait pas poser un axiôme ; c'était une conséquence qu'il voulait tirer des définitions de Ricardo et de ses successeurs : la propriété ou la rente de la terre, c'est la redevance que le propriétaire se fait payer pour l'usage des facultés primitives et indestructibles du sol, donc la propriété, ou la rente de la terre, c'est le vol.

Des hommes qui, certes, ne figurent pas dans la phalange des socialistes, le conservateur et éclectique Rossi entre autres, avec une grande timidité de langage, ont presque été aussi loin que le farouche Proudhon qui se plaisait à faire peur aux bour-

(1) *Système des contradictions économiques*, 4e édition, t. II, p. 257.

geois. Rossi admet, en effet, que la rente de la terre est la base d'un excellent impôt et qu'elle pourrait, sans inconvénient, sans injustice, être absorbée par l'État. Entre cette suggestion et le mot retentissant de Proudhon, il n'y a guère qu'une différence de forme.

Dans cet « essai sur la répartition des richesses et sur la tendance à une moindre inégalité des conditions », il est impossible de ne pas rechercher la part exacte de vérité et la portée réelle de la loi de Ricardo. Nous ne pouvons pas ne pas nous demander, si le propriétaire foncier est bien cet être privilégié qu'on nous dépeint, s'enrichissant toujours sans travail. Et d'abord dans quelles circonstances s'est produite la doctrine de Ricardo, quelles sont les conditions qui ont accompagné sa venue au monde ?

Ricardo, qui est l'homme portant le plus grand nom de la science économique après Adam Smith, appartenait à une famille israëlite venue de Lisbonne à Londres. Né en 1772, mort en 1823, il était de sa profession agent de change ou courtier de bourse ; il fut membre du parlement ; il fit dans les spéculations sur les fonds publics une fortune énorme qu'on a évaluée à une quarantaine de millions de francs. Ces faits ne sont pas sans quelque importance au point de vue de la théorie qu'il mit au jour. Ricardo vivait donc pendant la guerre de vingt-cinq ans entre l'Angleterre et la France, au temps du papier-monnaie, de la prohibition de l'importation des grains, et de la hausse des fermages. En 1809, il publia d'abord un ouvrage sur la circulation et les banques, puis, en 1817, il fit paraître ses « Principes de l'économie politique et de l'impôt » qui firent sensation. Disant un mot, qu'on trouva plus tard dans la bouche d'un célèbre philosophe allemand, Hégel, il prétendait qu'il n'y avait pas en Angleterre vingt-cinq personnes qui eussent compris son livre. En quoi consistait cette doctrine si abstruse et si frappante qu'elle faisait la plus vive impression sur le public qui, cependant, d'après l'auteur, n'était pas en état de la comprendre ? Nous allons essayer de la résumer.

A l'origine des sociétés civilisées, quand la population est peu nombreuse et que le territoire est vaste, l'homme, avare de sa peine, commence par défricher les meilleures terres, celles qui sont naturellement les plus fertiles. Alors il n'y a pas de rente du sol ; chaque propriétaire doit cultiver lui-même, ou il ne peut céder son domaine que moyennant un prix qui représente exactement l'intérêt et l'amortissement des capitaux utilement employés à mettre la terre en culture. Si le propriétaire voulait exiger davantage, l'autre partie aurait plus de profit à aller défricher une terre voisine puisque dans cet état de société la terre vacante ne manque pas.

Peu à peu, quand la population devient plus dense et que les subsistances récoltées sur les terres de la première classe ne suffisent plus au nombre des habitants, on se met à défricher les terres de qualité inférieure, les seules qui soient demeurées vacantes ou incultes. Le coût de production du blé est nécessairement plus élevé sur ces dernières ; il doit par conséquent se vendre un plus haut prix ; mais comme tout le blé qui se vend à un marché ne peut y avoir qu'un même prix (1) pour la même qualité, il en résulte que les terres les meilleures, les plus anciennement mises en culture, tirent un bénéfice de cette élévation du prix de revient d'une partie de l'approvisionnement de blé devenu nécessaire à la population accrue : alors naît la rente de la terre ou le fermage, dans la sens scientifique du mot. Le propriétaire des terres les meilleures, les plus anciennement mises en culture, peut louer sa terre non seulement pour une somme représentant l'intérêt et l'amortissement des capitaux qu'il y a engagés, mais encore pour une autre somme qui représente la supériorité naturelle de fertilité de sa terre relativement aux autres terres en culture.

Le même résultat peut se produire d'une autre façon encore. Quand toute la terre est depuis quelque temps déjà occupée et

(1) Nous ne tenons pas compte évidemment des légères fluctuations qui peuvent se produire dans le courant du marché. Ce qui est certain c'est que sur un marché donné tous les hectolitres de blé de qualité analogue, quelles que soient les différences de prix de revient de chacun d'eux, doivent, *au même moment*, avoir le même prix.

que le sol tout entier est en culture, l'augmentation de la population, la demande croissante de blé peuvent forcer à employer de plus en plus de capitaux à la culture de la terre pour l'amender et en accroître la force de production. Or, il arrive un moment où les nouveaux capitaux consacrés à la culture sont moins productifs que les anciens. Il y a une limite au delà de laquelle l'addition d'engrais augmente dans une proportion moindre la production du sol que ne l'avaient fait les engrais antérieurement employés. Suivant un célèbre agronome allemand, M. de Thunen, si un demi-pouce d'engrais élève de moitié le rendement en blé, un demi-pouce en plus ne l'élèvera que des trois huitièmes, et encore un demi-pouce que du quart. Peu importe que ces proportions soient aujourd'hui exactes ou qu'elles ne le soient plus si le fait qu'il y a une limite au delà de laquelle toute nouvelle addition d'engrais produit un effet moindre est incontestable (1). De cette circonstance peut encore résulter la rente de la terre. Quand l'accroissement du nombre des habitants induit ainsi à augmenter considérablement les capitaux consacrés à la culture du sol, il arrive un moment où ces nouveaux capitaux étant moins productifs que les anciens, le prix des subsistances doit hausser pour assurer à ces capitaux nouveaux-venus une rémunération équitable ; mais de cette hausse même du prix des subsistances il résulte pour les capitaux les plus anciennement consacrés à la culture une source de bénéfices supplémentaires ; c'est là la seconde cause de la rente de la terre et de son accroissement dans le cours de la civilisation.

Il y en a encore une troisième. L'augmentation de la demande du blé, par suite de l'accroissement de la population, non seulement conduit à mettre en culture des terres de qualité inférieure, mais aussi il fait défricher et cultiver des terres de plus en plus éloignées du marché. Les frais de transport élèvent le prix de revient des céréales produites sur ces terres les plus distantes, et comme toutes les céréales de même qua-

(1) Le célèbre économiste allemand, Roscher, a établi par d'autres exemples la vérité de cette proposition qui est d'ailleurs évidente.

lité, dans quelque condition qu'elles se soient produites, doivent avoir sur le même marché au même moment le même prix, c'est encore là une cause de bénéfices exceptionnels ou de rente de la terre pour les domaines les mieux situés, les plus voisins des principaux lieux de consommation.

Pour résumer cette doctrine, il y a trois causes de la rente de la terre : 1° la supériorité de fertilité naturelle de certaines terres relativement aux plus mauvaises terres que l'état de la demande des denrées agricoles maintient en culture ; 2° l'infériorité de rendement des nouveaux capitaux consacrés à la culture intensive au delà de certaines limites ; 3° le privilège de situation, et la proximité des marchés ou des voies de communication.

Cette théorie de Ricardo ainsi comprise est considérée comme le pont aux ânes de l'économie politique. Dans les trois cas que nous venons de décrire, le propriétaire recueille ce qu'il n'a pas semé, ce qui n'est pas le fruit de son travail ; il profite d'avantages purement naturels qui n'ont pas été le résultat de ses efforts.

Voilà la théorie de Ricardo en elle-même. Quelles sont maintenant les conséquences que l'on en tire au point de vue de la distribution des richesses ? La plus généralement admise, c'est que les fortunes immobilières croissent toujours, sans aucun travail du possesseur, dans une civilisation progressive. Stuart Mill qui, en économie politique, n'a pas été un inventeur, mais qui a merveilleusement analysé toutes les conséquences des principes posés par ses maîtres, Adam Smith, Malthus, Ricardo, admet que, dans une société qui est en progrès, il y a une tendance à la baisse du prix de revient et de la valeur de tous les objets fabriqués, et une tendance au contraire à la hausse de tous les produits de l'agriculture et des mines.

Il est intéressant de se reporter aux diverses hypothèses de Stuart Mill : il en fait trois.

1° Soit une société où la population augmente et où les capitaux restent stationnaires ; il s'y manifeste une baisse des salaires, une hausse des profits, une hausse également de la rente de la terre. La hausse de cette dernière a deux raisons; d'abord elle a pour cause la hausse générale de tous les profits de capitaux, ensuite elle est produite par l'augmentation de la population qui réclame plus de denrées agricoles et qui, par conséquent, en élève d'autant plus le prix que les capitaux ne se sont pas accrus.

2° Considérons maintenant une société où les capitaux augmentent et où la population reste stationnaire ; les phénomènes économiques qui se produisent alors sont une baisse des profits, une hausse des salaires et une hausse également de la rente de la terre. Pourquoi encore la hausse de cette dernière dans une hypothèse si différente de la précédente ? C'est que l'accroissement des salaires et du bien-être général amènent une beaucoup plus grande demande des denrées agricoles dont certaines peuvent être consommées en quantités singulièrement croissantes par un même nombre d'individus suivant le degré d'opulence où ils se trouvent. Il faut mettre en culture des terres moins fertiles, ou des terres plus éloignées des principaux marchés : de là la hausse de la rente.

3° Voyons la troisième hypothèse de Stuart Mill. Soit une société où la population et les capitaux augmentent également, et où les arts de production restent stationnaires ; là aussi il y a une plus grande demande de produits agricoles, par conséquent mise en culture de terres de moindre qualité ou de plus grand éloignement, ou bien encore affectation à l'agriculture, pour la rendre plus intensive, de nouveaux capitaux dont la force de production, au delà d'une certaine limite, va en diminuant ; pour toutes ces raisons, il y aussi dans cette troisième société une tendance à la hausse de la rente.

Ces hypothèses embrassent tous les cas qui peuvent se présenter dans une société en progrès, sauf un seul : celui où l'art agricole serait soudainement l'objet de très-grands perfectionnements et où, sur toute la surface du pays, il se ferait de profondes améliorations dans la culture qui diminueraient notablement le prix de revient des produits. Dans ce cas, la rente de la terre pourrait baisser, ou tout au moins la hausse en serait entravée. Curieuse remarque : les améliorations agricoles qui, isolées, profitent au propriétaire assez actif pour les entreprendre, multipliées sur toute la surface du pays réduisent la rente de la terre, c'est-à-dire, ne l'oublions pas, cette partie du revenu foncier qui est perçu au delà de l'intérêt normal et de l'amortissement du capital engagé. Il n'y a, au dire de Stuart Mill, dans les sociétés que trois cas où la rente de la terre peut diminuer : quand la population décroît, ou quand les capitaux deviennent moindres, ou enfin quand les améliorations agricoles se généralisent avec beaucoup de rapidité (1). Ce dernier cas est assez rare, l'industrie agricole étant de sa nature plus lentement progressive que l'industrie manufacturière, et répugnant aux changements soudains.

Laissons de côté cette dernière hypothèse défavorable à la rente de la terre ; arrêtons-nous aux trois premières qui sont beaucoup plus fréquentes dans une société en progrès. D'après la théorie de Ricardo et de Stuart Mill, dans les trois états de civilisation progressive que nous avons d'abord décrits le propriétaire peut être considéré comme un être privilégié, comme le favori de la civilisation, comme celui qui prélève une sorte de préciput sur le résultat des progrès sociaux. La rente augmente, sans travail de sa part, alors même que les bénéfices des industriels ou que les gains des salariés diminuent.

A l'appui de l'analyse de Stuart Mill on pourrait citer des faits qui sont postérieurs même à l'époque où a été écrit son ouvrage. Il y a en Europe trois nations particulièrement riches, l'Angleterre, la Belgique, la France. Dans toutes les trois, la richesse s'est prodigieusement accrue depuis un siècle ; dans les deux premières la population a aussi singulièrement augmenté ; en France, au contraire, elle est restée presque stationnaire, surtout depuis quarante ans. La hausse du revenu foncier dans ces trois pays semble non démentir, mais confirmer les idées de Stuart Mill.

(1) *Principes d'Économie politique* par John Stuart Mill, l. IV, chap. III.

En Angleterre, la rente de la terre était évaluée en 1800 à 500 millions de francs (20 millions sterling), en 1804 à 700 millions (28 millions sterling), en 1838 à 750 millions, en 1857 à 1,200 ; en 1875 elle était imposée à l'impôt sur le revenu pour 1,250 millions ; et comme en général le revenu imposable, déclaré ou taxé, est toujours moindre que le revenu réel, on peut fixer à 1,500 millions probablement le revenu foncier rural, la rente de la terre en Angleterre en 1875 : elle aurait donc triplé depuis 1800, doublé depuis 1838, ce qui met précisément à 37 ou 38 ans la période de doublement (1).

En Belgique, d'après le « Rapport présenté au nom des Sociétés agricoles de Belgique et sous les auspices du gouvernement » par M. Emile de Laveleye sur « *L'agriculture belge* » en 1878, dans la période qui s'écoule de 1830 à 1866, le prix moyen du fermage par hectare aurait passé de 57 fr. 25 à 108 francs, soit 88 pour 100 d'augmentation (2).

Voyons maintenant la France où la population est à peu près stationnaire et où les capitaux augmentent rapidement : il doit se produire dans ce pays, d'après les règles de Stuart Mill, une baisse des profits industriels et commerciaux, une hausse des salaires ; c'est aussi ce que l'on constate. Le revenu foncier rural était estimé à 1,200 millions par Lavoisier en 1790 ; on le portait, dans les statistiques officielles, à 1,500 millions en 1815, à 2 milliards 750 millions en 1874 ; il a donc plus que doublé depuis 1790, presque doublé depuis 1815. Quelques économistes, M. Hippolyte Passy entre autres, pensent que à l'heure actuelle le revenu foncier rural est bien plus considérable que le chiffre qui vient d'être donné, et l'évaluent à 4 ou 5 milliards. Ce dernier chiffre nous paraît exagéré, l'évaluation officielle nous semble plus exacte.

(1) Voir Roscher, *Grundlagen der National Oekonomie;* fünfte Auflage p. 315, et la collection des *Statistical abstracts for the United Kingdom;* tous ces chiffres ne concordent pas toujours. Ainsi, d'après les *Statistical abstracts*, les déclarations du revenu foncier rural assujetti à l'*Income tax* n'auraient été que de 41,176,957 livres sterling pour l'Angleterre proprement dite en 1857, au lieu de 47,109,000, comme le dit Roscher qui joint sans doute l'Angleterre à l'Écosse. Ces différences, d'ailleurs, n'infirment en rien le raisonnement.

(2) *L'Agriculture belge*, par Émile de Laveleye, 1878, introduction p. C.

Le revenu foncier aurait ainsi considérablement augmenté en France, quoique dans des proportions moindres qu'en Angleterre et en Belgique ; cette inégalité du taux de l'accroissement entre les trois pays tient, sans doute, à beaucoup de causes, mais l'une est que la population a moins augmenté en France que dans les deux contrées voisines.

Les faits que nous venons de citer semblent confirmer entièrement les doctrines de Ricardo et de Stuart Mill. Il faudrait examiner, cependant, si cette hausse si grande de la rente de la terre depuis 1800 ou 1830, dans ces riches pays, ne vient pas totalement, ou du moins pour la plus grande partie, de ce que des capitaux beaucoup plus importants ont été incorporés au sol, et si la plus-value de la rente de la terre dépasse notablement l'intérêt et l'amortissement de ces nouveaux capitaux. Les économistes de l'école anglaise négligent cette analyse qu'ils regardent comme de peu d'importance; et ils attribuent toute ou presque toute cette hausse du revenu foncier aux lois qu'ils ont découvertes et qui font du propriétaire foncier une sorte de décimateur prélevant sans travail un préciput sur le développement de la richesse sociale.

La théorie de Ricardo a été combattue, avons-nous dit, par quelques adversaires aux États-Unis et en France; parmi ces dissidents de l'école économique contemporaine, les trois principaux jusqu'ici sont Carey, Bastiat et M. Hippolyte Passy.

Bastiat est celui qui, au point de vue purement doctrinal, a fait le plus de résistance aux idées de Ricardo et de ses successeurs. Qu'on lise les *Harmonies économiques*, on verra que le fond de ce bel ouvrage, l'une des plus grandes œuvres philosophiques de ce siècle, est la réfutation de la théorie anglaise de la rente de la terre. D'après Bastiat, toute valeur vient uniquement du travail. Les dons de la nature sont essentiellement gratuits et profitent à tout le monde. Jamais, dit-il, un homme ne consentira à payer quelque chose à un autre pour la jouissance des facultés productives du sol. Le fermage ne représente que l'intérêt des sommes consacrées aux défrichements, aux clôtures, aux constructions, aux amendements, aux irrigations, aux dessèchements, etc. Il faut lire particulièrement l'apologue du Clos-Vougeot dans le livre de Bastiat. On a défriché, on a planté, on a eu la main heureuse; le Clos-Vougeot est comme un diamant; pour un vigneron qui a réussi à mettre la main sur un sol comme celui-là, il y en a cent qui se sont épuisés en efforts analogues sans résultat. Le revenu du propriétaire du Clos-Vougeot représente non seulement la rémunération de la peine que lui et ses prédécesseurs ont prise, mais encore l'indemnité pour les risques qu'ils ont courus; cent vignerons ont en quelque sorte mis à une loterie, quatre-vingt-dix ont absolument perdu leur peine en s'acharnant à la plantation de terrains impropres à la vigne, huit ou neuf ont fait leurs frais, rien de plus, et le centième a gagné le gros lot. Telle est à peu près l'explication de Bastiat. Quand elle serait exacte, on ne voit pas comment elle détruirait la théorie de Ricardo sur la rente du sol. Il n'en résulterait pas moins que l'exposition, les qualités propres du terroir sont pour quelque chose dans le revenu du propriétaire du Clos-Vougeot, et que par conséquent « les qualités naturelles et indestructibles du sol » contribuent pour une part à la rente du propriétaire de ce domaine.

Le raisonnement de Bastiat est certainement superficiel. Comment peut-il contester que l'inégalité de fertilité naturelle et l'inégalité de situation entre les différentes terres soient des causes de rente? Comment pourrait-il justifier par le seul travail la valeur de certains terrains dans les grandes villes, des chutes d'eau, de certaines mines de houilles, de certains objets rares comme le diamant? Tout ce que l'on peut tirer de l'apologue du Clos-Vougeot, c'est qu'en effet le revenu du Clos-Vougeot est tout aussi légitime que le gain qui vient de la vente d'un diamant. Le diamant est encore moins un produit de l'homme que le Clos-Vougeot.

La réfutation que donne Bastiat de la doctrine de Ricardo est donc faible. Une seule remarque, dans son argumentation, mérite d'être retenue et a du poids: c'est que tout travail qui s'est immobilisé, incorporé dans un objet matériel, a une valeur variable, que tantôt cette valeur baisse, tantôt elle hausse, suivant le service rendu. Ainsi, entre dix propriétaires qui ont fait des améliorations sur leurs terres, une moitié peut s'en être bien trouvée, et l'autre moitié mal. Il en résulte que tel propriétaire en particulier peut être regardé comme l'objet des faveurs spéciales de la civilisation et du hasard, mais qu'il est abusif d'en conclure que la classe entière des propriétaires soient dans ce cas. Il se pourrait très-bien que cette classe retrouvât à peine ou ne retrouvât même pas, dans la hausse de la rente de la terre, l'intérêt normal de ses dépenses et le prix légitime de ses efforts. La théorie de la rente de la terre pourrait donc être vraie en elle-même, avoir des conséquences importantes dans tel ou tel cas déterminé, et n'avoir cependant aucune portée sociale.

Enfin, une autre vérité que n'a pas développée Bastiat, mais qui est incontestable, c'est que le hasard, le bonheur, la providence, tiennent toujours une grande place, sinon une place prédominante, dans la rémunération des efforts humains. C'est aussi vrai de l'industrie, du commerce, des professions libérales, de la main-d'œuvre même, que de la propriété foncière.

Les objections de Carey et de M. Hippolyte Passy à la doctrine de Ricardo sont autrement précises et topiques que celles de Bastiat. L'un et l'autre se placent au point de vue expérimental et parlent en agronomes. Le célèbre économiste américain Carey n'a aucune peine à prouver que l'ordre historique des cultures n'est pas celui qu'a indiqué Ricardo; c'est précisément l'opposé. Prenant pour terrain de démonstration les États-Unis, où le peuplement et le défrichement sont récents, il remarque que les pionniers ont toujours commencé à cultiver les sols légers, situés sur les collines, c'est-à-dire ceux dont la fertilité est médiocre, qu'ils n'ont abordé que beaucoup plus tard les terres profondes, situées dans les vallées, encombrées d'arbres, de broussailles, de marais, etc., parce que la mise en culture de ces terres infiniment plus riches eût exigé de leur part beaucoup plus de frais, beaucoup plus d'efforts. Il nous paraît que cette théorie de Carey est très-exacte surtout dans un état de société où le capital est peu abondant, où l'esprit de combinaison et d'association fait défaut. A l'origine de la culture on produit presque uniquement du blé, qui est le premier besoin de l'homme; on laisse en marais, en landes, en pâtures vagues, les terres les mieux douées de la nature qui plus tard deviennent de riches prairies ou servent aux productions perfectionnées et à l'agriculture industrielle. Les terres mises les dernières en culture valent donc beaucoup mieux que les anciennes. Jusqu'à un certain point du moins, ces observations sont exactes : l'Amérique et la plupart des contrées neuves en donnent la preuve. On cultivera les plateaux avant de cultiver les rives de l'Amazone. De là viennent les lacunes de la théorie de Ricardo et de celle de Malthus. Ainsi s'explique que, malgré l'augmentation de population, le genre humain soit mieux approvisionné de subsistances qu'auparavant et à moindre prix. Autrefois les hommes étaient incapables de drainer et de défricher les sols riches, de vaincre la fièvre même qui souvent s'y rencontre. Même dans de vieux pays où la population est exubérante on voit encore les habitants ne savoir pas tirer parti des terres les plus naturellement fécondes. La Campagne Romaine en est la preuve, tandis que toutes les collines de la Toscane, beaucoup moins favorisées de la nature, sont merveilleusement cultivées.

De 1359 à 1400, d'après des auteurs cités par Carey, la population de l'Angleterre était six fois et demie plus faible qu'à l'heure actuelle. L'étendue des terres cultivées dans ce pays est aujourd'hui dix fois plus grande qu'elle n'était à cette époque, et la production par acre en ramenant à une même unité tous les produits raffinés est six fois supérieure à ce qu'elle était au quinzième siècle (1). Aux auteurs cités par Carey on pourrait joindre le témoignage de Macaulay qui, dans sa splendide introduction à l'Histoire d'Angleterre, décrit les mœurs et la pauvreté de toutes les classes au dix-septième siècle ; la viande fraîche elle-même était une denrée qui ne

(1) Carey, *Past, Present and future*, p. 54.

figurait qu'exceptionnellement alors sur la table des *squires* ou riches propriétaires campagnards.

Il est faux que le prix du blé ait une tendance à toujours s'accroître. Il avait notablement baissé en Angleterre depuis le début de ce siècle, même avant les importations américaines. Il avait baissé doublement, estimé en argent et estimé en travail humain; mais même en négligeant la hausse de la journée de l'ouvrier qui lui eût permis de payer le blé plus cher, cette denrée estimée en argent coûtait 20 p. 100 de moins dans le troisième quartier du dix-neuvième siècle que dans le premier.

Que l'ordre historique des cultures ne soit pas le moins du monde celui que Ricardo a indiqué, Carey a fourni sur ce point une démonstration victorieuse. L'expérience en outre a prouvé qu'il s'en faut de beaucoup que le blé et les autres produits naturels aient une tendance à hausser toujours. Les faits n'enlèvent pas toute vérité théorique à la doctrine de Ricardo; mais ils lui ôtent presque toute portée pratique. Il demeure vrai que pour beaucoup de terres une partie du fermage représente la supériorité de fécondité naturelle du sol ou la supériorité de situation relativement aux autres terres ou à d'autres terres qui sont en culture; mais il est faux que d'une manière générale le propriétaire soit le favori et en quelque sorte l'enfant gâté de la civilisation, que ses revenus aient une tendance à toujours s'accroître sans travail de sa part.

Un autre observateur d'une remarquable sagacité, M. Hippolyte Passy, a complété la démonstration de Carey dans un petit livre intitulé : *Des systèmes de culture et de leur influence sur l'économie sociale*, un véritable chef-d'œuvre, nous n'hésitons pas à le proclamer. M. Hippolyte Passy ne combat pas directement Ricardo, il ne le nomme guère. L'objet de son ouvrage est même autre que l'examen ou la réfutation de cette théorie célèbre ; il est consacré, en effet, particulièrement à la comparaison des avantages et des inconvénients de la grande et de la petite propriété, de la grande et de la petite culture. Mais de tous les faits qu'il relève, il résulte que la théorie de Ricardo n'a aucune portée pratique.

M. Passy constate que de 1812 à 1840 la généralité des fermages a baissé en Angleterre ; et c'était avant la réforme des lois sur les grains. Les fermiers qui payaient de 56 à 87 francs par acre (0 hectare 41) à la première de ces dates ne payaient plus que de 25 à 38 francs à la seconde, soit une diminution de 50 à 60 pour 100 (1), singulière preuve de la situation prétendue privilégiée du propriétaire foncier. Bien plus, M. Passy a démontré que si les fermages ont baissé dans ces proportions, cela ne tient pas seulement à la baisse du prix du blé qui de 152 fr. 50 par quarter (le quarter égale 2 hectolitres 80), en 1812, est tombé à 75 francs en 1840, mais que la part du propriétaire estimée en nature a elle-même diminué, et dans cette période est descendue de 57 à 50 centièmes de *quarter* par acre.

Des études minutieuses de M. Hippolyte Passy il résulte encore d'autres observations qui viennent à l'appui de celles de Carey et à l'encontre des théories tout idéales et spéculatives de Ricardo. Lui aussi prouve que les premières terres cultivées, et cela non seulement à l'origine de la civilisation mais pendant une longue série de siècles, sont celles qui se prêtent à la production du blé ; qu'on néglige toutes les autres cultures qui plus tard sont les plus rémunératrices. Des terres qui autrefois, il y a quelques dizaines d'années, dans l'état passé des connaissances agricoles et avec le peu de raffinement de la civilisation, étaient considérées comme les plus mauvaises sont aujourd'hui les plus fécondes. Ces terres étaient alors dédaignées et n'étaient pas l'objet de soins continus et réguliers ; aujourd'hui ce sont celles dont la culture est le plus rémunératrice ; « telles sont « entre autres celles qui se composent de couches sablonneuses « ou graveleuses d'une certaine épaisseur. Longtemps, dit M. « Hippolyte Passy, ces terres moins propres, dans l'état d'im« perfection où se trouvait l'art, à produire du blé ou des fari« neux que celles où domine l'argile, ont été l'objet d'un dédain

(1) *Opus citatum*, p. 97.

« dont les traces n'ont pas cessé d'exister dans le langage et « même dans les opinions d'un grand nombre de cultivateurs. Il « a fallu, pour les mettre en honneur, qu'on eût appris à les « amender, et que les produits fins et recherchés qu'elles « donnent à meilleur marché que toutes les autres devinssent « d'un usage plus général. Aujourd'hui ces sortes de terres sont « de plus en plus appréciées et déjà d'autres pays que la Belgique « leur accordent la préférence. En Angleterre, par exemple, « elles commencent à l'obtenir, et c'est un fait que dans plu- « sieurs contrées où les terres qualifiées de bonnes sont affer- « mées sur le pied de 22 à 25 shillings l'acre (68 à 78 francs « l'hectare), les terres autrefois dites maigres et pauvres se « louent de 30 à 35 (de 94 à 109 francs l'hectare). »

Tel est le témoignage d'un homme remarquablement érudit en ce qui touche à l'agriculture. Il cite, d'ailleurs, à l'appui de ses observations des autorités non moins sérieuses, le statisticien anglais bien connu Porter entre autres. Voici comment s'exprime ce dernier : « L'opinion relative à l'altération que su- « bit le système de fermage, par l'usage qui se répand d'appli- « quer les sols légers à des emplois dont on croyait les fortes « terres seules susceptibles, est confirmée par les communica- « tions faites aux commissaires de la loi des pauvres, etc. » M. Hippolyte Passy fait remarquer quelles révolutions dans la valeur relative des terres entraînent de temps à autres certaines découvertes techniques : ainsi l'emploi longtemps ignoré de la chaux dans plusieurs parties de l'ouest de la France a changé en champs de froment des espaces abandonnés jusque-là aux grains inférieurs. La découverte d'une marnière suffit pour permettre la transformation d'une agriculture locale. « La « puissance de l'art est immense en agriculture, dit avec raison « M. Hippolyte Passy, et elle ne cessera pas d'amener dans « l'emploi des terres des changements successifs (1). » Qui oserait prétendre, en effet que nous ayons épuisé la science agricole, et que deviennent en face de ces révolutions incessantes

(1) Hippolyte Passy, *Des systèmes de culture*, pages 54 et suivantes.

les théories de Ricardo ou de Malthus, si ce n'est des abstractions scientifiques qui n'ont qu'une portée pratique actuellement insignifiante ?

Quoi de plus notoire en France que l'inexactitude actuelle de notre vieux cadastre qui date en moyenne d'un demi-siècle? Et ces inexactitudes ne tiennent pas à ce que l'opération a été primitivement mal faite, elles ont pour causes les altérations considérables qu'a amenées dans la valeur relative des terres une multitude de faits postérieurs au cadastre. Ainsi dans beaucoup de départements les terres classées lors du cadastre dans les dernières classes donnent aujourd'hui les plus gros revenus. Les observations de M. Hippolyte Passy sont péremptoires sur ce point : « Dans les départements les plus riches et les mieux « cultivés, dit-il, la distinction entre les terres des trois pre- « mières classes du cadastre ne répond plus aux faits actuels, « et il est des terres sableuses, récemment défrichées qui, « transformées en peu d'années en excellents fonds, donnent « maintenant des rentes de la plus haute élévation. » Voilà certes une grave objection à la théorie de Ricardo : dans un vieux pays comme la France qui compte vingt et quelques siècles de civilisation, certaines terres que l'on n'a songé à mettre en culture que dans le courant de ce siècle deviennent les plus productives. Ailleurs l'écart qui existait autrefois entre le revenu net des différentes classes de terres tend à se combler, les terres réputées jadis les meilleures n'augmentent que faiblement en revenu, les autres, au contraire, ayant fait d'énormes progrès. Laissons encore la parole à M. Hippolyte Passy : « Voici quelle a été la progression des fermages dans « plusieurs communes des départements de l'Eure et de l'Oise, « suivant les classes de terres adoptées par le cadastre à des « époques dont la plus ancienne n'excédait pas vingt-trois ans, « en 1829 (1), (époque où nous avons constaté les faits et établi « une moyenne) :

(1) La 2e édition du livre de M. Hippolyte Passy, est de 1852.

REVENU MOYEN D'UN HECTARE PAR CLASSE DE TERRE.

| | 1re classe fr. | 2e classe fr. | 3e classe fr. | 4e classe fr. | 5e classe. fr. |
|---|---|---|---|---|---|
| « Suivant le cadastre.. | 58 | 48 | 34 | 20 | 8 |
| « D'après les baux du moment (1852).... | 80 | 78 | 60 | 50 | 40 |

« On voit combien se sont atténuées les différences dans un « espace fort court. C'est de 32 p. 100 que, comparativement « aux évaluations cadastrales s'est élevé le revenu des terres de « première classe, c'est de 250 et 500 p. 100 que s'est élevé « celui des terres de quatrième et de cinquième classe. Or, le « mouvement de progression n'est pas à son terme et a conti- « nué à se déclarer, et nous connaissons des communes où les « terres désignées, il y a trente ans, comme les plus produc- « tives ne sont plus celles qui maintenant rendent aux pro- « priétaires les plus hauts fermages (1). »

Nous demandons au lecteur pardon de tous ces détails, de toutes ces citations. Peut-être en avons-nous abusé (2) ; mais le sujet est si grave, la théorie de Ricardo est si accréditée dans la science économique qu'il importe de lui opposer non seulement des raisonnements, mais des faits. Ou nous nous trompons fort, ou les constatations que nous venons de faire, à la suite de Carey et d'Hippolyte Passy, infirment dans sa portée pratique et dans ses conséquences sociales la fameuse théorie de l'économiste anglais. Un seul point reste vrai dans sa doctrine, c'est que dans le produit net de beaucoup de terres il y a une part, d'une importance très-variable, qui représente la supériorité naturelle de fertilité ou de situation sur d'autres terres en culture. Bastiat a eu tort de s'attaquer à une proposition aussi certaine. Mais ce qui est faux dans la théorie de Ricardo, c'est que la civilisation ait pour tendance de faire hausser graduellement, spontanément, la rente de la terre, indépendamment

(1) Hippolyte Passy, p. 56.

(2) Le grand rapport de M. Émile de Laveleye sur l'*Agriculture belge* en 1878 nous eût fourni beaucoup d'autres faits de même nature que ceux qu'ont recueillis Carey et Hippolyte Passy.

de tout travail ou de toute dépense du propriétaire, de tout amendement du sol. Si l'on considérait minutieusement la hausse des fermages, si l'on pouvait dresser une note complète de l'ensemble des capitaux qui ont été incorporés au sol par toute la classe des propriétaires fonciers depuis un quart de siècle ou un demi-siècle, il est fort douteux que la hausse de l'ensemble des fermages du pays représentât plus que la moyenne de l'intérêt, au taux habituel, civil ou commercial, de toutes ces dépenses. Cette hausse des fermages se distribue, sans doute, fort inégalement entre les différents propriétaires de sorte que certains d'entre eux, ayant fait beaucoup de dépenses, n'en retirent aucun bénéfice, et certains autres, au contraire, obtiennent un bénéfice considérable pour de faibles dépenses, ou même simplement comme résultat de circonstances extérieures auxquelles ils n'ont en rien contribué. La classe des propriétaires prise dans son ensemble et pendant une longue série d'années, trois quarts de siècle ou un siècle, n'est donc pas plus favorisée du sort que la classe des commerçants, ou la classe des industriels ou celle des simples ouvriers.

Ricardo était placé dans la situation la plus favorable à sa théorie : dans un pays où la culture était simple, adonnée presque uniquement à deux produits, les céréales et l'élevage du bétail, dans un pays où la population croissait rapidement et où l'importation des denrées alimentaires étrangères était interdite. Que dans de semblables circonstances le prix des produits agricoles eût une tendance à toujours hausser, cela devait être. Mais Ricardo n'a pas pris garde que ces circonstances, bien loin d'être naturelles et permanentes, étaient artificielles et passagères. Un jour peut-être, quand le monde entier aura une population dont la densité, sur tous les points du globe habitable, approchera de celle de l'Europe occidentale, quand il ne restera plus une acre de bonne terre vacante et inexploitée, quand l'art agricole aura absolument épuisé toute sa force progressive et qu'il sera devenu complètement stationnaire, la théorie de Ricardo pourra devenir absolument vraie.

Ces perspectives sont singulièrement éloignées : les deux Amériques, le continent australien, l'Asie centrale, le Soudan, les côtes et le centre de l'Afrique, la Russie d'Europe et d'Asie, les nombreux archipels de l'Océanie renferment des centaines de millions d'hectares de terres vacantes, inexploitées ou insuffisamment exploitées qui égalent en fertilité naturelle les meilleures de l'Europe. Le privilège de fertilité pour les terres européennes devient donc chaque jour une cause décroissante de rente de la terre : bien loin que le progrès de la civilisation doive amener de ce côté une hausse des fermages, il aurait plutôt pour résultat de les déprimer. Reste le privilège de situation qui est une autre cause de la rente de la terre; mais ce privilège lui-même va chaque jour en diminuant; les progrès des voies et des moyens de communication, l'abaissement du prix de transport par voie ferrée, et surtout par eau, est tel qu'il en coûte moins aujourd'hui pour faire venir une tonne de blé du Minnesota ou du Manitoba à Paris qu'il n'en coûtait, il y a un siècle, de la faire venir à Paris du milieu de la Beauce ou de la Brie. On n'estime pas à plus de 50 à 60 francs par tonne, soit 3 fr. 50 ou 4 francs par hectolitre de blé le prix de transport du Minnesota au Havre. Or, la production moyenne de l'hectare de blé en France est de 14 hectolitres : le maximum de la rente de la terre, provenant de la supériorité de situation des terres françaises, serait donc de 50 francs environ en moyenne par hectare. Mais il faudrait notablement réduire ce chiffre pour tenir compte de circonstances qui ne sont pas négligeables. En premier lieu, le blé produit sur la ferme normande doit être lui aussi transporté au marché, ce qui le grève toujours de quelques frais par hectolitre. En second lieu l'Amérique et les pays neufs ont l'avantage précieux de la culture errante, sans engrais, se déplaçant du champ épuisé au champ encore vierge; ils ont aussi la facilité qu'offrent pour le labourage et la récolte de vastes plaines qui ne sont pas morcelées en petits lots. En France, au contraire, la plupart des engrais doivent venir de loin: les guanos, du Pérou; les nitrates, du Pérou aussi et de Bolivie; les phosphates, du Portugal; et les frais de transport que l'agriculteur américain paie sur ses produits, le cultivateur européen les acquitte souvent sur ses engrais. Quelle est alors la part qui reste de cette rente naturelle de la terre provenant du privilège de situation? Elle est minime.

En résumé, des deux principales causes que Ricardo assigne à la rente du sol, à savoir le privilège de fertilité naturelle et le privilège de situation, la première peut être considérée comme n'existant guère puisqu'il y a à foison dans toutes les contrées du monde des terres vacantes aussi fertiles que les plus fertiles de l'Europe; la seconde cause, le privilège de situation, va sans cesse en diminuant, au fur et à mesure des progrès des voies ou des moyens de transport; et qui oserait dire que nous sommes au bout de ces progrès? La vraisemblance est, au contraire, que d'ici à cinquante ans les prix de transport soit par mer, soit par terre, auront baissé, si ce n'est de moitié, du moins d'un tiers.

Une supériorité reste, sans doute, à l'agriculteur européen, laquelle ne tient pas au sol même; c'est qu'il peut, mieux que ses rivaux éloignés, s'adonner aux productions accessoires et raffinées de l'agriculture. La concentration de la population, les connaissances horticoles plus répandues, les habitudes mêmes des ouvriers des champs lui donnent à ce point de vue des avantages qui ne sont pas sans prix. Ainsi la vigne, le mûrier, jadis la garance, la betterave, le colza, les plantes industrielles ont été le triomphe de l'agriculture des pays les plus avancés d'Europe; il en est de même encore pour le jardinage, la culture potagère, pour la basse-cour, la laiterie, etc. Mais dans ce domaine aussi à quels périls le cultivateur européen n'est-il pas exposé? Écoutons un écrivain agricole: « La vigne est atteinte par le *phylloxera* dont les ravages s'é-« tendent tous les jours; l'inondation du sol, le sulfure de car-« bone et le cépage américain ne sont que des palliatifs insuf-« fisants.

« La racine de garance fournissait une précieuse teinture « rouge qui ne peut lutter contre une matière tirée du goudron « de houille appelée *alizarine*.

« Dans le Nord, la betterave réussit moins bien et la propor-
« tion du sucre diminue chaque année.

« Le colza disparaît devant les ravages de l'*altise* et la con-
« currence de l'huile de pétrole et de ses dérivés.

« Les plantations de mûriers sont arrachées, car le ver à soie
« meurt avant de pouvoir utiliser ses feuilles.

« Les pommes de terre ne donnent plus les produits d'autre-
« fois. Le *Rotrytis infestans* rend leur culture impossible dans
« les terres fortes ou humides, et voilà qu'un nouveau fléau,
« le *doriphora*, est signalé à l'horizon (1). »

Si Ricardo revenait dans ce monde, pourrait-il, en présence de tous ces maux qui frappent l'agriculture des vieilles sociétés, soutenir que le propriétaire foncier est un être privilégié, le favori de la civilisation, qui voit ses bénéfices croître sans cesse, sans travail, et qui prélève la meilleure part sur les produits des progrès sociaux?

De l'étude que nous avons faite de la doctrine de Ricardo il résulte qu'elle contient une parcelle de vérité théorique, très-curieuse au point de vue scientifique, mais dépourvue actuellement de toute portée pratique.

(1) Nous extrayons ces lignes d'un petit almanach rural très bien fait : *l'Almanach du colon limousin* par le docteur Albert Le Play, année 1880, p. 41. Même pour toutes ces productions raffinées, le privilège de situation diminue chaque jour ; ainsi les maraîchers des environs de Paris ont à subir la concurrence des maraîchers de la Normandie, de la vallée du Rhône et même de l'Algérie. Les propriétaires de vignes d'Argenteuil et de Suresnes ont eu à souffrir de la concurrence des vins de l'Hérault. Le progrès des voies de communication est toujours le grand niveleur.

# CHAPITRE III

## DE LA SITUATION RESPECTIVE DES DIVERSES PARTIES DE LA CLASSE AGRICOLE : PROPRIÉTAIRES, FERMIERS, MÉTAYERS, OUVRIERS.

De l'importance et des causes de la plus-value de la rente de la terre en Angleterre, en Belgique et particulièrement en France. — L'élévation réelle de la rente de la terre est beaucoup moins forte que l'élévation apparente pour trois raisons. — Il faut tenir compte de la dépréciation des métaux précieux qui a réduit le pouvoir d'achat de tous les revenus dans une proportion de 20 à 25 p. 100 depuis 1850, de 30 à 40 p. 100 depuis 1790. — L'accroissement des impôts portant sur la terre a été presque en tout pays plus rapide que l'accroissement des revenus fonciers. — La plus forte partie, la presque totalité de l'augmentation de l'ensemble de la rente de la terre en France, représente uniquement l'intérêt des énormes capitaux consacrés par les particuliers aux améliorations agricoles depuis un quart de siècle ou un demi-siècle. — Calculs à ce sujet.

La rente de la terre s'est notablement moins accrue que l'ensemble de la production agricole. — La quote-part perçue par les propriétaires dans le prix de vente des produits va en diminuant. — La quote-part prélevée par les fermiers et celle qui échoit à la main-d'œuvre vont, au contraire, en augmentant

Comparaison de la progression de la rente de la terre à la progression des salaires agricoles. — Augmentation de ces salaires en France de 1780 à 1872

Plus le monde se peuple, plus le prétendu privilège de l'agriculteur européen s'atténue ou disparait. — La fausseté ou l'exagération du principe de Ricardo et de Malthus est ainsi expérimentalement démontrée. — Comparaison de l'agriculture américaine et de l'agriculture française.

Le produit des améliorations agricoles est très inégal. — Le nombre des perdants équivaut à celui des gagnants. — Part du hasard dans la hausse ou dans la baisse de la rente de la terre comme dans le résultat de tous les efforts humains. — Le hasard tient une place dans la formation de toutes les fortunes. — La propriété foncière n'est pas dans une situation autre que toutes les entreprises humaines. — Nombreux cas de baisse de la rente de la terre dans tout un pays.

Le législateur n'est pas tenu d'intervenir pour maintenir les fermages à un taux déterminé. — La baisse des fermages n'amène pas la mise en friche des terres. — Le bon marché des produits agricoles n'entraîne pas nécessairement une baisse des salaires. — La diminution de la rente de la terre n'appauvrit en rien la nation et profite au rapprochement des conditions.

Soumise à un examen attentif la doctrine de Ricardo nous est apparue comme n'ayant aujourd'hui presque aucune portée pratique. On ne peut prétendre que dans la majorité des cas les fermages haussent spontanément, sans sacrifices et sans efforts de la part du propriétaire. D'où vient donc l'augmentation énorme, que l'on a constatée dans presque tous les pays, de l'ensemble des revenus fonciers ruraux? Puisque cette augmentation n'est pas un simple don de la nature, quelles en sont les causes? Il est bon de comparer cet accroissement des fermages avec celui des produits agricoles, des salaires agricoles et des capitaux incorporés au sol.

Reprenons quelques-uns des chiffres donnés dans un précédent chapitre. En Angleterre, le revenu net de la terre était évalué à 500 millions de francs en 1800, à 700 millions en 1804, à 750 en 1838, à 1,200 en 1857 (1), à 1,400 ou 1,500 en 1875. Il s'agit ici de l'Angleterre proprement dite, l'Irlande et l'Écosse restant en dehors. Ce qui frappe, c'est l'énorme plus-value dans la période comprise entre la première et la dernière de ces dates : le revenu net de la terre a presque triplé en trois quarts de siècle, presque doublé de 1838 à 1875, soit en trente-sept ans. Un autre fait qui ne doit pas échapper à l'attention, c'est que cette hausse ne s'est pas répartie également sur toute la période : de 1804 à 1838 il y a eu un temps d'arrêt ; le revenu net est resté stationnaire, c'est qu'en effet, comme on l'a vu dans un précédent chapitre (page 95), beaucoup de fermages en Angleterre ont baissé d'un tiers, ou d'un quart, quelques-uns de moitié entre 1815 et 1840. Une baisse nouvelle et très-considérable aussi se produit au moment où nous écrivons ; depuis 1875 la plupart des fermages ont baissé en Angleterre de 10 ou 15 p. 100, quelques-uns de 20 ou 25 p. 100. Ces deux exemples prouvent encore par surcroît la faible part de vérité pratique contenue dans les observations de Ricardo.

En Belgique, d'après le rapport de M. de Laveleye, de 1830 à 1865 le prix moyen des fermages a passé de 57 fr. 25 à 108 fr.

(1) D'après les déclarations faites pour l'*Income tax*, le chiffre exact de la valeur locative de la terre en Angleterre, en 1857, aurait été de 1 milliard 80 millions de francs seulement ; en 1875, de 1 milliard 250 millions ; mais les propriétés appartenant à des personnes n'ayant pas 2,500 fr. de revenu ne sont pas comprises dans ces chiffres.

par hectare, soit 88 p. 100 d'augmentation en trente-huit ans (1).

En France le revenu foncier rural montait à 1,200 millions du temps de Lavoisier, c'est-à-dire en 1790 ; il s'élevait à 1,500 millions en 1815 ; à 1,900 millions en 1851, enfin à 2 milliards 750 millions en 1874, d'après les statistiques officielles : c'est un accroissement de 130 pour 100 en quatre-vingt-quatre ans et de 45 pour 100 en vingt-trois ans, depuis 1851.

Résulte-t-il de ces chiffres que soit en Angleterre, soit en Belgique, soit en France, le revenu net du propriétaire foncier augmente d'environ 2 pour 100 par année, sans travail ni dépenses de sa part ? Longtemps un préjugé de ce genre a été répandu dans le public, et il en reste encore quelques traces. Cette conclusion serait singulièrement erronée.

A ne prendre que l'exemple de la France, il y a trois grands faits dont il faut tenir compte pour savoir quelle est l'amélioration qui s'est produite dans la situation du propriétaire foncier. Voici ces trois faits : 1° la dépréciation des métaux précieux qui réduit la puissance d'achat de tous les revenus ; 2° l'accroissement des impôts portant sur la terre ou sur les constructions ; 3° les capitaux considérables engagés dans le sol depuis 1790, même depuis 1851. Passons successivement en revue ces trois influences, qui agissent sur le revenu net du sol.

La dépréciation des métaux précieux depuis la découverte de l'Amérique et plus particulièrement depuis l'exploitation des mines de la Californie et de l'Australie, est un phénomène dont on ne peut guère contester la réalité. La diminution du pouvoir d'achat de l'or et de l'argent peut tenir à deux causes diverses, soit à l'avilissement de la valeur de ces métaux eux-mêmes, soit à la plus forte demande et à la hausse, si ce n'est de la totalité, du moins de la généralité des produits humains. Au point de vue pratique on peut réunir ces deux effets, dus à des causes différentes, sous la rubrique de dépréciation des métaux précieux, quoique, au point de vue scientifique, cette assimilation soit défectueuse. A combien peut-on évaluer cette

(1) L'*Agriculture belge* en 1878, Introduction, p. C.

diminution de la puissance d'achat de l'or et de l'argent? Les observateurs les plus sagaces, les calculateurs les plus minutieux, M. Jevons en Angleterre, M. Soëtber en Allemagne, M. de Foville en France, la fixent à 20 ou 25 pour 100 depuis 1850 : on peut bien la porter à 30 ou 40 pour 100 depuis 1790.

En tenant compte de ces observations l'augmentation du revenu réel de l'ensemble des propriétaires fonciers ruraux est beaucoup moins considérable que l'augmentation du revenu apparent de la même classe. Au lieu que ce dernier s'est accrû en France de 130 pour 100 depuis 1790, qu'il a presque doublé depuis 1815, et qu'il a augmenté de 50 pour 100 depuis 1851, le revenu réel, c'est-à-dire la puissance d'achat, n'a augmenté que de 50 à 60 p. 100 depuis 1790, de 30 à 40 pour 100 depuis 1815, de 15 ou 20 pour 100 depuis 1851.

Voilà le montant réel de la plus-value du revenu net de la classe entière des propriétaires ruraux en France; le taux en est beaucoup plus modeste qu'on ne le pensait au premier abord. En Belgique, il est vrai, l'augmentation du revenu net réel de la classe des propriétaires ruraux reste plus considérable; elle atteint 40 pour 100 depuis 1830; il en était à peu près de même en Angleterre avant la crise qui a commencé vers 1875.

Passons au second fait, l'impôt : On a l'habitude de dire qu'il est resté stationnaire ou que même il a diminué depuis 1790. Ce langage prête à beaucoup de confusions. Il est exact que le *principal* de notre impôt foncier, c'est-à-dire la partie qui est perçue pour l'État, a été l'objet de réductions graduelles depuis 1797 jusqu'en 1821 ; depuis lors, il n'a pas varié. Mais de 1790 jusque vers les premières années de l'Empire l'impôt foncier figurait dans les budgets pour un chiffre beaucoup plus élevé que celui des perceptions , il rentrait mal, l'arriéré était énorme ; c'était donc un impôt qui n'était qu'en partie effectif et en partie nominal. En outre, si, après des abaissements successifs jusqu'en 1821, le *principal* de l'impôt foncier est resté stationnaire en France, il n'en a pas été de même de la partie primitivement accessoire et toujours mobile de l'impôt foncier, à savoir les centimes additionnels départementaux et communaux. M. Léon Say, ministre des finances, faisait remarquer à la tribune de la Chambre des députés, dans la séance du 20 février 1877, que depuis 1838 les centimes additionnels départementaux aux quatre contributions directes s'étaient élevés de 60 millions à 144, et les centimes additionnels communaux de 32 millions à 143 en 1875. Dans un intervalle de moins de quarante ans, les premiers avaient donc doublé, et les seconds plus que quadruplé (1). Cet accroissement a continué, continue, continuera. En 1803, les centimes additionnels locaux produisaient 57 millions ; en 1838, 92 millions ; en 1864, 206 millions ; en 1869, 243 millions ; en 1877, 305 millions (2). Depuis 1850, si l'on joint les taxes additionnelles locales au principal perçu pour le compte de l'État, la progression du revenu foncier a été certainement supérieure à la progression du revenu de l'ensemble des terres. Vers 1838 l'impôt foncier, soit national, soit local, ne représentait guère que 150 millions de francs sur la propriété rurale ; aujourd'hui il dépasse largement 250 millions, et si l'on y joint, comme on doit le faire, la partie de l'impôt national et local des portes et fenêtres qui frappe les habitations rurales, on a 300 millions au moins à déduire du revenu net de la propriété agricole estimé en France à 2 milliards 800 millions. En tenant compte de cette observation d'une justesse incontestable que la progression de l'impôt foncier, par suite des centimes additionnels, a surtout été rapide depuis 1851 et qu'elle a dépassé le taux de la plus-value du revenu des terres, on peut penser que, au lieu d'être de 50 pour 100 depuis 1851, la plus-value du revenu des terres, estimée en monnaie et déduction faite de l'impôt, n'est en réalité que de 45 pour 100 ; et que cette proportion elle-même se réduit à une plus value de 16 ou 18 pour 100 de la puissance d'achat de l'ensemble du revenu des propriétaires, si l'on prend en considération, comme on doit le faire, la dépréciation des métaux précieux.

La progression des impôts frappant la propriété rurale est très-sensible en tout pays : elle l'est en Italie, elle l'est aussi

(1) Voir notre *Traité de la Science des finances*, 2e édition, t. II, p. 669.
(2) Voir notre *Traité de la Science des finances*, t. I, p. 715.

en Angleterre. Quelques personnes s'imaginent qu'il n'y a pas d'impôt foncier dans cette dernière contrée, parce que la *landtax* est restée fixe depuis plusieurs siècles et qu'une partie même en a été rachetée; mais, si l'on tient compte de la multitude et de l'élévation des taxes locales, des dîmes et des redevances de toutes sortes, on doit conclure que, dans la plupart des cas, une forte part de l'accroissement du revenu net des terres a été absorbée par ces prélèvements. Voici une curieuse déclaration que nous extrayons du *Times* (n° du 15 octobre 1879); c'est un propriétaire exploitant, il est vrai, qui parle : « J'exploite 220 acres (1), dans le Sussex; 210 acres de cette terre « étaient loués, avant que je ne les prisse, 100 livres sterling « (2,500 francs par an). Voici quelles en sont les charges : dîmes pour le recteur (*rectorial tithe*) 19 livr. sterl. 11 shellings; « dîme pour le curé (*vicarial tithe*) 16 liv. 4 shel.; taxe des « pauvres, 14 liv. 14 shel. 5 deniers; taxe des routes, 12 livres « 14 shellings 3 deniers; impôts sur le revenu, 8 livres 5 shel. « 5 deniers; taxe des pauvres dans une paroisse voisine, 15 shel. « 9 pence ; impôt sur le revenu dans la même paroisse 4 shel. « 4 pence; taxe des routes également 4 shel. 4 pence; taxe des « pauvres pour une autre partie de la même ferme et dans une « autre paroisse 12 livres 0 shel. 6 deniers; impôts sur le revenu également 2 livres 11 shel. 3 deniers, total des charges « 87 livres st. 6 shellings 10 deniers. » Ces prélèvements font 2,195 francs, quand le revenu net de la terre, alors qu'elle était affermée, représentait moins de 3,000 francs; nous pensons qu'il s'agissait ici d'un fermage net d'impôts. Que le cas que nous venons de citer soit exceptionnel, nous n'avons pas de peine à le croire ; on doit se rappeler, cependant, que la révision de la loi des pauvres, il y a une trentaine d'années, fut en grande partie amenée par l'abandon de plusieurs domaines qui tombaient en friche, les fermiers et les propriétaires aimant mieux les laisser incultes que de se soumettre à cette

(1) L'acre vaut 0 hectare 41 ares; les 220 acres font donc 90 hectares et les 210 dont il est question ensuite équivalent à 86 hectares; le prix de fermage était ainsi d'environ 30 francs par hectare.

taxe parfois écrasante. A l'heure où nous écrivons, sous le coup des désastres du phylloxera, on voit dans le sud de la France, des propriétaires qui louent leurs terres à la seule condition qu'on se charge d'en payer les impositions.

En ne prenant que la moyenne générale pour les principaux pays civilisés, on doit admettre comme un fait certain que depuis vingt ou trente ans la progression des impôts directs, particulièrement des impôts directs locaux, a été plus forte que la progression du revenu net des propriétaires.

Il nous reste à examiner un fait beaucoup plus considérable qui diminue singulièrement l'avantage apparent que le simple relevé de la plus-value en argent du revenu net des terres attribue aux propriétaires fonciers. La progression de ce revenu s'est-elle accomplie sans travail, sans dépenses? l'ensemble des propriétaires du pays, soit de l'Angleterre, soit de la France, n'a-t-il fait aucun effort, aucun sacrifice, pour arriver à cette augmentation de revenu? Personne n'oserait soutenir une proposition aussi déraisonnable. Chacun sait que depuis quatre-vingt-dix ans, surtout depuis trente ou quarante ans, l'aspect des campagnes est devenu tout autre qu'il n'était. Les landes ont été défrichées; les terres incultes, labourées ou plantées; des champs ont été convertis en prairies; des garrigues, en vignes; les bâtiments ont été refaits et agrandis; les clôtures, les fossés, les irrigations, les drainages, les reboisements, les gazonnements, les chemins d'exploitation, ont singulièrement contribué à la plus-value du revenu net du sol. Qu'on se rappelle seulement les nombreux *bills* de clôture qui ont été passés en Angleterre dans le courant de ce siècle; qu'on se souvienne des travaux gigantesques de certains lords, du duc de Sutherland, par exemple. L'Angleterre n'a pas eu le monopole de ces améliorations agricoles. M. de Laveleye décrit, dans son intéressant rapport sur l'agriculture belge, la conquête faite sur les flots de ces riches terrains que l'on appelle les *polders,* les plantations de pins dans les Flandres, etc. Rien que pour le drainage ce publiciste estime que depuis trente ans on a dépensé dans ce petit pays 50 millions sur 260,000 hectares, soit sur le dixième du territoire ; mais il s'en faut de beaucoup que le drainage soit la seule forme sous laquelle les capitaux s'incorporent au sol. Malheureureusement, il est fort difficile d'estimer avec quelque approximation le montant des capitaux qui viennent ainsi s'immobiliser dans la terre? Essayons de le faire, cependant.

On a vu que de 1851 à 1874 le revenu net de la terre, évalué en argent, a augmenté de près de 50 pour 100, passant de 1,900 millions de francs en 1851 à 2 milliards 750 millions en 1874. Quels capitaux peuvent dans ce même intervalle être venus s'incorporer au sol pour en augmenter la puissance productrice ? Nous ne parlons ici que des capitaux privés, et non des sommes que l'Etat ou les localités consacrent aux chemins, aux desséchements, etc. On évalue à 1,200 ou 1,500 millions de francs, l'épargne annuelle de la France qui vient à la Bourse de Paris se fixer en placements mobiliers. Est-il téméraire de supposer qu'une somme égale au tiers de celle-là est employée chaque année en défrichements, en plantations, en drainages, en clôtures, en constructions neuves, en chemins d'exploitation, etc? Non certes. Ce serait ainsi 500 millions par an, soit à peine dix francs par hectare, que les propriétaires français emploieraient en améliorations agricoles de diverses natures. Pendant les vingt-trois années de la période de 1851 à 1874, cette affectation annuelle de 500 millions produit une somme totale de onze milliards et demi. Voilà, croyons-nous, le minimum des capitaux utilement et intelligemment incorporés au sol pendant ces vingt-trois années. Or, un capital de onze milliards 500 millions à 5 pour 100, taux légitimé par les risques courus, doit produire une rente annuelle de 575 millions de francs. De combien a augmenté le revenu net foncier rural de 1851 à 1874? De 850 millions, dont il faut déduire plus de cent millions d'augmentation d'impôts, et probablement 75 ou 100 millions encore pour l'entretien des bâtiments accrus, des clôtures plus nombreuses, etc. Il reste donc à grand'peine la représentation équitable des capitaux qui ont été engagés dans la terre. Les propriétaires considérés dans leur ensemble et comme classe sont donc simplement rentrés dans l'intérêt de leurs avances, et n'en ont rien retiré de plus.

Le chiffre de 500 millions pour représenter la moyenne des capitaux qui s'incorporent chaque année dans la terre est vraisemblablement fort au-dessous de la vérité. Si l'on pouvait dresser des calculs minutieux pour une matière si complexe, on verrait que l'accroissement du revenu net des terres ne représente même pas en général l'intérêt de toutes les dépenses d'amélioration qui ont été faites depuis trente ou quarante ans par l'ensemble de la classe des propriétaires.

Pour bien apprécier la situation des propriétaires ruraux dans la société et l'importance relative du revenu qu'ils prélèvent, on peut rechercher quel est le rapport de la progression du revenu net du propriétaire à la progression de la production agricole. C'est surtout pour les produits de l'agriculture que les statistiques sont incomplètes et suspectes : évaluer d'une manière exacte les quantités et les prix des denrées qui sont produites sur cinquante millions d'hectares, éviter les doubles emplois, c'est une œuvre à peu près impossible. Cependant, on peut arriver à quelque approximation. M. Léonce de Lavergne en 1860 estimait à 5 milliards la production agricole de la France ; le revenu net des propriétaires, ce qui représente le fermage, atteignait alors 1,900 millions de francs, ce qui faisait une proportion de 38 pour 100 environ. Dans une nouvelle édition de son livre sur l'économie rurale de la France le même écrivain en 1877 portait cette production à 7 milliards et demi ; le revenu net des propriétaires montant alors à 2 milliards 750 millions, formerait 36 1/2 p. 100 de la valeur des produits, proportion légèrement inférieure à celle de 1851, mais cependant presque équivalente. Il y a tout lieu de croire que l'évaluation de M. de Lavergne pour la production agricole de la France en 1877 est trop faible : M. de Laveleye donne le chiffre de 10 milliards qui nous paraît plus proche de la vérité ; le revenu net des propriétaires ne prélèverait plus alors que 27 et demi pour 100 des produits.

C'est un fait universellement constaté que les améliorations agricoles, la culture intensive, augmentent d'une manière absolue le revenu du propriétaire, mais en diminuent la proportion avec la valeur de l'ensemble des produits. Plus la culture est perfectionnée, en effet, plus sont considérables les avances que l'on fait au sol sous la forme d'engrais et d'amendements de toutes sortes, plus la main-d'œuvre aussi ou les machines tiennent de place. Pour une terre exploitée suivant les procédés les plus primitifs, la proportion du revenu net au revenu brut est souvent de 50 pour 100 ; si la culture se perfectionne, la proportion du revenu net au revenu brut tombe généralement à 30, à 25, quelquefois à 20 ou à 15 pour 100. Un hectare des meilleures terres du département du Nord produisant 35 hectolitres de blé, soit une valeur marchande de 700 francs, n'est guère loué plus de 150 francs, soit 21 1/2 pour cent du produit, tandis qu'un hectare des plateaux du Cantal, de la Lozère ou de l'Aveyron fournissant 8 ou 9 hectolitres de blé, soit 160 ou 180 francs de produit brut, est souvent affermé 50 ou 60 francs, soit 30 à 35 pour 100 de la valeur de la production.

C'est un fait prouvé par l'expérience que cette décroissance de rapport du revenu net au revenu brut à mesure que la civilisation se développe : il y a là une loi de nature, et c'est encore un des faits qui prouvent l'exagération ou la fausseté de la doctrine de Ricardo sur la position privilégiée du propriétaire foncier. Si l'on pouvait analyser dans une livre de pain ce qui en moyenne représente le prix du travail, le bénéfice du fermier, l'intérêt des capitaux et le fermage à proprement parler, on verrait que la part du fermage a toujours été en baissant depuis bien des années (1).

Pour achever l'étude que nous avons entreprise sur la situation du propriétaire foncier au milieu de la société actuelle, il

(1) Les partisans de la doctrine de la rente de la terre soutiennent, il est vrai, que la rente n'entre pas dans le prix, du moins qu'elle n'en est pas un des éléments, qu'elle n'en est que la conséquence, puisque la rente représente l'écart entre le prix de revient des produits des meilleures terres et le prix de revient des plus mauvaises. Néanmoins, nous pouvons comparer l'ensemble de la rente foncière du pays à l'ensemble de la valeur de la production agricole et constater que le rapport va toujours en diminuant.

faudrait comparer la progression du revenu net du propriétaire avec la progression des bénéfices nets des fermiers, et en second lieu, avec la progression du prix de la main-d'œuvre. Nous glisserons sur le premier point qui n'est pas susceptible, d'ailleurs, d'analyses bien précises. La question du fermage et de la situation du fermier sera traitée dans un des chapitres suivants. Ce que l'on peut dire dès maintenant, c'est que le fermier a pris une part beaucoup plus considérable que le propriétaire dans l'augmentation de la production agricole. Ce n'est pas à proprement parler que le taux de l'intérêt et des bénéfices qu'il réclame pour ses avances se soit accru, mais ses exigences et celles de sa famille pour le confortable de la vie ont singulièrement augmenté. Il ne considère comme bénéfice réel que ce qu'il est en état de mettre de côté chaque année, après avoir prélevé sur ses rentrées son entretien et celui de son ménage. Or, il ne se résigne plus à l'habitation obscure et étroite, au mobilier rare et pauvre, à l'alimentation sobre et simple, au travail personnel incessant et rude qu'acceptaient les fermiers anciens; il lui faut une vie confortable, large, en partie oisive, et les dépenses qu'elle occasionne il les considère comme des frais généraux qui lui sont dus et qu'il doit recouvrer avant tout bénéfice. Ces habitudes sont devenues maintenant générales dans la classe des fermiers et elles absorbent une proportion très considérable de la progression du revenu brut des terres. Bien des personnes s'émerveillent de ce que les prairies de la Normandie, par exemple, n'aient pas haussé davantage en revenu net pour le propriétaire et en valeur vénale depuis trente ou quarante ans, alors que le prix du beurre, du fromage, du lait, des œufs, de la viande s'est tellement accru; c'est au fermier, non pas à titre de bénéfice sur son capital, mais uniquement à titre de frais généraux pour l'entretien de son ménage, qu'est échue une forte part de cette augmentation des prix; une autre part, considérable aussi, revient aux ouvriers et aux serviteurs de ferme; et ce n'est guère qu'une parcelle infime qui profite au propriétaire. Sur bien des points le doublement du prix des denrées n'a pas accru de 10 ou 15 p. 100 le fermage, parfois même il n'a pas empêché que celui-ci ne restât stationnaire ou ne baissât.

La comparaison de la progression des fermages ou de la rente du sol avec la progression du prix de la main-d'œuvre est une étude plus aisée. Ici les chiffres sont plus exacts, plus démonstratifs. En Belgique, de 1830 à 1870, d'après les statistiques et les observations de M. de Laveleye, le taux des salaires agricoles n'aurait pas autant augmenté que le taux des fermages. La plus-value du premier aurait été de 30 p. 100, et celle du second de 80 p. 100. Mais il faut se rappeler que l'accroissement du fermage est du en grande partie à l'immobilisation de nouveaux capitaux dans le sol. Il n'est pas téméraire de penser que, de 1830 à 1870, on a consacré en Belgique 1 milliard de francs en améliorations agricoles (M. de Laveleye fixe à 50 millions de francs les dépenses faites en drainage seulement) ; si l'on déduisait de la hausse de l'ensemble des revenus fonciers l'intérêt représentant tous ces capitaux, il est probable que le taux de l'accroissement spontané du revenu net des propriétaires serait inférieur à l'accroissement des salaires. En outre le rapport de M. de Laveleye date d'une époque (1878) où l'on ne pressentait pas encore tous les effets de la concurrence des pays neufs. Enfin, la Belgique est un pays situé dans des conditions particulières. La population y surabonde, a peu de goût pour l'émigration au loin ; les grandes villes s'y pressent ; tout ou presque tout le territoire belge n'est pour ainsi dire que la banlieue de cités manufacturières ; la petite culture dans les Flandres a rehaussé, comme partout, la valeur locative et la valeur vénale du sol.

Considérons la France sur laquelle nous avons des renseignements plus nombreux et qui est dans une situation agricole moins exceptionnelle. Un fait est certain pour notre pays, c'est que les salaires des ouvriers des campagnes se sont beaucoup plus rapidement accrus que le revenu des propriétaires. Un statisticien minutieux et ingénieux, M. de Foville, a fixé comme il suit, après de longues recherches, le revenu annuel d'une famille agricole depuis un siècle (1).

| Années. | Prix de journée moyen d'un homme fr. | Revenu annuel d'une famille fr. |
|---|---|---|
| — | — | — |
| 1780 | 0,50 | 180 |
| 1788 | 0,60 | 200 |
| 1813 | 1,05 | 400 |
| 1840 | 1,30 | 500 |
| 1852 | 1,42 | 550 |
| 1862 | 1,85 | 720 |
| 1872 | 2,00 | 800 |

Les salaires agricoles seraient donc en moyenne quatre fois plus élevés qu'en 1788, ils auraient augmenté de 300 p. 100 ; or, le revenu net de la propriété rurale en France, ce qui constitue le fermage ou ce qui y correspond, représentait 1,200 millions en 1790 et il monte à 2 milliards 750 millions maintenant ; ce n'est que 140 p. 100 d'augmentation. L'accroissement des salaires agricoles a été ainsi deux fois et quart plus considérable que celui de l'ensemble du revenu net des propriétés. Si l'on se borne à examiner les trente dernières années, on constate que de 1851 à 1874, le taux des salaires agricoles s'est élevé de 45 p. 100 ; c'est à peu près la même proportion que celle de l'accroissement du revenu net de l'ensemble de la propriété rurale, ce revenu étant passé de 1,900 millions à 2 milliards 750 millions, mais il ne faut pas oublier que la plus grande partie, si ce n'est la totalité, de la plus-value du revenu net rural dans cette période représente seulement l'intérêt des capitaux consacrés aux améliorations agricoles, drainages, irrigations, constructions, clôtures, plantations, etc. Si l'on déduisait, comme on doit le faire, de l'augmentation du revenu net des propriétés l'intérêt de toutes les sommes ainsi immobilisées en améliorations, on trouverait que la progression des salaires agricoles est depuis 1852 double ou triple, peut-être décuple, de la progression spontanée du revenu net des propriétés rurales.

(1) *Économiste français* du 8 janvier 1876, p. 37.

L'école économique anglaise (1) a donc singulièrement exagéré le prétendu privilège du propriétaire rural ; à vrai dire, ce n'est même pas une exagération, c'est un véritable travestissement des faits. Bien loin que le propriétaire rural voie sa situation relative dans la société s'améliorer chaque jour, il reste généralement en arrière, pour le progrès de son bien-être et de sa fortune, du fermier et de l'ouvrier des champs.

C'est qu'il est complètement faux que la civilisation procède toujours de la culture des meilleures terres à celle des plus mauvaises ; Carey et Hippolyte Passy ont admirablement réfuté ce paradoxe. M. de Laveleye apporte encore une autre objection ou plutôt deux autres objections à cette hypothèse : c'est l'exemple des Flandres qui sont un des sols les plus infertiles de l'Europe et un de ceux qui, dans ces derniers temps, ont le plus gagné en productivité ; c'est aussi l'exemple des *polders* de Belgique, un terrain récemment conquis sur les plages arides et dont la fertilité est telle qu'on peut les cultiver pendant quarante ans sans engrais. Montesquieu avait été plus perspicace que Ricardo, quand il écrivit cette immortelle sentence que les terres sont cultivées non en raison de leur fécondité, mais en raison de la liberté dont jouissent les habitants ; il faudrait ajouter : en raison aussi de la densité de la population et de l'abondance des capitaux dans le pays.

Plus le monde se peuple, plus le privilège prétendu de l'agriculteur européen disparaît. La concurrence des pays neufs équivaut à une sorte d'expropriation partielle, sans indemnité, de la rente de la terre du vieux monde. Pourquoi, en effet, la vallée du Mississipi et de ses affluents, celle des Amazones, celles du Niger, du Zambèze, du Congo seraient-elles moins naturellement fertiles que les vallées du Rhin, du Rhône, de la Seine, du Pô ou de l'Èbre ? La vraisemblance est que l'avantage appartiendra aux premières quand la population sera assez dense dans ces régions et quand les arts techniques se-

(1) Il y a même en Angleterre une réaction contre les doctrines de Ricardo et de Stuart Mill. M. Macleod, par exemple, démontre fort bien les inexactitudes de la théorie de ces économistes ; M. Jevous également.

ront assez avancés, les capitaux assez abondants pour qu'on se livre à la culture régulière de ces sols profonds et inépuisables. Ainsi tout progrès de la civilisation relègue dans le domaine des spéculations oiseuses la fameuse théorie de Ricardo et porte une sérieuse atteinte à la situation des propriétaires fonciers dans les vieilles contrées. Qui sait si un jour il ne nous faudra pas compter non seulement avec la concurrence des bassins du Mississipi, du Saint-Laurent, des Amazones, du Niger du Zambèze, du Congo, mais encore avec celle des rivages de l'Obi ou de l'Yénissei et du fleuve Amour ? Les voyages récents du célèbre Nordenjolsk laissent à penser que même dans ces régions hyperboréennes il y a un sol susceptible d'abondante production. Il y a aussi les bassins, aujourd'hui presque stériles, de l'Euphrate et du Tigre, où s'est développée avec tant de puissance la civilisation des sociétés primitives ; qui sait si un jour il n'y aura pas une résurrection de ces contrées? L'interrogation même ici est trop timide ; c'est l'affirmation qui convient. Rien n'est plus commun dans ce monde et ne le sera pendant bien des siècles encore que la terre, cette mère nourricière, *alma parens*, dont la moitié des mamelles n'a pas encore de nourrissons. A Malthus et à Ricardo il manquait d'être géographes. Rendons justice à la force systématique de leur esprit, mais n'oublions pas qu'ils vivaient dans la sphère restreinte des vieilles sociétés européennes, alors que la vapeur n'était pas inventée ou ne faisait pas pressentir toute la magie de sa puissance.

On peut cependant s'étonner des lacunes de l'intelligence de Malthus et de Ricardo, esprits profonds mais singulièrement étroits, qui ne surent pas étendre l'horizon de leur pensée au delà des phénomènes présents et anticiper en imagination sur les progrès futurs.

Il n'y a pas de privilège de fertilité des terres les premières mises en culture relativement à celles qui attendent encore des cultivateurs ; c'est là un axiome dont la démonstration serait un outrage à l'intelligence de nos contemporains. Cette cause indiquée par Ricardo pour la rente de la terre étant écartée, il reste le privilège de situation. Celui-ci aussi perd chaque jour de sa force, au moins pour la propriété rurale ; nous parlerons plus loin de la propriété urbaine. Dans les contrées neuves que l'on met en culture le fermage n'existe pas ; d'autre part, comme il n'y a pas d'infériorité de fécondité naturelle de ces sols nouveaux relativement aux sols anciens, la rente de la terre dans le vieux monde ne peut dépasser le montant des frais de transport pour amener sur nos marchés les produits des sociétés naissantes. Notons que c'est là un maximum qui ne peut guère être atteint par des raisons que nous indiquerons dans un instant. Or, quels sont les frais de transport du fond du Minnesota au Havre ou à Marseille? on l'a vu déjà : 50 ou 60 francs par tonne, au maximum 80 francs par tonne, soit 4 à 5 francs par hectolitre de blé, ce qui représente, pour la moyenne des terres en France, lesquelles produisent 14 hectolitres par hectare, un maximum moyen de 56 à 70 francs par hectare pour la rente de la terre. Mais c'est là un maximum qui doit être très éloigné d'être atteint. Les territoires neufs permettent la culture errante et sans engrais, régime qui réduit considérablement les frais et que ne supporteraient pas des terres défrichées depuis plusieurs milliers d'années. On peut dire que dans bien des cas cet avantage des terres vierges ou presque vierges compense la plus grande partie du coût de transport. M. Émile de Laveleye admet que les *polders*, ces conquêtes récentes de l'agriculteur belge sur les flots, peuvent se passer d'engrais pendant quarante ans : au contraire les terres de Flandre doivent la plus grande partie de leur fertilité à des amendements constants, à des *composts* incessants. C'est au loin, non seulement dans les montagnes de l'Estramadure, mais encore aux extrémités du monde, au Pérou, en Bolivie, aux Indes, que l'agriculteur du nord de l'Europe va demander des phosphates, du guano, des tourteaux fertilisants ; et ce n'est pas des sommes insignifiantes qu'il dépense ainsi. En 1872, d'après M. Émile de Laveleye (1), la quantité d'engrais importée

(1) L'*Agriculture belge*. Introduction, p. xxx.

en Belgique s'est élevée à 107 millions de kilogrammes, d'une valeur de 27 millions de francs ; ces quantités équivalent au poids de 1,302,000 hectolitres de blé. Si le cultivateur américain, importateur en Europe, supporte les frais de transport sur son produit, le blé ou la viande, le cultivateur européen le paie sur ses engrais, c'est-à-dire sur ses matières premières ; et tandis que le fret du blé ne dépasse pas 50 ou 60 francs la tonne, de l'extrémité du bassin du Saint-Laurent au Havre ou à Anvers, le fret de la tonne de guano s'élève au-dessus de cent francs.

Dans ces conditions il s'en faut de beaucoup que la rente de la terre en Europe puisse équivaloir à la totalité des frais de transport qu'ont à payer les produits américains, australiens ou autres. Quand on l'examine de près et comme phénomène général dans tout un pays, on voit la rente de la terre s'évaporer presque complètement et ne laisser qu'un reliquat à peu près imperceptible comme ces corps composites que l'on soumet au creuset et qui, après la désagrégation de tous les éléments volatiles, ne fournissent qu'un résidu infinitésimal.

Encore doit-on penser que les prix actuels de transport pour les produits étrangers baisseront, suivant toutes les vraisemblances, avec les progrès de la civilisation, et qu'un jour peut-être il n'en coûtera que 1 fr. 50 ou 2 fr. par hectolitre pour amener en Europe les blés des antipodes. Avec la facilité croissante des communications, il est sage de considérer le revenu des propriétaires comme équivalant tout au plus à l'intérêt des sommes engagées depuis deux ou trois mille ans dans la culture et incorporées au sol. Il est même presque certain que dans la généralité des cas le fermage reste fort au-dessous de l'intérêt de tous ces capitaux accumulés. Dans l'industrie agricole, comme dans beaucoup d'autres industries, les progrès de l'art font parfois que les anciens capitaux immobilisés produisent une utilité moindre que les nouveaux capitaux ; ils vont en se dépréciant ; cette vérité a été entrevue par Bastiat qui, dans cette question de la rente de la terre, a cependant manqué souvent de mesure et de précision.

C'était manquer de mesure que de contester les avantages naturels de certains sols, le Clos-Vougeot, les grands crûs du Médoc et bien d'autres. Si, dans son ensemble, la classe des propriétaires fonciers ne retire pas plus, si elle retire probablement même moins que l'intérêt des capitaux qu'elle-même et ses auteurs ont incorporés au sol, il n'en résulte pas que ces bénéfices, si modiques en moyenne, soient également répartis. Certains propriétaires sont heureux ; d'autres ne le sont pas ou le sont moins. Les premiers peuvent obtenir de leurs améliorations agricoles un revenu de 30 ou 40 p. 100, parfois même de 100 ou 200 p. 100, tandis que d'autres n'en obtiendront pas 1 ou 1 1/4 p. 100. Peut-être ces derniers n'auront-ils pas cependant été moins intelligents, moins prudents, moins soigneux que les premiers ; mais la fortune aura trahi leurs efforts.

La fortune, le hasard, voilà l'élément accidentel qui tient une grande place dans toutes les affaires humaines, la *Conjunctur*, comme disent les Allemands. On voudrait l'éliminer, c'est folie ; il faudrait, pour y parvenir, se jeter dans les bras du communisme le plus grossier, immoler toute initiative individuelle, renoncer à tout progrès ayant une origine personnelle ; le hasard, la fortune, le bonheur, tous ces synonymes qui expriment un élément extérieur à l'homme et incontrôlable, ne disparaîtront jamais de la société vivante et agissante ; quand la société sera morte ou stagnante, alors seulement ils ne joueront plus de rôle parmi les hommes.

Dans quelle richesse individuelle, à côté du travail, de l'économie, de la sagacité ou de la divination du fondateur, ne découvre-t-on pas cet appoint nécessaire à tous les efforts humains, le bonheur ? Est-il absent de l'industrie ? La proximité d'un chemin de fer, d'une houillère, d'un canal, la création d'une grande ville dans le voisinage, tous ces faits contingents, accidentels, n'augmentent-ils pas les gains d'un industriel, sans que son habileté ou ses efforts se soient accrus ? Ne le trouve-t-on pas au plus haut degré dans le commerce de détail ? Le développement d'une ville ou d'un quartier, la proximité d'un chantier de construction ou d'un lieu de réunion, ne doublent-ils pas, ne décuplent-ils pas l'achalandage d'une boutique et le revenu du détaillant? Il en est de même des professions libérales. Qu'une ville se transforme ou s'accroisse, les médecins, les avocats, les architectes qui y sont établis, voient leur situation s'améliorer subitement ou progressivement par le seul fait de circonstances sur lesquelles leur volonté et leur intelligence ne peuvent rien. Les ouvriers eux aussi éprouvent les effets bienfaisants ou défavorables du hasard. Dans une ville qui grandit, dans une industrie qui se développe et qui gagne tout à coup la faveur publique, les ouvriers qui sont en possession voient leurs salaires naturellement s'élever; des circonstances contraires amènent des effets opposés. On dira peut-être que dans tous ces cas la concurrence vient bientôt réduire les gains anormaux des ouvriers, des commerçants et des hommes adonnés aux professions libérales; mais cette concurrence est toujours tardive et elle n'a que des effets partiels; les premiers venus gardent longtemps l'avantage du premier occupant.

La propriété foncière n'est pas dans une situation différente. Les propriétaires profitent de toutes les circonstances extérieures favorables, ils souffrent de celles qui sont contraires. Ces dernières sont aussi fréquentes que les premières. Le célèbre économiste allemand Roscher cite bien des cas où l'ensemble de la propriété foncière d'un pays a diminué de revenu et de valeur ; ç'a été le cas en Angleterre de 1820 à 1840, et les yeux expirants de Ricardo ont pu voir la décroissance de la rente dans son pays au retour et à l'affermissement de la paix. C'est le cas de nouveau pour la Grande-Bretagne et pour toute l'Europe depuis 1878. Dans le Mecklembourg, de 1817 à 1827, il y eut une baisse de 15 à 40 pour 100 de la rente du sol (1).

Adam Smith nous apprend qu'au dix-huitième siècle les comtés les plus proches de Londres firent une pétition au parlement contre la construction de chaussées dans l'Angleterre du Nord

(1) Roscher, *Grundlagen der National Œkonomie.*

et en Écosse, travaux qui amenaient sur le marché métropolitain des produits dont la concurrence faisait baisser la rente de la terre dans la banlieue. Le même auteur nous fait aussi savoir qu'en France, au dix-huitième siècle également, des arrêts du Conseil du roi défendirent de planter de nouvelles vignes, parce que les propriétaires des anciens vignobles en souffraient dans leurs revenus. Les plaintes des agriculteurs de la banlieue de Londres et des vignerons français du dix-huitième siècle, les cultivateurs européens les renouvellent aujourd'hui à l'occasion des blés et du bétail d'Amérique.

Cette concurrence des pays neufs amène une sorte de dépossession des propriétaires européens, en leur enlevant une partie de leurs fermages, ou du moins en empêchant ces fermages de monter. Est-ce là un fait inique ou un fait malheureux contre lequel il faille se prémunir ! Non certes. Il en résultera en Europe une sorte de rapprochement des classes, de réduction de l'écart entre les conditions du propriétaire foncier et de l'ouvrier. Les fortunes ainsi deviendront moins inégales. Il en est des capitaux incorporés dans la terre, comme de tous les autres. Ils sont exposés à dépérir, si on ne les reconstitue pas par ce prélèvement sur le revenu que l'on appelle amortissement. Le propriétaire n'a pas plus de droit à ce que l'Etat lui garantisse la perpétuité et l'intégrité de sa rente que le fabricant, le travailleur des professions libérales ou des professions annuelles n'aurait de droit à réclamer de l'Etat la garantie de ses bénéfices futurs. Toute fortune est exposée à des chances bonnes et à des chances mauvaises ; aucun particulier n'a assez de désintéressement pour offrir à l'Etat de le rendre copartageant de l'accroissement des profits qu'il réalise ; aucun particulier par conséquent ne peut avoir la prétention de faire supporter par l'État, c'est-à-dire par l'ensemble des citoyens, la totalité ou une partie de la dépréciation de fortune ou de revenu dont il est victime. On ne peut admettre une sorte de communisme unilatéral qui rendrait l'ensemble de la société responsable de toutes les pertes que des cas fortuits ou même que des progrès sociaux imposeraient à certains individus, sans attribuer à la société la totalité des plus-values que ces mêmes catégories d'individus peuvent retirer de cas également fortuits ou d'autres progrès sociaux. Il faut choisir entre le communisme absolu et l'entière responsabilité de l'individu. Le choix ne peut être douteux.

Certains fléaux naturels comme le phylloxera ont fait perdre aux propriétaires de vignobles les neuf dixièmes, parfois même davantage de leur revenu. Quelques améliorations industrielles, la découverte de l'alizarine artificielle par exemple, a enlevé une grande partie de leur prix aux terres qui produisaient la garance. Les chemins de fer ont tué l'industrie des maîtres de postes, non pas de mort violente, mais de mort lente ou d'anémie, sans que la société fournît à ces entrepreneurs, cependant patentés, la moindre indemnité. Bien des aubergistes aussi ont vu par le même fait leurs auberges se fermer ou rester vides de voyageurs, sans que l'État accourût à leur secours. Quand la fileuse mécanique a déprécié des neuf dixièmes le produit de la fileuse au rouet, l'État n'est pas intervenu ; si dans quelques mois ou dans quelques années l'éclairage électrique suppléait et reléguait parmi les industries surannées l'éclairage au gaz, l'État avec raison ne se croirait pas tenu d'accorder des compensations aux actionnaires des compagnies frappées.

C'est la grande loi de la liberté de l'industrie, de la responsabilité individuelle, de la propriété privée et perpétuelle, que chacun retire et conserve pour lui seul la totalité des profits que lui apportent son métier, son art, sa profession, sa terre, mais que, par contre, chacun supporte à lui seul les pertes que des changements techniques ou sociaux peuvent lui infliger. C'est à cette condition que notre état social reste équitable et que l'activité humaine acquiert toute sa force. Ainsi le veut la concurrence vitale, ce principe qui anime la nation entière et qui seul lui donne la force de production, le génie de l'invention et la variété.

Que l'État intervînt en faveur des propriétaires du sol quand il a assisté sans émotion aux douleurs ou aux angoisses de tant d'entrepreneurs, de tant de prolétaires, qui ont été frappés dans leur revenu ou leur gagne-pain par des changements mécaniques ou des progrès sociaux, ce serait une iniquité tellement révoltante qu'on ne peut même en entretenir l'idée.

Si le bon marché croissant des communications et le défrichement de plus en plus rapide des terres nouvelles doit supprimer la moitié ou les deux tiers du fermage, si les produits des États-Unis, de l'Amérique du Sud, de l'Australie, du Soudan, de la Sibérie même, doivent abaisser à 12 ou 15 centimes la livre le prix du pain en Europe et à 50 centimes celui de la viande, ce sera un grand bienfait pour la société européenne ; les revenus et les fortunes des propriétaires s'en trouveront graduellement amoindris, par le fait seul de la nature. Il n'y aura aucune diminution de la richesse nationale ; car le fermage est un revenu dérivé, un revenu qui est prélevé sur d'autres. Les deux milliards et demi que les propriétaires français retirent de leurs terres sont pris sur les sommes que l'ensemble de la population consacre à ses subsistances ; si la population peut avoir la même quantité de subsistances en payant un milliard ou un milliard et demi de moins, les propriétaires en seront moins riches, mais la nation, dans son ensemble, conservera le même degré de richesse. Cette richesse seulement sera autrement distribuée ; elle sera plus également disséminée entre les habitants.

C'est, d'ailleurs, une erreur de croire que la baisse du blé, de la viande et de tous les produits agricoles, amenant à sa suite une certaine baisse des fermages ou de la rente du sol, puisse faire retourner à l'état de friche les terres du vieux monde, ou bien encore que ces événements puissent avoir pour conséquence de rendre plus précaire la situation du petit propriétaire et d'abaisser les salaires. Pour que les terres de l'Europe cessassent d'être cultivées, il ne faudrait pas seulement que le fermage fût échancré, il faudrait qu'il eût entièrement disparu. Un propriétaire qui retirait cent francs de l'hectare de terre aura toujours profit à le maintenir en culture alors même qu'il ne produirait plus que 20 francs, 15 francs ou 10 francs. Comme l'ensemble des fermages en France monte à 2 milliards 750 millions de francs, soit 25 ou 30 pour 100 environ du montant de la production agricole, comme d'ailleurs il peut s'accomplir bien des améliorations qui permettraient de recueillir le même bénéfice net avec une production accrue et malgré des prix moindres, on peut affirmer que la concurrence des sols nouveaux les plus riches ne fera pas mettre en friche une proportion sensible des sols des vieilles sociétés. Elle y provoquera sans doute des changements de culture et surtout de procédés; mais le fermage ne disparaîtra pas complètement, et c'est aller bien loin de supposer qu'il pourrait à la longue être réduit de moitié.

La facilité des voies de communication et le peuplement des contrées neuves sont les deux principaux facteurs du nivellement des fortunes dans le vieux monde. Ce sont les grands propriétaires surtout qui pourront éprouver une dépréciation de leurs revenus par la mise en culture régulière de l'ouest des États-Unis ou du Canada, de l'Amérique du Sud, des vastes réserves du territoire australien, du Soudan, de la région des grands lacs africains et de l'Asie septentrionale et centrale. Les moyens propriétaires s'en aperçoivent moins parce que, vivant eux-mêmes de la vie du paysan, exploitant comme lui leurs domaines, consommant en grande partie leurs produits, ils retrouveront à peu près par le bon marché de leurs achats la compensation de la moins-value de leurs ventes. Quant au petit propriétaire qui consomme à peu près ce qu'il a produit, peu lui importent les prix auxquels il pourrait vendre des denrées qui servent à sustenter sa famille. L'ouvrier marié, père de deux ou trois enfants, qui sur un hectare de terrain qu'il possède récolte quinze ou vingt hectolitres de blé, dont il a besoin pour ses semences et pour sa provision, n'a pas beaucoup à s'inquiéter de savoir si cette récolte vaut 12 francs ou 25 francs l'hectolitre. Il en est de même pour les deux ou trois moutons qu'il peut entretenir et les quelques volailles qu'il élève. Les journées que le petit propriétaire fait au dehors lui fournissent toujours ce qui suffit à ses achats de vêtement, de mobilier et à ses épargnes.

C'est une erreur de croire que la décroissance de la rente de la terre puisse avoir pour effet de réduire notablement les salaires. Que, si le prix du pain et de la viande baissait d'un tiers ou de moitié, les salaires vinssent à subir de légères fluctuations, à diminuer par exemple d'une fraction faible, 10 ou 15 pour 100, il y aurait peut-être témérité à le contester : mais on ne peut penser que les salaires baisseraient dans une proportion équivalant à la baisse du blé ou de la viande. Le taux des salaires, en effet, est influencé par une multitude de causes que nous étudierons plus loin et dont plusieurs ont été très-négligées par les économistes. Le prix des subsistances est l'un des facteurs, mais non le seul, du taux de la rémunération de la main-d'œuvre.

En résumé, le double mouvement qui se manifeste avec une si remarquable intensité, depuis quelques années, à la surface du globe, c'est-à-dire le peuplement de contrées neuves et l'entrée de contrées vieilles et isolées dans la civilisation européenne coïncidant avec de très-grands progrès dans les moyens de transport, doit diminuer la rente de la terre, réduire le revenu des propriétaires fonciers ou du moins le rendre stationnaire. Cette transformation n'amènera aucune diminution de l'activité nationale ou de la production nationale ; elle les stimulera, au contraire, et en accroîtra l'énergie ; mais elle aura pour conséquence inévitable un déplacement des fortunes, une moindre inégalité des conditions. Il y aura moins d'écart entre la situation de l'ouvrier agricole, celle du petit propriétaire et celle du possesseur de grands domaines. Ainsi la théorie de Ricardo et de Stuart Mill recevra des faits un éclatant démenti.

---

## CHAPITRE IV

### DE QUELQUES ANOMALIES DE LA PROPRIÉTÉ FONCIÈRE.

Objections de Stuart Mill et de Proudhon contre la propriété foncière privée : cas d'antagonisme entre l'intérêt du propriétaire et l'intérêt général du pays. — Les parcs, les jardins, les réserves de chasse, les cultures de primeurs, paraissent à Stuart Mill autant d'espaces soustraits à la nourriture du genre humain. — Réponse à cette objection. — L'idéal de la société n'est pas une fourmilière humaine.

Le plus fort revenu brut n'est pas celui qui donne toujours le plus fort revenu net. — Le propriétaire sacrifie toujours le revenu brut au revenu net. — Mot de Proudhon : la propriété est la dépopulation de la terre. — La campagne romaine, les terres arables transformées en prairies. — Réponse à l'objection.

La conversion des terres arables européennes en prairies est conforme à l'intérêt général. — Dans la plupart des cas le plus fort revenu net coïncide avec le plus fort revenu brut : exemple de la vigne, du jardinage, de l'arboriculture, des cultures industrielles, etc.

Des esprits minutieux ou subtils ont argué contre la propriété foncière de certaines anomalies qu'elle présente parfois ; Stuart Mill et Proudhon entre autres n'ont pas été sobres de critiques à ce sujet.

Le profond et étroit penseur Stuart Mill a été choqué d'un fait qui lui a semblé à la fois inique et funeste. Pour satisfaire les goûts des riches on diminuerait, selon lui, les subsistances destinées à la généralité des hommes. Ainsi les parcs sans culture peuvent être considérés comme des espaces dérobés à la nourriture de l'humanité, des déserts artificiels créés par l'égoïsme des propriétaires au milieu d'une zone cultivée. Il en serait presque de même des vergers destinés aux productions délicates qui exigent beaucoup d'engrais pour une quantité minime de substance alimentaire : les champs d'asperges, par exemple, d'artichauts, de fruits savoureux. Il serait littéralement vrai que l'homme riche joue dans la société le rôle d'un ogre engloutissant à lui seul ce qui aurait fait vivre cent ou mille autres humains. Il stériliserait tout autour de lui à plusieurs centaines de mètres de sa demeure.

Cette réflexion de Stuart Mill est navrante ; mais quelle singulière idée de la société se faisait le grand économiste anglais! Hanté par les fantômes de Malthus et de Ricardo, il semble qu'il vît déjà le genre humain acculé à la limite des subsistances. Alors plus de parcs, plus de jardins, plus de promenades, rien de ce qui sert à l'agrément, à la variété, à l'ornement et au charme de la vie. Nulle part d'autre production que celle des denrées qui sur une surface donnée fournissent le plus grand poids de substances alimentaires assimilables ; plus d'autre travail que celui qui consisterait à remuer la terre, à réparer les huttes servant d'abris à l'homme, et à confectionner les vêtements grossiers qui lui seraient indispensables pour se préserver du froid. Ce ne sont pas seulement les parcs, les promenades, les parterres, les vergers qu'il faudrait supprimer; tout le sol devrait être planté, non pas en céréales, mais en pommes de terre, la plante qui sous nos climats donne le plus grand poids de nourriture : pas un coin de terre où ne fleurît ce tubercule (1). Voilà quel est l'idéal que la réflexion de Stuart Mill nous suggère. Le genre humain reculerait à la misère primitive, avec cette seule différence qu'au lieu d'une centaine de millions d'hommes il y en aurait dix, vingt ou cent milliards. Est-ce bien là vraiment ce que nous devons souhaiter ou rêver, n'est-ce pas plutôt un épouvantable cauchemar? L'universalisation de la misère et la multiplication indéfinie du nombre des misérables, serait-ce là le dernier mot de la science sociale ?

Il y a longtemps qu'a été écrit le vers :

Propter vitam vivendi perdere causas,

(1) On pourrait réfuter ici Stuart Mill par Proudhon qui ne se fait pas faute de se contredire lui-même. Proudhon, dans ses *Contradictions économiques*, s'élève avec verve contre l'uniformité et la monotonie que la culture impose aux campagnes des pays civilisés. Faudrait-il encore accroître cette monotonie en supprimant les jardins, les parcs, les cultures perfectionnées, et en mettant tout le sol en pommes de terre ou en blé ?

sacrifier à la vie tout ce qui vaut que l'on vive. C'est à cette maxime que, dans un accès de pessimisme, Stuart Mill semble être revenu : une fourmilière humaine où des habitants affairés, uniformes de vie et d'habitudes, se presseraient à l'extrême limite des moyens d'existence.

Cependant, même en admettant cet étrange idéal de la société, on pourrait soutenir que les observations de Stuart Mill ont une portée bien moindre que celle qu'elles paraissent avoir. Ces grands parcs que critique l'économiste anglais, sous le régime de la liberté complète des transactions immobilières, vont chaque jour en se réduisant ou en s'émiettant. S'il en existe encore en Angleterre et en Écosse, c'est que la propriété y est garrotée dans des liens féodaux qui en arrêtent la disposition naturelle. Ces parcs, d'ailleurs, ces jardins sont-ils un si grand mal? N'est-ce pas là seulement que l'on retrouve quelques images réduites de la nature primitive dans toute sa variété? La terre ne deviendrait-elle pas la plus terne, la plus insupportable des prisons, si elle ne consistait qu'en une succession ininterrompue d'emblavures ou de champs de pommes de terres ? Parcs et jardins, grands ou petits, ont une autre et plus positive utilité que de conserver la parure de la nature et le sens esthétique. Ils maintiennent à travers les champs des oasis boisées et des abris pour les oiseaux ; oiseaux et bois, n'est-ce pas ce qui manque le plus à la culture moderne, et la plupart des fléaux qui frappent nos récoltes ne viennent-ils pas de ce que, dans son ardeur imprudente pour le lucre, l'agriculteur a supprimé les oiseaux et les bois. La première critique que Stuart Mill adresse à la propriété doit donc nous laisser indifférents. Bien loin que les parcs soient inutiles, nous voudrions que chaque ville de plus de 5 à 6,000 âmes eût dans son voisinage un véritable parc de 10 à 20 hectares pour la libre jouissance des habitants. Ces parcs ne feraient pas double emploi avec les promenades étroites que l'on nomme jardins publics.

Une autre critique plus sérieuse, du moins en apparence, a été formulée par Proudhon. L'intérêt du propriétaire ne serait pas toujours conforme à l'intérêt national. Le premier consiste à procurer le plus grand revenu net, le second à atteindre le plus grand revenu brut. Partout le propriétaire s'efforce de restreindre le revenu brut pour avoir un plus considérable revenu net. Peu lui importe que sa terre fournisse moins de subsistances à la société, moins de travail aux habitants, s'il recueille, par l'économie sur la main-d'œuvre, par la conversion des cultures, un revenu net plus considérable. Il y aurait ici une flagrante antinomie entre la propriété privée et les intérêts vitaux de la société.

Écoutons Proudhon : « Supposons que le propriétaire, par « une libéralité chevaleresque, cède à l'invitation de la science, « permette au travail d'améliorer et de multiplier ses pro- « duits. Un bien immense en résultera pour les journaliers « et campagnards, dont les fatigues réduites de moitié, se « trouveront encore, par l'abaissement du prix des denrées, « payées double. — « Mais le propriétaire : je serais bien sot, « dit-il, d'abandonner un bénéfice si net! Au lieu de cent journées « de travail, je n'en paierai que cinquante : ce n'est pas le pro- « létaire qui profitera, c'est moi. — Mais alors, observez-vous, le « prolétaire sera encore plus malheureux qu'auparavant, puis- « qu'il chômera une fois de plus. — Cela ne me regarde pas, « réplique le propriétaire, j'use de mon droit ; que les autres « achètent du bien, s'ils peuvent, ou qu'ils aillent autre « part chercher fortune, fussent-ils des milliers et des millions!

« Tout propriétaire nourrit, au fond du cœur, cette pensée « homicide. Et comme par la concurrence, le monopole et le « crédit, l'invasion s'étend toujours, les travailleurs se trouvent « incessamment éliminés du sol : la propriété est la dépopula- « tion de la terre (1). »

Voilà le grief; pour montrer qu'il est fondé, on invoque, comme l'a fait Sismondi, l'état de la campagne romaine qui, transformée en champs de céréales, produirait un bien plus grand revenu brut, occuperait et nourrirait bien plus

(1) Proudhon, *Contradictions économiques*, t. II, p. 217.

d'hommes, mais qui fournit, comme pâturage presque à l'état de nature, un plus fort revenu net aux propriétaires. C'est le cas presque général pour les prés qu'ils donnent plus de revenu net et moins de revenu brut que les terres en culture. Un hectare de prairie produira seulement 400 ou 450 francs de revenu brut, sur lesquels les trois cinquièmes ou les deux tiers soit 270 à 350 francs reviendront au propriétaire ; le même hectare, mis en blé, produirait peut-être 6 à 700 francs de revenu brut, à coup sûr occuperait beaucoup plus de travailleurs, mais ne rapporterait au propriétaire que 120 ou 150 francs.

Par la préférence qu'elle accorde au revenu net sur le revenu brut la propriété dépeuple, dit-on, les campagnes. Que parfois cette objection ait quelque vérité, on ne peut le nier ; c'est le cas de la campagne romaine, de la conversion des terres labourables en prairies sur une grande surface de l'Écosse, de l'Angleterre et de la Normandie. Cet argument toutefois est surtout spécieux et perd singulièrement de sa valeur quand on le presse de près. En général, l'intérêt du propriétaire est de produire le plus grand revenu brut possible ; quoique le revenu net ne croisse pas proportionnellement au revenu brut, il ne laisse pas, d'ordinaire, que d'augmenter d'une manière absolue, si ce n'est relative, avec ce dernier. C'est ce qui rend dans les contrées civilisées la culture de plus en plus intensive. Cette substitution de la culture intensive à la culture extensive est le trait caractéristique de l'agriculture des peuples avancés ; or, elle s'accomplit spontanément, sans aucune injonction gouvernementale, sans intervention de l'État ou d'une autorité quelconque; il faut donc bien qu'en général il n'y ait aucun antagonisme entre le revenu net et le revenu brut. De même que l'industriel ou le commerçant, le cultivateur, ayant les idées de notre temps, aime mieux gagner peu sur chaque unité d'une grande quantité de produits que de gagner beaucoup sur chaque unité d'une quantité moindre.

Dans quelques cas, néanmoins, pour les terres susceptibles d'être mises en prairies, il y a un antagonisme entre le revenu net et le revenu brut. On peut soutenir que les animaux, chevaux, bœufs, vaches, moutons, mangent la nourriture des hommes. Si l'on se proposait comme idéal de faire vivre sur la terre n'importe de quelle façon le plus grand nombre possible d'humains, les prairies devraient disparaître et avec elles tous les animaux domestiques : tout au plus, pourrait-on en conserver quelques-uns comme bêtes de trait. Tel est le rêve de prétendus défenseurs des animaux, les *vegetariæner* ou légumistes, qui veulent que l'humanité se nourrisse seulement de légumes. Avec une alimentation uniquement végétale il y aurait place pour un plus grand nombre d'hommes dans le monde.

Cet idéal d'une société égalitaire et misérable, nous l'avons déjà condamné. Or, c'est seulement dans cette doctrine que l'antagonisme qui existe, dans un petit nombre de cas, entre le revenu net et le revenu brut de la propriété agricole, prend de l'importance. Si l'on admet, au contraire, que l'homme peut se nourrir de viande, si l'on pense que l'idéal social n'est pas la multiplication la plus grande possible de la fourmillière humaine sur les débris du reste du règne animal, alors le prétendu antagonisme entre le revenu net et le revenu brut dans le cas des prairies devient insignifiant.

Lorsqu'il convertit en prairie une terre cultivée, quoiqu'il diminue parfois le revenu brut, quoiqu'il restreigne le travail de la population rurale, le propriétaire rend service à la société. Il produit la denrée qui est la plus rare dans le monde et qui ira le plus en renchérissant, la viande. Les terres à blé, à riz, à avoine, abondent sur la surface du globe, et le prix de ces marchandises a une tendance à décroître ; le transport en est facile et s'opère sans détérioration. Il en est autrement de la viande. Voilà donc un premier service que rend le propriétaire qui crée des prairies, en voici un second : il rend des bras disponibles pour l'industrie et le commerce. Pour savoir si le revenu brut d'une prairie est vraiment inférieur au revenu brut d'une terre en culture, il faudrait joindre au produit de la première le produit du travail des hommes que la prairie n'absorbe plus et qui sont entrés dans les professions industrielles et commerciales. Supposons dix hectares de terres labourables de premier ordre, produisant un revenu brut de 6,000 francs, dont 4,500 francs de salaires qui se distribuent entre quatre familles; si ces dix hectares sont convertis en prairies qui ne rapportent plus que 5,000 francs de revenu brut, dont 2,250 francs de salaires pour deux familles, il faudrait ajouter aux 5,000 francs de revenu brut des dix hectares de prairies le produit du travail industriel ou commercial des deux familles qui sont devenues disponibles et qui ont pu abandonner le travail rural; ce serait 2,250 francs environ à joindre aux 5,000. L'on voit ainsi que la société, prise dans son ensemble, n'a rien perdu ni comme revenu brut, ni comme travail, à cette substitution si critiquée des terres arables en prairies. Il y a eu un déplacement, mais non pas une annulation de travail et de revenu brut.

Un fermier se trouverait, pour le cas qui nous occupe, absolument dans la même situation que le propriétaire, alors même qu'il s'agirait d'un fermier de l'État ou de la Commune; car le fermier lui aussi recherche le revenu net et non le revenu brut. Il faudrait non seulement la propriété collective, mais l'exploitation collective, pour mettre fin à ce prétendu antagonisme.

Voudrait-on que l'État ou que la Commune intervînt pour réglementer l'ordre, la nature ou la proportion des diverses cultures, pour restreindre l'étendue des prairies et des bois ? Mais les chances d'erreur et de fausses mesures seraient beaucoup plus dangereuses que les abus isolés et passagers qui peuvent parfois résulter de la propriété privée. Ces abus, il est même superflu d'essayer de les corriger, parce qu'ils sont exceptionnels ou de peu de durée, et que l'on tomberait dans des prescriptions autoritaires ou bureaucratiques dont les inconvénients seraient bien plus grands. Le mot célèbre *De minimis non curat prætor* fait partie du bagage de la sagesse pratique.

Dans l'état présent du monde, avec le développement de la production des céréales sur tous les points du globe, la substitution des prairies aux terres arables dans les contrées les plus anciennement civilisées n'a que des avantages. Elle ne saurait, d'ailleurs, jamais être complète. En Angleterre le produit brut agricole est probablement bien moindre qu'en France quoique le produit net soit, selon toutes les vraisemblances, aussi considérable. La conversion en herbe des terres en labour y gagne sans cesse du terrain. En 1870, dans l'Angleterre proprement dite, on recensait 18,335,000 acres (7,517,000 hectares) de terres arables, soit 60 pour 100 du territoire; en 1878, on n'en comptait plus que 17,943,000 (7,356,630 hectares) ou 56 et demi pour 100 du territoire. Au contraire, en 1870, l'étendue des pâturages ne s'élevait qu'à 12,073,000 acres, ou 4,950,000 hectares, soit environ 40 pour 100 du territoire. En 1877, la superficie occupée par les pâturages représentait 43 pour 100 du territoire et s'élevait à 13,911,000 acres (5,703,000 hectares). Les herbages avaient gagné dans cet intervalle 1,800,000 acres, ou 720,000 hectares, environ 100,000 hectares par an ; la moitié de ce gain s'était effectuée aux dépens des terres arables (1); mais l'augmentation de production de ces dernières a sans doute compensé cette légère perte.

Il est probable que cette transformation continuera, quoique parmi les agriculteurs anglais quelques-uns soient partisans de la culture ininterrompue du blé sur les mêmes terres. Il y aurait, cependant, une grande exagération à penser que la production du blé dût finir par disparaître des contrées européennes. En supposant qu'en Angleterre, au lieu d'occuper 7,356,000 hectares comme en 1878, elle ne s'étendît plus que sur 5 millions d'hectares, et il faudra probablement plusieurs quarts de siècles avant qu'on en arrive là, le perfectionnement des méthodes agricoles rendrait, selon toute vraisemblance, ces 5 millions d'hectares aussi productifs que les 7 millions et demi aujourd'hui emblavés. Il en serait de même en France; quand les étendues de céréales devraient s'y réduire de 30 pour 100 et n'être plus que de 5 millions d'hectares, il suffirait que la production moyenne atteignît 20 hectolitres au lieu de 14 pour que la production indigène ne baissât pas malgré la réduction des superficies ensemencées (2). Des améliorations de ce genre

(1) Ces chiffres sont empruntés à un article de *the Economist* paru au commencement de 1879.

(2) Les surfaces ensemencées en froment et en méteil étaient de 7,286,000 hectares en 1878.

et de ce degré peuvent légitimement être espérées dans un temps prochain quand on sait que les bonnes terres, bien cultivées, rapportent de 35 à 50 hectolitres de blé à l'hectare.

Ces transformations de la culture et la diminution du produit brut sur les terres converties en prairies n'ont pas de nos jours les graves conséquences sociales qu'elles avaient autrefois. L'organisme de notre société est infiniment plus souple ; de nouvelles branches de travail s'offrent au manœuvre rural que la substitution des prairies aux labours prive parfois d'emploi.

Au seizième siècle, le remplacement du labourage par le pâturage dans des districts entiers de l'Angleterre passe pour avoir produit de grandes misères et avoir engendré le paupérisme auquel la loi des pauvres dût servir de remède inefficace. La grande industrie, le grand commerce n'existaient pas, en effet, à cette époque. Il n'y avait pas d'emplois nouveaux, extensibles, pour les malheureux tenanciers que l'on chassait de leurs champs ; le vagabondage, la mendicité et le maraudage étaient leurs seules ressources. Le régime de l'industrie du moyen âge reposait sur l'alliance et l'alternance des travaux de la culture et de l'industrie. Le production domestique pour la consommation de famille était la règle ; la division des occupations et des professions n'existait qu'à l'état embryonnaire ; le commerce ou l'appareil de distribution des produits n'occupait que peu de bras. Dans cette situation l'ouvrier agricole, quand son champ était transformé en pâturage, mourait de faim. Aujourd'hui les ateliers de la grande et de la petite industrie, le commerce des transports, les magasins de gros et de détail, les travaux publics recueillent avec empressement les ouvriers qui quittent la vie rurale. Les améliorations agricoles sont d'ailleurs, de leur nature, lentes et graduelles ; les ouvriers qu'elles laissent disponibles n'ont pas de peine à trouver des emplois aussi sûrs et plus rémunérateurs.

Nous avons raisonné ici dans l'hypothèse de la diminution du revenu brut des terres par la substitution de certaines cultures donnant un plus grand revenu net à d'autres qui fournissaient un revenu brut plus considérable mais qui rémunéraient moins le propriétaire. C'est par scrupule scientifique que nous nous sommes aussi longtemps arrêté à cette conjecture; dans la pratique et pour la surface entière d'un grand pays elle n'a, en effet, qu'une médiocre importance.

Ce qui caractérise une agriculture progressive et intensive, c'est, en effet, le développement des produits accessoires et raffinés, les fruits, les légumes, les fleurs même, les volailles, le beurre, les œufs, le fromage, etc. Les contrées vieilles où les grandes villes sont nombreuses, où la population est dense, sont les seules qui se prêtent bien à ce genre si rémunérateur de culture ; et ce sont précisément ces produits qui exigent à la fois pour le même espace le plus de travail et qui fournissent le plus fort revenu net. Ici l'harmonie se trouve complètement rétablie entre le revenu net et le revenu brut ; l'un n'est plus en raison inverse de l'autre. La vigne est la plus essentielle, la plus remarquable, de ces productions agricoles perfectionnées. Tous les climats ne s'y prêtent pas ; mais la France, après la disparition ou la défaite du phylloxera, pourrait fournir 150 ou 200 millions d'hectolitres de vin à sa propre consommation et à celle du reste du monde. La consommation des légumes et des fruits est aussi presque indéfiniment extensible : que l'on réduise certains tarifs de transport, que l'on supprime certaines taxes d'octroi et que l'on améliore, que l'on réforme le commerce de détail pour l'alimentation, on verra en quelques années doubler, tripler, quadrupler la demande de toutes ces denrées raffinées. Les campagnes en reprendront plus de vie et la population qui en tire sa subsistance deviendra plus considérable.

Plus le prix du pain et le prix de la viande baisseront, plus la population aura d'argent disponible pour se procurer ces appoints si utiles et si agréables de l'alimentation. Qui eût dit, il y a un siècle, que plusieurs de nos départements tireraient leur principale ressource de la betterave à sucre, et que d'autres, comme l'Hérault, ne seraient guère qu'un vignoble continu? Il est fort possible que dans vingt ou trente ans tous ces produits réputés accessoires de l'agriculture européenne en deviennent les produits principaux. Déjà de 1873 à 1877 la valeur de la récolte de vin de la France égalait presque celle de sa récolte de blé.

Le mouvement que nous signalons, malgré les souffrances passagères qu'il impose parfois à quelques catégories de personnes, est singulièrement favorable à la civilisation. La viande et les produits fins sont, en effet, les denrées qui ont une tendance à hausser toujours ; il est désirable que les vieilles sociétés, les plus riches en capitaux et les plus densement habitées, consacrent des efforts croissants à la production de ces articles qui autrement renchériraient outre mesure et deviendraient inaccessibles au grand nombre des habitants. Les céréales, au contraire, le vin et les autres denrées végétales de grande consommation ont, dans l'état présent du monde, une tendance à baisser de prix. L'approvisionnement des vieilles contrées est de ce côté complètement assuré ; même en temps de guerre il existe toujours dans les ports et dans les magasins des approvisionnements, le blocus ne peut être effectif sur toutes les frontières de mer, et tous les voisins d'un grand pays ne peuvent guère être à la fois ses ennemis. Enfin la culture de ces produits qui formaient autrefois la base de l'agriculture ne sera jamais nulle part complètement abandonnée. Ainsi, même dans cette hypothèse extrême d'une guerre, un grand peuple européen serait toujours en état de faire venir du dehors le complément nécessaire de ses subsistances en blé, en riz, etc. Les craintes à ce sujet sont chimériques (1).

Les vieilles et riches nations, celles où le capital s'est accumulé depuis vingt ou trente siècles, deviennent peu à peu vis-à-vis le reste du monde ce que sont les capitales pour toutes les provinces qui en dépendent. Ce sont en quelque sorte des

(1) Si l'on considère que la France a pour voisins l'Angleterre, la Belgique, l'Allemange, la Suisse, l'Italie, l'Espagne, soit six pays, et qu'il suffirait même en cas de blocus des ports français, qu'un seul de ces pays restât en communications commerciales avec la France pour que celle-ci pût en tirer des quantités incommensurables de blé, on comprendra combien est absurde l'argument, si souvent répété, que notre pays, s'il restreignait ses cultures de céréales, courrait le risque d'être affamé en cas de guerre.

métropoles où se concentrent particulièrement toutes les productions qui demandent de l'art, de la science, de grandes avances de fonds ; ce sont en même temps des entrepôts, des magasins où les produits viennent se rassembler pour se distribuer ensuite sur toute la surface du globe. L'Angleterre proprement dite n'est qu'un Londres agrandi, une sorte de banlieue de la capitale. La Hollande, la Belgique, la France, se trouvent dans une situation analogue : et chaque jour ce caractère s'accentuera davantage. Il est aussi impossible à une nation comme l'Angleterre, et il deviendra bientôt aussi impossible à une nation comme la France, de penser à se suffire complètement à elle-même, qu'il le serait à une grande ville d'attendre de sa seule banlieue ses approvisionnements de subsistances ou de matières premières.

Nous avons voulu dans ce chapitre étudier certaines des anomalies de la propriété foncière : elles sont beaucoup moins importantes quand on y regarde de près qu'elles ne le paraissent à première vue. L'antagonisme entre le maximum de revenu net et le maximum de revenu brut ne se rencontre guère que, dans quelques cas, pour les prairies; au contraire, le parfait accord, le développement parallèle de l'un et de l'autre se réalisent pour le jardinage, l'arboriculture, les cultures industrielles, et en général pour tous les produits raffinés.

Une autre conclusion qui ressort de ce chapitre c'est qu'on s'est trop pressé de sonner le glas de l'agriculture européenne. La concurrence américaine ne fera pas tomber nos terres en friche et ne dépeuplera pas nos campagnes. Elle réduira seulement, suivant toutes les vraisemblances, dans beaucoup de cas et dans une certaine mesure, la rente de la terre. Cette concurrence des pays neufs est ainsi l'un des éléments qui, avec plusieurs autres, doivent contribuer à amener dans le vieux monde une moindre inégalité des conditions.

---

## CHAPITRE V

### DE LA CLASSE DES FERMIERS ET DES MÉTAYERS.

Importance de la question du mode de tenure des terres. — Proportions respectives en France et en Belgique de l'exploitation directe par le propriétaire ou faire valoir, du métayage et du fermage.

Dans les pays neufs, c'est le faire valoir direct qui prédomine : cependant les *squatters* d'Australie sont des fermiers. — Cas de fermage aussi et même de métayage aux États-Unis.

Avantages et inconvénients du métayage : causes de sa disparition.

Le fermage. — Les petites et les grandes fermes. — Exemple des premières dans les Flandres et dans la *Terra di lavoro*. — Haute rente de la terre et misère des fermiers. — Du capital nécessaire pour exploiter ces petites fermes.

Les grandes fermes. — Estimation du capital nécessaire aux fermiers. — Évaluation des gains du fermier. — Nombreux risques qu'il court. — Les baux sont trop courts et trop rigides. — De l'indemnité pour le fermier sortant. — A tout prendre, nos mœurs ont rendu très ingrate la condition de fermier.

Des baux héréditaires : l'*aforamento*, le *contratto di livello*, le *beklem regt*. — Inconvénients de ce régime.

Prévisions sur le mode de tenure et d'exploitation de la terre à l'avenir. — Élimination probable de la classe des propriétaires non résidant. — De la fondation d'une classe moyenne rurale sérieuse. — Des inconvénients des hauts droits de mutation : il faudrait en France réduire ceux-ci des neuf dixièmes.

Une grande question, souvent controversée, où beaucoup de préjugés se trouvent mêlés, se présente maintenant à notre étude, c'est celle du fermage et de la situation, du recrutement de la classe des fermiers.

Il y a dans la population agricole, ou plutôt parmi les intéressés à la culture du sol, trois classes : les propriétaires, les fermiers, les ouvriers. Les métayers ont un caractère mixte ; ce sont bien des fermiers, avec la différence qu'ils paient en nature et moyennant une quote-part fixe au lieu de payer une somme déterminée en argent ; mais, d'un autre côté, les métayers qui n'ont guère de capitaux et d'avances appartiennent au prolétariat agricole et se rapprochent des ouvriers.

Quelle influence la civilisation exerce-t-elle sur le mode de *tenure* et d'exploitation du sol ? Jusqu'ici elle a eu pour effet de réduire le régime du métayage ou du colonat; elle y a substitué, dans la plupart des pays de vieille civilisation, le fermage. La culture intensive et le métayage, du moins le partage par moitiés, sont à peu près inconciliables. Aujourd'hui le fermage lui-même paraît atteint; la classe des fermiers ne se recrute plus aisément. Le développement ultérieur de la civilisation fera-t-il disparaître, du moins diminuera-t-il dans de notables proportions la classe des fermiers, pour rendre générale l'exploitation directe du sol par le propriétaire ou, sous la conduite et la responsabilité du propriétaire, par les agents de celui-ci ? Il y a de grandes vraisemblances qu'il en sera ainsi. D'autre part, on peut se demander si le métayage, jusqu'ici condamné par la plupart des économistes et de plus en plus sacrifié, ne prendra pas une forme nouvelle et ne s'étendra pas dans l'avenir en substituant au partage par moitié un partage par quantités inégales suivant les cultures et la qualité des terres, de manière que l'agriculture intensive ne fût plus inconciliable avec le colonat partiaire? Cette opinion aussi ne manque pas de vraisemblance.

Ce qui est en tout cas certain, c'est que le régime du fermage est menacé et que la classe des fermiers se restreint de plus en plus. Dans presque tous les pays il y a une crise des fermages. En Angleterre, cette crise s'est manifestée à différentes reprises et avec une intensité grave, de 1830 à 1840 par exemple. Elle sévit avec plus d'acuité encore depuis 1878. En France, elle a commencé en Normandie et dans le Nord bien avant la concurrence américaine. Il y a dix ans que les terres en labour dans le Calvados sont très-difficiles à louer et que les propriétaires qui perdent leur fermier sont forcés d'exploiter eux-mêmes pendant plusieurs années avant de trouver un fermier nouveau. En Espagne, l'année 1879 a été témoin d'une sorte d'insurrection des fermiers de Valence; les émotions rurales sont fréquentes dans ce pays. En Belgique, il n'en est pas encore de même : cependant, depuis 1866 le taux des fermages n'y a que très-peu augmenté, sauf dans les deux Flandres par excès de population; il a baissé, au contraire, dans la province de Luxembourg, et il est stationnaire dans celles de Brabant et de Namur (1).

Comment est répartie dans les différents pays la tenure du sol? D'après les statistiques, le *faire valoir* direct occupe en France 50.9 p. 100 de la superficie exploitée; le fermage 35,9 p. 100; le métayage 13,2 (2). Autrefois le métayage, *ad mediatatem fructus*, était le fait dominant. Les chiffres que nous venons de citer induiraient en erreur si l'on n'y joignait un commentaire : c'est que les bois, qui occupent une superficie de plusieurs millions d'hectares et qui sont rarement affermés ou donnés à mi-fruit, figurent dans les nombres qui précèdent. Si l'on déduisait les bois, que l'on ne tînt compte que des terres arables, des prairies et des pâtures, le fermage deviendrait le régime dominant, il occuperait plus de la moitié du sol, la part du faire-valoir direct décroîtrait considérablement. En Belgique, d'après les renseignements recueillis par M. de Laveleye, le *faire-valoir* direct occupe 34 et quart p. 100 de la superficie et le fermage 65 trois quarts p. 100. Le métayage a presque complètement disparu dans le pays. La prédominance du fermage y est incontestable. Dans les pays neufs, aux États-Unis, en Australie, dans l'Amérique du Sud, c'est le *faire-valoir* direct qui devient le régime général, à peu près universel; le mot de *farmer* a dévié de son sens étymologique; il désigne celui qui exploite un domaine, *a farm*, or c'est presque toujours le propriétaire (3). Il y a cependant, même aux États-Unis, des cas de fermage, et dans le Minnesota ou le Manitoba quelques cas de métayage (4).

(1) Nous extrayons ces renseignements du rapport de M. de Laveleye sur *l'Agriculture belge*, paru en 1878, alors que la crise agricole dans le *Vieux Monde* s'annonçait à peine.

(2) Déduction faite des bois, il est probable que le faire valoir direct ne représente pas en France plus de 32 ou 35 p. 100 du sol cultivé et qu'il est un peu inférieur, pour l'étendue, au fermage.

(3) Les *squatters* de l'Australie sont cependant des fermiers qui ont loué pour un certain nombre d'années les immenses terres de l'État et qui y font paître leurs énormes troupeaux de bœufs ou de moutons.

(4) Tel est le cas de la colossale ferme *Casselton* (Dakota), qui occupe trente mille hectares *the biggest wheat farm in America*. M. Olivier Dalrymple l'exploite à mi fruit avec la Compagnie du chemin de fer Pacifique Nord. *Le blé aux États-Unis*, par A. Ronna, p. 108.

Si l'on s'en tenait aux faits passés et présents, on devrait considérer le métayage comme le régime primitif, presque patriarcal, qui était universel autrefois, qui a vu partout son domaine se réduire et qui a même complètement disparu de beaucoup de pays, l'Angleterre, la Belgique, par exemple ; le fermage serait le mode de tenure qui aurait hérité du métayage, mais non pas peut-être à titre définitif, destiné à être remplacé lui-même, dans la plupart des cas, par le *faire-valoir* direct. L'exploitation du sol par le propriétaire même tend à devenir le régime prédominant sur la surface du globe.

Quel est l'ensemble de causes qui a ainsi graduellement éliminé cette vieille institution du métayage? Ce n'est pas qu'elle n'ait conservé beaucoup de partisans : les publicistes, par exemple, qui regrettent l'organisation du moyen âge et le régime patriarcal, M. Le Play entre autres. Comme adversaires systématiques elle a la presque totalité des économistes et des agronomes. On fait remarquer que les pays où règne encore le métayage sont, en France, la région du Centre et certains districts du Midi, c'est-à-dire précisément les contrées qui ont fait le moins de progrès agricoles. La classe des métayers est aussi dans toute la nation celle dont la situation s'est le moins améliorée. Le métayage a un grand défaut, si ce n'est un grand vice, c'est qu'il est presque incompatible avec la culture intensive. Celle-ci ne comporte pas le partage à moitié ou même aux trois cinquièmes des récoltes entre l'exploitant et le propriétaire. La part du premier est trop faible pour une agriculture soignée qui fait autre chose que gratter le sol, et la part du second est excessive. Les achats d'engrais sont impossibles dans ces conditions, à moins que le propriétaire ne les fasse à ses frais. La culture perfectionnée exige de grandes avances que le métayer n'a pas ; elle rend de plus en plus faible le rapport du revenu net au revenu brut, le premier croissant d'une manière absolue, mais non pas dans une proportion égale à la croissance du second. La culture même du froment est difficile avec le métayage, parce que l'exploitant n'y trouve pas son compte. Le métayer se contente, d'ordinaire, de vivre pauvrement, au jour le jour, dans sa métairie, consommant en nature la totalité ou à peu près de la part qui lui revient, du seigle, des châtaignes, du cidre, un peu de lard, quelques légumes. Dans cette vie végétative, où le souci du lendemain est à peine éveillé, le métayer élève de nombreuses familles ; c'est là le principal mérite qu'on doit lui reconnaître. Il souffre moins que le fermier de la concurrence étrangère parce que, consommant en nature la presque totalité de ce qui lui revient, les vicissitudes des prix ont pour lui moins d'importance ; il ne porte pas au marché ses récoltes, ou il n'en porte qu'une faible fraction.

Dès que la culture cesse d'être rudimentaire, dès qu'elle veut améliorer, innover, imposer au présent des sacrifices en vue de l'avenir, le métayage est un embarras ; c'est un contrat qui alors manque de netteté. La disparition du métayage, du colonat partiaire, a été une nécessité pour l'introduction de la culture intensive. Et cependant, il est peut-être téméraire de dire que le métayage va complètement expirer ; son adversaire principal, le fermage, se trouve en effet attaqué lui aussi par des vers qui le rongent. Qui sait si, dans bien des lieux, le colonat partiaire ne renaîtra pas de ses cendres, à la seule condition de se transformer, de faire d'une manière plus équitable le partage entre l'exploitant et le propriétaire pour les différentes récoltes, de prévoir tout ce que comporte la culture intensive, les engrais, les avances au sol, etc. ? L'association du paysan et du propriétaire n'a peut-être pas épuisé toutes ses formes, tous les modes possibles. Celle que l'on connaît, le rigide et uniforme partage par moitié peut avoir perdu de son efficacité et de sa justice, sans qu'il soit raisonnable de prétendre qu'on ne peut et qu'on ne doit lui en substituer aucune autre (1).

Les fermiers, en effet, s'en vont. Est-ce une crise temporaire ou définitive ? Dans ce dernier cas, le faire-valoir direct pourra-

(1) Les conditions du métayage sont encore aggravées en beaucoup de lieux par l'usage de prélever les impôts, parfois les charges d'entretien des bâtiments, avant le partage des produits. Voir la note intitulée : *Sur quelques-unes des conditions imposées par les propriétaires aux métayers*, dans l'*Enquête sur la situation de l'agriculture en* 1879 *par la Société Nationale d'Agriculture*.

t-il remplacer partout le fermage ? D'où vient qu'il soit difficile de trouver des fermiers pour les terres labourables de quelque étendue ? L'embarras date de loin ; il est injuste d'en rendre responsable la concurrence américaine ; celle-ci a agrandi, en même temps qu'elle l'a dévoilée, une plaie dont l'existence était déjà ancienne.

Il y a deux catégories de fermes : 1° les fermes très-morcelées, très-exiguës des environs des villes ou des contrées qui ont une population très-dense : la Flandre, par exemple, la Terre de Labour en Italie, l'ancienne Campanie ; c'est par arpents ou même par ares qu'on calcule l'étendue de ces exploitations qui rarement dépassent trois ou quatre hectares ; 2° les fermes d'une certaine surface, celles qui ont vingt hectares ou plus. Les fermiers n'ont jamais manqué aux premières ; la concurrence des preneurs a, au contraire, singulièrement élevé le prix de ces petites exploitations, si bien qu'en certains districts, dans la Terre de Labour en Italie par exemple, les hauts fermages et la misère des fermiers vont de pair, celle-ci étant la cause de ceux-là. Au contraire, les fermiers manquent aux terres labourables de plus de vingt hectares. Le remède serait facile s'il suffisait de morceler ; mais le morcellement n'est profitable qu'avec une grande densité de population, un débouché voisin pour les produits délicats ; il lui faut, en un mot, la viticulture, l'arboriculture ou le jardinage.

Ces conditions se rencontrent dans quelques pays, non dans tous : en Flandre par exemple et dans la Terre de Labour italienne (*terra di lavoro*). La population de la Flandre est la plus dense du globe : 272 habitants par kilomètre carré, presque quatre fois autant que la densité de la population française ; dans la Terre de Labour elle est de plus de cent habitants ; dans nos campagnes, à peine de 50. La moyenne des exploitations est de 3 hectares 40 ares dans la Flandre occidentale, de 2 hectares 48 ares dans la Flandre orientale. Dans la première de ces provinces on compte 45,000 exploitations qui n'ont pas 50 ares ; dans la seconde il n'y a pas deux fermes sur cent qui dépassent 20 hectares. C'est le pays des cultures dérobées qui élargissent en quelque sorte le sol, du jardinage et des engrais abondants. La densité de la population fait élever le prix du fermage; ici, mais d'une manière exceptionnelle, les lois de Ricardo et de Malthus trouvent leur application. Le capital d'exploitation est considérable relativement à l'étendue; il est faible pour chaque ferme à cause de son exiguïté : il atteint 800 à 1,000 francs par hectare, souvent 1,200 (1); avec 3 ou 4,000 francs, souvent moins, on s'établit fermier; tout le monde veut l'être. Malgré l'infertilité naturelle du sol, la rente de la terre est ainsi très-haute; en moyenne le fermage est de 102 à 150 francs par hectare. Ces prix de loyers ne sont obtenus que par la très-grande sobriété du fermier, par des salaires très-bas, et par le travail de toute la famille, femmes et enfants, à presque toutes les heures de la journée.

M. de Laveleye remarque que dans les parties plus pauvres de la Belgique, dans les provinces telles que les Ardennes, le Condroz, où la rente de la terre est beaucoup plus basse, un simple ouvrier des champs sans capital gagne plus et vit mieux que le fermier des Flandres qui possède pour plusieurs milliers de francs d'outillage ou de fonds de roulement. M. Hippolyte Passy a constaté aussi pour la terre de Labour que la misère de l'exploitant y coïncide avec les hauts fermages dont elle est cause.

L'émigration serait le principal remède à ces souffrances. Le monde inhabité est assez vaste pour que la population ne s'entasse pas en quantité exagérée sur d'étroits espaces du vieux monde. Après l'émigration, l'instruction des travailleurs ruraux aurait aussi quelque action; dans ces contrées où la population est si dense, il est incontestable que les gros revenus des propriétaires sont un peu acquis aux dépens de la faible rémunération des fermiers.

Ces contrées, ces districts plutôt, sont l'exception, non la règle. Pourquoi partout ailleurs et pour les terres de plus de douze

(1) Ces chiffres sont empruntés à M. de Laveleye : d'après d'autres estimations, le capital d'exploitation va jusqu'à 1,800 francs par hectare dans le département du Nord.

ou quinze hectares les fermiers font-ils défaut ? Pourquoi cette profession, jadis si considérée, si recherchée, ne se recrute-t-elle pas ? Il est facile de le comprendre.

Pour une exploitation de quelque importance les fermiers ont besoin d'un gros capital. Ce ne sont pas seulement des entrepreneurs, ayant quelques modiques avances et courant tous les risques, ce sont des capitalistes. En Angleterre, il y a trente ans, quand les instruments de culture étaient moins perfectionnés et moins coûteux, que l'usage des engrais était moins répandu et que le bétail coûtait moins cher, on estimait à 3 ou 400 francs par hectare le capital d'exploitation dont le fermier avait besoin. Cette évaluation, même alors, était considérée comme un peu trop faible par les agronomes compétents. En Belgique on a vu que pour les petites fermes des Flandres le capital d'exploitation est estimé entre 800 et 1,200 francs par hectare ; dans la région des *polders* on le porte à 1,400 francs ; dans le Condroz, pays pauvre et de grande culture, il ne serait que de 250 à 300 francs par hectare.

Ce capital d'exploitation représente la valeur du matériel, du bétail et des attelages, une année de bail des terres et de subsistance de la famille, les frais d'avance pour la moisson.

En France, d'une manière plus générale, M. Hippolyte Passy estime que le capital d'exploitation des fermiers doit équivaloir à dix fois le loyer de la ferme. C'est la même proportion que l'on admet, d'ordinaire, en Angleterre. Ainsi pour une ferme de 4,000 francs il faudrait 40,000 francs de capital. Nous croyons qu'en France dans la plupart des pays il est rare que cette proportion soit atteinte ; mais alors la culture s'en ressent ; au lieu de dix fois, ne mettons que six ou sept fois le montant du fermage. Pour une ferme de 4,000 francs il faudrait toujours que le fermier apportât un capital d'exploitation, si ce n'est de 40,000 francs, du moins de 25 à 30,000.

C'est là une petite fortune ; en présence des incertitudes des récoltes, des difficultés qu'il rencontre du côté des ouvriers et des domestiques, devenus non seulement chers, mais insoumis et violents, avec la perspective d'une hausse du fermage à chaque expiration du bail, suivant la coutume qui a prévalu durant une quarantaine d'années, le fermier préfère employer autrement son capital. Si de vieilles habitudes et le goût de la vie des champs le retiennent encore, il n'en est pas de même de ses enfants qui désertent allégrement la profession de leurs pères. Ils ont tort, dira-t-on; le petit commerce des villes les attire et souvent les trompe; il est si tentant de s'établir débitant, marchand, épicier, avec quinze ou vingt mille francs de mise de fonds; et néanmoins, il y a dans cette carrière tant de naufrages.

Tous les torts ne sont pas du côté des fermiers qui abandonnent la culture. La profession de fermier est devenue trop ingrate : c'est le fait à la fois des ouvriers, des propriétaires et des lois. Il n'y en a pas où l'on fasse si rarement fortune avec tant de soins et de peines. La durée des baux, les usages concernant l'entrée en jouissance et la sortie, les habitudes de cordialité ou de rapacité du propriétaire sont les points prédominants qui font que le fermage reste en honneur ou qu'il est délaissé.

Presque partout les baux sont trop courts, sur le continent du moins, et ne laissent pas au fermier assez de repos d'esprit et des perspectives assez longues. En Belgique les baux ne sont parfois que d'une année (*at will*) comme en Irlande. Plus souvent ils atteignent trois ans, fréquemment six ou neuf, rarement davantage. C'est beaucoup trop peu (1). On les renouvelle, il est vrai, mais avec des tiraillements sur le prix. Les vieilles et patriarcales habitudes qui créaient un lien personnel amical, presque familial, entre le fermier et le propriétaire, ont disparu. Devenus de moins en moins résidants, les propriétaires ne connaissent guère leurs fermiers que de nom et ne leur portent

(1) Les baux devraient être toujours d'une vingtaine d'années pour offrir au fermier des chances de compensation de ses pertes. Il y a souvent deux ou trois mauvaises années de suite comme en France avant 1880, parfois même sept ou huit années comme en Angleterre. Le prix du bail devrait aussi pouvoir être remanié quand le prix des produits tombe pendant longtemps au-dessous d'un certain niveau, comme la concurrence des pays neufs peut le faire craindre.

aucun intérêt réel. Pressés par les exigences de la vie contemporaine et presque toujours à l'étroit dans leurs budgets, ils congédient leur ancien fermier, bon cultivateur et bon payeur, dès qu'un nouveau-venu leur promet 10 ou 15 p. 100 de rente de plus, qu'il ne paiera pas ou qu'il paiera mal. Avec un bail de neuf ans, ce n'est guère que dans la troisième année que le fermier est bien installé et qu'il commence à s'identifier à sa terre, mais trois ans avant l'expiration du bail les doutes surgissent dans son esprit sur le renouvellement. Il est donc presque toujours sous la crainte d'une expulsion ou d'une augmentation. Les baux devraient avoir au moins dix-huit ans de durée, même trente ans, pour tirer le fermier de ces perplexités et lui permettre une culture de père de famille. Dans les années de mauvaise récolte le propriétaire devrait aussi se montrer plus accommodant qu'il ne l'est et accorder parfois des réductions de loyer. Il peut s'y refuser en droit strict, mais alors la profession de fermier devient bien chanceuse.

Les clauses relatives à l'entrée et à la sortie ont aussi leur importance. Une question souvent débattue est celle de l'indemnité à accorder au fermier sortant pour les amendements permanents, pour les engrais et les arrière-engrais. Il y a des arguments dans les deux sens ; là où la culture reste extensive, ces indemnités sont inutiles ; là où elle est intensive, il est difficile de ne pas les accorder sans porter à la terre un préjudice. Dans les Flandres, suivant M. Émile de Laveleye, on les admet généralement. On s'y trouve bien de ce régime, et l'indemnité s'élève dans certains cas jusqu'à 300 francs par hectare, il s'agit d'un pays de petite culture aussi intensive que possible. Un agronome anglais, M. Caird, critique cette clause, parce que le fermier entrant, qui doit faire cette restitution au fermier sortant, voit son capital diminuer d'autant. Cela est vrai, mais l'objection n'est pas topique puisque le fermier entrant bénéficie de ces engrais qu'il paie : seulement, cet accroissement du capital d'exploitation rend encore plus malaisé le recrutement des fermiers.

La situation du fermier dans la société moderne est donc

médiocrement enviable ; il a perdu de son autorité sur ses serviteurs, de sa sécurité vis-à-vis du propriétaire ; il se trouve pressé entre ceux-ci et celui-là ; il voit ouvertes, si ce n'est à son activité, du moins à celle de ses enfants, d'autres carrières qui sont plus douces et semblent plus lucratives. Que gagne, en général, la classe des fermiers ? M. Hippolyte Passy estime que le gain moyen est d'environ 10 pour 100 du capital d'exploitation, 5 pour 100 en représentant l'intérêt, et 5 pour 100 le profit. Le bénéfice net formerait environ une somme égale à la moitié du fermage. Sur une ferme de 4,000 francs le fermier ayant un capital d'exploitation de 40,000 francs devrait gagner 4,000 francs, dont 2,000 comme intérêt de son capital, et le reste comme bénéfice. A notre avis ces proportions sont très-rarement atteintes. Le capital d'exploitation ne dépasse qu'exceptionnellement en France 6 ou 7 fois le prix annuel du bail, et il est rare que le fermier prélève soit comme intérêt, soit comme profit, une somme supérieure à la moitié du loyer. Quand, après avoir pourvu à la nourriture de sa famille, ce qui compense le salaire de sa peine, un fermier tire de son capital 7 ou 8 pour 100 (intérêt compris), il est parmi les heureux de sa classe (1). Voilà pourquoi la profession de fermier paraît aujourd'hui aux agriculteurs si peu séduisante.

Remettrait-on cette profession en honneur et introduirait-on un mode de tenure préférable, si l'on substituait aux baux à court terme le système des baux héréditaires ? Quelques écrivains vantent ce régime, M. de Laveleye notamment. Ils célèbrent les mérites de l'*aforamento* en Portugal, des *contratti di livello* en Italie et du *beklem-regt* en Hollande. Disons quelques mots de ce dernier ; par lui, on jugera des autres. C'est surtout dans la province de Groningue qu'il est en vigueur. Le fermage ou la rente, dans le *beklem-regt*, est fixe ; l'exploitation ne peut être divisée ; les bâtiments appartiennent au fermier hérédi-

(1) Les lois qui président à l'assiette de l'impôt sur le revenu en Angleterre admettent que les bénéfices du fermier (intérêts compris) sont égaux en moyenne à la moitié du revenu de la terre. Cette évaluation nous paraît aussi exacte que de tels calculs peuvent l'être.

taire ; quand celui-ci change, il y a des droits nouveaux à payer ; le rôle du propriétaire consiste seulement à recevoir soit le fermage annuel, soit les droits de mutation. M. de Laveleye fait un grand éloge de ce régime qui aurait, selon lui, les plus rares mérites au point de vue de l'amendement des terres. Il ne nous est pas possible d'être de cet avis. Le *beklem-regt*, l'*aforamento*, le *contratto di livello*, sont des combinaisons exceptionnelles qui appartiennent au passé, non à l'avenir. Ce sont, en réalité, des restes du moyen âge. Le *beklem-regt* fut institué d'abord sur les biens des couvents pour les mettre en valeur ; les droits à payer lors du changement du fermier héréditaire tiennent de l'investiture féodale. La classe riche et instruite, celle des propriétaires, se désintéresse tout à fait du sol sous ce régime. Elle ne tarde pas à jouer le rôle de parasite ; en tous cas, elle n'a pas l'action bienfaisante, celle de conseil, d'initiation, d'apport de capitaux, qui fait le mérite du bon propriétaire. Désintéresser absolument les propriétaires du progrès de la culture, ce n'est certainement pas une réforme heureuse. Il arrive d'ailleurs souvent, au dire même de M. de Laveleye, que le fermier héréditaire sous-loue ; alors la situation devient pire que nulle part ailleurs (1).

Quel est donc le mode de tenure qui est appelé à prédominer désormais, puisque le fermage perd du terrain? Il serait prématuré de vouloir trancher cette question. Voici l'idée, cependant, que nous nous faisons de l'exploitation du sol dans le prochain siècle. Le morcellement de la terre mettra une surface de plus en plus grande aux mains des paysans qui l'exploiteront directement. Le fermage, en devenant moins habituel, ne disparaîtra pas, mais les clauses pour la durée des baux et pour les conditions accessoires en deviendront plus favorables aux fer-

(1) M. de Molinari, dans ses lettres sur l'Irlande, publiées par le *Journal des Débats*, à la fin de 1880, montre excellemment que la cause des misères de la classe agricole de cette île, ce n'est pas l'élévation de la rente payée au vrai propriétaire, mais c'est l'habitude des sous-locations qui crée toute une race de parasites entre le propriétaire dont la rente est modique et le cultivateur exploitant dont la redevance est très-considérable. Or les paysans tiennent singulièrement à ce droit de sous-louer, *tenant right*.

miers. Sur plus d'un point peut-être, le métayage prendra de l'extension, mais en changeant les proportions du partage à l'avantage du colon partiaire. D'opulents propriétaires ou des sociétés de capitalistes pourront faire exploiter de grandes terres en régie. Enfin, la classe des propriétaires riches et moyens, en devenant moins nombreuse peut-être, transformera ses habitudes. Une grande partie cultivera elle-même ses terres et prendra à bail des terres voisines. Ces propriétaires riches ou moyens devront s'astreindre à la résidence, vivre de la vraie vie rurale, ne plus faire de séjour habituel à Paris, se lever matin, passer la journée en plein air, surveiller les ouvriers et les domestiques, mettre de temps à autre la main au travail, courir eux-mêmes les marchés, restreindre les dépenses de luxe, n'être pas en un mot des Parisiens ou des citadins transportés dans les champs et y faisant de haut de la culture d'amateur ou de dilettante. Ces propriétaires riches ou moyens devront devenir de vrais campagnards et adopter cette vie laborieuse et rude, mais pleine de savoureux plaisirs, que mènent le *farmer* du *Far West* des États-Unis ou le *squatter* de l'Australie. Les femmes mêmes ne devront pas dédaigner la surveillance, souvent la direction, de la partie de l'exploitation qui les regarde. Alors se constituera une classe moyenne rurale sérieuse, en même temps qu'une véritable démocratie agricole. Les propriétaires indifférents, absents, qui ne font que toucher le revenu de leurs terres, seront graduellement éliminés. L'égalité des conditions profitera de ce changement en même temps que la virilité des mœurs. Les carrières dites libérales et les carrières commerciales finissent par devenir tellement encombrées que beaucoup de jeunes gens de famille se résigneront, sans trop de peine, à cette vie fortifiante où ils trouveront encore des gains suffisants. Pour que cette transformation s'accomplisse, la réduction des neuf dixièmes des droits de mutation sur les immeubles est nécessaire. Ce sont ces droits de mutation qui maintiennent la propriété territoriale dans un état tout à fait anormal. Quand il n'en coûtera plus que 1/2 p. 100 de droits pour acheter une terre, en une vingtaine d'années une grande partie du territoire de la France passera des mains incapables et fainéantes aux mains entreprenantes et laborieuses. Notre droit de mutation sur les immeubles est peut-être l'impôt le plus funeste qui existe dans toute notre fiscalité.

A la longue la haute classe moyenne que l'on est convenu d'appeler du nom de bourgeoisie, celle qui occupait les professions libérales et qui était en possession du grand commerce et de la grande industrie, se dessaisira d'autant plus facilement de ses immeubles ruraux, qu'ils ne rapportent plus ni honneur, ni considération, ni prérogatives politiques, ni influence électorale et qu'ils sont pour elle d'une gestion de plus en plus malaisée. Il y a un demi-siècle et surtout un siècle, les valeurs mobilières n'existant guère, la bourgeoisie employait ses épargnes à l'achat de terres ; aujourd'hui elle ne le fait plus qu'exceptionnellement ; elle vend ses immeubles ruraux. A tout considérer, cette tendance économique est heureuse. L'agriculture et la société prise dans son ensemble retireront plus de profits de l'existence d'une vaste démocratie rurale au milieu de laquelle se rencontreront d'assez nombreux propriétaires moyens résidant, et faisant de la culture une occupation sérieuse et professionnelle, que de propriétaires bourgeois qui habitent toujours les villes, surtout les grandes villes, qui n'ont avec leurs fermiers que de fugitifs rapports, dépourvus souvent de cordialité, toujours d'intimité.

# CHAPITRE VI

## DE L'INFLUENCE DE LA CIVILISATION SUR LA RÉPARTITION DE LA TERRE. LES *LATIFUNDIA* ET LA PULVÉRISATION DU SOL.

Les deux abus que peut présenter la répartition de la propriété foncière : les *latifundia* et la *pulvérisation du sol*. — Les deux intérêts qu'il est désirable de concilier.

Les trois modes proposés pour rendre la généralité des hommes copartageants de la terre.

Arguments en faveur de la concentration de la propriété et des *latifundia*. — Les grandes propriétés dans le Far West américain. — Les exploitations géantes en Australie.

Différence de situation entre l'industrie et l'agriculture pour les avantages de la concentration de la production. — La production des denrées agricoles raffinées s'accommode mieux des petites exploitations que des grandes.

L'expérience prouve que, sous le régime des transactions libres, la petite propriété gagne du terrain et n'en perd pas. — Il en est ainsi même aux États-Unis et en Australie. — Dénombrement des propriétaires aux États-Unis.

Les prétendus inconvénients de la petite propriété. — Terreurs ridicules et projets extravagants sous la Restauration. — Lois dans certains pays contre le morcellement. — Lois contraires dans d'autres pays.

Comparaison des avantages de la grande et de la petite culture. — La petite culture peut entretenir tout autant de bétail : exemples. — Raisons qui expliquent le morcellement et la dispersion des parcelles. — La petite culture produit autant d'excédant net que la grande.

Mouvement de la grande, de la moyenne et de la petite propriété en France et ailleurs. — Comment l'augmentation des cotes foncières est, en grande partie, factice. — La situation de la propriété foncière en France ; les lacunes et les contradictions des statistiques à ce sujet. — La répartition de la propriété en Belgique.

La propriété sociétaire. — Les sociétés coopératives agricoles.

Prévisions sur la répartition de la propriété à l'avenir. — La concurrence des pays neufs fera baisser la rente de la terre et fera régner dans les campagnes une plus grande égalité.

Les conclusions du précédent chapitre peuvent soulever des objections. On les traitera peut-être d'hypothèses ou de conjectures prématurées, puisque jusqu'ici nous n'avons pas étudié l'influence de la civilisation sur la répartition du sol.

Les progrès de l'industrie et de l'agriculture, l'accumulation des capitaux, le perfectionnement des voies de communication doivent-ils avoir pour résultat final une concentration dans un plus petit nombre de mains ou, au contraire, une dissémination dans un plus grand nombre, de la propriété foncière ? Quels sont les effets, à ce point de vue, des lois économiques opérant en toute liberté? Les publicistes et les législateurs ont été tour à tour ou simultanément en proie à deux cauchemars : celui de l'accaparement de la terre dans des propriétés géantes, et celui de l'émiettement en des propriétés infinitésimales, presque incultivables. Les *latifundia* et la *pulvérisation du sol*, voilà les deux écueils : vers lequel marche la société actuelle? n'évitera-t-elle ni Scylla, ni Charybde? ou l'intervention de la loi est-elle nécessaire pour lui servir de gouvernail et la maintenir dans le juste milieu ?

On doit admettre comme un idéal, si ce n'est comme un axiôme de justice, que la terre, primitivement domaine commun de l'humanité, étant partagée et tombée sous le régime de la propriété privée pour l'accroissement de la production, il est bon que le plus grand nombre possible d'hommes aient une part du sol. Comment arriver à ce but ou s'en approcher?

Toutefois il ne faut pas oublier que la raison principale, la justification de la propriété privée, c'est l'accroissement de la production des denrées agricoles. Il faut donc concilier deux intérêts divers : l'intérêt économique qui réclame la plus grande production possible, l'intérêt moral qui demande que le plus grand nombre possible d'êtres humains soient propriétaires. Si ces deux intérêts sont inconciliables, c'est le premier qui doit prévaloir.

On a cité trois modes pour rendre la généralité des humains copartageants de la terre. Le premier de ces modes a été examiné dans un précédent chapitre et il n'est, somme toute, qu'une équivoque ; il consiste à donner à la Communauté le domaine éminent du sol, la propriété, et à en assurer la jouissance temporaire pendant des périodes de vingt, trente, cinquante, quatre-vingt-dix-neuf ans même, à des fermiers de l'État, grands ou petits ; à l'expiration de ces longs baux, le sol ferait retour à la Communauté qui de nouveau le donnerait à bail. Comment dans ce système l'ensemble des citoyens autres que les fermiers de l'État seraient-ils copartageants du sol ? C'est ici qu'apparaît la subtilité et en même temps le vide du système : chaque citoyen aurait la « jouissance idéale » de la terre ; l'absence d'impôts, la liberté complète de toutes les industries, de toutes les transactions, feraient jouir chacun de sa *part idéale* du domaine public. Tel est le programme de la société de la *Land reform* dans la colonie australienne de Victoria. M. de Laveleye donne tout au long les statuts de cette association qui se propose, on le sait, de substituer le système de l'affermage au système de vente des terres libres pour la colonisation (1). Nous n'insistons pas sur ce premier mode d'assurer à tous la jouissance de la propriété. Il n'y a, en effet, rien de commun entre la jouissance idéale d'une chose et la jouissance matérielle de la même chose ; celle-là n'équivaut pas le moins du monde à celle-ci : c'est comme le rêve et la réalité.

Le second système pour restituer à la généralité des hommes leur part dans la possession de la terre, cette mère commune, c'est celui des sociétés coopératives ou de famille, ou même la propriété communale du sol, à laquelle on pourrait arriver graduellement par voie d'expropriation avec indemnité, des impôts spéciaux à établir en fournissant les moyens. C'est à ce projet que s'arrêtent plusieurs économistes radicaux de l'Angleterre et de la Belgique, Stuart Mill et M. Émile de Laveleye.

Le troisième système enfin est sorti, non de la tête des philosophes, mais de la constitution sociale de plusieurs peuples, notamment du peuple français ; c'est le système de la petite propriété, des paysans propriétaires, *peasant proprietorship*. Plusieurs économistes anglais s'y rallient, notamment un écrivain de beaucoup d'acuité d'esprit, M. Thornton (2).

(1) Laveleye, *Les formes primitives de la propriété*.
(2) Voir son ouvrage : *A plea for peasant proprietors*. London, Macmillan, 1874.

Nous avons écarté le premier de ces modes comme contraire à la marche et aux intérêts de la civilisation. Nous faisons de même pour la propriété communale. Restent l'occupation de la terre par des associations coopératives ou par des communautés de famille (ce dernier système est vanté par M. Le Play) et la petite propriété. En face de ces deux modes se dresse la grande propriété, la propriété *capitalistique* (si nous pouvons parler ainsi) avec le caractère envahissant qu'elle montre en quelques pays et qu'on lui prête en d'autres, les *latifundia.*

Nous allons examiner les mérites de ces divers régimes, rechercher sur chacun d'eux l'influence de la civilisation. Est-ce à la petite propriété ou à la propriété géante, est-ce encore à la propriété des associations de paysans ou à celle des vastes sociétés de capitaux que la civilisation donnera la prédominance?

Au commencement de ce siècle sur le Continent l'alarme venait surtout du morcellement de la terre, de l'émiettement du sol. La plupart des hommes d'Etat et des publicistes en concevaient les inquiétudes les plus exagérées. Aujourd'hui les craintes sont retournées et viennent du côté opposé. M. de Laveleye, dans son ouvrage sur *la Propriété et ses formes primitives* redoute la reconstitution et l'invasion des propriétés énormes, *latifundia*. Quelques écrivains qui se préoccupent de l'agriculture américaine ou australienne ont les mêmes terreurs. M. Louis Blanc dans des discours prononcés en 1879 ou au commencement de 1880 est en proie à ces appréhensions. On les retrouve aussi dans la correspondance échangée en 1879 entre M. de Bismarck et un agriculteur bavarois, grand partisan des droits sur les céréales.

Cette opinion ne manque pas d'arguments qui sont surtout des arguments par analogie. On induit de la concentration qui s'est produite dans l'industrie et dans le commerce qu'une concentration du même genre doit à la longue se produire dans l'exploitation du sol et dans la propriété foncière. Pour la culture, comme pour la fabrication ou pour la distribution des produits, l'emploi des machines, l'économie des frais généraux, la supériorité intellectuelle des grands entrepreneurs, la toute-puissance des capitaux, assurent et assureront de plus en plus aux vastes exploitations un avantage sur les petites. Au lieu de dix granges n'en avoir qu'une; au lieu de dix charrues ordinaires employer une charrue à vapeur; au lieu de petits sillons enchevêtrés les uns dans les autres et consacrés à des cultures diverses, livrer à un même produit toute une vaste plaine; supprimer ou réduire les haies, les fossés, etc.; faire venir de loin les engrais par wagons complets et avec des tarifs réduits; emprunter des capitaux à bas intérêt comme des sociétés dont le crédit est connu peuvent seules le faire : ne sont-ce pas là des conditions favorables à l'agriculture? Le paysan-propriétaire avec ses champs dispersés à de grandes distances, tout le temps qu'il perd en allant de l'un à l'autre, avec ses sillons d'un difficile labour, ses chevaux ou ses bœufs insuffisamment occupés, avec son goût pour la routine, le peu de crédit dont il jouit, peut-il ou pourra-t-il lutter longtemps contre de si redoutables rivaux? Ne succombera-t-il pas comme l'atelier domestique a succombé devant les grandes usines, comme les petites boutiques devant les grands magasins?

A ces raisonnements on joint des faits : d'abord les souvenirs classiques des *latifundia*, puis l'exemple de l'Amérique du Nord, États-Unis ou Canada, et de l'Australie. Deux membres du Parlement anglais, chargés d'une mission agricole, en 1879, dans l'Amérique du Nord, MM. Clare Sewell Read et Albert Pell, ayant fait dans ces contrées une tournée de 27,353 kilomètres, rapportent que, sur la plus grande partie de leur parcours, ils ont rencontré, sous le rapport de l'occupation comme de la culture du sol, des conditions très-différentes de leur patrie; mais en Californie, dans le Minnesota et le Dakotah, sur les bords de la rivière Rouge, ils ont trouvé le système anglais des grands propriétaires et des grands fermiers. Certains domaines occupent des *townships* entiers; quelques propriétaires ont des emblavures qui s'étendent sur des centaines, même sur des milliers d'hectares, et leurs produits se chiffrent par des centaines de mille francs. Les délégués anglais font remarquer que les propriétaires de ces immenses exploitations sont moins des agriculteurs, à proprement parler, que des capitalistes qui emploient à la culture du sol les procédés de la grande industrie. Voici la description qu'on nous en fait : « Ce sont des banquiers et des négociants « de New-York qui ne considèrent l'agriculture que comme « une spéculation fructueuse et qui, grâce tant au bas prix de « la main-d'œuvre qu'à l'emploi en grand de la mécanique « agricole, réussissent à tirer de leurs capitaux des bénéfices « annuels de 30 à 40 p. 100. Mais ils ne résident pas dans le « pays, ils n'y ont aucune attache, et c'est par l'intermédiaire « d'intendants salariés que s'accomplit toute la besogne. Dans « ce système, le laboureur n'est qu'un bras et ne peut être « autre chose. Les *wheat farms* (fermes à blé) ne renferment « que les bâtisses strictement nécessaires pour abriter les « moissonneurs pendant quelques semaines ; la ferme Grandin, « par exemple, avec ses 2,200 hectares cultivés, a cinq dortoirs, « mais ils ne servent que transitoirement, car les 250 labou- « reurs qu'elle emploie sont congédiés dès que les semailles « ou la moisson sont terminées (1). » M. Ronna, dans son livre sur *le Blé aux États-Unis*, cite d'autres exemples de ces propriétés colossales: ainsi la ferme de Casselton (Dakotah) qui occupe 30,000 hectares, appartient à la compagnie du chemin de fer Pacifique-Nord et est exploitée à mi-fruit par M. Dalrymple.

Ces grandes exploitations ressemblent aux anciennes plantations des colonies, sauf que le personnel y est vagabond et intermittent, comme celui de ces curieuses bandes de travailleurs agricoles qui sont connues en Angleterre sous le nom d'*agricultural gangs* et qui comprennent des escouades errantes d'hommes, de femmes et d'enfants. Ce tableau est bien peu séduisant ; la perspective que la propriété et l'exploitation de la

(1) *Le mouvement économique aux États-Unis*, article paru dans l'*Économiste français* du 17 janvier 1880.

terre pourraient se constituer sous cette forme dans la plupart des contrées est médiocrement réjouissante.

L'élevage du bétail en Australie se fait aussi fréquemment dans des propriétés d'une étendue et d'une importance colossales. Un correspondant du *Journal des Débats* (1) écrivait à la fin de 1879 qu'il avait visité près de Newcastle le domaine d'un *squatter*, un de ces capitalistes qui louent au gouvernement de vastes espaces pour en faire un *run* ou terrain de parcours. La propriété couvrait 290,000 acres, soit 118,000 hectares, l'équivalent d'un arrondissement de France. Dix mille têtes de gros bétail et 100,000 moutons s'ébattaient sur cette superficie ; le *squatter* avait planté en trois ans 480 kilomètres de barrières. De telles exploitations ne sont pas exceptionnelles dans la colonie de la Nouvelle-Galles du Sud et dans celle de Victoria (2).

Doit-on conclure de ces faits venant appuyer des raisonnements que la grande propriété va tout envahir ? Tant au point de vue de la théorie qu'à celui de la pratique, une semblable conclusion serait téméraire ; rien ne l'autorise, à mon avis.

L'identité de situation que l'on croit constater entre l'agriculture, d'une part, et l'industrie et le commerce, de l'autre part, n'existe pas ou n'existe que lors du défrichement, au moment même de la mise en culture. Les occupations et les

(1) Numéro du 15 janvier 1880.

(2) D'après le recueil *Colonies and India*, cité par le *Tour du Monde* du 22 mai 1880, il y aurait dans la colonie de Victoria un domaine (*estate*) de 40,000 hectares, un autre de 36,000, un de 32,000, trois de plus de 24,000, deux de plus de 20,000 et six de plus de 16,000. Ces énormes domaines ne représentent pas, cependant, une valeur aussi grande qu'on le pense. Il est difficile d'estimer à plus de 6 ou 7 francs en moyenne le revenu net de l'hectare de ces grandes exploitations : il en résulterait que dans la colonie de Victoria on trouverait un domaine de 240,000 à 280,000 fr. de revenu, un de 216,000 à 252,000 fr., trois autres de 144,000 à 168,000 fr., deux de 120,000 à 140,000 fr. et six de 96,000 à 112,000 francs de rente. Encore ces évaluations sont-elles peut-être trop élevées, si l'on considère que sur ces énormes étendues une très-petite partie seulement est défrichée et que les produits ont à subir tous les frais de transport, de commission et autres pour arriver sur le marché européen. En tout cas, il est probable que ces énormes domaines se morcelleront au fur et à mesure de l'introduction de la culture intensive.

travaux agricoles n'ont pas l'uniformité des occupations et des travaux industriels; ils se plient, par conséquent, beaucoup moins à une vaste organisation qui procéderait d'après des règlements fixes. Plus l'agriculture se développe, plus l'avantage des grandes exploitations diminue. Quand il s'agit uniquement d'opérations simples, comme de mettre le terrain à nu en arrachant, en brûlant ou en coupant les arbres à raz du sol, d'ouvrir la terre avec des charrues perfectionnées, de faire la récolte aussi avec les engins qui économisent le plus de main-d'œuvre, ou bien encore quand on n'a d'autre tâche que de mettre et d'entretenir des palissades autour d'espaces immenses, d'y laisser vaguer les troupeaux en ayant soin qu'ils ne s'égarent pas, de tondre ou d'abattre les bêtes, sans doute les gros capitaux ont un avantage signalé ; l'esprit de combinaison en évitant les déperditions de forces humaines donne des résultats beaucoup plus grands qu'une quantité d'efforts disséminés et incohérents. Mais ces conditions ne se rencontrent qu'au début de la civilisation; bientôt elles ont disparu. Il n'y a guère que deux produits agricoles qui réussissent très bien dans les vastes exploitations : les céréales et l'élevage du bétail. Ce sont les principaux, dira-t-on; mais même pour ceux-là la petite et la moyenne culture peuvent très-aisément lutter contre la grande quand la période du défrichement et du peuplement est passée. Au contraire, la grande culture, du moins la culture géante, ne peut guère lutter contre la petite pour tous les produits accessoires dont l'importance va en croissant.

Tous les produits perfectionnés, les légumes, les fruits, le vin, la volaille, le beurre, le fromage (1), s'accommodent mieux de petites ou de moyennes exploitations que de trop vastes. L'importance de l'œil du maître sur tous les détails de la production devient d'autant plus grande que l'agriculture se fait

(1) On pourrait nier ces faits pour le beurre et le fromage, les associations connues sous le nom de fruitières ayant considérablement perfectionné l'art de faire le fromage et le beurre; mais ces associations ne s'appliquent qu'à la fabrication même, et jamais il n'est venu à l'idée des propriétaires associés de mettre en commun leurs troupeaux, leurs pâtres, leurs bergeries, etc.

plus intensive et plus variée. Voilà ce que montre l'observation unie au raisonnement (1).

Ce que prouve encore l'expérience, c'est que dans les pays de vieille civilisation, de population dense, de transactions libres, la grande culture et la grande propriété ne gagnent pas de terrain. La supériorité qu'elles peuvent avoir pour accomplir de grandes améliorations disparaît dès que ces améliorations sont faites et que des soins assidus sont nécessaires pour en tirer parti. Les petits et les moyens propriétaires en se formant en syndicats ou en associations peuvent, d'ailleurs, perfectionner le régime des eaux, développer les irrigations, entretenir des fruitières, user de machines agricoles. La grande propriété, au contraire, peut difficilement donner à tous ses agents le labeur opiniâtre, l'attention vigilante, la sollicitude presque amoureuse que le petit propriétaire a pour son étroit domaine. On se souvient de la belle page de Michelet où il dépeint le paysan français comme l'amant de la terre, rendant à sa maîtresse des soins assidus et passionnés.

Aussi la petite propriété ne lâche guère sa proie. Ce qui a sauvé et maintenu la grande propriété en Angleterre, ce sont les substitutions. En Australie les squatters ne représentent qu'une phase passagère, un stage dans la colonisation. Ils ont un ennemi le *land selector*, le petit cultivateur en quête d'emplacements favorables pour y créer un étroit domaine. Moyennant 10 shellings ou 1 livre sterling par acre (31 à 62 francs par hectare) les simples laboureurs achètent peu à peu à l'État les meilleures parties des *runs* ou terres de parcours qu'il a loués aux *squatters*, et ceux-ci dépossédés de leurs espaces primitifs doivent de plus en plus s'éloigner des côtes. Le caractère indépendant des ouvriers, leur insubordination, sont autant d'obstacles à la grande propriété et à la grande culture, autant d'auxiliaires pour la petite culture et la petite propriété. C'est ce que l'on a vu dans le sud des États-Unis où, après la disparition de l'esclavage, les vastes plantations se sont démembrées

(1) Il en est de même pour les industries de luxe auquel le régime de la concentration convient moins qu'aux industries grossières.

et ont fait place à de petits ou de moyens domaines. Sans parler des noirs, devenus souvent propriétaires dans les États à esclaves, c'est une race démocratique que celle des *farmers* des États-Unis. Il est rare que dans cette contrée, de culture extensive cependant, les propriétés dépassent 200 acres ou 80 hectares, juste le double de ce qui dans notre colonie d'Algérie compose le lot offert à chaque famille d'immigrant. L'*Economist* de Londres traçait en 1878 un tableau intéressant de la vie de ces propriétaires du *Far West*, gens rudes, travailleurs infatigables, possédant pour la plupart une médiocre aisance, très éloignée de la richesse. D'après les statistique officielles des États-Unis, le nombre des propriétaires terriens (*farmers*) dépasse de beaucoup dans l'ensemble du pays celui des ouvriers de ferme (*farm labourers*). Dans l'État de l'Illinois, par exemple, il y avait 153,646 des premiers contre 47,216 des seconds; dans l'Indiana, 158,714 et 40,827; dans le Kentucky, 110,937 et 36,627; dans l'Ohio, 223,485 et 76,484; dans la Pensylvanie, 180,613 et 69,104; dans le Texas, 51,569 et 6,537. On recensait aux États-Unis, il y a quelques années, plus de 2 millions 500,000 exploitations agricoles (*number of farmers*), ce qui avec les familles considérables de ce pays représentait bien 15 ou 20 millions d'habitants attachés à la terre par un lien de propriété (1). Le nombre a dû s'en accroître considérablement depuis.

De tout ce qui précède on peut conclure que l'ensemble des faits qui constituent la civilisation moderne, l'état démocratique, la situation mentale et intellectuelle de nos sociétés, sont beaucoup plus propices à la petite ou à la moyenne propriété qu'à la grande. Ce sont les deux premières qui ont une tendance à prévaloir en tout pays : nous le démontrerons par des chiffres. Mais la petite propriété est-elle un bien ou un mal? c'est une question qui est débattue aujourd'hui partout, et qui l'a été avec une particulière animation au commencement de ce siècle sous le régime de la Restauration.

(1) Nous empruntons ces renseignements au recueil publié par le *Cobden-club* sous ce titre : *System of land tenures in various countries*, 1876, p. 349.

On a peine à comprendre aujourd'hui les préjugés qui régnaient à cette époque et les anxiétés qu'ils causaient. C'était une croyance presque générale alors que la division de la propriété, allant toujours croissant, émiettait le sol, le pulvérisait, le rendait infécond. On redoutait plus encore ces maux dans l'avenir qu'on ne les constatait dans le présent. Les petits propriétaires qui se partageaient chaque jour les restants des grands domaines n'auraient pas assez de surplus de produit, au delà de leur propre consommation domestique, pour permettre à l'industrie de se développer, aux classes libérales de vivre. Le niveau de la société allait donc considérablement s'abaisser ; non seulement le niveau de la richesse ou, du moins, de l'aisance, mais, par une conséquence nécessaire, le niveau intellectuel même.

Sous l'impression de ce cauchemar qui était alors presque universel on proposait des mesures législatives artificielles pour obvier à tant de maux ; on hésitait à les voter, il est vrai ; mais c'était déjà beaucoup que de les discuter entre gens sérieux. Les plus fortes têtes, d'ailleurs, si ce n'est le nombre, inclinaient vers ces moyens : on prônait beaucoup alors le rétablissement du droit d'aînesse, ou tout au moins la liberté absolue de tester qui porterait la plupart des pères de famille à faire un héritier pour ne pas diviser leur avoir. Quelques esprits plus audacieux et plus zélés allaient beaucoup plus loin. Un député demandait que l'on partageât la France en 400,000 fermes de cent hectares chacune, ce qui eût fait en moyenne environ un millier de fermes par arrondissement et une dizaine par commune.

Ce n'était pas la première fois que surgissaient ces alarmes à l'occasion du morcellement des propriétés, et ce n'eût pas été non plus la première fois qu'elles eussent laissé une trace dans la législation. Dans certains États d'Allemagne on avait interdit le fractionnement au delà d'une certaine limite. Ainsi le gouvernement bavarois défendit de fractionner les terres dont l'impôt n'excèderait pas 45 kreutzers (1 fr. 55) ; dans le duché de Nassau on prohiba le fractionnement des terres labourables dont la contenance était moindre de 50 verges et des prairies qui avaient une étendue inférieure à 25.

Ces idées n'avaient pas dominé toujours et en tout pays : on peut citer des exemples d'une législation opposée. En 1760 les États du Hainaut firent une loi pour défendre aux propriétaires de laisser à leurs fermes plus de 150 acres d'étendue ; c'était là une atteinte à la grande culture non à la grande propriété, car celle-ci s'accommode fort bien de la multitude des métairies. Vers la même époque les États de Brabant prirent des dispositions du même genre. Le voisinage des Flandres était sans doute un encouragement à cette intervention du législateur ; les Flandres ont été toujours célèbres et prospères par la petite culture. A la fin du dix-huitième siècle la mode était d'ailleurs à cette dernière, de même qu'au commencement du dix-neuvième elle fut à la grande culture. Frédéric II créait dans ses bailliages 35,000 petites fermes et il y instituait le colonat héréditaire. Dans le Danemark, vers le même temps, le souverain étendait à cinquante ans, puis à deux vies la durée des droits des paysans à la jouissance des domaines nobles, puis, pour qu'ils pussent en acquérir la propriété, il leur faisait des avances à 6 p. 100, taux d'une grande modération à cette époque. Il y avait, sans doute, au fond de ces mesures, une pensée politique tout autant qu'une idée économique. Les rois de l'ancien régime aimaient la démocratie rurale.

Ces changements de direction dans l'intervention législative prouvent que l'État ferait mieux de laisser faire le cours naturel des choses. Les lumières de l'État sont, en effet, si vacillantes et il s'en faut tant qu'il ait une règle sûre de vérité, qu'on le voit à certains moments encourager une distribution de la richesse et de la propriété que la génération suivante jugera très-préjudiciable aux intérêts généraux.

Il est inutile de s'arrêter longtemps sur les arguments que l'on donne respectivement en faveur de la grande culture (1)

(1) Il ne faut pas confondre la grande culture et la grande propriété : celle-ci comporte souvent la petite culture, par le morcellement des fermes et des métairies : c'est alors le mode le plus défectueux d'exploitation du sol.

et en faveur de la petite. Nous les avons déjà énumérés. Pour la première on fait valoir : 1° la supériorité des capitaux ; 2° la supériorité d'instruction ; 3° la meilleure distribution des tâches entre les ouvriers ; 4° la spécialité des labeurs de chacun de ceux-ci ; 5° l'économie des bâtiments ; 6° l'économie des attelages ; 7° l'emploi plus facile et plus productif des machines. Comme conséquence de ces avantages particuliers la grande culture pourrait élever plus de bestiaux, plus de moutons, produire plus d'engrais ; elle économiserait beaucoup de bras ; elle permettrait d'entretenir une population urbaine beaucoup plus considérable ; elle favoriserait ainsi beaucoup mieux l'industrie, le commerce et les professions libérales. On a déjà montré qu'il fallait beaucoup rabattre de ces avantages, qu'on ne les constatait guère que pour les céréales et l'élevage du bétail, non pour les produits variés, pour la vigne, pour le jardinage, pour l'arboriculture. Le *Far West* des États-Unis qui, sauf quelques districts, est un pays de moyenne et de petite culture, fait un très-grand usage des machines.

On connaît aussi les arguments pour la petite culture : 1° l'œil du maître est toujours présent, le zèle est plus grand ; 2° toute la famille travaille ; il y a une distribution naturelle des tâches entre l'homme fait, les adolescents, les enfants, les femmes elles-mêmes ; 3° la supériorité est incontestable pour les travaux minutieux, comme la culture potagère, l'arboriculture, la vigne ; 4° nous rangerons parmi les avantages de la petite propriété cette circonstance qu'elle est le mode qui concilie le mieux le maximum de revenu net avec le maximum de revenu brut. On a montré plus haut que parfois le propriétaire avait intérêt à sacrifier le revenu brut au revenu net : c'est seulement le grand ou le moyen propriétaire qui peut agir ainsi, non le petit. Il n'est guère d'objection faite à la petite culture que ses défenseurs ne soient en état de victorieusement repousser.

La petite culture, par exemple, entretient tout autant de bétail que la grande. Les Flandres en sont la preuve. M. Passy donne aussi la démonstration de ce fait par la monographie d'une commune du Puy de Dôme : avant 1789 dix-sept fermes occupaient les deux tiers du territoire de cette commune et vingt autres se partageaient le reste. Au moment où écrivait M. Hippolyte Passy, c'est-à-dire vers 1850, il y avait dans le même territoire 4,600 parcelles pour 1,612 hectares appartenant à 591 propriétaires. Le bétail, si on ramenait à une même unité le gros et le petit, avait augmenté de 50 p. 100; encore l'accroissement eût-il été plus sensible si on eût tenu compte de la qualité et du poids (1). Près de trente ans plus tard, un vieillard presque octogénaire M. de Montalivet, contemporain des discussions si vives dont la Restauration avait été témoin sur les mérites respectifs de la grande et de la petite propriété, écrivait, sous le titre de « *Un heureux coin de terre* », une monographie de deux communes de la Nièvre où il montrait quels progrès matériels et quel bien-être le régime de la petite propriété, joint à d'autres causes, avait amenés dans les campagnes : de 1820 ou de 1825 à 1875 la face de la terre en avait été transformée.

On argüe souvent du morcellement et de la dispersion des parcelles contre la petite propriété; M. Hippolyte Passy fait tourner cette critique en éloge. Chaque paysan, dit-il, veut avoir dans la commune un coin de terre propre à chaque culture : un labour, par exemple, une vigne, un jardin potager, une châtaigneraie, une prairie. Cela lui fournit un excellent emploi du temps; bien loin qu'il le perde ou le gaspille, il trouve ainsi à s'occuper toute l'année, ces différentes productions ne se faisant pas au même moment. Quant aux quarts d'heure qu'il emploie pour se rendre de l'une à l'autre de ses modestes possessions, ils ne sont perdus qu'en apparence; ils profitent à la santé, à la bonne humeur; la promenade serait-elle donc interdite à l'ouvrier des champs? C'est par la petite culture que ce dernier échappe à la spécialité absorbante, à l'accablante uniformité des tâches. Il réalise, dans la mesure qui est possible, les merveilles de la « passion papillonne » de Fourier.

La petite culture produit autant d'excédant net que la grande; elle peuple plus les campagnes et elle entretient autant de po-

(1) H. Passy, *Des systèmes de culture*, pages 113 et 114.

pulation urbaine. Ces faits ont été fort bien établis par M. Hippolyte Passy. Les Flandres et la Toscane en sont d'ailleurs la vivante démonstration. La petite propriété offre à l'industrie un débouché beaucoup plus régulier, beaucoup plus sûr que tout autre régime de tenure, parce que la population agricole y est plus rangée, plus économe en général, et cependant plus constante dans ses consommations. La France en est la preuve. Quant aux rares désavantages de la petite propriété il n'en est guère que l'éducation, l'instruction, l'esprit d'association ne puissent faire disparaître à la longue, ou tout au moins n'atténuent au point de leur enlever la plus grande partie de leur importance.

De la théorie il est bon de passer aux faits, c'est-à-dire à la statistique. Quels sont dans les principaux pays les progrès ou les pertes de la petite propriété ? C'est là une question dont la solution est entourée de beaucoup de difficultés. Il est impossible de savoir le nombre exact des propriétaires, de même aussi le nombre des rentiers. Il faut se contenter d'une approximation vague. Les renseignements les plus certains sont les déclarations aux recensements périodiques de la population. Or, il peut arriver que des personnes prennent dans ces dénombrements des qualités qui ne leur appartiennent pas. On juge, en général, de l'augmentation ou de la diminution du nombre des propriétaires par le mouvement des parcelles cadastrales ou des cotes foncières. Ces indices sont trompeurs, si on les suit de confiance sans les soumettre à un très-attentif examen. Le nombre des parcelles va toujours en croissant; mais cette progression donne une idée souvent exagérée du morcellement de la propriété rurale. Ce qui augmente le plus, en effet, dans un pays prospère, ce sont les constructions urbaines ou celles des banlieues des villes. M. Hippolyte Passy, qui apporte en toutes ses études une rare sagacité, a constaté que dans un laps d'une trentaine d'années les constructions urbaines se sont accrues de plus d'un million ; il y faudrait joindre aussi les produits potagers ou les jardins d'agrément dont la multiplication est très-rapide. Quand on compte dans l'Angleterre proprement dite plus d'un million de propriétaires, il ne s'agit pas de propriétaires ruraux à proprement parler, mais de personnes qui ont quelque petit cottage ou quelque petit jardin.

Autre chose sont les parcelles, autre chose les cotes foncières, et l'on pourrait penser que ces dernières qui indiquent le nombre de propriétaires imposés dans chaque territoire de perception, correspondent assez exactement au nombre réel des propriétaires dans tout le pays. Il s'en faut de beaucoup. Le district d'une perception est en France assez restreint; il est moindre que l'étendue d'un canton et ne correspond en général qu'à sept ou huit communes. Il en résulte que sans avoir une grande fortune foncière beaucoup de personnes peuvent payer l'impôt à cinq ou six perceptions différentes. Le cas est fréquent; il y a donc de ce chef énormément de double-emplois. L'augmentation des cotes foncières est, en grande partie et pour la même raison, factice. Depuis le commencement du siècle on a souvent divisé des territoires de perception, en en créant deux où auparavant il n'y en avait qu'une. Cette simple mesure administrative accroissait le nombre des cotes foncières; en effet, tel propriétaire qui, ayant tous ses biens dans la perception primitive, ne payait qu'à un seul bureau et n'était l'objet que d'une seule cote, a pu avoir à payer à deux bureaux et recevoir deux cotes après la division de la perception en deux. De très-petits propriétaires peuvent recevoir deux cotes foncières, il suffit qu'ils aient deux parcelles de terre appartenant à différentes perceptions ou même qu'ils aient un seul petit héritage contigu mais placé à cheval sur deux communes situées dans une perception différente. Il faut donc notablement réduire le nombre des cotes foncières pour avoir celui des propriétaires et surtout celui des propriétaires ruraux.

Le recensement de 1876 constatait dix millions six cent vingt mille propriétaires cultivant eux-mêmes leurs terres, plus 1,957,000 propriétaires ou rentiers vivant de leurs revenus; ce serait ensemble un peu plus de 12 millions et demi de propriétaires. Ce mot est pris ici avec une trop grande emphase, il est évident que la qualité de propriétaire n'est pas pour la plupart des premiers déclarants la qualité principale, car la propriété dont ils se targuent ne suffirait pas, tant s'en faut, à les faire vivre. D'autre part, il doit se rencontrer parmi les hommes adonnés aux professions libérales beaucoup de propriétaires qui se sont fait inscrire au recensement comme médecins, avocats, architectes, juges, militaires, professeurs, etc. Ces renseignements laissent donc beaucoup de place à la confusion. Tout ce qu'on peut en conclure, c'est qu'il y a en France dix à douze millions de personnes environ, soit près du tiers de la population, qui ont quelque propriété foncière ; mais cela ne veut pas dire qu'il y ait dix ou douze millions de personnes qui vivent de leur propriété, même en la travaillant eux-mêmes. La grande partie de ces 10 ou 12 millions sont des ouvriers ou des travailleurs à gages ; leur propriété ne leur fournit qu'un très-mince appoint de revenu.

En jetant les yeux sur le nombre des parcelles et des cotes foncières, on se convaincra de l'exactitude de cette observation. Ce que l'on appelle *parcelle* est tout morceau du sol qui se distingue des morceaux environnants, soit par sa configuration physique, soit par une clôture, soit par une différence de culture. Le nombre des parcelles croît toujours, parce que, en l'absence de renouvellement périodique du cadastre, on y en ajoute constamment et l'on n'en retranche jamais. Il n'y a d'intérêt à faire réviser la matrice cadastrale que lorsqu'une ancienne parcelle est divisée par une vente. Au contraire, quand deux parcelles jadis distinctes sont réunies, elles continuent à figurer pour leur nombre primitif. En 1851 (nous n'avons pas de chiffres plus récents), on comptait en France 126 millions de parcelles, soit 2 1/2 par hectare. Il faudrait être un statisticien de bien légère cervelle pour en conclure que la terre en France est généralement divisée en lambeaux de 40 ares, interdisant à peu près toute culture régulière et productive. Sur ces 126 millions de parcelles en 1851, — il y en a peut-être à l'heure actuelle 140 millions, — le plus grand nombre presque assurément représentent des constructions de villes, de banlieues urbaines ou de villages, puis des jardins potagers, qui en moyenne n'ont que quelques centaines de mètres ou quelques ares. Au fond de la campagne, quand on est loin des hameaux, le morcellement est beaucoup moindre.

La statistique des cotes foncières a été faite plus fréquemment que celle des parcelles et nous l'avons jusqu'à un temps assez rapproché ; la voici pour la France :

| Années. | Nombre de cotes foncières. |
|---|---|
| — | — |
| 1815 | 10,083,751 |
| 1835 | 10,893,000 |
| 1860 | 13,293,000 |
| 1870 (avant la guerre) | 14,485,000 |
| 1872 | 13,863,000 |
| 1877 | 14,200,000 |

Les territoires perdus par la France en 1870-71 figurent dans le chiffre de 1870. Le nombre des cotes foncières se serait donc accru de 35 à 40 pour 100 depuis 1815. S'ensuit-il que le sol de France, surtout le sol agricole, se soit morcelé dans une proportion équivalente ? Il n'en est rien. Il faut tenir compte des circonstances suivantes : 1° la subdivision des perceptions qui a augmenté le nombre des cotes sans rien changer à celui des propriétaires ou des exploitants ; 2° les constructions urbaines, les jardins des banlieues qui ont été en se multipliant sans que la propriété strictement rurale en ait été notablement entamée. On estime de ce chef l'augmentation des cotes foncières depuis 1815 à un million au moins, même à 2 millions, parce que, avant la réforme apportée au commencement du règne de Louis-Philippe dans la répartition de l'impôt des portes et fenêtres et de l'impôt personnel et mobilier, les recensements étaient fort inexacts et avaient laissé de côté la plupart des très-petites constructions ; 3° les ventes des biens de l'État et des communes qui ont été fréquentes sous la Restauration, sous le règne de Louis-Philippe et même sous le second empire ; on a ainsi aliéné six ou sept cent mille hectares de forêts domaniales sans parler des communaux.

Ce n'est donc pas uniquement aux dépens de la grande ou de

la moyenne propriété rurale que les cotes foncières se sont accrues. Le morcellement dans les campagnes a été bien moindre qu'on ne le pense (1) ; peut-être n'a-t-il pas atteint 10 p. 0/0 depuis 1815, c'est-à-dire en trois quarts de siècle. Le mode d'exploitation n'en a pas souffert : la prétendue pulvérisation du sol est une chimère qui a hanté le cerveau des législateurs et des publicistes. Ce sont les villes, les banlieues des villes et des villages qui ont été le théâtre de très-nombreuses divisions de la propriété.

Pour savoir quelle est la répartition du sol français entre les grands et les petits propriétaires les documents très-précis font aussi défaut ; mais on a, quoiqu'à des époques assez éloignées, quelques bases pour des conjectures sérieuses. Nous ne sommes en possession que de deux travaux complets sur la valeur respective des diverses cotes foncières ; l'un date de 1842, l'autre de 1858. D'après ce dernier, sur 13,100,000 cotes, plus de la moitié, soit 6,686,000 sont imposées à moins de 5 francs, ce qui peut-être considéré comme représentant un revenu de 40 à 80 francs suivant les localités. Il ne s'agit donc ici que de propriétaires indigents, ou du moins de manœuvres, d'ouvriers, de petits bourgeois qui ne possèdent qu'une maison de village ou qu'un jardinet. C'est là, non la petite, mais l'infime propriété ; elle a cependant ses douceurs, son utilité morale, son importance sociale. La possession d'un coin du sol, si étroit qu'il soit, ajoute à la dignité de l'ouvrier, à l'agrément de sa vie. Sur les 6 millions et demi de cotes restantes, 2 millions sont imposées de 5 à 10 francs ce qui correspond à un revenu variant entre 40 ou 80 francs, suivant les localités, et 80 ou 160 francs : ici encore le revenu de la propriété ne peut être qu'un accessoire dans les ressources de la famille ; 2 autres millions de cotes foncières varient entre 10 et 20 francs d'impositions,

(1) Dans l'*Enquête sur la situation de l'agriculture en France en* 1879, faite par la *Société nationale d'agriculture de France*, la première question soumise aux correspondants de la Société concernait la « division de la propriété ». Sur 88 correspondants, 25 n'ont pas répondu à la question, 38 ont déclaré que la division de la propriété était plus grande maintenant qu'avant 1861, 21 que la situation était la même, et 4 que, loin de s'accroître, la division était moindre, c'est-à-dire que les petites propriétés se fondaient parmi les grandes.

et ce dernier chiffre indique un revenu net foncier de 160 à 320 francs suivant les localités. Dans certains cas, les petites propriétés de cette catégorie peuvent former la plus grande partie de la ressource d'une famille ; en effet, si le propriétaire cultive son bien de ses propres mains, il ne profite pas seulement du revenu net, mais encore de tout ou presque tout le revenu brut, puisqu'il n'a pas à en déduire les frais de main-d'œuvre; or dans les départements et les communes les mieux traités le revenu brut d'une propriété qui paie 20 francs d'impôts peut s'élever à 6 ou 700 francs, quelquefois même à un peu plus. Quelques journées de travail au dehors peuvent donc suffire avec le produit de leur bien à faire vivre certains propriétaires de cette catégorie; mais c'est le petit nombre, probablement pas le cinquième ou le sixième. Ainsi sur 13,100,000 cotes foncières, 10 millions correspondaient à un impôt inférieur à 20 francs, soit à un revenu net qui, dans les cas exceptionnellement favorables, atteignait à peine 300 francs, et à un revenu brut qui pouvait s'élever à 5 ou 600, rarement à plus.

Les trois millions de cotes foncières restant sont presque les seules qui indiquent la propriété véritable, celle qui peut suffire à l'existence du propriétaire, ou qui du moins peut constituer sa principale ressource. Les cotes de 50 à 500 francs avaient un peu diminué de 1842 à 1858 ; celles de 500 à 1,000 francs et celles au-dessus de 1,000 francs s'étaient maintenues. On ne peut considérer comme indiquant de grandes propriétés que les cotes au-dessus de 500 francs qui, suivant les localités, révèlent un revenu net de 4,000 à 8 ou 10,000 francs, rarement de plus. Les cotes de 500 francs à 1,000 francs, soit de 4,000 à 15 ou 18,000 francs de revenu au plus, n'étaient en 1858 qu'au nombre de 37,000; celles au-dessus de 1,000 francs n'atteignaient que le chiffre de 15,800. On voit combien est faible la quantité des grands propriétaires en France : en admettant — ce qui est vrai — que ces chiffres doivent être augmentés parce que plusieurs personnes ont des propriétés dans des perceptions différentes et acquittent plusieurs cotes, il n'en est pas moins vrai qu'il ne se trouve vraisemblablement pas en

France 100,000 personnes ayant un revenu net foncier de 5 ou 6,000 francs ou plus. Or, la proportion est bien moindre des propriétaires ruraux de cette importance; car dans ces cotes élevées se trouvent celles qui concernent les immeubles urbains et qui doivent bien en composer la moitié. Il n'y aurait donc pas en France, suivant toutes les vraisemblances, 50,000 personnes (600 par département) à posséder un revenu net foncier rural de 5 ou 6,000 francs ou de plus.

Ce nombre ne paraît pas avoir une tendance à augmenter ; il diminuerait plutôt. Ainsi dans l'intervalle de 1842 à 1858 le nombre des cotes foncières de 50 à 500 francs avait légèrement baissé ; celui des cotes de 500 à 1,000 francs et de celles au-dessus de 1,000 francs était resté stationnaire; mais, si l'on tient compte de la quantité des constructions urbaines nouvelles, qui presque toutes sont importantes, on s'aperçoit que la grande propriété rurale a dû se restreindre.

On estimait en 1851 le nombre des propriétaires en France à 7,800,000. Peut-être est-il actuellement de 9 millions; mais cette dénomination de propriétaire doit être prise dans le sens le plus restreint, indiquant non pas ceux qui vivent ou peuvent vivre de leur propriété, mais ceux qui sont possesseurs légitimes d'une parcelle quelconque du sol : sur les 7,800,000 propriétaires existant en 1851, il y en avait 3 millions, en effet, qui ne payaient pas de cote foncière vu leur indigence, et l'on peut dire que la moitié des autres était fort peu aisée (1). En Italie,

(1) M. de Foville, dans son ouvrage sur la *Transformation des moyens de transport et ses conséquences économiques et sociales* donne le tableau suivant emprunté à des statistiques officielles de 1862 :

| Étendue des exploitations. | Nombre. | Proportion. |
|---|---|---|
| De 0 à 5 hectares | 1,815,558 | 56,29 p. % |
| De 5 à 10 — | 619,843 | 19,19 — |
| De 10 à 20 — | 363,769 | 11,28 — |
| De 20 à 30 — | 176,744 | 5,49 — |
| De 30 à 40 — | 95,796 | 2,98 — |
| De 40 et au-dessus | 154,167 | 4,77 — |
| | 3,225,877 | 100,00 |

Il résulterait de ce tableau qu'il y aurait en France environ 3 millions de propriétaires ruraux (il faut faire une déduction de quelques centaines de

dans ces derniers temps, on a proposé une loi pour exempter de tout impôt les très-petites propriétés ; de telles lois qui visent à l'équité la violent. Qu'on use d'une certaine tolérance administrative et qu'on ne poursuive pas le recouvrement de l'impôt foncier quand les frais de poursuite dépasseraient la valeur même de la taxe, on le comprend ; mais que l'on érige en principe que les petits propriétaires ne doivent pas de taxe directe, c'est aller beaucoup trop loin et détruire les bases mêmes de la fiscalité.

La Belgique offre, pour la propriété foncière, des statistiques plus exactes, plus complètes ou plus récentes que la France ; aussi est-il utile de s'y arrêter. D'après ces données, soigneusement recueillies par M. Emile de Laveleye, en 1850 le tiers des revenus de la propriété foncière en Belgique appartenait à 668,914 petits propriétaires ayant un revenu cadastral qui ne dépassait pas 400 francs ou 800 francs de revenu net réel. Nous rappelons que le petit propriétaire travaillant sur sa terre et ne payant pas de salaire d'ouvriers peut tirer la plus grande partie ou la totalité de sa subsistance d'une terre qui produit 3 ou 400 francs seulement de revenu net réel, soit environ un millier de francs de revenu brut. Le second tiers du revenu du sol en Belgique appartenait, à la même époque, à 58,657 personnes ayant un revenu cadastral de 400 à 2,000 francs, soit un revenu réel net de 800 à 4,000 francs : c'est là la classe moyenne rurale. Enfin le tiers seulement du revenu du sol se répartissait entre 10,941 grands propriétaires dont le revenu cadastral était au-dessus de 2,000 francs, correspondant à 4,000 francs de re-

mille pour les doubles emplois). En rattachant à ces propriétaires les membres de leurs familles et en comptant quatre personnes et demi par ménage, on aurait environ 13 à 14 millions d'individus, plus du tiers de la population totale. Il faudrait y joindre les propriétaires de maisons qui vraisemblablement ne sont pas compris dans le tableau qui précède. On arriverait ainsi à constater qu'environ la moitié de la population a en France quelque intérêt dans la propriété du sol. Mais, sur les 1,815,000 propriétés au-dessous de 5 hectares, presque toutes ne fournissent qu'un appoint pour l'existence. Nous ne nous chargeons pas, d'ailleurs, de concilier ces 3,225,000 exploitations avec les 13 millions de cotes foncières dont plus de 3 millions sont irrécouvrables. Il y a dans toutes les statistiques relatives à la propriété foncière en France de singulières contradictions et une assez grande obscurité.

venu net réel. Le revenu de la propriété foncière urbaine est compris dans ces catégories : or, l'on sait que la propriété urbaine est infiniment plus concentrée que la propriété rurale ; il en résulte que, en ce qui concerne cette dernière, les proportions sont beaucoup plus favorables encore à la petite et à la moyenne propriété. On ne comptait en Belgique que 3,500 propriétaires ayant plus de 5,000 francs de revenu net cadastral ou de 10,000 francs de revenu net réel (1).

Si l'on voulait résumer la situation de la propriété foncière *rurale* en Belgique on pourrait dire que le dixième peut-être du revenu du sol appartient à la très-grande propriété, celle qui donne plus de 10,000 francs de revenu net réel; un autre dixième à la propriété simplement grande, celle qui produit un revenu net réel inférieur à 10,000 francs mais supérieur à 4,000; que quatre dixièmes du revenu du sol reviennent à la propriété moyenne, celle qui produit de 800 à 4,000 francs de revenu net; et que les quatre autres dixièmes se distribuent entre les très-petits propriétaires qui retirent moins de 800 francs de revenu net de leur bien. C'est dire que la moyenne et que la petite propriété réunies possèdent les huit dixièmes du revenu net rural de la Belgique; or, cette propriété moyenne qui monte au maximum à 4,000 francs de revenu net réel ne peut, certes, être considérée comme créant une regrettable inégalité des fortunes; car avec 4,000 francs on ne peut que mener, avec beaucoup d'ordre et d'économie, une vie décente et confortable, surtout si on fait, comme on le doit, une part à l'épargne. D'autres revenus, dira-t-on, provenant soit des capitaux, soit de l'exercice d'une industrie ou d'une profession, viennent s'ajouter au produit net que les moyens propriétaires retirent de leurs domaines; sans doute, mais il est bien rare que la combinaison de tous ces revenus divers forme une véritable opulence et mette leurs possesseurs au-dessus de la simple aisance.

En France nous ne pouvons faire que des inductions sur les

(1) *L'Agriculture belge*, 1878. Rapport de M. Émile de Laveleye, p. LXXIV.

proportions actuelles de la grande, de la moyenne et de la petite propriété *rurale*. Nous ne croyons pas être fort éloigné de la vérité en admettant que la moitié environ des revenus nets du sol revient à la petite propriété, celle dont le revenu net réel ne dépasse pas 1,000 francs; qu'un quart échoit à la propriété moyenne, celle qui jouit d'un revenu net réel de 1,000 à 3,000 francs, et que c'est tout au plus le dernier quart qui appartient à ce que l'on appelle pompeusement la grande propriété, c'est-à-dire celle qui fournit plus de 3,000 francs de revenu net. Encore cette grande propriété, surtout dans ses sommets, va-t-elle en s'échancrant chaque jour.

En Belgique comme en France le nombre des cotes foncières augmente sans cesse ; mais il ne faut pas en tirer de conclusion trop absolue ; plusieurs cotes répondent à un seul propriétaire. C'est ainsi que le nombre des cotes en Belgique était en 1876 de 1,131,000, soit supérieur au nombre des ménages qui n'était que de 1,038, 898 (1).

A la petite propriété certaines personnes opposent la propriété-sociétaire qui leur paraît offrir tous les avantages de la première et en éviter tous les inconvénients. Cette propriété sociétaire peut être de deux sortes : soit la propriété de famille qui par indivis appartient au père, aux enfants, quelquefois aux frères et neveux : c'est un restant du moyen âge ; c'est presque, cela deviendrait à la longue la propriété du *clan* ou de la *gens*. C'est ce type que vante M. Le Play dans plusieurs de ses ouvrages; un livre de ce publiciste est consaéré à la description d'une famille des environs de Cauterets qui avait ainsi conservé depuis plusieurs générations une propriété commune. Dans les pays primitifs, dans les Balkans, par exemple, et dans plusieurs autres pays de montagnes on retrouve ces communautés de familles. Il ne nous paraît pas qu'il y ait de grands avantages à revenir à cet ancien modèle; on ne le pourrait faire sans lutter contre les tendances générales de notre civili-

(1) Quant au nombre des parcelles cadastrales, il était en 1876, en Belgique, de 6,447,237, il avait augmenté considérablement depuis 1845 où il n'était que de 5,720,976 (*L'Agriculture belge* en 1878, page LXVII).

sation, tendances qui consistent à sauvegarder de plus en plus et à développer chaque jour davantage la liberté des personnes et la facile circulation des biens. Il n'est pas prouvé, d'ailleurs, que ces communautés de famille, reste respectable d'un autre temps et d'autres mœurs, soient particulièrement favorables aux progrès de la production (1).

Le second type de la propriété sociétaire, c'est celui qui repose sur la société agricole coopérative. Toutes les faveurs de Stuart Mill lui étaient acquises. Il a obtenu aussi l'adhésion et les éloges de M. le comte de Paris. Nous ne connaissons qu'un seul exemple de ce mode de propriété sociétaire, c'est la société coopérative d'Assington dans le Norfolk. Encore nous trompons-nous en parlant ici de propriété sociétaire, car l'association coopérative d'Assington est fermière, et non pas propriétaire ; mais, comme les difficultés de l'organisation de la propriété sociétaire concernent presque uniquement l'exploitation du sol, on peut considérer l'association coopérative d'Assington comme un modèle de ce que l'on peut attendre, dans les circonstances les plus favorables, de la propriété sociétaire. En 1830 un propriétaire des environs du village d'Assington s'avisa d'affermer 60 acres (27 hectares environ) de terres médiocres à une association de quinze laboureurs qui prirent le nom de *Société coopérative agricole d'Assington*. « Chacun apporta au fonds commun la modeste somme de 3 livres « sterling (75 francs) et une avance de 400 livres sterling « (10,000 francs) faite par M. Gurdon compléta le capital social. « Les habitants de la paroisse peuvent seuls être actionnaires « et, s'ils la quittent, ils sont obligés de vendre leur part. La « ferme, n'offrant de travail régulier qu'à cinq hommes et deux « ou trois jeunes garçons, ne peut occuper tous ses action-

(1) Quant à la propriété indivise du clan ou du village, que célèbre aussi M. Le Play, elle est loin d'assurer la sécurité et la prospérité des habitants. Le *Journal Officiel* du 22 mai 1880 contient, d'après le journal russe le *Nouveau Temps*, le récit de quelques désastres qui ont frappé pendant l'hiver précédent les tribus pastorales du Don, du Volga, de l'Oural ; là où il y avait des centaines de mille têtes de bétail il n'y en a plus que des dizaines de mille ; toutes ces tribus précédemment nomades se mettent maintenant à coloniser et à se faire agriculteurs ; c'est ce qui arrive surtout parmi les Kirghises.

12

« naires, mais il est de règle que ceux-ci doivent seuls y être « employés : on n'aurait recours à des étrangers que s'il fallait « un plus grand nombre de bras. L'exploitation de la ferme est « confiée à l'un des ouvriers qui, à titre d'agent, reçoit, en sus « de son salaire ordinaire, le mince traitement d'un shilling « (1 fr. 25) par semaine. L'administration financière est sur- « veillée par un comité de quatre membres, renouvelé annuel- « lement par moitié. Quoique le capital social n'atteignît pas « le chiffre que les fermiers anglais jugent nécessaire pour faire « valoir la terre, l'association prospéra. Elle augmenta sa « ferme de 130 acres (60 hectares environ), et, pour faire face « à ses nouvelles dépenses (le prix de son fermage est de 200 li- « vres sterling ou 5,000 francs), elle s'adjoignit six actionnaires. « L'emprunt fait à M. Gurdon fut remboursé. Elle devint pro- « priétaire de tout le matériel de la ferme, comprenant six « chevaux, quatre vaches, cent dix moutons et une trentaine de « porcs. Elle assura ses bâtiments pour 500 livres (12,500 francs), « et elle vit enfin ses actions, émises au capital de 3 livres « sterling (75 francs), atteindre le cours extraordinaire de 51 li- « vres (1,250 francs) ou plus de seize fois leur valeur pre- « mière (1). »

Ainsi s'exprimait M. le comte de Paris en 1869 : il ajoutait qu'une société analogue s'était fondée dans le voisinage en 1854, sur une échelle un peu plus considérable. Peut-être pourrions-nous faire remarquer que quelques-unes des circonstances où est née et où a fonctionné la société d'Assington sont exceptionnelles : par exemple, le prêt de presque tout le capital fait par un homme généreux, on ne nous dit pas si ce prêt portait intérêt. La modique, l'insignifiante rétribution du chef de l'exploitation peut passer aussi pour une condition favorable qui ne se représentera pas toujours. Nous aimons mieux admettre que les sociétés coopératives peuvent s'appliquer à l'exploitation et à la propriété du sol, comme à toute autre branche d'activité humaine, et y réussir. L'écueil de ces sociétés, alors

(1) *Les Associations ouvrières en Angleterre*, p. 301 et suiv.

même qu'elles ont du succès, c'est qu'en s'agrandissant, elles finissent par devenir de simples sociétés anonymes, ce qui est le cas de la plupart des anciennes associations coopératives devenues prospères. Elles arriveraient peut-être avec le temps à reconstituer les propriétés géantes, les *latifundia*, qui sont la terreur des économistes et des démocrates. Cette issue, cependant, n'est pas bien à craindre ; pour ne pas être impossible, la société coopérative agricole demeurera, selon toutes les vraisemblances, un mode exceptionnel d'exploitation ou de propriété du sol. Il n'est pas problable qu'elle occupe jamais la plus grande partie d'un pays. La petite propriété couvrira toujours un champ beaucoup plus vaste.

Ce qui ressort de ce chapitre, c'est que la prédominance des *latifundia* en France n'est pas à craindre.

Il n'est pas impossible, cependant, qu'il se constitue à la longue dans notre pays un certain nombre de propriétés agricoles géantes appartenant à des sociétés anonymes. La baisse de l'intérêt des capitaux pourra porter vers l'agriculture les financiers ; la baisse de la rente de la terre contribuerait aussi à ce résultat. La supériorité qu'ont pour la culture du blé dans les plaines les machines perfectionnées donnerait évidemment des avantages à des sociétés de ce genre. Pour certains travaux comme les irrigations elles seraient aussi en de bonnes conditions. Nous avons été souvent surpris que des associations de capitalistes ne se soient pas constituées pour acheter dans les départements du Midi, comme le Gard et l'Hérault, les terres phylloxérées et les remettre en état. Plusieurs sociétés financières se livrent à la culture de la vigne en Algérie. Il est donc assez probable qu'à mesure que les autres placements rémunérateurs leur échapperont, les associations commerciales se sentiront un peu plus attirées vers la terre. Il pourra se créer ainsi des propriétés de quelques milliers d'hectares ; néanmoins nous croyons que ce régime restera toujours exceptionnel, dans un pays de culture intensive et variée comme le nôtre. Quand sur nos 52 millions d'hectares, 4 ou 5 millions se réuniraient ainsi sous le régime des *latifundia*, le mal ne serait pas bien grand. Ces vastes domaines prendraient vraisemblablement la place non pas des très petits, ni des moyens, mais de ce qui survit encore de la grande propriété d'autrefois, de ces biens de 500 ou 1,000 hectares, valant 1 ou 2 millions qui ont tant de peine à se vendre. Comme les propriétaires de ces terres énormes rendent fort peu de services, il ne sera pas mauvais qu'ils soient remplacés par des sociétés anonymes plus instruites et faisant un meilleur usage de leurs capitaux.

La moyenne et la petite propriété resteront prédominantes et le deviendront même encore davantage. Ce ne sera pas pour notre agriculture une cause irrémédiable d'infériorité ; au contraire, c'en sera une de supériorité pour tous les produits fins dont l'importance grandit toujours. L'égalité des conditions tendra de plus en plus à s'établir dans les campagnes. La rente de la terre ne croîtra plus spontanément, régulièrement, comme on l'a vu pendant longtemps ; sur bien des points elle diminuera, au contraire ; ce sera un bien, non un mal. Chaque défrichement nouveau dans l'ouest des États-Unis ou du Canada, dans les profondeurs de la Plata ou du Brésil, de l'Australie ou de la Nouvelle-Guinée, chaque progrès de la navigation, chaque baisse du prix du fret, chaque réduction des tarifs de chemins de fer, chaque ouverture de vieilles contrées comme le Soudan ou les bords du Congo à la civilisation, chaque découverte d'un nouveau passage comme celui de Nordenjolsk vers la Sibérie, chacune de ces circonstances heureuses, qui attestent le génie et l'activité de l'homme, supprime le privilège de situation des anciennes terres cultivées, des propriétés du vieux monde ; or, comme ces propriétés n'ont aucun privilège de fertilité naturelle, la rente de la terre disparaît ou du moins se réduit. Elle tend de plus en plus à ne représenter que l'intérêt des dépenses faites pour mettre le sol en culture, pour créer le domaine. C'est justice. Les gros propriétaires souffriront, il est vrai, de cet état de choses ; non pas les petits qui consomment leur récolte en nature. Les salaires ne seront pas atteints ou ne le seront que peu par la baisse du blé, de la viande, du beurre, des légumes, si cette baisse vient à se produire comme on l'espère.

La diminution de la rente de la terre, c'est un bien grand acheminement vers une moindre inégalité des conditions. La nature et l'homme travaillent de concert et inconsciemment à rendre les conditions de vie moins inégales pour les membres du genre humain. Deux grandes causes surtout d'inégalité existaient, la différence de situation des terres, la différence d'éducation et d'instruction des hommes. Ces deux différences ne disparaîtront jamais complètement; mais elles s'atténuent.

En même temps que la rente de la terre est atteinte soit dans son chiffre actuel, soit surtout dans son développement régulier, il devient nécessaire de modifier les modes de tenure. La réunion de l'exploitation et de la propriété dans les mêmes mains sera chaque jour davantage le fait prédominant. Les propriétaires ruraux riches devront se faire agriculteurs, mais agriculteurs sérieux, pratiques, professionnels, résidant sans absence, prenant les mœurs de la vie rurale et se pliant à ses nécessités; ou bien encore ils se feront les associés, les commanditaires des paysans, et le métayage renaîtra sous des formes plus élastiques et plus variées. Quant à la classe des fermiers, elle ne disparaîtra pas à coup sûr; mais il est bien probable qu'elle perdra du terrain, à moins que les clauses des baux ne se modifient à l'avantage des tenanciers.

Sous le coup de la baisse de la rente de la terre, la face des campagnes se renouvellera; il y aura moins d'inégalité de fortunes, moins de dissemblance d'habitudes, moins d'écart entre l'oisiveté des uns et l'opiniâtre travail des autres; il y aura aussi plus de capitaux dans les champs, plus d'instruction dans la population rurale, plus de goût du progrès et plus de progrès.

---

# CHAPITRE VII

## DE LA PROPRIÉTÉ URBAINE, SA PART DANS L'INÉGALITÉ DES CONDITIONS.

Du caractère de la propriété foncière urbaine. — Du rôle du propriétaire urbain et de l'accapareur de terrains. — Du prix des terrains dans les grandes villes.

Projet d'achat par l'État ou par les villes de toute la propriété foncière urbaine. — Vices de ce projet. — Les *latifundia* urbains. — De l'expropriation, au profit des municipalités, des terrains non bâtis. — De l'imposition des terrains urbains.

De l'élévation des loyers. — Les cinq causes de la hausse des loyers.

Exemples de développement rapide des grandes villes. — Les quatre causes naturelles ou économiques et les trois causes artificielles de cet accroissement des villes. — Les causes politiques.

La croissance des grandes villes existantes ne pourra être aussi énergique dans l'avenir que dans le passé.

Des effets de l'accroissement des villes relativement à la répartition des richesses. — Exemples de la hausse des terrains à Paris.

De la statistique des logements et des loyers de Paris. — Nombre des loyers de chaque catégorie en 1872 et en 1878, d'après le cadastre révisé. — Conclusion qu'on en peut tirer pour la répartition des richesses. — Très faible proportion des grandes fortunes.

Très faible étendue territoriale de la ville de Paris.

Hausse du loyer moyen par tête à Paris depuis 1817. — Cette hausse correspond-elle à une amélioration du logement? — De l'importance relative du loyer dans les dépenses du ménage.

Les « garnis » : augmentation de leur nombre à Paris. — Enquête sur la situation des garnis.

Des causes qui menacent la propriété foncière urbaine. — De quelques édits réduisant les loyers au dix-septième siècle. — Des modes par lesquels l'État et les villes contribuent à la hausse des loyers.

Les impôts qui font renchérir les loyers : droits sur les matériaux, sur les voitures publiques et les entreprises de transport urbaines, sur les fourrages. — Droit de mutation. — De l'imperfection des communications urbaines à Paris.

De la construction de maisons ouvrières. — Exemple de Mulhouse. — Détails sur les opérations de la Société des maisons ouvrières de cette ville. — Des prêts de l'État ou des municipalités pour ces entreprises. — Utilité de restreindre les obligations à lots aux Sociétés qui se créent pour cet objet. — De la suppression des taxes sur les transports urbains et du droit de mutation.

De l'assainissement des maisons insalubres.

Résumé de ce chapitre; situation probable, à l'avenir, de la propriété foncière urbaine.

La propriété foncière rurale a été seule jusqu'ici l'objet de nos recherches ; des questions tout aussi importantes et d'un examen aussi délicat se rattachent à la propriété foncière urbaine, à la propriété bâtie et aux terrains des villes. Il semble à première vue que cette nature de propriété doive être plus à l'abri d'attaque que la propriété rurale ; la part du travail y est, en effet, plus manifeste, plus apparente. Les maisons sont incontestablement l'œuvre de l'homme, et l'on ne peut soutenir, comme pour les terres, que c'est un don gratuit et commun de la nature à l'humanité. Cependant depuis quelques années la propriété foncière urbaine a soulevé d'aussi vives critiques et compte d'aussi redoutables adversaires, si ce n'est d'aussi nombreux, que la propriété foncière rurale.

La cause de ces critiques, c'est que l'on est frappé, dans les grandes villes, de la hausse presque constante des loyers. On a cru remarquer que les propriétaires, une fois leur maison construite ou après l'avoir acquise par héritage ou par une vente, voient périodiquement, régulièrement, leurs revenus croître sans qu'ils contribuent par aucun travail à cet accroissement. La fortune les comble de faveur pendant leur sommeil. Quand la maison est édifiée, le propriétaire n'a rien à faire, affirme-t-on, qu'à recueillir chaque trimestre ou chaque semestre les loyers qui lui échoient et qu'il augmente à chaque renouvellement du bail. Il est bien chargé, sans doute, de l'entretien, mais c'est si peu de chose ; pour une maison solide cela représente une si faible part du revenu brut. Puis ces soucis vulgaires, indignes de troubler l'esprit des grands propriétaires urbains, ne sont-ils pas délégués, moyennant une minime redevance, à des intermédiaires, des architectes, des régisseurs, des sociétés anonymes pour la gestion des immeubles comme il en est tant éclos dans ces dernières années? N'est-ce pas les mêmes intermédiaires qui prennent maintenant la peine de recueillir le montant des loyers ? Il n'est pas, d'après l'opinion générale, d'oisiveté plus complète que celle du propriétaire urbain ; et cependant cette absolue oisiveté est plus lucrative que le plus énergique et le plus ingénieux travail.

C'est cet être adonné à la fainéantise, ce privilégié, qui impose à l'ouvrier ce qu'on a appelé la « servitude du loyer, » joug dont le poids s'accroît chaque année. Cela est-il juste ? Dans une de ces réunions publiques si bruyantes de la fin du second empire nous entendions, à la salle de la Redoute, un socialiste de quelque éloquence, M. Brionne, s'écrier que le loyer devait disparaître, et que, bien loin que le locataire dût quelque chose au propriétaire, c'était ce dernier qui était redevable au premier : le locataire, en effet, d'après cet ingénieux raisonnement, rendait service au propriétaire en entretenant la maison de celui-ci, puisqu'une maison habitée se conserve mieux qu'une inhabitée. Il est sans doute superflu de s'attacher à répondre à des pauvretés de ce genre, et de faire remarquer que la plupart des maisons dans les grandes villes n'étant construites que pour être louées, on n'en bâtirait plus une seule si on ne se croyait assuré d'en retirer un profit, si bien que ceux qui ne seraient pas assez riches pour se construire une maison à eux-mêmes devraient coucher à la belle étoile.

Laissons de côté ces sophismes dont l'exagération est trop flagrante. Il n'en est pas moins vrai que la propriété urbaine est critiquée pour la plus-value presque constante qu'on croit constater dans les revenus qu'elle fournit à son heureux propriétaire. Puis la propriété d'une maison ne se compose pas seulement d'un édifice, qui est l'œuvre de l'homme. Les lois de la gravitation empêchent que cet édifice ne repose dans l'air et s'y soutienne. Il y a une part de sol incorporée dans la maison ; or ce sol devrait être, d'après les critiques, une propriété commune. Il ne devrait avoir aucun prix : il ne devrait entrer pour rien dans le loyer ; car ce n'est pas le propriétaire de la maison qui a créé ce sol ; il n'y a même rien fait, en général ; ce n'est pas lui qui a percé les voies de communication ou rues grâce auxquelles seules le sol devient propice à recevoir des maisons. Le sol urbain, beaucoup plus encore que le sol rural, devrait donc être propriété commune. Il n'en est rien ; le sol urbain, devenu approprié, et morcelé en carrés ou en rectangles que l'on appelle terrains, prend une valeur énorme dont le travail des propriétaires n'est nullement l'origine. Le vignoble le plus fertile et produisant les vins les plus fins est bien loin d'atteindre le prix de vente des moindres terrains d'une grande ville. Dans les districts les plus écartés, ceux de la périphérie des capitales, 100 ou 200 francs le mètre, soit un ou deux millions l'hectare, mille fois la valeur d'une terre arable, sont les prix habituels des terrains. Au centre des villes on arrive à 1,000 francs, 1,500 francs, 1,800 francs, 2 ou 3,000 francs le mètre. Or, qu'a fait le propriétaire du terrain pour s'attribuer la totalité de cette valeur sociale, car c'est bien là une valeur sociale dans toute la force du mot, une valeur due à l'activité collective, à la prospérité collective ? Qu'a-t-il fait le propriétaire de terrains, si ce n'est attendre et s'abstenir de bâtir? Mais cette attente et cette abstention, bien loin d'être un mérite comme pour l'épargne, sont uniquement des entraves au bien-être social. Pendant des dixaines d'années le spéculateur de terrains, bien ou mal guidé par ses calculs ou son instinct, a accaparé de vastes espaces et les a soustraits à la construction. Il a empêché de pauvres gens d'y élever des huttes ou de modestes maisons. Il a forcé l'ouvrier, le petit bourgeois à chercher un gîte dans des quartiers plus éloignés encore. Il les a privés des douceurs de la possession d'un jardin. Il a apporté des obstacles au peuplement continu de la ville. Voilà ce qu'a fait le propriétaire de terrains, car quel autre travail à signaler de sa part? et c'est pour cette œuvre singulière qu'il obtient une rémunération énorme. Des fortunes colossales se sont faites de cette façon, simplement en dormant, après un acte d'accaparement du sol dans la périphérie d'une grande ville, seulement par la force d'inertie qui a soustrait pendant longtemps ces terrains aux constructions et qui a maintenu des îlots nus au milieu d'une ville grandissante. A New-York on a vu une famille, la famille Astor, gagner ainsi une fortune que l'on évalue à quelques centaines de millions de francs, uniquement parce que, New-York étant située dans une île, un ingénieux et prévoyant ancêtre des Astor actuels avait pris la précaution d'acheter presque tout le territoire non bâti de l'île. A Paris, de considérables fortunes ont été faites dans les mêmes conditions : l'accaparement, suivi de l'abstention prolongée.

Avouons-le, ces critiques ont beaucoup de force. C'est surtout en ce qui concerne les terrains des villes que la théorie de Bastiat sur la valeur et sur la rente de la terre est fausse. Il prétend que toute valeur vient du travail. Quel est le travail humain qui justifie un prix de 200, 500, 1,000 francs, de 2,000 francs le mètre pour un terrain situé dans une grande ville? Il faut abandonner l'explication de Bastiat.

On peut dire, sans doute, qu'au point de vue esthétique, cet accaparement des terrains dans les mains des particuliers riches, ces hauts prix qu'ils atteignent, ont parfois d'assez heureuses conséquences. C'est par ce moyen seulement qu'on peut obtenir de beaux quartiers, d'où soient bannis les huttes misérables ou même les logements exigus et plus ou moins délabrés. Le prix des terrains distribue les habitations des villes suivant les catégories, met l'ordre à la place du chaos, empêche la confusion et la proximité des palais et des chaumières, crée les beaux quartiers et les quartiers ouvriers. Si le terrain de la ville appartenait à tout homme qui y veut bâtir, nos grandes capitales auraient un aspect sordide qu'elles n'ont pas; c'en serait fait des avenues ou des boulevards peuplés de grandes et de belles constructions. L'esthétique en souffrirait, sans aucun doute.

Ce n'est pas là, toutefois, une justification des ces prix énormes qu'atteignent les terrains dans les villes et de l'attribution de la totalité de ce prix au propriétaire, c'est-à-dire à la personne qui a eu la première l'idée de s'établir sur le sol ou plutôt de l'acheter, de le soustraire pendant longtemps à la culture et à la construction.

La justification de la propriété du terrain des villes se rattache à la justification de la propriété foncière en général. La propriété privée perpétuelle et individuelle a des avantages si grands pour la production qu'on doit en respecter partout le principe : là où il n'a pas d'avantages, où il présente, au contraire, des inconvénients, — et l'on peut soutenir que c'est le cas pour la propriété des terrains urbains, le principe est néanmoins respectable, en considération de l'utilité générale et habituelle de la propriété individuelle. La propriété privée a, d'ailleurs, le mérite de dégager l'État de beaucoup de soins, de le délivrer d'attributions très compliquées : les quelques abus qu'elle comporte sont le prix des avantages énormes dont elle est la source pour la société.

Il n'en est pas moins vrai que la propriété foncière urbaine semble entachée d'un antagonisme profond, radical, entre l'intérêt du propriétaire et l'intérêt général ? Dans aucune des relations sociales l'antagonisme n'est aussi marqué qu'ici. L'accroissement des revenus du propriétaire urbain semble tenir uniquement à l'accroissement des charges des locataires, c'est-à-dire de la grande majorité de la population, des gens modestes et des petites gens. Ne sont-ce pas deux faits certains, presque universels, concomitants, ayant entre eux la relation de cause à effet, que l'accroissement constant sans travail de la fortune du propriétaire urbain, et que l'élévation constante du loyer payé par le locataire, c'est-à-dire souvent par l'homme sans capitaux, notamment par l'ouvrier ? N'est-il pas vrai aussi qu'il est beaucoup plus malaisé à l'ouvrier des villes de devenir propriétaire de sa maison qu'à l'ouvrier des champs, qu'il y a même une impossibilité presque absolue à ce que ce légitime désir soit satisfait pour tous les ouvriers des villes, puisqu'en donnant seulement un carré de deux cents mètres à chaque ménage parisien et en ménageant les rues, les promenades et les espaces occupés par les bâtiments publics, on aurait une surface très supérieure à celle du département de la Seine ?

Toutes ces considérations, qui n'échappent à aucun esprit réfléchi (mais dont quelques-unes, cependant, sont exagérées, comme on le verra plus loin), ont conduit des hommes distingués à des solutions qu'il faut examiner. Un professeur bien connu de l'Université de Berlin, M. Wagner, s'est prononcé pour un projet de rachat par l'État de la propriété urbaine (1).

(1) Nous trouvons cette idée de M. Wagner relatée dans l'ouvrage de M. Jourdan, *Épargne et capital*.

C'est une idée analogue à celle de M. de Laveleye pour le rachat de la propriété rurale. Le plan de M. Wagner serait, à nos yeux, moins injustifiable que celui de M. de Laveleye; parce que la part de la rente de la terre dans le loyer des maisons est infiniment plus forte que la part de la rente de la terre (déduction faite de l'intérêt des capitaux engagés) dans le produit brut du sol. La propriété urbaine est une cause beaucoup plus intense d'inégalité de richesses que la propriété rurale.

Sans aller aussi loin que M. Wagner, un journal anglais, qui défend en général les doctrines scientifiques les plus orthodoxes, l'*Economist* (de Londres) émettait en 1879 cette idée que l'État ou les villes devraient construire des maisons pour les louer aux artisans, aux ouvriers, des refuges pour la nuit, et qu'à ce prix seulement on pourrait obtenir la paix sociale. On allègue, à l'appui de cette opinion, un précédent, celui de la subvention accordée par le second empire à la Société des cités ouvrières de Mulhouse.

Le plan du docteur Wagner ne nous offre aucune séduction. Ce n'est pas qu'en soi-même il soit directement opposé aux principes de la science. L'État a le droit d'expropriation dans l'intérêt public ; or, s'il était prouvé que sans aucune espèce de travail de leur part, les revenus des propriétaires urbains augmentent sans cesse, l'État pourrait se substituer à eux en leur accordant une juste indemnité préalable, calculée sur le revenu actuel et sur les chances d'augmentation prochaine, et il bénéficierait lui-même, c'est-à-dire que par des remises d'impôts il ferait bénéficier la société de toutes les plus-values ultérieures. Mais d'abord on peut alléguer que la plus-value des immeubles urbains est moins constante et moins régulière qu'on ne l'annonce ; on peut même affirmer que cette plus-value ininterrompue et rapide tient à certaines circonstances exceptionnelles qu'il serait aisé de modifier ou de supprimer. Enfin on doit ajouter qu'il n'est pas désirable de voir l'État et les municipalités se transformer en de gigantesques sociétés immobilières. Bien des déceptions les attendraient, sans doute, dans ce rôle nouveau.

S'il est un fait démontré par l'expérience, c'est que les sociétés immobilières sont exposées à de grands risques et que la plupart au bout de quelques années font naufrage. C'est ce qui est arrivé à la célèbre Société immobilière fondée en France sous le second empire. En Allemagne et en Autriche la plupart de celles que l'on créa dans la période des Fondations (*Grunderthum*), qui suivit la guerre de 1870-1871, eurent le même sort. Il faut une singulière prudence, une vigilance de tous les instants pour qu'une société immobilière échappe aux mauvaises chances, pour qu'elle arrive à la prospérité et surtout pour qu'elle s'y maintienne. Rien, en effet, n'est aléatoire, décevant comme les placements en terrains ; l'imagination, l'entraînement qui dans les périodes de bas prix des capitaux ou d'essor des affaires portent à édifier des quartiers entiers, conduisent d'ordinaire à de prompts et de cruels déboires. On ne peut supposer à l'État ni aux villes plus de sagacité, plus de tact, plus de circonspection en même temps, qu'à toutes les sociétés anonymes qui se sont créées pour la construction et l'exploitation d'immeubles et dont la plupart ont si misérablement échoué. Puis l'extension indéfinie des attributions de l'État ou des municipalités n'est désirable ni pour l'équilibre des finances et la clarté des budgets, ni pour l'indépendance des citoyens, ni pour l'impartialité de l'administration. Le courant actuel qui porte à investir l'État de tant de nouvelles fonctions, celles des transports, de l'assurance, de l'éclairage, etc., menace singulièrement les libertés publiques et la dignité des mœurs politiques. L'État devient une trop riche proie : la lutte des partis tourne en lutte pour l'existence ; l'instabilité déjà si grande des fonctions publiques, sous tout régime démocratique et parlementaire, en devient un véritable fléau.

Si les sociétés immobilières à proprement parler offrent des chances si modiques de réussite, les sociétés pour la gestion des immeubles en présentent, dit-on, de plus sérieuses ; on sait que plusieurs sociétés anonymes se sont constituées pour cet objet en France dans l'année 1879. Se substituer au propriétaire, administrer à la fois mille immeubles au lieu d'un ou deux, épargner sur les frais généraux, cela paraît bien aisé. Nous croyons, cependant, que le propriétaire urbain individuel, tel qu'on en rencontrait autrefois de si nombreux types dans nos capitales, tel qu'il s'en trouve encore un bon nombre aujourd'hui, remplit un rôle sérieux, utile, économique, auquel une société a moins d'aptitudes. Qui n'a connu l'ancien propriétaire parisien, cet homme qui ne comptait pour rien son temps, qui lui-même recevait ses loyers, lui-même louait ses appartements, qui les inspectait, faisait faire les réparations sous sa propre direction, dont l'esprit était à l'affût de toutes les améliorations utiles en même temps que de toutes les économies possibles? Il se trouve encore à Paris des légions de propriétaires de ce genre, et l'on peut dire que des sociétés anonymes, à plus forte raison l'État, les villes, n'auraient pas la même expérience, les mêmes soins constants et minutieux. Quant à la prétendue économie des frais généraux, c'est un avantage d'autant plus mince que le propriétaire individuel sérieux n'a aucun frais de ce genre ; il surveille lui-même et ce lui est un plaisir, de même qu'il fait construire lui-même, sous sa surveillance assidue.

Il y a sans doute, à côté de la propriété urbaine individuelle, la propriété urbaine collective. On rencontre, il se constitue même des *latifundia* urbains ; c'est naturel et nécessaire pour certaines grandes constructions, comme les gigantesques hôtels à voyageurs que l'on édifie dans les grandes villes. Les compagnies d'assurances, celles sur la vie surtout, qui reçoivent d'énormes capitaux et qui sont embarrassées pour en retirer un intérêt rémunérateur, bâtissent ou achètent des quartiers entiers. Dans d'autres pays, en Angleterre, la propriété du sol des districts nouveaux des grandes villes appartient souvent à quelque lord, et les constructions doivent lui faire retour en même temps que le sol dans un certain nombre d'années. On a vu dans le mois de janvier 1880 le singulier spectacle, chez nos voisins, d'une ville entière de plus de 10,000 âmes, aux environs de Rochdale, vendue à l'encan et adjugée à un simple particulier.

Ces exemples, si nombreux qu'ils soient et qu'ils deviennent, ne nous amènent pas à la conclusion qu'il serait bon que l'État ou les municipalités achetassent ou gérassent toute la propriété bâtie des villes. La gestion en serait sans doute fort défectueuse. On en peut donner un exemple. On sait que la ville de Paris fait faire de grands travaux depuis une trentaine d'années : pour les exécuter et régler les salaires, l'administration dresse périodiquement ce que l'on appelle « la série des prix de la ville de Paris ; » on a remarqué que cette série des prix avait une tendance à s'élever plus rapidement que les prix payés par les particuliers. Quand un corps d'état se met en grève pour réclamer une augmentation de salaire ou une diminution de travail, il s'adresse d'abord à la ville de Paris pour que celle-ci admette ses prétentions dans sa nouvelle série de prix ; il est rare que l'administration résiste avec quelque ténacité. Comme elle s'inspire, d'ordinaire, d'idées démocratiques, il lui semble plus conforme à son mandat de se soumettre aux exigences de la partie la plus remuante de ses électeurs : en tout cas elle apporte beaucoup de mollesse dans la défense, et un manque d'opiniâtreté. C'est ce que l'on a vu dans les grèves récentes de l'industrie du bâtiment à Paris pour 1879. La Ville a été une des premières à capituler dans la grève des fumistes, et, donnant ainsi une sorte de consécration officielle aux prétentions des ouvriers, elle les met dans une position très avantageuse et rend difficile aux particuliers de repousser les demandes des grévistes (1). Aux États-Unis pour la réduction des heures de travail, c'est l'État qui le premier a admis dans ses chantiers la journée de huit heures : on ne peut se dissimuler que cette faiblesse de résistance que nous signalons dans l'État ou les municipalités est une des grandes objections que l'on peut faire à l'extension de leur rôle et de leur activité industrielle. L'État n'est pas un énergique défenseur des intérêts du contribuable ou de ceux du consommateur.

(1) Au moment où nous écrivons (printemps de 1880) la révision des *Séries de prix de la ville de Paris* donne lieu aux plus grandes difficultés. Il n'est pas bon qu'un État ou qu'une municipalité soit le grand régulateur des salaires.

Parfois l'Etat donne prise à des critiques opposées qui ne détruisent pas la portée des critiques précédentes. Les contraires, en effet, très souvent se rencontrent et coexistent. Si l'État ou les municipalités rachetaient, comme quelques personnes le leur proposent, toute la propriété bâtie des villes, il est incontestable qu'au bout de peu de temps, après une génération si vous voulez, le loyer perdrait, aux yeux de la majeure partie de la population, le caractère de rémunération d'un service rendu et qu'il prendrait l'apparence d'un impôt. L'ouvrier qui subit souvent avec une médiocre résignation ce qu'il appelle la servitude du loyer n'y verrait plus qu'un prélèvement abusif et exagéré de l'État. La diminution des loyers, surtout des petits loyers, deviendrait le mot d'ordre des élections populaires ; on en arriverait, comme pour notre impôt mobilier, à exempter presque de tout loyer les très petits logements et à augmenter considérablement le loyer des grands appartements. L'arbitraire administratif ou l'arbitraire législatif, qui ne vaut guère mieux, se substituerait ainsi à la proportionnalité des valeurs entre elles ; les loyers des petites gens seraient, en définitive, payés par les contribuables, c'est-à-dire par tout le monde, ou plutôt par les gros contribuables : ce serait une forme du socialisme.

Aussi doit-on repousser les projets de rachat par l'État ou par les municipalités de toute la propriété bâtie dans les villes. On pourrait mieux admettre le rachat par les municipalités ou par l'État, sous la forme et par les procédés de l'expropriation publique, des terrains non bâtis. Quand une ville naît ou qu'elle s'étend, il n'y aurait que de minces inconvénients à ce que, en ouvrant de larges voies, elle acquît tous les terrains vagues qui les avoisinent, et à ce qu'elle les revendît ensuite par parcelles aux enchères, avec l'obligation de bâtir dans un délai déterminé. Si les jurys d'expropriation étaient équitables, s'ils n'étaient pas portés à faire parfois des avantages exagérés aux propriétaires, de semblables opérations pourraient être fructueuses. Les municipalités profiteraient ainsi de la plus-value des terrains éloignés : mais ce n'est guère qu'au moment où l'on va établir des voies nouvelles qu'il serait profitable de procéder de la sorte.

Une autre mesure encore qui pourrait être prise par les municipalités ou par l'Etat, ce serait de taxer les terrains des villes d'après leur valeur réelle ou du moins d'après une estimation approchant de leur valeur réelle. On empêcherait ainsi l'accaparement dans les mains des spéculateurs et la soustraction des terrains à la construction. Un terrain valant 1,000 francs le mètre devrait payer l'impôt sur un revenu de 30 ou 40 francs.

Ce que l'on peut surtout demander aux municipalités et à l'Etat, c'est de ne pas contribuer par leurs agissements à la hausse des loyers ; or, il est facile de prouver que cette hausse est en grande partie leur fait.

L'élévation des loyers est sensible dans la plupart des villes. Elle a des causes naturelles, d'autres qui peuvent être artificielles; des causes physiques et des causes morales. Les circonstances qui en général la déterminent sont les suivantes : d'abord, le privilège de situation des terrains et des maisons du centre semble aller sans cesse en croissant plus une ville s'étend; nous montrerons tout à l'heure que cette tendance peut être compensée par des tendances opposées; quoi qu'il en soit, pour les maisons du centre il n'y a aucun rapport entre le loyer et le coût de construction de la maison, ces immeubles ayant un véritable monopole de situation qu'on ne peut réduire que par les procédés que nous indiquerons plus loin. Une seconde circonstance qui peut contribuer à la hausse constante des loyers, c'est que la main-d'œuvre pour la construction de maisons nouvelles peut être plus considérable, mieux rétribuée que ne l'avait été la main-d'œuvre pour la construction des maisons anciennes; or, la hausse des salaires renchérit non seulement les immeubles nouveaux, mais encore tous les immeubles anciens qui ont été édifiés, cependant, avec des tarifs plus bas. C'est ainsi que les dernières grèves des corps d'état du bâtiment ont fait élever, affirme-t-on, de 25 p. 100 le prix du mètre de construction à Paris qui, par d'autres causes, avait déjà renchéri. Tous les immeubles, non seulement les nouveaux, mais les anciens, se trouvent avoir une valeur de 40 p. 100 supérieure à celle qu'ils auraient eue si depuis trente ans les salaires effectifs et les matériaux n'avaient pas augmenté de prix. Une troisième circonstance encore peut contribuer à la hausse des loyers : c'est que, en général, l'offre des maisons, la construction de maisons nouvelles, va plus lentement dans les villes prospères que la demande même des maisons. Le capital employé à une construction est, en effet, un capital incorporé, immobilisé, qui ne peut plus se retirer ni se dégager ; ce n'est donc pas un capital susceptible d'une appropriation exacte et rapide de l'offre à la demande. D'ordinaire l'augmentation de la population précède toujours un peu dans les villes grandissantes l'augmentation des constructions. Il est rare que l'une et l'autre aillent exactement du même pas. Quelquefois, cependant, une spéculation audacieuse multiplie les constructions en devançant les besoins, c'est ce qui est arrivé à Marseille et à Florence ; mais c'est là un cas exceptionnel.

Si l'on voulait analyser d'une manière complète les causes de la hausse des loyers, on pourrait faire la classification suivante : 1° le problème des loyers et de la propriété foncière urbaine est intimement lié à l'accroissement des villes, les loyers ayant une tendance à s'accroître au fur et à mesure que la population de la cité grandit, mais ce n'est là qu'une tendance que bien des faits peuvent annuler ;

2° La situation des loyers et de la propriété foncière urbaine est singulièrement influencée par les mœurs et le degré de sociabilité du peuple. Plus un peuple est sociable, aime les spectacles, les promenades fréquentées, plus les loyers hausseront. La population voudra, en effet, s'agglomérer au centre des villes, près des lieux habituels de réunion ou de distraction ; le privilège de situation des immeubles ou des terrains du centre et des quartiers à la mode ira en augmentant. Si un peuple est, au contraire, médiocrement sociable, qu'il se soucie peu des amusements en commun, que l'esprit de famille y soit très-développé et diminue le goût des réunions entre étrangers, les loyers devront être moins élevés, parce que le privilège de situation des immeubles du centre ou de certains quartiers sera moindre ;

3° Le taux des loyers a un certain rapport avec les facilités dont jouit la population pour les transports des personnes dans l'intérieur et dans la banlieue des villes. Quand ces facilités sont faibles, les loyers doivent être très-élevés ; quand elles deviennent plus grandes, ils doivent diminuer ou du moins rester stationnaires :

4° Le taux des loyers est encore en rapport avec les charges spéciales qui grèvent les constructions, les matériaux. La ville de Paris recueille annuellement 8 à 10 millions de francs des droits d'octroi sur les matériaux. Si l'on construit en moyenne à Paris 1,200 ou 1,500 maisons par année, cette taxe représente 7 à 8,000 francs par maison, soit 5 à 6 p. 100 du prix moyen d'une maison parisienne (1) ; ce ne sont pas seulement les maisons nouvelles, mais, par voie de conséquence, les maisons anciennes qui se trouvent renchéries d'autant. Si l'on supprimait cette taxe, on faciliterait l'édification de maisons nouvelles, ce qui contribuerait à faire baisser tous les loyers ou à les empêcher de hausser ;

5° Le taux des loyers subit l'influence de tous les impôts généraux qui portent sur la population ouvrière et qui renchérissent la main-d'œuvre. Les droits d'octroi qui font hausser les salaires ont pour conséquence directe de rendre tous les travaux plus chers, d'élever le coût des constructions nouvelles et, par voie d'analogie, des constructions anciennes.

Il est intéressant d'examiner de près quelques-unes de ces cinq causes qui dans le passé ont tant contribué à la hausse des loyers et aux plus-values constantes de la propriété foncière urbaine. La croissance des villes est un phénomène universel et qui ne souffre que peu d'exceptions. Il y a des causes naturelles et des causes artificielles de l'augmentation des ag-

(1) On peut évaluer à 120 ou 130,000 francs la valeur moyenne des maisons de Paris. En effet, il y a à Paris 74,740 maisons rapportant brut 540 millions de francs, ce qui représente une valeur d'environ 9 milliards, soit de 121,000 fr. par maison en moyenne. On peut dire, il est vrai, que la plupart des maisons récemment construites ont une valeur supérieure à la moyenne.

glomérations humaines ; et celles-ci ont à la fois des effets bienfaisants et des effets malfaisants. Il y a un siècle ou deux chez les nations les plus florissantes de l'Europe les villes avaient une importance très-faible : on ne trouvait guère de grandes cités. Macaulay, dans sa magnifique introduction à l'histoire d'Angleterre, nous apprend que lors de la Révolution de 1688 la seconde ville d'Angleterre, Bristol, ne comptait pas plus de 25,000 habitants ; nulle autre dans le pays n'approchait de ce chiffre que l'on considère aujourd'hui comme très-modeste et qui n'équivaut qu'à un de nos chefs-lieux de préfecture de troisième classe.

C'est surtout depuis un demi-siècle que le développement des villes a été rapide. En France la population urbaine — et l'on entend par là celle des communes ayant plus de 2,000 âmes de population agglomérée — formait, en 1851, seulement 24 1/2 p. 100 de la population totale du pays ; en 1866, elle atteignait 30 1/2 pour 100 ; en 1876, elle montait à 32 1/2. De 1872 à 1876, les statistiques comptaient 417,000 individus ayant émigré des campagnes dans les villes. L'accroissement des villes au-dessus de 10,000 âmes, les seules qui méritent vraiment ce nom, est encore beaucoup plus accentué ; le recensement de 1876 relève en France 204 villes de cette catégorie : leur population totale était de 7,397,236 âmes en 1872, elle s'est élevée à 7,898,914 en 1876, soit un accroissement moyen de 6,78 p. 100, plus de 1 1/2 p. 100 par an, et il est presque assuré que le recensement de 1881 donnera une proportion d'accroissement tout aussi forte (1).

Ce n'est pas là un fait particulier à la France : au contraire, notre pays est l'un de ceux où l'on trouve le moins de grandes villes relativement à la population totale. La petite propriété retient dans les campagnes beaucoup plus d'habitants que la grande, et la petite industrie qui laisse vivre, pour beaucoup de branches de production, l'atelier domestique prospère en France plus qu'ailleurs. Le développement des villes est plus rapide dans la plupart des autres contrées. Un statisticien dis-

(1) *Statistique de la France. Résultats généraux du dénombrement de* 1876, introduction, page XX.

tingué, M. Körosi, a publié de très-intéressants renseignements sur la situation des principales villes de l'Europe ; nous lui empruntons ceux qui suivent. Berlin, qui n'avait que 702,000 âmes en 1867, en comptait plus de 1 million en 1877, soit une augmentation de près de 50 p. 100 en dix ans. Breslau était passé du chiffre de 166,000 habitants, en 1867, à celui de 234,000 en 1875, soit 40 p. 100 d'accroissement en huit ans. Moins favorisée de la fortune, Vienne avait cependant grandi dans des proportions assez remarquables : elle avait, en 1874, 670,000 habitants, tandis qu'elle n'en possédait en 1865 que 550,000.

Les villes qui descendent ou déclinent sont une rare exception ; on en trouve pourtant : Florence, par exemple, qui comptait 191,000 âmes en 1866 et qui n'en avait retenu dans ses murs que 177,000 en 1875. C'est un cas semblable, et pour les mêmes raisons, à celui de Versailles qui perdit après la Révolution une partie de ses habitants.

Il y a à l'accroissement des villes des causes économiques, naturelles, dont l'action se fait presque universellement sentir ; à côté de celles-là se rencontrent des causes politiques qui sont d'ordre contingent et variable ; puis enfin des causes artificielles ou factices.

On peut distinguer quatre causes économiques de la croissance des villes. En premier lieu, plus un pays s'enrichit, plus les voies de communication se perfectionnent pour la rapidité et le bon marché, plus les grandes villes deviennent les centres de dépôt et les appareils de distribution des produits dans tout le pays. Le grand commerce s'y établit, les entrepôts s'y créent, les vastes magasins de détail y naissent et s'y développent, déversant leurs marchandises à des centaines de lieues de distance. En second lieu, les grandes villes sont les centres de direction des administrations générales ; c'est là que réside la bureaucratie, or, comme on le verra plus loin, la société moderne a une tendance à prendre de plus en plus une organisation bureaucratique. Nous ne parlons pas seulement de la bureaucratie de l'État, mais de celle de toutes les grandes sociétés, des chemins de fer, des banques, des assurances, de tous les principaux établissements industriels. Ce sont là des légions dont le nombre augmente chaque jour. Troisièmement, malgré les charges qui pèsent sur la population ouvrière et qui renchérissent les salaires, malgré le prix des terrains et des constructions, les grandes villes conviennent mieux que les campagnes à beaucoup d'industries. C'est ainsi que Paris et sa banlieue constituent peut-être le centre manufacturier le plus important du monde, non seulement pour la petite industrie et les métiers de luxe, mais pour la grande. Il y a à Paris des ateliers de construction de premier ordre. L'habileté et le goût de l'ouvrier, le talent des directeurs et des ingénieurs, les facilités et les avantages qu'offre la juxtaposition de tous les métiers, ont permis d'établir et de conserver à Paris plusieurs des usines de construction mécanique les plus importantes de l'Europe. Enfin une quatrième cause naturelle d'accroissement des grandes villes, c'est l'attraction qu'elles exercent sur la classe des oisifs, des personnes ayant acquis une fortune ou terminé leur carrière. De toutes parts ces personnes affluent vers les grandes villes, d'autant plus qu'elles ont perdu dans la campagne l'influence et l'autorité primitivement attachées à la richesse.

A côté de ces quatre causes naturelles et économiques d'accroissement des grandes villes, il y a de temps à autre des causes politiques qui favorisent certaines cités et diminuent certaines autres. Les conquêtes qui augmentent la population d'un pays doivent accroître en peu de temps le nombre d'habitants de sa capitale; tel a été le cas de Berlin. Le transfert de la capitale d'une ville à une autre doit nuire au développement de la cité abandonnée par les pouvoirs publics; tel a été successivement le cas de Versailles, de Turin, de Florence.

S'il n'y avait à l'accroissement des villes que les causes qui viennent d'être indiquées, la population urbaine aurait présenté une moindre proportion d'accroissement que celle qu'on a constatée. Il faut tenir compte aussi des causes artificielles dont l'action ne laisse pas que d'être importante. On peut citer trois causes artificielles principales qui contribuent à l'agglomération des habitants dans les grandes villes. La première, c'est le régime fiscal qui s'oppose à la complète liberté des transactions. Les contributions indirectes et les douanes ont produit une organisation du travail et des ateliers qui n'est pas l'organisation naturelle. Les facultés d'entrepôt, soit réel, soit fictif, les abonnements que la régie accorde pour le paiement des droits aux grandes exploitations et qu'elle refuse aux petites, donnent à l'industrie et au commerce un degré de concentration qu'ils n'auraient pas s'il n'y avait ni contributions indirectes ni douanes. Il existe encore dans notre temps des privilèges locaux, quoi qu'on dise, car la faculté d'entrepôt et d'abonnement ont incontestablement ce caractère, et les grandes villes seules en profitent. Bien des marchandises viennent s'entasser à Paris, au Havre, à Marseille, sans être destinées à la consommation de ces villes ou de leur banlieue; mais elles y séjournent en franchise de droits jusqu'à ce qu'elles aient trouvé le moment favorable pour acquitter les taxes et se répandre au dehors. Un économiste anglais de beaucoup de sagacité, M. Cliffe Leslie, a parfaitement décrit l'influence des contributions indirectes et des douanes sur la concentration de l'industrie et du commerce. C'est là une des causes importantes de l'accroissement des villes. Le régime fiscal rend impossible la création ou le maintien de certaines industries dans les campagnes ou dans les petits ateliers.

Une seconde cause artificielle qui produit des effets analogues, c'est l'exagération des grands travaux publics de luxe. Paris, par exemple, n'a pas cessé depuis trente ans d'être un vaste chantier où des ouvriers par dizaines de mille étaient occupés à renverser de vieux quartiers et à en édifier de nouveaux sur les débris des premiers. On peut presque dire qu'il suffit de deux ou trois ouvriers pour amener un petit commerçant, qui les suit comme leur ombre, pour les nourrir, les abreuver surtout, les distraire et les loger. Une fois habituée à la vie de la grande ville, une notable partie de cette population flottante s'y fixe et y prend racine.

La troisième cause artificielle d'accroissement des villes, c'est le service militaire, ce sont les garnisons. Chaque année plus de cent mille jeunes gens, dont les deux tiers sortent des campagnes, sont enrégimentés; où les rassemble-t-on et les fait-on vivre? Dans les grandes villes ou dans les villes moyennes. Il n'y a pas de garnisons dans les campagnes, et il n'y en a qu'exceptionnellement dans les très-petites villes. Ces cent mille jeunes gens, dont les deux tiers sont des ruraux, se trouvent transformés en citadins, traînent à leur suite aussi des quantités de petits commerçants, d'employés de toutes sortes. Il leur faut, en effet, non seulement la nourriture, les distractions, mais l'armement, l'équipement; il leur faut de vastes locaux, de grands bâtiments, dont la construction et l'entretien occupent beaucoup de monde. Plus le contingent militaire augmente, plus la population des villes a tendance à s'accroître. Beaucoup de ces ruraux qui viennent passer comme soldats trois, quatre ou cinq années, dans les garnisons des villes, se font à la vie urbaine, en prennent le goût et ne retournent plus à leurs champs.

Ces diverses causes soit économiques, soit politiques, soit naturelles, soit artificielles, n'exercent pas toutes leur action sur la croissance de toutes les cités. Le prodigieux développement des villes des pays neufs n'a que des causes économiques. New-York, Chicago, Saint-Louis, Melbourne, ces cités dont les trois dernières sont nées d'hier et qui ont une population égale à celle de grandes villes européennes vieilles de vingt siècles, doivent leur importance à ce qu'elles sont des appareils de distribution des produits. Dans ces pays où la production est si abondante relativement à la population et où la circulation est si rapide, les appareils de distribution doivent être nombreux et considérables. Près de la moitié de la population de la colonie de Victoria est contenue dans trois villes, dont pas une seule n'a un demi-siècle d'existence.

Sur le continent européen, dans nos pays militaires et de fiscalité à outrance, en France notamment, la croissance des villes subit toutes les influences réunies des diverses causes économiques, politiques, naturelles et artificielles, qui viennent d'être décrites. Paris et les autres grandes villes de notre pays donnent l'exemple de l'intensité de ces causes. Jetons les yeux sur Paris et considérons le mouvement de sa population depuis six siècles et demi. Notre capitale comptait :

| | | | |
|---|---|---|---|
| En 1220 | sous Philippe Auguste | 120,000 | habitants. |
| 1545 | sous François Ier | 175,000 | — |
| 1605 | sous Henri IV | 200,000 | — |
| 1715 | à la mort de Louis XIV | 500,000 | — |
| 1810 | | 600,000 | — |
| 1831 | | 786,000 | — |
| 1846 | | 1,054,000 | — |
| 1861 | | 1,696,000 | — |
| 1876 | | 1,988,000 | — |

Depuis 1860, il est vrai, on a réuni à Paris une partie de sa banlieue; mais les communes annexées, qui étaient de pures campagnes ou de gros villages au commencement de ce siècle, font bien partie de Paris puisqu'il n'y a pas d'interruption dans les constructions. Paris déborde de nouveau au delà de son enceinte devenue trop étroite; il s'est reconstitué une banlieue (1); et l'on peut attribuer à l'agglomération parisienne, en y réunissant tout ce qui en dehors des fortifications se rattache à Paris par des constructions continues, près de 2 millions 500,000 habitants.

Le tableau que nous venons de donner montre combien il s'en faut que les causes naturelles et artificielles de la croissance des villes aient agi avec la même intensité dans tout le cours de notre histoire. Pendant trois siècles, de Philippe Auguste à François Ier, l'accroissement de la population de notre capitale est très-lent; il l'est encore de François Ier à Henri IV ; puis il devient énorme pendant l'ère de paix intérieure que consacre le règne de Louis XIV. De nouveau, il

(1) Paris se prolonge, au delà du mur d'enceinte, par des quartiers continus qui forment des communes distinctes et dont plusieurs, comme Levallois-Perret, Neuilly, Boulogne, ont de 20 à 30,000 habitants. Cette banlieue nouvelle est certainement plus peuplée que ne l'était l'ancienne avant l'annexion de 1860.

reste presque stationnaire pendant un siècle; il augmente plus rapidement de 1810 à 1831, l'accroissement du nombre des habitants est de 30 p. 100 en vingt ans; de 1831 à 1846 le progrès est plus accentué encore; mais jamais il ne l'a été comme dans la période de 1846 à 1880 ; c'est alors que toutes les causes naturelles et artificielles que nous avons énumérées opèrent avec une énergie sans pareille. L'annexion de la banlieue n'explique rien, puisque la banlieue n'a commencé à se peupler que vers 1830, et qu'il s'est formé autour de la banlieue ancienne, aujourd'hui partie intégrante de la ville, une banlieue nouvelle dont la population dépasse celle qu'avait la première.

Les autres principales villes de France ont bénéficié d'un progrès analogue à celui de Paris, quoique moindre. En dehors de sa capitale la France compte aujourd'hui huit villes ayant plus de cent mille habitants : Lyon, Marseille, Bordeaux, Lille, Toulouse, Saint-Étienne, Nantes et Rouen. Toutes les huit n'avaient ensemble que 505,000 âmes en 1789, elles en comptaient 1,444,000 en 1872, et près de 1,600,000 en 1876. Elles avaient donc triplé en quatre-vingt-sept ans. Lyon était passé de 139,000 âmes en 1789 à 342,000 en 1876; Marseille, qui n'avait que 76,000 habitants à la première de ces dates, en comptait 318,000 à la seconde; Bordeaux offrait à ces deux époques les chiffres respectifs de 83,000 et de 215,000. Pour les ports de mer il y a des causes exceptionnelles d'accroissement : le développement du commerce extérieur et l'avantage qu'ont certaines industries à s'établir sur les côtes. Le plus merveilleux exemple d'augmentation de population en France nous est fourni par Saint-Étienne que l'exploitation des mines de houille et la métallurgie ont transformée de petite ville en grande cité manufacturière : de 9,000 âmes en 1789, elle s'est élevée à 126,000 en 1876. Lille s'est presque aussi rapidement accrue ; elle comptait, lors du dernier recensement (1876), 162,700 habitants au lieu de 13,000 en 1789 (1); si l'on y joi-

(1) Nous empruntons ce chiffre à un tableau publié par l'*Economiste français* du 3 mars 1877. Lille était déjà à la fin du dernier siècle une ville d'une cer-

gnait les grandes villes voisines de Roubaix et de Tourcoing qui ne sont guère que des faubourgs de Lille, on arriverait à un accroissement encore plus prodigieux. A côté de ces exemples de progrès, il y en a quelques-uns d'état stationnaire, d'autres même, mais en très-petit nombre, de décadence. Nantes et Rouen peuvent presque être considérées comme des villes relativement stationnaires. Chacune d'elles avait le même chiffre d'habitants à peu près en 1789 (soit 65,000); Nantes en comptait, en 1876, 122,000, et Rouen 105,000; en quatre-vingt-sept ans la population de la première n'avait guère que doublé, et celle de la seconde ne s'était accrue que de 60 p. 100.

Dans l'intervalle des deux recensements de 1872 à 1876 l'accroissement de la population n'avait été pour la France entière que de 2,22 p. 100. Or, l'ensemble des villes de plus de 10,000 âmes s'était accru pendant la même période dans une proportion trois fois plus élevée. En 1866, quand la France possédait encore l'Alsace et la Lorraine, il n'y avait dans notre pays que 186 villes ayant plus de 10,000 âmes, avec une population totale de 7,214,854. En 1872, dans notre patrie diminuée, le nombre des villes de plus de 10,000 âmes s'élevait à 190; en 1876, il était de 204, comptant ensemble 7,898,914 habitants. Telle est la rapide croissance des villes, même dans un pays comme la France où la population est presque stationnaire.

Le mouvement est à plus forte raison plus intense dans les contrées où les habitants sont prolifiques. De 1833 à 1873 la population réunie des neuf principales villes d'Europe, Londres, Paris, Berlin, Constantinople, Saint-Pétersbourg, Naples, Vienne, Dublin et Moscou, avait presque doublé : de 5,582,000 âmes elle était passée à 10,595,000.

Quoique l'on puisse affirmer que la tendance à l'accroissement de la population des villes n'est pas près de disparaître, il n'est pas possible de supposer qu'elle se manifeste

taine importance, seulement une grande partie de la population résidait dans la banlieue qui était administrativement distincte de la ville. En 1824, probablement à la suite d'annexions, la ville de Lille comptait 64,000 habitants.

à l'avenir avec une énergie aussi intense que pendant le dernier demi-siècle. Le nombre des habitants de Paris ayant doublé dans la dernière période de trente-cinq ans, s'il devait toujours en être ainsi, notre capitale aurait 4 millions d'âmes vers 1910, 8 millions vers 1945, 16 millions vers 1980, 32 millions vers l'an 2015, c'est-à-dire dans quelques générations. Or, d'après la faible vitesse de l'accroissement général de la population française, c'est à peine si en l'an 2015 notre pays compterait 70 millions d'habitants. Il est chimérique de supposer que près de la moitié de la population de la France serait rassemblée dans la capitale. L'avenir ne verra donc pas une augmentation proportionnellement aussi considérable du nombre des habitants des villes. On doit admettre — et c'est une pensée qui reviendra bien souvent dans cet ouvrage — que les trente ou quarante dernières années écoulées, de 1840 ou 1850 à 1880, ont eu au point de vue économique un caractère tout particulier : la découverte de moyens de communication rapides et peu chers, la création de la grande industrie, ont transformé en un demi-siècle la face du monde civilisé plus qu'elle ne l'avait été dans les deux siècles précédents. Il s'est produit alors une sorte de crise de croissance et de renouvellement ou de rajeunissement qui, pour n'être pas encore complètement terminée, ne pourra durer toujours avec autant d'énergie.

Les villes dont la population est absolument stationnaire ou décroît n'ont été dans le récent passé que de très-rares exceptions. Pour les unes, la décadence absolue ou relative est due à des causes politiques, c'est le cas de Florence, de Turin, de Versailles; pour d'autres, à des causes sociologiques, c'est le cas de Rouen et de Caen où la vieille « prudence normande » s'applique à diminuer le nombre des enfants et arrive au bout de quelques générations à l'extinction d'un grand nombre de familles; pour quelques-unes enfin à des causes économiques, à un changement de culture ou à une modification d'industrie. En France, Montpellier et Avignon, victimes du philloxera, de la maladie des vers à soie et de l'invention de certaines couleurs artificielles, nous en fournissent des exemples.

Dans les villes où la population décroît, il y a naturellement une forte baisse des loyers, surtout de ceux de quelque importance. Les grandes et belles maisons n'ont que peu de valeur dans les petites villes stationnaires ou dans les villages : un modeste bourgeois peut alors se loger dans le vaste hôtel d'une ancienne famille seigneuriale. Il en est de même aussi dans les grandes villes pour les quartiers qu'abandonne la mode et que le commerce ne recherche pas : les galetas s'y installent dans des palais, formant un attristant contraste d'intérieurs sordides dans des murs d'une architecture imposante ou élégante. Quoi qu'il en soit, la baisse des loyers dans les rares villes qui déchoient ne profite qu'à bien peu de gens; il en est autrement de la hausse, qui nuit presque à tout le monde.

Relativement à la répartition des richesses, qui est l'objet de ce livre, l'accroissement rapide des villes a ce double effet, ou du moins il l'a eu dans le passé : il augmente considérablement la fortune et les revenus des propriétaires urbains, il accroît les charges des rentiers ou des ouvriers pour leur logement. Ainsi de ces deux manières il rend plus grand l'écart entre les conditions des hommes.

La hausse des terrains est particulièrement énorme. Un rapport fait en 1826 par Daubenton, inspecteur général de la voirie de Paris, sur les entreprises de construction dans la capitale de 1821 à 1826, fixe comme il suit le prix moyen du mètre carré à cette époque dans différents quartiers : dans le deuxième arrondissement, le plus recherché, le prix du mètre variait de 160 à 450 fr.; dans le neuvième, de 18 à 210 fr.; dans le huitième arrondissement le maximum était de 53 fr. Il y a quelques années on estimait à 900 fr. le prix du mètre dans le deuxième arrondissement, à 720 fr. dans le premier, à 391 fr. dans le sixième. Mais les maxima sont aujourd'hui bien plus élevés que ces chiffres. Les terrains de l'avenue de l'Opéra se sont vendus couramment, il y a quatre ans, 1,800 fr. le mètre; on évalue à 2,000 francs le mètre, les terrains qui vont se trouver autour du nouvel Hôtel des postes. Dans les avenues encore en partie inhabitées qui rayonnent autour de l'Arc de triomphe, le prix va de 3 à 500 fr., et de 150 à 200 fr. dans les petites rues adjacentes. Le long des fortifications, à Passy et à Auteuil, il s'élève encore, en général, à 80 ou 100 fr. Ce sont les quartiers excentriques qui ont le plus gagné (1). Ici toutes les explications de Bastiat sur l'origine unique de la valeur — qui serait le travail de l'homme — se trouvent fausses. C'est d'un ensemble de circonstances extérieures que la valeur découle dans ce cas : de l'affluence des habitants, de la sociabilité qui les porte à s'entasser les uns près des autres, de l'insuffisance des moyens de transport qui ne leur permet pas d'aller se loger plus loin. Cette valeur, qui n'est pas le fait des propriétaires, n'en est pas moins respectable, comme on l'a démontré plus haut, parce qu'il y aurait beaucoup plus d'inconvénients à vouloir la supprimer ou à la confisquer qu'à laisser le premier occupant ou ses ayant droit en bénéficier.

L'augmentation considérable de la charge du loyer pour les rentiers non propriétaires, pour les pensionnés ou les retraités, les employés et les ouvriers, est un fait que chacun sent et qu'il est presque surperflu que les statistiques viennent démontrer. Il se trouve à Paris, comme dans toutes les grandes villes, deux catégories d'habitants : celle qui occupe des loge-

(1) Le journal *Le Temps*, dans le numéro du 29 mars 1880, publiait la note suivante :

« D'après une statistique sur la valeur du sol à Paris, pendant les trois an- « nées qui se sont écoulées de 1866 à 1869, la moyenne des prix de vente « durant cette période, relevés pour chaque arrondissement, a donné pour « chacun d'eux comme prix moyen du mètre superficiel de terrain :

« 1er arrondissement, 719 fr. ; 2e arrondissement, 900 fr. ; 3e arrondissement, « 550 fr. ; 4e arrondissement, 300 fr. ; 5e arrondissement, 147 fr. ; 6e arron- « dissement, 391 fr. ; 7e arrondissement, 340 fr. ; 8e arrondissement, 278 fr. ; « 9e arrondissement, 415 fr. ; 10e arrondissement, 268 fr. ; 11e arrondissement, « 122 fr. ; 12e arrondissement, 95 fr. ; 13e arrondissement, 63 fr. ; 14e arrondis- « ment, 54 fr. ; 15e arrondissement, 46 fr. ; 16e arrondissement, 88 fr. ; 17e ar- « rondissement, 110 fr. ; 18e arrondissement, 82 fr. ; 19e arrondissement, 57 fr. ; « 20e arrondissement, 50 fr. »

Tous ces prix ont été de beaucoup dépassés dans la fièvre de construction qui s'est emparée de Paris et des principales villes de France depuis deux ou trois ans. Ainsi dans les grandes voies du 16e arrondissement (celui de Passy) le prix du mètre montait, en 1880, à 3 ou 400 fr., on était même arrivé à en demander 500 francs. Dans le centre, le prix de 2,000 francs n'est pas rare.

ments réguliers dont elle possède les meubles, et celle qui vit dans ce que l'on appelle des garnis. La première est la population sédentaire; la seconde est en général la population nomade. Occupons-nous d'abord de celle-là.

Les statistiques des loyers, à Paris, sans présenter une complète exactitude, sont cependant, sous la réserve de quelques corrections, instructives et dignes de foi. Il y a, pour les dresser, trois sources de renseignements : d'abord l'impôt mobilier, qui est proportionnel à la valeur locative de l'habitation; en second lieu pour les très-petits logements, les rapports ou les mémoires de l'assistance publique; en troisième lieu enfin, les recensements quinquennaux. L'on sait, en outre, que depuis la guerre de 1870 tous les baux doivent être enregistrés. L'assistance publique est une vaste administration qui, dans les années ordinaires, étend ses secours, nous ne voulons pas dire ses largesses, sur environ 40,000 ménages.

On a constaté qu'avant 1856 un dixième des ménages d'indigents, c'est-à-dire des personnes secourues par la charité officielle, occupaient des logements de 50 francs ou de moins encore; que la moitié se trouvait dans des logements de moins de 100 francs de loyer. Aujourd'hui, il n'y a plus que 15 p. 100 des indigents qui habitent des logements de moins de 100 francs; et 52 p. 100, des logements de moins de 200 francs; ainsi près de la moitié des indigents à Paris se trouve subir un loyer de plus de 200 francs. Depuis vingt ans les petits logements ont certainement doublé de prix dans notre capitale.

Il existe plusieurs statistiques fort intéressantes des logements de Paris; l'une a été dressée en 1872 d'après les rôles de la contribution mobilière. On comptait alors dans cette ville 70,000 maisons environ ayant 682,000 logements; il y avait un peu plus de 26 personnes par maison et moins de trois personnes par logement. Près des deux tiers de ces 682,000 logements, soit 436,000, étaient classés comme d'un loyer moindre de 250 francs; les trois quarts de l'ensemble des logements, en y comprenant ces deux premiers tiers, soit 560,000, restaient au-dessous de 400 francs de loyer. La classe que l'on peut considérer comme simplement aisée, celle qui, s'élevant au-dessus des ouvriers ordinaires, occupe des appartements de 400 francs à 1,000 francs, était représentée par 86,000 ménages, formant le huitième de la population. La classe riche (ce mot est encore bien ambitieux), celle qui occupait des appartements au-dessus de 1,000 francs, ne comptait que 36,000 ménages, soit le quinzième de la population. Sur ces 36,000 il n'y en avait que 15,000 à occuper des logements de plus de 2,000 francs, et seulement 2,200 installés dans des appartements de plus de 6,000. Voilà les résultats de la statistique de 1872 ; ils montreraient combien les très-grandes fortunes sont moindres qu'on ne le pense. Cette statistique, cependant, induirait en erreur, si on la suivait littéralement ; il faut y faire deux corrections pour revenir à la vraisemblance et à la vérité : l'une, c'est que ces constatations furent faites en 1872, au lendemain de la guerre, alors que les loyers, surtout les grands, avaient beaucoup décru, passagèrement décru ; l'autre, c'est qu'elle a eu pour base les valeurs locatives admises pour l'impôt mobilier qui sont d'au moins 25 p. 100 et quelquefois de plus au-dessous du revenu réel.

Une très-instructive étude, publiée par M. Toussaint Loua, chef du bureau de statistique, sur les rues et les maisons de Paris, d'après les résultats du cadastre révisé, complète et redresse en partie les renseignements qui précèdent (1). En 1878, on comptait à Paris 74,700 maisons, comprenant 1,022,539 locaux distincts, dont 337,587 (environ le tiers) sont livrés à l'industrie ou au commerce, et 684,952 servent à l'habitation humaine. Chaque maison contenait en moyenne 27 habitants et chaque local consacré à l'habitation environ 3 individus 2 .9).

Sur ces 684,952 logements il s'en trouvait 468,641 (plus des deux tiers) d'une valeur locative inférieure à 300 francs ; 74,360 autres étaient d'un prix de 300 à 500 francs. Voilà les deux catégories qui correspondent aux très-petits logements ; elles

(1) *Journal de la Société de statistique de Paris* (numéro de février 1880).

représentent près des quatre cinquièmes de l'ensemble des locaux destinés à l'habitation des Parisiens. Les logements de 500 à 750 francs étaient au nombre de 61,023 ; on en comptait 21,147 de 750 à 1,000 francs : ce sont là les petits logements, occupés par la fraction inférieure de la classe moyenne ; toutes les catégories qui précèdent forment plus des neuf dixièmes des appartements de Paris. On recensait, à la même époque, 17,202 appartements de 1,000 à 1,250 francs ; 6,198 de 1,250 à 1,500 ; 21,453 de 1,500 à 3,000 ; tous ces logements de 1,000 à 3,000 francs sont occupés par l'ensemble de la classe moyenne. Au-dessus de 3,000 francs commencent les appartements des personnes vraiment riches : on ne compte, dans tout Paris, que 14,858 logements de ce genre, dont plus de la moitié, soit 9,985, est représentée par des appartements de 3,000 à 6,000 francs. Il n'y a pas dans notre luxueuse capitale 5,000 appartements d'une valeur locative supérieure à 6,000 francs ; 3,049 logements comportent un loyer de 6,000 à 10,000 francs ; 1,443 correspondent à une valeur locative de 10,000 à 20,000 francs ; enfin 421 ont une valeur locative de plus de 20,000 francs. Sans doute, ces chiffres doivent être relevés dans une certaine proportion, quoique ce soient ceux du cadastre révisé ; l'impôt mobilier admet, en effet, une déduction d'un quart. Dans la pratique on peut augmenter d'un tiers le chiffre administratif des grandes locations, peut-être même parfois de moitié. Il y aurait alors à Paris 421 personnes ayant un loyer de plus de 27,000 francs ; 1,443, occupant un appartement de 13,000 à 27,000 francs ; 3,049 personnes ayant des logements de 8,000 à 13,000 francs ; enfin 9,000 contribuables seraient établis dans des appartements de 4,000 à 8,000 francs. C'est encore une preuve entre beaucoup d'autres du très petit nombre des grandes fortunes : on n'a qu'à multiplier par huit ou dix le chiffre des loyers, pour avoir celui des revenus correspondants.

Un fait remarquable, c'est la très petite étendue de la ville de Paris, qui n'a que 31,500 mètres de circonférence ; de Notre-Dame aux extrémités de la capitale, c'est-à-dire à l'enceinte fortifiée, la distance varie de 3,780 à 4,420 mètres au sud et à l'est, et à 5,000 ou 6,300 mètres au nord et à l'ouest. La ville n'a donc que 10 kilomètres ou deux lieues et demie de largeur et de longueur. C'est assez dire qu'un bon système de voies de communications urbaines et suburbaines permettrait aux ouvriers d'habiter dans les campagnes environnantes; il n'y aurait, en effet, rien d'abusif ou de fatigant pour les ouvriers à faire chaque matin une lieue ou une lieue et demie pour se rendre à l'ouvrage et autant le soir pour en revenir. Or, comme la plupart des ateliers sont situés dans la périphérie et non pas dans le centre de la ville, cela permettrait aux travailleurs manuels d'avoir une maison et un petit jardin à un, deux ou trois kilomètres des fortifications, dans des endroits où le terrain ne coûte souvent que deux ou trois francs le mètre.

On peut se demander s'il y a eu depuis cinquante ans une amélioration dans le logement de la grande masse de la population parisienne. Le nombre des constructions n'a pas suivi exactement la même proportion que celle de la population. Ainsi en 1817 on comptait dans l'ancien Paris 27,000 maisons et 224,000 logements pour environ 700,000 habitants; en 1851, toujours dans l'ancien Paris, le nombre des maisons était de 30,000, celui des logements de 384,000 pour une population d'environ 1,100,000 âmes. En 1872, il y avait 70,000 maisons et 682,000 logements; on comptait en 1876 un peu moins de 75,000 maisons et 685,000 appartements environ. Ce chiffre de 75,000 s'applique non seulement aux maisons d'habitation, mais aux constructions de tout genre, ateliers, etc. On ne peut estimer à moins d'une dizaine de mille les constructions qui ne sont pas destinées à l'habitation. Il ressortirait ainsi de ces chiffres que la moyenne des logements par maison destinée à être habitée a assez notablement augmenté : de 8 environ en 1817 ou de 8 et demie, elle s'est élevée à 10 (1). On est donc bien loin de l'idéal social qui voudrait que chaque famille eût

(1) M. Loua, dans sa très savante étude sur *Les rues et les maisons de Paris d'après les résultats du cadastre révisé* (*Bulletin de la Société de statistique* de février 1880), fixe à 9,1 en moyenne, les locaux d'habitation par maison parisienne, à 4,5 le nombre moyen de locaux industriels également par maison, et à 2,9 le nombre moyen d'habitants par local d'habitation.

une demeure à soi, un *home*, dont elle fût propriétaire. Cet idéal, on n'y arrivera jamais; il répugnerait même aux habitudes et aux goûts de beaucoup de gens ; mais jusqu'ici on s'en est de plus en plus éloigné dans les grandes villes; les classes riches y reviennent, abandonnant les vastes maisons-casernes des quartiers du centre pour se construire de riantes petites habitations dans la périphérie. La partie inférieure de la classe moyenne et la classe laborieuse elle-même pourront-elles un jour arriver aussi à ce que ceux de leurs membres qui le voudront possèdent dans les grandes villes une demeure individuelle ?

Les 6 à 700,000 logements qui existent dans la ville de Paris sont l'objet d'une constante recherche de la part des anciens et des nouveaux habitants. L'offre des appartements semble être restée dans le passé d'une manière chronique au-dessous de la demande. En 1856, par exemple, il y avait seulement 5,600 locaux vacants, soit 1 1/4 ou 1 1/2 p. 100 du nombre des appartements à cette époque.

Le loyer moyen par tête n'a pas cessé de s'élever ; il était de 90 francs en 1817, de 110 francs en 1829, de 150 en 1872, et nous avons vu plus haut que, d'après le Bulletin de statistique municipale, il s'élèverait à 166 ou 167 francs en 1876; mais, comme ces évaluations officielles sont en général de quelque chose au-dessous de la réalité, on peut admettre pour l'année 1880 le chiffre de 180 à 190 francs comme représentant le loyer moyen par tête à Paris. C'est juste le double de ce qu'il était, il y a soixante-trois ans. Les salaires se sont accrus depuis lors, mais nous ne pensons pas qu'ils aient doublé.

De tous les articles indispensables qui composent le budget du petit bourgeois, de l'employé et de l'ouvrier, le loyer est celui qui a le plus augmenté ; la progression en a été plus rapide que celle de la dépense en nourriture et que celle surtout de la dépense en vêtements. Cette élévation de la charge que le loyer impose aux classes moyennes ou pauvres correspond-elle à une amélioration un peu sensible du logement ? L'employé et l'ouvrier paient-ils plus cher pour être mieux ; paient-ils, au contraire, plus cher pour être de même ou moins bien qu'auparavant? Toute cette augmentation du loyer est-elle simplement un bénéfice net pour le propriétaire, ou représente-t-elle le prix d'une habitation plus confortable, plus spacieuse, mieux aménagée et plus saine? Il est difficile de trancher cette question par une réponse catégorique et absolue. Il est presque certain que, dans la plupart des cas, cette hausse du taux du loyer correspond en partie, mais pour la moindre partie, à une amélioration du logement, et pour la plus grande partie simplement à une augmentation des bénéfices des propriétaires, augmentation qui résulte de la supériorité croissante de la demande sur l'offre des logements (1).

Ce qui est incontestable. c'est que la proportion de la dépense du loyer au revenu s'est accrue depuis plusieurs siècles et notamment depuis cinquante ans. Madame de Maintenon, en dressant le budget de son frère, le comte d'Aubigné, qui faisait une dépense de 12,000 livres de rente, inscrivait 1,000 livres pour le loyer d'un hôtel près du Louvre : c'était le douzième du revenu ou du moins de la dépense. C'était un axiome de la sagesse de nos pères que le loyer ne doit pas dépasser le dixième du revenu. D'après un tarif établi par le législateur de la Révolution pour l'évaluation du revenu d'après le loyer, un loyer de 100 francs indiquait un revenu double; de 501 à 1,000 francs, un revenu quadruple; au-dessus de 12,000 francs de loyer, le revenu était censé douze fois plus considérable. La proportion moyenne du loyer au revenu pouvait être du neuvième.

Aujourd'hui toutes les classes de la population — à l'exception des personnes que leurs goûts ou que leur avarice portent à se distinguer — mettent à leur appartement une proportion notablement plus forte. D'après le docteur Engel, le savant directeur du Bureau de statistique de Berlin, les frais de logement seraient du huitième au dix-huitième du revenu à Londres, du quart au cinquième à Berlin, du tiers à Vienne, de plus du

(1) Cette augmentation de la demande des logements a pour effet, dans les quartiers qui ne sont pas complètement construits, de faire considérablement hausser les terrains; elle contribue aussi à la hausse des matériaux et des salaires des ouvriers en bâtiment.

quart à Paris. Nous acceptons pour Vienne et Berlin les renseignements du statisticien allemand ; pour Paris la proportion qu'il donne est certainement trop élevée. En tenant compte de toutes les classes de la population, le loyer nous paraît prélever en moyenne à Paris le sixième ou le septième du revenu, ou du moins de la dépense, ce qui n'est pas la même chose que le revenu.

Les écarts qu'offre la proportion du loyer avec le revenu dans les principales villes tiennent aux degrés inégaux de sociabilité des peuples, de rapidité de croissance des villes, de facilité des communications urbaines et suburbaines, à l'inégalité des impôts qui renchérissent directement ou indirectement les constructions.

L'importance relative du loyer dans le budget d'une famille n'est, d'ailleurs, pas toujours un mal. Plus un peuple est civilisé, instruit, délicat, plus le loyer tient de place dans les dépenses des individus qui forment ce peuple. Les rapports des consuls anglais sur la situation des classes ouvrières à l'étranger donnent d'instructifs renseignements sur la proportion de la dépense du loyer aux salaires. Elle n'est nulle part plus forte qu'aux États-Unis d'Amérique, et c'est un bien. Les villes américaines ont pour la plupart une énorme étendue qui forme un contraste avec l'étroitesse des grandes cités françaises et particulièrement de Paris. De même que Londres, suivant l'heureuse expression de M. Guizot, est une province couverte de maisons, ainsi Buffalo, la Nouvelle-Orléans, Philadelphie et bien d'autres s'étendent sur une superficie considérable ; le terrain, tout en y étant aussi cher, parfois plus qu'à Paris, dans les quartiers du centre consacrés aux affaires, y est à bien meilleur marché dès que l'on s'éloigne un peu de ces districts privilégiés. La plupart des ouvriers habiles y possèdent de petites maisons, comprenant deux ou trois chambres, une salle, une cuisine et entourées d'un jardin ; cela leur coûte 7 ou 800 francs, parfois un millier de francs par an, le quart ou le cinquième de leur rémunération annuelle. Mais ils sont ainsi chez eux, logés comme de petits bourgeois, avec des tapis, des fauteuils, des gravures, un piano parfois. La décence du loyer relève l'esprit et le cœur ; c'est une des meilleures conditions de moralité. Ce qui rend cette organisation possible dans les villes américaines, c'est la facilité et le bon marché des transports urbains et suburbains, deux conditions dont on n'avait aucune idée en France il y a quelques années et que l'on commence seulement à apprécier depuis peu.

En dehors de la population urbaine sédentaire, il y a la population nomade, qui est nombreuse et le devient chaque jour davantage : c'est elle qui loge dans le « garni » ou l'appartement meublé. Quelle est sa situation, s'améliore-t-elle ? Ce qui est d'abord certain, c'est que cette population nomade augmente sans cesse ; c'est là un des inconvénients peut-être de notre civilisation ; la facilité même des transports, les chômages de beaucoup d'industries, l'activité soudaine succédant pour certaines branches de travail avec une sorte de régularité à la stagnation, amènent des recrues nombreuses à la population flottante des grandes villes, tandis que les mêmes circonstances créent dans les campagnes des légions errantes d'ouvriers qui exécutent les travaux de chemins de fer, ou bien encore qui viennent faire la récolte et la vendange dans les plaines. A côté de la population purement nomade, il y a une population sédentaire, qui ne quitte pas la même ville, mais qui, n'ayant aucun goût du foyer, aucune recherche du confortable, aucun amour de la décence de la personne ou du logement, habite dans des garnis dont elle change suivant ses fantaisies. La clientèle du garni est donc toujours allée en augmentant.

En 1832, l'enquête faite par M. Villermé avec tant de soin et d'exactitude recensait à Paris 3,106 logeurs qui recevaient 32,414 individus. Environ un demi-siècle plus tard, en 1876, le nombre des logeurs avait triplé : il était de 9,050 ; celui des personnes habitant les garnis avait presque quintuplé ; il s'élevait à 142,000, dont 115,000 pour les garnis des deux dernières classes, ceux qui correspondent à la catégorie des travailleurs manuels. Ne considérons que ce chiffre de 115,000, les 27,000 autres personnes peuvent représenter les voyageurs, étrangers ou provinciaux qui viennent passer quelques semaines ou quelques mois dans notre attrayante capitale.

Il se rencontre ainsi à Paris, en dehors de la classe indigente, 115,000 individus, soit plus d'un vingtième de la population, qui n'ont pas de foyer domestique ; et dans ce nombre ne sont pas compris ceux qui n'ont absolument ni feu ni lieu, qui couchent à la belle étoile, sous les arches des ponts, dans les carrières ou dans des barraques élevées sur des terrains vagues.

Ce développement de la population nomade est le point le plus important peut-être de ce que l'on appelle la question sociale. A défaut de propriété terrienne, il est bon de posséder au moins sa maison ; à défaut encore de cette propriété plus répandue, il y a une propriété rudimentaire, essentielle, dont tout individu devrait jouir, qu'il devrait avoir le désir et les moyens de se procurer et de conserver : c'est la propriété de ses meubles, de son lit, de sa table et de tout ce qui forme le mobilier le plus simple ; 2 ou 300 francs y suffisent, 5 à 600 francs au plus ; avec un millier de francs on a le superflu et un commencement de luxe. Tous les salaires d'ouvriers permettent l'acquisition en une année ou deux de cette propriété essentielle. Mais l'imprévu de notre production, le désordre et l'irrégularité des travaux publics entrepris par l'État ou par les grandes villes, créent ou augmentent la population nomade.

Fléau pour ceux qui les occupent d'une manière permanente, ces garnis des dernières classes en sont un aussi pour la cité tout entière. Villermé remarquait en 1832 qu'ils étaient les gîtes favoris du choléra ; en temps ordinaire, on a constaté que la mortalité y est quadruple ; en temps d'épidémie, souvent décuple de ce qu'on la voit dans les autres appartements. Le célèbre docteur Trousseau faisait, à l'Assemblée de 1848, le navrant tableau de ces chambrées où couchaient 20, 25, 30 et même 40 locataires dans un espace qui eût dû n'en contenir que 3 ou 4 (1). Depuis quarante, surtout depuis vingt ans, cette

(1) Au point de vue, non pas des garnis, mais des logements en général, on a, en 1878, réparti les arrondissements de Paris en quatre groupes, suivant qu'ils possèdent la plus forte proportion de petits logements relativement au nombre total des locaux d'habitation. Le premier de ces groupes se compose des 13e, 20e, 19e, 15e et 14e arrondissements ; le second, des 12e, 18e, 11e, 5e, 17e ;

situation s'est notablement améliorée ; elle reste encore cependant bien triste, et parfois lugubre. La question du logement de l'ouvrier et de l'employé est toujours l'une des plus graves qui puissent préoccuper le philanthrope et même le politique. Les maux que nous venons de rapidement constater ne sont pas propres à Paris ; ils y sont moindres même que dans les autres capitales, qu'à Londres et à Berlin notamment.

Si la propriété urbaine a toujours augmenté de valeur, si les petits loyers ont toujours haussé, si la population nomade des garnis s'est toujours accrue, n'y a-t-il pas de remède à appliquer ? et dans le cas où la loi, l'État, les villes devraient s'abstenir de toute intervention, quelles sont les perspectives de l'avenir, quelle sera l'influence en cette matière du libre jeu des lois économiques ?

L'État et les municipalités ne doivent pas céder aux suggestions de M. Wagner, professeur à l'Université de Berlin, qui voudrait leur faire racheter la propriété urbaine. On a démontré plus haut tous les inconvénients de ce remède, qui serait pire que le mal. Si la liberté moderne et le gouvernement parlementaire n'aboutissaient qu'à mettre de plus en plus, et pour les détails les plus intimes de sa vie, l'individu dans la dépenpendance de l'État, à le soumettre à une réglementation de plus en plus minutieuse et à réduire peu à peu le champ de l'initiative privée, ce serait une triste issue d'une grande entreprise. La liberté se dévorerait elle-même en créant le monopole de l'État ou des municipalités dans tous les domaines importants de la vie sociale et industrielle.

Est-il bien certain, d'ailleurs, que la propriété urbaine doive toujours continuer à croître en valeur, au moins dans les proportions constatées jusqu'à ce jour ? Est-il certain que les loyers doivent hausser à l'avenir dans une mesure plus forte que l'amélioration même des logements ou que la hausse des salai-

le troisième groupe, des 4e, 7e, 10e, 3e et 16e arrondissements ; le quatrième groupe, des 6e, 2e, 1er, 9e et 8e arrondissements ; or, la mortalité pour chacun de ces quatre groupes était respectivement de 2,94, 2,62, 2,37 et 1,74 pour 100 habitants.

res? Nous pourrions dire que nous ne le savons pas ; mais nous ne croyons pas être téméraire en disant que nous ne le croyons pas. Il ne faut pas juger de l'avenir d'après l'extraordinaire période de 1840 à 1870, l'une des époques les plus fécondes en applications de découvertes industrielles. Il est probable que dans le dernier quartier du siècle et surtout dans le siècle prochain cette hausse de toutes les valeurs immobilières sera beaucoup plus lente qu'elle ne l'a été jusqu'ici ; quelques mesures administratives, simples, légitimes, pourraient aider au cours naturel des choses et prévenir ce qu'a d'excessif l'élévation constante des loyers (1).

La propriété foncière urbaine est menacée aujourd'hui de deux côtés à la fois : d'une part, le développement des grands magasins, dont nous parlerons plus loin, et la disparition des petites boutiques enlèveront en partie aux quartiers du centre une de leurs destinations les plus rémunératrices. Les bureaux, il est vrai, dont le nombre va croissant pourront dans bien des cas prendre la place des magasins. Ce qui est plus grave, c'est que le développement des voies de communication urbaine permettra de plus en plus aux personnes de toutes classes d'aller demeurer au loin dans les quartiers non bâtis, où le sol est moins cher et où les maisons sont mieux aérées ou plus ensoleillées. Il arrivera à l'intérieur des villes ce qui est arrivé pour les campagnes : la facilité et le bon marché des communications amoindrira le privilège des quartiers les plus anciennement habités et placés le plus près des lieux de réunion ; si ce privilège n'est jamais détruit, du moins ne grandira-t-il plus aussi rapidement que jadis.

Dans ces conditions, si l'État et les villes suivaient les conseils du professeur Wagner, il serait à craindre que leur intervention ne fût trop tardive, qu'ils vinssent à acheter une propriété, ayant toujours jusque-là augmenté de valeur, au moment

(1) Il faut distinguer la hausse de la valeur en capital des immeubles, et la hausse des loyers. Nous croyons au premier de ces phénomènes parce que nous croyons à la baisse du taux de l'intérêt; mais nous pensons que la hausse des loyers s'arrêterait, si l'on rendait plus faciles les communications urbaines et suburbaines par des exemptions d'impôts.

même où cette valeur aurait une tendance à devenir stationnaire, au moment, du moins, où le revenu de cette valeur ne s'accroîtrait plus.

Quant aux mesures impératives pour empêcher les loyers de croître, il est à peine besoin d'en parler. Plusieurs fois on y a recouru dans l'histoire, toujours avec le même insuccès. On a vu plus haut l'énorme accroissement de la ville de Paris dans la période de 1605 à 1705 ; la population y passa de 200,000 âmes à 500,000 pour rester depuis lors presque stationnaire jusqu'à la Révolution. Cet afflux d'habitants devait faire hausser les loyers; le pouvoir se crut le droit et le devoir d'intervenir. En 1622, une ordonnance avait la prétention de réduire les loyers d'un quart ; en 1633, on rendit une autre ordonnance pour le même objet, puis cinq autres en 1649: cette répétition même est la preuve que ces actes d'intervention administrative eurent le succès qu'ils ont toujours.

Ce que l'on peut recommander à l'État et aux municipalités, ce que les électeurs devraient exiger de l'un et des autres, c'est simplement qu'ils s'abstinssent par leurs agissements irréfléchis de contribuer à la croissance anormale et subite des grandes villes et à la hausse des loyers. Or, depuis trente ans, toute la politique municipale, en France du moins, semble s'être proposé ce but et, en tout cas, l'a atteint.

La municipalité parisienne est arrivée de deux façons, à ce résultat regrettable: par des travaux publics soit exagérés, soit entrepris avec trop de hâte, par des impôts excessifs ou mal assis. On se fait en général une très fausse idée du rôle de l'État et des villes en matière de travaux publics ; aussi l'action de ces grands corps est-elle devenue un des éléments perturbateurs de l'industrie moderne. L'État et les villes ont singulièrement contribué à accroître l'inégalité des richesses, de même qu'à augmenter l'instabilité de l'industrie. Les travaux publics doivent être exécutés sans hâte, avec régularité et continuité, de façon que l'État ou les villes ne jettent aucun trouble dans le marché du travail; on ne doit entreprendre que ce que l'on peut continuer, non seulement pendant deux ou trois ans, ni même pendant huit ou dix ans, mais pendant vingt ou trente. Rien n'est plus aisé, à coup sûr, pour un État ou pour une ville que d'emprunter 2 ou 300 millions, 5 à 600 millions, 1 milliard ou 2, et de s'en servir pour faire de la ville ou même du pays tout entier un vaste chantier. Mais ces travaux énormes exécutés en peu de temps ont autant d'inconvénients pour la répartition des richesses que pour la stabilité industrielle. L'État et les grandes villes sont de trop gros clients pour qu'ils puissent se jeter à corps perdu dans de vastes entreprises, sans que toute l'économie sociale s'en ressente.

A Paris, on s'est départi, de 1860 à 1870 et même quelquefois depuis lors, de cette sage prudence. Des travaux trop soudains ont amené tout à coup une beaucoup trop nombreuse population flottante, se composant non seulement des ouvriers, mais des parasites des ouvriers, c'est-à-dire des débitants et petits commerçants. Des emprunts trop répétés par le procédé des souscriptions publiques ont multiplié les bénéfices des banquiers, des coulissiers, etc., tandis que le lent écoulement à la Bourse de titres d'obligations, suivant le procédé adopté par les grandes compagnies de chemins de fer, n'aurait pas eu ces mauvais effets. Les profits des entrepreneurs aussi ont été démesurément grossis par cette hâte à détruire et à reconstruire. Les ouvriers que l'on convoquait enfin en grandes masses et qui trouvaient plus de maisons rasées que de nouvelles maisons construites ont formé cette clientèle des garnis dont nous décrivions, il y a un instant, la pénible situation.

Voilà le premier mode par lequel l'État et les villes ont contribué à l'inégalité des richesses et à l'instabilité du travail. L'énormité des impôts et l'assiette défectueuse de plusieurs taxes ont eu des effets du même genre.

La dette de la ville de Paris atteint aujourd'hui 2 milliards de francs, et le budget municipal oscille entre 220 et 230 millions. Chaque année produit des excédents qui sont même assez considérables, car ils montent à 12 ou 15 millions de francs ; mais on n'en fait pas remise aux contribuables, on s'en sert pour augmenter les dépenses. Qu'en résulte-t-il ? c'est qu'on paye à Paris 100 francs, en moyenne, d'impôts municipaux par tête; or, comme tout Français paye déjà près de 80 fr. d'impôts en moyenne à l'État, et qu'il faut encore y joindre les impôts départementaux, on arrive à une taxation moyenne de 200 francs par chaque Parisien, de 800 francs par famille de quatre personnes. C'est écrasant et inouï.

Ces impôts pèsent sur le loyer de l'ouvrier; ils contribuent à le faire renchérir. Les taxes d'octroi fournissent, en effet, près des trois cinquièmes du revenu de la ville et contribuent à élever les salaires qui à leur tour par leur élévation font renchérir le prix des constructions.

Il y a plus encore : parmi ces taxes d'octroi les plus funestes ne sont peut-être pas, comme on le croit généralement, celles qui grèvent le vin, si excessives qu'elles soient. Nous serions tenté de considérer comme plus préjudiciables encore les taxes sur les matériaux de construction, sur les fourrages, ainsi que les droits établis par la ville sur les entreprises de transports urbains. L'impôt sur les matériaux à l'octroi rapporte une dixaine de millions et fait considérablement renchérir le prix de revient des maisons. L'impôt sur les fourrages produit 4 millions ; chaque voiture de place paye, croyons-nous, un franc par jour et chaque voiture d'omnibus acquitte 1,500 francs par an de droit de stationnement, sans compter des droits accessoires. La ville de Paris tire 4,500,000 francs des taxes sur les voitures publiques.

Qu'en résulte-t-il? C'est que les communications urbaines sont à Paris très défectueuses; c'est à peine si elles ont commencé à s'améliorer par les tramways. Supposez que les transports ne fussent grevés d'aucune taxe (1), le nombre de voitures mises en service serait peut-être doublé ; le prix des places descendrait à 20 ou 25 centimes pour l'intérieur et à 10 centimes pour le dehors ; des abonnements pourraient être consentis à l'année. Les ouvriers pourraient faire une lieue et

(1) Si l'on ne veut pas abolir tous les impôts sur les transports, on devrait du moins supprimer absolument ceux sur les fourrages et réduire des trois quarts toutes les autres redevances imposées aux voitures publiques.

demie ou deux lieues pour se rendre à leur travail et pour en revenir, ce qui leur permettrait d'habiter à une lieue, parfois même à plus, des fortifications.

Ajoutez qu'à Paris les chemins de fer ne pénètrent pas dans la capitale, et c'est un grand mal. S'ils y arrivaient, on aurait des trains qui transporteraient en une demi-heure les ouvriers de deux, trois ou quatre lieues à l'entour. Les transports par chemins de fer sont grevés aussi de taxes absurdes qui s'élèvent jusqu'à 23 p. 100 du prix des places. Combien la question du loyer serait simplifiée si la facilité et le bon marché des communications urbaines et suburbaines permettaient à l'ouvrier, travaillant à Paris, d'habiter dans cette banlieue éloignée où l'on peut acheter du terrain à 50 centimes ou à 1 franc le mètre ! Il n'eût dépendu, il ne dépend encore que de l'État et de la ville d'obtenir un résultat si désirable. Que l'on supprime tous les droits sur les transports de voyageurs, que l'on fasse pénétrer les chemins de fer plus avant dans la capitale, on pourra alors stipuler des réductions de tarifs, et l'ouvrier, s'il le veut, habitera dans les champs ; il y pourra posséder une maison et un jardin. Paris, on l'a vu, est une des grandes villes du globe qui sont le plus ramassées sur elles-mêmes : elle n'a guère que 9 kilomètres de diamètre dans un sens et 10 kilomètres et demi dans l'autre. Elle pourrait sans inconvénient s'étendre sur un espace double, même triple et occuper 25 ou 30 kilomètres de diamètre ; toute la périphérie serait alors une campagne parsemée de maisons ou de cottages. La réduction des heures de travail à 9 ou 10 par jour rendrait très facile à l'ouvrier, comme à l'employé, de partir de chez lui le matin à sept heures ou sept heures et demie et d'être de retour pour son dîner, ayant toute sa soirée à consacrer dans sa propre demeure aux occupations, aux distractions, aux nobles soins de la vie de famille.

L'œuvre des maisons ouvrières est l'une des plus philanthropiques que l'on puisse encourager. On en a construit maintenant en un grand nombre de villes industrielles ; l'Alsace a donné, la première, l'exemple à Mulhouse, à Colmar, à Guebwiller. On connaît le type de la maison ouvrière mulhousienne : c'est une construction isolée, divisée du haut en bas en quatre logements, dont chacun a un petit jardin, un grenier, une cave; quelquefois cette habitation n'a qu'un rez-de-chaussée ; d'autres fois, ce qui vaut mieux, on y joint un étage. La grande difficulté pour cette entreprise est double : c'est d'abord d'établir un prix de revient modéré, qui soit accessible aux simples ouvriers; c'est ensuite de satisfaire les exigences du fisc qui, avec ses droits de mutation, de timbres et autres, prélève 10 p. 100 environ du montant du prix. C'est une chose triste à dire, que toute mesure destinée à améliorer le sort de la population ouvrière rencontre un adversaire obstiné, le fisc. La solution de ce qu'on appelle la question sociale consisterait à supprimer ceux des impôts qui empêchent l'ouvrier de devenir propriétaire ou capitaliste et de transmettre à sa famille par héritage son patrimoine, sans que le fisc en prélève une trop grosse part. La réduction à un demi pour cent des droits de vente d'immeubles est un des dégrèvements les plus utiles ; il rendrait de bien plus grands services que la diminution des impôts de consommation.

A Mulhouse le prix de revient d'une maison ouvrière est de 3 ou 4,000 francs. Aux environs de Paris et à cause du renchérissement de la main-d'œuvre on pourrait évaluer la dépense à 6,000 francs au maximum, en comprenant un jardin de 150 à 200 mètres par habitation. Le prix du terrain ne dépassant pas dans les localités encore désertes des environs de Paris 1 ou 2 francs le mètre, ce ne serait pas là un grand surcroît de frais. En comptant 500 francs pour le terrain, soit de 3 à 4 francs le mètre, il resterait encore 5,500 francs pour l'habitation. En attendant qu'elles fussent achetées, ces maisons pourraient être louées moyennant un intérêt de 4 1/2 p. 100, qui est largement rémunérateur dans les conditions actuelles du marché des capitaux, ce serait un loyer de 270 francs, très inférieur à ce que payent beaucoup de familles d'ouvriers. Pour acquitter immédiatement le prix, l'ouvrier trouverait bien des établissements de crédit foncier qui lui feraient l'avance de la moitié ou des deux tiers de la valeur du petit immeuble moyennant un intérêt de 4 1/4 ou 4 1/2 p. 100, amortissement compris en quarante ou cinquante ans. Ainsi, tout ouvrier qui aurait économisé 2,000 francs pourrait devenir acquéreur d'une maison en valant 6,000, et pour laquelle il n'aurait plus à payer qu'une annuité de 180 francs au maximum, comme intérêt et amortissement du restant du prix de vente. La première condition pour une semblable amélioration dans le logement de l'ouvrier, c'est que les moyens de transport de toute nature soient absolument affranchis de toute taxe; la seconde, c'est que l'État réduise à 1/2 p. 100 au plus les droits de mutation ou d'achat. A l'heure actuelle l'ouvrier qui veut acheter une maisonnette de 6,000 francs doit commencer par en payer 6 ou 700 au fisc; ensuite tous les moyens de transport étant singulièrement renchéris et raréfiés par les taxes de toute nature, il subit, pour se rendre à son ouvrage et pour en revenir, une surcharge qui est peut-être de 100 ou 200 francs par an ; il s'expose aussi à ne pas trouver de place dans les omnibus et à perdre du temps. Dans les conditions actuelles l'amélioration du logement des ouvriers est un problème presque insoluble.

Des statistiques récentes ont établi qu'a Mulhouse une famille ouvrière consacre environ 15 p. 100 de ses recettes à son logement, 16 p. 100 au vêtement, 61 p. 100 à la nourriture, 8 p. 100 aux frais divers. Le logement prélève parfois jusqu'à 250 francs sur les salaires de l'ouvrier et de sa famille, mais il est rare qu'il ne s'élève pas à 150 francs. A Paris une famille d'ouvriers emploie, à se loger, une somme qui varie entre 200 et 500 francs ; dans presque tous les cas, pourvu qu'elle ait une petite avance de 1,000 à 2,000 francs, l'annuité qu'elle aurait à payer pour devenir propriétaire d'une maisonnette ne serait pas plus élevée que son loyer actuel; il est même probable que cette annuité serait inférieure.

De 1854 à 1877, la Société des maisons ouvrières de Mulhouse a vendu 945 maisons, coûtant ensemble 2,780,000 francs; les frais accessoires de contrat, de contributions et autres se sont élevés à 1,300,000 francs, presque la moitié du prix principal, soit en tout un peu plus de 4 millions de francs, ou 4,317 francs par maison. D'après ces chiffres on voit que, si le gouvernement réduisait à 1/2 p. 100 les droits de vente, une maison ouvrière pourrait ne coûter que 6,000 francs dans la banlieue de Paris, tout en étant fort confortable. Les 945 maisons créées par la société de Mulhouse ont été achetées par des ouvriers, et on calcule que le quart environ de la population ouvrière de cette ville s'y trouve logé. En vingt-trois ans les ouvriers de Mulhouse ont employé 3 millions 319,000 francs en achats d'immeubles, 130,000 francs par an.

Cet exemple a été imité à Guebwiller et à Colmar avec un peu moins de succès. A la fabrique de produits chimiques de Thann le propriétaire, M. Scheurer-Kestner, fait aux ouvriers des prêts pour achats de maisons, si bien que parmi les 333 travailleurs de l'usine 103 sont devenus propriétaires de leur habitation.

Avec le taux actuel des salaires qui atteint dans certains corps d'état 7 ou 8 francs par jour, il ne serait pas impossible que les ouvriers d'élite arrivassent à posséder des maisons d'une importance même bien supérieure à celle que nous venons de décrire, des habitations, par exemple, valant 7, 8 ou 10,000 francs, et ayant des jardins de 4 ou 500 mètres. L'ouvrier français serait alors logé comme l'ouvrier américain (1).

L'État et les villes, en dehors des mesures que nous avons indiquées et qui sont de leur devoir absolu, ne peuvent-ils pas faire davantage encore? Peut-être. L'État et les grandes villes ont un crédit particulièrement élevé, ils empruntent à 3,60 p. 100, à 4 p. 100 amortissement compris dans un délai de cinquante ou soixante ans. Ils pourraient mettre ce crédit à la disposition des sociétés qui veulent construire des maisons ouvrières. Ce serait diminuer d'autant le coût du loyer, sans que les contribuables en souffrissent le moins du monde ; ce ne seraient pas là des subventions, ce qui prêterait à la critique, ce seraient des avances remboursables sans perte pour le Trésor.

(1) On peut consulter sur *Les habitations économiques* l'ouvrage de MM. Müller et Cacheux.

L'État et les villes ont bien fait des prêts de ce genre pour aider certaines industries à traverser des crises, pour le drainage, pour les irrigations, etc. En dehors des prêts directs, faits au taux habituel de leur crédit, l'État et les villes pourraient atteindre par un autre moyen le même but : ce serait de n'accorder le privilège des lots qu'aux emprunts émis par les sociétés philanthropiques et absolument désintéressées qui construiraient des maisons destinées à l'habitation des ouvriers. On sait qu'un emprunt à lots, y compris l'intérêt, les lots et l'amortissement, peut ne revenir qu'à 3 1/2 p. 0/0 d'annuité. Les lots sont une faveur que l'État a octroyée sans discernement ou par complaisance à des sociétés de spéculation. Il serait moral de réserver ce privilège aux sociétés qui s'interdisent absolument toute distribution de dividende au delà d'un très mince intérêt, et qui se consacrent à une œuvre d'utilité sociale.

L'État et les villes n'ont pas le devoir de faire des sacrifices pour rendre plus égales les conditions humaines ; ils n'en ont même pas le droit. Mais rien ne leur interdit, par des prêts ou par d'autres mesures qui ne coûtent rien au contribuable, de venir en aide à l'amélioration du sort des classes laborieuses.

L'État a encore un autre rôle. Il n'est pas seulement le gardien de la sécurité et de la liberté des transactions ; il l'est aussi de la moralité et de l'hygiène. A ce point de vue il ne saurait être trop attentif à la situation des « garnis » où s'entasse la population nomade. Une ordonnance de 1832 a placé ces logements sous la surveillance de la police ; mais on ne se préoccupait alors que de procurer une plus grande sécurité à la capitale, les hôtes des garnis étant naturellement suspects. En 1850 on se dégagea de ce matérialisme, et on résolut de s'occuper des petits logements non seulement pour assurer le repos de l'ensemble de la métropole, mais pour soustraire à des conditions pernicieuses d'existence les habitants de tous ces appartements de la dernière classe. On rendit la loi relative à l'assainissement des logements insalubres. Ce fut là une extension de l'action de l'État sans qu'il sortît de ses attributions naturelles. La Commission pour l'assainissement des logements insalubres fonctionne régulièrement et avec zèle ; malheureusement les moyens dont elle disposait étaient, à l'origine, très-restreints. De 1851 à 1876 elle a visité à Paris 50,000 maisons ; or il s'en trouve 75,000 dans notre capitale ; il est vrai qu'un grand nombre, étant destinées à la classe riche, n'ont guère besoin d'être inspectées ; beaucoup d'autres, au contraire, devraient être l'objet de visites fréquentes, se renouvelant à chaque intervalle de quelques années. De 1871 à 1876 on n'a point prescrit moins de 15,000 mesures d'assainissement ; on a déterminé aussi le volume d'air minimum que doit contenir chaque chambre relativement au nombre des personnes qui y couchent ; on l'a fixé à 14 mètres cubes par tête. Ce n'est qu'à la longue, par l'exemple, par une habitude invétérée, par la disparition des maisons les plus anciennes, par le complément des égouts, que toutes ces prescriptions peuvent devenir efficaces. Un jour, quand les concessions d'eaux et de gaz à des compagnies particulières seront expirées, ce qui arrivera dans un quart de siècle ou un demi-siècle, on pourra encore, en perfectionnant la canalisation et en abaissant le prix de ces deux articles dans des proportions considérables, contribuer davantage à l'amélioration de la demeure de l'ouvrier (1). Tous les progrès de l'industrie et de la science, on peut dire aussi tous les progrès de la finance, c'est-à-dire de l'art de manier les capitaux, tendent à diminuer l'écart entre les conditions humaines ; bien loin que le paupérisme en soit le fruit, il se trouve peu à peu éliminé par ces influences diverses.

Parmi les œuvres qui peuvent encore rendre des services on doit citer les asiles de nuit, qui sont destinés à fournir un abri passager aux personnes momentanément sans gîte. La charité privée commence à édifier de pareils refuges ; peut-être est-il sage de lui abandonner ce soin. Si l'État ou les villes s'en mêlaient, il serait à craindre que, multipliant outre mesure ces ins-

(1) Ces remarques n'impliquent pas que nous engagions les villes à exploiter elles-mêmes l'industrie du gaz et des eaux, ce qui se fait, il est vrai, dans beaucoup de cités anglaises, belges ou allemandes. Nous préférons le système de la régie cointéressée. Déjà, en 1880, la ville de Paris et la Compagnie des Eaux ont révisé les tarifs d'une manière très favorable aux petits ménages.

titutions, ils n'aboutissent qu'à augmenter la population nomade et le vagabondage. La charité légale, quand elle devient systématique et qu'elle reconnaît à l'assisté un droit, crée autour d'elle dans la classe laborieuse l'imprévoyance et la misère, l'indifférence dans la classe riche.

Pour résumer les observations que nous suggère l'examen de la propriété immobilière urbaine nous dirons que le développement presque ininterrompu de la valeur de cette propriété et la hausse des loyers qui en est l'origine tiennent beaucoup plus à certaines circonstances économiques, sociales, fiscales, d'un caractère passager qu'à des causes permanentes. L'accroissement des grandes villes ne peut continuer avec la rapidité et l'intensité qu'on a constatées dans la dernière période de 40 ou 50 ans. Le développement des voies de communication urbaines et suburbaines, la suppression de tous les impôts sur les transports, sur les fourrages, sur les matériaux, la prolongation des chemins de fer dans la capitale, permettraient à la population ouvrière d'habiter des maisons confortables dans un rayon de deux ou trois lieues du centre de Paris ; le terrain n'y valant guère plus d'un ou deux francs le mètre, ou bien encore au maximum 4 ou 5 francs le mètre, l'établissement de maisons ouvrières, sur le type de celles de Mulhouse ou des habitations d'artisans dans les principales villes d'Amérique, serait aisé (1). La baisse de l'intérêt du capital, la suppression ou la réduction à un taux insignifiant des droits de mutation, les prêts d'institutions de Crédit foncier populaires auxquelles serait réservé l'avantage de pouvoir émettre des emprunts à lots, faciliteraient à l'ouvrier l'acquisition et le paiement de ces demeures confortables, salubres et gaies. D'autre part, la diminution des goûts de sociabilité exagérée, le développement, qui est très sensible depuis quelques années, de la vie de famille, induiront de plus en plus toutes les classes de la population urbaine à se répandre dans la périphérie des grandes villes et

(1) Déjà, il s'est fondé à Paris une *Société des habitations économiques*, et, à côté d'elle, une autre société plus locale, la *Société de Passy-Auteuil pour la construction de maisons ouvrières*.

même dans les campagnes avoisinantes. Le privilège de situation des immeubles du centre en sera vraisemblablement atteint. La constitution des grands magasins qui remplacent très avantageusement les milliers de petites boutiques à faible clientèle et à hauts prix pourra encore diminuer les revenus de ces mêmes immeubles jusqu'ici privilégiés ; du moins elle en arrêtera l'accroissement.

Pour la propriété urbaine, comme pour la propriété rurale, le perfectionnement incomplet des voies de communication dans la période jusqu'ici écoulée a augmenté les privilèges de situation ; mais le développement ultérieur et le complément de ces mêmes voies, l'abaissement des prix de transport, réduiront à l'avenir l'importance de ces mêmes privilèges ; la banlieue des villes et même toutes les campagnes environnantes feront concurrence au centre, de même que les pays les plus éloignés et d'un peuplement récent font pour les produits agricoles concurrence aux districts les plus anciennement habités.

La facilité et le bon marché des moyens de transport, quand ils atteignent un certain degré, sont un grand obstacle à tous les privilèges, à tous les monopoles naturels et artificiels ; ce sont aussi de puissants agents de rapprochement des conditions humaines.

---

# CHAPITRE VIII

## DE LA PROPRIÉTÉ MOBILIÈRE ET DU TAUX DE L'INTÉRÊT.

Manière dont le progrès de la civilisation affecte la situation des rentiers et des capitalistes. — Deux causes principales influent sur la situation de ces personnes : le taux de l'intérêt et le mouvement des prix.

De la nature de l'intérêt du capital. — Condamnation de l'intérêt par Aristote et par la plupart des églises.

De la légitimité de l'intérêt du capital. — Le capital est indéfiniment reproductif d'utilité, pourvu qu'on prélève une parcelle de cette utilité pour l'amortir et le reconstituer. — Exemple.

Entre le prêteur et l'emprunteur le fond du contrat est une association avec partage des bénéfices fixé à forfait. — Ce que serait un monde où l'intérêt n'existerait pas.

Ces vérités ont échappé à Aristote et aux églises. — Justification de l'intérêt par Calvin et par les jésuites. — Comment les fidèles éludaient dans leurs prêts les prescriptions de l'Église.

Des causes qui déterminent le taux de l'intérêt. — Insuffisance de l'explication fournie par la loi de l'offre et de la demande. — Deux causes principales influent sur l'offre et la demande : ce sont la productivité même des capitaux et le degré de sécurité dont ils jouissent.

Les capitaux ne sont pas également productifs dans toutes les sociétés et dans tous les âges d'une même société. — Le taux de l'intérêt dépend de la productivité moyenne des nouveaux capitaux survenant dans le pays : grande importance de cette vérité qui a été méconnue par les économistes.

Des conditions de sécurité des capitaux : il faut distinguer les conditions propres à la personne de l'emprunteur, et les conditions de sécurité générale des transactions dans la contrée. — Qualité différente des emprunteurs dans les pays pauvres et dans les pays riches. — Causes de la thésaurisation dans les sociétés primitives.

Des variations du taux de l'intérêt dans l'histoire. — Des causes de la productivité des capitaux dans les contrées neuves.

De la tendance à la baisse du taux de l'intérêt : les trois causes qui la déterminent : accroissement de la sécurité des transactions ; augmentation incessante de l'épargne ; diminution de productivité des nouveaux capitaux créés au delà d'une certaine limite. — Les deux premières causes amènent la baisse du taux de l'intérêt qui est un bien ; la troisième cause produit l'avilissement du taux de l'intérêt qui est un mal.

Du bas taux de l'intérêt, il y a un siècle, en Hollande, en Angleterre, dans les villes maritimes d'Allemagne et d'Espagne.

Du relèvement brusque, à certains intervalles, du taux de l'intérêt et des causes de ce relèvement. — Les trois causes accidentelles qui, à certains

**moments de l'histoire, s'opposent à la baisse du taux de l'intérêt : découverte de nouveaux emplois très productifs pour les capitaux par suite d'inventions industrielles; émigration des capitaux vers les pays neufs; guerres et emprunts d'État. — La première cause est essentiellement bienfaisante, la seconde indifférente, la troisième funeste. — Puissante action de la première de 1845 à 1865.**

Chacun sait l'importance qu'a prise depuis un demi-siècle ce que l'on appelle la richesse mobilière, c'est-à-dire l'ensemble de valeurs qui sont l'objet de transactions et d'échanges dans des marchés réguliers que l'on appelle *bourses* ou sur un marché irrégulier qne l'on nomme *la banque*. Le mot de richesse mobilière pourrait susciter bien des observations ; il éveille, en effet, l'idée de capitaux circulants, disponibles, comme des sommes d'argent, des effets de commerce renouvelables, des approvisionnements de marchandises, des « choses fongibles ». Or, il n'en est rien : la plus grande partie de la richesse dite mobilière n'est que de la richesse immobilière représentée par des titres que l'on peut plus ou moins facilement acheter ou vendre. Il en est ainsi notamment pour les mines, pour les propriétés rurales ou urbaines, qui sont possédées par des sociétés anonymes. Tous ces biens sont des immeubles, c'est incontestable ; mais on a créé, pour en rendre le transfert plus facile, des titres appelés *actions*.

Ne nous arrêtons pas plus longtemps à ces préliminaires, ce serait superflu pour notre sujet. Ce que nous voulons rechercher dans ce chapitre, c'est la manière dont le développement de la civilisation affecte et modifie la situation des capitalistes et des rentiers, des personnes qui vivent du revenu d'une épargne antérieure ou qui cherchent à se faire une fortune par les produits accumulés des capitaux qu'elles ont déjà. La plus grande partie de la classe moyenne, *robur nationum*, est aujourd'hui dans ce cas. Gagne-t-elle en étendue d'abord, c'est-à-dire fait-elle des recrues de plus en plus nombreuses dépassant largement les pertes qu'elle subit ? Gagne-t-elle ensuite en indépendance, c'est-à-dire maintient-elle et accroît-elle sans trop d'efforts sa position, soit absolue, soit relative dans la société ?

Cette question est grave : la situation des rentiers et celle des capitalistes sont influencées par deux causes principales : le taux de l'intérêt, et le mouvement des prix. Capitalistes ou rentiers, en effet, vivent de l'intérêt, économisent sur l'intérêt, augmentent leur fortune par des prélèvements sur l'intérêt. Parfois, ils peuvent aussi élever leur situation par des spéculations heureuses, mais c'est un bonheur rare et qui n'échoit qu'à peu de gens. Une spéculation heureuse c'est le gain du petit nombre sur le grand nombre, c'est l'avantage d'un esprit avisé, sagace, expérimenté, actif, sur l'esprit engourdi, indifférent, négligent ou ignorant, de la foule. Si quelques capitalistes peuvent grandir par la spéculation, la masse des capitalistes et des rentiers vit ou s'élève par l'intérêt des capitaux.

Rentiers ou capitalistes, en outre, ne reçoivent directement en partage et ne produisent, d'ailleurs, aucune marchandise spéciale, déterminée, d'une consommation immédiate, comme la viande, par exemple, le pain, les vêtements, le charbon, le bois, etc. Ils ne produisent et ils ne reçoivent directement en partage que cette marchandise générale, universelle, que l'on appelle par des noms vagues, argent ou capital, et qui donne droit à un certain nombre des autres produits réellement consommables, d'après le cours de ces derniers produits relativement à cette marchandise générale. Le sort des rentiers et des capitalistes est donc affecté par tous les changements qui peuvent arriver dans le rapport de valeur entre toutes les marchandises spéciales, déterminées, consommables, directement utiles ou agréables, et la marchandise générale, indéterminée, qui s'appelle l'argent, la monnaie, donnant droit à tout, mais dans une proportion variable.

La situation des capitalistes et des rentiers, situation absolue et situation relative dans la société, dépend donc de deux causes : le taux de l'intérêt et le mouvement des prix des denrées et du travail humain. C'est une croyance assez générale que le taux de l'intérêt a une tendance à baisser toujours ; aussi certains économistes en concluent-ils que nous marchons, que nos arrière-neveux arriveront à l'état stationnaire, et Stuart Mill fait de cet état une peinture riante, non sans quelques ombres. Nous devrons rechercher quelle est la justesse de cette opinion, et dans quelle mesure se trouverait affectée par cet état stationnaire la situation des rentiers et des capitalistes; mais auparavant il nous faut résoudre une autre question: qu'est-ce que l'intérêt du capital ou, pour parler la langue inexacte du vulgaire, qu'est-ce que l'intérêt de l'argent, quelle en est la légitimité, quelles sont les causes qui en déterminent le taux?

La légitimité de l'intérêt du capital n'est pas un axiome qui ne rencontre pas de contradicteurs ; il s'en est trouvé de deux sortes: les socialistes comme Proudhon, auxquels nous joindrons certains savants de l'antiquité comme Aristote; en second lieu, les religions, au moins à l'origine, le christianisme et l'islamisme en particulier, car le judaïsme a été plus tolérant. Les fils d'Abraham ont toujours eu quelque tendresse pour l'intérêt de l'argent et leur religion ne l'a jamais proscrit d'une manière absolue.

Le raisonnement d'Aristote pour condamner l'intérêt est d'une simplicité qu'on pourrait presque appeler enfantine ; il est étonnant qu'un si pénétrant génie se soit arrêté en cette matière à la surface, à la forme extérieure, sans voir le fond et l'essence de l'opération qui s'appelle le prêt. L'intérêt de l'argent, d'après Aristote, est illégitime, parce que l'argent ou la monnaie n'enfante pas son pareil : jamais on n'a vu une pièce de 20 francs enfanter une pièce de vingt sous. Cela est exact, et il n'était pas besoin d'une intelligence de premier ordre pour découvrir que matériellement un écu ni une quantité d'écus, si nombreuse qu'elle soit et si longtemps qu'on la garde, n'enfante pas un autre écu : *nummus nummum non parit.* Les anciennes civilisations, cependant, et la plupart des religions à l'origine se sont arrêtées à cette conception toute superficielle de l'intérêt des capitaux. Aussi toutes ou presque toutes le prohibaient-elles comme une chose contre nature. Le prêt à intérêt, le *fœnus*, était rigoureusement interdit. Caton, qui ne dédaignait pas d'être usurier comme simple particulier, se montrait, comme homme public, un austère adversaire du prêt à intérêt:

nos ancêtres, disait-il, ont établi par des lois que le voleur serait tenu à une restitution du double, le prêteur à intérêt à une restitution du quadruple : *majores ita in legibus posuerunt furem dupli condemnari, fœnatorem quadrupli.* Dans d'autres cas les Romains, cette race usurière s'il en fut, comparaient, assimilaient presque le prêt à intérêt à un assassinat: *fœnerari* ou *hominem occidere* était aux yeux de leurs moralistes, même de leurs législateurs, des actes de même nature. Il y avait bien quelque raison de leur temps et chez eux à cette assimilation qui nous choque: c'est que l'ancien droit romain faisait tomber en esclavage le débiteur insolvable.

Que le point de vue d'Aristote et des anciens Romains soit inexact, il est aisé de le dire et il l'est presque autant de le démontrer. Ce n'est pas de l'argent que l'on prête en réalité, ce sont des capitaux ; autant vaudrait dire dans nos sociétés modernes que c'est du papier que de l'argent, car les nations assujetties au cours forcé ou affranchies de ce fléau se servent les unes et les autres de billets de banque ou d'État pour les transactions de quelque importance. Ces pièces d'or, ces billets de banque, qu'est-ce en réalité? Ce sont des mandats qui donnent droit au porteur de prélever dans la société des marchandises à son choix et jusqu'à concurrence d'une certaine valeur. Ce sont des capitaux que l'on prête; or qu'est-ce que les capitaux? Des marchandises destinées à faciliter la production. Le capital, c'est un produit accumulé ou mis en réserve, non pas en vue de la consommation personnelle ne laissant aucune trace, mais en vue d'une production ultérieure. L'intérêt sera légitime s'il est vrai que les capitaux sont, de leur nature, productifs d'utilité, qu'ils rendent service à celui qui les possède et, par conséquent, à celui qui les emprunte et que, après ce service rendu, les capitaux restent cependant tels qu'ils étaient.

Prenons un exemple: un sauvage dans un espace de temps déterminé et avec une certaine somme d'efforts tue en moyenne un daim avec une flèche. On lui prête un fusil, de la poudre et des balles ; dans le même temps et avec la même somme d'efforts, il tue en moyenne deux daims au lieu d'un. Après s'être servi du fusil pendant six mois, il le rend à son possesseur ; se sera-t-il acquitté, aura-t-il payé sa dette, rémunéré le service rendu ? Non certes. Le sauvage, en effet, aura retiré pendant ces six mois une utilité continuelle de l'engin prêté; il aura épargné sa peine ou avec la même peine accru ses produits ; il doit au prêteur une part de l'augmentation de ses produits, car cet accroissement n'est pas le fait du sauvage seul, mais celui de l'homme qui possédait le fusil et qui l'a prêté. Il n'est pas juste que l'emprunteur seul jouisse de tout le surcroît de production que lui procure l'objet emprunté.

Prenons d'autres exemples : une machine à coudre prêtée à une ouvrière ; une machine-outil prêtée à un fabricant ; une charrue prêtée à un laboureur; des denrées de consommation prêtées à un fabricant qui a besoin de six mois pour faire un produit pouvant être vendu et qui, dans la vente, recouvre plus que les frais de production ; dans ces cas, dans mille autres, dans tous, n'est-il pas évident que l'objet prêté a accru les moyens de production de l'emprunteur, qu'avec le même travail, grâce à cet objet prêté, il a obtenu beaucoup plus qu'il n'aurait eu sans lui? il y a une plus-value incontestable qui résulte de l'usage de l'objet prêté. Eh bien, l'intérêt du capital, c'est la part du prêteur, auteur du capital, dans le surcroît de produit que l'usage du capital prêté a ajouté au travail de l'emprunteur. Le capital engendre du capital, c'est incontestable ; il n'en engendre pas tout seul, il lui faut l'aide du travail; aussi le possesseur du capital ne peut prétendre retirer à son profit la totalité du produit du capital mis en œuvre par le travail; mais il a droit à entrer en partage de ce produit.

Entre le prêteur et l'emprunteur le fond du contrat est une association tacite et innomée, une véritable participation dans les bénéfices. L'association que quelques modernes croient avoir découverte est beaucoup plus fréquente qu'on ne pense dans la société; on la trouve presque partout. Seulement en général elle se résout par un forfait. Il y a, à ce point de vue, une coutume curieuse chez les Juifs russes : quand l'un d'eux prête à l'un de ses coréligionnaires, pour éviter de violer le précepte religieux qui n'autorise le prêt à intérêt que vis-à-vis des gentils, l'emprunteur et le prêteur stipulent entre eux une association, mais immédiatement ils fixent à forfait le bénéfice qui devra échoir au prêteur. S'il advient que l'israélite emprunteur jure qu'il n'a pas fait de gain avec la somme empruntée, alors l'intérêt tombe ; mais cet emprunteur perd du même coup tout crédit. Le forfait est une convention excellente, elle épargne les discussions, l'intervention du prêteur dans les affaires et dans les comptes de l'emprunteur. L'association est donc le fond même du prêt, de même qu'elle est aussi le fond du travail salarié ; et l'intérêt de même que le salaire n'est qu'un forfait qui détermine la participation des deux parties dans le produit commun, pour plus de commodité, de rapidité et de sécurité.

A cette théorie de l'intérêt on peut sans doute faire quelques objections, dire par exemple qu'on n'emprunte pas toujours des capitaux pour les employer reproductivement ; qu'on en emprunte parfois pour les consommer, même pour les gaspiller ; c'est le cas des prodigues. Peu importe, c'est là la corruption, l'abus du prêt à intérêt ; mais cet abus ou cette corruption n'en dénature pas le caractère essentiel qui est d'être une association à forfait entre le prêteur et l'emprunteur. Le premier ne peut pas toujours se rendre compte de la capacité et des desseins du second, il suffit au premier qu'il eût pu prêter à un autre emprunteur sérieux et entreprenant ses capitaux, pour que le taux de l'intérêt soit légitime même vis-à-vis d'une personne qui fait de la somme empruntée un inutile ou un sot usage. Que si le prêteur savait d'avance que l'emprunteur devait dévorer en dépenses folles la somme empruntée, il peut être et il est moralement coupable d'avoir encouragé des désordres et aidé à gaspiller des capitaux ; mais, en aucun cas, une institution n'a été jugée par les abus qui en sortent quand ils sont exceptionnels. On connaît la maxime *corruptio optimi pessima;* elle s'applique parfaitement à l'usure qui est un mal détestable provenant d'un incontestable bien ; c'est la transformation en un instrument de mort d'un instrument de travail.

La première raison de l'intérêt est donc le service rendu à l'emprunteur, l'accroissement de productivité fourni à son travail, à son industrie, à son commerce. La deuxième raison de l'intérêt, c'est la peine prise par le prêteur, le sacrifice qu'il fait par l'abstinence en se privant d'une consommation immédiate pour un profit différé; c'est le prix du risque qu'il court, en se privant d'un capital dont il pourrait avoir besoin, qu'il pourrait faire fructifier lui-même. Il est superflu de dire que les capitaux ne naissent pas tout seuls; qu'il faut pour les créer des efforts ou des qualités diverses, un élément physique, le travail; un élément moral, l'abstinence ou la frugalité. L'intérêt est la rémunération du travail, de la prévoyance, de l'abstinence ou de la frugalité, soit de l'un de ces éléments séparé, soit en général de tous réunis.

On peut à peine se figurer ce que serait un monde où l'intérêt n'existerait pas. A coup sûr il ne s'y rencontrerait aucune division profonde du travail et des occupations, pas d'échanges, presque point ou peu de progrès. S'il n'y avait pas d'intérêt du capital, chacun n'épargnerait que les sommes dont il pourrait lui-même faire un emploi productif ou bien encore les maigres ressources destinées à assurer le repos de la vieillesse. On se souvient de ce personnage de roman, le premier maître que Gil-Blas servit à Madrid, homme sombre, fantasque, solitaire, qui, interrogé par le *corregidor* sur ses moyens d'existence, conduisit ce juge vers un grand bahut renfermant entassées des piles de douros où puisait chaque jour le propriétaire, ayant calculé que, dût-il vivre cent ans, il avait dans ce trésor plus que sa ration journalière. Si l'intérêt du capital n'existait pas, les natures les plus prévoyantes s'adonneraient à ce mode égoïste de l'épargne, la thésaurisation. Personne ne prêterait plus, car le prêt entraîne toujours un risque, une dépossession désagréable, une peine pour récupérer. La charité seule et l'amitié, deux sentiments qui sont rarement prépondérants dans les actions des hommes, feraient des prêts. Les conditions seraient alors plus égales assurément; mais ce serait l'égalité, non pas dans la médiocrité, dans la pauvreté. Les sociétés n'avanceraient pas, parce qu'il se créerait peu d'instruments de travail, chacun n'en faisant que pour soi, non pour prêter à autrui. Aujourd'hui le moindre petit bourgeois qui épargne crée, sans s'en rendre compte, des instruments de travail; il n'a pas besoin d'être lui-même ingénieur, savant, compétent, de se mettre l'esprit en peine pour le meilleur usage à faire des capitaux qu'il accumule, il n'a qu'à les prêter à des hommes solvables, à des compagnies solvables. Il travaille ainsi inconsciemment, d'une manière continue, à l'agrandissement et au renouvellement de l'outillage de l'humanité. Mais le ferait-il sans intérêt? Assurément non, car il craindrait alors de voir ses capitaux sortir de ses mains, se transformer, aller au loin, courir des risques.

L'intérêt des capitaux est le lien des sociétés modernes. Il y rattache entre eux les individus, et les nations entre elles. Plus une société se civilise et progresse, plus les relations de prêteur et d'emprunteur se multiplient, au point que chacun est emprunteur et prêteur dans une foule d'occasions sans le savoir. Est prêteur et créancier tout homme qui possède un titre d'obligation quelconque d'État, de ville ou de société anonyme; est emprunteur et débiteur, tout homme qui a un titre d'action dans une société ayant émis des obligations. Ainsi ces relations de prêteur à emprunteur se répandent dans toute la société et en même temps se subtilisent. Elles se créent entre les diverses nations comme entre les divers individus. C'est le prêt à intérêt qui défriche le monde, qui élève les jeunes sociétés en leur fournissant les ressources de leurs aînées. Les Etats-Unis, l'Australie, la Nouvelle-Zélande et toutes les colonies ne sont pas seulement le produit des émigrants anglo-saxons ou autres, ils sont le produit aussi des capitaux du vieux monde prêtés à intérêt aux entrepreneurs du nouveau. C'est ainsi que certaines nations ont prêté au dehors des dizaines ou des demi-centaines de milliards de francs, et qu'elles retirent en intérêts ou en bénéfices annuels, un, deux, même trois milliards de leur coopération pécuniaire à l'exploitation des autres contrées du globe. Sans l'intérêt cette émigration des capitaux surabondants du vieux monde dans les contrées encore vierges s'opérerait-elle? Qui peut le prétendre? L'intérêt du capital ou, comme dit la langue vulgaire, l'intérêt de l'argent crée l'association la plus intime, la coopération la plus constante entre des hommes placés aux antipodes l'un de l'autre. En dehors des colons qui vivent physiquement dans les pays neufs, il y a une foule d'autres hommes qui sont, eux aussi, réellement des colons et qui travaillent aussi énergiquement que les premiers au développement des contrées neuves qu'ils n'ont jamais vues : ce sont les capitalistes, grands ou petits, dont l'épargne va mettre en valeur au loin des richesses naturelles inexploitées.

L'intérêt est donc justifié par le service rendu à l'emprunteur, par la peine prise par le prêteur, et d'une manière plus générale par l'utilité sociale qui en résulte.

L'intérêt, même lorsqu'il est acquis pendant trente, quarante, cinquante ans, et lorsque par l'accumulation des diverses sommes annuellement payées il dépasse le montant du capital, n'épuise pas le capital et ne dispense pas de le rendre. Rien n'est plus juste. L'intérêt n'est pas, en effet, une restitution par acomptes du capital prêté : c'est la représentation des services successifs rendus par le capital à l'emprunteur sans que le capital lui-même en soit diminué ou altéré. Il est de l'essence de l'utilité du capital qu'elle se répercute sur toute une série indéfinie d'actes productifs sans que le capital lui-même disparaisse. Quand on prête à un chasseur un fusil, il retire de ce fusil une utilité distincte, un avantage particulier, toutes les fois qu'il se trouve en présence du gibier, et cependant au bout d'un mois, au bout d'un an, après avoir ainsi procuré à son détenteur vingt, trente, cent, mille avantages, le fusil peut être en aussi bon état qu'auparavant. Il en est de même pour une machine à coudre prêtée à une ouvrière, une charrue à un laboureur : il est de l'essence du capital de fournir successivement et par parcelles des centaines d'utilités, sans se détériorer en aucune façon ; ou du moins, s'il se détériore, il suffit de consacrer à le remettre en bon état une très petite partie des avantages successifs qu'il a procurés, suivant la méthode des amortissements industriels. Voilà pourquoi il est légitime que le prêteur ne rentre pas seulement dans la possession de l'objet prêté, mais qu'il participe aussi à toutes ces utilités successives, à tous ces avantages divers que la possession du capital emprunté a procurés à l'emprunteur. Ce n'est donc pas seulement dans le sens juridique et par l'arbitraire des lois que le capital engendre un intérêt; c'est naturellement, matériellement; les lois n'ont fait ici que copier la nature.

D'où vient que des vérités aussi facilement saisissables aient échappé, non seulement au philosophe Aristote, mais encore à la plupart des églises, au judaïsme, au christianisme, au mahométisme? Ces églises sont nées dans des temps où la science économique n'existait pas et où le vrai caractère des relations sociales ayant pour objet la production était méconnu. En outre, ce qui se conçoit aux premières heures du prosélytisme, les religions s'efforçaient de substituer aux rapports juridiques, fondés sur la stricte justice, des rapports charitables. L'interdiction, d'ailleurs, n'était pas toujours complète. Si Origène, par exemple, défendait au prêteur d'exiger un intérêt, il enjoignait ou conseillait à l'emprunteur de restituer le double. Dans des temps plus proches de nous, les réformateurs du seizième siècle, sauf un, ne furent pas plus clairvoyants que les Apôtres ou les Pères. Luther, Mélanchton, ont tonné contre l'intérêt qu'ils confondaient souvent, comme l'a fait encore depuis lors Proudhon, avec l'usure, c'est-à-dire avec les pratiques dolosives et frauduleuses qui exploitent la crédulité, ou les vices, ou le besoin de l'emprunteur. Il est arrivé à Calvin, et ce n'est pas de sa part un faible mérite, de discerner beaucoup mieux la nature du prêt à intérêt et de légitimer cette transaction. Le *Journal des Economistes* a publié, il y a un an (numéros de janvier et de février 1879), un intéressant article à ce sujet. L'argent, disait Calvin, n'engendre pas de l'argent, c'est incontestable; mais avec de l'argent on achète des terres qui produisent plus que l'équivalent du travail qu'on y consacre et qui laissent au propriétaire un revenu net, toutes dépenses de main-d'œuvre et autres payées. Avec de l'argent on achète une maison qui produit des loyers. Or, la chose avec laquelle on peut acheter des objets spontanément productifs de revenu doit être considérée comme productive elle-même de revenu. Une grande congrégation catholique, celle des jésuites, partage avec Calvin le mérite d'avoir très nettement distingué les causes de l'intérêt et de l'avoir justifié (1).

(1) L'esprit de parti a tourné contre les jésuites la perspicacité pratique et l'intelligence scientifique dont ils avaient fait preuve en ce qui concerne l'intérêt de l'argent. Les jésuites justifiaient cet intérêt par deux principes appelés en latin le « *lucrum cessans* » et le « *damnum emergens* ». M. Paul Bert, dans la préface de son récent livre *la Morale des Jésuites*, rend compte ainsi qu'il suit de ces deux ingénieuses explications de l'intérêt du capital, auxquelles un économiste de nos jours n'aurait guère à changer. On doit regretter que M. Paul Bert qui, sans doute, ignorait que Calvin avait rivalisé sur ce point avec les jésuites, ait considéré comme une preuve de relâchement moral une doctrine qui est rigoureusement scientifique. Laissons la parole à M. Paul Bert :

« Je ne puis résister au plaisir d'analyser l'intéressant chapitre relatif à *l'usure*, c'est-à-dire au prêt à intérêt. On sait que l'Église catholique le proscrit absolument, et l'on aime à voir là une application, qui malgré son exagération sied bien au moraliste chrétien, du principe de charité.

« Voyons comment le Casuiste a tourné la difficulté : cela était important pour les Jésuites, admirables manieurs d'argent. Mais cela était difficile en présence de la proposition 41, condamnée par Innocent XI :

« Donc, il m'est interdit, en vous prêtant 1,000 fr., que vous devrez me rendre dans dix ans, de vous dire : Chaque année vous me donnerez 50 francs d'intérêts.

« Mais d'abord, en vous prêtant cet argent, je puis souffrir un certain préjudice; je ne sais pas exactement lequel, mais je puis le prévoir. Il est donc juste que je m'en couvre à l'avance, en stipulant, par exemple, que dans dix ans vous me rendrez, non 1,000, mais bien 2,000 fr., si j'estime à 1,000 fr. le préjudice que j'aurai souffert.

« Et puis, cet argent prêté, je ne puis plus m'en servir dans mon commerce ou mon industrie; or, j'en aurais tiré bon parti. J'estime à 1,000 fr. le bénéfice que j'aurais pu faire en dix ans; vous m'en avez empêché; c'est donc 1,000 fr. de plus que vous me rendrez à l'époque fixée.

« Mais ce n'est pas tout. Qui me dit que vous me rembourserez? Dix ans, c'est bien loin. J'ai là un risque à courir; cela vaut bien 500 fr., en bonne conscience, d'autant que vous ne passez pas pour très solvable.

« Enfin, je compte bien que vous me payerez au jour fixé. Mais si cela n'avait pas lieu? Si vous vous mettiez en retard? Songez que je compte sur mon argent pour ce moment précis. Si vous ne me remboursez pas, ce sera dix francs par jour de retard : c'est à prendre ou à laisser!

« En voilà plus qu'il n'en faut, ce semble, et le pauvre emprunteur préférerait bien qu'on lui fasse payer 5 pour 100 de son capital. Aussi l'élève du Casuiste pourrait bien en être pour ses frais d'imagination. Mais, rassurez-vous : si la loi civile permet le prêt à intérêt, c'est-à-dire le *limile*, comme cela a lieu en France, voilà soudain que cette pratique, solennellement prohibée par

L'exemple de Calvin est isolé parmi les fondateurs d'églises. Une telle sagacité pratique est rare chez les esprits uniquement occupés des intérêts célestes et du perfectionnement moral de l'homme. Ce qui a donc prévalu dans l'histoire, ce sont les défenses ecclésiastiques contre le taux de l'intérêt : prohibitions vaines comme toutes celles qui s'attaquent à la nature des choses. Ceux mêmes qui les voulaient respecter trouvaient facilement des expédients, des biais pour échapper à ce qu'elles avaient d'injuste et de rigoureux. On ne violait pas la loi ecclésiastique, mais on la tournait de la manière la plus ingénieuse et la plus sûre. Le célèbre économiste allemand Roscher a décrit les procédés qui étaient suivis à cet effet au moyen âge. Le plus habituel était connu en Allemagne sous le nom de *schätzung*, qui nous paraît à peu près intraduisible, c'était une sorte de vente à réméré. Le prêteur entrait en jouissance des immeubles de l'emprunteur et il en touchait les fruits, ce qui lui procurait un intérêt de son argent. C'était là l'hypothèque, mais une hypothèque aggravée puisque l'emprunteur perdait la disposition et l'administration de son bien, et qu'il était fort à craindre qu'en beaucoup de cas le prêteur, ainsi nanti de son gage, ne consacrât que des soins médiocres à l'entretenir si la valeur de ce gage dépassait de beaucoup celle de son prêt. Tel est l'habituel résultat de toutes les dispositions artificielles qui veulent protéger l'un des contractants, réputé *à priori* plus faible que l'autre ; elles aggravent sa situation. L'Église en vint aussi dans quelques cas à vouloir prendre des précautions contre cet expédient de la vente à réméré ou *schätzung*.

Il est intéressant et instructif de suivre dans l'histoire des

l'Église « en vertu du droit naturel, divin et ecclésiastique », devient permise. Bien plus, le prêteur pourra stipuler les intérêts des intérêts; bien plus, il pourra *dépasser l'exigence du taux légal* si son débiteur n'est pas dans une grande détresse; enfin, qu'il ne s'inquiète de rien, s'il est banquier, car il pourra exiger de tout le monde quelque chose en plus pour rémunération de sa peine.

« Voilà, si je ne me trompe, une situation bien simplifiée : mais qu'en dirait Benoît XIV, et que devient sa bulle *Vix pervenit* contre le prêt à intérêt ? »

Nous dirons à notre tour : Qu'est-ce que M. Paul Bert peut trouver à reprendre dans ces très exactes définitions des sources et de la nature de l'intérêt ?

sociétés civilisées le sort de l'intérêt de l'argent, des variations qu'il a subies et des causes de ses oscillations, de chercher si de cet examen on peut dégager une tendance générale.

Il est assez habituel de dire que le taux de l'intérêt est fixé par l'offre et la demande. C'est là une vérité tellement claire qu'elle est du nombre de celles que les Anglais appellent des *truisms*. La loi de l'offre et de la demande est, cependant, une loi tellement générale, tellement vague, apportant à l'esprit si peu de données précises qu'en réalité elle n'explique rien. Elle a le défaut de laisser dans la plus complète obscurité les points les plus importants ; c'est ainsi qu'il est désirable de savoir lequel de ces deux termes varie, de l'offre et de la demande. Les capitaux obtenaient un intérêt plus considérable au moyen âge qu'à l'époque actuelle, était-ce parce que la demande en était alors plus active qu'aujourd'hui, ou parce que l'offre en était plus réduite? Il faudrait savoir ce qui, dans les différentes situations économiques, détermine tant l'offre que la demande des capitaux. Deux faits nous paraissent les déterminer : c'est la productivité même des capitaux et le degré de sécurité dont ils jouissent.

Les capitaux ne sont pas également productifs dans toutes les sociétés et dans tous les âges d'une même société. Ainsi dans une société naissante, dans une colonie, un pays neuf, quand tout encore est à créer, les capitaux, indépendamment de toute offre et de toute demande, sont infiniment plus productifs que dans une vieille société où la plupart des œuvres d'une utilité de premier ordre sont achevées. De même encore dans certaines périodes de la vie sociale, alors qu'on vient de faire et qu'on applique une grande découverte transformant les moyens de production et de communication, les capitaux sont infiniment plus productifs qu'ils n'étaient avant cette découverte et qu'ils ne le seront quelques années après. Dire que c'est l'offre et la demande qui fixent le taux de l'intérêt, c'est émettre une proposition vraie, mais d'une vérité qui ne dit rien à l'esprit. Dire que le taux de l'intérêt dépend de la productivité moyenne des nouveaux capitaux créés dans le pays ou survenant dans le pays (1), c'est émettre une proposition à la fois scientifique et d'une grande importance pratique, car elle permet au savant de faire des prévisions certaines sur la marche du taux de l'intérêt dans l'avenir et dans les diverses contrées. Le second élément du taux de l'intérêt, ce sont les conditions de sécurité.

Celles-ci ont singulièrement varié dans l'histoire ; il faut distinguer les conditions de sécurité propres à la personne même de l'emprunteur et les conditions de sécurité générale pour les transactions dans la contrée. Dans les sociétés primitives ou barbares, les capitaux sont très rares; les prêteurs sont peu confiants ; les emprunteurs, d'autre part, ne sont pas tels qu'ils puissent triompher de la répugnance de l'homme qui a des épargnes. A ces âges des sociétés, les emprunteurs sont en général des hommes besoigneux, nécessiteux, ou des prodigues, ceux qui ont mangé leur bien, ou qui le mangent, ou du moins ceux que quelque calamité a plongés dans une grande gêne. Il ne se fait donc guère alors que des prêts destinés à des dépenses voluptuaires ou au soutien même de la vie de l'emprunteur : ce sont toujours là les prêts les plus hasardeux, ceux qui tentent le moins l'homme à la fois honnête et prudent. Il en est autrement à une autre période de la vie des sociétés : ceux qui empruntent alors, ce sont surtout les hommes actifs, entreprenants, intelligents, les industriels soit individuels, soit réunis en associations : le prêt n'est plus alors un prêt voluptuaire, ni un prêt sollicité par la pauvreté, c'est un prêt que demande l'esprit d'entreprise avec toutes les chances de gain qu'il a devant lui.

Dans ces sociétés primitives, ce ne sont donc pas seulement les conditions générales de sécurité qui manquent, faute de police, de tribunaux impartiaux et de lois régulièrement appliquées ; ce sont aussi les conditions de sécurité particulières à la

(1) Nous disons : *la productivité moyenne des nouveaux capitaux;* en effet, la productivité moyenne des anciens capitaux qui sont pour la plupart incorporés en terres, en maisons, en fabriques, n'exerce plus aucune influence sur le taux de l'intérêt : elle contribue seulement à augmenter ou à diminuer la valeur vénale de ces capitaux. C'est l'abondance ou la rareté des seuls *capitaux circulants* qui influe sur le taux de l'intérêt; l'abondance ou la rareté des *capitaux fixes* n'a pas la même action.

personne de l'emprunteur. Si l'on nous permet cette expression, la catégorie des emprunteurs est, dans les sociétés primitives, d'une moindre qualité que dans les sociétés plus avancées.

Aussi le taux de l'intérêt est-il dans les premières très élevé. Si l'offre des capitaux est faible, cela ne vient pas seulement de ce que les capitaux n'abondent pas ; ils sont peu abondants en effet, mais surtout leurs possesseurs ne veulent pas s'en dessaisir ; non pas qu'ils les emploient eux-mêmes, d'ordinaire ils ne sauraient leur trouver d'usage très productif, mais ils craindraient de les perdre s'ils les laissaient sortir de leurs mains. Ce qui prédomine alors c'est la thésaurisation ; et il faut un intérêt singulièrement haut pour prévaloir contre cette habitude que justifient les conditions sociales du temps ; même l'élévation du taux de l'intérêt ne parvient pas en général à triompher de la prudence de la plupart des épargnants ; mais il se crée alors une classe particulière de gens, véritables marchands d'argent, tantôt les juifs, tantôt les lombards, qui faisant métier d'être prêteurs, divisant leurs risques, se faisant donner des gages qu'ils savent évaluer à bas prix, mettant leur activité personnelle à la tâche difficile de faire rentrer les prêts venus à échéance, arrivent à prospérer là où les simples prêteurs de capitaux épargnés auraient eu les plus grandes chances de se ruiner.

La loi des Wisigoths permettait un intérêt de 12 1/2 p. 100 pour les prêts d'argent, de 50 p. 100 pour les prêts de marchandises. Les lombards et les juifs en France au treizième siècle prélevaient en moyenne 20 p. 100 ; dans le nord de l'Italie, au quatorzième siècle, l'intérêt allait de 10 à 20 ; à la même époque il s'élevait jusqu'à 60 ou 70 p. 100 dans le Rheingau, mais sur ce taux énorme il y avait des taxes à payer à l'archevêque. Dans les pays orientaux, en Turquie, en Égypte, de notre temps, on a vu l'intérêt s'élever à 20, 30 ou 40 p. 100 ; les bons du Trésor du dernier khédive d'Égypte, avant toute réduction des intérêts de sa dette consolidée, se sont escomptés à 25 p. 100, et c'est, dit-on, à 40 ou 50 p. 100 que les prêteurs fournissent de l'argent au fellah, sur gage de récoltes, pour le paiement des impôts qu'on lui extorque.

Dans ces énormes rémunérations la prime d'assurance tient la plus forte partie: on prête à la grosse aventure ; le prêt est alors presque une loterie, les conditions générales de sécurité offertes par le pays étant faibles, et celles qui tiennent à la personne de l'emprunteur ne l'étant guère moins.

Dans les colonies civilisées, dans la plupart des pays neufs, le taux de l'intérêt est aussi très élevé, souvent aussi haut que dans les contrées primitives, mais pour des raisons très différentes. Ce n'est pas que l'insécurité des transactions soit particulièrement grande dans ces contrées ; elle l'est sans doute un peu plus que dans les pays du vieux monde, mais elle l'est beaucoup moins que dans les sociétés primitives ; la qualité des emprunteurs, pour employer une expression qui donne une idée juste, est aussi un peu plus faible dans ces pays neufs que dans les pays plus anciennement cultivés, parce qu'il y a dans les premiers plus de commerçants, d'industriels, d'entrepreneurs téméraires. Ce ne sont là, toutefois, que des circonstances secondaires. Quelles sont donc les raisons particulières de ce taux élevé de l'intérêt dans les jeunes contrées ? C'est, dira-t-on, la rareté des capitaux et l'on reviendra ainsi à la célèbre loi de l'offre et de la demande. Sans doute, cette rareté explique bien quelque chose, mais non pas tout. La vraie cause, la principale, du taux élevé de l'intérêt dans les pays neufs, c'est l'énorme productivité des capitaux qui y dépasse de beaucoup la productivité des capitaux dans les vieilles sociétés. En 1850, dans l'Australie du Sud, on trouvait à faire des prêts en pleine sécurité à un taux d'intérêt de 15 ou 20 p. 100. Vers 1840 aux États-Unis l'intérêt était de 6 p. 100 en Pensylvanie, de 7 p. 100 à New-York, de 8 à 10 p. 100 dans les États du Sud.

Pourquoi les capitaux sont-ils si productifs dans les contrées neuves? Parce que les premières œuvres de la civilisation, celles qui de beaucoup rapportent le plus relativement à la dépense, ne sont pas achevées ; parce qu'il reste d'excellentes terres vacantes qui produisent beaucoup à peu de frais ; parce qu'il y a des mines qui fournissent une ample rémunération aux premiers travaux ; parce que le commerce est plus actif et la population plus rapidement croissante. L'intérêt des capitaux n'est pas le plus haut dans les pays qui sont les plus riches ; dans ceux-ci il a tendance à baisser, on pourrait presque dire tendance à disparaître ; mais l'intérêt des capitaux est le plus élevé dans les pays où la richesse s'accroît le plus vite, où le champ vierge ouvert à l'activité de l'homme est le plus étendu, où l'impulsion des affaires est la plus forte. Comme une mine, une société finit par s'épuiser, non pas qu'elle se vide ; mais il arrive un moment où il ne reste plus beaucoup à faire dans son sein, où elle n'a plus d'œuvres très productives à entreprendre chez elle et où elle doit chercher au dehors la matière première nouvelle qu'elle peut mettre en œuvre. Aussi l'intérêt est-il toujours plus élevé dans les jeunes contrées civilisées que dans les anciennes.

C'est une croyance qui trouve beaucoup d'adhérents que l'intérêt du capital va toujours en baissant, d'où quelques personnes, Proudhon entre autres, tirent la conclusion qu'il finira par tomber à rien. C'est un raisonnement du même genre que celui qui conclurait de la faculté qu'a l'homme de réduire sa nourriture, à mesure que ses occupations deviennent plus élevées, qu'il finira par ne plus manger du tout.

Cette proposition que le taux de l'intérêt va toujours en baissant n'est pas complètement vraie ; et ce qui est complètement faux ce sont les conséquences que souvent on en tire. Les économistes les plus célèbres, Turgot, Stuart Mill, ne nous paraissent pas sous ce rapport à l'abri de critiques sérieuses.

Ce qui est incontestable c'est la tendance à la baisse du taux de l'intérêt. Trois raisons la déterminent. En premier lieu l'accroissement de la sécurité des transactions, nous parlons ici de la sécurité juridique, car il reste toujours un aléa qui provient de la malhonnêteté et des fraudes de certains emprunteurs ; il y a en outre des aléas nombreux qui tiennent à la nature de certaines entreprises. Cet accroissement de la sécurité fait que, dans la plupart des cas, la prime d'assurance, qui entrait autrefois pour une si grosse part dans le taux de l'intérêt, devient insignifiante ou absolument nulle. La seconde cause qui détermine la tendance à la baisse du taux de l'intérêt, c'est l'augmentation incessante de l'épargne. Toutes les institutions de notre civilisation, on le verra plus loin, tendent à rendre l'épargne plus générale et plus active : il n'y a pas de doute que la proportion de la production annuelle qui est prélevée par l'épargne ne soit plus considérable aujourd'hui qu'autrefois; l'épargne n'augmente donc pas seulement dans la mesure de l'augmentation de la production ; elle s'accroît plus rapidement encore. La troisième cause qui détermine la tendance à la baisse du taux de l'intérêt, à l'avilissement de l'intérêt, et, croyons-nous, la plus énergique, c'est la diminution de productivité des nouveaux capitaux créés ; l'emploi du capital, au delà d'une certaine limite, devient de moins en moins rémunérateur. Quand la société a déjà profité de nombreuses améliorations, il devient plus difficile, il deviendra peut-être un jour presque impossible d'en effectuer de nouvelles qui soient considérables. Aussi ne parlons-nous pas seulement de la baisse du taux de l'intérêt qui est un bien, mais de l'avilissement du taux de l'intérêt qui est un mal. Sans anticiper sur les observations que nous présenterons tout à l'heure, citons un exemple très frappant de cette diminution de productivité des nouveaux capitaux : cet exemple, c'est celui de l'ancien réseau des chemins de fer, et du second ou du troisième réseau ; il n'y a aucun doute que les anciens capitaux consacrés à la première œuvre n'aient été trois fois, quatre fois, dix fois, peut-être vingt fois plus productifs que ne le seront les capitaux de création plus récente qui seront absorbés par le réseau tertiaire.

Nous considérons comme une baisse du taux de l'intérêt, événement utile, fécond, heureux pour la société, la réduction qui provient de l'action des deux premières causes, à savoir l'augmentation de la sécurité sociale et l'accroissement de l'épargne. Nous appelons, au contraire, avilissement de l'intérêt la diminution qui résulte de la dernière cause, à savoir de la moindre productivité des nouveaux capitaux créés au delà d'une certaine mesure et après certains progrès : or, cet avilissement est un mal. Cette distinction a échappé à Turgot, et Stuart Mill lui-même ne paraît pas l'avoir entrevue avec netteté.

Ces trois causes, deux qui peuvent être considérées comme heureuses et la dernière comme fatale, n'agissent pas avec la même intensité dans tous les temps ; et l'action en est souvent soit suspendue, soit entravée par des causes qui agissent en sens contraire. Aussi la tendance à la baisse du taux de l'intérêt a subi bien des interruptions dans l'histoire. L'intérêt habituel aujourd'hui n'est, en définitive, pas plus bas que n'était l'intérêt dans beaucoup de contrées florissantes il y a plusieurs siècles.

Dans le monde romain, sous l'empereur Claude, le taux de l'intérêt était de 6 p. 100. Justinien n'autorisait les *personæ illustres* à prêter qu'à 4 p. 100, un taux plus élevé paraissant entacher le caractère du prêteur. Passons sur tout le moyen âge, et plaçons nous au dix-septième siècle. En Angleterre, sous la reine Anne, l'intérêt légal était fixé à 5 p. 100 (1) ; sous Georges II, pour les placements de toute sécurité il n'excédait pas 3 p. 100. En Hollande, au temps de Louis XIV, il était tombé à 2 p. 100, aussi le nombre des rentiers et des oisifs était-il faible en Hollande ; et Descartes disait de ce pays qu'il ne s'y rencontrait presque personne qui n'y exerçât quelque commerce : *ubi nemo non exercet mercaturam*. Dans une contrée qui retenait encore à cette époque les restes d'une prospérité et d'une activité aujourd'hui disparues, dans l'Espagne du dix-septième siècle, les capitalistes prêtaient à des sociétés de commerce moyennant 2 ou 3 p. 100 d'intérêt. On raconte qu'en Hollande il arrivait aux capitalistes de verser des larmes quand les emprunteurs solvables leur remboursaient les capitaux prêtés, si grand était l'embarras pour trouver un placement nouveau. A la fin du dix-huitième siècle en Allemagne, les caisses de retraite ne calculaient l'intérêt qu'à 3 p. 100 pour l'établissement des pensions qu'elles avaient à servir.

Ainsi le taux de l'intérêt n'est pas plus bas aujourd'hui en France ou en Angleterre qu'il ne l'était il y a un siècle ou deux dans les pays les plus florissants, à savoir la Hollande,

(1) C'est en 1714, à la fin du règne de la reine Anne, que le taux légal d'intérêt des capitaux fut abaissé de 6 à 5 p. 100. C'est alors que commença la période des conversions de la dette publique britannique au dix-septième siècle (Voir notre *Traité de la science des finances*, t. II).

l'Angleterre, les villes maritimes espagnoles et les principales places commerciales d'Allemagne.

Le taux de l'intérêt dans les temps modernes s'est considérablement relevé à deux reprises ; mais la durée de ces périodes de relèvement a toujours été assez courte, ce qui témoigne que les causes de ce phénomène sont de celles qui n'agissent que par accident et passagèrement. Ces deux périodes sont celles de 1790 à 1820 et de 1848 à 1866.

D'où viennent ces interruptions dans la baisse du taux de l'intérêt ou même ces réactions violentes que l'on a ainsi constatées deux fois dans des temps assez rapprochés? Aux trois causes qui déterminent la tendance à la baisse du taux de l'intérêt on peut opposer trois autres causes qui, d'une manière beaucoup moins continue, mais souvent avec une brusque et irrésistible énergie, agissent en sens opposé et tendent à faire hausser le taux de l'intérêt. De ces trois causes, l'une doit être considérée comme heureuse et profitable à la civilisation ; la seconde, comme indifférente ; la troisième, comme tout à fait nuisible.

La cause profitable, heureuse pour la civilisation, c'est la découverte de nouveaux emplois très productifs pour les capitaux. Un relèvement du taux de l'intérêt, quand il n'a que cette origine, est essentiellement bienfaisant ; c'est ce que Turgot n'a pas pressenti. Notre génération qui a assisté à un phénomène de ce genre, phénomène peut-être unique dans l'histoire de l'humanité, ne peut oublier que parfois la hausse du taux de l'intérêt est un grand bien. C'est ce qui est arrivé de 1845 à 1867 ou 1868 ; la transformation de l'industrie par l'application des procédés mécaniques, la création de voies de communication plus rapides et moins chères, notamment des voies ferrées, les entreprises de gaz, d'eau, de transports urbains, ont causé, de 1845 à 1867 ou si l'on veut à 1873, une énorme consommation de capitaux ; beaucoup de capitaux circulants se sont alors transformés en capitaux fixes ; l'épargne à peine née était immédiatement sollicitée de toutes parts et absorbée par les emplois les plus rémunérateurs.

Si le taux de l'intérêt a baissé à cette époque — il n'a jamais été plus élevé dans une période de calme que de 1850 à 1865 — ce n'est pas seulement que la demande des capitaux était énorme. La fameuse loi de l'offre et de la demande est, nous l'avons dit, une explication superficielle et insuffisante. C'est que le génie humain ou le hasard des découvertes avait subitement livré aux capitaux un domaine tout nouveau et extraordinairement fertile. Les emprunteurs payaient cher non seulement parce qu'ils étaient nombreux et se disputaient cet instrument, le capital, mais parce que les emprunteurs pouvaient alors faire un merveilleux usage de leurs emprunts, parce que cet instrument toujours précieux, mais inégalement précieux, le capital, rendait alors plus de services sociaux, accomplissait plus de transformations heureuses que jamais auparavant et jamais depuis. Une somme quelconque, cent mille francs, un million, avait dans cette période une vertu reproductive infiniment plus grande que quelques années auparavant ou que quelques années plus tard.

Pourquoi les capitaux étaient-ils alors si rémunérateurs et le sont-ils moins aujourd'hui ? C'est que tout était à faire dans un monde rajeuni par la science ; les inventions de l'esprit humain, il fallait, au moyen du capital et du travail, en faire bénéficier le monde, et les bénéfices étaient énormes. Chemins de fer, entreprises de gaz, d'eaux, de transport en commun dans les villes, toutes ces causes abaissaient considérablement le prix de certains services ; celui des transports diminuait des deux tiers, des trois quarts, parfois de plus, pour les marchandises. Il en résultait qu'en faisant de très grands avantages au public, les entrepreneurs de ces progrès pouvaient se très largement rémunérer eux-mêmes, et sur cette rémunération accrue prélever un fort intérêt pour les simples capitalistes.

Voilà la première cause, celle-là très bienfaisante, qui à certaines époques de l'histoire arrête la chute du taux de l'intérêt ou même le relève dans des proportions considérables ; c'est l'accroissement de la productivité des nouveaux capitaux, par suite de certaines découvertes exceptionnelles et d'une application générale.

Les deux autres causes qui agissent dans le même sens et apportent quelque interruption à la chute du taux de l'intérêt, c'est, d'abord, l'émigration des capitaux, surtout vers les pays neufs; ce sont ensuite les guerres, les emprunts d'États et de villes.

---

# CHAPITRE IX

## DES CONSÉQUENCES DE LA BAISSE DU TAUX DE L'INTÉRÊT PAR RAPPORT A L'INÉGALITÉ DES CONDITIONS.

**La tendance à la baisse du taux de l'intérêt domine dans les civilisations progressives. — Est-ce un bien? doctrine de Turgot. — Est-ce un mal? doctrine d'Adam Smith et de Mac-Culloch. — Doctrine intermédiaire de Stuart Mill sur l'état stationnaire.**

**L'image de Turgot : en quoi elle est inexacte. — Il ne tient pas compte de la principale cause de la baisse du taux de l'intérêt, à savoir la diminution de productivité des nouveaux capitaux au delà d'une certaine limite. — Probabilité que le taux de l'intérêt tombera à 1 et demi p. 100 pour les placements à long terme de première sécurité.**

**Description de l'état stationnaire par Stuart Mill. — Les vieilles nations s'en rapprochent.**

**Le premier effet de la baisse du taux de l'intérêt est d'augmenter l'inégalité des fortunes. — La baisse, pendant la période du changement de capitalisation, profite particulièrement aux sociétés de crédit, aux banquiers, aux grandes villes. — Pendant cette période les capitalistes et les banquiers gagnent plus, sans rien faire, que les commerçants habiles.**

**Les effets que l'on vient de relater sont passagers. — Émiettement des anciennes grandes fortunes par les successions. — Impossibilité de créer de grandes fortunes nouvelles. — Difficulté même de faire des fortunes moyennes pendant la baisse du taux de l'intérêt. — Inconvénients de cette baisse pour les pensions de retraite, les assurances sur la vie, les rentes viagères.**

**La baisse du taux de l'intérêt et l'état stationnaire amènent-ils une plus grande modération dans les désirs des hommes?**

**Influence de la baisse du taux de l'intérêt sur les prix. — Influence de cette baisse sur les relations des particuliers avec l'État. — La baisse du taux de l'intérêt porte l'État et les municipalités au gaspillage. — Le public devient beaucoup plus exigeant envers l'État, lui demande de bons placements et le pousse à étendre ses entreprises.**

**La baisse du taux de l'intérêt est favorable aux faiseurs de projets. — La baisse du taux de l'intérêt n'est pas un bien sans mélange.**

**Cette baisse diminue l'épargne dans les classes supérieures, elle l'augmente dans les classes inférieures. — Perfectionnement de l'art d'épargner. — Très faible intérêt dont se contentent les classes laborieuses qui économisent.**

**La baisse du taux de l'intérêt équivaut à une dépossession graduelle des avantages dont jouissait la classe des capitalistes et des rentiers. — Les conversions de dettes publiques.**

**Avilissement des capitaux et renchérissement du travail.**

**De l'émigration des capitaux et de son utilité.**

On a établi dans le chapitre qui précède que trois causes tendent à déprimer le taux de l'intérêt, à savoir : l'accroissement de la sécurité des transactions : l'augmentation incessante des capitaux par l'épargne ; enfin la moindre productivité des emplois pour les capitaux nouvellement formés dans les sociétés déjà vieilles. D'autre part, nous avons constaté que trois causes opposées tendent à faire hausser le taux de l'intérêt : ce sont les grandes découvertes qui créent de nouveaux emplois particulièrement productifs ; c'est l'émigration des capitaux au dehors ; ce sont enfin les guerres et les grands emprunts publics, soit nationaux, soit départementaux, soit municipaux.

Il s'en faut, cependant, que ces deux séries de trois causes chacune se fassent équilibre et se neutralisent. Les trois causes qui déterminent la tendance à la baisse du taux de l'intérêt agissent presque avec continuité dans l'histoire ; les trois causes adverses ne sont pas permanentes, elles agissent parfois avec une grande violence, une souveraine énergie, mais toujours par soubresauts et à de longs intervalles. Ce sont comme des tremblements de terre qui disloquent les couches géologiques régulières.

En définitive, la tendance qui domine, celle qui peut être considérée comme une loi de la civilisation, c'est la tendance à la baisse du taux de l'intérêt ; et si on l'a trop oublié dans ces derniers temps, si le public a été surpris, depuis quelques années, de la soudaineté avec laquelle cette baisse est survenue, s'il refuse d'y voir un phénomène permanent, normal, c'est que nous sortons d'une période exceptionnelle dans l'histoire du monde, celle de 1845 à 1865, période où l'humanité a transformé tous ses moyens de production industrielle et de commerce, et où il s'est fait plus de changements dans les manufactures et dans les transports en vingt ans qu'auparavant en vingt siècles. Ce qui a retardé l'avènement de cette baisse du taux de l'intérêt, qui est un retour à l'état normal et à la tendance générale de la civilisation, c'est aussi l'effroyable consommation de capitaux faite par les guerres de 1860 à 1865 aux États-Unis, de 1866 en Allemagne et par la guerre de 1870-1871. La baisse du taux de l'intérêt qui se manifestait depuis 1866, qui avait été interrompue de 1870 à 1873, a repris à partir de cette dernière année son cours naturel.

Pour revenir au sujet de cet ouvrage qui traite de la répartition des richesses et de l'inégalité des conditions, quel est l'effet de la baisse du taux de l'intérêt sur la distribution des fortunes et des revenus, sur la situation respective des différentes classes de la nation, enfin sur le bien-être de l'humanité?

Il y a sur ce point deux doctrines différentes s'appuyant chacune sur de grands noms : d'un côté, la doctrine de Turgot formulée dans une superbe image qui est devenue classique en France et que l'on retrouve avec des commentaires élogieux dans la plupart de nos ouvrages d'économie politique : d'après Turgot, la baisse du taux de l'intérêt est un bien sans mélange. Tout autre est la doctrine de la plus grande partie de l'école économique anglaise, d'Adam Smith, de Mac Culloch et de quelques économistes allemands, Roscher entre autres : une baisse trop considérable du taux de l'intérêt est, d'après eux, un mal social. Stuart Mill n'accepte complètement aucune de ces deux opinions, et tout en raisonnant à peu près comme Adam Smith, comme Mac Culloch et Roscher, il conclut autrement qu'eux.

Chacun connaît la superbe image de Turgot : « On peut le « regarder (le taux de l'intérêt), dit Turgot, comme une espèce « de niveau, au-dessous duquel tout travail, toute culture, toute « industrie, tout commerce cessent. C'est comme une mer « répandue sur une vaste contrée : les sommets des montagnes « s'élèvent au-dessus des eaux et forment des îles fertiles et « cultivées. Si cette mer vient à s'écouler, à mesure qu'elle « descend, les terrains en pente, puis les plaines et les vallons « paraissent et se couvrent de productions de toute espèce. « Il suffit que l'eau monte ou baisse d'un pied, pour inonder « ou pour rendre à la culture des plages immenses. C'est « l'abondance des capitaux qui anime toutes les entreprises et « le bas intérêt de l'argent est, tout à la fois, l'effet et l'indice « de l'abondance des capitaux. »

Ainsi, d'après Turgot, la baisse du taux de l'intérêt amènerait un surcroît d'activité et de production.

Selon Adam Smith, la plus grande partie de l'école anglaise et Roscher, la baisse du taux de l'intérêt, au delà du moins de certaines limites, conduirait à l'état stationnaire, au ralentissement de l'activité individuelle et sociale, à une dépression des classes moyennes, à la réduction générale de la vitalité économique, au ralentissement de l'épargne, à l'augmentation des consommations de luxe, à l'accroissement des dépenses de l'État.

De ces deux points de vue lequel est le plus juste? Nous ne craignons, pas de dire, sous certaines réserves, que c'est le dernier. La belle comparaison de Turgot fait plus d'honneur à son imagination qu'à son jugement; elle a le tort de la plupart des images, elle ne reproduit que très imparfaitement la réalité. Il y aurait, sans doute, un peu d'exagération en même temps que de l'irrévérence à dire que la description faite par Turgot des heureux effets de la baisse du taux de l'intérêt ne contienne aucune parcelle de vérité, mais elle en renferme une bien faible, et une beaucoup plus forte part d'erreur.

Il est manifeste que Turgot a confondu l'effet avec la cause, ou que, du moins, parmi les trois principales causes de la baisse du taux de l'intérêt, il n'a entrevu que les deux bienfaisantes, et il a négligé, il n'a pas découvert la troisième qui est essentiellement malfaisante. Si le taux de l'intérêt baisse, ce n'est pas seulement que les capitaux deviennent de plus en plus abondants et que la sécurité des transactions augmente, c'est que les emplois productifs se font de plus en plus rares, c'est que la nature, après avoir subi certaines transformations. est de plus en plus rebelle à en supporter d'autres, c'est que, au delà d'une certaine limite, le surcroît de travail et le surcroît de capital deviennent moins féconds. C'est cette vérité capitale qu'a ignorée Turgot, il lui était permis de l'ignorer; vivant dans un monde où il y avait tant à faire, avant le prodigieux renouvellement et rajeunissement de la production, il pouvait croire que l'emploi utile des capitaux était indéfini. Nous ne pouvons, quant à nous, entretenir la même pensée.

Certes, jamais il ne manquera de grandes et d'utiles entreprises dans un vieux pays comme l'Angleterre ou la France; mais après des siècles d'activité, et après trente ou quarante années qui ont plus fait que cinq ou six siècles, ces entreprises nouvelles sont moins productives que les anciennes. Le public ne doit pas s'y tromper. On peut faire 20,000, 30,000, 100,000 kilomètres de chemins de fer nouveaux si l'on veut, on peut creuser des canaux, des bassins, faciliter les irrigations : toutes ces œuvres seront utiles, productives, c'est incontestable; mais chacune d'elles, considérée isolément, le sera à un degré moindre que les œuvres analogues antérieures. Considérons les chemins de fer, par exemple. 10,000 kilomètres de chemins de fer tertiaires, gravissant les montagnes du centre, desservant les plateaux, n'auront pas le quart de l'utilité des 800 kilomètres du chemin de fer de Paris à Marseille, quoique ce dernier ait coûté quatre ou cinq fois moins. Un publiciste, couronné par l'Académie des sciences morales et politiques, avait un mot spirituel à propos d'une des lignes de ce réseau tertiaire : une d'elles, disait-il, traversait le Cantal *incognito*. C'est là le sort des entreprises humaines que dans un vieux pays, déjà remué, disposé, arrangé par vingt siècles de civilisation, toute somme nouvelle d'efforts et toute nouvelle couche de capitaux, à moins de grandes découvertes nouvelles, soient moins productives que ne l'avaient été dans le passé une somme égale d'efforts et une couche égale de capital.

Cette vérité si simple échappe à l'esprit du public et n'a pas été mise assez en relief jusqu'ici par la science économique. Le public, cependant, ressent très vivement les effets de cette cause dont il ne saisit pas bien la nature, quand il se plaint de la baisse du taux de l'intérêt, de la difficulté de trouver à ses capitaux un emploi. Cette loi de la moindre productivité des nouveaux capitaux au delà d'une certaine limite est voilée aux yeux du public par diverses circonstances dont la principale est qu'aucun des vieux pays ne vit isolé et replié sur lui-même. D'après Stuart Mill, sans les guerres du premier empire, sans les grandes émigrations de capitaux européens en Amérique et en Australie, sans l'expansion soudaine du commerce international à la suite des découvertes de la vapeur et du télégraphe, le taux de l'intérêt serait probablement tombé à 1 p. 100 dans la Grande-Bretagne. Stuart Mill était encore trop dubitatif, et l'adverbe « probablement » aurait pu être remplacé par l'adverbe « certainement ». Oui, si la Grande-Bretagne avait été un pays isolé, si elle n'avait pas déversé depuis un siècle son activité, son épargne, l'énergie créatrice de ses enfants sur les contrées du Nouveau-Monde, l'intérêt du capital serait tombé à 1 p. 100 dans cette île, et le pays serait arrivé à l'état stationnaire. Nous regardons, quant à nous, comme très vraisemblable que dans un délai d'un quart ou d'un demi-siècle, l'intérêt des capitaux dans l'Europe occidentale tombe à 1 et demi ou 2 p. 100 pour les placements à long terme de première sécurité. Il faudrait que les contrées neuves, par exemple l'Afrique, fussent très promptement mises en œuvre par les capitaux européens pour qu'on évitât cet avilissement de l'intérêt.

Qu'est-ce que cette situation économique dénommée « l'état stationnaire », terreur de certains économistes comme Adam Smith, tableau qui n'effraie pas, au contraire, qui séduit presque Stuart Mill? Celui-ci en a parlé longuement, a décrit avec charme l'état stationnaire qui est le résultat de « l'inévitable « nécessité de voir ce fleuve de l'industrie humaine aboutir à « une mer stagnante. » Une mer stagnante, voilà comment Stuart Mill se représente l'avenir des sociétés humaines ; et la baisse prolongée, accentuée, du taux de l'intérêt est l'indice que l'on approche de cette stagnation définitive. Ce n'est pas à dire que, « quelque loin que les efforts continus de l'humanité « reculent sa destinée, les progrès de la société doivent *échouer « sur des bas-fonds de misère;* » ces mots sont de Malthus, et remplissent l'esprit d'épouvante; or nous avons dit que pour Stuart Mill l'état stationnaire offre de l'attrait. Suivant lui l'état stationnaire se reconnaît à ces caractères que les facilités d'acquérir la richesse deviennent moins grandes, et qu'en même temps la poursuite de la richesse cesse d'être, au même degré qu'autrefois ou qu'aujourd'hui, l'objet dominant de l'humanité.

Stuart Mill a horreur de l'*américanisme*, cet état de société où toutes les facultés humaines sont tendues vers un seul objet, la conquête de la fortune; « cette mêlée où l'on se foule aux « pieds, où l'on se coudoie, où l'on s'écrase, où l'on se monte « sur les talons, et qui est le type de la société actuelle. » Ce n'est pas là selon lui « la destinée la plus désirable pour « l'humanité ; » c'est « simplement une des phases désagréables « du progrès industriel. » Il s'élève contre ces conditions sociales où « la vie de tout un sexe est employée à courir après « les dollars, et la vie de l'autre à élever des chasseurs de dol-« lars. » Il ne voit pas « qu'il y ait lieu de se féliciter de ce que « des individus, déjà plus riches qu'il n'est besoin, doublent la « faculté de consommer des choses qui ne leur procurent que « peu ou point de plaisir, autrement que comme signe de ri-« chesse ; ou de ce qu'un plus grand nombre d'individus passent « chaque année de la classe moyenne dans la classe riche ou « de la classe des riches occupés dans celle des riches oisifs. » Il ne trouve à ce progrès aucun avantage, et il déclare qu'en somme il est porté à croire que « l'état stationnaire serait bien préférable à notre condition actuelle; » et il ajoute : « Le « meilleur état pour la nature humaine est celui dans lequel « personne n'est riche, personne n'aspire à devenir plus riche « et ne craint pas d'être renversé par les efforts que font les « autres pour se précipiter en avant. »

Il faudrait citer presque complètement ces deux charmants chapitres de Stuart Mill sur les bienfaits de l'état stationnaire. Combien ce point de vue diffère de celui de Turgot! A notre sens les idées de Stuart Mill sont plus justes que celles de Turgot, quoique les premières aussi contiennent quelque exagération.

Stuart Mill a trop négligé la fâcheuse, la déprimante influence que l'état stationnaire peut avoir sur la situation des classes moyennes : il a négligé aussi de se rendre compte de la torpeur intellectuelle que la privation de tout progrès ou plutôt que le ralentissement du progrès matériel inflige à la société. De même que Turgot avait fait une image, Stuart Mill a fait une idylle. L'état stationnaire ne s'offre pas à l'observateur attentif sous des couleurs aussi riantes que celles que se représentait Stuart Mill. Il y a dans le monde un exemple de cet état, c'est la Chine, avec cette différence, cependant, que la population augmente en Chine tandis que Stuart Mill voudrait mettre un terme à cet accroissement.

Certes l'expression d'état stationnaire ne doit pas être prise dans un sens absolu ; elle serait fausse, parce que les inventions mécaniques et les découvertes scientifiques ne s'arrêteront pas, parce qu'il y aura toujours quelque emploi utile, mais d'une utilité moindre, pour les nouveaux capitaux ; mais l'expression d'état stationnaire est vraie dans un sens relatif qui veut dire que cet état ne comporte que des améliorations de détail, lentes et médiocres, au lieu de ces soudaines, générales et prodigieuses applications de grandes découvertes scientifiques comme celles que nous avons vues depuis un demi-siècle.

Nous nous sommes arrêté à la description de l'état stationnaire parce que la baisse du taux de l'intérêt chez les vieilles nations indique qu'on s'en approche, ce qui ne veut pas dire qu'on en soit près. Le monde n'est pas tout entier habité, ni tout entier sous le joug de la civilisation : l'Amérique du Nord et du Sud, l'Afrique, l'Asie Centrale, l'Australie, presque toute l'Océanie, plusieurs contrées de l'Europe même, sont encore à mettre en valeur ; et dans les vieilles contrées les améliorations de détail peuvent être nombreuses. Comme les hommes et, plus que les hommes, les capitaux peuvent et doivent émigrer ; une nation vieille qui se condamnerait à rester enfermée chez elle, qui considérerait comme une faute ou comme une perte l'émigration des capitaux, arriverait vite à cet état stationnaire, qui ressemblerait assez à ce qu'étaient, à la fin du dernier siècle ou au commencement de celui-ci, les petites villes des provinces les plus reculées.

Nous avons constaté les causes diverses de la baisse du taux de l'intérêt ; il est résulté pour nous de cette étude que ce phénomène est dû non seulement à l'accumulation des capitaux par l'épargne, mais plus encore à la moindre productivité des nouveaux capitaux dans les vieilles contrées. Considérons maintenant quelle est et quelle sera l'influence de la baisse du taux de l'intérêt sur la répartition des fortunes.

Le premier effet de cette baisse, c'est de rendre beaucoup plus difficile la formation de fortunes nouvelles. Un autre effet simultané, c'est d'augmenter, d'enfler (ce mot est peut-être plus juste) le capital de toutes les personnes qui ont leur fortune immobilisée en terres, en maisons, en terrains ou même placée en titres de valeurs mobilières à longue échéance. Ainsi la conséquence immédiate de la baisse du taux de l'intérêt, c'est d'accroître l'inégalité entre les différentes classes de la société. Cela n'est pas contestable. Ceux qui ont acquis leur fortune pendant la période de la hausse de l'intérêt peuvent être difficilement atteints par ceux qui ont à faire leur fortune pendant la période de la baisse.

La baisse du taux de l'intérêt, dans la période où elle s'accomplit, profite d'une manière particulière aux banquiers et aux capitalistes entreprenants des grandes villes, à tous ceux qui reçoivent des fonds en dépôt et qui achètent des valeurs avec l'argent d'autrui. Cette baisse a un effet analogue à l'augmentation du numéraire ou du papier-monnaie dans les pays qui sont affligés de ce fléau. Il existait aux États-Unis, dans ces dernières années, avant la reprise des paiements en espèces, certaines catégories de personnes que l'on appelait du nom d'*inflationists* et qui réclamaient sans cesse une multiplication des signes de l'échange, des billets à cours forcé. Le changement de capitalisation dans le sens de la baisse de l'intérêt a des effets analogues à ceux que désiraient les *inflationists* américains ; il enrichit prodigieusement les sociétés de crédit, les banquiers, et par conséquent profite aux grandes villes, aux capitales où résident toutes ces personnes, aux industries de luxe, aux constructions, etc.

Un autre effet immédiat encore de la baisse du taux de l'intérêt, c'est que pendant la période du changement de capitalisation, les capitalistes oisifs ayant des titres à longue échéance gagnent plus, sans rien faire, que les commerçants habiles. La démonstration de cette vérité est aisée. En France, de 1872 à 1880 la rente 3 p. 100 est montée du cours de 52 francs à celui de 85, ce qui représente une hausse de 33 unités ou de près de 63 p. 100 en un peu plus de 8 ans, soit une hausse moyenne de 8 p. 100 environ par année, ce qui avec les intérêts régulièrement perçus, qui étaient de 6 p. 100 environ sur le capital primitif, forme un rapport annuel moyen de 13 à 14 p. 100. Voilà ce qu'aurait tiré de sa fortune un commerçant qui serait sorti des affaires en 1872, qui aurait alors réalisé son fonds et l'eût placé en rentes sur l'État, vivant depuis lors sans activité, sans souci. L'on ne court pas risque de se tromper en disant que bien peu de commerçants et d'industriels, mettant à la conduite de leurs entreprises autant de soin que d'intelligence, ont réalisé pendant les mêmes huit années un gain moyen (intérêt de leurs capitaux compris) de 13 à 14 p. 100. Ainsi le rentier oisif aura dans cette période plus gagné que la moyenne des commerçants et des industriels ayant le cœur à l'ouvrage et l'intelligence de leur profession.

Tel est l'un des effets qui ont été jusqu'ici méconnus de la baisse du taux de l'intérêt. Turgot, à coup sûr, ne s'en doutait pas. La première, l'inévitable conséquence de la baisse du taux de l'intérêt est donc d'accroître les avantages des personnes ayant déjà une fortune acquise, placée en valeurs sûres et à longue échéance. Il vient moins de nouvelles fortunes s'élever autour d'elles et leur faire concurrence. Elles ont une sorte de privilège de situation, celui des premiers venus, privilège analogue à celui des hommes qui, au début d'une civilisation ou à la naissance d'une ville, se sont emparés, par rapacité ou par l'effet du hasard, des terres les plus fertiles ou des meilleurs terrains.

La conséquence que nous venons de décrire n'est qu'une conséquence passagère, qui ne dure que pendant la période de changement du taux de capitalisation. L'effet subséquent et plus durable est inverse, c'est de rapprocher les conditions, de diminuer l'écart entre les fortunes. Les fortunes déjà faites se morcèlent ou disparaissent par les partages successoraux, par les imprudences et les prodigalités. Malgré tous les arguments que l'on invoque en faveur de l'hérédité naturelle des qualités intellectuelles et morales, il n'est pas dans la nature des choses que la capacité des affaires, la sagacité, la prévoyance, l'ordre et l'économie se maintiennent dans une même famille pendant une longue série de générations.

Alors même qu'il en serait ainsi par exception, il ne faut pas oublier que dans la constitution de toute grande fortune entre un élément extérieur à l'homme, un hasard heureux, et que cette même force aveugle, incontrôlable, le hasard, l'accident, ce que l'on appelle les fautes ou les erreurs, ne peut pas ne pas se présenter à travers les générations pour porter un coup aux fortunes d'ancienne date.

Dans le monde mobile où nous vivons, au milieu de l'agitation industrielle, commerciale, financière, une grande fortune a tant d'ennemis, est battue par tant de flots : les passions de celui qui la possède, ses illusions, ses imprudences, les variations des cours des valeurs, les mécomptes des placements, que c'est une merveille si pendant cinq ou six générations elle résiste, sans s'amoindrir, à tous ces assauts. C'est un des dictons de la vulgaire sagesse qu'il est presque aussi difficile de conserver une grande fortune que de l'édifier. Partout, en effet, où les lois n'interviennent pas avec le droit d'aînesse, les substitutions, les majorats, pour maintenir l'inégalité des conditions et pour protéger, contre les accidents, les fortunes déjà acquises, on les voit peu à peu se démembrer ou s'émietter.

Tel doit être particulièrement le cas dans une société démocratique. Car si les grandes fortunes se détruisent, la baisse du taux de l'intérêt permet plus difficilement à de nouvelles fortunes de se constituer. Il se forme moins de fortunes nouvelles parce qu'au lieu de dix années d'épargne pour arriver à vivre de son revenu, il en faut quinze, les cent mille francs qui produisaient une certaine aisance alors que l'intérêt était à 5 p. 100 ne procurant que les trois cinquièmes de cet avantage alors que l'intérêt est tombé à 3 p. 100. Il n'est pas téméraire de dire que, passé une période d'agiotage où l'ignorance et la crédulité du public donnent une proie facile aux spéculateurs, les fortunes de spéculation deviennent moindres avec la baisse du taux de l'intérêt. Un grand ministre anglais (lord Beaconsfield) dans les jours de sa jeunesse écrivait : « le monde est mon huître et je l'ouvrirai à la pointe de mon épée ; » pour les hommes de bourse et de finances la foule ignorante et avide est aussi une huître qui se laisse aisément dévorer. Mais peu à peu l'éducation et l'expérience la transforment, et quoique l'on ne puisse se flatter de faire jamais disparaître de la société les deux catégories de dupeurs et de dupés, on peut espérer que l'une et l'autre se réduiront et que, avec une instruction plus sérieuse et plus générale, la masse du public finira par n'appartenir ni à l'une ni à l'autre. La spéculation, et nous voulons parler ici de celle qui est inoffensive et permise, qui n'a aucun caractère délictueux ni au point de vue du droit civil, ni au point de vue plus strict de la morale, la spéculation, c'est-à-dire le coup d'œil rapide et sûr qui discerne à l'avance les mouvements des affaires et des prix, restera toujours, plus encore que l'économie, dans l'avenir comme dans le passé, la source principale des grandes fortunes, mais elle aura moins de prix dans le monde nouveau où le marché sera plus étendu, les prix plus réguliers, les moindres variations plus tôt connues.

Quant aux fortunes moyennes donnant une complète indépendance, elles deviennent naturellement moins nombreuses dans les périodes où l'intérêt est bas. Il est alors plus difficile de vivre de ses rentes ; les pensions de retraite, les assurances sur la vie, les placements à fonds perdu et les rentes viagères, toutes ces combinaisons sont moins avantageuses parce qu'elles reposent toutes sur la capitalisation des intérêts, qu'elles sont d'autant plus fructueuses que le taux de l'intérêt est élevé, d'autant plus lentes et infécondes que le taux de l'intérêt est bas (1).

(1) Que deviendraient les assurances sur la vie si le taux de l'intérêt tombait à 1 et demi p. 100 ? leurs tarifs, à l'heure actuelle, reposent sur une capitalisation à 4 p. 100 ; il est vrai que les bénéfices et les remises aux agents représentent à peu près la moitié de la prime. Dans une période de baisse de l'intérêt, les sociétés mutuelles doivent prédominer.

Pour acquérir une rente de 1,000 fr., il faut beaucoup plus d'annuités de 500 francs quand le taux de l'intérêt est de 3 p. 100 que lorsqu'il est de 5 p. 100. Il résulte de cet ensemble de faits que la situation de la classe moyenne devient alors plus dépendante : chacun est obligé de travailler, d'avoir un métier, *exercere mercaturam*, comme disait Descartes, et de prolonger un peu plus longtemps dans la vie l'exercice de sa profession. C'était l'état de la Hollande au dix-septième siècle, ce sera celui de la France au vingtième siècle. L'épargne et le travail deviennent plus nécessaires pour les personnes vivant au jour le jour; en même temps l'épargne devient moins tentante pour les personnes ayant de grandes fortunes; la diminution du taux de l'intérêt équivaut en effet à une diminution de productivité de l'épargne, à une réduction des avantages que l'épargne confère. De là vient que la baisse du taux de l'intérêt a une tendance à développer les dépenses voluptuaires, le luxe; le nombre prodigieux d'hôtels qui s'édifient de tous côtés dans nos grandes villes, la splendeur des mobiliers et l'accumulation des bijoux, les hauts prix atteints par les objets d'art ou de fantaisie, ce sont là des conséquences naturelles de la baisse du taux de l'intérêt. Moins le capital rapporte, plus on est porté à le convertir en objets d'agrément, d'ornement, de parure. Les deux extrêmes de la civilisation, la barbarie et l'insécurité des sociétés primitives et l'abondance ainsi que la diminution de productivité des capitaux dans les sociétés très avancées produisent ainsi le même effet : un luxe exubérant et extravagant, de même que l'extrême froid et l'extrême chaleur donnent la même sensation.

La pensée de Stuart Mill, que l'état stationnaire, c'est-à-dire un état où le taux d'intérêt est très bas par suite de la diminution de productivité des nouveaux capitaux, la pensée que cet état amène une plus grande modération dans les désirs des hommes n'est donc pas absolument vraie; du moins elle ne l'est point au début de l'état stationnaire, elle ne le devient qu'à la longue. Ce qui est certain, c'est que, après une période de transition, la baisse du taux de l'intérêt doit fatalement amener un rapprochement des conditions. On voit combien est faux le mot si souvent répété par la haine ou la crédulité que les riches deviennent chaque jour plus riches et les pauvres chaque jour plus pauvres.

Ce serait une recherche instructive que celle de l'influence qu'exerce la baisse du taux de l'intérêt sur le mouvement des prix. Il ne peut y avoir aucun doute que cette baisse doit avoir pour effet d'amener une certaine baisse dans les prix, toutes choses restant égales, d'ailleurs, quant à la production des métaux précieux, quant aux salaires, et quant aux arts industriels. Tous les produits manufacturés, dans le prix desquels entre l'intérêt du capital, ont une tendance à baisser, mais cette baisse est très inégale, et parfois elle peut être compensée par une hausse de la matière première, ou par une hausse du salaire. Il se pourrait que la médiocrité du taux de l'intérêt influât à la longue sur le prix des loyers, les fît baisser ou, du moins, les rendît stationnaires. En effet, plus l'intérêt est bas, plus on est porté à immobiliser le capital, à construire des maisons pour lesquelles on se contenterait d'un revenu moindre que celui qu'on eût considére auparavant comme indispensable. Dans la période où l'intérêt est à 5 p. 100, il faut qu'une maison coûtant 500,000 francs à construire rapporte net, déduction faite de tout frais et de tout risque, 25,000 francs au capitaliste qui l'a édifiée, sans quoi il a fait une mauvaise affaire; dans la période où le taux d'intérêt est à 3 p. 100, il suffit que cette maison produise 15,000 francs pour que la construction en ait été rémunératrice. La baisse du taux de l'intérêt devrait donc faire baisser les loyers, et il n'y a aucun doute qu'elle n'amenât ce résultat, si d'autres causes n'agissaient en sens contraire. Il se peut, en effet, que la baisse du taux de l'intérêt soit compensée en partie par la hausse du prix des terrains, si toutefois le privilège de situation des terrains du centre n'a pas été diminué par le perfectionnement des voies de communications urbaines et surburbaines, comme on l'a démontré dans un précédent chapitre. Il se peut surtout que l'influence de la baisse du taux de l'intérêt relativement au taux des loyers soit neutralisée par les exigences des ouvriers et par la hausse des salaires. C'est ce qui arrive, au moment où nous écrivons, dans les grandes villes d'Europe, à Paris particulièrement. Quoi qu'il en soit, même dans ces circonstances, la baisse du taux de l'intérêt est un facteur énergique du rapprochement des conditions sociales ; puisque, si les loyers restent élevés, ce n'est pas que les propriétaires des maisons nouvelles tirent de leur capital un revenu très considérable, c'est que les salaires accrus des ouvriers ont forcé à dépenser plus de capitaux pour obtenir le même résultat. C'est encore là une démonstration de la vérité sur laquelle nous avons si souvent insisté : la moindre productivité des nouveaux capitaux dans les vieilles contrées.

La baisse du taux de l'intérêt doit se faire sentir aussi sur les produits agricoles : ceux-ci doivent avoir une tendance à diminuer de prix, si l'accroissement de la population n'est pas trop rapide et si l'on permet en franchise l'entrée des produits étrangers. Les capitaux, dans cet état de choses où il leur est si difficile de trouver une rémunération convenable, doivent revenir peu à peu à la terre : les drainages, les irrigations, les fumures, améliorations qui rapportent peu, 2, 3 ou 3 1/2 p. 100, doivent reprendre faveur.

Ce phénomène, si important et jusqu'ici médiocrement étudié, de la baisse du taux de l'intérêt a aussi une influence sur les rapports de l'État et des individus (on s'en aperçoit en France aujourd'hui, mais presque tout le monde en ignore la cause). Dans une société qui approche de la situation stationnaire, on est beaucoup plus exigeant envers l'État, le gouvernement. On le pousse à tout entreprendre ; on a une tendance à étendre démesurément ses attributions et à compliquer son rôle. On se plaint à lui de ne plus trouver de placements rémunérateurs ; on prétend qu'il doit diriger et faire travailler l'épargne nationale ; on réclame de lui l'esprit d'initiative qui manque aux particuliers. On veut faire de lui enfin une Providence, et le grand moteur des progrès sociaux. C'est le vice de la démocratie, dit-on. Sans doute, mais il y a à cette situation morale, une cause économique plus profonde et qui a passé inaperçue. Cette cause, c'est simplement la baisse du taux de l'intérêt, la réduction de la productivité des nouveaux capitaux ; les entreprises nouvelles très rémunératrices font défaut ; on ne s'aperçoit pas que c'est un effet de la nature des choses, ou l'on a la pensée confuse que l'Etat peut faire violence à cette dernière. A mesure que les particuliers deviennent plus inertes et moins entreprenants, on voudrait que l'État fût plus actif.

On pousse l'État et les municipalités aux dépenses que l'on suppose reproductives. Il n'est si mince bourgade, se qualifiant du nom de ville, qui ne doive avoir son chemin de fer, ni hameau si infime qui ne doive posséder une bonne route. On n'établit plus aucun rapport entre le prix d'un travail public et l'utilité qui en résulte. La seule apparence de la productivité, si minime qu'elle soit, d'une entreprise suffit pour que l'État soit obligé de s'en charger. Bien plus, on contraint le gouvernement et les municipalités aux dépenses voluptuaires. Démolir pour reconstruire, dépenser pour dépenser, devient inconsciemment une habitude et un programme. Dans leurs rapports aux Chambres et dans leurs circulaires les ministres s'excusent de n'avoir pas dépensé davantage et promettent d'être plus prodigues l'année suivante. C'est aux dépenses qu'elle fait qu'on est tenté de mesurer le mérite d'une administration. La civilisation d'un peuple paraît être proportionnelle à la grosseur de son budget.

C'est la baisse du taux de l'intérêt qui est la cause de ces entraînements extravagants. Ne faut-il pas que l'État fasse travailler l'épargne nationale ? L'État est un intendant auquel on ne reproche pas la prodigalité. C'est une tentation si grande que la facilité que l'on a d'emprunter à 3 ou 3 1/2 p. 100. Les financiers donnent alors carrière libre à leur imagination : on écrit des livres, ou des chapitres qui ont pour titres, *de la systématisation des emprunts publics*, *de la réforme de l'impôt par l'emprunt*, etc. : et toutes ces propositions désordonnées trouvent des approbateurs. La baisse du taux de l'intérêt exerce donc une influence profonde sur l'état social, sur les relations des individus et du gouvernement ; elle est une des principales causes qui amènent le développement de ce que nous avons appelé le

Socialisme d'État. Elle peut avoir ainsi pour conséquence d'accroître l'organisme gouvernemental, de faire du gouvernement un plus grand industriel, un plus grand commerçant, un plus grand entrepreneur, d'augmenter son influence sur le marché des capitaux, sur le marché du travail et de l'y rendre prépondérante ; c'est là un risque pour les libertés politiques.

La baisse du taux de l'intérêt est aussi favorable aux faiseurs de projets (1). Dans les périodes où le taux de l'intérêt est élevé, sous le second empire par exemple, les entreprises purement chimériques sont moins nombreuses : chacun trouvant facilement des placements rémunérateurs dans de grandes œuvres largement productives, comme la construction de chemins de fer, celles d'eaux et de gaz, les épargnes du pays vont presque toutes dans la même direction et affluent à quelques catégories bien connues de travaux. Il en est autrement dans les périodes où le taux de l'intérêt est très bas, comme dans les dix dernières années du règne de Louis-Philippe, ou comme dans les deux ou trois dernières années écoulées au moment où nous écrivons. C'est alors que les idées les plus fallacieuses attirent à elles de nombreux capitaux ; chacun est à l'affût d'un placement qui ait l'apparence d'être rémunérateur ; la déperdition des capitaux devient énorme.

La baisse du taux de l'intérêt n'est donc pas sans présenter des résultats fâcheux. Turgot et Stuart Mill ont eu à ce sujet un optimisme exagéré. Néanmoins les conséquences générales de ce phénomène, surtout après que la période de transition est passée, sont plutôt heureuses. Si le goût de l'épargne diminue dans certaines classes, particulièrement dans les classes élevées, il augmente dans certaines autres, dans la partie inférieure de la classe moyenne et dans les couches populaires. L'instruction développe la prévoyance. Une partie considérable de l'humanité, toute la clientèle des déposants aux caisses d'épargne, se contente d'un intérêt de 3 p. 100; et, d'après

(1) Nous montrerons, dans un chapitre postérieur, qu'elle n'est pas avantageuse, au moins d'une manière permanente, aux industriels et aux commerçants sérieux.

les recherches de M. de Malarce, ces déposants pour toutes les contrées civilisées sont au nombre de dix millions. Nos pères, alors que les placements mobiliers étaient peu répandus et que la classe moyenne consacrait ses économies à l'achat de terres, se contentaient d'un intérêt de 2 1/2 à 3 p. 100. Chacun sera obligé de faire ainsi à l'avenir, et c'est une résignation que la nécessité rendra facile. Si, d'ailleurs, le goût de l'épargne s'accroît par l'éducation, on a en outre, comme le faisait déjà remarquer Jean-Baptiste Say, « perfectionné l'art d'épargner comme l'art de produire (1). » Cette réflexion est bien plus juste encore aujourd'hui qu'au moment où écrivait le célèbre économiste : la multiplication des caisses d'épargne, les caisses d'épargne postales, les caisses d'épargne scolaires, les caisses de retraite, les assurances sur la vie, les petites coupures de valeurs mobilières, les obligations à lots, les achats ou les paiements d'immeubles par annuités, ce sont là des modes infiniment variés et fort améliorés de l'épargne. Il était utile qu'ils coïncidassent avec la réduction considérable du taux de l'intérêt qui, dans une certaine mesure, doit ralentir le mouvement de l'épargne. N'oublions pas qu'autrefois des classes entières, les paysans par exemple, thésaurisaient, c'est-à-dire épargnaient sans jouir de l'intérêt de leurs économies. Ainsi le revenu de 2 1/2 ou 3 p. 100 qui peut paraître décourageant pour l'homme riche habitué à une rémunération supérieure est encore suffisamment attrayant pour la masse de la nation.

De toutes les circonstances que nous venons d'analyser il résulte que la baisse du taux de l'intérêt, coïncidant avec la hausse des salaires, rend plus facile à tous l'acquisition d'une certaine et très modeste aisance, mais beaucoup plus difficile l'acquisition de la richesse. Cette proposition a été parfois contestée, par Jean-Baptiste Say entre autres : dans un passage de son *Traité d'économie politique*, Say paraît admettre dans une phrase incidente que « l'accumulation des capitaux tend à augmenter l'inégalité des fortunes. » Il est évident qu'il y a

(1) *Traité d'économie politique*, t. I, p. 135.

moins d'égalité de conditions dans une société civilisée où les capitaux augmentent que chez un peuple sauvage qui n'a pas de capitaux du tout. Mais il est hors de doute que la baisse du taux de l'intérêt est, à la longue, contraire à la classe des riches capitalistes et des rentiers. L'instinct de nos pères, à défaut de science, les en avertissait avec une grande sûreté. Forbonnais rapporte que les Français du dix-septième siècle considéraient la « baisse du taux de l'intérêt comme contraire aux intérêts de la noblesse de robe », et ils avaient raison.

La baisse du taux de l'intérêt équivaut à une dépossession graduelle d'une partie des avantages dont jouissait la classe des capitalistes et des rentiers. Cette vérité est rendue très sensible par les opérations si fréquentes et si connues que l'on appelle les conversions de dettes publiques. Une conversion de dette publique consiste dans la substitution d'une dette nouvelle, portant un intérêt moins élevé, à une dette ancienne portant un intérêt plus élevé : transformation aussi judicieuse que légitime qui fait profiter le créancier, que ce soi l'État, une ville ou un particulier, de l'amélioration du crédit public, du bon marché croissant des capitaux. Ces conversions de dettes se font chaque jour sans qu'on y pense : les particuliers, les compagnies privées, les corporations, les municipalités, les départements ou les provinces y recourent ; et c'est seulement quand l'État veut suivre à son tour l'exemple général qu'on ouvre les yeux et qu'on s'aperçoit, dans un cas particulier, d'un phénomène devenu universel.

Nous ne nous arrêterons pas à ces conversions de dettes publiques dont nous avons examiné le principe et décrit les applications dans un autre ouvrage. Anglais, Américains, Belges, Suisses, Allemands, toutes les nations en ont fait usage ; les Français moins que d'autres, à cause de leur excessive timidité et de la faveur qu'ils sont toujours portés à accorder aux intérêts particuliers au détriment de l'intérêt général. La nature travaille en quelque sorte, dans les vieilles sociétés, par l'abaissement de l'intérêt des capitaux, à la libération graduelle, progressive, si ce n'est totale, des débiteurs : elle a une tendance à rétablir l'équilibre des conditions en diminuant d'une manière presque constante les avantages des créanciers. Prenons-en un exemple frappant : la première conversion de dette publique se fit en Angleterre sous Walpole : les anciens fonds 6 p. 100 furent convertis en 5 p. 100, puis successivement en 4, en 3 1/2, en 3 1/4, en 3 p. 100 ; ils l'auraient été déjà en 2 1/2 si, à partir de 1853, l'Europe n'était rentrée dans la période des guerres et des armements à outrance; mais ce n'est que partie différée et l'on peut prévoir le jour prochain où toute la dette publique anglaise sera convertie en 2 1/2. Quoi qu'il en soit, ne tenons pas compte de cette réduction future et contentons-nous de celles qui ont été réalisées ; considérons une famille anglaise du temps de Walpole avant la première conversion de la dette britannique : elle jouissait alors par hypothèse d'un revenu de 12,000 francs sur l'échiquier anglais; c'était la richesse, l'indépendance, même l'opulence ; supposons que cette famille, sans aucun accroissement de ses membres, sans augmentation de son capital par l'épargne, sans déperdition par les accidents, ait conservé exactement la même créance sur le trésor britannique ; les conversions successives auront graduellement réduit sa rente annuelle en rente de 10,000, puis de 8,000, de 7,000 et enfin de 6,000 francs ; dans le même temps, le prix des choses aura triplé ou quadruplé; et d'une situation de large opulence, de grande indépendance, de bien-être assuré, cette famille sera graduellement descendue à une situation médiocre, modeste, restreinte et dépendante. Tel est l'effet de la baisse du taux de l'intérêt ; c'est ainsi que cette cause travaille à l'égalité des conditions. Au lieu de l'exemple pris en Angleterre à partir de Walpole, nous aurions pu en emprunter un aux États-Unis qui successivement ont converti leur 6 p. 100 en 5, en 4 et un jour le transformeront en 3 p. 100 (1). Tel est le double mouvement de la civilisation : avilissement des capitaux, renchérissement du

(1) Nous renvoyons le lecteur à notre *Traité de la science des finances*, t. II, où nous donnons la théorie des conversions de dettes publiques.

travail; ces deux causes combinées ont des effets d'une formidable puissance.

Cette marche de la civilisation est conforme à la justice. Un financier très sagace, Laffitte, a écrit une fort belle page à ce sujet : « Reconnaissons, dit-il, quel est en général l'état « du capitaliste dans la société. C'est ordinairement celui qui « a travaillé et qui ne travaille plus, ou, plus exactement « encore, c'est celui dont les pères ont travaillé autrefois et « l'ont dispensé de travailler aujourd'hui. Il prête donc ses « capitaux à ceux qui n'ont pas acquis la faculté de se reposer, « et, il faut en convenir, il mérite, à ce titre, bien moins « d'intérêt que l'homme industrieux qui paie actuellement son « pain par ses sueurs. Sans doute, cet oisif fortuné n'en a « pas moins ses droits, car il faut respecter le travail dans celui « même qui se repose ; il faut respecter le travail du père « dans le capital du fils ; mais peut-on empêcher les effets de « la loi commune qui avilit sans cesse les capitaux en aug- « mentant leur abondance ? L'homme qui vit sur une œuvre « passée doit devenir continuellement plus pauvre, parce que « le temps le transporte, avec la richesse d'autrefois, au mi- « lieu d'une richesse toujours croissante et plus dispropor- « tionnée à la sienne. A défaut du travail il n'y a qu'un « moyen de se soutenir au niveau des valeurs actuelles, c'est « de diminuer ses consommations : il faut ou travailler, ou se « réduire. Le capitaliste a le rôle de l'oisif, sa peine doit être « l'économie, et elle n'est pas trop sévère. »

Tels sont les effets de la baisse du taux de l'intérêt, quand les lois et les gouvernements laissent libre cours à la nature des choses. La formation et la conservation de grandes fortunes, donnant une large indépendance, permettant une oisiveté héréditaire, deviennent beaucoup plus difficiles. Le nombre des oisifs héréditaires est infiniment moindre aujourd'hui qu'il y a cent ans, quoique nous sortions d'une période où le taux de l'intérêt a été pendant vingt ans très élevé : ce nombre ira encore en diminuant. Il n'y a donc aucun doute que la baisse de l'intérêt du capital ne nous conduise à une plus grande égalité des conditions.

Cette baisse du taux de l'intérêt et l'avènement de l'état stationnaire qui en serait promptement la conséquence sont, cependant, retardés par certains événements. Les guerres, les crises commerciales, le gaspillage des capitaux par l'État et les particuliers surviennent de temps à autre pour interrompre l'action régulière de l'accumulation des épargnes. D'autre part de grandes découvertes qui ouvrent subitement à l'activité humaine et à l'emploi des capitaux de nouveaux champs productifs ont le même effet : l'invention de la vapeur comme force motrice a été la grande cause du relèvement du taux de l'intérêt dans la période de 1840 à 1867. Enfin l'émigration des capitaux des vieux pays vers les contrées neuves ralentit aussi dans les contrées anciennement civilisées la baisse du taux de l'intérêt et éloigne l'avènement de l'état stationnaire. C'est cette troisième cause qui est à l'heure actuelle la plus active et qui le restera jusqu'à ce que le monde entier soit exploité.

Cette émigration des capitaux, quand elle ne représente qu'une fraction de l'épargne annuelle et qu'elle n'entame pas le fonds national, est un phénomène essentiellement bienfaisant. Elle étend en quelque sorte le territoire en donnant à la nation des créances productives sur l'étranger. Elle permet un excédant des importations sur les exportations, et bien loin que cet excédant indique que le pays importateur paie un tribut au dehors, c'est au contraire le mode qu'adopte l'étranger pour s'acquitter du tribut annuel qu'il doit pour l'intérêt et les profits des capitaux émigrés jadis des vieilles contrées. C'est ainsi que l'Angleterre a peut-être pour 50 ou 60 milliards de francs de capitaux essaimés sur tous les points du globe et qui lui produisent un revenu de 2 ou 3 milliards de francs ; c'est ainsi que la France, entrée plus tard et moins résolument que l'Angleterre dans cette voie, possède au moins 20 milliards de créances productives sur l'étranger dont elle tire un milliard de revenu net par année.

Très divers, d'ailleurs, sont les modes d'émigration des capitaux : le plus apparent et le plus connu, c'est la souscription à des émissions de titres soit d'emprunts d'État, soit de sociétés privées, mais ce n'est là qu'un des procédés variés par lesquels le capital surabondant des vieux pays s'embarque pour les pays neufs. Les épargnes qu'emportent les émigrants qui ont l'esprit de retour sont une autre forme de ce placement de capitaux au dehors. Il y a d'autres procédés moins ostensibles et qui ont une assez grande importance : ainsi, les commissionnaires parisiens sont les commanditaires des acheteurs étrangers ; ils ont avec leurs correspondants lointains des comptes qui durent deux, trois, quatre ans, qui rarement sont complètement soldés en espèces, qui rapportent des intérêts modiques vu le prix des capitaux dans les pays jeunes, élevés, au contraire, vu le prix des capitaux dans les vieux pays. C'est ainsi que des commissionnaires parisiens sont souvent les créanciers, pour des sommes considérables, de leurs correspondants de la Plata, du Chili, du Brésil, faisant payer sur ces sommes un intérêt de 7, 8 ou 9 p. 100, ce qui est à l'avantage des deux parties. Voilà une des formes de l'émigration des capitaux. Ce sont les capitaux de la vieille Europe qui vont en grande partie mettre en valeur les contrées lointaines et qui y suscitent une abondante production de matières premières et de denrées alimentaires, au grand avantage du consommateur européen et au détriment du privilège dont jouissait dans les vieilles contrées le propriétaire national. Si l'émigration des capitaux retarde, dans une certaine mesure, l'avènement de l'état stationnaire, elle contribue, cependant, elle aussi, au rapprochement des conditions humaines.

Telles sont les diverses faces de ce phénomène si important, si considérable, de la baisse du taux de l'intérêt dans les vieux pays. Après une première période de perturbation, où il tend plutôt à accroître qu'à réduire l'inégalité des richesses, il arrive enfin à produire tous ses effets bienfaisants, et à former une société où les situations sont plus semblables, où l'activité est plus générale, tout en étant moins exubérante, où l'oisiveté héréditaire n'est plus qu'exceptionnelle, où il est presque impossible de former de grandes fortunes, difficile d'en conquérir de moyennes, où il devient facile au contraire de parvenir à l'aisance.

# CHAPITRE X

## DE L'INTERVENTION DE L'ÉTAT DANS LES QUESTIONS QUI CONCERNENT L'INTÉRÊT DES CAPITAUX.

Divers modes par lesquels l'État intervient dans la fixation du taux de l'intérêt. — Fausse croyance que dans un contrat il y a toujours une des parties qui est lésée. — La loi du maximum du taux de l'intérêt est un débris d'un système de réglementation universelle. — Examen de cette loi au point de vue de l'équité, de la praticabilité et de l'utilité. — Les hommes à projet et les prodigues. — L'État n'a pas à se faire le tuteur de ceux-ci. — La liberté de l'intérêt est avantageuse aux hommes à projets.

Les prêts aux particuliers sont beaucoup plus désavantageux que les prêts aux gouvernements ou aux sociétés : raison de cet état de choses. — Les valeurs mobilières ont singulièrement réduit le crédit personnel.

La liberté de l'intérêt n'est pas un obstacle à la répression de l'usure. — Différence entre le maximum du taux de l'intérêt et l'intérêt légal. — De l'utilité qu'il y aurait à réduire l'intérêt légal judiciaire.

L'État intervient encore d'une autre manière dans la fixation du taux de l'intérêt. — Le refus de convertir les dettes publiques ou le retard apporté aux conversions. — Ce refus et ces retards sont d'une révoltante immoralité. — Ils constituent une spoliation du contribuable. — L'État travaille ainsi au maintien de l'inégalité des conditions et s'oppose à l'action bienfaisante des lois naturelles. — Autre exemple de la même erreur et de la même faute : taux d'intérêt beaucoup trop élevé admis par la *Caisse nationale des retraites pour la vieillesse.*

L'État doit-il se préoccuper du taux de l'intérêt, doit-il intervenir pour le modifier en cherchant à l'élever, à l'abaisser, ou à le rendre fixe? Toujours dans le passé l'État a essayé de jouer un rôle dans ces délicates questions. Les traités allemands d'économie politique, celui de Roscher entre autres, contiennent une section que l'on appelle *Zinspolitik*, politique relative à l'intérêt de l'argent, ou police de l'intérêt. Y a-t-il une *Zinspolitik*, et quelle doit-elle être? Il n'est pas inutile, à ce point de vue, de jeter un coup d'œil sur le passé et de rechercher comment le menu peuple peut être affecté par les conditions du taux de l'intérêt.

L'État qui se considère comme le sage par excellence, comme

le juste et le tuteur des faibles, peut intervenir de différentes façons dans les questions qui concernent l'intérêt du capital. Il peut fixer pour tout le pays un taux obligatoire au-dessous et au-dessus duquel il est également défendu de prêter ou d'emprunter. A la fin du dix-huitième siècle, en Suisse, d'après Roscher, il y avait des pénalités contre ceux qui prenaient un intérêt moindre de même que contre ceux qui prenaient un intérêt plus élevé que le taux légal. L'État agissait en arbitre qui se croit bien informé et impartial. On trouverait encore aujourd'hui dans notre législation ou dans notre administration des restes de cette présomption du gouvernement. C'est ainsi que pour les offices ministériels on fixe un certain multiple du revenu moyen au-dessus duquel ils ne peuvent pas être vendus. L'auteur de ce livre a dû intervenir à la Chancellerie, il y a un an ou deux, parce qu'un greffe de justice de paix dans un canton éloigné avait trouvé preneur pour un prix un peu plus élevé que celui qui ressortait des calculs de l'administration. L'acte de vente fut cassé, les parties vraisemblablement durent recourir à une contre-lettre.

L'absurdité de ce système est tellement manifeste qu'on n'a pu nulle part le pratiquer d'une manière générale. Vouloir que le taux de l'intérêt soit absolument fixe dans tout un pays, établir un niveau au-dessus et au-dessous duquel il est interdit de se tenir, c'est trop évidemment méconnaître la diversité des transactions et la variété des situations humaines.

L'imagination et le sentiment se sont donné carrière dans ce domaine et ont produit toutes sortes de solutions plus ou moins iniques ou étranges. L'une d'elles serait le prêt enregistré et obligatoire. Chaque prêt de capitaux serait soumis au visa de la police qui pourrait forcer le prêteur à recevoir un remboursement prématuré, ou bien encore qui pourrait le contraindre à transférer le prêt à un autre emprunteur. Ce serait une sorte d'expropriation des capitaux. Nous ne parlerons pas en ce moment de toutes les combinaisons socialistes qui peuvent se présenter en fait de prêts, depuis la fameuse Banque gratuite de Proudhon, jusqu'à la motion de Lassalle que l'État empruntât des millions au public pour les prêter aux associations ouvrières.

Le seul système d'intervention de l'État dans le prêt des capitaux qui ait été appliqué en beaucoup de pays et le soit encore dans quelques-uns, c'est celui qui consiste à fixer une limite *maxima* à l'intérêt. Cette limite est déterminée pour sauvegarder contre son ignorance, contre ses entraînements, contre la pression même des circonstances, l'emprunteur qui est supposé le plus faible des deux contractants. C'est une des manies du législateur et un des préjugés les plus répandus dans le public que de vouloir que de deux contractants l'un soit nécessairement plus faible que l'autre : on admettra, en général, que l'ouvrier est plus faible que le patron, le vendeur que l'acheteur, le locataire que le propriétaire, l'emprunteur que le prêteur. On ne veut pas concevoir que dans les échanges les deux parties traitent à égalité, chacune en possession de son bon sens, de sa liberté, de son indépendance, et que le contrat est ainsi l'expression réfléchie de deux volontés libres. L'un des contractants est réputé nécessairement inférieur à l'autre et paraît destiné, si la loi n'intervient, à devenir la victime de l'autre : ce contractant inférieur est celui qui passe *à priori* pour avoir le plus pressant besoin de la chose qui fait l'objet du contrat. On ne vendrait pas si l'on n'était forcé de vendre, on ne prendrait pas à bail un logement si l'on n'était menacé de coucher à la belle étoile, on ne chercherait pas du travail si l'on avait de quoi manger, on n'emprunterait pas si l'on n'était dans la détresse. Ce point de vue est singulièrement faux et le devient chaque jour davantage. Il n'est pas rare que le vendeur soit plus avisé et fasse une meilleure affaire que l'acheteur. Il arrive que le locataire est plus indépendant, a plus de choix que le propriétaire. Il n'est pas sans exemple que l'ouvrier traite de haut le patron. Quotidiennement l'emprunteur se rit du prêteur et le gruge. C'est l'éternelle histoire de la comédie humaine.

La limite maxima, établie par la loi à l'intérêt du capital, est un reste de l'intervention générale du législateur dans les contrats ; c'est le dernier débris d'un vaste système. C'est une mesure analogue à la réglementation des loyers, qui fut si fréquente autrefois, et dont nous avons relaté plusieurs exemples à Paris au dix-septième siècle ; ou bien encore à la réglementation des salaires qui était jadis une pratique constante, ou enfin à la réglementation des prix, soit aux lois révolutionnaires sur le maximum, soit aux taxes officielles de la viande et du pain.

La loi sur le maximum de l'intérêt soulève trois questions distinctes : l'une relative à l'équité, une seconde à la praticabilité, la troisième à l'utilité d'une semblable mesure.

La question d'équité est aisée à trancher. Il est clair que la fixation d'un maximum à l'intérêt de l'argent est inique. L'État prend parti pour l'un des contractants contre l'autre ; de quel droit ? Sous le prétexte que l'un est plus faible, qu'en sait-il ? Ou plutôt, l'État prend parti non seulement contre l'un des deux contractants, mais contre les deux réunis. L'un des éléments du taux de l'intérêt, c'est le risque, et non pas seulement le risque général qui provient de l'insuffisance de la police et des lenteurs ou des erreurs des tribunaux ; ce risque-là va toujours en diminuant au fur et à mesure que la civilisation se perfectionne ; mais ce qui reste essentiellement variable, c'est le risque particulier, propre à chaque prêt ; ce risque tient à la personne de l'emprunteur et à l'usage qu'il se propose de faire de la somme empruntée. Il est des cas où un intérêt de 50, de 60 p. 100 n'est pas trop élevé, parce que l'emprunteur présente peu de surface, ou bien parce que, tout honnête et intelligent qu'il soit, l'entreprise dans laquelle il se lance est très hardie, susceptible de donner ou de très gros gains ou de très grosses pertes. L'État voudrait-il transformer cette opération toute économique et financière du prêt en une œuvre sentimentale, charitable ou religieuse ? Qu'il le dise ; qu'il se charge alors d'être ce prêteur stoïque ou négligent, affectueux ou indifférent, qui ne tient aucun compte des conditions où le prêt se présente et qui dans tous les cas demande un intérêt uniforme et modique. Ou plutôt que l'État ne se charge pas de ce rôle généreux, car il n'en a pas le droit, puisqu'il ne possède rien à lui et que ses revenus sont prélevés par voie de contrainte sur les revenus des contribuables.

Le maximum du taux de l'intérêt atteint encore l'équité par un autre point : c'est que, pour l'application de cette loi, on fait acception de personnes. L'État s'affranchit lui-même, dans les cas de grande nécessité, des prescriptions qu'il impose à tous. Il n'hésite pas, quand il ne peut faire mieux, à emprunter à 8 p. 100 comme le baron Louis sous la Restauration ou comme le gouvernement de Tours en 1870, à plus de 6 p. 100 comme M. Thiers et l'Assemblée nationale en 1871. De même qu'il se met au-dessus de ses propres lois, l'État autorise les grandes associations, la Banque de France et bien d'autres sociétés, à s'y soustraire en élevant à 7, 8 ou 9 p. 100 le taux de l'escompte dans les moments de crise; ou bien encore il fournit aux banquiers et aux hommes d'affaires des rubriques pour échapper à la rigueur de la lettre législative : il leur permet, par exemple, d'ajouter à l'intérêt des commissions ou d'émettre au-dessous du pair les obligations qu'ils veulent négocier. Il n'est pas jusqu'à certains établissements charitables, comme le Mont-de-piété, qui ne soient investis du droit de violer la loi du maximum de l'intérêt. Parmi toutes les prescriptions légales quotidiennement octroyées et ouvertement violées, il n'en est aucune qui vaille celle-là.

La question de praticabilité ne fait pas plus doute que celle d'équité. Les dernières lignes que nous venons d'écrire le démontrent déjà. Les règlements en ces matières sont-ils tels qu'il ne soit aisé, commode de les enfreindre? Non, les infractions sont faciles et d'une constatation laborieuse. Rien n'est plus simple pour le créancier que de faire payer les intérêts d'avance; or si, au moment du contrat, sur 100 fr. le prêteur en retient 6, le taux de l'intérêt revient à 6,4 p. 100. Il ne faut pas non plus beaucoup d'imagination pour inscrire sur le billet une somme plus élevée que celle qu'on a remise. Reste encore le procédé des juifs russes, une association déguisée se résolvant en un forfait entre le prêteur et l'emprunteur. La comédie s'est égayée sur toutes ces ruses qui sont variées à l'infini. Les peines sont en outre toujours disproportionnées avec les gains de l'usure. La peine qui paraîtrait la plus logique, ce serait la nullité juridique du contrat stipulant un taux d'intérêt supérieur au taux légal; mais elle ferait profiter de la fraude l'emprunteur qui a été participant à cette fraude. Pour ne pas choquer ainsi la morale, on a adopté dans quelques pays, en Autriche par exemple, une disposition qui annule l'intérêt consenti au-dessus du taux légal et maintient ce dernier. Où est alors le châtiment? De quelque façon qu'on s'y prenne, la loi sur le maximum de l'intérêt est impraticable.

Est-il bien nécessaire d'aborder la question d'utilité? Oui sans doute; car les gouvernements s'obstinent et s'évertuent souvent à maintenir des prescriptions inapplicables dans la plupart des cas, parce qu'ils supposent qu'elles seraient utiles si elles pouvaient être appliquées. En faveur de l'utilité du *maximum* on ne peut invoquer que deux arguments : c'est que ce *maximum* empêchera les prodigues de se ruiner et les hommes à projets de trouver trop facilement des prêteurs. Quel avantage l'État croit-il avoir à protéger les prodigues? Quel bien en résulte pour lui? La ruine des prodigues est le juste châtiment de leur faute, elle est aussi un exemple instructif. Elle fait en outre passer leur fortune dans des mains plus capables. Malheureusement les fortunes des prodigues sont dissipées en général avec scandale et entretiennent le vice. Néanmoins l'État n'a pas à intervenir pour conserver la richesse dans les mains d'hommes qui, ayant reçu du labeur de leurs ancêtres d'abondants capitaux, ont l'indignité de les gaspiller. Les prodigues sont toujours des oisifs héréditaires, dépourvus en général de tout goût noble et élevé, ne considérant la fortune que comme l'instrument d'égoïstes jouissances; en vérité quelle utilité trouve l'État à faire intervenir la loi pour conserver cette classe d'opulents et vicieux désœuvrés?

Quant aux hommes à projets, ils sont très utiles, et il est bon qu'ils puissent emprunter, fût-ce à des taux très élevés. Depuis Christophe Colomb jusqu'à Stephenson en passant par Fulton, ils ont d'ordinaire à lutter contre l'incrédulité et l'indifférence : il n'est pas probable qu'ils puissent jamais se procurer les capitaux au taux légal, c'est-à-dire à 5 ou 6 p. 100; les risques de ce genre de prêts sont trop grands pour que le prêteur ne stipule pas en sa faveur d'extraordinaires avantages. Supposez qu'il se fût rencontré un homme qui eût avancé à Fulton un million à 50 p. 100 d'intérêt, n'aurait-il pas rendu un inappréciable service et à Fulton et à la société qui aurait peut-être profité un quart de siècle plus tôt de la navigation à vapeur ?

La nature des choses veut que le taux de l'intérêt soit variable suivant les lieux, les temps, les circonstances, les hommes, et qu'il ait même une très grande amplitude d'oscillation. Aussi le maximum du taux de l'intérêt a des effets opposés à ceux qu'on se propose en l'établissant. La loi crée la malhonnêteté qu'elle veut prévenir et développe les abus qu'elle prétend corriger. L'insécurité de la profession de prêteur fait que ce métier n'est exercé que par des gens ne tenant guère à l'estime publique et à leur propre dignité. Les capitalistes riches qui, en certaines circonstances, auraient consenti des prêts à 7, 8 ou 10 p. 100 reculent devant l'interdiction de la loi. Les prêts aux particuliers sont, d'ailleurs, plus désavantageux que ceux faits à l'État ou aux grandes sociétés. Les premiers offrent plus de difficultés pour le recouvrement du capital, et le paiement même des arrérages aux échéances est moins ponctuel. Il n'y a pas de grand marché, dans le genre de celui de la Bourse, où se négocient les prêts entre personnes privées et où l'on puisse les réaliser à toute heure. On n'a pas non plus, dans ce genre de placement, la perspective si séduisante d'une prime ou d'une plus-value sur le capital, attrait qui échoit aux emprunts d'État ou de sociétés cotés au-dessous du pair. Ainsi les prêts à des particuliers sont d'ordinaire des affaires médiocres et peu recherchées ; la loi du maximum de l'intérêt les décourage encore davantage.

C'est un fait qui n'a pas été assez remarqué que le crédit personnel, d'homme à homme, diminue à mesure que les valeurs mobilières se répandent. Nos pères plaçaient encore leurs épargnes en prêts individuels; cette coutume a presque disparu. La société anonyme la moins connue paraît un emprunteur plus engageant que le voisin le plus solvable.

Il est regrettable que les lois sur l'usure aggravent une situation qui a déjà des inconvénients. Le prêt à la petite semaine, si décrié, n'est pas lui-même toujours condamnable ; c'est la providence des petits entrepreneurs ; beaucoup qui se sont élevés haut dans la société n'ont pas eu d'autre appui à leurs débuts. Turgot raconte que de son temps, à la halle, des usuriers prêtaient aux marchands de légumes 3 livres moyennant un intérêt de 2 sous par semaine, soit 173 p. 100 par an. D'après un écrivain anglais, Colquhoun, les vendeuses de fruits à Londres ne trouvaient crédit encore qu'à un taux bien plus exorbitant. Elles empruntaient 5 shellings ou 6 fr. 25 pour une journée en payant un demi-shelling d'intérêt, soit 62 centimes et demi, ce qui équivalait à 7,000 p. 100 par an. Il y a non seulement un excès d'austérité, mais quelque sottise à être trop sévère pour ces prêts infimes : le service rendu est considérable, le risque couru ne l'est pas moins, le travail de surveillance ou de recouvrement est fort grand ; le métier de prêteur dans ces conditions est une profession absorbante. Rien n'est d'ailleurs plus aisé pour l'emprunteur que de s'affranchir de la redevance qu'il paie. Le moindre esprit d'économie le met en état, au bout de quelques jours, de posséder le petit capital dont il a besoin. Ces petits prêts permettent à beaucoup d'hommes actifs de sortir de la classe des salariés ; c'est bêtise et inhumanité que d'y apporter des obstacles.

Une des absurdités des lois sur le taux de l'intérêt, c'est la distinction que l'on fait entre les prêts commerciaux et les prêts civils. On permet un intérêt plus élevé pour les premiers que pour les derniers. Quelle en est la raison ? Les risques des prêts civils sont souvent plus grands que ceux des prêts commerciaux.

S'il est une vérité prouvée, c'est que la liberté du prêt à intérêt relèverait la catégorie des prêteurs ; elle étendrait l'offre des capitaux pour les petites gens ; elle ne flétrirait pas et ne ravalerait pas une industrie qui est légitime, utile, et que l'on fait tomber aux seules mains d'hommes avides et sans conscience. Les petits prêts aux gens qui méritent quelque confiance deviendraient plus nombreux et moins coûteux.

La plupart des pays, la Suisse, la Hollande, les États-Unis d'Amérique, l'Espagne, le Wurtemberg, l'Angleterre ont renoncé au maximum du taux de l'intérêt (1). Toute réglementation en ces matières est une cause d'infériorité pour une nation. Voici deux négociants, deux correspondants, l'un français, l'autre brésilien ; ils ont entre eux un compte courant ; le premier supporte un intérêt de 8 p. 100 sur ce qu'il doit et ne bénéficie que de 6 p. 100 sur ce qui lui est dû. La raison en est qu'au Brésil il n'y a pas de maximum et qu'en France il s'en trouve un. La loi française, en admettant toutefois qu'on la respecte, inflige donc une perte à nos nationaux dans leurs relations avec certaines contrées étrangères. Cet inconvénient a été signalé par la *Chambre syndicale du commerce d'exportation*. On a proposé d'y porter remède en supprimant le maximum pour les prêts commerciaux faits à des étrangers. A quoi bon ces demi-mesures, et pourquoi ne pas supprimer la loi tout entière dans toutes ses applications?

On craint que dans les campagnes l'abolition du maximum soit impopulaire. Nos débiles et timides hommes d'État sont arrêtés pour toutes les réformes utiles par la crainte de l'impopularité. Ce n'est pas le maximum de l'intérêt qui profite aux campagnards. Ceux qui peuvent aujourd'hui emprunter à ce taux ne seraient pas obligés de payer plus cher ; mais ceux qui aujourd'hui sont dans la gêne, souvent forcés de laisser vendre leur champ et leur chaumière, parce qu'ils n'inspirent pas assez de confiance pour qu'on leur fasse des avances à 5 p. 100, trouveraient peut-être prêteur à 6, 7 ou 8 p. 100 et se tireraient d'affaire. Pour les petites sommes l'élévation du taux de l'intérêt n'a pas la même importance que pour les

(1) Il est vrai qu'en Prusse, dans ces derniers temps, le parti des grands propriétaires qui a recouvré beaucoup d'ascendant a proposé de rétablir la réglementation de l'intérêt.

grosses. Qu'un journalier ait besoin de 500 francs pour se garantir d'une saisie et d'une vente, s'il les emprunte à 5 p. 100 il aura 25 francs à payer ; si à 8 p. 100, il devra rembourser 40 fr. en plus du capital ; il ne lui faudra qu'un faible surcroît d'efforts et d'économie pour mettre de côté dans tout le courant de l'année les 15 francs qui font la différence. Il arrive très fréquemment qu'avec les commissions, renouvellements, timbres, etc., les petits commerçants empruntent à 8 ou 9 p. 100. Pourquoi des non-commerçants ne pourraient-ils pas faire de même ? La distinction entre le commerçant et le non-commerçant est factice et le devient de plus en plus. Presque tous les hommes font plus ou moins le commerce dans une société comme la nôtre. Les institutions de crédit agricole, si l'on parvient à régler cette délicate matière, les associations professionnelles et de crédit mutuel, l'éducation, l'instruction, l'abondance des capitaux, la diminution générale du taux de l'intérêt, toutes ces conditions devront rendre un jour dans les campagnes et pour la population ouvrière des villes les prêts plus faciles et moins coûteux; encore, cependant, le maximum du taux de l'intérêt doit-il disparaître pour permettre au prêteur de proportionner sa rémunération aux circonstances, à l'importance des risques courus et des services rendus.

Les socialistes qui sont épris de la règlementation demeurent fidèles à l'ensemble de leurs doctrines en soutenant le maximum. C'est ainsi que Pierre Leroux s'en est fait en 1848 le défenseur. Des gens qui pensent que l'on peut arriver à la suppression complète de l'intérêt doivent naturellement se prononcer, en attendant, pour la limitation de ce qu'ils considèrent comme un fléau.

Ce n'est pas à dire que l'usure doive rester impunie. L'usure est l'abus du prêt ; ce n'est pas le taux de l'intérêt qui la constitue, ce sont certaines circonstances qui accompagnent ou précèdent le prêt. L'homme qui eût prêté à Fulton un million à 50 p. 100 d'intérêt n'eût pas été un usurier ; tel autre qui prête à 20 p. 100 à un mineur, à un incapable, à un homme faible d'esprit est un usurier sans conteste. L'usure est un acte d'exploitation des faiblesses, des besoins ou de l'ignorance d'autrui ; il est entaché de fraude, de pression et de violence ; rien n'est plus aisé aux tribunaux que de déterminer dans chaque espèce si le prêt doit être, pour ces causes, frappé de nullité ou si les manœuvres qui l'ont accompagné doivent faire réduire le taux de l'intérêt. Dans tous les contrats les juges sont compétents pour décider de la bonne foi des contractants, de la validité du consentement ; la vente est sujette à rescision pour erreur ou exagération du prix. Il doit en être de même du prêt. Supposons qu'un homme se noie, qu'il suffise pour le sauver de lui tendre une perche, sans que d'ailleurs on coure aucun danger ou qu'on ait aucune peine sérieuse à le faire, si un passant exige du malheureux en péril de mort la promesse d'une très grosse part de sa fortune, de 10,000 francs, de 100,000 francs, il est clair que les tribunaux annuleront une semblable transaction comme entachée de violence ou de défaut de consentement, et réduiront à des proportions raisonnables la rémunération due au sauveur. Les cas d'usure ne sont pas difficiles à apprécier chacun isolément ; tantôt le prêt tout entier peut être annulé, tantôt le taux de l'intérêt peut être réduit ; mais il est impossible de poser à l'avance une règle générale.

Tout autre est le maximum du taux de l'intérêt, tout autre le taux légal judiciaire. Les législations doivent admettre un taux de l'intérêt, correspondant à celui qui est en usage dans le pays, pour l'appliquer dans les jugements. Quand un arrêt déclare que telle personne était, à partir de telle date, débitrice de telle somme envers telle autre personne, comme le paiement n'a pu avoir lieu à la date même où la dette est née, il faut bien déterminer le taux d'intérêt que la première aura à acquitter pour l'intervalle entre le moment où elle était devenue débitrice et le moment où elle se libère. C'est là le taux d'intérêt légal : on ne peut s'en passer. Il importe qu'il ne soit fixé ni trop haut, ni trop bas, pour ne favoriser ni le débiteur, ni le créancier. Il doit être conforme au taux moyen de l'intérêt dans le pays. Depuis longtemps il est en France de 5 p. 100 ; on devra l'abaisser un jour à 4 p. 100. Un député en 1878 a demandé cette modification ; elle serait peut-être encore prématurée. Du moins pourrait-on, dès maintenant, appliquer le taux de 4 1/2, plus tard celui de 4 p. 100 quand les esprits se seront accoutumés davantage à la baisse de l'intérêt des capitaux.

Si l'État ne doit pas fixer un maximum à la rémunération des capitaux, il ne doit pas non plus s'opposer aux effets bienfaisants de la baisse de l'intérêt. C'est ce qu'il fait parfois quand il ne profite pas, pour convertir ses dettes anciennes, des facilités que lui donnent l'amélioration de son crédit et l'abondance des capitaux. La conduite du gouvernement français à la fin de la Restauration, sous le règne de Louis-Philippe, et plus encore depuis 1873 ou 1874, est d'une déplorable, d'une scandaleuse faiblesse à cet égard. Par le refus des chambres de Louis-Philippe de convertir le 5 p. 100, d'abord en 4 p. 100, puis en 3 1/2, la dette publique française est de cent millions de francs en arrérages supérieure à ce qu'elle serait si les Chambres avaient été un peu plus intelligentes et plus patriotes. Depuis 1873 les ministres et les parlements français n'ont pas été d'une moins révoltante incurie à ce sujet. Il leur eût été loisible de réduire le 5 p. 100, d'abord en 4 1/2, puis en 4 p. 100 au pair, et de préparer une réduction ultérieure en 3 1/2, en 3 et plus tard en 2 1/2, peut-être même en 2 p. 100.

Le lecteur trouvera peut-être que nous nous servons d'épithètes bien sévères : mais notre conscience se soulève et notre prévoyance s'alarme en voyant le contribuable perpétuellement spolié au profit de particuliers. Que répondre aux socialistes, dont le nombre devient de plus en plus menaçant, quand l'État travaille de propos délibéré à conserver, par des mesures artificielles, l'inégalité des conditions, quand l'État maintient sur l'ensemble de la société, y compris les salariés, de lourds impôts qui sont devenus superflus, uniquement afin de payer aux rentiers un intérêt qu'il ne leur doit plus ?

L'intérêt du capital est une chose sacrée, à la condition

qu'on le laisse suivre le cours naturel des choses ; il devient une spoliation quand le gouvernement le fixe de sa propre autorité au-dessus du taux que déterminent les circonstances.

Ce n'est pas seulement par le refus de convertir sa dette, que le législateur français, avec son habituelle impéritie et son dédain de l'équité, crée dans l'État des catégories d'individus privilégiés ; il fait encore de même en adoptant pour les calculs de la Caisse des retraites de la vieillesse un intérêt très supérieur à l'intérêt normal, le taux de 5 p. 100, au lieu du taux de 3 1/2. Il prend ainsi à la masse pour donner à quelques-uns, c'est sa coutume ; et le législateur, dans sa frivolité, n'aperçoit même pas l'immoralité de ce procédé.

Combien il serait utile que l'on se rappelât toujours cette grande parole que « les lois sont les rapports nécessaires qui dérivent de la nature des choses ! » La nature des choses veut que la baisse du taux de l'intérêt affranchisse graduellement les débiteurs et nous rapproche de plus en plus de l'égalité des conditions ; l'État, en France du moins, prend à tâche de s'y opposer.

---

# CHAPITRE XI

## DE LA CLASSE DES INDUSTRIELS ET DES COMMERÇANTS. COMMENT ELLE EST AFFECTÉE PAR LE MOUVEMENT DE LA CIVILISATION MODERNE.

Observation de Stuart Mill que la civilisation a une tendance à diminuer de plus en plus les rapports de maître à serviteur et de patron à salarié. — Cette remarque est vraie pour les rapports de maître à serviteur. — Démonstration par les variations du produit de la taxe sur les domestiques mâles en Angleterre. — L'observation de Stuart Mill est fausse en ce qui concerne la diminution des rapports de patron à salarié.

Disparition de beaucoup de petites professions indépendantes et concentration de l'industrie. — Nombre énorme, néanmoins, des patentes : en 1878 il est beaucoup plus considérable qu'en 1845. — Analyse des patentes en France. — Cette augmentation ne s'explique pas uniquement par l'accroissement du nombre des débits. — Les statistiques des commerçants et des industriels assujettis à l'*Income tax* en Angleterre.

De l'influence de la civilisation sur la classe des entrepreneurs de commerce ou d'industrie. — Les trois phases par lesquelles passe l'industrie. — Nous sortons à peine de la période chaotique de la grande industrie.

Caractère particulier des profits de l'entrepreneur : il est très distinct de l'intérêt du capital, des salaires du travail ou même du « salaire de direction ». — Les quatre éléments qui entrent dans les profits industriels et commerciaux. — Comment la civilisation agit sur chacun de ces quatre éléments. — La civilisation augmente la considération de la classe des industriels et des commerçants, par conséquent rend dans ces professions la concurrence plus ardente et tend à y déprimer les bénéfices. — La civilisation rend beaucoup plus communes les qualités intellectuelles et morales nécessaires pour la pratique de l'industrie et du commerce, ce qui tend au même résultat que la cause précédente. — Les risques industriels et commerciaux deviennent moindres, les industries sont plus anciennes et plus connues, ce qui tend encore à réduire les profits. — Difficulté croissante de faire de grandes fortunes dans les industries principales et déjà acclimatées.

La baisse du taux de l'intérêt n'est pas à la longue favorable aux industriels et aux commerçants : elle tend aussi à déprimer leurs bénéfices.

Tout le développement de la civilisation doit donc réduire dans des proportions considérables les profits des commerçants et des industriels.

Influence de la civilisation sur la situation respective des différentes catégories de commerçants. — Distinction entre les causes naturelles et les causes artificielles qui favorisent la grande industrie au préjudice de la moyenne et de la petite. — De l'organisation de plus en plus bureaucratique des sociétés modernes. — S'il est vrai qu'il soit plus difficile qu'autrefois à un bon ouvrier de s'élever.

Le cours de cet ouvrage nous amène à la partie la plus active de la société : les entrepreneurs d'industrie ou de commerce et les salariés ou ouvriers. Jadis, ces deux catégories n'étaient pas aussi complètement distinctes qu'elles le sont de nos jours. C'est une juste remarque de Roscher que la civilisation a tranché de plus en plus les occupations des hommes, et de plus en plus séparé les divers facteurs de la production. Les petits métiers où la qualité de patron et celle d'ouvrier étaient souvent confondues dans la même personne disparaissent de plus en plus. La transformation des moyens de production, de circulation et d'échange, a supprimé presque complètement le petit cordonnier, le petit tailleur, le porteur d'eau, le chiffonnier, de même qu'elle s'attaque maintenant aux petits commerçants. Tous ces entrepreneurs primitifs, jouissant de l'indépendance, exerçant à leurs frais, sous leur propre responsabilité, avec leurs minimes capitaux, la profession de négociant ou de fabricant, appartiennent à une période de l'histoire qui n'est plus la nôtre.

Stuart Mill a cru découvrir une tendance de la société à diminuer de plus en plus les rapports de maître à serviteur, de patron à salarié; un chapitre de son traité d'économie politique est consacré à cette prétendue loi, dont il ne fournit pas d'ailleurs la démonstration.

L'observation de Stuart Mill est vraie pour le premier membre de sa proposition, fausse ou du moins très prématurée pour le second. Les rapports de maître à serviteur deviennent, en effet, moins fréquents. La tendance à une moindre inégalité des fortunes, les habitudes démocratiques, l'éloignement de la classe populaire pour les fonctions de domestique, le train de vie plus bourgeois, plus restreint, même au milieu du plus grand luxe, ont singulièrement diminué le nombre des serviteurs permanents. Autrefois tout homme riche en avait autour de soi une légion et en faisait parade ; on cherche aujourd'hui à en avoir le moins possible. La taxe sur les domestiques mâles n'a constaté en 1876, dans la Grande-Bretagne (non compris l'Irlande), que 223,143 sujets : c'est à peu près 1 sur 60 des habitants du sexe masculin, 1 sur 30 des adultes. En 1877-78 le nombre des domestiques mâles imposés est tombé dans la Grande-Bretagne à 207,257. Les valets de ferme et autres serviteurs à gages des professions industrielles et commerciales ne figurent naturellement pas dans ce chiffre. Le produit de la taxe sur les domestiques ne s'accroît pas, d'ailleurs, dans la Grande-Bretagne ou du moins n'augmente qu'avec une grande lenteur. Il ne produit aujourd'hui que la moitié ou même le tiers de ce qu'il donnait à la fin du dernier siècle et dans le premier quartier de celui-ci. Les tarifs ont été remaniés et diminués, il est vrai; en outre pendant la période de la guerre contre la France, on a imposé les domestiques du sexe féminin, ce que l'on ne fait plus aujourd'hui. Néanmoins, il est certain que le nombre des domestiques mâles, même dans une contrée aristocratique comme l'Angleterre, est très loin d'augmenter dans la proportion de l'accroissement de la population ou de l'accroissement de la richesse. S'il y a un plus grand nombre de personnes qu'autrefois qui ont un ou deux domestiques mâles à leur service, il y en a infiniment moins qui en aient cinq, huit, dix, quinze ou vingt. On ne voit plus de carrosses avec trois laquais derrière; on ne rencontre plus guère, en traversant les antichambres, les lignes serrées de grands gaillards à vêtements bigarrés et à culottes courtes. Le mouvement de la civilisation tend à diminuer les rapports de maître à serviteur, c'est incontestable (1).

En est-il de même pour les rapports entre patron et salarié ? Stuart Mill l'affirme un peu légèrement. La plupart des petites professions indépendantes ayant disparu, il est évident que tous ceux auxquels elles donnaient asile ont dû s'enroler, comme salariés, employés ou ouvriers, dans les ateliers agrandis de l'industrie manufacturière ou des administrations bureaucratiques. Nous consacrons plus loin un chapitre à l'organisation de plus en plus bureaucratique de la société moderne.

(1) Il serait intéressant de suivre dans les statistiques des impôts de la Grande-Bretagne les variations du nombre des domestiques mâles imposés

Néanmoins, malgré le naufrage des petites professions indépendantes, malgré la concentration de la production et de l'échange, il ne paraît pas que le nombre total des industriels et des commerçants ait décru. Les statistiques soit de l'impôt des patentes en France, soit de l'impôt sur le revenu en Angleterre, constatent au contraire une augmentation.

En 1791 le nombre des patentés était de 659,812; en 1822, de 955,000; en 1830, de 1,163,000; en 1844, de 1,511,000; en 1845, de 1,352,000; en 1860, il s'élevait à 1,678,000; il atteignait 1,764,000 en 1868, retombait à 1,591,000 en 1872, et se relevait à 1,631,000 en 1878. Sans doute, tous ces chiffres ne sont pas complètement comparables entre eux. Certaines professions ont été assujetties à l'impôt des patentes, qui auparavant ne l'étaient pas, les professions libérales par exemple. D'autre part, les ouvriers à façon qui étaient inscrits jadis dans les rôles en ont été éliminés. Néanmoins, comme les professions libérales ne comprennent qu'un nombre restreint d'individus, quelques dizaines de mille, on peut consi-

depuis 1812: malheureusement, la législation n'a pas, dans tous les temps, donné la même définition de cette condition : domestique mâle.

Les statistiques fiscales en recensent :

| | |
|---|---|
| En 1812 | 295,854 |
| 1815 | 304,712 |
| 1823 | 176,518 |
| 1832 | 226,000 |
| 1833 | 118,669 |
| 1853 | 126,826 |
| 1855 | 195,998 |
| 1865 | 260,232 |
| 1868 | 279,836 |
| 1876 | 223,143 |
| 1878 | 207,257 |

Ces chiffres offrent des oscillations considérables : au début, en 1812, on comptait parmi les domestiques mâles des personnes qui ne sont pas dans la condition de domesticité, par exemple non seulement les garçons d'hôtel ou de café, mais certains employés et même les commis-voyageurs. A partir de 1823 on supprima beaucoup de ces fausses assimilations ; en 1833 également : ce n'est guère que depuis 1854 que la catégorie des domestiques mâles taxés comprend seulement de vrais domestiques. (Voir le *Report of commissioners of Inland Revenue for the years* 1856 *to* 1869, t. II, pages 165 et 166, et le *Financial Reformer* pour 1879.)

dérer qu'il y a plus d'un million et demi d'industriels et de commerçants de tout ordre en France, non compris les ouvriers à façon.

Le petit commerce, la petite industrie même, tiennent encore dans la production et dans les échanges une place énorme. On s'en rend compte en soumettant à une analyse les statistiques de l'impôt des patentes. Les personnes soumises à cette contribution sont classées en quatre tableaux qui portent pour désignation les quatre premières lettres de l'alphabet. Le tableau A comprend le moyen et le petit commerce; il ne comptait pas moins, en 1872, de 1,302,000 contribuables payant en principal 51 millions de francs : le tableau B se compose principalement des grands commerçants, des commissionnaires, des banquiers, au nombre de 16,710 seulement, pour une somme d'imposition de moins de 6 millions en principal. Au tableau C sont inscrits les fabricants et les industriels, au nombre de 222,000, payant 15 millions d'impôts. Enfin le tableau D contient certaines professions que l'on a cru devoir soustraire aux tarifs généraux des trois premiers tableaux; il s'y trouve 50,000 contribuables acquittant 2 millions d'impôts en principal.

Le tableau A, celui du moyen et du petit commerce, mérite spécialement d'attirer l'attention ; il se subdivise en huit classes d'après l'ordre décroissant d'importance des contribuables: ces huit classes, les voici avec le nombre de patentés que comprenait chacune d'elles en 1872 et le chiffre d'impôt qu'elle acquittait :

| | Nombre de patentables. | Montant de l'impôt en principal. |
|---|---|---|
| 1re classe | 43,081 | 7,601,114 |
| 2e — | 14,640 | 2,439,980 |
| 3e — | 55,618 | 5,783,457 |
| 4e — | 203,273 | 11,315,811 |
| 5e — | 242,123 | 8,801,740 |
| 6e — | 469,007 | 11,257,414 |
| 7e — | 202,835 | 2,978,363 |
| 8e — | 71,562 | 641,137 |
| | 1,302,139 | 50,816,016 |

On peut considérer comme appartenant au petit commerce les cinq dernières classes : dans la quatrième classe, en effet, la première de celles-ci, la moyenne de l'impôt en principal par contribuable n'est que de 55 francs ; il y aurait donc 1,190,000 petits commerçants en France, sans y comprendre les petits industriels qui figurent parmi les 222,000 contribuables du tableau C, ni les ouvriers façonniers qui ne sont pas inscrits à la contribution des patentes. Le tout ensemble ferait un million et demi de personnes environ, le septième à peu près de la population des communes ayant plus de 2,000 âmes, le neuvième de la population non agricole de la France : c'est-à-dire que, en laissant de côté les cultivateurs, il y a environ un chef de famille sur trois ou quatre qui se trouve placé à la tête d'un commerce ou d'une industrie pour son propre compte. On voit combien tiennent de place à côté des ouvriers les petits patrons et les petits commerçants ; ils sont moitié, ou à peu près aussi nombreux que les premiers.

Malheureusement un examen plus attentif montre qu'une très forte partie de ces petits négociants sont simplement des débitants, c'est-à-dire qu'ils exercent un métier portant à la fainéantise, ne développant pas la moralité, donnant, d'ailleurs, de faibles gains. Si le chiffre des petits industriels et des petits commerçants se maintient en France, s'il augmente même, les cabarets en sont en partie la cause. Les industries soumises à la licence étaient représentées en 1868 par 423,000 individus, au lieu de 310,000 en 1830. En 1878 le nombre des personnes assujetties à une licence était en France de 487,931 ; mais certaines catégories nouvelles avaient été ajoutées depuis 1871, comme les fabricants de papier, de savon, de bougies : ces additions ne portaient d'ailleurs que sur 3 ou 4,000 personnes (*Bulletin de statistique*, 1879, tome II, p. 14) ; et d'autre part le nombre des débitants de boissons s'élève aujourd'hui à 350,000, au lieu de 300,000 il y a un demi-siècle.

Si cet accroissement des débitants est regrettable, parce qu'il ne rend aucun service réel, un examen minutieux des statistiques fiscales suggère des découvertes qui sont moins attristantes. Il y a de petites industries que l'on croit complètement éteintes et qui reparaissent sous une autre forme, il en est ainsi pour les voitures publiques. Malgré les chemins de fer, les grandes compagnies, les omnibus, les tramways, il y a plus d'entrepreneurs de voitures publiques aujourd'hui qu'il ne s'en trouvait en 1830. Dans cette dernière année 6,111 personnes seulement payaient la licence exigée pour cette industrie; en 1868 on en comptait 17,000, trois fois plus. Quelle que soit la concentration de la production et de l'échange, il n'est pas au pouvoir d'une société de supprimer absolument toutes les petites entreprises individuelles (1).

L'Angleterre, le pays par excellence de l'industrie agglomérée, du grand commerce, des sociétés coopératives de consommation, fournit la preuve de cette vérité. Il y a aujourd'hui dans la Grande-Bretagne, sans l'Irlande, trois fois plus de commerçants ou d'industriels payant l'*income-tax* qu'il ne s'en rencontrait en 1845; à cette dernière date on n'en comptait que 148,000, en 1868 plus de 379,000, en 1877, 381,972. Il ne s'agit là que des fabricants et des négociants qui gagnent plus de 2,500 francs par an, ce qui correspond à un revenu réel de 4,000 francs à cause de l'inexactitude des déclarations; les revenus au-dessous de 2,500 fr. ne sont pas assujettis à l'*income-tax*.

Un statisticien allemand bien connu, le Dr Engel, a fait pour son pays la même remarque que les petits commerçants et les petits industriels augmentent en nombre, au lieu de diminuer, suivant l'opinion commune. Mais les débits de boissons n'y sont-ils pas aussi pour quelque chose?

Quoi qu'il en soit, il demeure établi qu'au moins jusqu'à ce jour, en tout pays, la fraction inférieure de la classe moyenne, au fur et à mesure que certaines industries ou que certains commerces échappent à sa direction, a vu s'ouvrir devant elle

(1) En 1878, le nombre des entrepreneurs de voitures déclarées en service régulier avait notablement diminué, mais celui des entrepreneurs de voitures déclarées en service d'occasion avait notablement augmenté. On comptait 3,487 des premiers, 11,500 des seconds, soit en tout 14,987 (*Bulletin de statistique*, 1879, t. II, p. 14).

d'autres professions qu'elle peut exercer sous sa responsabilité propre, sans tomber au rang de salarié ou d'employé.

La classe des industriels et des commerçants prélève une très forte part du revenu national. Dans les statistiques de l'*income-tax* en Angleterre elle figurait pour près de 4 milliards et demi de francs en 1867 et pour plus de 6 milliards et demi en 1875 (1); c'était environ la moitié de la totalité des revenus imposés dans le pays; l'on sait que les revenus au-dessus de 2,500 francs étaient seuls alors soumis à cet impôt. Il est vrai que ce chiffre énorme de 6 milliards et demi de francs de revenu s'applique non seulement aux industriels et aux commerçants ordinaires, mais encore à toutes les grandes compagnies de fabrication, de transports, de banque ou de négoce; il est vrai aussi que ce même chiffre renferme non seulement les profits du capital à proprement parler, mais l'intérêt des sommes empruntées ou des sommes possédées par les négociants et les fabricants. Si l'on déduisait cet intérêt, il est probable que les profits nets de l'industrie et du commerce représenteraient une somme moitié moindre, soit le huitième ou le dixième de l'ensemble du revenu de la nation britannique.

Comment la classe des entrepreneurs est-elle affectée par la civilisation : attire-t-elle à elle une partie de plus en plus forte du revenu social, ou, au contraire, une fraction de plus en plus faible; ses services sont-ils plus chèrement payés ou moins payés qu'autrefois? Pour résoudre cette question, nous la décomposerons en plusieurs termes, considérant d'abord en bloc la classe des entrepreneurs, c'est-à-dire l'ensemble des industriels et des commerçants, comme une seule unité, puis divisant cette classe en différentes catégories et examinant la situation réciproque de chacune d'elles.

C'est une observation devenue banale que le mouvement

(1) En 1877, par suite de la crise commerciale, l'ensemble des revenus imposés à la cédule D n'atteignait que 3 milliards 270 millions de francs pour la Grande-Bretagne proprement dite, et 139 millions pour l'Irlande, soit un peu moins de 3 milliards et demi pour tout le Royaume-Uni. On se souvient que l'année 1874-75 s'était signalée par une grande prospérité, et l'année 1876-77 par une forte dépression.

industriel, les voies de transport, l'accumulation des capitaux, la découverte de la vapeur et de l'électricité ont singulièrement changé la condition du commerce et de l'industrie. Chacun a le sentiment confus de cette vérité; mais il importe de l'analyser avec quelque précision.

L'industrie a passé par trois phases successives : 1° la phase patriarcale; le caractère de cette période, c'est le travail domestique pour la consommation directe de la famille. Chaque individu ou du moins chaque petit groupe rudimentaire produit alors à peu près tout ce qu'il consomme : on cuit son pain avec sa propre farine, on file et on tisse même la laine que l'on possède, on fait ses propres vêtements; on ne recourt à l'achat ou à l'échange en nature que dans des cas rares pour les objets dont la fabrication demande un apprentissage particulier; c'est là l'état primitif de l'industrie et de la société. Il a disparu, depuis longtemps déjà, de l'Europe Occidentale; cependant on en retrouvait des traces encore au dix-huitième siècle. Adam Smith nous apprend que de son temps ou quelques dizaines d'années auparavant les colonies anglaises de l'Amérique, différant singulièrement des jeunes colonies actuelles de l'Australie, ne faisaient qu'un très médiocre usage de la monnaie et ne recouraient même qu'exceptionnellement au troc. Certains moralistes et quelques réformateurs ont vanté cette organisation comme une sorte d'âge d'or et en souhaitent le retour : telle est la pensée qui inspire notamment un très curieux et instructif ouvrage : *Les ouvriers européens* de M. Le Play.

2° La seconde époque est celle de la division du travail, de la constitution des métiers, mais sans concentration des tâches dans de vastes ateliers communs. C'est cette seconde période qui a duré jusqu'au commencement du dix-neuvième siècle, ou plus exactement même jusqu'en 1820 ou 1830. La division et la spécialisation du travail ont fait alors surgir les métiers divers; mais ceux-ci sont exercés par des légions de patrons ou de *maîtres* indépendants; ils travaillent, en général, sur commandes, attendant le client, ne devançant pas ses désirs, n'ayant pas ou n'ayant que peu d'approvisionnements d'articles achevés. Le producteur est alors très près du consommateur : c'est le règne du cordonnier ou du tailleur des petites villes, du forgeron et de tous ces métiers simples, rudimentaires, que l'on trouve, ou du moins que l'on trouvait autrefois, dans chaque agglomération de quelque importance, presque dans chaque quartier.

3° La troisième période diffère considérablement de la précédente, autant que celle-ci différait de la première. Les inconvénients du régime intermédiaire étaient nombreux. Tous ces petits industriels, attendant les commandes d'une clientèle restreinte, étaient exposés à rester inactifs pendant une partie de l'année. N'ayant qu'un faible débit pour leurs produits ils ne pouvaient avoir un outillage perfectionné, fonctionnant d'une manière continue. Peu à peu, avec le développement des capitaux, le perfectionnement des voies de communication, le progrès des sciences et des arts, quelques personnes se mettent à fabriquer d'avance pour une clientèle inconnue et éventuelle ; elles réunissent sous le même toit un grand nombre d'ouvriers ; on corrige les inconvénients de la division du travail par la concentration des travailleurs. On a non seulement l'atelier, mais l'usine, dont la puissance de production excède de beaucoup les besoins de la consommation locale, et même souvent ceux de la consommation actuelle. C'est alors vraiment que naît l'*entreprise*, la production faite à grand risque, mais à un faible prix de revient, devançant la commande et anticipant sur le débouché. Voilà la troisième période, celle dans laquelle nous sommes et où chaque jour nous nous enfonçons davantage. Cette organisation est merveilleuse ; elle semble à la fois avoir quelque chose de divin et de démoniaque. Elle seule permet la production à bon marché par l'emploi de tous les perfectionnements mécaniques ; elle seule promet de gros bénéfices par l'énormité des masses sur lesquelles elle opère et par la réduction des frais généraux. Une seule usine fabrique des chaussures pour des centaines de mille êtres humains, disséminés aux quatre coins du globe ; une autre fait des boutons de chemises ou de vêtements pour des dizaines de millions d'hommes ; et ces quantités colossales d'articles spéciaux, on les produit à l'aventure, pour une clientèle qui ne les a pas commandés et qui peut subitement se restreindre ou se dérober tout à fait. La concurrence devient beaucoup plus active ; les changements d'outillages ou les altérations de procédés qu'exigent les incessantes découvertes de la science sont une obligation presque quotidienne. Un grand péril apparaît : c'est l'intempérance de production, l'excédant de l'offre sur la demande de tous ces articles fabriqués à l'avance et un peu au hasard. Cette intempérance de production devient presque alors un phénomène régulier, revenant périodiquement à des intervalles que l'on peut prévoir d'avance comme le retour des comètes. Parfois ce fléau atteint une exceptionnelle gravité : il en a été ainsi de 1874 à 1878 pour l'industrie métallurgique, pour celle de la construction des navires à vapeur. L'industrie avait abusé de sa puissance de production d'objets spéciaux et n'en avait pas calculé avec assez de sûreté le débouché.

Voilà la grande industrie constituée avec des avantages énormes pour le bon marché des produits, mais avec des inconvénients incontestables du côté de la sécurité, de la stabilité du débouché. Cherchons quelle est l'influence que ce changement si subit a pu exercer dans le passé et qu'il doit avoir dans l'avenir sur les gains et sur la situation des commerçants et des industriels. Il est une observation préliminaire qu'il ne faut pas perdre de vue, c'est que nous sortons à peine de la phase chaotique de la grande industrie. A ses débuts toute nouvelle organisation industrielle prend la société au dépourvu, y jette un grand désarroi, ne rencontre pas tous les contre-poids, toutes les précautions législatives, morales, mentales, qui sont nécessaires pour en prévenir les effets perturbateurs. Ce n'est qu'à la longue, avec beaucoup de temps, que les lois, les mœurs, les habitudes, les intérêts s'adaptent au nouvel état de choses, en corrigent les excès ou les défauts. Les critiques de Sismondi étaient justes quoique ses solutions fussent fausses ; les alarmes de Blanqui l'économiste n'étaient pas injustifiées quoiqu'il ne vît pas que le temps, la nature des choses, les efforts des hommes apporteraient le remède.

On a établi plus haut que les profits de l'entrepreneur sont très distincts de l'intérêt du capital, du salaire du travail et même de ce que l'on appelle « le salaire de direction. » Les profits de l'entrepreneur sont un élément tout à fait spécial, qui a un caractère beaucoup plus aléatoire et plus personnel, quoiqu'il ne soit pas impossible de le ramener à certaines règles.

Un grand homme de guerre allemand, le maréchal de Moltke, s'exprimant en 1878 sur la lutte entre les Russes et les Turcs, disait assez énigmatiquement que les premiers l'emporteraient à la condition de posséder les quatre G: il entendait par là les quatre éléments de tout succès humain, lesquels en allemand sont représentés par des mots dont la première lettre est un *g*: *Geld*, *Genie*, *Geduld*, *und Gluck*, l'argent, le talent, la patience ou la persévérance, et le bonheur. On peut dire qu'à toute entreprise, quelle qu'elle soit, il faut pour la réussite ces quatre conditions ; il faut en outre qu'elles se succèdent dans l'ordre que nous venons d'indiquer. L'argent ou le capital n'est pas seulement le nerf de la guerre, c'est celui de toute production ; il faut d'abord que l'entrepreneur se le procure et qu'il l'ait en quantité suffisante. Le talent, la capacité, l'intuition, toutes ces qualités diverses forment le second élément de succès, mais il est rare que celui qui les possède ne parvienne pas à inspirer la confiance et à attirer le crédit, c'est-à-dire le capital. Ces deux premiers éléments réunis serviraient, d'ordinaire, à peu de chose, s'il ne s'y en joignait un troisième qui est la patience ou la persévérance, qualités essentielles en tout, plus importantes encore peut-être que l'intelligence ; on ne brusque guère la fortune, il est difficile de la prendre d'assaut, mais on la circonvient et c'est par de longs acheminements dans la même direction qu'on s'en empare. Le capital, l'intelligence, la persévérance, est-ce assez ? Beaucoup le soutiennent, et souvent se trompent. Il y a un quatrième élément qu'il ne faut pas rougir de nommer : la fausse honte de beaucoup d'économistes qui ne veulent voir dans les richesses que le produit du travail et du talent fait passer ces estimables savants pour des rêveurs. Oui, il y a, nous ne craignons pas de le dire, dans les choses de ce monde, un autre appoint : le bonheur, ce que les Allemands appellent encore la *conjunctur* ; vous ne pouvez le supprimer des affaires humaines ; c'est l'élément incontrôlable, extérieur, qui joue un rôle dans toutes les entreprises. Le bonheur, c'est le sel de la terre. Sans doute « le hasard » n'est pas le maître des entreprises industrielles et commerciales ; ce serait folie que le prétendre ; mais il n'y est pas non plus complètement étranger ; sa part devient moindre avec les progrès de la civilisation, mais elle reste encore notable.

Le succès des entreprises est donc dû à ces quatre éléments divers et dont la part, d'ailleurs, est très variable : le capital, l'intelligence, la persévérance, le bonheur. Ce sont ces quatre conditions qui règlent les profits individuels, et cependant, nous l'avons dit, si variables que soient ces profits, on ne peut contester qu'ils n'obéissent, pris en masse, à certaines grandes influences sociales et économiques et qu'ils ne suivent une direction déterminée. Quelles sont ces influences ? quelle est cette direction ?

Le profit de l'entrepreneur représente quatre éléments : en partie le salaire du travail de direction, en partie la prime d'assurance contre le risque, en partie le bénéfice de la sagacité et de l'intelligente administration, en partie enfin le don gracieux fourni par le hasard ; ce profit doit être affecté par la civilisation dans la mesure combinée où ces quatre éléments le sont eux-mêmes.

Le travail du marchand ou de l'industriel est plus estimé, plus considéré dans la société moderne qu'il ne l'était autrefois ; les professions industrielles et commerciales attirent chaque jour à elles de plus en plus la classe aisée, à mesure que la médiocrité des fortunes rend plus difficile la complète oisiveté, à mesure aussi que l'instabilité des fonctions politiques et la réduction des gros traitements enlèvent au service de l'État une partie de l'attrait dont il jouissait. Ainsi le propre de la civilisation moderne est de rendre de plus en plus vive la concurrence dans le commerce et dans l'industrie ; il doit en résulter une réduction des gains ou des profits. Des profits élevés ne peuvent se maintenir longtemps comme autrefois dans une branche donnée d'entreprises, à moins que la nature des choses ou diverses circonstances ne l'aient constituée en monopole de fait.

En second lieu, les qualités intellectuelles et morales qui sont nécessaires pour faire un commerçant et un industriel capables deviennent chaque jour plus répandues, du moins à un degré moyen. La diffusion de l'instruction et l'amélioration même de l'éducation font que les capacités moyennes pullulent dans un pays civilisé. Il y a beaucoup plus aujourd'hui qu'autrefois d'hommes ayant l'esprit ouvert, possédant certaines connaissances techniques, quelque entente des affaires, un certain don d'organisation; toutes ces qualités sont dans quelque mesure devenues vulgaires. Il est rare encore de les trouver toutes concentrées à un très haut degré chez le même individu ; mais elles existent à un degré suffisant chez un assez grand nombre d'hommes pour que le recrutement de la classe des industriels et des commerçants soit plutôt surabondant. Il résulte encore de cette circonstance une tendance à l'abaissement des profits.

C'est un fait bien souvent signalé que les jeunes gens ayant quelque savoir trouvent plus difficilement à l'utiliser aujourd'hui qu'il y a trente ou quarante ans. Les ingénieurs qui sortent de l'École centrale des Arts et Manufactures, de celle des Mines, les contre-maîtres que forment les Écoles des Arts et métiers, font leur chemin avec plus de lenteur, et ont plus de difficulté à se faire jour, à « percer », suivant l'expression usitée. Quoi d'étonnant, puisque chaque année le personnel propre à la fondation ou à la direction des entreprises s'accroît beaucoup plus que le reste du corps de la nation? Il y a une lutte pour la vie, une concurrence vitale, infiniment plus active, plus pressée, plus infatigable dans la classe moyenne élargie que dans la classe ouvrière dont l'effectif augmente peu. L'offre des têtes, si nous pouvons ainsi parler, est beaucoup plus grande que l'offre des bras. Les gens qui se croient capables, et qui en réalité le sont, de conduire convenablement une entreprise deviennent nombreux comme les étoiles du ciel. L'instruction qui produit de grands biens amène, au premier moment, un encombrement ou un déclassement: les individus qui l'ont reçue continuent, suivant la vieille tradition, à la regarder comme un privilège qui leur donne le droit d'abandonner les métiers manuels. Proudhon dans ses *Contradictions économiques* a signalé avec son habituelle âpreté ces premiers effets, en quelque sorte perturbateurs, du développement de la haute instruction. Il ne suffit pas de multiplier les « capacités », il faudrait encore pouvoir multiplier les emplois qu'elles trouveront; or, le premier point dépend de l'homme; le second, seulement de la nature. A défaut de cette multiplication des emplois ou à défaut de la résignation qui portera les hommes instruits à se contenter de tâches inférieures, jusque-là remplies par les ignorants, toutes ces « capacités » se précipitent à l'envi dans les professions industrielles et commerciales et, par leur effrénée concurrence, elles en réduisent les profits.

Il n'en résulte pas, cependant, que les risques de l'industrie et du commerce soient aujourd'hui plus grands que jadis; on peut assurer que, pour les personnes entendues et prudentes, ils sont moindres ; le champ de l'aléa s'est réduit. La justice civile et criminelle est devenue plus parfaite; les transactions soit à l'intérieur soit au dehors jouissent d'une sécurité plus grande; le crédit est plus facile, il se resserre moins dans les temps de crise, et les paniques n'ont ni la même fréquence, ni la même intensité que dans le temps passé. Pour les hommes froids, prudents et dont l'ambition est circonspecte, les carrières commerciales et industrielles présentent à la fois moins de chances de ruine et moins de chances de gains considérables qu'il y a un demi-siècle. Les entreprises d'industrie ou de négoce sont devenues beaucoup plus connues; chacun se rend mieux compte des conditions où elles s'exercent; l'écart des prix et les fluctuations des prix soit d'une place à l'autre, soit d'un jour à l'autre, diminuent. Le télégraphe signale en quelques minutes les cours des matières premières sur les lieux de production. Le négociant du Havre et de Marseille est informé jour par jour de l'état des récoltes et de la cote des marchandises à Calcutta, à Shangaï, à Buénos-Ayres, à New-York. Le champ de l'inconnu, le domaine de la conjecture, s'est ainsi restreint. D'autre part, les bateaux à vapeur apportent en quelques semaines les produits des contrées les plus éloignées. L'excédant d'un pays atténue, s'il ne le comble pas, le déficit de l'autre. Ainsi toutes les oscillations sont moindres ; le pendule a un mouvement plus lent ; les prix se nivèlent presque, du moins dans les temps normaux (1). Les chances de facile et prompt enrichissement, de même que celles de ruine imméritée et subite, se restreignent. Il y a même des causes de ruine qui ont tout à fait disparu ; on a complètement expulsé le hasard de certaines catégories d'entreprises humaines ; l'esprit humain a inventé et propagé l'assurance contre les risques qui sont susceptibles de prévision et de calcul, non pas contre tous les risques, mais contre les principaux. Il y avait des sinistres fréquents jadis qui ne se représentent plus aujourd'hui. Le cas d'Antonio, le marchand de Venise qui perd tous ses vaisseaux, qui devient la proie de Shyllok et est presque contraint à lui céder sa livre de chair, ne pourrait même plus être regardé aujourd'hui comme une hypothèse ; l'assurance maritime l'a rendu impossible.

Toutes ces circonstances, en diminuant les risques, doivent réduire les profits. Bien d'autres causes y contribuent. Il n'y a plus aujourd'hui de privilège de fabrication, et les privilèges de situation perdent chaque jour de leur importance. Il n'y a non plus guère de secrets professionnels ; les procédés nouveaux sont si vite vulgarisés, que c'est à peine si ceux qui en sont les auteurs peuvent en tirer un grand bénéfice. Les brevets d'invention existent, il est vrai, et même se répandent de plus en plus,

(1) Il y a bien, sans doute, encore, dans des moments exceptionnels, de grandes variations dans le prix de certains produits : c'est ce que l'on a vu à la fin de 1879 par la hausse de toutes les matières premières, coton, laine, fer : mais ces cas sont beaucoup plus rares qu'autrefois.

abritant sous un privilège temporaire les découvertes industrielles qui sont susceptibles d'un certain degré de précision. Plusieurs voix se sont élevées contre ce système, celle de M. Michel Chevalier entre autres, celle aussi de Proud'hon : « Archimède, dit ce dernier, serait obligé de racheter le droit de se servir de sa vis ! » Sans entrer dans cette querelle, nous ferons remarquer qu'il est rare qu'une invention ne soit pas perfectionnée au bout de peu de temps ; or comme le moindre perfectionnement permet d'éluder le brevet, il est exceptionnel que l'inventeur conserve pour lui, pendant toute la période de la durée du brevet, le bénéfice intégral de sa découverte (1). D'autres surviennent qui lui montent sur les épaules, ajoutant au sien un perfectionnement nouveau qui annule l'importance du premier.

L'aléa est donc moindre dans l'industrie et dans le commerce aujourd'hui qu'autrefois, et les profits s'en ressentent en s'abaissant. Est-ce à dire que les risques soient devenus presque insignifiants ? Non certes, il y aurait de l'exagération à le prétendre. Il y a en France annuellement environ 5 à 6,000 faillites pour un chiffre de 1,500,000 patentés ; en estimant à 20 ans la durée moyenne pendant laquelle une même personne exerce le commerce et l'industrie, on voit qu'il se produit 120,000 faillites environ pour chaque génération de patentés, soit 8 à 10 pour 100. Un dixième des commerçants et des industriels finissent donc par la faillite ; mais bien d'autres, en plus grand nombre, arrivent à la déconfiture, et un nombre plus considérable encore ne fait que vivre tant bien que mal du produit de la fabrication ou de la vente sans arriver à la fortune. On admet, en général, que, sur 100 commerçants ou industriels, 20 disparaissent presque aussitôt, dès la première ou la seconde année, renonçant à des occupations qui leur apportent des déceptions promptes ; 50 ou 60 autres végètent, c'est-à-dire restent à peu

(1) Il y a néanmoins quelques énormes fortunes faites grâce aux brevets d'invention. On rapporte que M. Bessemer, le célèbre inventeur de l'acier qui porte son nom, a retiré plus de 25 millions de fr. de ses brevets. Un savant suédois M. Nobel, retire 7 ou 800,000 francs par an de ses brevets sur la dynamite.

près dans la position où ils étaient, et 10 ou 15 au plus ont un plein succès. Il ne faudrait pas, cependant, admettre ces calculs pour les branches supérieures du commerce et de l'industrie : ils sont vrais surtout des débitants; on trouve ailleurs plus de stabilité.

Il reste incontestable que les risques de ruine imméritée, de même que les chances d'enrichissement très-rapide, ont été diminués par l'ensemble des causes qui composent notre civilisation. Il devient chaque jour plus difficile de faire de grandes fortunes par l'exercice régulier de l'industrie et du commerce. Les gains énormes appartiennent aux époques de transformation qui sont rares et brèves dans l'histoire. Nous avons eu le bonheur de vivre dans un de ces courts moments où l'humanité fait plus de progrès matériels en vingt ou trente ans que d'ordinaire en trois ou quatre siècles; telle a été la période de 1840 à 1865. Beaucoup de nos contemporains se font l'illusion que l'allure de l'industrie et du commerce dans ce quart de siècle est l'allure normale et régulière. C'est une grande erreur. Alors, sans doute, il s'est fait une assez grande quantité de fortunes rapides et considérables; les chemins de fer, les entreprises d'eau, d'éclairage, de viabilité urbaine, la grande industrie, ont enrichi ceux qui ont eu assez de coup d'œil et d'audace pour exécuter ces grands travaux. Il y avait alors tant de timidité : c'était le moment où la maison Rothschild refusa une première fois la concession du chemin de fer du Nord, qui faillit ainsi lui échapper, mais qu'elle sollicita et qu'elle obtint plus tard.

Aujourd'hui les grandes fortunes ne peuvent plus se faire que par la découverte d'un procédé spécial pour la fabrication d'un objet de première nécessité. M. Bessemer a gagné ainsi plus de 25 millions avec l'acier qui porte son nom, enrichissant l'humanité de beaucoup plus qu'il ne recevait d'elle. Si M. Édison inventait, comme on l'a prématurément annoncé, l'éclairage électrique maniable et à bon marché, peut-être pourrait-il se faire une fortune égale ou supérieure à celle de M. Bessemer (1). En tout cas, ce ne sont plus les industries

(1) On peut citer aussi comme cause de grandes fortunes la vogue qui s'atta-

anciennes et habituelles, comme la filature, la fabrication du drap et de la toile, l'armement maritime, etc., qui peuvent mener un homme à de très-grandes richesses. Adam Smith déjà, avec son habituelle perspicacité, remarquait que les profits extraordinaires ne peuvent s'obtenir que dans les branches nouvelles de commerce ou de manufacture. Dès qu'une industrie est connue et répandue, dès qu'elle passe pour être lucrative, la concurrence s'y précipite, supprime au bout de bien peu de temps les grands écarts entre le prix de revient et le prix de vente et fait tomber au taux habituel, si ce n'est au-dessous, les bénéfices.

L'abondance des capitaux est tellement grande aujourd'hui que cet envahissement des industries privilégiées par une nuée de concurrents est presque soudain. Le capital circulant, en effet, ou disponible, en quête d'emploi, pullule. On a considéré en général que l'abondance des capitaux est favorable aux industriels et aux commerçants : ils ont le crédit à bon marché, leurs bénéfices doivent en être accrus. C'est là une erreur vulgaire. Il en serait ainsi sans doute si la classe des entrepreneurs était restreinte, soit par des privilèges légaux, soit par le monopole de la capacité que donnent l'éducation et l'instruction. Mais aujourd'hui, avec le nombre incommensurable d'hommes actifs qui ont l'entente des affaires, la baisse du taux de l'intérêt ne rend que plus animée la concurrence que se font les producteurs. Ce n'est pas seulement l'intérêt qui baisse, c'est le profit, lequel est très-distinct de l'intérêt. En général, quoiqu'il n'y ait pas de règle absolue sur ce point, on peut admettre que le profit du commerçant ou de l'industriel est en moyenne égal à l'intérêt du capital, qu'en d'autres termes si le taux de l'intérêt est de 5 p. 100, l'industriel ou le commerçant doit réaliser sur ses opérations un bénéfice de 10 p. 100, dont la moitié représente l'intérêt

che à des produits secondaires portant une marque déterminée, par exemple une eau de toilette, un article pharmaceutique, des petits fours. Un chocolatier, un confiseur, un parfumeur, avec un peu d'esprit d'invention et beaucoup de bonheur, peuvent accumuler des richesses considérables, ce qui est presque interdit désormais aux filateurs et aux tisseurs.

qu'il paie à son créancier ou qu'il se paie à lui-même, et l'autre moitié représente le profit à proprement parler. Si le taux de l'intérêt vient à tomber à 4 p. 100, il y a bien des chances pour que le profit lui-même descende à ce niveau. Si distinct qu'il soit de l'intérêt du capital, le profit a une tendance à en suivre les fluctuations, à monter avec lui, à descendre avec lui. Ce n'est qu'en apparence ou temporairement que le bas taux de l'escompte est favorable aux commerçants et aux industriels ; il provoque, en effet, un redoublement de concurrence qui réduit les profits.

De toutes les observations qui précèdent il résulte que la tendance très-nette de notre civilisation est de réduire les profits industriels, de même que l'intérêt des capitaux, et de faire disparaître les énormes gains qui étaient habituels autrefois. Ce n'est pas qu'il ne doive se rencontrer toujours des exceptions, des bénéfices considérables, dus soit à une situation particulièrement favorable, soit à des circonstances heureuses, soit à la spéculation, soit même à la rare habileté d'un directeur d'entreprises ; mais ces exceptions deviennent chaque jour moins nombreuses et, si nous pouvons ainsi parler, plus exceptionnelles. Réduisant les risques, restreignant la part du hasard, fournissant plus de concurrents grâce à une instruction plus répandue, à un goût ou à un besoin plus général d'occupation, il est naturel que la civilisation rende les bénéfices industriels et commerciaux plus faibles et plus uniformes. Ces remarques doivent s'entendre d'une situation normale et non des périodes de transformation brusque et totale de l'outillage du monde comme la période qui s'est écoulée de 1840 à 1865 ou même à 1873.

Il importe maintenant de rechercher quelle est l'influence de l'ensemble des causes que nous groupons sous le nom de civilisation moderne sur la situation respective des différentes classes d'industriels et de commerçants, sur les petits, les moyens et les grands entrepreneurs. On fait, en général, à cette question une réponse catégorique : la civilisation est à l'avantage de la production faite en grand, non pas qu'elle accroisse les bénéfices des gros producteurs, mais parce qu'elle rend de plus en plus difficile, presque impossible, pour les petits, de leur faire longtemps concurrence. Les moyens mécaniques obligent à concentrer l'industrie dans de vastes locaux, à avoir un outillage considérable, très-compliqué, très-coûteux, qu'il faut fréquemment renouveler ou perfectionner, et à distribuer les frais généraux qui sont énormes sur une quantité également énorme de produits. Le champ de la grande industrie s'étend de plus en plus, et l'on ne voit trop quelles limites on pourrait lui assigner. Elle ne se renferme pas dans la fabrication proprement dite, par exemple dans la filature, le tissage, l'apprêtage des textiles ; on fait tout de plus en plus en grand. La confection qui transforme les étoffes en vêtements tout faits supprime les tailleurs indépendants ou ne les laisse subsister que pour la classe la plus élégante de la population. Les vastes ateliers de cordonnerie font presque disparaître les cordonniers individuels. Les voies de communication perfectionnées rendent facile au marchand des petites villes de faire venir de Paris ou des grandes cités industrielles la plupart des articles de consommation que faisaient autrefois sur place les artisans locaux. On fabrique en grand, et avec une énorme division du travail, jusqu'aux montres. Beaucoup de corps d'état ont presque quitté la province. Il en est ainsi non seulement des tailleurs, des cordonniers, des chapeliers ; mais les menuisiers même, les forgerons et bien d'autres métiers du même genre forment dans les petites villes un effectif de plus en plus réduit ; ils ne sont guère utiles que pour les réparations, tellement on a pris l'habitude de presque tout faire venir tout préparé de très-loin (1). Il n'est pas jusqu'aux hôtels à voyageurs, aux restaurants, qui ne tendent à former aujourd'hui une industrie concentrée offrant aux voyageurs ou à la population nomade de vastes, séduisants et bruyants caravansérails,

(1) Il n'est pas impossible qu'un jour, même pour les réparations, le travail se fasse au loin. Toute cette multiplicité de déplacements est la cause de l'augmentation des recettes des chemins de fer. Il ne faut pas croire que l'accroissement de la richesse publique soit strictement proportionnel à la plus-value de ces recettes.

et restreignant dans les capitales et dans les villes d'eaux l'antique légion des petits hôteliers.

Parmi les causes d'essor de cette industrie agglomérée, il en est de naturelles, d'autres d'artificielles ; on ne fait pas cette distinction et l'on a tort, elle est très-importante, car si l'on ne peut rien contre les causes naturelles, on peut et on doit opposer une résistance aux causes artificielles. Les causes naturelles de la concentration de l'industrie, de presque toutes les industries, depuis celles qui font les objets les plus grossiers, jusqu'à celles qui fabriquent les plus ténus, les plus déliés, sont les suivantes : l'impossibilité de procurer en petit la force motrice à bon marché, de réunir dans un petit atelier tout l'ensemble de machines qui est nécessaire pour la production d'un article entier ; la difficulté de pousser la division du travail aussi loin dans la petite industrie que dans la grande ; le crédit supérieur des grandes maisons ; la facilité qu'ont celles-ci d'acheter les matières en quantités plus considérables et à meilleur compte (1) ; la confiance plus grande qu'elles inspirent au public par la notoriété dont elles jouissent, par leurs antécédents qui sont connus ; enfin la dissémination des frais généraux sur une production si énorme qu'ils ne représentent plus qu'une part insignifiante du prix de revient et du prix de vente de chaque produit. Telles sont les causes naturelles de la concentration des industries : contre ces causes, disions-nous, on ne peut rien ; ce mot est exagéré, mais on n'a pas sur elles beaucoup d'action.

Les causes artificielles de cette concentration sont diverses aussi et très-puissantes. Les grands industriels ont vis-à-vis de l'État et des villes des facilités, des immunités, presque des privilèges qui n'appartiennent pas à leurs moyens ou à leurs petits concurrents. Que la patente soit plus lourde pour les premiers que pour les derniers, c'est presque certain. Ce qui l'est

(1) Il n'y a qu'à lire les journaux industriels *l'Économiste français*, *le Moniteur des Intérêts Matériels*, pour voir que les prix soit du charbon, soit du fer, sont toujours notablement moins élevés pour les grands fabricants que pour les moyens et les petits.

absolument, c'est que, dans les industries dont les produits sont assujettis à des impôts indirects, l'*abonnement* que consent l'État pour tenir lieu de l'*exercice* est une faveur dont jouissent seuls les grands ateliers; on ne peut guère l'accorder aux petits; on multiplierait ainsi la fraude. Il n'y a aussi que les commerçants et les industriels de quelque importance qui peuvent se servir de la faculté d'entrepôt, soit réel, soit fictif, cette mesure ingénieuse qui permet de différer le paiement des droits jusqu'au moment où le produit taxé entre dans la consommation. A Paris, ville manufacturière s'il en fut, le charbon est taxé à l'octroi; mais, pour ne pas charger l'industrie et lui rendre impossible le séjour de la capitale, on a exempté ce que l'on appelle la consommation industrielle, c'est-à-dire l'emploi du charbon dans les usines et les ateliers; seulement pour que cette exemption soit accordée il est nécessaire que le fabricant consomme une quantité *minima* de charbon, laquelle est encore assez considérable. Le petit atelier qui n'emploie que 10, 15, 20 tonnes de charbon par année ne jouit pas de cette immunité, il paie la taxe, même sur sa consommation industrielle. Bien d'autres impôts, les timbres sur les reçus, celui sur les récépissés de chemins de fer, grèvent les petits commerçants beaucoup plus que les grands ou les moyens. Il en est de même pour les transports. Les petits entrepreneurs d'industrie ne jouissent d'aucune réduction sur les tarifs généraux; leurs heureux concurrents qui peuvent expédier des wagons complets obtiennent une réduction; ceux qui ont une production assez grande pour remplir des trains complets ou tout au moins une certaine quantité de wagons bénéficient d'une remise considérable sous la forme de tarifs spéciaux. Ce sont là des causes artificielles d'inégalité des conditions entre la grande et la petite industrie. Si la petite industrie se réduit chaque jour davantage, si elle est sur le point de disparaître, ce n'est pas seulement qu'elle soit dans des conditions naturelles d'infériorité, mais c'est encore que, par des mesures imprévoyantes, l'État, les villes, les compagnies de transport protègent inconsciemment la grande industrie contre la petite ; celle-ci est victime non seulement du progrès, mais aussi de toutes sortes d'arrangements administratifs qui sont complètement étrangers au progrès.

Nous ne cherchons pas actuellement le remède à ces maux, nous signalons ces causes artificielles d'inégalité. Il est difficile, sans doute, de les complètement extirper. Les grands patrons eux-mêmes finissent par avoir le sort de leurs anciens et humbles concurrents; ils sont remplacés chaque jour davantage par les sociétés anonymes. Un fait qui frappe les yeux et dont la plupart des gens ne se rendent pas compte, tellement l'habitude aveugle, c'est la constitution de plus en plus bureaucratique de la société moderne. La bureaucratie envahit tout le domaine de l'activité humaine, non seulement la bureaucratie de l'État ou des villes, mais celle des grandes sociétés. On n'entend parler que de gens qui se rendent à leur bureau et qui font partie d'un engrenage, d'une armée d'employés. C'est peut-être d'ailleurs plus encore la moyenne industrie que la petite qui souffre de cette situation. La très-petite industrie trouve encore son emploi pour les réparations, dont l'importance s'accroît outre mesure et qui souvent ne peuvent se faire que sur place; s'il est, d'ailleurs, des métiers qui disparaissent, il en est de nouveaux qui surgissent et qui occupent de nombreuses recrues. La classe moyenne, menacée, atteinte par la baisse du taux de l'intérêt, trouve difficilement à se maintenir à la tête d'industries indépendantes; elle se réfugie dans la bureaucratie. Il n'en résulte pas un accroissement de l'inégalité des fortunes, car les gains des sociétés anonymes et ceux des grandes maisons sont plus réduits qu'autrefois, non seulement par la concurrence existante et effective, mais par l'effet préventif qu'exerce la simple possibilité d'une concurrence nouvelle que rendra très-facile l'abondance des capitaux et le grand nombre des hommes ayant reçu de l'instruction technique (1).

(1) On a vu en 1879 et 1880, combien peut être soudaine et énergique cette concurrence. La création simultanée d'une foule de sociétés d'assurances nouvelles a rendu moins lucratif le trafic des anciennes compagnies de ce genre et les a forcées à réduire les primes ou à prendre des arrangements plus

Quant à la petite industrie, quoique la lutte lui soit difficile contre la grande, on peut citer diverses méthodes ou différents moyens qui atténueraient, sans complètement la détruire, l'infériorité de la première : c'est la pratique de l'association entre les petits industriels; ce sont les établissements de vente de force motrice; les sociétés de crédit, les sociétés d'achats de matières premières. Il faudrait tout un volume pour énumérer les essais qui se sont faits dans cette direction; nous nous contentons en ce moment d'indiquer la voie.

La transformation du commerce, comme on le verra dans le chapitre suivant, pour être moins avancée que celle de l'industrie, se poursuit néanmoins dans le même sens, c'est-à-dire qu'une grande concentration s'opère dans la distribution et l'échange des produits.

Est-il vrai que de cette organisation de plus en plus bureaucratique de la société moderne il résulte qu'il soit beaucoup plus difficile à un homme du peuple, à un simple ouvrier, de s'élever, de *percer*, aujourd'hui qu'il ne l'était autrefois? Cela n'est pas complètement exact, quoique ce soit une opinion vulgaire. Ce qui rend moins aisé le prompt essor des simples ouvriers ou des employés, c'est précisément que la concurrence est devenue entre eux beaucoup plus vive, et que les connaissances qui rendaient autrefois un homme propre aux emplois supérieurs et qui le mettaient hors de pair sont aujourd'hui universellement répandues. Mais il y a de l'avancement dans cette organisation toute bureaucratique de l'industrie et du commerce. Le fabricant ou le directeur a intérêt à discerner les sujets capables, zélés, laborieux, doués d'initiative, ayant le don d'administrer, d'organiser et de commander : le succès des grandes entreprises dépend de la capacité des agents, non seulement des directeurs, mais des contre-maîtres, des représentants; tout ouvrier qui a le goût du travail, de l'ordre, qui est persévérant, qui offre en un mot des garanties, est à peu près assuré de faire rapidement son chemin. L'indus-

perfectionnés. Il est vrai que ce progrès sera acheté par la ruine de la plupart des actionnaires des compagnies nouvelles.

trie est devenue une sorte d'armée où l'avancement se fait toujours au choix, et où ceux qui sont chargés de faire ce choix ont d'ordinaire un intérêt personnel à ne pas se tromper. Aussi n'est-il pas rare de voir parvenir aux positions les plus élevées des hommes partis de fort bas. Pour ne parler que de nos grands établissements métallurgiques, plusieurs portent le nom d'hommes qui étaient de simples ouvriers, Pétin et Gaudet, Cail, par exemple. La possibilité de s'élever, même très-haut, n'est donc pas moindre aujourd'hui qu'autrefois; seulement les différentes causes que nous avons énumérées rendent beaucoup moins rapides les grandes fortunes.

Les industriels et les commerçants doivent en prendre leur parti : leurs bénéfices ont une tendance à diminuer. La baisse du taux de l'intérêt entraîne à la longue une baisse des profits. La concurrence, non seulement des capitaux, mais des hommes suffisamment instruits, propres aux professions commerciales ou industrielles et en ayant le goût, réduit peu à peu la rémunération qu'elles procurent. La part du hasard se restreint aussi en général; les principales industries deviennent de plus en plus connues et ne laissent guère place à des opérations exceptionnellement fructueuses. Le commerce et l'industrie continueront de mener à l'aisance ceux qui s'y livrent avec sagacité et persévérance, mais ils les conduiront de moins en moins à la très-grande opulence, sauf le cas d'invention extraordinaire ou de produit jouissant d'une vogue générale.

---

## CHAPITRE XII

### DE L'ORGANISATION DE PLUS EN PLUS BUREAUCRATIQUE DE LA SOCIÉTÉ MODERNE. — LA CONCENTRATION DU COMMERCE DE DÉTAIL. — LES SOCIÉTÉS ANONYMES ET LEURS EFFETS.

**De la concentration du commerce de détail. — Les grands magasins de nouveautés. — Les grandes sociétés coopératives anglaises. — Des objections à cette concentration. — Réponse à ces objections.**

**Excellence des grands magasins. — Il est désirable que le commerce d'alimentation se constitue aussi sous cette forme.**

**De la réduction du nombre des intermédiaires ou parasites. — La fonction distributive absorbe une trop forte partie de la société.**

**Tendance de l'industrie et du commerce à se constituer sous la forme de sociétés anonymes. — Essor désordonné des sociétés en commandite sous le règne de Louis-Philippe. — Développements de la cote des valeurs aux bourses de Paris, Lyon et Marseille depuis 1797. — Excès de l'agiotage en 1838. — La baisse du taux de l'intérêt fait pulluler les sociétés par actions.**

**Sous le second Empire l'activité industrielle et financière se porte sur un petit nombre de vastes entreprises. — Moindre gaspillage et beaucoup plus grande productivité des capitaux. — Depuis 1873 la baisse du taux de l'intérêt et la difficulté de trouver des entreprises rémunératrices, fait de nouveau foisonner les sociétés anonymes minuscules.**

**Coup d'œil rétrospectif sur les sociétés par actions dans les siècles précédents. — De la responsabilité illimitée des associés. — Lacunes de la législation sur les sociétés anonymes. — Ces lacunes favorisent l'escroquerie en grand à laquelle, d'ailleurs, se prêtent nos mœurs.**

**Raison d'être de la société anonyme : elle est justifiée par la grandeur et par l'aléa des entreprises contemporaines. — Démonstration des services que endent les sociétés anonymes. — Tendances fâcheuses à remplacer ces sociétés par l'État.**

**Au point de vue de la distribution des richesses, les sociétés anonymes ont été l'occasion de l'enrichissement scandaleux de quelques faiseurs et de l'appauvrissement de beaucoup de naïfs. — Ce n'est là, cependant, qu'un effet passager. — La société anonyme, en définitive, contribuera plutôt à rendre les fortunes moins inégales. — Ces sociétés créent de nouveaux cadres bureaucratiques où vient chercher refuge la classe moyenne.**

Les vérités qui se dégagent des précédents chapitres sont que l'ensemble de notre civilisation doit rendre à l'avenir de plus en plus difficile la formation de grandes et de rapides fortunes nouvelles, c'est aussi que la petite industrie, le petit commerce supportent difficilement la concurrence de l'industrie et du commerce concentrés. Ce dernier fait est constant et général. Il tient à des conditions naturelles que l'on peut atténuer par des efforts intelligents, sans les faire entièrement disparaître : l'économie des frais généraux quand ils sont distribués sur une grande production ou sur un grand nombre de ventes; les progrès industriels, le perfectionnement des machines qui exigent pour l'exercice de chaque industrie un plus grand outillage, par conséquent de plus fortes avances de capitaux ; les moyens d'information, de propagande par la voie des annonces, des envois de prospectus ou d'échantillon, sont tous aussi à l'avantage du grand commerce ; il en est de même des moyens de transport qui d'abord offrent des prix relativement plus faibles pour les grosses expéditions que pour les moindres, et qui en outre permettent à quelques vastes magasins installés au centre du pays de faire rayonner leurs produits sur tout le territoire et même à l'étranger. Ces puissantes maisons peuvent se passer des marchands en gros, des courtiers, même des commis voyageurs ; elles parlent aux yeux par leurs magnifiques étalages d'objets variés, par leurs prospectus enluminés ou leurs échantillons. Les bazars renaissent ainsi au centre des villes, suivant la coutume orientale. Les progrès administratifs tels que l'amélioration du service postal et du service télégraphique, la diminution du prix de transport des petits *colis*, travaillent au bénéfice des grandes maisons et leur rendent plus facile l'écrasement des moindres. Cette concentration du commerce de détail porte un coup aux marchands en gros et en demi-gros, aux courtiers, à tous les intermédiaires ; qu'est-il besoin d'eux avec le télégraphe et de gros capitaux ? Toute une légion d'intermédiaires est donc menacée et à la longue doit, sinon disparaître, du moins se réduire en nombre et perdre aussi une partie de ses bénéfices. Cette concentration n'est pas moins dommageable aux marchands de province; ceux-ci ont été frustrés de la plus grande partie de leur clientèle de la haute bourgeoisie. Qui ne vient aujourd'hui à Paris et ne connaît le *Louvre*, le *Bon Marché*, le *Printemps ?* Qui, du moins parmi les personnes ayant quelque notabilité, ne reçoit des prospectus ou des échantillons de ces vastes établissements? Qui ne préfère s'adresser à eux qu'au marchand de la grande rue de la petite ville. Un procédé administratif ingénieux, l'envoi contre remboursement, a porté un énorme préjudice à tous les marchands provinciaux. Si ceux-ci se soutiennent encore, c'est par le développement de la prospérité des campagnes ; ils ont trouvé dans la clientèle enrichie des paysans une compensation à la perte de leur ancienne clientèle de la haute bourgeoisie ; mais qui peut prétendre que, avec le temps, les grands magasins parisiens n'auront pas des succursales ou des comptoirs en province, où que leurs prospectus et leurs échantillons ne finiront pas par affluer dans les maisons de la petite bourgeoisie et des riches paysans?

C'est une singulière erreur de croire qu'on puisse arrêter ce mouvement de concentration. Tout conspire à le développer. Il n'est même encore qu'au début, l'on peut affirmer qu'il ira beaucoup plus loin. En France il n'y a guère que le commerce du vêtement et de l'ameublement qui soit entré dans cette voie. En Angleterre depuis une vingtaine d'années, le commerce d'alimentation a subi la même transformation. De grandes associations coopératives se sont constituées, celle par exemple des fonctionnaires et employés de l'armée et de la marine, *army and navy ;* elles débitent à leurs membres, et même au public, des comestibles presque au prix de revient. L'une d'elles fait jusqu'à 25 millions de francs d'affaires. On connaît le mot célèbre : « Quand je vois construire un palais, je crois voir mettre en chaumières tout un pays ». De même quand on voit s'élever un vaste magasin coopératif, *cooperative store*, on croit voir se fermer une infinité de boutiques de vente au détail. Les petits marchands de Londres envoient au Parlement pétition sur pétition ; ils ont à leur service des arguments spécieux. Les employés du gouvernement, disent-ils, ne sauraient prendre part à la direction et à l'administration d'établissements commerciaux, parce qu'ils doivent au gouvernement tout leur temps, toutes leurs forces ; en dehors de leurs heures de travail ils n'ont droit qu'au repos et aux distractions;

s'ils font une œuvre sérieuse quelconque pour autrui ou pour eux-mêmes, ils pillent le gouvernement. Ces associations coopératives ne paient pas d'impôts sur le revenu, et les petits marchands en acquittent un. Quand ces sociétés auront par leur concurrence abusive tué le commerce de détail, elles relèveront leurs prix, créeront de gigantesques monopoles et juguleront le consommateur.

Singulières raisons! Le fonctionnaire ou l'employé du gouvernement serait le serf du gouvernement qui l'emploie et ne pourrait faire de ses heures libres l'usage qui lui plaît! L'impôt sur le revenu, si léger d'ailleurs en Angleterre, puisqu'il n'y est que de 2 ou 3 p. 100, devrait frapper même les associations qui ne réalisent pas de revenu! cet argument est moins étrange que le précédent; la conclusion qu'on en devrait tirer, c'est que notre impôt des patentes avec toutes ses complications vaut encore mieux peut-être que l'impôt sur le revenu. Quant à la constitution de monopoles gigantesques qui relèveraient les prix après avoir tué la concurrence des petits marchands, l'idée nous en paraît absurde dans un pays où règne la liberté du commerce et où les capitaux sont abondants. Il y aura toujours assez de petits magasins; c'est une chimère de penser que tous disparaîtront. Il serait toujours facile de créer de grands magasins nouveaux si les anciens abusaient de leur situation. Qu'on voie ce qui se passe pour les câbles transatlantiques entre l'Europe et l'Amérique : on compte quatre ou cinq compagnies qui cherchent à s'entendre entre elles, mais tous les deux ou trois ans il s'en crée une nouvelle qui contraint les autres à un abaissement de tarif. Il est bien plus aisé de fonder un magasin de vente au détail que d'établir un nouveau câble sous-marin; il faut moins de temps et moins de capitaux. Le relèvement des prix de la part des grands magasins après la disparition des petites boutiques n'est donc pas à craindre. La concurrence la plus efficace, ce n'est pas tant la concurrence actuelle que la concurrence éventuelle. L'action préventive est ici très-forte.

Cette concentration du commerce de détail offre beaucoup

plus d'avantages que d'inconvénients. Elle est d'abord respectable parce qu'elle est un effet de la liberté individuelle. Elle épargne le temps de l'acheteur en lui faisant rencontrer dans le même édifice mille objets différents, tout achevés, qu'il eût dû autrement chercher dans vingt boutiques et souvent commander d'avance. Elle fournit, d'ordinaire, à meilleur compte de meilleures marchandises. Dans une grande ville la responsabilité d'un grand magasin est beaucoup plus sérieuse que celle d'un petit. Celui-ci, qui vit souvent sur une clientèle de passage et variable, peut tromper l'acheteur sans en éprouver de préjudice durable ; le premier détruirait rapidement sa réputation s'il n'était pas loyal. L'écart entre le prix de fabrication et le prix de vente au détail diminue singulièrement dans ces vastes maisons ; il n'est plus que de 7 ou 8, au maximum de 10 ou 15 p. 100, tandis qu'ailleurs il s'élève souvent à 50 p. 100 ou même à plus encore. Ainsi le consommateur trouve à la fois dans ces établissements plus de commodité, plus de sécurité et de plus bas prix ; il lui reste, par conséquent, une économie, c'est-à-dire une somme disponible, soit pour de nouveaux achats qui encouragent et développent la production, soit pour l'épargne qui augmente le capital national.

Ce que doivent souhaiter les esprits éclairés, c'est que le système des grands magasins prenne plus d'extension, c'est surtout qu'il s'applique au commerce alimentaire. Le prix du pain et le prix de la viande qui sont si élevés relativement au prix du blé et au prix du bétail diminueraient, au grand avantage des consommateurs et aussi des producteurs, s'il s'opérait une concentration du commerce de la boulangerie et de la boucherie. Il existe bien à Paris une grande société qui rend d'importants services à la classe des employés, c'est celle des bouillons Duval ; mais les boulangeries et les boucheries en grand, coopératives ou non, sont encore à venir ; il est impossible qu'elles tardent longtemps à paraître. Beaucoup de professions individuelles disparaissent chaque jour et passent à l'état d'entreprises collectives : la profession de porteur d'eau par exemple ; celle d'hôtelier, au moins dans les capitales et les villes d'eaux, est en train de subir le même sort, impuissante à lutter contre les luxueux caravansérails qui s'élèvent de tous côtés. Il est des professions plus élevées qui, elles aussi, sont atteintes, et qui tendent à sortir de la catégorie des industries exercées par des patrons individuels, la profession de banquier est de ce nombre (1). Les grandes sociétés anonymes envahissent et confisquent leur domaine ; par les succursales, sortes de tentacules ou de suçoirs, qu'elles établissent dans toutes les villes de province, elles arrivent et surtout elles arriveront à presque supprimer les banquiers individuels ; il existe encore des maisons de banque privées, autres que les sociétés par actions, mais il ne s'en fonde plus, et les nouveaux banquiers que l'on voit surgir à Paris et dans quelques grandes villes ne sont que des spéculateurs et des écrémeurs d'affaires, presque des écumeurs de mers, qui discréditent une profession jadis honorée.

Que cette concentration qui chaque jour se complète et s'étend davantage ait des inconvénients, c'est incontestable ; mais elle rend beaucoup plus de services qu'elle ne porte de préjudice. En définitive, elle est un bien ; peut-être enlève-t-elle quelque chose à la stabilité sociale ; mais elle ajoute beaucoup à la prospérité publique. C'est un mal, peut-être temporaire et qui tient à la rapidité de la transformation des conditions économiques, que le développement de la prospérité ait pour contre-partie un accroissement de l'instabilité. Un jour, sans doute, quand la société sera plus mûre, plus habituée à ces organes nouveaux et à ces nouvelles méthodes, elle sera moins enfiévrée, moins agitée ; les situations individuelles redeviendront plus calmes. Montesquieu a écrit : « Quel que soit le prix de la liberté, il faut bien le payer aux dieux. » Il en est de même pour le progrès de la richesse : lui aussi a son prix, et il faut bien l'acquitter. Lui aussi fait quelques victimes.

Dans le cas qui nous occupe, ces victimes, ce sont les inter-

(1) L'*Économiste français* du 15 février 1879 contenait un article très-curieux et très-humoristique de M. Robert Bénédic sur la concurrence que les grandes sociétés de crédit font aux petits banquiers.

médiaires ; toute cette nuée de commerçants en gros, en demi-gros, en détail, de courtiers, de commis voyageurs. Le progrès ne les épargne pas ; il les réduit, parfois les supprime. L'opinion publique a toujours considéré comme des inutiles, comme des parasites, tous ces négociants, du moins beaucoup d'entre eux, qui passent leur vie à acheter pour revendre, et qui du fabricant jusqu'au consommateur définitif forment une longue chaîne d'anneaux dont chacun grève la marchandise de nouveaux frais et la renchérit. L'économie politique du commencement du siècle s'épuisait à démontrer que tous ces intermédiaires rendent un service, gagnent légitimement leur vie. C'était à tort ; on est, grâce au ciel, revenu de cette notion. Quatre ou cinq, huit ou dix personnes, qui s'interposent entre le fabricant et le consommateur, sous les noms de courtiers, de marchands en gros, en demi-gros, au détail, forment un véritable poids mort qui alourdit le travail social et retarde l'essor de la production et du bien-être.

Devrons-nous verser des larmes sur le sort de ces petits boutiquiers dépossédés de leur clientèle, évincés du champ de l'activité sociale par des concurrents plus vigoureux, comme les maîtres de poste l'ont été par les chemins de fer et les copistes par les imprimeurs ? Ce serait un véritable abus de notre sensibilité. Stuart Mill avec raison a refoulé cette pitié. Quelle est l'existence de ces petits boutiquiers surabondants, assis moroses et pompeux tout le long du jour, guettant l'acheteur qui ne vient point, méprisant le peuple dont ils sont sortis, enviant la haute bourgeoisie à laquelle ils n'appartiennent pas, n'ayant dans l'esprit aucun mouvement, aucun goût du progrès, aucun sentiment du beau, aigris contre les hommes et contre les choses, et ne sachant jamais que se plaindre ? On les a appelés parasites ; et ce nom leur convient, ils ont de ces animaux l'immobilité et l'inutilité.

La disparition ou du moins la diminution de ces intermédiaires (car il en restera toujours quelques-uns et il en est qui rendent des services) ne nuira en rien à la société : ce sera pour elle un soulagement. La fonction distributive des produits qui est le commerce, employant un moins grand nombre d'hommes, il en restera un plus grand nombre disponible pour la production à proprement parler. Au lieu d'être assis devant un comptoir, on filera, on tissera, on sera forgeron, et l'on contribuera à augmenter les produits ; on les fera baisser de valeur en les rendant plus abondants, au lieu qu'autrefois on en rehaussait la valeur en s'interposant inutilement entre le fabricant et l'acheteur. Il est, d'ailleurs, nécessaire que le commerce de détail occupe moins de monde qu'autrefois, sans quoi une beaucoup trop forte partie de la nation serait occupée à distribuer les produits au lieu de produire elle-même. Il y a, en effet, certains organes nouveaux de distribution, comme ceux des chemins de fer, de la poste et des télégraphes qui ont pris une importance considérable ; si, d'un autre côté, l'appareil de distribution ne s'était pas simplifié et n'avait pas supprimé beaucoup de rouages, il n'y aurait plus aucune harmonie, aucune proportion, entre les organes servant véritablement à la production, qui sont l'agriculture et l'industrie, et les organes de la distribution qui sont les instruments de transport et le commerce. Les premiers doivent toujours être plus importants et occuper une plus forte partie de l'humanité que les seconds.

Cette élimination des intermédiaires est néanmoins défavorable à la formation et à l'élévation de la bourgeoisie, au recrutement de la classe moyenne : ce ne sont pas seulement, en effet, les petits commerçants au détail qui sont menacés ; les commerçants en gros ou en demi-gros le sont presque autant parce qu'ils ont pour clients les premiers. Les grands magasins n'ont que faire d'intermédiaires entre eux et les fabricants ; ils peuvent s'en passer, et de plus en plus ils s'en passeront. Nous voyons ainsi se fermer peu à peu plusieurs des voies qui permettaient à la bourgeoisie d'arriver à de rapides fortunes.

Toutes les tendances financières et économiques de ce temps nous conduisent, comme nous l'avons dit, à un état de plus en plus bureaucratique et administratif de la société moderne,

Le patron individuel se trouve en présence de l'association de capitaux contre laquelle il a peine à lutter. L'industrie presque sous toutes ses formes, le commerce aussi presque à tous ses degrés, deviennent la proie ou la pâture de l'association de capitaux. Il n'existe pour ainsi plus de houillères, de hauts-fourneaux ou d'ateliers de construction qui appartiennent à des industriels individuels ; l'association de capitaux a mis sa main sur ces branches de l'activité humaine et les a confisquées. Elle guette, d'ailleurs, toutes les autres ; et quand un chef d'industrie vient à s'éteindre, après une carrière heureuse, ce n'est pas d'ordinaire son fils, ni son frère, ni sa veuve, c'est l'association de capitaux qui lui succède. On l'a vu dernièrement pour l'un de nos grands magasins de Paris, le *Bon Marché ;* on l'a vu aussi pour un des cabarets élégants des boulevards, le *Café anglais.* L'association de capitaux est la vaste mer où viennent s'engloutir et se confondre, après plus ou moins de détours et de parcours indépendants, toutes les grandes entreprises individuelles. Nous disons : l'association de capitaux et non pas l'association de personnes, ce qui est très-différent.

Le règne de Louis-Philippe s'était déjà signalé par cette extension de l'association. C'était alors la Société en commandite qui dominait, cette société bâtarde où les fondateurs, les directeurs, sous le nom de gérants, ont tous les pouvoirs et encourent une responsabilité illimitée, tandis que les actionnaires, simples spectateurs ou tout au plus indulgents contrôleurs, ne sont responsables que pour leur mise. Il y avait eu sous Louis-Philippe, dans les dernières années surtout du règne, un pullulement de sociétés en commandite ; il était sorti de terre comme une nuée d'éphémères qui s'agitaient et disparaissaient en quelques instants. Toutes les sociétés de bitumes, d'asphaltes, de mines, de stéarinerie qui virent alors le jour, dont les actions jouirent de primes énormes pour tomber bientôt à rien, sont innombrables. Le théâtre, la littérature, la caricature du temps ont châtié cette manie de fondations et flagellé ces abus. Le type de Robert-Macaire, celui de Mercadet, sont de cette époque. Les romans de Balzac, les croquis de Gavarni, lui appartiennent aussi. L'expression de commandite était devenue, sous la plume de Proudhon par exemple, synonyme du mot association.

Les sociétés anonymes étaient alors entourées d'entraves administratives ; il n'en existait que par privilège. Le second empire leur ouvrit la porte davantage ; puis en 1867 il les affranchit complètement, supprima toute autorisation, tout obstacle et laissa le flot se précipiter sur toutes les branches de l'activité humaine.

L'anonymat, le syndicat, voilà les deux puissances nouvelles, les deux organisations dernières, devons-nous dire définitives de l'industrie et du commerce ? Nous prenons l'expression de syndicat dans le sens qui lui est donné à la Bourse : c'est une association temporaire de sociétés ou de personnes en vue d'un objet passager ; quand il l'a atteint ou qu'il désespère de l'atteindre, le syndicat se dissout. Les sociétés anonymes ont singulièrement développé les grands marchés appelés *Bourses* dans lesquels on trafique journellement des valeurs mobilières. Aidées par les journaux et par la demi-instruction qui est généralement répandue dans les pays civilisés elles ont suscité partout le goût de la spéculation. Elles ont donné naissance aussi à un commerce tout nouveau, le plus lucratif si ce n'est le plus scrupuleux des commerces, celui de la création de sociétés anonymes, d'émission de valeurs mobilières ou de papiers enluminés portant certaines mentions et signatures. Ce genre d'entreprise est connu en Allemagne sous le nom de *Grunderthum* (fondation) et ceux qui l'exercent reçoivent le sobriquet de *grunder* (fondateur), qui répond plus exactement à notre mot français de faiseur.

La Société anonyme enveloppe maintenant de toutes parts les peuples civilisés ; c'est elle qui nous transporte en voyage, c'est elle souvent qui nous héberge, elle qui nous vend la houille, la lumière ; c'est souvent elle qui nous fait le vêtement et même qui nous le vend ; elle encore qui nous donne les nouvelles et qui inspire nos journaux ; c'est elle qui nous assure ; c'est elle qui nourrit le Parisien modeste dans les Bouillons

Duval, et qui régale le Parisien élégant dans ses parties fines au Café anglais. Elle peut prendre la devise inverse de celle de Fouquet, non pas où ne monterai-je point, *quo non ascendam?* mais jusqu'à quel menu détail de la vie ne descendrai-je pas, *quo non descendam?* Les peuples civilisés en sont venus à cette phase de l'existence sociale que Fourier décrivait sous le nom de *garantisme*, et qu'il considérait comme une sorte de féodalité industrielle et commerciale, mettant fin à la récente anarchie et frayant les voies à l'association définitive. L'association définitive, d'après Fourier, c'est l'association des personnes ; l'association qui nous éblouit aujourd'hui par ses conquêtes, c'est l'association des capitaux.

La transformation à laquelle nous assistons et que les plus perspicaces seuls de nos pères pouvaient entrevoir, a trop d'importance pour que nous n'en marquions pas rapidement les principales phases. Il existe à ce sujet un document très-curieux : ce sont les *Tableaux des valeurs cotées aux bourses de Paris, Lyon et Marseille*, dressés par M. Alphonse Courtois : l'auteur embrasse, année par année, toute la période de 1797 à 1876 ; que de changements dans quatre-vingts années, non pas superficiels, mais organiques, touchant à l'essence même de la société ! Jusqu'en 1816, il n'y avait que sept valeurs cotées à la Bourse de Paris : la *rente* 5 *p.* 100, les *obligations de la Ville de Paris*, les *Consolidés anglais*, trois titres à revenu fixe ; puis quatre valeurs à revenus variables, les *actions de la Banque de France*, du *Canal du Midi*, des *Trois vieux* (sic) *ponts sur la Seine* et, enfin, les *actions Jabach*. En 1821, on en trouve quinze, dont sept fonds d'État ou de villes et huit sociétés : c'est l'époque de la naissance des premières compagnies d'assurances ; les *Assurances générales*, le *Phénix* et la *Nationale*, destinées toutes les trois à une si éclatante fortune ; la première, surtout, dont les actions ont près de deux fois centuplé de prix au bout de soixante ans. En 1826, quarante-deux valeurs figurent à la cote de la Bourse de Paris, dont quinze sociétés diverses. Aux assurances maritimes et contre l'incendie, se joignent les premières assurances sur la vie, et le gaz fait son apparition dès 1825. Au début du règne de Louis-Philippe, de 1833 à 1836, les compagnies diverses de banque et de crédit commencent à surgir, et les sociétés industrielles naissent de toutes parts sous le régime de la commandite. On compte alors à la cote quarante-quatre valeurs à revenu variable et juste autant à revenu fixe : parmi les premières, on remarque les petits chemins de fer de Lyon à Saint-Étienne en 1835, et de Paris à Saint-Germain en 1836. Celui-là, qui est représenté par des actions de 5,000 francs, reste légèrement au-dessous du pair ; celui-ci, qui a déjà adopté le type plus maniable des actions de 500 francs, jouit d'une prime de 8 à 20 p. 100. Les canaux et les ponts à péages sont nombreux parmi les valeurs de ce temps ; on y trouve aussi des salines et des sociétés de dessèchement d'étangs ou d'exploitation de landes. Parmi les valeurs à revenu fixe figurent surtout les fonds d'État besoigneux qui infligent de grosses pertes à l'épargne française : huit variétés de rentes espagnoles, trois de rentes grecques, quatre de rentes portugaises, une d'Haïti. La période suivante, celle de 1836 à 1841, est l'époque de la grande floraison des sociétés en commandite ; dans cette dernière année, la cote enregistre cinquante-quatre valeurs à revenu fixe ; les titres des divers États de la fédération américaine, l'Illinois, l'Ohio, l'Indiana, le New-York, quelques obligations de chemins de fer et de sociétés industrielles sont venues s'ajouter aux valeurs à revenu fixe précédemment cotées. Quant aux titres à revenu variable, ils ont littéralement pullulé : nous relevons deux cent quatre valeurs différentes de ce genre ; dix-neuf banques, dix assurances maritimes, quatorze assurances contre l'incendie, cinq catégories d'actions d'assurances sur la vie, une société de remplacement militaire, dix-sept chemins de fer : Montpellier à Cette, Paris-Versailles, rive droite et rive gauche, Mulhouse à Thann, Paris-Orléans, dont les actions sont pendant plus de deux ans cotées de 407 fr. 50 à 480 francs et ne s'établissent définitivement au-dessus du pair qu'à partir de 1842 ; Paris à Rouen, dont les titres rencontrent au début la même défaveur ; sept catégories d'actions de canaux. C'est dans la même période que l'on voit poindre les premières entreprises de transport en commun dans les villes, les omnibus et les voitures de place, deux valeurs qui ont la même infortune que les chemins de fer et se traînent au-dessous du pair dans les cours de 350 francs ; la célèbre compagnie de diligences Laffitte et Caillard tombe, elle aussi, mais pour d'autres causes, au-dessous du cours d'émission. Quatre catégories d'actions de ponts sont encore cotées à la Bourse de Paris dans les mêmes années. Le cabotage à vapeur et la navigation fluviale sont représentés par neuf compagnies dont les titres jouissent d'abord d'une prime pour perdre ensuite le tiers ou la moitié de leur valeur nominale. La pêcherie de la morue, les parcs à huîtres ont été mis en actions sans que les actionnaires aient eu à s'en féliciter, la première de ces affaires tombant de 1,320 francs, cours du début en 1838, à 250 francs cours *in extremis* en 1840 par action de 1,000 francs. Une industrie plus sérieuse, réservée à un plus grand développement et qui devait enrichir tant de familles, l'industrie des houillères paraît vers la même date à la cote : on compte vingt-six sociétés de ce genre ; ces titres ne sont pas parmi les plus recherchés du public : sauf la Grand'Combe, aucune valeur de cette catégorie ne jouit d'une prime ; la plupart des grands charbonnages actuels ne figurent pas, d'ailleurs, dans cette liste. En revanche, quelle formidable quantité de menues sociétés industrielles d'asphaltes, de bitumes, de bougies, de produits chimiques, de sucreries, de mines d'or ! Le public se précipite sur elles avec furie ; il les pousse à des hauteurs vertigineuses, puis, tout à coup, convaincu d'erreur, il les abandonne et les laisse choir.

Nous relevons, de 1837 à 1840, dix-sept sociétés pour l'asphalte ou le bitume : les mines d'asphalte de Pyrimont-Seyssel, le Seyssel belge, le Seyssel allemand, le Seyssel anglais, le Seyssel américain, le bitume élastique de Polonceau, le bitume végéto-minéral et de couleur, le mastic bitumineux végétal, le bitume minéral, l'asphalte de la Haute-Loire, l'asphalte de Bastennes, le Bastennes anglais, l'asphalte Guibert, le bitume du Nord, le Polonceau anglais. C'est l'année 1838 qui s'est signalée par cet amour du bitume : toutes ces dix-sept sociétés font prime alors, et quelle prime ! au milieu de toutes nos folies, nous sommes des sages auprès de nos pères. Les actions de Pyrimont-Seyssel, au capital de 1,000 francs, valent 10,200 francs en 1838 ; l'asphalte de Lobsann, au pair de 1,000 francs, en vaut 6,000 ; le Seyssel anglais, au pair de 500 francs, se vend 2,400 ; le Seyssel allemand, 1,200 francs pour 500 francs versés ; le bitume élastique et bien d'autres valent le double du prix d'émission ; le bitume végéto-minéral fait mieux, la prime dont il jouit est de 160 p. 100 ; le mastic bitumineux végétal ne lui cède guère, sa prime est de 115 p. 100 ; le bitume minéral s'en rapproche ; l'asphalte de Bastennes les dépasse et cote 180 p. 100 de prime. Quelle singulière et inexplicable passion pour le bitume s'était alors emparée des esprits ! Elle fut, d'ailleurs, de courte durée. En 1841, de ces dix-sept sociétés de bitumes que l'année 1838 avait portées à de si hauts cours, il n'y en avait plus qu'une qui figurât à la cote de la Bourse, et elle se négociait à 25 ou 30 p. 100 de perte.

Sic fortuna hominum, sic transit gloria mundi.

Peut-on s'étonner que le théâtre et le roman tournassent alors en dérision la société en commandite ? le type de Robert-Macaire date de ce temps, ainsi que la « Société des bitumes bitumineux ».

Les bougies n'allumaient guère moins d'enthousiasme que les bitumes, c'est toujours l'année 1838 qui assiste à cette incandescence de sociétés rapidement éteintes ou étouffées. Nous relevons alors dix sociétés en commandite pour les bougies, les bougies de l'Étoile, les bougies de l'Éclair, les bougies de l'Union, les bougies du Phare, les bougies parisiennes, les bougies royales, les bougies du Phénix, les bougies-chandelles du Soleil, les bougies de l'Arc-en-Ciel, la stéarinerie de Vaugirard. Toutes font prime en 1838, l'une, même, jouit d'une prime de 140 p. 100 ; mais bientôt, deux exceptées, toutes tombent au-dessous du pair, et, en 1841, une seule de ces sociétés figurait encore à la cote, perdant 80 p. 100 de sa valeur nominale.

Deux ou trois de ces entreprises, qui étaient sérieuses, se retirèrent de la Bourse et firent, à l'abri de l'agiotage, de bonnes affaires.

Pendant que la vogue était aux bougies, on négligeait un peu le gaz dont l'éclat naissant n'inspirait pas au public une grande confiance. Cependant, cinq sociétés de ce genre voyaient leurs actions cotées à la Bourse de Paris; l'une d'elles, la plus importante, jouissait même d'une prime assez considérable; c'était la société anglaise Manby, Henry, Wilson et Cie, dont les actions, au pair de 2,500 francs, se cotaient, en 1841, de 5,750 à 6,000 francs. Qu'était-ce que cette prime à côté de celles des sociétés favorites d'asphalte ou de bitume!

Les savonneries avaient aussi le don de provoquer l'enthousiasme du public. Nous constatons à la cote l'existence de six sociétés de ce genre dans l'année 1838, celle de l'agiotage par excellence : la savonnerie à vapeur de l'Ourcq, la savonnerie de la Petite-Villette, celle des Bateaux Monceaux, celle du Pont de Flandre, et enfin la savonnerie de l'Elbe. Pas un de ces titres qui n'ait joui des honneurs d'une prime et d'une prime parfois énorme ; pour deux de ces sociétés, elle est de 50 à 55 p. 100, elle va jusqu'à 340 p. 100 pour l'une d'elles, primes trop exubérantes pour être durables ; en 1841 il ne reste plus à la cote qu'une seule de ces sociétés de savonnerie, elle se négocie à 150 francs au lieu de 750 en 1838.

Parlerons-nous des Sociétés de produits chimiques, de carrières à plâtre, d'amidonnerie, de vermicellerie, de parfumerie, de lithocéramie, de bains, de desséchements, etc. ? Non certes ; la plupart sont aussi des éphémères dont les débuts sont brillants et la fin aussi lugubre que prompte. Les ateliers de forges, de filatures, les usines de cuirs vernis, de cuirs vénitiens, bien d'autres encore encombrent la cote en 1838, pour disparaître bientôt après. L'une d'elles, la société de galvanisation du fer Sorel et compagnie débute par une prime de 500 p. 100; les actions de 500 francs se négocient à 3,000, en 1841 elles valent 230 francs. Les sucreries en petit nombre ornent aussi la cote. Quelques mines d'or ou de cuivre y paraissent avec toutes les alternatives de hausse excessive et de baisse profonde que comporte ce genre de valeurs : les mines d'or de la Gardette se vendent 1,150 puis 200 francs.

Nulle époque, croyons-nous, n'a été plus fertile en fondations extravagantes que l'année 1838. La cote de la Bourse de ce temps est un vaste nécrologe où l'on recueille un éclatant témoignage de la grandeur et de la chute des sociétés par actions. Quels qu'aient été les ravages des sociétés anonymes, ils ne semblent pas avoir dépassé ceux de la société en commandite. Et que dire du discernement du public de 1838 ! Notez qu'il avait plus d'instruction que le public de nos jours : la foule des petites gens n'avait pas envahi la bourse ; les illettrés ne faisaient pas encore de placements ; c'était la haute et la moyenne bourgeoisie qui se livraient à cet agiotage effréné, à cette passion ridicule pour des industries sans avenir. Pendant qu'on accordait une prime de 100, de 200, de 500, de 1,000 p. 100 à toutes ces sociétés de bitume, d'asphalte, de stéarinerie, de savonnerie etc., les actions du chemin de fer de Paris à Orléans se cotaient à 407 francs, 420, 460 francs, les compagnies d'assurances jouissaient d'une prime qui était relativement modeste, qui montait à 200 p. 100 pour les assurances générales (lesquelles valent vingt fois plus aujourd'hui), mais qui ne s'élevait qu'à 20 p. 100 pour le Phénix, à 80 p. 100 pour la Nationale, à 24 p. 100 pour l'Union, à 10 p. 100 pour la France, à 2 p. 100 pour le Soleil, et qui n'existait même pas pour la Providence, toutes sociétés qui depuis lors ont quintuplé, décuplé l'avoir de ceux qui en ont recueilli les actions à cette époque.

Cet engouement pour des entreprises ridicules, cette indifférence ou ce dédain pour les entreprises sérieuses et fécondes, n'est-ce pas là un trait du caractère humain ? Il était, cependant, plus accentué alors qu'aujourd'hui. L'expérience n'a pas été, à ce point de vue, sans quelque profit pour la classe bourgeoise. On connaît les versicules sarcastiques :

Dans un terrain humide et frais
Semez de la graine de niais
Il poussera des actionnaires.

Le tableau que nous venons de faire confirme l'une des principales observations de notre étude sur l'influence de la baisse du taux de l'intérêt. Cette baisse, disions-nous, a pour conséquence de susciter les entreprises les plus excentriques, les plus illusoires, de développer dans le public le goût de l'agiotage. L'année 1838 en est la preuve, et elle donne un démenti à la célèbre image de Turgot.

Sous le second empire toute cette effervescence de fondations se calma ou plutôt se concentra. Les grands emprunts publics et municipaux d'une part, et d'autre part le mouvement industriel de premier ordre qui devait transformer alors la face du monde firent notablement hausser le taux de l'intérêt. Des entreprises grandioses et fécondes attirèrent à elles tous les capitaux : les chemins de fer, l'éclairage au gaz, le service des eaux, la navigation à vapeur, les transports urbains, les grandes sociétés de crédit firent disparaître et remplacèrent toutes ces sociétés diverses aux titres souvent étranges, à l'importance minuscule, qui remplissaient la cote sous le règne de Louis-Philippe. La spéculation, certes, ne disparut pas ; jamais elle ne réalisa d'aussi gros bénéfices, mais elle eut des allures beaucoup plus régulières et plus imposantes ; au total elle fit moins de victimes. Quelles qu'aient été les grandeurs et les misères de plusieurs grosses entreprises, comme le Crédit mobilier, l'Immobilière, la Caisse des chemins de fer, quelles qu'aient été les pertes, d'ailleurs limitées, qu'imposa au public la souscription à certaines valeurs étrangères, dans cette période d'intérêt élevé qui va de 1852 à 1870 on peut dire que les ruines ont été moins nombreuses que dans la période qui avoisine 1838. Le public se trompe à cet égard et est la dupe d'une illusion fréquente : de même qu'un accident de chemin de fer saisit l'imagination et lui représente à tort les voies ferrées comme plus dangereuses que les diligences, de même une grande catastrophe comme celle de l'Immobilière, de la Caisse des chemins de fer ou du Crédit mobilier, fait oublier les centaines de petites sociétés au capital de quelques millions qui sont nées avec des primes énormes et sont mortes au bout de quelques années vers le milieu du règne de Louis-Philippe. Les petits naufrages font par leur multiplicité inaperçue beaucoup plus de victimes que les grands; il disparaît plus de marins sur des barques de pêche que de passagers et d'hommes d'équipage sur des paquebots. On ne garde cependant le souvenir que de ces derniers sinistres, ils sont les seuls auxquels on attache de l'importance.

Avec le règne de Louis-Philippe la Société en commandite a pour ainsi dire disparu ; sous l'empire elle est reléguée au second plan. Dans la première partie de ce règne, il n'y a pas de place pour les petites sociétés, tellement les grandes sont actives et telle est la faveur dont elles jouissent. Dans la deuxième partie, la loi de 1867 laisse le champ complètement libre aux sociétés anonymes qu'elle a émancipées et auxquelles elle a donné une indépendance presque déréglée.

Quelques années après la guerre de 1870-71 les grandes entreprises étant presque épuisées, le taux de l'intérêt ayant de nouveau fléchi par l'impossibilité de découvrir des emplois rémunérateurs, on s'est retrouvé dans une situation analogue à celle du milieu du règne de Louis-Philippe. Les sociétés diverses, à partir de 1875 et de 1876, se mettent à foisonner ; des agences d'émission, officines ostensibles d'escroquerie, s'appuyant sur une presse financière éhontée et à vil prix, sur les petits journaux quotidiens à un sou et même sur de plus importants, cherchent à écumer les épargnes du public, principalement des petites gens. Il s'engloutit dans toutes ces entreprises minuscules beaucoup plus d'économies qu'il ne s'en est perdu dans les emprunts étrangers et dans les grandes sociétés mal conduites ; de même qu'une quantité illimitée de petites fuites toujours ouvertes vident plus rapidement un bassin qu'une grande qui ne s'ouvre que de temps à autre.

L'anonymat prend ainsi une place de plus en plus prédominante dans l'industrie et dans le commerce. Quels sont, au point de vue de la distribution des richesses, les mérites et les inconvénients de ce nouveau régime, la Société anonyme, qui après s'être bornée aux entreprises de premier ordre, envahit maintenant celles de la plus mince importance?

Les associations commerciales ne sont pas un phénomène d'apparition absolument récente; ce qui est récent, c'est la vulgarisation de cette forme de groupement des capitaux et de direction des entreprises. Les sociétés en nom collectif, les sociétés de simple participation, ont toujours existé. Les associations en commandite ou les sociétés anonymes sont plus nouvelles : elles ont, cependant, les unes et les autres un long et glorieux passé, imposant par l'éclat des succès et par l'importance des désastres. C'est d'abord au commerce de banque qu'elles s'appliquèrent : l'Italie semble être leur berceau. Le *Banco di Venezia* en 1171, le *Monte di Firenze* en 1336, le *Banco di San Giorgio* à Gênes en 1346, sont les plus célèbres anciennes créations de ce genre. La *ligue hanséatique*, vers la fin du moyen âge, est une des applications de l'association commerciale, devenant presque une association politique.

Au début des temps modernes, après les grandes découvertes, on voit surgir de vastes sociétés anonymes privilégiées : les célèbres compagnies des Indes, entre autres. Ces associations ont été l'objet de nombreuses attaques; on s'est plu à ne les considérer que comme des monopoles abusifs et inintelligents; il semble aujourd'hui que les critiques qu'on leur adresse aient été parfois excessives. Stuart Mill, qui dans son enfance avait travaillé dans les bureaux de la Compagnie anglaise des Indes orientales, de la *Grande Dame de Londres* comme on disait, a pris la défense des règles et des traditions de cette célèbre société; il les cite comme un modèle et va jusqu'à trouver que les principes et les procédés d'administration de la Compagnie étaient empreints de plus de sagesse et d'habileté que ceux du gouvernement actuel des Indes. Il serait superflu d'examiner la justesse de cette opinion; mais il n'est pas inutile de constater qu'Adam Smith lui-même a été fort injuste pour la Compagnie en la rendant responsable des famines périodiques qui affligeaient le pays qu'elle gouvernait. Jamais, en effet, ces famines n'ont été plus fréquentes et plus terribles que dans la période de 1870 à 1880 sous le régime du gouvernement de l'Inde par les fonctionnaires directs de la Couronne britannique contrôlés par le gouvernement. Au dix-huitième siècle on voit en France et en Angleterre deux grandes compagnies de finances et de commerce, celle du Mississipi en France qu'avait fondée le célèbre Law et celle de la Mer du Sud en Angleterre.

Ces gigantesques associations étaient, dans la constitution du commerce et de l'industrie d'alors, des phénomènes exceptionnels. Ce sont, au contraire, aujourd'hui des phénomènes normaux. Ce qui constitue la Société anonyme, au sens français du mot, c'est la pluralité des associés qui ne peuvent pas être moins de sept, et c'est en outre leur irresponsabilité au delà de la mise qu'il a plu à chacun d'engager. En Angleterre il n'en est pas toujours ainsi : il existe des sociétés par actions, la plupart des banques d'Écosse par exemple, où les associés sont indéfiniment responsables. La chute de la célèbre banque de Glasgow en 1878 a démontré les inconvénients de cette responsabilité illimitée (1).

(1) La Banque de Glasgow avait un capital de 1 million de livres sterl. (25 millions de francs) seulement. Les actions étaient de 100 liv. sterl. ou 2,500 fr.; la veille du jour où la faillite fut connue, elles se vendaient à la Bourse 236 liv., soit 136 p. 100 de prime, telle était l'ignorance du public! Elle comptait 1,300 actionnaires responsables, dont les journaux donnèrent la liste. Sur ce nombre, il y avait 206 filles non mariées (*spinsters*), 154 femmes mariées ou veuves, 96 mineurs ou exécuteurs testamentaires, 76 fidéicommissaires, c'est-à-dire tous personnages qui ou bien sont rangés par la loi parmi les incapables, ou ne peuvent surveiller la gestion d'une société. Pour faire face au passif qui était énorme, et en vertu du principe de la responsabilité illimitée des actionnaires, on appela un versement de 10,000 francs par action. Ce versement ne suffit pas, beaucoup d'actionnaires ayant été incapables de l'effectuer. On dut appeler un second versement beaucoup plus considérable. On vit alors se produire ce fait étrange : une petite banque d'Écosse, jusque-là très florissante, la *Caledonian Company*, avait l'infortune de posséder quatre actions, quatre seulement de la Banque de Glasgow. Pour se mettre à couvert de toute recherche ultérieure, elle proposa aux liquidateurs de cette Banque une somme de 2 millions 500,000 francs, à la condition d'être déchargée de toute responsabilité pour ces quatre actions. Les liquidateurs refusèrent, ce qui fait supposer que le propriétaire *solvable* d'une seule action de 2,500 francs de la Banque de Glasgow a pu être contraint à payer 7 ou 800,000 francs. La *Caledonian Bank*, qui possédait ces quatre actions, dut elle-même se mettre en liquidation pour cette seule raison, afin d'empêcher les actionnaires actuels de disparaître et de transférer leurs droits à des hommes de paille insolvables.

Il est resté longtemps des échecs du dix-huitième siècle une défaveur marquée pour les compagnies par actions. On les considérait comme une source d'agiotage ou comme un instrument de piraterie. Elles étaient suspectes. Aussi notre Code de commerce les entoura-t-il d'une réglementation minutieuse qui, en voulant prévenir les abus, supprimait l'usage. « L'ordre public, disait Cambacérès, est fortement intéressé dans les sociétés par actions, parce que la crédulité humaine se laisse trop facilement séduire par les spéculateurs. » Ce mot explique toutes les formalités auxquelles à l'origine ces sociétés furent assujetties. Le Code subordonna la constitution des sociétés anonymes à l'autorisation de l'État qui devait homologuer leurs statuts, ainsi que toutes les modifications qu'on y voudrait apporter, et qui déterminait un minimum pour le montant de chaque action ou de chaque coupure d'action. Sous ce régime presque prohibitif les sociétés anonymes étaient très-peu nombreuses ; elles étaient remplacées par les sociétés en commandite qui ne valaient guère mieux et dont nous avons vu les excès sous le règne de Louis-Philippe. La surveillance du conseil d'État et l'approbation par ce grand corps des statuts ou des modifications aux statuts ne donnaient qu'une garantie illusoire : on le vit bien en 1866 quand cette assemblée accepta le doublement frauduleux du capital du Crédit mobilier, qui avait complètement perdu son capital ancien. Dans quelques pays, comme l'Italie, les sociétés anonymes étaient soumises à l'inspection du fisc ; on a dû renoncer à cette mesure, protectrice en apparence, décevante en réalité. La loi de 1867 a supprimé en France ce régime de rigueur et d'intrusion gouvernementale.

La question si grave des sociétés anonymes pourrait être étudiée à bien des points de vue : 1° à celui de la concurrence qu'elles font à l'industrie et au commerce individuels ; 2° au

Le principe de la responsabilité illimitée, bien qu'adopté par M. Schultze Delitsch pour ses sociétés de crédit est un principe barbare, qu'aucun homme de bon sens ne saurait accepter pour lui-même.

On peut lire sur la catastrophe de la Banque de Glasgow les articles que nous avons publiés dans le journal *l'Économiste français* du 19 octobre et du 21 décembre 1878.

point de vue des facilités qu'elles donnent aux hommes habiles pour s'enrichir aux dépens du public, pour passer à celui-ci leurs mauvaises affaires personnelles : elles permettent un genre nouveau d'escroquerie que la loi poursuit rarement et qu'elle n'atteint presque jamais ; 3° on pourrait enfin rechercher l'effet de ces sociétés sur l'épargne.

Quelques-uns de ces points ont déjà été touchés dans des passages antérieurs de cet ouvrage. Nous ne pouvons entrer dans beaucoup plus de détails. Que la législation des sociétés anonymes soit très-défectueuse, qu'elle encourage et favorise l'escroquerie en grand, c'est incontestable. Les droits des obligataires ne sont l'objet d'aucune garantie; la responsabilité des fondateurs et des administrateurs est illusoire ; le contrôle des actionnaires ne peut s'exercer d'une manière sérieuse et suivie ; la publicité même à laquelle ces sociétés sont tenues n'est pas assez détaillée.

Si les lois sur ce point sont mauvaises, les mœurs le sont encore davantage. Au point de vue de la composition et du fonctionnement des conseils d'administration de sérieuses réformes sont indispensables, que les intéressés seuls peuvent opérer. L'ignorance et la crédulité du public ont été infinies. La bourgeoisie s'est un peu éclairée et l'expérience lui a été de quelque profit ; elle ne se laisserait plus prendre aux engouements excessifs qui furent si désastreux vers 1838 et 1840. Le peuple qui épargne, les ouvriers, les domestiques, les concierges, les petits employés ont encore leur éducation à faire pour le discernement en matière de placements ; ils la font à grands frais ; on peut espérer qu'elle sera bientôt achevée, sans être jamais parfaite.

Dans l'état actuel les sociétés anonymes, tout en donnant un grand essor à l'esprit d'entreprise et en développant la production, ont certainement servi à créer une grande inégalité de richesse. Elles ont permis aux financiers de la capitale de s'approprier une très-forte partie de l'épargne du public ; elles ont été beaucoup plus que l'industrie ou le commerce l'origine de fortunes colossales. Ce n'est là, toutefois, selon nous, qu'une situation transitoire : c'est la première période de confusion, la phase chaotique que traverse toute institution nouvelle.

Quelles sont les raisons d'être de la Société anonyme, et quelle est la sphère naturelle de son action?

La Société anonyme a deux objets pour lesquels elle est plus propre que toute autre combinaison. Le premier, c'est de recueillir de gros capitaux pour faire face à de très-grandes entreprises auxquelles ne suffiraient pas les forces individuelles dans une société où la fortune est très-divisée. Le second objet de la Société anonyme, c'est, à une époque de renouvellement industriel et commercial, d'attirer vers des entreprises aléatoires, incertaines, où l'échec peut être complet, des capitaux qui ne viendront que si on limite au montant des actions qu'il souscrit la perte éventuelle de chaque participant. La Société anonyme permet d'oser, sans que personne courre le risque d'être complètement ruiné. La division des placements fait qu'il se rencontre des souscripteurs pour les œuvres les plus audacieuses du moment qu'elles offrent un attrait à l'imagination humaine et qu'elles présentent une chance même minime de réussite.

La Société anonyme est donc justifiée par l'une ou l'autre de ces deux conditions : grandeur de l'entreprise, aléa de l'entreprise. Quand ces deux conditions sont réunies, rien ne peut remplacer la Société anonyme ; ou du moins l'État seul, la force publique qui dispose de l'impôt, peut se substituer à elle ; mais n'est-il pas bien préférable qu'au lieu d'être disséminés sur tout le monde par la voie taxative de l'impôt les frais des grandes entreprises soient couverts avec des risques limités par les hommes entreprenants, les hommes de foi, les hommes de jeu, les hommes opulents qui se rencontrent toujours en assez grand nombre dans une vieille et prospère société?

Le canal de Suez est le meilleur exemple des services que peut rendre la Société anonyme, ce merveilleux instrument de progrès. Que de temps n'eût-il pas fallu pour mener à bonne fin cette œuvre civilisatrice, si l'on avait dû obtenir le concours pécuniaire des différents États de l'Europe? Que de projets et de rapports d'ingénieurs des diverses nationalités? Que de discussions sur l'utilité et sur l'opportunité du Canal, sur le tracé, sur la répartition de la dépense entre les différents pays? Que de débats dans les dix ou quinze parlements? Un demi-siècle se serait écoulé entre la conception de l'idée et l'exécution. Au contraire, un homme d'une forte énergie et d'une longue patience a, en quelques années, obtenu la concession, constitué la Société, réuni les capitaux et terminé les travaux.

C'est par les sociétés anonymes, c'est-à-dire par les sacrifices limités et inégaux, mais essentiellement volontaires et spontanés, d'un nombre énorme de personnes qu'on a pu renouveler la face industrielle du monde. Aucune fortune n'aurait suffi aux premiers chemins de fer, aux grandes entreprises de gaz, de navigation à vapeur, de câbles transatlantiques; et d'ailleurs, si quelques personnes en très petit nombre avaient eu une somme de richesse suffisante pour faire face à elles seules à une entreprise de ce genre, aucune d'elles à coup sûr n'aurait voulu risquer toute sa fortune dans des œuvres d'une nature alors peu connue et réputées très aléatoires. De même pour le tunnel sous la Manche, le canal de Panama, la colonisation de l'Afrique, la société anonyme sera encore le plus prompt, le plus sûr, le plus efficace des instruments. Elle est affranchie des lentes délibérations des chambres et des formalités prolongées de la bureaucratie officielle.

Faire grand et risquer, tel est l'objet de la société anonyme.

Aussi les sociétés anonymes ont-elles toujours plus de penchant à l'aventure et au gaspillage que les simples commerçants ou que les industriels particuliers. Il ne faut guère leur demander l'économie minutieuse, la surveillance toujours attentive et qui ne se lasse pas : il leur manque l'œil du maître. Pour les frais d'installation, pour les frais généraux elles ne pousseront pas la parcimonie et la prévoyance aussi loin que de simples patrons ; c'est ce défaut naturel, contre lequel les sociétés anonymes peuvent lutter, mais dont elles ne peuvent absolument triompher, qui réserve encore dans le monde une part notable aux industriels ou aux commerçants isolés, malgré la supériorité des capitaux associés.

Partout où l'entreprise n'offre ni grandeur, ni aléa, la société anonyme est mal à sa place. On s'est mis, dans ces derniers temps, à constituer par centaines des sociétés anonymes minuscules, au capital de quelques dizaines ou de quelques centaines de mille francs, pour l'exercice de petites industries depuis longtemps connues, pour l'exploitation de marbreries, de carrières à chaux, d'ateliers de tonnellerie, même pour des confiseries ou des cabarets élégants ; c'est un abus ou une erreur qui a abouti presque toujours à l'insuccès. Dans la plupart des cas, d'ailleurs, ces émissions d'actions n'étaient que des actes de friponnerie.

Si l'on pèse impartialement les avantages et les inconvénients des sociétés anonymes, on doit conclure que, au point de vue de la production, elles ont joué un rôle singulièrement bienfaisant en rendant possibles les très grandes œuvres devant lesquelles eût reculé l'initiative particulière, et dont les États ne se seraient chargés pour leur compte qu'après beaucoup de tâtonnements et avec une probable augmentation des dépenses.

Au point de vue de la distribution des richesses, les sociétés anonymes, avec les lacunes de la législation actuelle et l'ignorance présente du public, ont servi sans doute à l'enrichissement démesuré de quelques habiles et à l'appauvrissement de beaucoup de naïfs ; mais c'est là un effet vraisemblablement transitoire.

Au point de vue de l'organisation industrielle et commerciale les sociétés anonymes ont encore aidé et elles aideront de plus en plus à la concentration du commerce et des capitaux, à l'élimination et au remplacement des maisons individuelles, sans pouvoir, cependant, expulser complètement ces dernières, l'œil du maître conservant toujours pour les petites entreprises de très grands avantages.

Enfin, les sociétés anonymes ont créé de nouveaux cadres bureaucratiques où vient chercher refuge la plus grande partie de la classe moyenne ; elles ont ainsi contribué à l'organisation de plus en plus bureaucratique de la société moderne.

Abstraction faite de la période chaotique qui a suivi leur fondation, les Sociétés anonymes devront avoir pour résultat définitif une approximation au nivellement des fortunes plutôt que le développement de l'inégalité des richesses.

---

## CHAPITRE XIII

### DE LA CLASSE DES FONCTIONNAIRES ET DES PROFESSIONS LIBÉRALES.

Tendance à une rétribution moindre des fonctionnaires et des personnes adonnées aux professions libérales. — Exceptions pour certaines catégories d'artistes. — Causes économiques et sociales des gains énormes des chanteurs, des comédiens, des peintres d'un talent exceptionnel. — Comment une société démocratique et industrielle enrichit plus ses favoris qu'une société aristocratique. — Tandis que les capacités de premier ordre, ayant une sorte de monopole, voient leur rémunération s'élever, les capacités de second ordre et les talents ordinaires voient baisser la leur. — La généralité de l'instruction diminue le capital et le revenu des personnes instruites. — Un des anciens monopoles des classes moyennes ou élevées, l'instruction, tombe dans le domaine public et perd son prix comme un objet dont le brevet d'invention serait expiré.

La lutte devient de plus en plus vive, le succès de plus en plus difficile dans les professions libérales.

Les fonctionnaires : les petits ont à se louer des temps modernes, les grands en pâtissent. — Tendance très marquée vers une moindre inégalité des traitements. — Décroissance de tous les gros traitements depuis trois siècles. — Exemple de la France, de l'Allemagne, même de l'Angleterre. — Les pensions dans ce dernier pays.

Diminution du nombre de fonctionnaires dans plusieurs administrations publiques.

Tous ces changements portent une atteinte profonde à la situation de la haute et de la moyenne bourgeoisie.

Il est impossible d'écrire un livre sur la répartition des richesses, sans parler de la classe si intéressante des fonctionnaires publics et des personnes qui exercent les professions libérales. Comment, elles aussi, sont-elles affectées par l'ensemble des causes qui forment notre civilisation ?

Il nous paraît incontestable que, sauf quelques exceptions dont nous donnerons les raisons, la destinée des fonctionnaires publics et même celle de la plupart des personnes qui exercent les professions libérales, est plutôt en voie de décroissance qu'en voie d'accroissement. La rétribution des uns et des autres tend à devenir moins élevée, si ce n'est d'une manière absolue, du moins d'une manière relative. Deux genres de causes y contribuent : c'est d'abord la substitution du régime démocratique au régime oligarchique. Le premier multiplie les fonctionnaires, mais diminue les traitements élevés. C'est ensuite le développement de l'instruction générale qui rend dans ces carrières la concurrence beaucoup plus active qu'elle n'y était autrefois.

Seuls les hommes qui possèdent un talent de premier ordre et qui jouissent à un rare degré de la faveur publique, les médecins, les avocats, les artistes les plus en renom, une demi-douzaine ou une douzaine dans chaque profession et pour un grand pays, ont des émoluments de monopole. Ils font les prix à leur guise; il en est de même de quelques professions subalternes, inférieures, mais qui touchent de près à la personne, celle de dentiste par exemple.

Les artistes en renom, principalement les acteurs, les chanteurs ou les danseuses, sont, on peut le dire, les favoris de la civilisation moderne. Pour eux les émoluments peuvent aller à des centaines de milliers de francs par an, à des milliers de francs par jour; ces émoluments sont sans aucune proportion avec leur travail ou leur mérite. C'est la fantaisie qui les fixe.

Le prix des objets d'art est devenu d'autant plus élevé que le grand luxe extérieur a disparu. Il n'est plus de mode aujourd'hui de faire au dehors beaucoup d'étalage de sa richesse. On n'a plus guère de somptueux équipages; on n'entretient plus un grand train de domestiques. Le plus opulent banquier rougirait de se présenter sur les promenades publiques avec quatre ou cinq laquais galonnés; il craindrait d'exciter l'envie et de provoquer la raillerie; tandis qu'autrefois tout seigneur de marque avait des dizaines de valets et un certain nombre d'officiers tenant à sa personne, médecin, aumônier, intendant, secrétaires divers, aujourd'hui chacun cherche à se faire simple au dehors et réserve son luxe pour l'intérieur. Les possesseurs de gros revenus, ceux qui ont un, deux, trois, quatre, cinq millions de francs de rentes ou plus — et quoique le nombre en soit restreint, il s'en rencontre toujours quelques douzaines dans un grand pays — n'ont donc d'autre emploi de leurs rentes que l'achat d'objets rares ; il y a une concurrence acharnée pour se les procurer, et le prix en peut hausser sans mesure. C'est ainsi que la réduction de ce que l'on appelle le train de maison et les équipages fait renchérir les objets de luxe intérieur, tels que les tableaux, surtout de petite dimension, les porcelaines, les livres, les articles de collection. Il s'en faut que les statues haussent dans la même proportion. Notre civilisation moderne, démocratique et un peu mesquine, enrichit le peintre et ruine le statuaire. La possession de ce que l'on appelle d'un nom vulgaire, mais bien approprié, des « bibelots », classe un homme, le met hors de pair, lui donne un cachet d'élégance. Ajoutez que la spéculation s'unit au goût du luxe pour pousser à la recherche de tous les menus objets d'art ; on a remarqué que, la production en étant limitée pendant que la demande s'en accroît sans cesse, le prix a une tendance à hausser. Les financiers, les israélites, qui n'aiment pas à laisser dormir leur argent, achètent volontiers des tableaux qui, par ces circonstances, ne sont plus un capital mort, mais qui, en ornant une demeure, augmentent constamment de valeur, de 5, de 10 p. 100 par année et constituent, pour qui a su les acheter, en même temps que l'ornement le plus délicat et le plus raffiné, le meilleur des placements.

Les peintres sont donc parmi les favoris de la société moderne, peintres de genre ou peintres de portraits. Il se trouve en un pays comme la France un nombre raisonnable de personnes qui sont disposées à payer dix, douze, quinze, vingt mille francs pour faire fixer leurs traits sur une toile par une main de maître : c'est mille ou quinze cents francs de rémunération par séance. En Angleterre, où le droit d'aînesse et le grand commerce, la grande industrie entretiennent un plus grand nombre de fortunes exceptionnelles, le prix de cinquante mille francs ou même de plus encore, deux mille guinées, pour un portrait est chez certains artistes un prix courant. On est loin de Rubens qui gagnait cent francs par jour, ce que l'on regardait alors comme une très large rémunération.

Avec les artistes, les chirurgiens paraissent les enfants chéris de notre société démocratique. L'amour de la vie ne saurait se montrer plus économe que la vanité ni lésiner davantage. Les personnes dont les fortunes sont moyennes n'hésitent pas, en cas de besoin, à s'adresser au chirurgien le plus réputé et à lui donner comme honoraires une forte partie de leur revenu, parfois leur revenu tout entier. D'autres — et tels sont les dentistes, qui n'ont jamais pu se débarrasser complètement du renom de charlatans — suppléent à l'importance des grosses sommes par la quantité des pièces de vingt ou de quarante francs qu'ils reçoivent et à force de minuties, de pansements répétés, de préparations de toutes sortes arrivent aussi à des revenus princiers.

Dans toutes les professions que nous venons d'indiquer et dans plusieurs autres encore, il y a comme des monopoles, si ce n'est naturels, du moins artificiels, lesquels reposent sur le crédit, sur la vogue, sur l'engouement et qui défient toute concurrence. L'instruction générale a beau se répandre, les capacités de second ordre ont beau se multiplier, les personnes qui sont en possession de ces monopoles de fait gagnent plus que les commerçants ou les industriels habiles. On ne voit pas qu'aucune mesure légale, aucun progrès social, puissent réduire ces larges revenus professionnels. Tant que la classe riche et aisée sera très nombreuse, l'homme qui, comme peintre, comme médecin, comme chirurgien, jouira d'une réputation de premier ordre exercera une sorte de droit de battre monnaie, du consentement universel. Si les anciens régimes monarchiques étaient les plus favorables à l'art, certainement nos sociétés industrielles et commerciales, où la richesse est toujours en mouvement, avide de distinction et d'élégance, sont les plus favorables aux artistes.

Il y a entre ceux-ci une catégorie qui tire encore plus de profit que les précédentes de notre état de civilisation, c'est celle des comédiens, des chanteurs, des danseuses. Adam Smith, dont la perspicacité sans rivale a découvert de grandes vérités et a fait un nombre incalculable d'observations fines et exactes, avait remarqué que c'est un grand avantage pour une profession de pouvoir rendre des services aux hommes réunis. Ainsi, un peintre ne rend que des services isolés à celui dont il fait le portrait ou qui achète son tableau. Au contraire, un chanteur rend des services, pour employer la langue économique, ou, d'une façon plus vulgaire, donne de l'agrément à mille, à deux mille, à trois ou quatre mille personnes assemblées dans le même lieu. Que chacun de ces mille, deux mille ou trois mille individus lui paye une rétribution, même légère, un ou deux francs, et voilà immédiatement le chanteur qui devient l'égal, au point de vue des bénéfices, de l'industriel le plus habile, du commerçant le plus ingénieux. Ajoutez que les qualités moyennes, celles qui tiennent à l'instruction et à l'éducation, étant très répandues, les chanteurs ou les acteurs médiocres, ceux qui tiennent les seconds rôles et que l'on appelle des « utilités », à plus forte raison les figurants, les musiciens de l'orchestre, n'obtiennent qu'une faible rémunération. Le « premier sujet » se fait et reçoit la part du lion ; les autres vivent tout au plus dans l'aisance, parfois même dans la gêne. Des quatre ou cinq cents personnes qui collaborent à la représentation d'un opéra comme musiciens, choristes, figurants, danseurs, danseuses, chanteuses et chanteurs, deux ou trois gagnent à eux seuls autant que tous les autres réunis. Nous ne dirons pas que ce soit justice, car on peut ne pas s'accorder sur ce qu'est en pareil cas la justice ; mais c'est inévitable, c'est la force des choses ; c'est le prix naturel que les hommes, de leur plein gré, mettent aux services. On aimera mieux aller entendre même seule la Patti ou la Nilson que trois cents choristes, figurants, gens d'orchestres avec quelques médiocres utilités, s'escrimant sans qu'aucune étoile de premier ordre vienne à resplendir au milieu d'eux.

Tel est l'effet de notre civilisation moderne : tous les avantages acquis, tenant principalement à l'instruction et à l'éducation, elle les répand, les propage, les généralise, elle les universalise presque, par conséquent elle les déprécie, puisqu'elle leur enlève cette qualité inestimable qui a nom rareté. Tous les avantages naturels, au contraire, tous ces dons exceptionnels qui tiennent essentiellement à la personne et qui correspondent à un goût général, elle en rehausse la valeur et le prix, précisément parce que l'éducation et l'instruction accroissent le goût général des belles choses, sans pouvoir augmenter, d'une manière appréciable, le nombre des choses exceptionnellement belles. Voilà comment il se fait qu'une chanteuse, un ténor ou un baryton reçoivent trois, quatre ou cinq mille francs par soirée, même dix mille francs (1), tandis que de bons choristes et des figurants convenables n'obtiennent chacun que trois, quatre, cinq, ou, au plus, dix francs. En ce sens, et pour ce cas particulier, la démocratie ne diminue pas l'écart entre les rémunérations ou les fortunes ; mais c'est là un cas isolé.

Il est vrai que, jusqu'ici, certaines circonstances, peut-être passagères, notamment les subventions excessives aux théâtres, ont accru ces émoluments des premiers artistes dramatiques ou lyriques.

Ces énormes profits des artistes ayant un monopole naturel sont assujettis à des lois économiques rigoureuses. Plus le débouché est étendu, plus la rémunération a de chances de s'accroître. Un chanteur peut exercer son art à peu près dans toutes les langues; ou bien en chantant dans sa langue maternelle, il procure un plaisir réel ou de convention, même aux étrangers qui ne le comprennent pas. Un chanteur, une chanteuse ont pour clientèle le monde civilisé tout entier. Aussi les gains de ces artistes sont beaucoup plus considérables que ceux d'un comédien ou d'une comédienne. Les mimes n'étant plus goûtés aujourd'hui, on aime à comprendre la comédie ou la tragédie à laquelle on assiste. Comédiennes, comédiens, n'ont pour clients que leur propre nation, ou bien encore cette couche très peu considérable des nations voisines qui a appris leur langue ou qui se pique de culture, de bon goût et qui suit certaines impulsions de la mode. Cette situation est plus défavorable que

(1) En 1878 ou 1879, le célèbre chanteur Faure a eu un procès avec un *impresario* de Madrid. Il résultait des débats que M. Faure devait être payé 10,000 fr. par soirée, 40,000 fr. pour quatre soirées.

celle des chanteuses et des chanteurs. Elle laisse encore dans un grand pays de beaux profits aux comédiens. Pour l'année 1879, les principaux sociétaires de la Comédie française, ayant droit à une part et demie dans les répartitions de cette compagnie, ont reçu chacun 54,000 francs, non compris un traitement fixe, des feux, etc., qui portaient le total de leurs émoluments de théâtre à plus de 60,000 francs. En y joignant ce que ces artistes ont pu gagner par des représentations de ville ou par des leçons, on arrive aisément à 70,000 ou 80,000 fr. On est loin, il est vrai, des 3, 4 ou 500,000 francs qu'une chanteuse de premier ordre peut recueillir.

Il est cependant des cas, mais exceptionnels et passagers, où une comédienne peut atteindre à la situation d'une chanteuse. L'année 1880 en a vu un exemple dans la personne d'une sociétaire échappée de la Comédie française, mademoiselle Sarah Bernhardt. Engagée en Amérique moyennant un traitement fixe de 2,500 francs, dit-on, par représentation, plus le tiers de la recette jusqu'à 15,000 francs et la moitié au-dessus de ce chiffre, plus encore les frais de voyage et 3,000 francs par mois pour la défrayer de ses dépenses, la célèbre comédienne aura pu réaliser en une année des gains aussi énormes que mademoiselle Patti ou que mademoiselle Nilson. Mais, tandis que celles-ci peuvent chaque année recueillir ce trésor, la comédienne n'en aura bénéficié qu'une fois. Il n'est pas dans la nature des choses que des hommes aillent indéfiniment se réunir pour entendre jouer une comédie en une langue qu'ils ne comprennent pas ; ils s'y rendent une fois ou deux, par curiosité ou par mode, et n'y reviennent plus. Il est au contraire naturel, il est surtout conforme aux habitudes mondaines de tous les pays que l'on se rende dix ou vingt fois chaque année dans un théâtre pour y entendre chanter des paroles que l'on ne saisit pas.

Les danseurs et les danseuses ont, avec les chanteuses et les chanteurs, l'avantage d'avoir pour clientèle toutes les nations. Les pieds, les poses, les grâces n'ont qu'un langage qui est le même en tout pays ; l'agilité, le charme ne diffèrent pas à Paris, à Pétersbourg, à New-York, à Philadelphie, à Londres ;

mais le talent de danser et de mimer, même quand il y faut joindre un joli visage, est beaucoup plus commun que la belle voix et l'art de bien dire. La concurrence est plus grande, plus facile dans la danse que dans le chant. Les peuples modernes sont beaucoup moins connaisseurs dans le premier de ces arts que les peuples anciens : ils en savent et en goûtent moins les délicatesses. De là vient que danseurs et danseuses, malgré l'étendue illimitée de leur débouché, viennent si au-dessous, pour la rémunération, des chanteuses et des chanteurs, et qu'ils atteignent à peine les comédiennes et les comédiens.

Les artistes, surtout ceux de théâtre, et parmi ces derniers les artistes lyriques, voilà les princes incontestables de la civilisation moderne, même de la plus démocratique. Plus les loisirs s'étendront, plus l'aisance deviendra générale, plus le goût du beau se répandra, plus on verra les chanteurs, les chanteuses, un peu au-dessous d'eux les comédiennes, les comédiens, tirant chacun chaque soir quelque petite pièce de monnaie de la bourse de quelques milliers de spectateurs qui se remplacent à l'infini, atteindre à des émoluments qui n'auront rien d'analogue dans nos sociétés modernes. Du sein de la médiocrité universelle des fortunes, des traitements et des profits, s'élèvent quelques nouveaux favoris du sort et de la nature ; ce que gagnaient par force ou par ruse les grands ministres d'autrefois, ce qu'obtenaient, faute de concurrence, les grands industriels d'hier, ce sont les artistes qui, de nos jours, le reçoivent et le recevront de plus en plus, du consentement universel, par la puissance des petites cotisations individuelles pour rétribuer un plaisir rare donné à la fois à plusieurs milliers de personnes.

Chanteuses et chanteurs, comédiens et comédiennes, danseuses et danseurs prennent la même importance mondaine qu'ils avaient lors de la décadence de Rome. On a voulu, pendant quelque temps, rendre responsable de cette prétendue anomalie la forme de gouvernement. Il n'en est rien. Empire, monarchie ou république, les artistes dramatiques et lyriques conserveront sous tous les régimes la même primauté. Elle ne tient pas à la corruption des mœurs, à la connivence des gouvernements, ou elle n'y tient que pour une faible part. Cette primauté, quant à la rémunération du moins, a des causes économiques très aisément explicables : les services de cette catégorie de gens deviennent de plus en plus appréciés d'un public qui s'accroît chaque jour; ces services, ils les rendent à un grand nombre d'hommes assemblés, si bien qu'un minime sacrifice fait par chacun des assistants équivaut à une rémunération énorme; enfin l'instruction, l'aisance, l'éducation, la facilité et le bon marché des transports, qui multiplient les auditeurs et les spectateurs, ne peuvent guère accroître le nombre des artistes d'un talent exceptionnel; et, alors même que le nombre de ceux-ci s'accroîtrait, il y aura toujours quelqu'un parmi eux qui aura un talent ou plus complet ou plus goûté que ses concurrents et qui pourra exercer sur le public la tyrannie irrésistible du monopole.

Il ne faudrait pas croire que les premiers sujets de toutes les professions libérales soient aussi favorisés par la civilisation que les artistes. A l'exception des chirurgiens et des dentistes, il n'en est rien. Les auteurs ont vu s'améliorer leur position, mais dans une beaucoup moindre mesure. Il en est de même des avocats, des professeurs en renom, des savants, des ingénieurs. Ils seraient à coup sûr des ingrats s'ils élevaient la voix contre la civilisation moderne qui leur doit beaucoup et à laquelle ils doivent davantage; mais elle ne les traite pas, comme les artistes, en enfants gâtés. Toutes les facultés de l'esprit, qui sont purement discursives, tous les talents qui tiennent à de fortes qualités moyennes et à beaucoup de travail, servent beaucoup moins leurs possesseurs que les dons naturels exceptionnels. La concurrence est de plus en plus pressée et acharnée dans toutes les professions libérales accessibles à tout le monde. Les collèges vomissent chaque année dans la société une foule grandissante de jeunes gens affamés, ambitieux, illusionnés, que les sacrifices de leurs parents ou que les bourses de l'État ont arrachés aux petits métiers urbains et à l'agriculture où ils étaient nés. Ces légions de nouveaux venus ont à se faire dans la vie une place qui soit proportionnée à l'instruction qu'ils ont reçue, aux désirs qu'on leur a inculqués, aux aspirations qui gonflent leur poitrine. C'est une rude campagne que celle des débuts d'une profession libérale. Le bon et estimable avocat, le bon et estimable ingénieur, le bon et estimable professeur, le bon et estimable médecin supportent bien des fatigues pour arriver à des résultats encore médiocres. En décuplant le nombre des concurrents admis dans la lice, la civilisation a singulièrement augmenté la difficulté du succès, et elle n'en a guère accru la récompense. Un médecin, un ingénieur, un avocat qu'aucun talent exceptionnel ne recommande, qui n'a que des connaissances ordinaires, de l'assiduité, une capacité moyenne, mène une vie de labeur avec de modiques profits. La situation de cette catégorie de personnes ne s'est guère modifiée depuis cinquante ans, depuis trente ans, et elle risque plutôt de décroître que de s'élever.

Il en est un peu de même des employés de bureau. Si le mot n'était pas devenu insignifiant par l'abus qu'on en a fait, on pourrait dire que ce sont les parias de la civilisation moderne. Combien de milliers de jeunes gens concourent chaque année pour être admis dans les bureaux de l'administration des postes! Ils doivent bien savoir l'orthographe, avoir une bonne écriture, bien compter, savoir la géographie; ils ont peiné pour acquérir ces connaissances, et que gagnent-ils? 1,500 à 1,800 francs, avec l'espérance d'arriver à 3,000; encore sont-ils les élus parmi beaucoup de concurrents, car on en reçoit chaque année quelques centaines sur autant de milliers. C'est que la civilisation a fait de ce que l'on appelle « l'instruction » une chose si vulgaire, si triviale, qu'il n'y aura bientôt presque plus personne à ne la point posséder.

Les fonctionnaires sont dans le même cas que les employés de bureau. Cependant, les petits fonctionnaires ont beaucoup plus à se louer de la civilisation que les grands. Nos chambres, d'origine démocratique, s'appliquent avec un infatigable zèle à augmenter les petits traitements et à abaisser les traitements élevés : quant au mot de « gros traitements », il n'a plus de sens dans la langue française, et ce n'est que l'ignorance ou l'envie qui peut encore lui donner cours. Ceux qui prônent l'équivalence des fonctions, ce dogme absurde qui assimile, pour la défense du pays, le moindre soldat à un Napoléon ou à un Moltke, et, pour les progrès de l'industrie, le moindre ouvrier à un Arkwright, à un Watt, à un Jacquard, à un Stephenson, ceux-là peuvent presque dire que le gouvernement se rapproche de leur principe.

Depuis trois siècles, dans tous les pays civilisés, mais particulièrement en France, les hauts emplois n'ont cessé d'être de moins en moins rémunérés. On connaît les énormes richesses laissées par les hommes d'État d'autrefois, par Mazarin ou Colbert par exemple : celles du premier atteignaient 200 millions. On dira qu'elles étaient mal acquises, c'est possible ; mais les mœurs, les idées, les conventions du temps excusaient, légitimaient presque, aux yeux des hommes, cette appropriation par de grands ministres d'une partie des ressources de la nation. La France n'était pas le seul pays où les ministres pussent récolter une moisson de richesses. Il en était en Angleterre à peu près de même. Macaulay nous apprend que l'ensemble des émoluments du grand chancelier au dix-septième siècle ne restait pas au-dessous de 40,000 livres sterling ou d'un million de francs.

Au point de vue pécuniaire les services publics dans les positions supérieures sont singulièrement déchus. Sous Napoléon Ier un ministre recevait encore 120,000 francs de traitement, somme considérable pour le temps. L'empereur y joignait fréquemment des dons que l'on acceptait sans honte. Des hommes comme Mollien ne se croyaient pas déshonorés par l'octroi d'une centaine de mille francs en plus de leurs émoluments réguliers. Sous la monarchie constitutionnelle le traitement des ministres tomba à 80,000 francs. Sous le second empire, il se releva à 100,000 ; la dignité de sénateur qui se joignait souvent à la fonction de ministre y ajoutait 30,000 francs. Depuis la révolution de 1871 un ministre n'a plus que 60,000 francs de traitement, ce qui est infime. Il en est de même sur tout le continent européen ; en Allemagne, en Italie, en Russie. Dans le premier de ces pays la rémunération ministérielle n'est, croyons-nous, que d'une douzaine de mille thalers, 45,000 francs. Tout un cabinet français, avec les huit ou dix ministres qui le composent, reçoit à titre de traitement une somme moitié moindre que ce qui était alloué au chancelier d'Angleterre vers le milieu du dix-septième siècle.

Moins lucratives qu'autrefois, les hautes fonctions politiques sont devenues plus précaires. L'hôtel d'un ministère est presque à la lettre une hôtellerie où il est rare qu'un même homme séjourne plus d'une année. La politique ne peut plus être directement, comme elle l'était sous les anciens gouvernements monarchiques, une source de richesses. Un ministre est, sous le rapport financier, un fort mince et besoigneux personnage, embarrassé pour doter ses filles, et pour vivre avec quelque élégance, nous ne disons pas quelque opulence.

Ce qui est vrai des ministres l'est de toutes les autres fonctions élevées. On a respecté jusqu'ici en France celles d'ambassadeur auxquelles en général on a maintenu depuis vingt ou trente ans les allocations primitives : 250,000 francs à Londres, autant à Saint-Pétersbourg, 190,000 francs à Vienne, 120,000 en Italie : les légations n'ont pas, non plus, déchu : 60,000 francs à Bruxelles, à la Haye, à Lisbonne, etc. Ces chiffres paraissent encore énormes au vulgaire; quelques-uns, les premiers, permettent des économies aux fonctionnaires qui se soucient médiocrement de « représenter, » et qui, en épargnant les dîners et les réceptions, peuvent sur 250,000 francs en mettre de côté le tiers ou la moitié. Mais ce sont là des exceptions rares que l'on a déjà parlé de supprimer en n'allouant aux ambassadeurs qu'un traitement fixe réduit qui pourrait, il est vrai, être grossi de frais de représentation lesquels ne seraient payés que sur pièces justificatives. Quant aux traitements habituels de la diplomatie, ils sont si chétifs qu'on a vu de simples journalistes refuser des légations parce qu'elles leur eussent été onéreuses.

Le haut personnel administratif n'est pas mieux doté. Les préfets touchaient autrefois 20,000, 30,000 et 40,000 francs, selon les classes. Celui de la Seine recevait bien davantage.

Aujourd'hui ce dernier a droit à 60,000 francs et ses collègues des départements touchent 18,000, 25,000 ou 35,000 francs; ce sont les mieux appointés des membres de la hiérarchie des fonctionnaires de l'État; ces chiffres de 25,000 et de 35,000 francs, en y joignant le logement, sont beaucoup trop élevés relativement à l'ensemble des traitements français. Les conseillers d'État qui touchaient 25,000 francs sous le premier empire, autant sous le second, n'en reçoivent plus que 16,000, ce qui ne leur permettrait pas de vivre avec décence s'ils n'avaient pas d'autres ressources. Le vice-président du conseil d'État, faisant fonctions de président (le président de droit est le garde des sceaux), a un traitement de 25,000 francs; ses prédécesseurs sous l'empire recevaient trois ou quatre fois plus. Les juges des tribunaux criminels et civils ne sont pas plus heureux au point de vue des revenus. Le premier président de la Cour de cassation a 30,000 francs de traitement, celui de la Cour d'appel 25,000, les conseillers à la première de ces Cours 18,000, et à la seconde 12,000.

Les directeurs généraux des ministères étaient autrefois d'importants personnages, presque indépendants des ministres et singulièrement bien rétribués. Ils recevaient d'abord 25,000 ou 30,000 francs de traitement fixe; puis presque tous y joignaient, par une tolérance secrète, de fort opulents accessoires, dépassant, d'ordinaire, le principal. Il faut lire dans l'autobiographie du marquis d'Audiffret l'énumération des réformes de comptabilité qui furent effectuées sous la Restauration. Dans le service des douanes, dans celui des postes, dans celui des contributions indirectes, les hauts agents, par des caisses occultes et des sortes de tontines, se faisaient de 50 à 100,000 francs de revenu; parfois même certains agents atteignaient des émoluments de 300,000 francs (1). Toutes ces aubaines ont disparu aujourd'hui, et les directeurs généraux de ministère ne touchent que des traitements qui varient de 18,000 à 25,000 francs. Des comptables d'un genre particulier, assujettis à de gros cautionnements et à une grande responsabilité, les rece-

(1) Voir *Souvenirs de ma carrière*, du marquis d'Audiffret, et encore notre *Traité de la Science des finances*, t. II (2e édition), pages 121 et suivantes.

veurs généraux des finances, ont vu aussi leur position déchoir, par la réduction de leur traitement fixe, la diminution du taux de leurs remises proportionnelles, l'augmentation des frais de bureau qui sont à leur charge. Néanmoins, quoique le plus grand nombre des receveurs généraux des finances ne reçoivent pas, comme émoluments nets, plus de 30,000 à 40,000 francs, l'envie et l'ignorance s'attaquent à leur situation dont elles s'exagèrent l'importance, et il a été bien des fois question de transformer ces fonctionnaires en agents à traitement fixe.

Pendant que les gros traitements diminuent, au point d'être presque introuvables dans nos budgets, les petits augmentent, et il ne faut pas s'en plaindre. Les distances se rapprochent ainsi dans les cadres bureaucratiques. Autrefois un ministre avait des émoluments qui équivalaient à ceux de cent expéditionnaires, de quarante ou de cinquante commis principaux et d'une vingtaine de chefs de bureau. Aujourd'hui le traitement d'un ministre n'est que sept ou huit fois supérieur à celui d'un chef de bureau, quinze ou vingt fois à celui d'un commis principal et trente ou trente-cinq fois à celui d'un expéditionnaire. Encore fera-t-on dans cette voie d'égalisation de nouveaux progrès. On n'élève pas les traitements des ministres, on accroît sans cesse ceux des chefs de bureau, plus encore des sous-chefs, et par-dessus tout ceux des derniers employés. Autrefois la pratique courante consistait à rémunérer grassement les hauts fonctionnaires et chétivement les subordonnés; aujourd'hui, c'est l'opposé, on rétribue convenablement les employés des dernières classes et très-chichement leurs supérieurs. Le vice de la méthode actuelle, c'est d'éloigner des fonctions de l'État les hommes les plus actifs et les plus capables. Un vieux préjugé que chaque jour amoindrit a rattaché jusqu'à ces derniers temps beaucoup de familles aux services gouvernementaux, lesquels étaient considérés comme plus relevés, plus constitués que les autres en dignité; mais quand cette prévention aura complètement disparu, il est peu probable que les administrations dépendant de l'État attirent dans leur sein les hommes les plus intelligents et les plus persévérants.

Un travail d'égalisation s'effectue ainsi avec une grande énergie dans le sein des administrations publiques. Les gros traitements s'abaissent ou disparaissent ; les petits s'élèvent ; les rangs se rapprochent. Dans les divers projets qui se sont produits sur la réorganisation de la magistrature en France, on fait une beaucoup moindre différence qu'autrefois entre le traitement du juge supérieur et celui du juge inférieur. Le simple juge a presque autant que le conseiller de cour, et le président ne reçoit guère plus que chacun de ses assesseurs. Cette tendance à une moins grande inégalité de rémunération dans les services publics est aujourd'hui très-sensible chez tous les peuples. Il semble que l'on veuille se conformer à la maxime que les hommes doivent être payés, non pas selon leur mérite ou leurs services, mais selon leurs besoins. Il est vrai de dire que l'Etat, s'il se maintient dans les attributions qu'il a jusqu'ici exercées, peut très-bien se passer d'hommes d'une capacité supérieure, du moins en temps de calme et de paix ; n'inventant pas, innovant peu, guidé par la tradition et par une sorte de routine, il peut accomplir convenablement sa tâche avec des agents de qualité moyenne, sans grand ressort, sans remarquable initiative ; ces mérites deviennent de plus en plus communs au fur et à mesure que l'instruction se répand.

La littérature classique et l'Écriture nous parlent souvent des *grands de la terre*. Nous cherchons ces grands de la terre, et nous n'arrivons pas à les trouver, au moins dans les fonctions publiques de nos États démocratiques. Nous rencontrons bien d'opulents banquiers, de riches manufacturiers ou commerçants, des hommes d'État qui exercent sur leurs concitoyens un ascendant contesté, précaire, toujours prêt à s'évanouir. Nous ne découvrons pas parmi nous les grands de la terre, tels que nous les dépeignent les écrivains des autres âges : des hommes entourés d'autorité, d'éclat, de puissance, de richesse, réunissant au pouvoir l'opulence, ne dépendant pas de la foule et par conséquent plus ou moins de chacun, ces hommes-là ont disparu, ils appartiennent à une civilisation, on pourrait presque dire à une faune épuisée, tout comme les mammouths et les mégalosaures.

Le fonctionnaire le plus capable, le plus heureux, arrive en France dans sa vieillesse à toucher une pension de 6,000 francs. Les orateurs dont le nom est connu de tout le monde civilisé jouissent, comme sénateurs ou comme députés, d'émoluments annuels de 9,000 francs. Les membres du parlement que rebute une aussi médiocre rémunération n'ont d'autre ressource que de se lancer dans les administrations privées, de vendre leur nom à quelques-uns de ces exploiteurs du public, de se joindre à ces fondateurs de sociétés anonymes qui tendent des pièges à la foule ignorante et cherchent à récolter des primes à ses dépens. Ils parviennent, dans ce honteux métier, à recueillir deux ou trois milliers de francs annuellement pour chaque société qu'ils administrent, et vingt ou trente mille francs quand ils sont entrés dans quelque syndicat dont le coup de piraterie a réussi. Une ou deux centaines de députés et de sénateurs se livrent à ce genre d'entreprises. Mais le succès y devient de plus en plus malaisé : le public finit par se montrer défiant à force d'avoir été pillé. Les noms, les qualités des administrateurs, les prospectus, les réclames l'amorcent de moins en moins.

Bien des fois il nous est arrivé de protester, dans les feuilles publiques, contre cet abus des fonctions parlementaires, contre l'avilissement du Parlement dans la personne de beaucoup de ses membres (1). C'est un peu parler dans le désert. Le gouvernement dispose, cependant, encore en France, pour récompenser ses fidèles, d'une demi-douzaine de places bien appointées. C'est la seule raison pour laquelle il tient à conserver le droit de nommer le gouverneur de la Banque et celui du Crédit foncier, ainsi que les deux sous-gouverneurs de ce dernier établissement. Les deux premières de ces places rapportent 60,000 francs, en plus d'opulents accessoires. Les places

(1) Dans la séance du 5 juillet 1880 M. des Rotours a donné lecture à la Chambre des députés d'un de nos articles de l'*Économiste français* sur la corruption parlementaire. Le président a blâmé cette lecture. Nos observations, quoique sévères, étaient d'une scrupuleuse exactitude.

d'essayeurs ou de contrôleurs des monnaies sont aussi de bonnes sinécures qui restent à la discrétion du ministère (1). Mais qu'est-ce qu'une demi-douzaine d'exceptions dans un pays de 38 millions d'habitants ?

On trouve encore une contrée, une seule, où les fonctions publiques sont largement rémunérées ; mais elles y sont en bien petit nombre, c'est l'Angleterre. Les traitements de 100,000, de 200,000 francs s'y rencontrent, tandis que chez nous on n'en trouve plus un seul de ce genre. Les rémunérations de trente, quarante, cinquante mille francs n'y sont pas rares. Un juge de comté reçoit 30,000 francs, et un juge d'une grande cour en obtient 125,000. Les Anglais ont voulu que leurs magistrats eussent une position à peu près aussi large que les bons avocats. En France cette considération nous laisse indifférents.

Les pensions en Angleterre sont, par rapport aux nôtres, singulièrement élevées. Un recueil curieux, et très-empreint de l'esprit démocratique, *The financial Reform Almanach*, contient la liste alphabétique de toutes les personnes retraitées avec l'âge qu'elles avaient en quittant le service et le montant de la pension qu'elles touchent. Nous relevons, dans ce long tableau qui contient 23 pages, en dehors de la famille royale, 4 pensions de 5,000 livres sterling ou 125,000 francs ; une de 4,580 livres sterling ou 114,500 francs ; une autre de 4,200 livres, soit 110,000 francs ; quatre de 4,000 liv. ster. ou 100,000 francs; dix de 3,500 à 4,000 livres, soit de 87,500 fr. à 100,000 ; trois de 75,000 francs (3,000 livr. sterling) ; 33 pensions de 50,000 à 75,000 fr. (2,000 à 3,000 liv. sterl.); 15 de 1,500 à 2,000 liv. ster. ou de 37,500 à 50,000 francs ; et un nombre naturellement beaucoup plus considérable de pensions de 30,000, 25,000, 20,000 francs. Que l'on pense à notre maximum de 6,000 francs

(1) En 1880 on a créé un *Crédit foncier algérien* dont trois administrateurs doivent être pris parmi les principaux fonctionnaires de l'administration algérienne, et dont le directeur devra être agréé (c'est-à-dire en fait nommé) par le gouverneur général de l'Algérie. Ces dispositions n'ont pour objet que de procurer des places bien rémunérées à des amis du pouvoir. C'est là une méthode singulièrement préjudiciable à la bonne conduite des affaires et à la moralité publique.

pour les pensions civiles et l'on verra combien les pensions diffèrent d'un côté de la Manche à l'autre.

L'Angleterre a conservé une autre source de gros revenus, c'est l'Église établie avec ses riches fondations. D'après le recueil que nous citions plus haut, les 30 évêques de ce pays se partagent en traitements une somme de 158,400 livres sterling ou 3,960,000 francs, ce qui fait à chacun d'eux en moyenne 132,000 francs de rente ; le plus riche, celui de Canterbury, touche 15,000 livres sterling (375,000 fr.) ; le moins riche, celui de Sodor et Man, ne reçoit que 2,000 livres sterling (50,000 fr.) ; mais deux évêques seulement ont moins de 4,000 livres ou 100,000 francs. Les doyens de chapitre sont fréquemment payés 2 ou 3,000 livres sterling (50 à 75,000 fr.). Les chanoines résidents reçoivent habituellement de 15,000 à 25,000 francs. Il y a en outre 263 bénéfices d'un revenu supérieur à 25,000 fr. ; 1,877 bénéfices dont le rendement varie de 12,500 fr. à 25,000; 7,071 d'un revenu de 5,000 à 12,500 fr.; 3,047 bénéfices de 2,500 à 5,000 fr. et enfin 1,032 inférieurs à 2,500 francs. On peut juger par ces chiffres de l'opulence de l'Église anglicane. On pourrait encore rapprocher de l'Église établie les Universités avec leurs dotations, leurs privilèges, et les bénéfices qui sont connus sous le nom de *fellowships*.

L'Angleterre avec ses hauts traitements, ses grosses pensions, les bénéfices de son clergé officiel, fait une exception unique dans le monde. Partout en dehors d'elle les fonctions administratives tombent dans une médiocrité toute bourgeoise, on pourrait presque dire toute plébéienne.

Contrairement à l'opinion commune le nombre de ces fonctions, du moins de celles d'un ordre élevé et assurant une certaine rémunération, a plutôt une tendance à la baisse qu'à la hausse. S'il y a infiniment plus qu'autrefois d'agents inférieurs, de commis des postes, de cantonniers, etc., il n'y a pas un plus grand nombre de préfets et de sous-préfets, il y aura bientôt moins de juges. Le marquis d'Audiffret, dans son ouvrage sur le *Système financier de la France*, a montré que depuis 1815 le nombre des employés de l'administration centrale du ministère des finances s'était singulièrement restreint (1). Il en est de même des percepteurs et des receveurs municipaux. De 24,612 en 1814 ces fonctionnaires sont tombés au chiffre de 7,500 en 1877.

Les officiers ministériels ont vu aussi leurs rangs se resserrer, comme le montre le tableau suivant (2) :

| | Nombre au 1er avril 1814. | Nombre au 1er avril 1877. |
|---|---|---|
| Notaires | 12,220 | 10,051 |
| Avoués | 3,872 | 3,139 |
| Huissiers et commissaires priseurs | 10,881 | 7,668 |

En même temps que leur nombre baissait, leur situation, sauf celle des notaires, ne s'améliorait pas. On sait les plaintes constantes des avoués, des huissiers, des greffiers relativement aux tarifs de leurs honoraires. Ces tarifs sont restés à peu près les mêmes qu'autrefois, et il y a peu de chance que l'autorité législative les relève dans de fortes proportions. Les avocats suivent plus ou moins le sort des tribunaux, et quoique leur profession soit encore singulièrement considérée, elle est infiniment moins lucrative que ne le suppose le vulgaire, et à part quelques douzaines d'hommes peut-être, certainement pas une centaine, dans un grand pays comme la France, auxquels la profession d'avocat rapporte de riches émoluments, le reste en tire à peine de quoi vivre d'une manière un peu large. Nous ne pensons pas exagérer en disant qu'il n'y a, sans doute, pas cinquante avocats en France qui gagnent 50,000 francs chaque année et peut-être pas cent qui en gagnent régulièrement 30,000 (3). On peut jeter les yeux autour de soi et l'on

(1) Il y avait à l'administration centrale du ministère des finances 4,562 employés en 1814, 2,982 en 1828, 2,435 en 1854; cependant les recouvrements et les paiements avaient presque triplé de la première date à la dernière (D'Audiffret, tome III, p. 58). Les traitements du personnel de l'administration centrale du ministère des finances étaient de 13,423,245 fr. en 1814, de 6,055,750 fr. en 1854 ; ils figurent ponr 7,075,822 fr. au budget de 1879, ce qui représente une réduction notable par rapport au commencement de ce siècle, quoique tous les traitements inférieurs aient été accrus.

(2) Voir l'ouvrage de M. de Foville sur les *Voies de communication*, p. 435.

(3) Ces évaluations reposent sur un examen fort attentif de plusieurs cours d'appel. Chacune d'elles n'offre pas, en dehors de Paris, deux avocats gagnant 30,000 fr. régulièrement ; à Paris il peut y avoir une cinquantaine d'avocats arrivant à ce chiffre ou le dépassant.

voit fort peu d'avocats, parmi les plus illustres, qui se soient retirés du barreau avec une fortune de 2 ou 3 millions acquise par des plaidoiries ou des consultations, sans appoint de patrimoine ou de spéculations quelconques. Ces calculs peuvent paraître au-dessous de la réalité aux personnes qui n'ont pas l'habitude de se rendre compte des choses et qui sont dépourvues de discernement, d'esprit de critique; mais aucun homme de sens et d'expérience ne nous démentira.

Les ingénieurs ne sont pas traités par la civilisation actuelle avec beaucoup plus de faveur que les membres des autres professions libérales. Ils ont eu leur âge d'or dans la période qui s'est écoulée de 1830 à 1860. Ceux qui ont participé à la construction des premiers chemins de fer, à l'établissement de la grande industrie, ont recueilli d'opulentes moissons de bénéfices. Il n'en est plus de même aujourd'hui. La concurrence a fait sentir dans cette profession son influence comme dans toutes les autres; elle a déprimé les profits, sauf pour les hommes d'une capacité exceptionnelle, sauf aussi pour ceux qui se font industriels et entreprennent des travaux à leurs risques et périls. Cependant, même ces derniers voient aussi leur situation s'amoindrir, les perspectives de gros gains se restreindre et s'éloigner. Il en est de l'art de l'ingénieur, de la carrière de l'entrepreneur, comme de tous les autres arts et de toutes les autres carrières : l'instruction, répandant toutes les connaissances et les rendant vulgaires, leur enlève une partie de leur prix. Ceux qui ne savent qu'appliquer les procédés connus, sans avoir le don de les améliorer, deviennent chaque jour de plus en plus nombreux. Il n'y a pas pour les occuper utilement, pour les rémunérer largement, assez de travaux productifs dans une vieille contrée. Les bons sujets de l'*École Centrale des arts et manufactures* trouvaient jadis en France même des postes très-avantageux; un peu plus tard ils durent aller en Autriche, en Italie, en Espagne, en Égypte, en Russie, en Grèce; maintenant c'est plus loin qu'ils doivent s'expatrier. Toutes les carrières sont encombrées, c'est là le cri général, cri de l'anxiété des familles, cri de l'angoisse et de la misère des hommes qui entrent dans la vie active. Comment en serait-il autrement? L'instruction, la capacité moyenne ne sont plus des monopoles, ce ne sont même plus des raretés. Elles ont perdu cette grande qualité économique, qui influe tant sur les prix, celle d'objet rare. Aussi le commun des ingénieurs habiles et laborieux doit-il se contenter de rémunérations de 10, 12, 15, au maximum 20,000 francs par an, émoluments qui suffisent à une vie modeste et permettent difficilement une épargne de quelque importance. Pour arriver plus haut, il faut ou un exceptionnel bonheur, ce facteur si important du succès, ou un talent particulier, quelque chose de plus que l'instruction ou que la capacité habituelle: il faut le don d'invention, cette force spontanée et suggestive de l'esprit, qui permet d'ajouter au patrimoine de l'humanité, qui découvre tantôt un nouveau procédé pour fabriquer le fer ou l'acier, tantôt une drague perfectionnée, tantôt une combinaison chimique, tantôt un perfectionnement mécanique. Ceux qui possèdent cette faculté intuitive, créatrice, s'élèvent de bien des coudées au-dessus de la foule simplement intelligente et laborieuse qui les entoure. Ceux-là peuvent réaliser dans ce siècle des fortunes royales, comme le firent Bessemer et plusieurs autres. Ces hommes rares sont en dehors de la sphère de la concurrence; ils échappent à cette loi qui dans notre siècle déprime toutes les rémunérations et les ramène toutes à la médiocrité. Il semble, en effet, que l'instruction, si répandue qu'elle soit, n'ait pas le pouvoir de susciter un plus grand nombre d'hommes doués de la faculté d'invention soit dans les arts, soit dans les lettres, soit dans les sciences, soit dans l'industrie. On dirait que la Providence a compté à chaque génération les esprits de premier ordre, les esprits créateurs ; que ceux-ci dans tous les siècles, au moins depuis la fin de la barbarie de la première moitié du moyen âge, aient toujours rencontré le moyen de surgir, de se faire connaître, de faire en quelque sorte irruption, quel qu'ait été le milieu où ils se soient trouvés. Il y a dans l'Europe occidentale d'aujourd'hui, en France, en Angleterre et en Allemagne particulièrement, dix fois plus peut-être d'hommes sachant lire et écrire et dix fois plus aussi d'hommes connaissant les premiers éléments des sciences qu'il ne s'en rencontrait au dix-huitième siècle dans les mêmes pays, mais il ne semble pas qu'il y ait dix fois plus de capacités de premier ordre; peut-être n'y en a-t-il pas davantage.

Pour qui observe de près notre société, pour qui sait faire la part de la période extraordinaire de rénovation dont le deuxième et le troisième quartiers du dix-neuvième siècle ont été remplis, il est évident que la concurrence de plus en plus pressante dans toutes les professions administratives et libérales y doit diminuer singulièrement les profits, les traitements et émoluments de toutes sortes. La bourgeoisie, la haute bourgeoisie surtout, s'en trouvera atteinte: les fonctions publiques dont le sort devient de jour en jour plus précaire et dont la rémunération, au moins pour les hauts emplois, diminue plutôt qu'elle ne s'élève, n'appartiennent plus en monopole à la bourgeoisie. Cette partie de la société doit faire chaque jour des pertes de prestige, d'autorité, d'indépendance ; ses services sont de moins en moins appréciés, de moins en moins payés. Toutes les professions libérales, de plus en plus envahies, deviennent de moins en moins lucratives.

Il n'y a d'exception que pour les hommes entrant dans le monde avec ce talent exceptionnel, ce don naturel sans rival, qui s'appelle l'esprit d'invention, et que le vulgaire désigne sous le nom d'originalité. Ceux-là, dans les arts, dans les sciences, dans les lettres, dans l'industrie, ne perdront rien de la situation qu'avaient leurs prédécesseurs; ils l'agrandiront au contraire. Artistes, littérateurs, savants, avocats, médecins, ingénieurs de premier ordre, tous ceux qui sont à un degré quelconque des inventeurs ou des créateurs, deviendront de plus en plus les élus, les favoris, les princes de la société moderne. Et cependant, au point de vue de la rémunération, il est bien probable qu'ils seront éclipsés par les chanteurs et les chanteuses, les comédiennes et les comédiens; on en a donné plus haut la raison scientifique.

# CHAPITRE XIV

## DE L'INFLUENCE DE LA CIVILISATION SUR LA DESTINÉE DES SALARIÉS.

Les six modes différents par lesquels la civilisation peut influer sur la destinée de l'ouvrier.

Des modes de rétribution du travail. — Théorie du contrat de salaire. — Fausseté de la proposition de Stuart Mill que la civilisation a une tendance à diminuer les rapports de salarié et d'employé. — Les critiques dont le salaire est l'objet. — Objection que l'ouvrier ne peut racheter son produit. — Caractères essentiels du salaire : en quoi c'est un contrat destiné à une beaucoup plus grande généralité que l'association pure et simple. — Impossibilité de supprimer le salaire.

Utilité du salaire pour les services immatériels qui échappent nécessairement à l'association. — Le salaire est un contrat singulièrement souple et perfectible. — Exemples nombreux de salaires perfectionnés. — La participation aux bénéfices ne supprime pas le salaire. — Toutes les combinaisons de participation ne sont que des stimulants et des condiments : elles tiennent dans l'économie industrielle le rôle que jouent dans l'alimentation le sel et les piments qui s'ajoutent à la nourriture substantielle sans pouvoir la suppléer.

L'association elle-même ne supprime pas le salaire : démonstration juridique de ce fait. — Pourquoi la direction des entreprises n'appartient pas aux travailleurs manuels. — Travail incessant de sélection qui se fait dans la société.

De la loi qui règle les salaires. — Vanité de l'explication par la loi de l'offre et de la demande. — Du prétendu salaire naturel qui n'est que le salaire minimum. — De l'absurdité de la doctrine du « fonds des salaires ». — Toute la théorie du salaire est à refaire.

Le rapport des capitaux à la population est certainement une des causes qui influent sur le taux des salaires : ce n'est pas la seule. — Le simple progrès des connaissances techniques et des méthodes agit exactement dans le même sens que l'accroissement des capitaux ayant une valeur échangeable. — Les salaires ont une tendance à suivre la marche ascendante ou descendante de la productivité du travail de l'ouvrier. — Les lois et les mœurs influent singulièrement sur les proportions dans lesquelles le produit se partage entre les ouvriers et les patrons.

Accroissement incessant des capitaux. — Augmentation de la productivité du travail de l'ouvrier dans l'industrie manufacturière. — Les causes qui influent sur la productivité du travail. — Les calculs de Carey. — Lacunes et erreurs qu'ils présentent.

Influence de la civilisation sur la liberté personnelle de l'ouvrier. — Dans le passé, jusqu'à une époque très-récente, le législateur était systématiquement favorable au patron. — Il pesait de tout son poids en faveur des « maîtres » dans les différends entre les « maîtres » et les ouvriers. — Raisons diverses de cette partialité des législateurs.

Politique relative aux salaires. — Taxe des salaires dans divers pays et à différentes époques. — Cette intervention du législateur n'était jamais ni complètement efficace, ni complètement inefficace. — La pleine liberté du contrat de salaire ne date guère sur le continent européen que de 1860. — Interdiction, sous le règne de Louis-Philippe, de la réunion des ouvriers de la maison Leclaire pour expérimenter le système de la participation aux bénéfices.

Les coalitions d'ouvriers. — Erreurs de la plupart des économistes sur l'effet des grèves. — A tout considérer, les grèves ont été plutôt utiles que nuisibles à la classe ouvrière. — Le gain permanent dépasse de beaucoup les pertes passagères. — Les grèves ont surtout contribué à faire améliorer les règlements d'atelier, à réduire la journée excessive de travail, à rendre plus loyal le mode de paiement, enfin à faire respecter l'ouvrier par le patron.

Les pouvoirs publics, qui étaient autrefois partiaux pour le patron, tendent aujourd'hui à devenir partiaux pour l'ouvrier. — Exemples du Conseil municipal de Lyon et de celui de Paris.

Les progrès industriels et commerciaux ont aussi transformé la situation relative des ouvriers et des industriels. — Erreur complète des théories de Turgot, Smith, Say, Stuart Mill sur la force respective des industriels et des ouvriers; peut-être vraies autrefois, ces doctrines sont complètement fausses aujourd'hui. — L'industriel dépend beaucoup plus aujourd'hui de ses ouvriers que les ouvriers ne dépendent de lui. — Démonstration de cette proposition.

Le cours de cet ouvrage nous conduit à nous occuper maintenant de cette très-grande partie de la nation que l'on appelle les ouvriers, les salariés: comment la destinée de cette catégorie d'hommes est-elle influencée par les causes diverses qui composent la civilisation moderne: quel est l'avenir que l'on peut prévoir pour elle ?

La situation de l'ouvrier peut être modifiée de bien des façons qu'il importe de distinguer:

1° Sa rémunération en argent, en monnaie, peut devenir plus forte qu'autrefois;

2° Sa rémunération réelle, c'est-à-dire le rapport de sa rétribution avec l'ensemble des prix des subsistances, en un mot le pouvoir d'achat de son salaire peut augmenter;

3° Son travail peut devenir plus salubre, moins dangereux, moins fatigant, plus agréable;

4° Ses loisirs peuvent être plus abondants qu'autrefois, sa journée de travail moins longue;

5° L'épargne peut lui être facilitée par des procédés ingénieux; les risques de maladie ou de chômage peuvent être prévenus ou compensés; le repos de ses vieux jours peut être plus assuré.

C'est un point de vue étroit, c'est une préoccupation toute matérialiste que de considérer seulement le taux du salaire; d'autres questions sont tout aussi dignes d'intérêt, peut-être même méritent plus d'attention: le développement des loisirs de l'ouvrier, l'assurance contre les risques de tout genre et principalement contre la gêne de la vieillesse. Il y a même encore un sixième point; le voici:

6° La facilité pour l'ouvrier de s'élever au-dessus de sa condition, de devenir patron ou contre-maître peut s'accroître ou se restreindre. Le préjugé public est que l'avancement des ouvriers est moins aisé aujourd'hui qu'autrefois; c'est une opinion préconçue et superficielle qui, nous l'avons déjà démontré, ne résiste guère à un attentif examen. Les cadres bureaucratiques de l'industrie et du commerce modernes admettent fort bien l'avancement, et il s'y rencontre en grand nombre des soldats de fortune.

Avant d'examiner chacun des divers points que nous venons d'énumérer, il convient de rechercher en quoi consiste actuellement la rémunération de l'ouvrier, sur quel principe repose le contrat qui régit aujourd'hui les rapports du travailleur manuel et de l'entrepreneur d'industrie.

Le mode de rétribution du travail est ce que l'on appelle le salaire, mot entouré jadis de l'universel respect et qui depuis un certain nombre d'années est attaqué avec violence, presque décrié. Ce que nous avons fait pour la propriété foncière et pour l'intérêt du capital, faisons-le maintenant pour le salaire. Soumettons ce fait à une analyse attentive; recherchons-en les caractères distinctifs et les causes.

Le salaire est-il un arrangement artificiel, le produit passager de certaines conventions sociales, un mode contingent, fugitif, devant faire place à d'autres et totalement disparaître? Le *salariat* est-il une organisation du travail d'ordre contingent, comme jadis l'esclavage ou le servage? Peut-on concevoir que, lui aussi, n'ait qu'un temps? Présente-t-il, au contraire, des caractères qui lui assurent, non pas une application universelle, exclusive et absolue dans tous les temps et dans toutes les sociétés, mais la durée, qui en fassent la base générale de toute organisation du travail libre, qui le rendent le contrat le plus habituel, le plus normal, le plus flexible en même temps? Le salaire est-il la conséquence de la liberté du travail, ainsi que de la division des tâches et des fonctions? Le salariat a-t-il l'avantage d'être conforme aux exigences de la généralité, nous ne disons pas de l'universalité, des transactions économiques et des opérations de la production?

Sur ce point essentiel il y a des contestations. Stuart Mill a écrit un chapitre qu'il a intitulé: *Tendance de la Société à diminuer les rapports de serviteur et de salarié;* le célèbre économiste n'a pas osé parler de la suppression de ces rapports. D'autres sont allés plus loin; ils ont considéré le salariat comme un reste du servage, et ils en ont prédit la fin; ils ont parlé d'un « nouveau contrat » qui, suivant eux, pourrait se substituer au salaire, être aussi général, aussi universel dans l'avenir que ce mode de rémunération est général, universel dans le présent.

On se trouve d'abord en face d'une première objection que l'on fait au salaire. Avec ce mode de rétribution, disent les socialistes, le produit de l'ouvrier ne lui appartient pas totalement: le maître ou le patron en garde une partie. Les écrivains appartenant à cette doctrine ont trouvé une formule ingénieuse et spécieuse pour exprimer leur pensée : un ouvrier ne peut pas avec son salaire racheter son produit; avec la somme qu'il a reçue pour faire une paire de bottes, le cordonnier ne peut pas racheter la paire de bottes, non plus que le tailleur avec le prix de façon d'une redingote ne peut acquérir cette redingote même.

On ne saurait trop s'émerveiller de l'absurdité de ce raisonnement. L'ouvrier, dit-on, ne peut racheter son produit : mais qu'appelle-t-on son produit? Le produit du cordonnier, ce n'est pas la paire de bottes; car ce n'est pas lui qui a fait le cuir dont elle est formée, les clous, le fil et tous les autres accessoires. Souvent, ce n'est même pas l'ouvrier qui a fourni les outils; s'il travaille dans un atelier commun, il a joui d'un certain outillage, d'un abri, du chauffage, de l'éclairage, etc. ; tous ces éléments divers ont contribué à faire la botte en plus du travail du cordonnier. En outre, en attendant que sa paire de bottes fût achevée et surtout qu'elle fût vendue, le cordonnier serait mort de faim, si une personne n'était intervenue pour lui faire des avances, pour lui fournir pendant son travail des aliments et le nécessaire. L'ouvrier cordonnier n'est donc qu'un des facteurs partiels de ce produit composite qui s'appelle une paire de bottes. Il n'est pas étonnant qu'avec le prix qu'il reçoit pour sa collaboration à ce produit d'une foule de travailleurs différents, disséminés souvent dans diverses contrées et sur divers continents, il ne puisse racheter le produit total. Mais il peut parfaitement racheter son propre produit à lui ; c'est-à-dire qu'avec le salaire qu'il a reçu pour la façon d'une paire de bottes, il peut acheter la façon d'une autre paire de bottes identique, à la condition, toutefois, de placer l'ouvrier exactement dans la situation où il se trouvait lui-même, c'est-à-dire de lui fournir un atelier, un abri, des outils, des avances en argent ou en aliments pour lui permettre de vivre jusqu'à ce que le travail soit achevé. Il y a une véritable niaiserie ou un effronté mensonge à prétendre qu'un ouvrier ne peut pas racheter ce qui est réellement son produit.

Écartons cette puérile objection, et examinons le fond même, l'essence du contrat de salaire.

Un entrepreneur, un capitaliste (les deux conditions ne sont pas toujours confondues), un homme ayant, pour un travail ou des services antérieurs, une créance sur la société, créance qui lui permet de disposer de certaines provisions et de rétribuer une certaine quantité de travail, a l'idée de fonder une industrie. Il s'imagine, à tort ou à raison, que l'humanité ou que du moins la société avoisinante est trop peu pourvue de certains objets, qu'il lui rendra service en lui en fournissant une quantité nouvelle et que ces services seront appréciés par un écoulement rapide de ses produits à un prix rémunérateur. Ayant fait ce calcul, soit d'instinct, soit avec réflexion, notre homme veut construire une manufacture ; ses bras seuls ne lui suffisent pas ; toute sa vie s'écoulerait avant que par son seul travail il l'eût achevée. Il lui faut des ouvriers ; il les convie à travailler avec lui. S'il faisait simplement appel à leur sympathie ou à leur charité, il aurait peu de chances d'être écouté. Il faut qu'il leur fasse des avantages, qu'il leur donne une rémunération pour leur travail, une indemnité pour leurs efforts.

Quelle rémunération, quelle indemnité? Comment la calculer? Comment, quand l'acquitter ?

Notre entrepreneur, disposant de capitaux, soit propres, soit empruntés, offrira-t-il aux ouvriers de s'associer avec lui pour exploiter la fabrique une fois construite, et de partager les bénéfices que son industrie lui procurera ?

Il y a deux objections qui feraient rejeter toute proposition de ce genre. La première, c'est que cette fabrique sera longue à construire ; il y faudra un an, deux ans ; si les ouvriers doivent attendre ce temps pour être rémunérés, ils courent grand risque de mourir de faim, puisque l'estomac de l'homme ne supporte pas de jeûnes prolongés. Ils ont des besoins journaliers ; il leur faut une rémunération journalière, ou du moins qui se distribue à intervalles assez rapprochés. On sait combien les ouvriers se plaignent de la paie mensuelle ; ils se mettent en grève pour obtenir la paie chaque quinzaine, et ils ont raison.

Voilà la première objection : les ouvriers ne peuvent pas attendre que le travail soit terminé ; il faut leur faire des avances, et de très-nombreuses avances, souvent répétées. Il y a une autre objection : cette fabrique une fois construite, qui sait ce qu'elle deviendra? Réussira-t-elle? Donnera-t-elle des bénéfices? Restera-t-elle longtemps en exploitation ? Il y a bien des fabriques qui ne se terminent que pour se fermer quelques mois après s'être ouvertes. Qu'est-ce qui répond aux ouvriers que l'entrepreneur-capitaliste ne s'est pas trompé dans ses calculs, qu'il a vu juste, qu'il s'est rendu un compte exact des besoins de la société, que ses produits se vendront facilement et à de bons prix ? L'intelligence même de l'entrepreneur n'est pas un gage suffisant de l'avenir de l'entreprise ; beaucoup d'hommes intelligents se ruinent; la voie du progrès est pavée de faillites. Beaucoup de fabriques, construites à grands frais, chôment et ne servent à rien.

Si l'ouvrier acceptait l'association avec cet entrepreneur-capitaliste, s'il subordonnait complètement sa rémunération au succès de l'entreprise, il risquerait d'être dupe ou victime, d'avoir donné son temps et sa peine pour rien; il lui faut une rémunération à la fois plus sûre et plus prochaine.

L'exemple que nous avons choisi pourrait être varié à l'infini. En voici un autre : que l'on considère l'industrie agricole. Un propriétaire s'adresse à des ouvriers pour les prier de l'aider à planter une vigne ; il faudra trois ans, quatre ans même d'attente et de dépenses avant que la plante donne le moindre produit ; puis le sol peut n'être pas propice à la culture de la vigne ; la gelée peut survenir, ou la sécheresse, ou un excès d'humidité qui détruise le raisin; il y a aussi des fléaux à craindre, le phylloxera, l'oïdium. Dans ces conditions, les ouvriers qui prêtent leurs bras, qui fournissent une somme fixe de travail, peuvent-ils se contenter des profits futurs et aléatoires que leur produirait l'association avec le propriétaire-entrepreneur ? Pourraient-ils tous, pendant les quatre années du développement de la vigne, se nourrir d'espérance? Pourraient-ils tous faire un acte de foi aussi complet dans la perspicacité et l'habileté du propriétaire-entrepreneur, ou bien devraient-ils discuter avec lui avant le travail les avantages et les inconvénients de l'entreprise commune, les chances de réussite, la qualité du sol, le rendement probable, le prix vraisemblable du vin, etc. ? Qui pourrait soutenir qu'une pareille façon de procéder, une semblable méthode de rémunération du travail manuel fût universellement applicable et acceptable?

On nous répondra sans doute qu'il y a une certaine catégorie de travailleurs agricoles, les métayers, qui acceptent des conditions de ce genre. Ce n'est vrai qu'en partie. En premier lieu, les métayers sont eux-mêmes des entrepreneurs ; il est indispensable qu'ils aient quelques avances, qu'ils puissent vivre en attendant la récolte, qu'ils puissent supporter, sans mourir de faim ni perdre leurs forces, les conséquences d'une récolte mauvaise ou nulle; or, tous les ouvriers sont-ils dans ce cas, tous ont-ils quelques milliers de francs d'épargne? En second lieu, les métayers qui sont eux-mêmes des entrepreneurs ne suffisent pas à la culture de la terre; il faut leur adjoindre des ouvriers, du moins pour les principaux travaux, pour la moisson, pour la vendange. Enfin, le métayage, qui a incontestablement de grands avantages, offre aussi de très-notables inconvénients; il est médiocrement propre aux grandes améliorations, aux réformes rapides; la première tâche d'un propriétaire qui veut introduire des modes de culture perfectionnés dans un pays de métayage, c'est presque toujours de supprimer, au moins momentanément, pendant la période de transformation, les métairies, quitte à les rétablir plus tard. Il n'en peut guère être autrement : les métayers ne se soucient pas de contribuer, par un travail sans rémunération immédiate, à une entreprise qu'ils considèrent comme incertaine, aventureuse, qu'ils blâment souvent parce qu'elle rompt avec leur routine. S'ils font un travail de ce genre, ils veulent être salariés, pour être sûrs de n'avoir pas perdu leur peine. Nous l'avons vu nous-même sur des domaines qui nous concernent dans le midi de la France: ou plutôt nous le voyons au moment où nous écrivons. Tandis que la croyance générale chez les propriétaires méridionaux ayant quelque intelligence et quelque instruction est que les vignes américaines peuvent seules reconstituer les vignobles français et les préserver du phylloxera, les métayers refusent opiniâtrément de s'associer à cette tâche; ils n'ont pas assez de confiance dans le résultat; ils entrevoient trop de risques, trop de chances d'échec; ils veulent bien contribuer à ce travail moyennant salaire, mais ils refusent de laisser leur rémunération dépendre du résultat lointain et problématique de la plantation des vignes nouvelles. Cet exemple nous est personnel; il témoigne en faveur du salaire, cette combinaison si simple que tout le monde comprend.

Il y a des entreprises beaucoup plus vastes qui comportent des chances encore plus défavorables et qui ont en outre l'inconvénient de prolonger le travail d'exécution pendant dix ou quinze ans : le Canal de Suez, le chemin de fer du Saint-Gothard, le Canal de Panama, le tunnel sous la Manche, et d'une manière plus générale presque tous les grands travaux publics, chemins de fer, ports, etc. Le personnel des ouvriers occupés aura changé bien des fois pendant la période de construction. Les uns seront morts, d'autres auront été pris par le service militaire, d'autres auront préféré, au bout de quelques mois ou de quelques années, changer d'occupation. Conçoit-on que leur rémunération soit subordonnée aux résultats d'une entreprise d'une exécution aussi longue et dont le succès, d'ailleurs, dépend de causes si multiples et si diverses ? Prenons un exemple précis : il y a huit ans on adjugea à un entrepreneur les travaux de l'avant-port du Havre ; cette année même ils sont finis ; il faudra pour la liquidation des comptes deux ou trois ans ; il est vraisemblable que le personnel des ouvriers se sera singulièrement renouvelé pendant cette période décennale ; si l'on eût subordonné la rémunération de chacun d'eux aux bénéfices de l'entreprise, on n'eût trouvé aucun travailleur. La première pensée de chaque ouvrier, c'est d'avoir quelque chose de réel, de tangible, d'immédiat, et non une simple espérance, un simple titre sur l'avenir.

On répondra peut-être que les grandes entreprises dont nous parlons peuvent être morcelées en beaucoup de petites, au moyen de sous-traitants, de tâcherons, etc. Cela est vrai dans beaucoup de cas, non pas dans tous. Qu'il y ait parfois, souvent même, avantage à cette subdivision, à ce morcellement d'une entreprise considérable, on ne peut le contester ; mais il y a beaucoup de cas aussi où le travail purement en régie vaut mieux, convient mieux à toutes les parties, à l'entrepreneur et aux ouvriers.

Il y a ainsi deux raisons principales qui font du salaire, non pas le contrat unique, exclusif, mais le contrat le plus naturel entre l'ouvrier et l'entrepreneur, le contrat essentiel sur lequel quelques modifications heureuses peuvent venir se greffer : ces deux raisons, c'est que l'ouvrier, qui est sans avances, ne peut pas attendre indéfiniment sa rémunération ; c'est ensuite que son gain ne peut pas être *entièrement* subordonné aux résultats variables d'une entreprise dont il n'a pas eu l'idée, dans le succès de laquelle parfois il n'a aucune confiance. Ainsi remarquez que la participation aux bénéfices, autour de laquelle on a fait beaucoup de bruit et que nous approuvons toutes les fois qu'elle est possible, ne supprime pas le salaire; elle le laisse subsister comme la partie principale de la rémunération du travail ; elle y ajoute quelque chose, mais, d'ordinaire, peu de chose, le dixième ou le cinquième du salaire. La participation aux bénéfices n'exclut donc pas le salaire comme le croient quelques esprits superficiels; elle s'y joint seulement comme un supplément, une surérogation ; c'est à tort que quelques déclamateurs, épris de la participation, croient devoir décrier le salariat ; ils montrent qu'ils n'ont pas le sens de la proportion des choses. La participation est comme un condiment qui relève le goût de la nourriture, qui la rend plus agréable, plus salubre, mais qui n'est pas la nourriture elle-même. Si grands que soient les mérites du sel, du poivre, du vinaigre ou de l'ail, il ne viendra à l'esprit de personne qu'un ouvrier puisse se nourrir uniquement d'ail, de vinaigre, de poivre ou de sel, sans un seul morceau de pain ou de viande. La participation aux bénéfices est relativement à la rémunération de l'ouvrier ce que le sel, le poivre, le vinaigre ou l'ail sont à sa nourriture ; un excitant, un condiment, rien de plus, ce serait folie de croire qu'elle puisse en général suffire ; et de même que les divers piments ne doivent pas supprimer l'usage du pain ou de la viande, de même la participation aux bénéfices ne saurait supprimer le salaire ; il est étrange que des vérités aussi simples échappent à beaucoup de gens.

Une autre raison encore fait du salaire le contrat le plus naturel, celui qui sert de base, ou si nous pouvons parler ainsi de *norme* à tous les autres. Qu'est-ce que l'ouvrier fournit ? Une quantité constante d'efforts ou de force ; son travail pendant tant d'heures par jour. Supposons deux ouvriers travaillant dans deux usines voisines, l'un et l'autre également assidus et appliqués ; le sort de ces deux usines peut être fort différent, suivant l'habileté de la direction, l'ancienneté de la clientèle et bien d'autres circonstances encore. Cependant chacun de ces deux ouvriers fournit le même travail; est-il juste que ces deux sommes égales de travail soient très-inégalement rémunérées, suivant la capacité du directeur de chacune des usines, ou suivant les circonstances multiples et diverses qui influent sur les profits ? S'il en était ainsi, les usines les plus prospères pourraient seules recruter des ouvriers ; les autres n'en trouveraient pas ou du moins elles en trouveraient en rétablissant le salaire, si bien que le triomphe de la participation aux bénéfices et de l'association, qui auraient pour premier effet de supprimer le salaire, le ramènerait au bout de très peu de temps. L'ouvrier qui fournit une chose fixe, un travail de tant d'heures, doit avoir, pour rémunération principale, si ce n'est pour rémunération totale, une somme fixée d'avance, connue et proportionnelle au nombre d'heures ou, ce qui vaut mieux encore, à l'ouvrage fait. Sans quoi il n'y a pas de justice, les hommes ne sont plus récompensés suivant leurs efforts propres, selon leur mérite personnel, mais selon l'habileté de ceux qui les emploient. Or, cette somme fixée d'avance, connue, c'est le salaire : un traité à forfait, une vente de travail qui fait bénéficier immédiatement l'ouvrier du prix de son produit, quel que soit l'usage bon ou mauvais, habile ou maladroit, fécond ou stérile qui sera fait postérieurement de ce produit.

Supprimer le salaire, le remplacer par l'association, c'est une tentative du même genre que celle qui voudrait substituer à l'intérêt fixe du capital dans les prêts et les créances une participation du prêteur dans les affaires de l'emprunteur. Le salaire est une association à forfait absolument analogue à l'intérêt du capital, car nous avons démontré que l'intérêt du capital est une association à forfait (1).

Il est ainsi prouvé que le salaire est le plus naturel et le plus

(1) Voir plus haut pages 234 et suivantes.

utile des contrats. C'est le seul arrangement qui puisse être universel, s'appliquer à l'infinie variété des relations humaines. Voici un domestique, voici un barbier, comment faire avec eux une association ? Voici le manœuvre qui vient donner des soins à mon jardin d'agrément, qui un jour par semaine bêche mes plates-bandes et râtisse mes allées ; voici le portefaix qui charge ma malle sur son crochet ou sur ses épaules. Comment traiter avec eux si ce n'est au moyen du salaire? Il en est de même pour les services immatériels : c'est le salaire aussi, qualifié du nom plus pompeux d'honoraires, qui les récompense à leur juste prix. Le médecin, le professeur, le prêtre, quelle association puis-je faire avec eux? Dois-je les payer suivant leur peine et leur mérite, ou bien leur rémunération doit-elle dépendre du profit incertain, contingent, qui résulterait d'une sorte d'association bizarre entre eux et moi ? Si l'élève est négligent, indocile ou qu'il ait de médiocres dispositions, le professeur doit-il être moins rétribué et se voir frustré du juste prix de sa peine? Si le malade fait des imprudences, ne s'en tient pas au régime prescrit, ou simplement si la faiblesse de la constitution et les complications de la maladie sont telles que la science du médecin n'en puisse triompher, celui-ci doit-il être privé de tout émolument ? Qui consentirait alors à soigner des personnes d'une constitution délabrée et en grand danger de mort ? On les abandonnerait à la destinée, serait-ce un bien ? Qui voudrait instruire des esprits peu développés, médiocrement doués ? Le salaire intervient et rétablit l'équilibre. Celui qui donne sa peine, son temps, sa science, son art, reçoit la rémunération fixe et immédiate qui lui est due, sans que cette rémunération dépende d'un événement ultérieur, lointain et indépendant de la volonté du travailleur. Oui, tous ces hommes ont droit à un salaire, parce qu'ils rendent un service constant, identique, uniforme à tous leurs clients, et que la nature de ce service n'a qu'un rapport très-éloigné avec le degré de productivité du travail habituel de ce client. La cuisinière d'un banquier faisant de splendides affaires n'a pas droit à une rémunération plus forte que la cuisinière du banquier voisin qui peut-être est en train de se ruiner. Le valet de chambre ou le cocher d'un Rothschild ne peut prétendre à beaucoup plus que le valet de chambre ou le cocher de tel prodigue qui s'achemine vers l'insolvabilité.

Le salaire rend le travailleur responsable de son propre travail et ne le rend pas dépendant du fait d'autrui, de l'intelligence, de l'esprit d'administration, de l'entente des affaires et du bonheur d'autrui. Le salaire est comme une assurance contre l'incapacité possible, la maladresse éventuelle de celui qui commande et dirige le travail.

Le salaire est un phénomène économique nécessaire qui tient au fond même de l'humanité, voilà ce que démontre une analyse exacte. C'est d'ailleurs un contrat singulièrement souple et perfectible que le salaire : il se prête à une foule de modifications et d'améliorations de détail ; c'est une large base sur laquelle on peut édifier toutes sortes de combinaisons heureuses. On rencontre d'abord le salaire à la journée, au mois ou à l'année, avec la nourriture fournie par l'entrepreneur ou le patron : c'est le type primitif. Puis vient, comme premier progrès, le salaire à la tâche pur et simple, qui semble le dernier mot de la justice; mais ce n'est pas assez. On le modifie, on le perfectionne encore, et l'on a le salaire à la tâche avec prime pour surcroît de travail dans un temps donné ; une ouvrière tisseuse qui, dans sa quinzaine, a fait une pièce de toile en plus d'une quantité déterminée reçoit, outre le salaire ordinaire pour chaque pièce de toile, une prime de 2 francs; si, au lieu d'une pièce de toile surérogatoire, elle en a fait deux, elle a droit alors, non seulement à deux primes de 2 francs, mais à une troisième prime supplémentaire de 1 franc (1). C'est ce que nous avons appelé le salaire progressif.

Combien sont variés tous ces perfectionnements dont le salaire est susceptible, sans cesser d'être le salaire? On ne peut les énumérer tous ; l'avenir, d'ailleurs, en verra d'autres se produire. En voici encore quelques-uns : le salaire à la tâche

(1) Voir notre ouvrage *le Travail des femmes au dix-neuvième siècle*, p. 72.

avec primes pour économie dans l'usage des matières premières ou du combustible ; le salaire avec gratification variable et arbitraire à la fin de l'année ; le salaire avec une gratification fixée à un tant pour cent du prix de vente ; le salaire mobile (*sliding scale*), suivant le prix des produits d'après les mercuriales, qui fait profiter l'ouvrier, d'une manière directe, de la prospérité de l'industrie, et qui, d'un autre côté, le fait aussi pâtir de ses souffrances. Ce procédé est aujourd'hui très-usité dans les charbonnages et les hauts-fourneaux d'Angleterre : nous l'avons bien des fois recommandé en France ; des douzaines d'articles dans le *Journal des Débats* ou dans l'*Économiste français* ont été par nous consacrés à la vulgarisation de ce mode ingénieux de rétribution. Des esprits bienveillants, philanthropes, mais qui ne sont pas habitués à une analyse rigoureuse, ont voulu réunir tous ces procédés variés sous le titre de *Participation aux bénéfices;* c'est une erreur, l'étiquette est fausse. Tous les modes que nous venons d'énumérer n'ont nullement le caractère de la participation aux bénéfices : ce sont des modes perfectionnés du salaire. Le salaire progressif, le salaire mobile, le salaire avec une gradation d'après le prix de vente est toujours le salaire.

Il y a en outre, cependant, la véritable participation aux bénéfices, l'allocation qui est faite aux ouvriers en proportion stricte des profits commerciaux ou industriels qu'a constatés le plus récent inventaire ; c'est là aussi un bon régime, non pas d'une universelle application, mais qui peut s'étendre et gagner beaucoup de terrain. Cependant, nous le répétons, pour faire cesser les confusions d'idées, la participation aux bénéfices n'est pas le contraire du salaire, elle ne l'exclut pas, elle s'y ajoute, elle ne pourrait pas, dans 999 cas sur 1,000, exister sans lui. En veut-on la preuve ? qu'on prenne l'ouvrier qui reçoit, dans l'établissement le plus favorisé, la participation aux bénéfices la plus forte, on trouvera que cette participation forme tout au plus un cinquième des émoluments de l'ouvrier et que les quatre autres cinquièmes viennent du salaire.

Il n'est donc pas exact que le salaire doive disparaître : il se perfectionne seulement, revêt divers modes, s'adapte à des suppléments, reçoit des annexes ; mais il reste toujours le phénomène fondamental, le fait universel, le plus humain. Toutes les autres combinaisons, auxquelles nous applaudissons, et que l'on appelle le *quatrième contrat* succédant à l'esclavage, au servage, au salariat, ne sont que des accessoires, des compléments, des suppléments, d'une grande utilité à coup sûr, mais qui n'ont pour objet que de rendre le salaire plus parfait, plus efficace, bien loin de prétendre à le détruire.

Sur dix individus dans la société, il y en aura toujours huit ou neuf de salariés, plutôt neuf que huit. Est-il vrai, comme le croient beaucoup de personnes, comme le disait Stuart Mill, que le salaire perde du terrain, que la civilisation ait une tendance à diminuer la situation de salarié? Pas le moins du monde. D'un côté, il est vrai, le salaire semble perdre une partie de son domaine par la création de sociétés coopératives ; mais ces associations sont en petit nombre, et, d'ailleurs, elles occupent, quand elles réussissent, beaucoup de salariés. D'un autre côté, le salaire gagne du terrain par la suppression d'une foule de petits entrepreneurs, par la disparition de beaucoup d'industries rudimentaires, comme celle de porteur d'eau et de chiffonnier, par la concentration des grandes industries et du commerce tant de gros que de détail. Cette organisation de plus en plus bureaucratique, que nous avons signalée comme le trait caractéristique de la société moderne, multiplie le nombre des salariés. Autrefois, il n'y avait guère que la classe ouvrière qui reçût un salaire ; aujourd'hui, presque toute la classe bourgeoise en reçoit. Elle est, en effet, presque toute entière dans les vastes cadres des administrations d'État ou des grandes sociétés anonymes : voyez que de chefs de bureau des chemins de fer, des compagnies d'assurances, des sociétés de crédit, des compagnies de gaz, d'eaux, de charbonnages, de métallurgie, etc. ! tout ce monde est salarié.

Nous disions tout à l'heure que l'association elle-même ne supprime pas le salariat. En effet, dans une société coopérative beaucoup de personnes doivent recevoir un salaire, tous les ouvriers auxiliaires d'abord, puis la plupart des employés, à commencer par le gérant; si on ne leur en accorde pas, la Société, d'ordinaire, s'en trouve mal. Même dans les associations qui ont la prétention de supprimer le salaire, celui-ci reste encore comme une mesure fixe de la valeur de la journée de travail ou de la tâche accomplie par chaque participant : c'est d'après le salaire habituel dans la même profession et dans les ateliers voisins que l'on détermine les acomptes qui sont distribués aux travailleurs associés pour leur permettre de vivre en attendant les bénéfices annuels; et il est si vrai que ces acomptes ont le caractère du salaire que, si la société vient à faire faillite dans le cours de l'année, les ouvriers participants ne sont pas tenus de les rapporter à la masse, comme y seraient obligés des actionnaires qui auraient reçu des dividendes indûs, des dividendes fictifs. Qu'on réfléchisse sur cet exemple, et l'on verra combien le salaire subsiste, même dans les combinaisons d'où on a cru l'exclure. Si, en effet, les cent ou deux cents francs qu'a reçus l'ouvrier participant, par paie de quinzaine ou mensuelle, comme acomptes sur les produits éventuels de l'exercice non expiré, si ces sommes ne sont pas un salaire définitivement acquis, l'ouvrier, en cas de faillite avant la fin de l'exercice, doit les rendre à la masse. Or, qui aurait la barbarie, l'injustice de le proposer? Quelle législation admettrait une semblable rigueur? Si cependant on ne l'admet pas, il faut invoquer une raison ; il n'y en a qu'une : c'est que les sommes ainsi délivrées par quinzaine ou par mois, en proportion de leur travail, aux ouvriers associés, ne constituent pas un dividende, une anticipation, un acompte sur les profits, mais qu'elles forment un véritable salaire, une somme fixe prix du travail fixe de l'ouvrier, une rémunération définitivement acquise, quelle que soit l'issue de l'entreprise, qu'elle tourne bien ou mal. Niez, si vous le pouvez, que ce soit là un salaire (1).

(1) Dans une maison industrielle où il y a plusieurs associés, il est assez général que celui qui dirige l'affaire reçoive par préciput un traitement, c'est-à-dire un salaire; bien plus dans une maison commerciale, à chef unique, il

Tel est le caractère presque universel et, à coup sûr, perpétuel du salaire ; en variant un peu, on le trouve au fond de presque toutes les conventions humaines : je serai payé suivant mon travail et mon mérite, non pas suivant la réussite de celui qui me commande ma tâche.

La dernière phrase que nous venons d'écrire nous permet de résoudre une grande question. Comment se fait-il, dit-on, que l'ensemble des salariés, puisque rien ne peut se faire sans eux, n'ait pas la conduite des entreprises ?

La cause en est que le travail manuel n'est qu'un des trois facteurs de l'entreprise ; il y en a deux autres, un qui est très apparent et un qu'on oublie souvent : le capital et la direction intellectuelle. Le capital, c'est l'ensemble des machines qui rendent le travail efficace et fécond ; c'est aussi l'ensemble des réserves qui permettent de vivre en attendant que le produit soit non seulement achevé, mais encore vendu.

On parle souvent de lutte entre le capital et le travail : ces mots appartiennent à la langue économique et politique courante, même à la langue vulgaire ; ces abstractions, cependant, donnent des idées complètement fausses. Ce n'est pas en réalité le capital, c'est-à-dire cette masse inerte de machines ou d'approvisionnements, qui conduit l'entreprise ; c'est lui, il est vrai, qui est responsable de la bonne ou de la mauvaise direction, puisque l'une peut le détruire et que l'autre doit l'accroître ; mais il y a un autre élément trop oublié, c'est l'intelligence de l'entrepreneur, *mens agitat molem*. L'entrepreneur, le personnel dirigeant, peut fort bien ne posséder qu'une très-faible partie des capitaux engagés. C'est le cas de la plupart des sociétés anonymes, de la société du canal de Suez, par exemple, de la plupart des sociétés houillères et de métallurgie. Les entrepreneurs d'industrie qui ne possèdent pas toujours les capitaux, mais qui inspirent confiance aux capitalistes, se rencontrent plus particulièrement dans la classe moyenne, parce que cette classe a reçu le bénéfice d'une instruction plus com-

arrive que ce chef s'alloue un traitement qu'il distingue de son bénéfice : c'est de bonne comptabilité.

plète, d'une éducation meilleure ; parce qu'elle possède à la fois deux forces précieuses, la tradition et l'esprit d'initiative. La classe ouvrière elle-même fournit, cependant, à la société beaucoup de directeurs d'entreprises ; seulement ceux-ci au bout d'un certain temps paraissent avoir changé de milieu, comme ces personnages anglais qui en s'élevant à la pairie changent de nom. On oublie leur origine et l'on se plaint que la classe ouvrière n'ait devant elle aucun horizon d'avenir, parce qu'on ne retrouve plus la blouse sur les épaules des anciens ouvriers parvenus. La classe moyenne ou, si l'on préfère ce néologisme, la couche moyenne n'est pas fermée et toujours identique à elle-même ; elle se compose d'éléments très-variables. Si l'on pouvait lui appliquer le microscope, on verrait qu'elle est l'objet d'un perpétuel va et vient. Il y a dans la classe ou dans la couche moyenne un incessant travail d'élimination et d'assimilation, de sélection, pour prendre le langage scientifique du jour ; cette classe ou cette couche se recrute à chaque instant parmi les esprits les plus actifs et les plus judicieux, parmi les volontés les plus persévérantes de la classe ouvrière, et elle se débarrasse, en les rejetant dans cette dernière, de ceux de ses éléments qui ont perdu leur vertu primitive, leur force, leur puissance, qui sont devenus viciés et impropres à la fonction dont ils avaient été investis. Ainsi il y a un constant échange de molécules entre la classe ou la couche moyenne et la classe ou la couche inférieure ; les molécules les plus pures de celle-ci prenant leur essor pour se placer dans celle-là, et les molécules alourdies ou engourdies de cette dernière retombant quelques degrés plus bas. Si l'on pouvait dresser un tableau complet des origines de la bourgeoisie et de la classe ouvrière contemporaine, on découvrirait que les quatre cinquièmes des familles bourgeoises de ce temps n'appartenaient pas à la bourgeoisie il y a un siècle, et que la moitié de la bourgeoisie d'il y a un siècle a déchu et est descendue à des fonctions inférieures.

Ce n'est donc pas le simple hasard ou le privilège de la naissance qui confie à certaines familles la direction des entreprises industrielles et commerciales, c'est un incessant travail de sélection qui se charge du triage entre les salariés et les patrons : c'est lui qui fait les uns et qui défait les autres ; et pour être lente, presque inaperçue dans ses choix, cette force naturelle agit néanmoins avec beaucoup plus de sûreté que ne pourrait le faire, par exemple, le suffrage des intéressés.

Nous avons jusqu'ici justifié le salaire contre les sophismes, les préjugés et les confusions qui sont si nombreuses en cette matière. Il nous reste à étudier les lois qui le règlent : c'est ici que nous nous séparons de l'école économique dite classique, celle d'Adam Smith, de Turgot, de Ricardo, de Stuart Mill. Il nous paraît qu'elle a abusé des abstractions et des généralisations, qu'elle a érigé en lois des observations partielles, d'une vérité soit passagère, soit locale, mais qui en tout cas n'ont rien d'universel et de nécessaire.

A cette grave question, quelle est la loi qui règle les salaires, les gens entendus répondent : c'est la loi de l'offre et de la demande. On ne peut soutenir que cette formule soit fausse, on doit dire seulement qu'elle est prudhommesque ou lapalissienne. Assurément, comme disait Cobden, quand deux maîtres courent après un ouvrier, le salaire hausse, et quand deux ouvriers courent après un maître le salaire baisse. Mais cette sorte de *truism* ou de vérité évidente n'est pas faite pour satisfaire les esprits rigoureux. Quelles sont les causes qui déterminent l'offre et la demande, qui agissent en un mot sur les éléments constitutifs du salaire ? La plupart des économistes anciens et beaucoup de contemporains ont introduit dans la science une expression fallacieuse, celle de *salaire naturel ;* ce salaire naturel se composerait de la quantité d'objets nécessaires pour permettre à l'ouvrier de subsister, de se reproduire et d'élever sa famille dans les conditions où il a été élevé lui-même. Quoi que fassent les individus ou les lois, le salaire graviterait toujours autour de ce point fixe, tantôt s'élevant un peu au-dessus, tantôt retombant un peu au-dessous, mais ne s'en écartant jamais beaucoup ni pendant longtemps. Telle est la théorie classique, celle d'Adam Smith comme de Turgot, de

Ricardo comme de Stuart Mill. C'est ce que les socialistes contemporains, notamment Lassalle, ont appelé la « loi d'airain ». A la longue, et quelles que soient les fluctuations momentanées du salaire, il doit arriver que l'ouvrier n'a que ce qui lui est nécessaire pour vivre et faire vivre les siens. On a varié cette formule, la reproduisant au fond sous des formes diverses. L'ouvrier, disait Adam Smith, est à la discrétion du maître; or comme l'on ne peut supposer à l'ensemble des maîtres un grand esprit de sacrifice, l'ouvrier dans cette situation n'arrive jamais à gagner que ce qui lui est tout à fait indispensable. Stuart Mill, cependant, semble admettre chez la classe des entrepreneurs une philanthropie ou une charité générale, car il dit qu'il n'y a presque pas de métiers où les salaires ne pussent être abaissés si les patrons le voulaient : c'est proclamer que les patrons sont ou des saints ou des gens de peu d'entendement.

Toutes ces formules se ramènent à la même idée : le salaire ne comporte que la rémunération stricte qui permet à l'ouvrier de subsister ou de faire subsister les siens, et si parfois il s'élève au-dessus, c'est que le patron ne connaît pas son pouvoir ou ne veut pas en user. A côté de cette doctrine singulière, on a en Angleterre créé une sorte d'être de raison, qui est un véritable mythe, c'est ce que l'on appelle « le fonds des salaires ». Il y aurait dans chaque nation une sorte de réserve destinée à être distribuée entre les travailleurs manuels, à fournir les salaires, et que ceux-ci dans leur ensemble ne pourraient dépasser. Tous les efforts des ouvriers ne pourraient arriver à faire hausser leur propre rétribution tant que ce prétendu « fonds des salaires » ne se serait pas naturellement accrû. Stuart Mill surtout a développé cette théorie sans parvenir à la rendre intelligible, sans donner une idée précise des éléments qui constituent ce prétendu fonds des salaires et des causes diverses qui peuvent l'augmenter ou le réduire. La plupart des économistes anglais ont adopté de confiance ces abstractions, sauf dans ces derniers temps où quelques-uns, comme Mac-Leod et Jevons, ont protesté contre la scolastique vide de Ricardo et de Stuart Mill en ces matières.

Toute la théorie du salaire est à refaire dans la science économique. Une première et grossière erreur des anciens maîtres, ç'a été de confondre ce qu'ils ont appelé le *salaire naturel* avec ce qui est, en effet, le *salaire minimum*. Oui, il existe un salaire minimum au-dessous duquel, dans aucun pays, le salaire moyen ne peut descendre ou du moins rester longtemps : ce salaire minimum représente l'ensemble des objets qui sont nécessaires à l'ouvrier pour subsister et pour entretenir sa famille ; l'existence de ce minimum de salaire ne veut pas dire qu'il ne puisse être dépassé ; il l'est, au contraire, généralement. S'il ne l'était pas, il n'y aurait jamais eu de progrès, d'amélioration du sort de l'humanité ; or, il suffit d'ouvrir les yeux, de comparer le présent au passé, même récent, pour constater cette amélioration et ce progrès. Toute l'histoire, l'expérience surtout de la génération présente dément la théorie du salaire naturel ; il n'y a pas de salaire naturel, il n'y a qu'un salaire minimum. Bien plus, ce salaire minimum n'est pas le même dans tous les temps, il a une tendance à s'élever avec le bien-être général, l'instruction, l'éducation universelles.

Quant au fameux « fonds des salaires », il n'a jamais existé que dans l'esprit troublé et confus de quelques économistes qui ont imposé aux autres, par l'autorité de leur nom, des expressions bizarres couvrant des idées fausses. Le seul fonds des salaires, c'est le revenu du pays, c'est-à-dire l'ensemble de la production annuelle (déduction faite de ce qui est nécessaire pour entretenir le capital). Sans doute le salaire ne peut absorber à lui seul la totalité de la production annuelle du pays, puisqu'il ne resterait rien pour faire vivre les propriétaires, les capitalistes, les rentiers, les fonctionnaires, les personnes adonnées aux professions libérales; mais rien ne détermine *à priori*, aucune loi absolue et immuable ne fixe la quote-part de la production annuelle du pays qui doit afférer aux ouvriers, et la quote-part qui revient à chacune des autres catégories que nous venons d'énumérer. Suivant les contrées et les temps, les proportions prélevées par les diverses catégories de participants dans l'ensemble de la production nationale peuvent considérablement varier.

Ayant écarté les formules et les idées inflexibles des principaux économistes, examinons quelles sont les causes qui réellement influent sur les salaires. Elles sont très-diverses et très-nombreuses. L'une d'elles, mais non pas la seule, c'est le rapport des ouvriers en quête d'ouvrage avec la quantité de capitaux cherchant un emploi ; plus un pays est riche en capitaux, plus il y a de chances que les salaires y soient élevés. Quand capitaux croissent plus vite que la population, il y a de grandes les chances pour que la situation des ouvriers s'améliore; il y a des chances pour que cette situation empire quand c'est, au contraire, la population qui croît plus vite que les capitaux.

Le mot de capitaux ne doit pas être pris ici dans une acception trop matérielle, et c'est une observation très-importante. Il ne s'agit pas de savoir seulement quelle est la quantité de machines et d'approvisionnements de toutes sortes; sans s'être accrus physiquement, les capitaux peuvent être devenus plus féconds, si par exemple on a découvert de nouvelles méthodes de travail, des procédés plus rapides, plus économiques, plus perfectionnés. Si une machine fait cent tours à la minute, elle peut ne pas représenter un plus grand capital, c'est-à-dire une plus grande dépense d'établissement ou d'acquisition, qu'une machine antérieurement connue qui ne faisait que dix tours dans le même temps, mais elle a dix fois plus de fécondité. Ainsi, il ne s'agit pas seulement des capitaux de fer ou de pierre, mais bien de l'usage que l'humanité sait en tirer. C'est là une observation très importante, car une des conditions dont il faut tenir compte, c'est précisément la force productive de l'ouvrier: le développement de cette force, des connaissances techniques, des méthodes de travail, en augmentant la production, doit accroître les salaires de la même façon que si les capitaux matériels s'étaient accrus.

Il ne faut donc pas dire seulement: plus les capitaux augmentent relativement à la population, plus les salaires doivent hausser; cette proposition serait inexacte ou incomplète, car la force productive peut progresser beaucoup plus rapidement que l'accumulation des capitaux matériels. La vraie formule est la suivante: plus la production augmente relativement à la population, plus il y a de chances pour que les salaires s'élèvent. Les salaires suivent, en partie du moins, quand aucune cause artificielle ne s'y oppose, la marche ascendante ou descendante de la productivité du travail de l'ouvrier.

Ce n'est pas tout encore: la répartition des produits entre les différents facteurs de la production, entre le propriétaire, le capitaliste, l'entrepreneur et l'ouvrier, ne se fait pas toujours dans les mêmes proportions: celles-ci peuvent considérablement varier, si bien que la quote-part relative du capital, ou de la propriété, ou de l'esprit d'entreprise dans le produit auquel ils ont coopéré devienne moindre et que la quote-part relative du travail s'accroisse au contraire. Dans le libre contrat qui constitue le salaire, certaines circonstances peuvent faire que la situation de l'une des parties devienne plus forte et qu'elle puisse stipuler avec plus d'avantages qu'auparavant. Ces circonstances, nous les étudierons tout à l'heure: en ce moment nous en faisons connaître seulement l'existence.

Trois catégories de causes agissent donc sur le salaire: en premier lieu le rapport des capitaux matériels à la population; en second lieu, l'accroissement de productivité du travail de l'ouvrier, par suite des connaissances techniques, des meilleures méthodes, des procédés perfectionnés, d'une division plus grande ou d'une organisation supérieure des tâches; enfin, l'avantage que les lois, les mœurs peuvent donner à l'une des parties contractantes, tantôt aux patrons, tantôt aux ouvriers.

Ces prémisses une fois posées, il est facile de juger *grosso modo* de l'influence de la civilisation sur le taux des salaires.

Sous le premier rapport, la civilisation multiplie les capitaux. L'outillage de l'humanité devient chaque jour plus considérable; le nombre des machines, la quantité des approvisionnements, celle des édifices, des mines, des ateliers, plus ou moins amortis, deviennent de plus en plus énormes. Si la population ne pullule pas d'une manière exubérante, l'accroissement des capitaux par l'épargne, par les travaux publics qui sont une forme de capitalisation, doit être plus rapide que la progression du nombre des habitants, et de ce chef les salaires doivent hausser.

C'est une fausse opinion que celle de Malthus qui considérait que la population se développe plus vite que les subsistances. Il est certainement des pays où l'accroissement de la population est très-rapide, trop peut-être, par exemple la Belgique et l'Allemagne; néanmoins les salaires y haussent, moins il est vrai que dans d'autres pays comme la France où la population est plus stationnaire.

Quant au second élément de la hausse du salaire, l'augmentation de la productivité du travail de l'ouvrier, nous avons dit qu'il ne faut pas le confondre avec l'accroissement des capitaux. Tandis que ce dernier fait est tout matériel, l'autre est tout intellectuel ou moral. Quand on a introduit les cultures dérobées qui font porter à la terre deux récoltes dans une année, l'étendue du sol cultivé n'a pas été physiquement accrue, mais la puissance de l'homme sur le sol s'est agrandie. Il en est de même dans une foule d'industries où le perfectionnement des méthodes et des procédés a doublé, triplé la production, sans qu'à proprement parler les capitaux qui y sont employés aient augmenté.

Quelle est l'influence de la civilisation sur la force productive de l'ouvrier? C'est incontestablement de l'accroître. On pourra citer quelques exemples qui semblent démontrer que la productivité du travail de l'ouvrier a diminué: ainsi dans beaucoup de houillères la quantité de tonnes annuellement extraites par chaque travailleur employé a baissé: on se plaint aussi de ce que les ouvriers en bâtiment, dans beaucoup de localités, produisent moins qu'autrefois, qu'ils fournissent un moindre nombre d'heures de travail et qu'ils déploient dans chaque heure moins d'énergie. Que ces récriminations soient vraies ou fausses, nous ne l'examinons pas; elles peuvent être parfois fondées ; mais on doit reconnaître qu'en général la force productive de l'ouvrier a notablement augmenté.

L'économiste américain Carey a voulu analyser les circonstances qui influent sur la productivité du travail ; il en a trouvé cinq : la sécurité des personnes et des propriétés, la liberté personnelle, la liberté du commerce, l'habileté industrielle, enfin l'importance du capital en comprenant dans ce mot la terre elle-même. Cette classification n'est pas mauvaise, mais elle est incomplète ; elle laisse en dehors certains éléments qui sont presque prépondérants ; nous n'en citerons que deux : le mode d'organisation du travail, c'est-à-dire soit la division des tâches, soit le concours que, dans un même atelier, se prêtent les différents facteurs de la production ; enfin le mode même de rémunération, qui peut influer sur l'esprit du travailleur et développer son énergie : le travail à la tâche ou aux pièces, par exemple, les primes qui rendent le salaire non seulement proportionnel à l'ouvrage fait, mais même progressif, la participation aux bénéfices et tous les autres stimulants. Peut-on contester que les deux éléments que nous ajoutons aux cinq qu'a constatés Carey n'aient une importance parfois considérable ? L'organisation du travail, la division des tâches et la réunion des travailleurs, en un mot l'atelier perfectionné, ne rentrent pas dans les cinq catégories de Carey ; car il ne faut pas les confondre avec l'habileté industrielle. L'Indien, le Chinois, le Japonais, ont une habileté industrielle sans égale, mais ils ne poussent pas aussi loin que l'Européen la division du travail et la concentration des travailleurs ; il en résulte pour ces peuples orientaux, indépendamment d'autres causes qui sont nombreuses, une infériorité de force productive. De même encore le salaire à la tâche, le salaire progressif, la participation aux bénéfices, tous ces modes si variés du salaire perfectionné, sont des influences spéciales, *sui generis*, qui accroissent la productivité du travail de l'ouvrier. Ce dernier se sent plus excité, plus ardent ; pour employer l'expression dont il se sert, il « se dévore ».

Si l'énumération de Carey est incomplète, ce qui est plus

inexact, c'est l'application qu'il fait aux différents pays des diverses influences qui, selon lui, agissent sur la productivité du travail humain. A titre de curiosité nous reproduisons le tableau suivant où l'Amérique est si bien traitée et la France si mal. Carey a donné à six pays, qu'il considère comme des types des degrés différents de la civilisation, des coefficients divers pour chacune des cinq causes qui, selon lui, déterminent la productivité du travail de l'ouvrier; voici les résultats arbitraires auxquels il arrive; il part du coefficient 100 qui est le plus élevé :

| | États-Unis. | Angleterre. | Hollande. | France | Chine. | Indes. |
|---|---|---|---|---|---|---|
| 1° Sécurité des personnes et des propriétés.... | 100 | 100 | 45 | 50 | 20 | 10 |
| 2° Liberté personnelle.... | 100 | 70 | 65 | 40 | 0 | 0 |
| 3° Liberté du commerce.. | 80 | 50 | 60 | 30 | 0 | 0 |
| 4° Habileté industrielle... | 90 | 80 | 100 | 55 | 100 | 50 |
| 5° Capital (y compris la terre en culture).... | 90 | 100 | 45 | 50 | 15 | 15 |
| | 460 | 400 | 315 | 225 | 135 | 75 |
| Déduction pour impôts... | 20 | 100 | 50 | 50 | 6 | 10 |
| A la disposition réelle de l'ouvrier............... | 440 | 300 | 265 | 175 | 129 | 65 |

Ce tableau, quant aux chiffres qu'il contient, est absurde; le cadre seul, si l'on y ajoutait les deux éléments que nous avons indiqués, c'est-à-dire l'organisation du travail et le mode perfectionné de rétribution, serait bon. Il faut avoir perdu le sens pour prétendre qu'il existe moitié moins de sécurité des personnes et des propriétés en France qu'aux États-Unis : il en est de même pour la liberté personnelle. C'est une folie aussi de considérer la Chine et les Indes comme ignorant absolument la liberté du commerce et la liberté individuelle.

Laissons de côté les exagérations ridicules de l'économiste américain, et tenons-nous-en à cette remarque générale que la civilisation développe chacun des cinq éléments qu'a reconnus Carey et chacun des deux éléments que nous y avons ajoutés. C'est incontestable pour la sécurité des personnes et des biens qui était si compromise il y a à peine un siècle dans notre Europe, pour la liberté des personnes, du travail et des échanges, trois libertés qui ne sont pas encore complètes, pour l'habileté industrielle que l'éducation et l'instruction se proposent d'accroître, pour les capitaux aussi que les modes perfectionnés d'épargne et un goût plus général pour l'économie tendent à augmenter dans des proportions de plus en plus grandes.

L'influence de la civilisation est surtout sensible sur l'organisation et les méthodes de travail, ainsi que sur le mode de rémunération de la main-d'œuvre. On peut donc admettre, sans plus ample examen, que la civilisation développe considérablement la productivité du travail de l'ouvrier et qu'ainsi elle a une tendance à élever sa rémunération.

Il est un point sur lequel on doit s'arrêter en particulier, c'est celui qui concerne l'influence de la civilisation sur la liberté personnelle de l'ouvrier. On a vu que la hausse des salaires eut avoir pour causes d'abord l'augmentation des capitaux, l'accroissement de la productivité du travail de l'ouvrier, accroissement qui peut avoir d'autres motifs que l'augmentation même du capital; qu'encore la hausse des salaires peut venir de ce que les situations respectives de l'ouvrier et du patron, au point de vue des lois et des mœurs, se sont modifiées, si bien que l'un de ces copartageants soit devenu plus fort vis-à-vis de l'autre qu'il ne l'était auparavant. Ce point est important, il a été très-négligé jusqu'ici.

Le salaire est un contrat qui intervient entre deux personnes dont les intérêts, tout en étant identiques quant au fond, sont cependant en antagonisme sur un point spécial. Il n'y a pas d'opposition fondamentale entre l'intérêt permanent du salarié et l'intérêt permanent de celui qui paie le travail; l'un et l'autre doivent désirer que l'industrie prospère, ce qui n'est possible qu'avec une certaine modération des prix. Il n'en est pas moins vrai que l'ouvrier et le patron sont l'un relativement à l'autre dans la situation du vendeur et de l'acheteur, le premier cherchant à se faire payer le plus possible, le second à payer le moins possible. Ils auraient tort à coup sûr l'un et l'autre de vouloir abuser des avantages de situation que l'un d'eux peut avoir, avantages qui souvent sont mobiles et qui vont parfois, au bout de peu de temps, d'une partie à l'autre. Mais quant à la fixation du taux du salaire, dans la mesure que comporte la situation de l'industrie et du marché des capitaux, il est incontestable que l'ouvrier et le patron agissent comme le vendeur et l'acheteur et que par conséquent ils se trouvent dans une certaine opposition d'intérêts.

Pour qu'aucune des deux parties ne soit atteinte, lésée dans son droit, pour que le taux des salaires soit vraiment déterminé par la nature même des choses, par les rapports économiques, il importe que les lois, les mœurs, le développement intellectuel, ne créent à aucun des deux contractants une situation inférieure à celle de l'autre.

Jusqu'à un temps très-rapproché de nous, si voisin encore que c'est à peine si nous en sommes sortis, la loi, les mœurs, l'inégalité d'instruction et d'autres circonstances passagères mettaient l'ouvrier dans une position désavantageuse, et le plaçaient en partie à la discrétion du patron, de celui qu'on appelait « le maître ». La loi a été pendant les siècles passés et pendant plus de la moitié du siècle actuel, ou manifestement défavorable à l'ouvrier, ou soupçonneuse et défiante vis-à-vis de lui.

Les socialistes prétendent que le salaire est un reste de servage ; cette allégation est folle ; entre le servage et le salaire il n'y a rien de commun quant à la nature, quant à l'essence du contrat ; mais ce qui est vrai, c'est que, longtemps après la disparition du servage, les règlements et les lois se sont ressentis des traditions de ce mode d'organisation du travail ; le contrat de salaire n'a pas été complètement libre. La loi y est intervenue avec sa force coercitive ou sa force préventive, et toujours, même pendant la période révolutionnaire de la fin du siècle, elle a montré une évidente partialité pour celui qui paie le travail et contre celui qui le fournit. Ce système d'intervention, par voie législative ou réglementaire, dans les rapports des ouvriers et des entrepreneurs, était en pleine floraison du temps des premiers économistes, Turgot, Smith ; il n'avait pas encore disparu au temps de Say, de Sismondi, et même de Blanqui (l'ancien). Leur doctrine sur le salaire se ressent de cet état des lois et des mœurs qui déprimait la situation de l'ouvrier et lui enlevait l'indépendance. Ils représentaient celui-ci comme étant *naturellement* à la discrétion du maître; ils ne se trompaient guère que sur l'adverbe et aussi sur la mesure, sur la durée ; au lieu de naturellement, c'est artificiellement et passagèrement qu'ils auraient dû dire.

Depuis 30 ou 40 ans, surtout depuis 20 ans, la législation s'est singulièrement modifiée, et les mœurs, les circonstances encore davantage. Les lois se sont ressenties de deux nouvelles influences : l'esprit humanitaire ou l'esprit démocratique qui les a de plus en plus pénétrées, et les progrès de la raison politique. Un pays ayant pour base de gouvernement le suffrage universel ou même un suffrage censitaire très-étendu ne peut conserver sur les salaires ou sur l'organisation du travail les lois restrictives qu'avaient jadis les pays de monarchie absolue ou de gouvernement aristocratique.

Il y a des actes d'oppression collective, des abus de législation, qui ne sauraient durer longtemps sous un régime de discussion. Ce n'est pas un des minces mérites du gouvernement parlementaire et du suffrage universel que d'avoir apporté beaucoup plus de justice dans les relations sociales des différentes classes de citoyens entre elles ou avec le gouvernement.

Indépendamment du sentiment d'équité et d'impartialité qui a de plus en plus dominé la législation, la raison politique a fait de considérables progrès. C'était jadis un des préjugés du gouvernement qu'il devait s'immiscer dans toutes les relations économiques pour les soumettre à ce qu'il considérait comme le bien général. Nous avons montré l'administration, dans des temps très-éclairés et proches de nous, intervenant à diverses reprises pour fixer le montant des loyers, pour régler le mode de culture des terres, pour prohiber par exemple la transformation de terres à blé en vignobles, pour établir un maximum des prix, ou bien encore de l'intérêt des capitaux (1). Cette habitude de la réglementation universelle n'était pas chez le législateur une simple manie en quelque sorte héréditaire; elle venait de la fausse conception qu'il se faisait du bien public et de l'excessive confiance qu'il avait en ses propres lumières. Il ne se doutait pas qu'il y a dans les volontés et les intelligences individuelles une sorte de concert naturel, une loi analogue à celle de la gravitation, qui fait que, sans avoir besoin d'obéir à des prescriptions extérieures, elles conspirent, dans leurs libres mouvements, au bien général. Autrefois on avait fixé pour Paris un cercle d'approvisionnement où les denrées devaient toutes se diriger vers la capitale ; des prescriptions de ce genre seraient regardées aujourd'hui comme puériles. La raison publique a donc fait des progrès, grâce à l'expérience, et l'un de ces progrès, consiste à avoir une plus grande confiance dans la raison individuelle, dans la liberté et l'initiative personnelles.

Avant ces progrès récents de la raison publique le législateur avait en quelque sorte une politique relative au salaire. Un célèbre économiste allemand, qui n'a rien découvert, mais qui a tout éclairé, Roscher, divise en trois parties les développements qu'il consacre au salaire : théorie du salaire, histoire du salaire, politique du salaire (*Lohntheorie*, *Lohngeschichte*, *Lohnpolitik*). Cette dernière partie n'a plus qu'un intérêt scientifique et historique. Longtemps on considéra comme un désordre que le salaire fût abandonné aux discussions des deux contractants, l'ouvrier et le patron. L'anarchie seule, pensait-on, pouvait résulter de ce débat toujours prêt à renaître. Les taxes de salaire étaient très-fréquentes; elles constituaient un état intermédiaire entre le servage et la liberté complète où nous ne sommes entrés qu'il y a quinze ou vingt ans. Au quatorzième siècle, le gouvernement taxe, c'est-à-dire fixe les salaires à la fois en Castille, en France et en Angleterre. D'après ce règlement en France le salaire du batteur de blé (*Drescherlohn*) était du vingtième au trentième boisseau de blé, tandis que

(1) Voir plus haut pages 275 et suivantes.

Roscher nous apprend qu'en Saxe, vers 1866, ce même salaire était du douzième au quatorzième boisseau. Estimé en blé, le salaire du batteur en grange a donc presque doublé dans le courant des quatre derniers siècles.

Pour faciliter l'application du tarif, et de crainte que les travailleurs ne se dérobassent par l'émigration à un niveau qu'ils jugeaient trop bas, on interdisait le changement de domicile, on empêchait le travailleur des champs d'aller dans les villes et de changer d'habitation sans la permission des magistrats. C'était bien là un état intermédiaire entre le servage et le salaire librement débattu.

Sous Élisabeth, intervint en Angleterre une loi pour fixer les salaires et l'on y trouve la même partialité en faveur du patron. Cette loi stipulait, en effet, une peine de dix jours de prison pour le maître qui donnerait plus que le tarif légal et de 21 jours pour l'ouvrier qui demanderait davantage. Ces édits furent renouvelés sous Jacques Ier. En Allemagne, après la guerre de Trente ans, il y eut de nombreuses diètes pour taxer les salaires des domestiques de ferme. En Angleterre, sous Georges III, le gouvernement imposa des tarifs aux garçons tailleurs. Un des plus récents exemples de l'intervention de l'État dans ces questions est le célèbre *Spitalfields Act* qui réglementa le salaire des ouvriers en soie après une émeute de ceux-ci. Ce n'est qu'en 1824 que cette loi fut rapportée, à la demande des maîtres qui attribuaient à cette mesure la langueur de cette industrie.

Les pays neufs étaient infectés de la même manie de réglementation que les vieux pays : ainsi dans la Nouvelle-Galles du Sud, à la fin du siècle dernier, l'autorité fixait tous les salaires.

Dans certaines contrées, comme en Allemagne, la réglementation fut plus générale qu'ailleurs. En 1731 une ordonnance remettait en Saxe aux autorités de district le soin de régler les salaires dans chaque circonscription ; ces prescriptions finirent par tomber en désuétude ; mais aussi tard qu'en 1821 certains capitalistes allemands faisaient une pétition pour réclamer que l'on revînt à cette méthode.

Cette ingérence de l'autorité dans des contrats conclus entre des hommes libres nous paraît aujourd'hui aussi absurde et illusoire qu'elle est manifestement injuste. Elle provenait de sentiments ou de préjugés de diverses natures ; en premier lieu, l'esprit universel de réglementation que l'on a vu se manifester également pour les loyers, pour l'intérêt des capitaux, pour les modes de culture, pour les prix des denrées principales, le pain et la viande. Ce goût pour l'intervention législative dans les relations économiques s'est singulièrement atténué, sans avoir disparu ; on en retrouve de temps à autre des recrudescences. Dans le petit canton suisse de Zurich, où dominent les idées radicales, une proposition fut faite en 1878 pour donner au gouvernement le monopole du commerce des blés ; elle fut repoussée par 35,000 voix contre 15,000.

En second lieu, une autre des raisons de cette fixation des salaires par l'autorité administrative ou législative était la croyance, jadis générale, que les classes inférieures de la population sont naturellement turbulentes, qu'elles comprennent mal leurs intérêts, et qu'il n'est pas bon pour l'État qu'elles aient beaucoup d'aisance ou beaucoup de loisirs. Telle était la pensée de presque tous les hommes d'État anciens, même des plus éminents, comme Richelieu. A la fin du dix-huitième siècle seulement une autre doctrine commença à poindre, elle eut de la peine à se faire jour. Même le législateur de la période révolutionnaire était médiocrement favorable à la classe ouvrière ; il se défiait de son ignorance, de sa turbulence, de ses exigences qu'il eût volontiers considérées comme contraires au bien public. Une troisième pensée enfin se trouvait au fond de ces mesures, c'était que la médiocrité ou la modération des salaires était favorable au développement de l'industrie nationale, aux exportations, par conséquent à l'intérêt général.

Il serait également inexact de croire que cette réglementation des salaires par voie d'autorité fût complètement efficace ou qu'elle ne le fût aucunement. Elle n'avait jamais tous les résultats qu'en espérait le législateur et n'empêchait pas, quand la demande de travail était très-ardente, le salaire de s'élever au-dessus du taux légal. La fréquence même des ordonnances de ce genre et les modifications nombreuses qu'elles subirent prouvent que les infractions n'étaient pas rares. Néanmoins elle nuisait notablement aux ouvriers ; elle les décourageait; elle donnait aux patrons des armes légales, une supériorité de situation qui n'était pas sans importance.

Quand la fixation administrative des salaires tomba en désuétude, l'ouvrier fut-il immédiatement en possession de toutes les libertés dont il a besoin pour traiter avec le patron d'égal à égal, pour que le salaire ne soit plus influencé que par les circonstances économiques? Cet heureux triomphe de l'égalité se fit encore longtemps attendre. Bien des obstacles légaux subsistaient qui entravaient les franchises de la classe ouvrière et qui la maintenaient dans un état d'infériorité. C'est une erreur de croire que l'égalité de tous devant la loi date de 1789 ; elle est d'origine beaucoup plus récente, elle n'est guère complète que depuis les dernières années du second Empire en France, si même elle l'est au moment où nous écrivons. Dans beaucoup de pays, en Angleterre, en Allemagne, des lois générales ou des lois spéciales comme la loi des pauvres rendaient difficile ou coûteux le changement de domicile ; la *Freizugigkeit*, comme disent les Allemands, cette liberté primordiale d'aller et de venir, de se fixer où l'on trouve du travail, est une conquête d'hier. La génération qui nous a précédés, celle d'il y a trente ou quarante ans, ne la possédait pas dans la plupart des pays d'Europe.

La législation de classe, celle qui distingue les catégories de citoyens, a duré jusqu'à ces dernières années ; les mesures de police lui ont parfois survécu. L'obligation pour l'ouvrier d'avoir un livret ; l'article du Code qui édictait que « le maître » serait cru sur son affirmation dans les discussions avec l'ouvrier, l'interdiction des coalitions, la prohibition du droit d'association et de réunion, toutes ces mesures, sans avoir une complète efficacité, étaient contraires à l'égalité civile et viciaient la liberté du contrat de salaire.

Le procès fait, sous le second Empire, aux ouvriers typographes pour délit de coalition est resté célèbre. Ce qui l'est moins et jette beaucoup plus de jour sur l'état de dépendance où les lois maintinrent jusqu'à ces derniers temps la population ouvrière, c'est l'interdiction faite, sous le gouvernement de Louis-Philippe, à un patron parisien, M. Leclère, peintre en bâtiment, de réunir ses ouvriers pour faire de concert avec eux un règlement de participation aux bénéfices. En plein régime parlementaire et de prétendue liberté, le gouvernement s'ingénia à empêcher une des tentatives les plus originales et les plus heureuses d'organisation perfectionnée du travail ; et cet acte d'évident despotisme, malgré la liberté de la presse et de la tribune, passa inaperçu ; il a fallu que cette tentative d'association eût le plus brillant succès pour qu'on se reportât à ses origines et que l'on y retrouvât cet éclatant et attristant exemple de partialité administrative.

Presque toutes ces entraves, presque toute cette législation de classe, appartiennent maintenant au passé. La loi nouvelle qui donne aux conseils de prud'hommes le droit de choisir eux-mêmes leur président, et par conséquent d'élever à cette charge un ouvrier tout aussi bien qu'un patron, est un des plus récents triomphes de l'égalité civile. Il reste encore l'interdiction du droit de réunion et d'association; mais ce n'est guère là qu'une lettre morte, dont il n'est fait usage que dans des cas graves ; à défaut du droit strict de se réunir et de s'associer, les ouvriers jouissent d'une tolérance qui depuis une quinzaine d'années leur a permis de fonder des chambres syndicales en grand nombre. Mieux vaudrait sans doute une situation régulière et définitive ; mais c'est déjà un progrès notable que d'avoir substitué la tolérance de fait à la prohibition.

Que toutes ces défenses légales fussent préjudiciables aux ouvriers et eussent dans beaucoup de cas pour conséquence d'altérer la sincérité du contrat de salaire, c'est incontestable. Elles déprimaient la situation de l'ouvrier à ses propres yeux comme à ceux de son maître. Elles constituaient, d'ailleurs, en fait, si ce n'est en droit, une législation de classe, parce que la plupart de ces interdictions étaient unilatérales ou que dans la pratique elles s'appliquaient avec beaucoup plus de difficulté aux patrons qu'aux ouvriers. C'est ce qui arrivait pour les coalitions : les patrons étant en petit nombre, quelquefois seulement une douzaine ou une demi-douzaine dans une même profession ou un même district, ayant dans leurs habituelles relations sociales, dans leurs cercles, des réunions naturelles et fréquentes, pouvaient facilement se coaliser, s'entendre, se concerter sans que la loi en fût avisée. La pensée de Smith que les patrons sont dans un état de coalition perpétuelle est, sans doute, exagérée ; mais elle contient beaucoup de vérité, beaucoup plus que la pensée de Stuart Mill qu'il n'est peut-être pas un métier dans le Royaume-Uni où les patrons ne pussent, s'ils le voulaient, réduire les salaires au-dessous du taux existant (1).

C'est une étude qui est encore à faire que celle des grèves et de leurs effets. Les préjugés les plus tenaces sont répandus à ce sujet parmi les hommes instruits. Ceux-ci ne sont d'accord que sur un point : la légitimité des coalitions, l'inefficacité des lois qui prétendent les interdire. Le droit pour l'homme de se concerter, de s'entendre avec ceux qui ont les mêmes intérêts que lui, de lier son action à celle d'autrui, est un droit naturel. L'abus commence avec les violences, et si elles sont fréquemment, non pas toujours, les compagnes d'une grève, ce n'est pas une raison suffisante pour prohiber la grève elle-même ; c'est un motif pour la surveiller, la contrôler dans sa marche et veiller à ce qu'elle ne dégénère pas en excès.

Les coalitions d'ouvriers sont très-anciennes ; comme tout ce qui dérive de la nature humaine et de la nature des choses, on ne saurait leur trouver de commencement : le retrait des plébéiens sur le mont Aventin était, par excellence, une grève. L'histoire nous en signale de nombreuses au moyen âge dans tous les pays industriels, aussi bien dans la Flandre qu'en Ita-

(1) Des exemples très-curieux de coalitions industrielles, ayant pour objet non la baisse des salaires, mais la hausse des prix, se sont produits en 1879 et en 1880. L'un est l'Union des armateurs faisant le commerce du Royaume Uni avec la Chine pour relever le cours des frets. L'autre est la coalition entre les usines métallurgiques des provinces du Rhin et de Westphalie pour élever les prix de vente et limiter la production.

lie, et pour cette dernière contrée, à Sienne, par exemple, en 1371 et en 1384. Boisguillebert, au dix-septième, siècle cite plusieurs cas de désertion du travail par 7 ou 800 ouvriers agissant de concert. A Paris, en 1789, les laquais et les garçons de pharmacie se mettent en grève. Ce serait présomption que de vouloir énumérer toutes les grèves ou les plus célèbres qu'a vues le dix-neuvième siècle, car elles sont innombrables et échappent à tout recensement; ce serait en outre un hors-d'œuvre. La prohibition légale n'empêche pas les coalitions, elle les rend seulement plus difficiles, plus sauvages par l'exaspération même des ouvriers, elle leur communique cette saveur de révolte que goûtent fort les mauvais sujets; elle les transforme en insurrections. C'est sous le régime de l'interdiction légale qu'on a vu se produire et durer, au mépris de la loi, les grèves les plus ardentes, les plus opiniâtres, les plus sanglantes. A Lyon sous le règne de Louis-Philippe, à Paris également, à la même époque, dans l'industrie du bâtiment, il y eut des grèves très-importantes. En Angleterre, en 1810, sous les lois les plus rigoureuses qui existassent les fileurs du Lancashire se coalisèrent, et 30,000 ouvriers furent pendant quatre mois sans travailler. Il y aurait plus de danger pour l'ordre public à vouloir supprimer de force une grève qu'à lui laisser suivre paisiblement son cours régulier. Comment, d'ailleurs, s'y prendrait-on? On ne peut frapper d'amende qui n'a rien, or la plupart des ouvriers n'ont rien. On ne peut conduire en prison des milliers de grévistes; les locaux et les fonds manqueraient, puis la prison constituerait la grève la plus efficace, puisqu'elle rendrait le travail impossible; on ne peut, d'un autre côté, faire travailler les hommes de force, à moins de rétablir l'esclavage, de multiplier les contre-maîtres et de les transformer en gardes-chiourmes.

Le point de la légitimité des coalitions, celui aussi de l'inefficacité des lois qui les interdisent ne prêtent plus à contestation. Ce qui est plus débattu, ce qui est environné encore de beaucoup d'ombre, c'est la question de savoir si les coalitions ont une action bonne ou mauvaise sur la situation de l'ouvrier. Il faudrait tout un livre ou un amoncellement d'exemples pour trancher une question aussi complexe : elle ne comporte, d'ailleurs, pas de réponse s'appliquant à tous les cas. Contentons-nous en ce moment de quelques observations.

La croyance de la plupart des économistes, nous pourrions dire le préjugé de la plupart des économistes, car, si ce n'est la science, du moins les savants ont souvent des préjugés, c'est que les grèves sont défavorables en principe à l'ouvrier, qu'elles empirent sa situation, qu'elles ne lui valent aucun avantage qu'il n'eût obtenu sans elles, qu'elles ne lui procurent que des triomphes passagers, chèrement achetés. Un économiste d'un certain renom, miss Harriet Martineau, a particulièrement soutenu cette doctrine ; elle a même donné à un de ses livres ce titre très-explicite : tendance des grèves à abaisser le taux des salaires.

Cette opinion ne manque pas de raisons ou d'arguments. Les ouvriers gaspillent en frais de grève des sommes dont ils eussent pu faire un bien meilleur usage. Il leur eût été loisible avec ces épargnes de constituer des sociétés coopératives, soit de crédit, soit de consommation, soit même de production. Tout au moins, eussent-ils pu avec elles étendre et développer les attributions des Sociétés de secours mutuels de façon à y comprendre les pensions de retraite. Les grèves aussi, peut-on dire, désorganisent parfois toute une industrie, font perdre la clientèle, déplacent les courants commerciaux, en même temps que les capitaux : on attribue, par exemple, à des coalitions ouvrières la ruine des chantiers de construction maritime à Londres. Parfois aussi c'est à elles qu'est due l'invention de nouvelles machines qui, tout en étant pour l'humanité un bien définitif, portent momentanément le désarroi et le trouble parmi les ouvriers et châtient cruellement les grévistes.

Toutes ces observations sont vraies, mais non pas d'une vérité universelle et absolue : ce sont les inconvénients réels, les suites inévitables de beaucoup de grèves, non pas de toutes. On se tromperait en croyant que, considérée en soi, en bloc, la grève ait nui à la classe ouvrière. Elle a certainement contribué à faire respecter davantage les ouvriers par les patrons, à prévenir beaucoup d'abus de détail, toutes sortes de modes d'exploitation ou de dégradation. Les industriels et leurs agents ont dû apporter plus de ménagements, plus d'égards, plus de justice dans leurs rapports avec les travailleurs manuels. Il y a certes une grande différence entre le traitement que les manufacturiers de nos jours font aux ouvriers, et celui qui était habituel il y a trente, quarante, cinquante années. Chaque industriel sent qu'il n'a pas affaire à un homme isolé, à quelques centaines d'hommes incapables de s'entendre, mais bien à des hommes que le moindre abus amènerait à se concerter entre eux, et à refuser simultanément leur travail. Prétendre que les grèves n'aient jamais été utiles à l'ouvrier pour la sauvegarde de ses droits ou de sa dignité, pour le préserver des petites tyrannies, des avanies quotidiennes, c'est ignorer l'histoire de l'industrie. A vrai dire, ce sont moins les grèves effectives qui ont eu ces heureux résultats, que la simple crainte, la simple possibilité des grèves. Il en est d'elles comme des tribunaux, comme de la guerre, comme du duel même ; elles agissent surtout par la crainte qu'elles inspirent : elles amènent plus de loyauté dans l'exécution des contrats, plus de circonspection dans les rapports réciproques. Il est facile de dire que les procès ruinent les plaideurs ; mais si l'on n'avait pas la faculté de plaider, que d'abus et de spoliations se produiraient ! De même pour les grèves, elles peuvent ruiner momentanément les grévistes ; mais la crainte de susciter une grève est chez les manufacturiers un frein nécessaire. L'effet préventif du droit de grève a rendu bien plus de services à la classe ouvrière que les désordres et les dépenses des grèves ne lui ont porté de préjudice.

Quant à mesurer l'influence des grèves sur la hausse des salaires, c'est chose malaisée. Les grèves ont des causes infiniment variées ; nous serions disposé à admettre que les grèves les plus heureuses sont celles qui ont eu pour objet non pas d'accroître la rémunération de l'ouvrier, mais de modifier certains arrangements accessoires dans l'organisation ou le paiement du travail : les coalitions qui ont fait supprimer le paiement des salaires en nature, qui ont amené la paie de quinzaine, qui ont fait modifier des règlements ou draconiens ou injustes, ou même celles qui ont fait réduire à dix ou à onze heures la journée de travail n'ont pas été malfaisantes. Il existe encore dans beaucoup d'industries des usages pernicieux ou humiliants pour l'ouvrier qui disparaîtront à la suite de grèves. Il est bien rare qu'un progrès notable dans l'humanité ait été obtenu sans quelques luttes, sans quelques souffrances passagères ; tout ce qui est bien s'achète en ce monde, non seulement par des efforts ou par des controverses, mais par des conflits. Le repos et le calme ne sont pas le lot de l'humanité ; l'agitation, pourvu qu'elle ne soit pas excessive, est sa condition, sinon d'existence, du moins de développement.

Ce n'est pas que, en soutenant l'utilité du droit de grève, nous entendions défendre toutes les applications qui en ont été faites. Nous admettons que sur dix il s'en trouve les trois quarts, peut-être les quatre cinquièmes de funestes. On a beaucoup exagéré cependant, à notre avis, et les bons et les mauvais effets de ces conflits entre patrons et ouvriers. Ils n'ont eu ni pour le bien ni pour le mal toute la puissance qu'on leur attribue. On n'a pas assez remarqué qu'en devenant plus fréquentes les grèves sont devenues aussi plus bénignes : exactement comme les maladies quand elles sont passées à l'état endémique. Les grèves actuellement ne sont plus accompagnées de crimes comme autrefois ; les horreurs de Sheffield (1) appartiennent, si nous pouvons ainsi parler, à la période héroïque des coalitions et des associations ouvrières, à celle où les premières étaient défendues et les secondes proscrites. Aujourd'hui les grèves n'entraînent plus mort d'homme ; elles ne sont même que rarement accompagnées de violences qu'il importe, d'ailleurs, de punir avec sévérité ; elles comportent, il est vrai, ce que l'on appelle les vexations pacifiques, comme le détour-

(1) Voir la description de ces forfaits dans le livre du comte de Paris sur les *Trades Unions*.

nement des outils, la mise en quarantaine des récalcitrants, le *picketing;* il y a là un mélange de faits qui sont blâmables devant la morale seule et de délits réels que la loi doit atteindre. Le désordre matériel n'est plus même aujourd'hui le compagnon habituel des grèves : j'ai vu en 1879 à Londres, au temps de Pâques, une grande manifestation ou procession de grévistes traversant toute la métropole, en passant par les plus grandes voies, Trafalgar Square, Pall Mall, Piccadily, pour se rendre à Hyde Park, afin de protester contre une réduction de salaires. Plus de dix mille hommes avec une centaine de bannières de corps d'état ou de sociétés diverses ont ainsi défilé sous mes yeux; je me suis joint au cortège qui a accompli le parcours fixé et rempli tout le programme sans aucun trouble pour le public. Je n'entends certes pas dire que le droit de circuler en grandes masses à travers une ville et d'encombrer momentanément les grandes voies doive être octroyé dans tous les pays ; je veux seulement constater que, depuis qu'elles sont licites et assez fréquentes, les grèves se sont dégagées en général des violences et des désordres qui les déshonoraient autrefois.

La reconnaissance du droit de coalition a été non seulement un acte de justice, mais un acte dont la classe ouvrière a certainement tiré profit pour la défense de ses droits, pour le maintien de sa liberté dans le contrat de salaire ; c'est à dater de cette faculté que le salaire est devenu dans toute la force du treme un contrat libre. Autrefois, la partialité de la loi pour les patrons, les propriétaires et les capitalistes, était flagrante et choquante : ainsi une loi de Georges III (chapitres 39 et 40) condamnait à trois mois de prison tout homme qui était convaincu d'avoir engagé les ouvriers à cesser leur travail; et la même loi n'infligeait que 20 livres sterling d'amende aux patrons convaincus de s'être concertés pour diminuer la rémunération de leurs ouvriers.

Non seulement aujourd'hui les ouvriers ont obtenu la complète égalité avec les patrons ; mais il semble que la loi leur accorde parfois les faveurs, les privilèges qu'elle réservait jadis à ceux-ci. La taxe des pauvres, telle qu'elle existe en Angleterre, forme, en cas de grève, un subside indirect que l'État ou que les communes donnent aux grévistes ; c'est en réalité un impôt mis sur les industriels et les propriétaires pour aider les ouvriers à triompher de la résistance des premiers. Bien plus, dans certains pays, où le suffrage universel a peuplé les Conseils municipaux de représentants d'opinion démocratique avancée, il arrive que l'on exige de l'ensemble des contribuables des fonds pour soutenir une grève et la faire triompher. A Lyon, par exemple, au mois de mai 1879, pendant la grève des maçons et celle des tisserands, le Conseil municipal votait 50,000 francs pour les ouvriers en chômage, c'est-à-dire, d'une manière plus ou moins déguisée, pour les ouvriers qui avaient cessé volontairement leur travail afin d'obtenir une rémunération plus élevée. Cette intervention était une infraction au principe de l'égalité des citoyens devant la loi ; on la doit condamner avec autant de rigueur que les abus d'autorité qui étaient autrefois si fréquents en faveur des patrons. Il est malheureusement à craindre que le pouvoir, qui sait rarement demeurer équitable et impartial, ne mette à la disposition des ouvriers, dans leurs contestations avec les patrons, une partie des moyens d'influence qu'il détient. La facilité avec laquelle la ville de Paris a admis en 1879, dans sa *Série de prix*, l'augmentation de salaire réclamée par les ouvriers fumistes et par d'autres corps d'état est aussi d'un mauvais exemple. On peut en dire autant des délibérations de la Chambre des députés pour la réduction à dix heures du travail dans les fabriques.

Quoi qu'il en soit, en supposant que l'État et les municipalités restent dans leur rôle, celui de protecteurs de la liberté de tous et de l'ordre public, on ne peut nier que la situation légale des ouvriers ne se soit singulièrement améliorée depuis un demi-siècle, surtout depuis un quart de siècle. Ils ont à peu près conquis l'égalité et la liberté complète. Il n'y a plus de livret obligatoire, plus d'entraves au changement de domicile et à l'exercice des métiers (1), plus de préférence donnée à la

(1) On peut citer, cependant, quelques traces encore de privilèges et d'ex-

parole du *maître* dans les contestations; plus de supériorité pour le patron dans les conseils de prud'hommes; la liberté de coalition est entière; il manque encore en théorie celle d'association et de réunion ; mais une sage tolérance pratique en concède l'usage.

Toutes ces libertés n'ont pas seulement fourni aux ouvriers des satisfactions idéales, des jouissances spéculatives; elles ont eu pour eux des résultats matériels, tangibles, en ce qui concerne le taux des salaires, la durée du travail, l'organisation des tâches, le mode et l'époque de paiement de la main-d'œuvre, les règlements d'ateliers. Il s'est accompli presque silencieusement, dans la période de 1820 à 1870 en Angleterre, dans celle de 1848 à 1875 en France, une véritable émancipation de la population ouvrière. Il ne faut pas oublier cependant que tous ces droits nouveaux, toutes ces nouvelles facultés comportent des abus, surtout pendant la période qui en suit la conquête. Les libertés demandent une éducation qui ne peut se faire que par l'expérience même ; il faut trente ou quarante ans pour que la population apprenne à se servir efficacement et sagement des droits qu'elle possède ; encore ne doit-on pas espérer que cette sagesse, une fois acquise, soit continue, sans défaillances, sans retours d'emportement et de folie; mais, comme l'a dit avec une si haute raison Montesquieu, dans le dialogue d'Eucrate, quel que soit le prix de la liberté, il faut le payer aux dieux.

Si tous les progrès de la législation ont tourné à l'avantage de l'ouvrier, il en a été de même des progrès industriels et commerciaux. La situation relative de l'ouvrier et du patron en a été transformée.

C'est, au moins pour le temps présent, une erreur que le

clusions ; ainsi à Marseille la Société des portefaix est une sorte de confrérie fermée, qui perçoit des gains exorbitants ; le travail dans les *docks* de Marseille n'est pas libre. La population se plaint avec raison d'un état de choses qui rappelle le moyen âge. D'autre part, les ouvriers de beaucoup de corps d'état, en prétendant restreindre l'apprentissage, tendent à reconstituer une sorte d'aristocratie ouvrière en dehors de laquelle serait la plus grande partie de ce que l'on appelle le Prolétariat.

prétendu axiome découvert ou proclamé par Turgot, Smith, Say, répété par Roscher et Stuart Mill, que l'ouvrier est dans la main du maître. Autrefois, avant la grande industrie, ou pendant la période chaotique de cette dernière, ce pouvait être une vérité. Même alors, Turgot exagérait en disant : « En « tout genre de travail, il doit arriver et il arrive en effet que « le salaire de l'ouvrier se borne à ce qui lui est nécessaire « pour se procurer sa subsistance. » Smith aussi dépassait, même pour son temps, de beaucoup la mesure quand il écrivait :

« Un propriétaire, un fermier, un maître manufacturier, un « marchand, peuvent généralement vivre une année ou deux « des fonds qu'ils ont par devers eux sans employer un seul « ouvrier. La plupart des ouvriers ne pourraient pas subsister « une semaine, fort peu l'espace d'un mois, et presqu'aucun « l'espace d'un an sans travailler. A la longue le maître ne peut « pas plus se passer de l'ouvrier que l'ouvrier du maître, mais « le besoin qu'il en a n'est pas aussi urgent. »

On connaît le mot allemand : *Arbeiterfrage, Magenfrage ;* question ouvrière, question d'estomac. C'est aussi pour cette raison sans doute que Stuart Mill admettait si légèrement qu'il n'est presque aucun métier où les salaires ne pussent être considérablement réduits si les patrons le voulaient.

Cette conception de la puissance des patrons sur les ouvriers est aujourd'hui plus que jamais absolument déraisonnable. Autant vaudrait dire que le locataire est complètement à la disposition du propriétaire, parce que ce dernier peut, à la rigueur, rester longtemps sans louer son immeuble et que le premier ne peut se résigner à coucher longtemps à la belle étoile ; que le consommateur de denrées essentielles, comme le blé, le bétail, les articles d'épicerie, est entièrement à la discrétion du vendeur, parce que ce dernier peut attendre quelques jours ou quelques semaines, tandis que le premier ne saurait se mettre à un jeûne prolongé sans mourir de faim.

Jamais, croyons-nous, la dépendance de l'ouvrier relativement au maître n'a été aussi grande que les anciens économistes le supposaient; sinon, les salaires n'auraient haussé que par la philanthropie des patrons, hypothèse déraisonnable. En tout cas, depuis la constitution de la grande industrie exigeant d'énormes capitaux, la situation s'est modifiée en faveur de l'ouvrier.

Autrefois, l'exercice d'une industrie ne demandait qu'un très petit capital ; une partie seulement, en général, de la fortune de l'industriel était engagée dans les affaires. Les machines étaient tout à fait primitives, simples, de médiocre valeur. Aujourd'hui il faut pour l'exercice de la plupart des industries un capital énorme. Il en est peu qui n'obligent à une mise de fonds d'un, deux ou trois millions : il est rare que ce capital appartienne totalement à l'industriel lui-même; il a des dettes chez le banquier; il a des prêteurs ; l'intérêt court toujours, que l'usine marche ou qu'elle chôme. L'outillage même est compliqué, délicat ; il s'use et se dégrade si on ne l'entretient pas, s'il ne fonctionne pas. Autrefois on produisait pour un débouché restreint, dans la région voisine où la concurrence n'était pas active : un retard, un arrêt n'était pas très-préjudiciable. Aujourd'hui, on produit souvent sur commande avec des délais de livraison rigoureux et des amendes pour les retards. C'est la situation de la plupart des usines métallurgiques et de beaucoup d'ateliers de l'industrie textile. Même quand ces délais de livraison n'existent pas pour les commandes, l'industriel a une clientèle qui lui est disputée par des concurrents nombreux et acharnés; il est exposé à la perdre s'il n'est pas en état de maintenir ses relations, de fournir aux demandes qui peuvent survenir. Où est aujourd'hui le fabricant qui, sans discréditer ou ruiner sa maison, pourrait, suivant la parole de Smith, « vivre une année ou deux des fonds qu'il a par devers « lui sans employer un seul ouvrier? » Conçoit-on un « maître manufacturier » qui fermerait ainsi son établissement pendant un an ou deux et le rouvrirait plus tard? Il ne retrouverait ni ses employés, ni ses ouvriers, ni surtout ses clients; il aurait vu s'amonceler d'énormes intérêts, son outillage se serait singulièrement endommagé. L'hypothèse de Smith sur l'innocuité d'un chômage prolongé pour une maison d'industrie est déraisonnable. La position de l'industriel s'est retournée; il est devenu plus dépendant de l'ouvrier.

Dans le même temps et par les mêmes causes la position de l'ouvrier s'est retournée également, de sorte qu'on peut presque dire que l'ouvrier se trouve aujourd'hui dans la position où était autrefois « le maître », et ce dernier dans celle où était jadis l'ouvrier.

Le travailleur manuel n'est plus aujourd'hui isolé, sans ressources, sans instruction, sans liberté, sans appui. Il a formé une foule de sociétés diverses, sociétés de secours mutuels, sociétés syndicales où tous les ouvriers d'une même industrie se rencontrent, échangent leurs idées et se concertent pour des décisions communes. Il a, d'ordinaire, quelques économies, parce que ses salaires se sont élevés et que les institutions d'épargne se sont multipliées. S'il n'a pas d'épargnes qui lui soient propres, la société ouvrière à laquelle il appartient possède généralement un petit trésor. Toutes ces sociétés spéciales et locales ont entre elles des relations et des liens ou peuvent aisément en former : elles ont les unes pour les autres de mutuelles sympathies. On peut dire, renversant la phrase de Smith, et mettant une affirmation où il place une négation, qu'il n'est guère de corps de métiers où les ouvriers ne pussent « subsister une semaine, même l'espace d'un mois et, dans « certains cas, toute une année sans travailler ».

Les grévistes ont, d'ailleurs, une tactique qui leur est avantageuse, quoique le succès, heureusement, n'en soit pas certain et constant : c'est de localiser et de diviser la grève, de l'appliquer à une maison et à une localité déterminée, en prélevant, pour secourir les grévistes, une contribution ou un impôt sur les ouvriers du même corps d'État qui travaillent dans les autres maisons et dans les autres localités où la grève n'a pas été déclarée. Cette tactique de division leur réussit souvent. Les patrons n'ont contre elle qu'une arme, c'est ce que les Anglais appellent le *Lock out,* c'est-à-dire le congédiement en masse dans toute la région, dans tout le pays même, des ouvriers appartenant au corps d'État dont quelques membres se sont mis en grève : toutes les usines métallurgiques, par exemple, devront fermer et licencier leur ouvriers parce que les ouvriers de l'une seulement de ces usines auront fait grève en recourant aux subventions de leurs camarades travaillant dans les autres établissements. Si l'on n'oppose pas le *Lock out* ou congédiement en masse dans toute la région à la grève localisée et successive, il est bien probable que le succès sera du côté des grévistes (1).

Ceux-ci jouissent aujourd'hui de sympathies très-nombreuses : le courant populaire est pour eux. Quand une grève éclate dans quelques ateliers d'un corps d'état, ce ne sont pas seulement les ouvriers de la même catégorie, appartenant à d'autres ateliers, qui viennent, par des contributions sur leurs salaires, au secours des grévistes ; les ouvriers de corps d'état tout à fait différents font de même : une chambre syndicale de cordonniers, par exemple, enverra une souscription de 500 francs ou de 1,000 francs, parfois de beaucoup plus, en faveur de la grève des tisserands. Le nombre des sociétés ouvrières étant considérable, il en résulte que toutes ces contributions finissent par avoir quelque importance. Il y a aussi la partie agitée et ambitieuse de la classe bourgeoise qui, briguant les suffrages populaires, croit parfois devoir soutenir les grévistes de ses deniers. Il ne se tient guère de réunion politique, en temps de grève, où l'on ne fasse quelque quête à la sortie en faveur des grévistes et où les bourgeois remuants, qui cherchent à capter les faveurs de la démocratie, ne soient obligés de faire quelque versement qui alimente le fonds de grève. Heureux encore, quand les conseils municipaux ne s'en mêlent pas, comme en mai 1879 à Lyon, en faisant participer les contribuables au soutien des ouvriers refusant le travail !

Aussi n'est-il pas rare de voir des grèves réussir : il faut que les circonstances économiques soient très-défavorables à

(1) C'est ainsi que l'on a vu en octobre 1880 les ouvriers ébénistes de Paris faire triompher leur prétention d'élever à 8 francs leur salaire journalier, bien que les patrons aient procédé dans ce cas par la méthode du *lock out*, congédiant en masse tous leurs ouvriers. Une union durable est beaucoup plus facile à maintenir parmi les ouvriers que parmi les patrons.

l'ouvrier pour qu'une grève n'aboutisse pas. On l'a vu notamment à Lyon en mai 1879 où les ouvriers tisserands ont obtenu gain de cause contre leurs patrons qui voulaient réduire les salaires de 20 à 25 p. 100. Cependant, on sait que l'industrie lyonnaise est organisée encore comme autrefois, que le fabricant n'y est pas propriétaire de l'outillage, qu'il a par conséquent moins de capitaux engagés. Mais les patrons lyonnais en 1879 craignaient, si la grève venait à se prolonger, de perdre leur clientèle, leurs relations commerciales (1).

Les changements accomplis dans les lois, dans les mœurs, dans l'industrie sont tels que la situation de l'ouvrier est devenue, vis-à-vis du patron, incomparablement plus forte qu'autrefois. On peut craindre même qu'il n'en abuse et qu'il ne finisse par nuire sérieusement à l'industrie de l'Europe : qu'il y prenne garde, les Indiens, les Chinois, les Japonais, ces sobres et habiles Asiatiques, et un jour peut-être aussi les Africains, se tiennent aux aguets : dans quinze ou vingt ans, tout au plus dans cinquante ans, il y aura dans toutes ces contrées des chemins de fer, des machines, de grandes usines, et qui sait si le labeur opiniâtre de ces concurrents nouveaux, se contentant d'une poignée de riz pour vivre, ne viendra pas troubler dans leur victoire nos ouvriers transformés en sybarites !

(1) Les nombreuses grèves qui ont éclaté à Paris dans le courant de 1879 et de 1880 ont presque toutes réussi. Aussi la maison Chaix, en publiant au mois d'octobre 1880 la *Série officielle des prix de la ville de Paris*, annonçait-elle que cette série des prix était « entièrement remaniée par suite de l'augmentation des prix de journée pour les différents corps d'état ».

# CHAPITRE XV

## DU SISYPHISME ET DU PAUPÉRISME.

Les griefs des économistes du commencement du siècle contre la grande industrie étaient fondés. — En est-il de même des griefs de Stuart Mill, des socialistes de la chaire et des vrais socialistes? — Définition du sisyphisme.

La force des machines à vapeur existant en France est égale à la force de 30 millions d'hommes. — Ces 30 millions de travailleurs de fer et d'acier ont-ils diminué la fatigue des travailleurs de chair et d'os?

Le paupérisme, d'après Proudhon, est la loi de l'humanité. — Causes du paupérisme, suivant le même auteur. — Singulière conclusion de Proudhon : les peuples primitifs, assujettis à l'esclavage ou au servage, seraient beaucoup plus heureux que les peuples civilisés. — Idée presque analogue de M. Emile de Laveleye et de M. Le Play. — Erreur de ces opinions : les crises économiques sont beaucoup plus intenses et plus meurtrières chez les peuples primitifs et dans les contrées purement agricoles que dans les nations plus avancées et manufacturières.

Les trois usages que l'homme peut faire de l'accroissement des forces productives : accroissement des loisirs; augmentation de la production, surtout de celle des objets de luxe; augmentation de la population. — En général, ces trois résultats se combinent, mais dans des proportions diverses suivant les pays. — Raisons pour lesquelles l'accroissement des forces productives de l'humanité n'a pas augmenté, dans une proportion correspondante, les loisirs des hommes. — L'augmentation de la force productive est d'ailleurs, prise dans son ensemble, beaucoup moindre en réalité qu'en apparence. — La force des machines, au point de vue général économique, n'est pas une force nette; il faut en déduire tous les efforts humains nécessaires, pour créer les machines, les entretenir et les alimenter. — Cette déduction faite et tous les doubles emplois écartés, l'accroissement de la force productive se restreint à des proportions plus modestes.

Les progrès industriels ont, néanmoins, singulièrement amélioré la destinée de l'homme.

Le paupérisme a perdu et perd sans cesse en intensité et en étendue. — Démonstration statistique de cette proposition. — L'indigence est loin d'être le plus grand mal de l'humanité; elle cause moins de victimes que certaines maladies ou que les souffrances morales. — Proportion des indigents à la population dans divers pays et à différentes époques.

Le paupérisme est beaucoup plus faible en Angleterre qu'on ne le pense; il y est en décroissance continue depuis trente ans. — Examen du paupérisme en Écosse et en Irlande. — Le nombre des indigents est moindre à Londres qu'à Paris.

Les contrées purement agricoles ont en général beaucoup plus de pauvres que l'Angleterre ou la France.

L'industrie a diminué le paupérisme plutôt qu'elle ne l'a accru.

Le raisonnement logique et l'expérience nous ont ensemble démontré que la situation de l'ouvrier relativement au patron s'est retournée depuis quelque temps. Le premier est beaucoup moins qu'autrefois dans la main du maître ; diverses circonstances économiques, notamment la nécessité de grands capitaux pour la pratique de l'industrie, ont contribué à ce résultat. D'un autre côté, le législateur et le public en général sont devenus et deviennent chaque jour de plus en plus favorables aux prétentions de l'ouvrier tandis qu'autrefois ils étaient particulièrement sensibles à l'intérêt des « maîtres ».

Ce changement est récent ; il date d'une trentaine d'années au plus, même de moins ; il n'a pas pu produire encore tous les résultats qu'on en peut attendre ; cependant il n'a pas dû laisser que d'avoir sur l'ouvrier une certaine influence, il a dû modifier en sa faveur la répartition des richesses.

La plupart des économistes le nient : Sans parler des plus anciens, tous ceux du commencement de ce siècle, Sismondi, Blanqui l'aîné, Villermé, et de plus illustres qui leur sont postérieurs, Stuart Mill entre autres.

Les plaintes des premiers, Sismondi, Blanqui, Villermé, appartiennent à ce que nous avons appelé « l'époque chaotique ou anarchique de la grande industrie ». Il faut beaucoup de temps pour qu'un nouveau phénomène social cesse d'être perturbateur, pour qu'il ne produise plus que des effets réguliers et heureux. De 1800 à 1840 ou 1850 la grande industrie n'avait pas trouvé encore l'organisation qu'elle devait avoir : elle faisait des victimes, elle abusait des forces de l'homme ; on pouvait croire qu'elle devait l'abâtardir et l'asservir.

Aujourd'hui les griefs contre l'industrie sont encore fréquents : on les rencontre à gauche et à droite, parmi les socialistes, comme Karl Marx, Lassalle ou Proudhon ; parmi leurs voisins, les *économistes socialisant* comme M. Émile de Laveleye et Stuart Mill, et aussi parmi les tenants ou les admirateurs de l'ancien régime, de l'organisation patriarcale, comme M. Perrin (de Louvain), M. Le Play, Monseigneur de Ketteler, évêque de Mayence, M. de Mun, et comme une association récente formée en France dans l'année 1879 sous le nom d'*Association des industriels chrétiens du Nord.*

Que reprochent à l'industrie actuelle tous ces critiques venant de points si opposés et ayant un idéal si différent? M. de Laveleye admet comme un fait reconnu par la science que l'industrie et la propriété privée engendrent le paupérisme : c'est là, selon lui, un axiome qui n'a pas besoin de démonstration ; déjà les habitants de la Californie, contrée qui n'est défrichée que depuis trente ans, s'apercevraient que la propriété privée et que la rente de la terre les met à l'étroit, les gêne, les appauvrit. Stuart Mill écrit mélancoliquement les lignes qui suivent : « Il est douteux que toutes les inventions « mécaniques faites jusqu'à ce jour aient diminué la fatigue « quotidienne d'un seul être humain. Elles ont permis à un « plus grand nombre d'hommes de mener la même vie de ré- « clusion et de travaux pénibles et à un plus grand nombre de « manufacturiers et autres de faire de grandes fortunes ; elles « ont augmenté l'aisance des classes moyennes ; mais elles « n'ont pas encore opéré dans la destinée de l'humanité les « grands changements qu'il est dans leur nature de réaliser. » Grâce à ce dernier membre de phrase, la pensée de Stuart Mill n'est pas tout à fait déraisonnable ; elle n'est qu'exagérée. Nous aussi, nous considérons que toutes ces inventions mécaniques n'ont pas encore produit dans la destinée de l'humanité les grands changements que l'on peut en attendre.

Karl Marx est naturellement beaucoup plus affirmatif, ou plutôt il a une plus grande intrépidité de négation. D'après lui, les ouvriers sont les esclaves des machines ; tous les progrès industriels n'ont abouti qu'à une activité dévorante qui épuise l'ouvrier et le consume prématurément : le travail à la tâche est le procédé inventé pour absorber, en en compromettant la durée, la force vitale de l'ouvrier.

De plus savants, empruntant les images de la fable antique, ont baptisé la civilisation moderne d'un nom qui mérite qu'on le retienne, comme l'expression concentrée de tous les griefs, le *Sisyphisme*. On se rappelle ce malheureux, condamné par

Pluton, en punition d'un manque de parole, à rouler une grosse roche jusqu'au sommet d'une montagne d'où elle retombait aussitôt et qu'il était obligé de remonter sans trêve : le *sisyphisme*, c'est-à-dire les efforts impuissants et stériles, la tâche ingrate qui jamais ne diminue. Ce qu'entendent les écrivains qui ont recouru à cette image, c'est que plus on arrive à multiplier ou à perfectionner les moyens de production, plus s'accroît la durée, l'intensité du travail, si ce n'est de l'effort physique, du moins de l'attention, de l'effort moral et intellectuel.

Un statisticien fort habile, qui n'appartient, d'ailleurs, pas à cette école de contempteurs ou de critiques acharnés de la civilisation moderne, M. de Foville, a supputé, d'après les documents officiels, qu'il y a en France 40,000 appareils à vapeur, ayant une force totale de 1,500,000 chevaux vapeur et formant l'équivalent de 60 millions de bras, soit de 30 millions d'ouvriers. Quelques économistes contemporains, dans une éloquence verbeuse et superficielle qui sent le radotage, s'émerveillent de ce concours apporté à la puissance productive de l'homme, et n'examinent pas de plus près ce phénomène. D'autres, au contraire, se demandent comment il se fait que toutes ces machines, que ces 30 millions de travailleurs de fer ou d'acier, n'aient pas singulièrement augmenté les loisirs de l'humanité. Quelques-uns même, poussant plus loin l'observation, recherchent si ces nouveaux travailleurs inanimés, si puissants et si souples à la fois, ne font pas aux ouvriers de chair et d'os une concurrence redoutable et ne dépriment pas leurs salaires. C'était le point de vue, on le sait, de Sismondi. M. de Foville a calculé qu'une machine à vapeur se payait 2,000 francs par force de cheval il y a trente ans, qu'elle ne revient plus qu'à 1,000 francs aujourd'hui, ce qui représente pour l'intérêt et l'amortissement un loyer de 1 centime par heure ; la nourriture de cet ouvrier de fer ou d'acier se compose par heure de 3 ou 4 centimes de charbon en moyenne ; ainsi c'est en tout un sou ou cinq centimes par heure que coûte en intérêt, en amortissement, en alimentation ou entretien, ce cheval-vapeur dont la puissance égale celle de trois chevaux de trait et dépasse celle de vingt hommes de peine (1). Le concours inespéré d'aussi précieux et d'aussi peu coûteux collaborateurs n'aurait-il pas dû accroître dans une énorme proportion les loisirs, l'aisance, l'indépendance, en un mot, de l'humanité? Leur devoir n'était-il pas de l'affranchir? au contraire, ils paraissent l'avoir asservie. *Sisyphisme*, telle serait la devise de notre civilisation. Tout engin nouveau que la fécondité du cerveau de l'homme découvre pour abréger sa tâche ne fait qu'accroître le travail collectif, le rendre plus continu, plus impérieux, plus monotone, plus intense surtout.

Voilà les objections. L'industrie, quoique par ses découvertes incessantes elle mérite de plus en plus son nom, ne diminue pas la fatigue de l'homme, ou bien à l'effort et à la lassitude physiques elle substitue — ce qui n'est pas un moindre mal — l'effort de l'attention et la lassitude morale. L'industrie, avec le développement merveilleux de la puissance productive, ne détruit pas le paupérisme, elle ne l'éteint pas ; elle le crée, au contraire, ou du moins l'accroît. Voilà ce que proclament non seulement Lassalle, Karl Marx, Proudhon, mais Stuart Mill, Émile de Laveleye, Mgr. de Ketteler, les industriels chrétiens du Nord, etc.

Pour répondre à ces critiques, qui ne sont pas, d'ailleurs, sans quelque fondement dans la période chaotique et anarchique d'installation de la grande industrie, période qui n'est pas encore complètement terminée, il faut autre chose que les banalités vides où se sont trop souvent complus les économistes contemporains.

L'industrialisme, puisqu'il faut employer ce vilain mot, n'aurait servi qu'à une plus inégale distribution des richesses. C'est cette théorie que Proudhon entre autres a développée avec sa verve habituelle : « Un fait à signaler, dit-il, c'est que depuis « l'impulsion exorbitante donnée aux entreprises, certains en-

(1) Voir l'article de M. de Foville dans *l'Économiste français* du 9 février 1878.

« tremetteurs, regardant apparemment notre fortune à tous « comme assurée et voulant par avance se payer de leur ini- « tiative, ont commencé par s'adjuger qui un, qui deux, qui « dix, qui vingt, trente, cinquante et quatre-vingts millions. Ce « qui veut dire qu'en attendant les noces de Gamache qu'ils « vous promettent à perpétuité, ils prélèvent sur le commerce, « provisoirement condamné au jeûne, depuis cent jusqu'à trois « mille parts. Quant au pays qui supporte sans rien dire cette « prélibation, les débâcles financières, la stagnation des affaires, « l'accroissement des dettes lui montrent assez clairement ce « qu'il doit penser de ces rêves de Cocagne (1). »

Proudhon n'admet pas que l'abondance soit jamais le lot de l'humanité. Il parle avec les idées et presque le style d'un père de l'Église. « La pauvreté est une loi de notre nature, dit- « il;... nous sommes constitués en pauvreté. » Seulement à cette pauvreté naturelle, irrémédiable, vient s'ajouter le paupérisme. « Le paupérisme est la pauvreté anormale, agissant « en sens subversif..... » Il tient à « l'esprit de luxe et d'aristo- « cratie, toujours vivant dans notre société soi-disant démo- « cratique, qui rend l'échange des produits et des services frau- « duleux en y introduisant un élément personnel ; qui, au mé- « pris de la loi des valeurs, au mépris même des droits de la « force, conspire sans cesse, par son universalité, *à grossir la* « *fortune de ses élus des innombrables parcelles dérobées au salaire* « *de tous.* »

Poursuivant sa thèse, Proudhon recherche quels sont les faits par lesquels se traduit dans l'économie politique cette répartition vicieuse : il en signale sept :

1° Le développement du parasitisme, la multiplication des emplois et des industries de luxe ;

2° Les entreprises improductives, inopportunes, sans proportion avec l'épargne ;

3° Les excès du gouvernementalisme ;

4° L'absorption des capitales et des grandes villes ;

(1) *La Guerre et la Paix*, 3e édition, t. II, p. 156.

5° L'exagération du capitalisme ;

6° Les variations monétaires ;

7° L'augmentation du prix des loyers qui ne laisse au travailleur que 50, 60 ou 80 pour 100, de ce qu'il avait autrefois pour sa consommation.

Après avoir signalé ces formes diverses du paupérisme, comment conclut l'écrivain socialiste ? Par un passage que l'on pourrait croire extrait d'un sermon de Bossuet ; reproduisons ces belles paroles dont le seul vice est une évidente exagération :

« Une fois que, par le défaut d'équilibre dans la réparti-« tion, le paupérisme a atteint la classe travailleuse, il ne « tarde pas à s'étendre partout, en remontant des conditions « inférieures aux supérieures, à celles mêmes qui vivent dans « l'opulence.

« Chez le malheureux, le paupérisme se manifeste par la « *faim lente*, dont a parlé Fourier, faim de tous les instants, « de toute l'année, de toute la vie ; faim qui ne tue pas en un « jour, mais qui se compose de toutes les privations et de tous « les regrets, qui sans cesse mine le corps, délabre l'esprit, « démoralise la conscience, abâtardit les races, engendre toutes « les maladies et tous les vices, l'ivrognerie entre autres et l'en-« vie, le dégoût du travail et de l'épargne, la bassesse d'âme, « l'indélicatesse de conscience, la grossièreté des mœurs, la « paresse, la gueuserie, la prostitution et le vol.....

« Chez le parasite, l'effet est autre : ce n'est plus de la fa-« mine, c'est une voracité insatiable. Il est d'expérience que « plus l'improductif consomme, plus par l'excitation de son « appétit en même temps que par l'inertie de ses membres et « de son cerveau il demande à consommer..... A mesure que « le riche cède à cette flamme de jouissances qui le consume, « le paupérisme l'assaillit plus vivement, ce qui le rend à la « fois prodigue, accapareur et avare..... Le luxe de table n'est « qu'une fraction de la dépense de l'improductif. Bientôt, la « fantaisie et la vanité s'en mêlant, aucune fortune ne lui suffit « plus ; au sein des jouissances il se trouve indigent. Il faut

« qu'il remplisse sa caisse qui se vide : le paupérisme alors « s'empare tout à fait de lui, le pousse aux entreprises hasar- « dées, aux spéculations aléatoires, au jeu, à l'ivrognerie, et « venge à la fin, par la plus honteuse des ruines, la tempérance, « la justice et la nature outragées.

« Voilà pour ce qui regarde les extrêmes du paupérisme. « Mais il ne faudrait pas s'imaginer qu'entre ces extrêmes, « dans cette condition mitoyenne où le travail et la consomma- « tion se font un plus juste équilibre, les familles soient à l'abri « du fléau (1). »

Nous n'avons pu résister à l'attrait de ces belles pages, et nous les avons citées. Si l'on ne connaissait le nom de l'auteur, on ne pourrait dire si ces extraits sont empruntés à la littérature de la chaire ou à un traité de morale. Le paupérisme qui s'étend comme une lèpre sur l'humanité et qui envahit jusqu'aux hommes les plus riches, en apparence les plus heureux, est bien, en effet, dans le sens moral qui vient de lui être donné, un des traits caractéristiques de notre temps. C'est la même pensée que celle de Stuart Mill sur l'Américanisme. Ce n'est là, croyons-nous, qu'une de ces maladies d'enfance et de croissance qui accompagnent le développement subit de la production et les progrès rapides. C'est encore là un des vices de la période chaotique et anarchique de la grande industrie et des vastes entreprises.

Les conclusions définitives de Proudhon sont beaucoup plus contestables que la peinture magistrale qu'il a faite de l'état mental de ses contemporains. Il n'a de louanges que pour les peuples qui, de son temps du moins, n'étaient pas encore complètement entrés dans le grand mouvement de l'industrie contemporaine, pour l'Autriche, par exemple, et pour la Russie dont les serfs n'avaient pas encore été émancipés. La considération du servage n'arrête pas les éloges de Proudhon. « Dans certains pays, dit-il, tels que la Russie, l'Autriche, où « la plupart des familles vivent de l'exploitation du sol, pro-

(1) *La Guerre et la Paix*, pages 160 et 161.

« duisant presque tout par elles-mêmes et pour elles-mêmes, « et n'entretenant que de faibles relations avec le dehors, le « mal est moins intense. C'est surtout le gouvernement, sans « numéraire et sans crédit, ce sont les hautes classes à qui la « terre ne fournit qu'une faible rente, souvent payée en na- « ture, qui souffrent de la détresse. Là on peut dire que, quant « aux masses, la sécurité de la vie et la garantie du nécessaire « sont en raison de la médiocrité industrielle et commerciale « de la nation. »

Telle est aussi la doctrine de M. Emile de Laveleye, qui compare, dans un passage que nous avons reproduit, l'indépendance et le bonheur de l'ancien Germain, chassant l'aurochs, à la tâche monotone et continue de son successeur, l'Allemand de nos jours. Il semblerait que tous ces esprits libres, qui prônent le progrès et qui y croient, par une singulière inconséquence, ne constatent sur cette terre que dégénérescence et appauvrissement. On ne peut adresser le même reproche à M. Le Play qui, lui aussi, est épris de la vie patriarcale, qui en cherche les modèles dans les montagnes de l'Oural ou parmi les Bachkirs, mais qui du moins n'a jamais prétendu que le progrès fût la loi de l'humanité. C'est dans le même esprit que les industriels chrétiens du Nord rédigeaient au printemps de 1879 leur manifeste économique où ils mêlaient aux idées de patronage la théorie de la protection douanière.

On ne peut nier qu'il n'y ait quelque vérité dans certaines des paroles de Proudhon que nous avons reproduites et dans celles que nous demandons au lecteur la permission de faire passer encore sous ses yeux : « Chez les nations où le travail « est divisé et engrené, écrit le pénétrant écrivain, où l'agri- « culture elle-même est soumise au régime industriel, où toutes « les fortunes sont solidaires les unes des autres, où le salaire « du travailleur dépend de mille causes indépendantes de sa vo- « lonté, le moindre accident trouble ces rapports fragiles, et peut « détruire en un instant la subsistance de millions d'hommes. « On est épouvanté quand on songe à combien peu de chose

« tient la vie quotidienne des nations, et quelle multitude de « causes tendent à la désorganiser. Alors on s'aperçoit qu'autant « cette belle ordonnance promettait de servir le bien-être des « masses, autant, au premier détraquement, elle peut engen- « drer de misère. »

Oui, il y a dans ce passage quelque parcelle d'observation vraie, mais il y a beaucoup plus d'exagération. Le *détraquement* pour les sociétés primitives est tout aussi terrible, beaucoup plus même, que pour les sociétés perfectionnées. Tous les effets d'une crise commerciale, si intense que vous la supposiez, en Angleterre ou en France, ne sont rien à côté des effets d'une de ces famines, qui sont fréquentes et périodiques, chez les nations primitives, uniquement agricoles, comme les Indes, la Chine, l'Asie Mineure, l'Irlande même. M. Le Play, qui admire les Bachkirs et les propose presque comme modèles, avoue qu'une sécheresse est une épreuve à laquelle ils ne peuvent rien opposer et qui les ruine (1).

Toute cette théorie du paupérisme, Proudhon la termine par des paroles dignes du ton qu'il a pris dans ce débat et qui feraient encore honneur à un prédicateur chrétien : « Le pau- « périsme, analysé dans son principe psychologique, découle de « la même source que la guerre : à savoir, la considération de « la personne humaine, abstraction faite de la valeur intrin- « sèque des services et des produits. Ce culte inné de la ri- « chesse et de la gloire, cette croyance mal entendue à l'iné- « galité, pouvaient, un temps, faire illusion : elles doivent « s'évanouir devant cette considération toute d'expérience « que l'homme, condamné à un labeur quotidien, à une fru- « galité rigoureuse, doit chercher la dignité de son être et la « gloire de sa vie autre part que dans la satisfaction du luxe et « la vanité du commandement. »

Ce sont là d'austères préceptes qui doivent rencontrer l'adhésion de tous les bons esprits : quelque effort que l'on fasse pour

(1) La famine de 1880 en Arménie vient encore démontrer que l'intensité des crises économiques est beaucoup plus grande chez les peuples primitifs que chez les peuples civilisés.

améliorer la situation de l'humanité, quelque espoir que l'on ait d'un accroissement du bien-être général à l'avenir, la dernière parole du sage doit toujours être la résignation.

De l'exposé consciencieux que nous avons fait des doctrines de Proudhon, d'Emile de Laveleye, de Stuart Mill et de ce mot de « résignation » que nous-même avons prononcé, il ne résulte pas que nous considérions qu'il ne soit échu aux classes inférieures de la société aucune part dans tous les progrès de l'industrie, du commerce, des transports, dont notre siècle s'enorgueillit. La résignation dont nous parlons n'est pas la renonciation à la lutte quotidienne contre la nature pour rendre meilleures les conditions de l'existence humaine, ce n'est pas le détachement absolu des biens de ce monde, vertus philosophiques ou religieuses, mais peut-être défauts économiques ; c'est seulement une certaine modération des désirs qui n'exclut pas l'ambition de s'élever, c'est la patience, la persévérance, le contentement de son sort pour peu qu'il devienne chaque jour un peu moins dur, c'est la réconciliation avec les épreuves, les mécomptes, les délais, les imperfections que comporte tout progrès humain. Pris dans ce sens, la résignation, qui n'est en définitive que l'esprit pratique, devient une véritable vertu économique. Cette résignation, nos contemporains, les ouvriers des dernières années du dix-neuvième siècle, peuvent et doivent l'avoir, car, si défectueuse qu'elle soit encore, leur destinée est incomparablement préférable à celle de leurs prédécesseurs.

Reprenons l'examen de la thèse de Proudhon, d'Emile de Laveleye, de Stuart Mill, des industriels chrétiens du Nord, et montrons en quoi l'accroissement des forces productives, par suite de l'accumulation des capitaux et des merveilleuses découvertes scientifiques, a profité à la classe ouvrière.

L'homme peut faire trois usages bien divers de l'accroissement des forces productives : il peut en tirer ou une augmentation de loisirs, ou une augmentation nouvelle de la production, particulièrement de celle des objets de luxe, ou une augmentation de la population. Pouvant produire autant en moins de temps et avec moins d'efforts, il lui est possible ou de travailler moins, ou de consommer plus, ou de se multiplier davantage ; il a le choix entre ces trois biens, si tant est que la multiplication indéfinie de la population soit un bien.

Comme dans toutes les choses humaines, il est probable que, se trouvant en face de trois solutions, l'homme, au lieu d'en adopter une seule et de rejeter les deux autres, prendra un peu à chacune, les combinera et obtiendra ainsi une sorte de résultat mixte où se rencontreront les trois éléments. Le caractère national influera, d'ailleurs, sur la proportion où ces trois éléments se combineront ; l'Allemand, par exemple, et le Belge emploieront à l'accroissement de la population la plus forte partie de l'avantage que leur procure l'augmentation des forces productives de l'humanité ; le Français, au contraire, en tirera surtout un accroissement de loisirs et d'objets de luxe. Le développement de la production et de la consommation des articles de luxe n'est pas nécessairement un mal, comme l'admettent la plupart des moralistes et beaucoup d'économistes. Le luxe est une conquête faite sur la matière, c'est le témoignage que l'humanité s'est affranchie du joug des besoins les plus grossiers, que du moins elle n'est obligée de consacrer à ces derniers qu'une somme décroissante d'efforts ; le luxe, surtout quand il se répand dans toutes les classes de la société, est l'ornement de la vie, il l'embellit et y apporte quelque poésie ; il est donc loin de mériter les anathèmes que lancent contre lui des moralistes superficiels ou des rhéteurs en quête de sujets de déclamation.

Il est certain que l'accroissement des forces productives de l'humanité n'a pas augmenté, dans une proportion correspondante, les loisirs de l'homme. Les machines si multipliées dans l'industrie ne font pas que l'on travaille moitié moins qu'autrefois. On n'a pas profité, autant qu'on l'aurait pu, du merveilleux développement des moyens de production pour réduire la durée de la tâche de l'ouvrier. Cependant Stuart Mill exagère singulièrement quand il écrit qu'il « est douteux que

« toutes les inventions mécaniques faites jusqu'à ce jour aient « diminué la fatigue quotidienne d'un seul être humain ». Les loisirs des ouvriers des divers métiers urbains, et ceux même des travailleurs de la grande industrie, se sont élargis dans une proportion que nous chercherons tout à l'heure à déterminer. Cette augmentation des loisirs, il est vrai, s'est fait quelque temps attendre, elle n'a pas été contemporaine de l'établissement de la grande industrie. Quand celle-ci s'est constituée, il y a eu une sorte de fièvre de production qui a fait écarter toute pensée de diminuer la durée de la journée de travail. Quand un phénomène aussi considérable que celui des inventions mécaniques du commencement du siècle fait en quelque sorte explosion, il faut quelque temps pour que l'humanité apprenne à en tirer le meilleur parti possible, à se servir de ces nouvelles forces sans se blesser. Il y a toujours un apprentissage qui est lent, pénible, rempli d'épreuves.

Ce que l'on appelle le *sisyphisme* n'est cependant pas le lot définitif de l'humanité. Il serait déraisonnable d'espérer que le travail de l'homme pût avoir diminué dans la proportion même où a augmenté la productivité du travail pour certains métiers spéciaux. Les économistes citent avec une complaisance, qui est parfois bien superficielle, bien irréfléchie, le prodigieux développement de la puissance productive de l'homme en certains cas exceptionnels. Sans parler de la filature mécanique, voici un exemple encore plus frappant : dans la bonneterie pour tricots l'ouvrière la plus expéditive faisait autrefois à la main 150 à 200 mailles par minute ; aujourd'hui le métier circulaire à double fonture fait par minute 500,000 mailles ; avec cet outillage nouveau un seul ouvrier fait aujourd'hui la besogne de 2 ou 3,000 ouvriers du bon vieux temps (1). Quel cerveau déraisonnable en tirerait la conséquence que, puisque les ouvriers en bonneterie, armés du métier circulaire à double fonture, font dans le même temps 2,000 fois plus d'ouvrage

(1) La plus belle et la plus frappante description qui ait été faite de l'accroissement de la force productive de l'homme dans l'industrie, est due à M. Michel Chevalier (*Cours d'Économie politique*, t. I).

que l'ancienne tricoteuse, ils doivent travailler deux mille fois moins dans la journée, ce qui réduirait leur tâche à moins d'une demi-minute par jour? Celui qui ferait une proposition de ce genre serait avec raison considéré comme extravagant. C'est que ces étonnants progrès ne se sont accomplis que dans quelques industries; c'est en outre qu'ils sont en réalité moindres qu'en apparence. Le verbiage de certains économistes, les descriptions superficielles et exagérées où ils se complaisent, prenant des faits exceptionnels pour des faits généraux, leur ridicule optimisme, ont singulièrement embrouillé les questions.

Tout fier que l'homme ait le droit d'être des surprenantes découvertes qu'il a faites, il faut bien dire que son action sur la nature ou sur la matière a été, quand on cherche à la mesurer avec précision, infiniment moindre qu'on n'aime à le dire. Il y a sur ce point une part de cette illusion que La Fontaine a si bien décrite dans la fable des Bâtons flottants. Quelques observations vont nous en convaincre.

Il y a aujourd'hui 40,000 machines à vapeur en France, représentant 1,500,000 chevaux de force, lesquels fournissent un travail équivalant à celui de 30 millions d'hommes. Comme la population française, qui compte 36 millions d'habitants, n'en comprend guère que 10 millions qui soient dans toute leur capacité productive (déduction faite des enfants, des vieillards et de la plupart des femmes), on pourrait conclure de ce rapprochement que la puissance productive des Français ayant été quadruplée, il serait assez raisonnable que chacun d'eux travaillât quatre fois moins qu'auparavant, soit trois heures par jour; ou bien encore, en supposant que la consommation de chaque Français doublât, six heures par jour. Voilà le langage que pourrait tenir quelqu'un de ces statisticiens étourdis comme il en existe tant : la puissance productive de l'homme a été quadruplée, supposons qu'il veuille consommer deux fois plus, il lui est cependant loisible de travailler deux fois moins, sinon, nous sommes en plein sisyphisme, en proie à une vexatoire répartition des richesses. Et ce prétendu théorème, le statisticien que nous supposons prétendrait qu'il repose sur des faits d'une exactitude mathématique. En réalité, ces faits sont tout autres que le statisticien en question avec la légèreté de son regard ne les constate.

En premier lieu, les progrès dont on parle tant ont été localisés dans quelques industries, très-importantes à coup sûr, mais cependant exceptionnelles. Le vêtement et la métallurgie ne sont pas tout en ce monde. L'industrie principale, l'agriculture, d'autres encore, comme l'industrie extractive ou comme l'industrie du bâtiment, n'ont pas été transformées d'une manière aussi profonde, aussi complète. Certes, même dans ces dernières, on a accompli des progrès qui sont considérables ; les méthodes, les procédés, les instruments s'y sont perfectionnés, de façon à augmenter la production, à la faciliter, mais non pas à la multiplier. Il n'y a eu là rien d'analogue au métier renvideur *selfacting*, au métier circulaire à double fonture ou bien encore à la locomotive. Si l'homme avait eu une action aussi étendue sur la production des objets d'alimentation et des matières premières que celle qu'il a exercée sur la transformation des produits naturels et sur les transports, les loisirs de l'humanité pourraient être énormes, et la proposition du statisticien dont nous parlions tout à l'heure serait moins déraisonnable ; elle serait encore exagérée cependant, comme on va le voir.

La force productive de l'homme, malgré tous ces ingénieux engins et tout le progrès des sciences, a donc moins augmenté en réalité qu'en apparence, parce qu'elle s'est portée surtout sur la manufacture et sur le transport, non sur l'extraction même et la production des denrées naturelles. Il est fort rationnel que, dans ces circonstances, les ouvriers industriels n'aient pas vu leur sort s'améliorer autant que les progrès de leur propre industrie semblaient le permettre. Leur situation se serait alors élevée trop au-dessus de celle de l'ouvrier agricole, de l'ouvrier des mines, de l'ouvrier du bâtiment, du simple manœuvre, et de tous les artisans de ces mille métiers urbains où la mécanique ne joue guère de rôle. Il y eût eu une disproportion choquante entre la destinée des travailleurs des usines dont les progrès de la mécanique auraient décuplé, centuplé la force productive, et la destinée des travailleurs manuels des professions où le perfectionnement de la mécanique et les découvertes physiques et chimiques auraient eu beaucoup moins d'action. La première catégorie d'ouvriers aurait constitué une véritable aristocratie, grassement appointée, jouissant de longs loisirs, tandis que la seconde catégorie, qui est la plus nombreuse, serait restée à peu près dans le même état qu'auparavant. Cette anomalie inique n'eût pu exister ou se prolonger que si les travailleurs agricoles et ceux des mille métiers urbains avaient été empêchés par la loi ou par les mœurs d'entrer dans le personnel des usines et d'y accroître la concurrence des bras. On a vu surgir ainsi pendant quelque temps des privilèges de cette nature au profit d'ouvriers d'industries exceptionnellement florissantes. M. le comte de Paris, dans son ouvrage sur les Trades-Unions, en cite un exemple frappant, c'est celui d'ouvriers puddleurs d'un haut fourneau d'Écosse qui se firent passagèrement six, huit ou dix mille francs de gains annuels, en vertu de tarifs qui avaient été suivis de considérables progrès dans la fabrication du fer.

L'inégalité du progrès dans certaines branches de l'industrie manufacturière, d'une part, et dans l'agriculture, le bâtiment, les mille métiers divers des villes, d'autre part, a déterminé les résultats que devaient avoir les découvertes mécaniques, physiques ou chimiques. La plus grande partie du bénéfice de ces découvertes a consisté moins en une augmentation des salaires et des loisirs qu'en une augmentation considérable des produits manufacturés et en une baisse sensible du prix de ces objets. Si l'on se rappelle, d'ailleurs, le dénûment de l'humanité il y a un siècle, surtout en ce qui concerne le vêtement, l'ameublement, le logement, on ne doit pas trop déplorer cette direction prise par le progrès industriel. C'est un fait regrettable, sans doute, mais certain, que le superflu s'accroît avec beaucoup plus de facilité que le nécessaire ; l'un augmente lentement, l'autre se multiplie en quelques années ; la qu antité de grains que l'on recueille en France et la quantité de viande que l'on y produit ne sont pas triples de ce qu'elles étaient il y a un siècle, et la population a augmenté de 60 p. 100; mais les quantités de tous les menus objets qui sont utiles, surtout agréables, sans être absolument indispensables, ont décuplé, parfois centuplé.

Une autre observation jette de la lumière sur la portée réelle des progrès humains, et dissipe les brouillards de banalités où se tiennent les économistes déclamateurs. Toute cette immense machinerie dont on a lieu de célébrer, mais tort d'exagérer les bienfaits, contient une multitude de rouages dont plusieurs forment en quelque sorte des doubles emplois, et que l'on ne peut additionner ensemble sans arriver à de graves erreurs de calculs. Il y a, assure-t-on, 40,000 machines à vapeur en France, représentant 1,500,000 chevaux de force et le travail de 30 millions d'hommes, qui vient s'ajouter à l'effort des dix millions d'hommes adultes que possède le pays. Soit, ces termes nous mettent en présence d'une curiosité statistique; mais, avant de rien conclure quant à la pratique, il faut examiner de très-près.

Ces 40,000 machines à vapeur font très-fréquemment double emploi les unes avec les autres, puis elles exigent des soins, une alimentation, qui absorbent l'activité de beaucoup d'êtres humains et les détournent des travaux auxquels ils étaient précédemment occupés. Ainsi ces 40,000 machines à vapeur ont fait porter à 16 millions de tonnes la production de houille en France et à 30 millions notre consommation de ce produit. Près d'un million d'adultes sont occupés à chercher ou à manier le charbon qui est nécessaire à alimenter ces machines à vapeur. Il en résulte qu'il faudrait mettre en regard des 30 millions de travailleurs nouveaux que représentent ces machines à vapeur le million d'hommes qui est uniquement occupé à chercher au fond de la terre le combustible qu'elles dévorent. Si la force productive gagne d'un côté 30, elle perd de l'autre côté 1. Des déductions du même genre doivent être faites pour tous les ouvriers de chair et d'os qui sont employés à extraire le fer avec lequel ces machines à vapeur seront construites, à le forger, le fabriquer, puisque ce fer ne sert que d'intermédiaire dans la production et qu'il n'est pas, par lui-même, pour la plus grande partie du moins, indépendamment des machines, un objet consommable. Il faut déduire encore les ouvriers occupés aux réparations, à l'entretien,.au transport même de ces machines, ou du charbon qu'elles consomment, ou du fer avec lequel elles sont construites. Parmi ces 40,000 machines à vapeur, il y en a qui ne servent pas à faire des produits que l'humanité apprécie en eux-mêmes, mais qui ont pour usage d'aider à la fabrication d'autres machines, telles sont les machines-outils. Voyez que de doubles emplois dans tout cet effectif d'instruments. Quand donc on vient dire que les 40,000 machines à vapeur existant en France, et représentant 1,500,000 chevaux de force, ont apporté à notre production un concours égal à celui de 30 millions d'ouvriers adultes, cette proposition n'est pas choquante si on ne l'avance que comme une simple curiosité statistique; mais si on prétend, comme certains économistes nébuleux et comme la plupart des socialistes, en conclure que la puissance productive de l'homme, pour les objets dont il a personnellement besoin, est devenue quatre fois plus grande, on tombe dans une ridicule exagération.

Il importe à la science sérieuse de faire justice de ces illusions. Il n'en demeure pas moins vrai que ces progrès, qui sont réels et considérables, sans avoir toute l'étendue qu'on leur attribue souvent, ont sensiblement amélioré le sort de l'ouvrier et qu'ils doivent l'adoucir encore à l'avenir.

Une opinion qui est parmi les plus répandues et les plus fausses, c'est que le paupérisme augmente au fur et à mesure que l'industrie se répand. Aucun fait, aucune statistique ne vient à l'appui de ce préjugé.

Le paupérisme est, d'ailleurs, un mot sur le sens duquel il faudrait s'entendre. Nous avons donné la définition de Proudhon, qui entendait par cette expression non seulement l'indigence réelle, le manque des objets strictement nécessaires pour la subsistance physique, mais encore la gêne qui vient de l'inégalité des ressources et des désirs, de l'âpre avarice, de l'envie surexcitée, de la passion pour les biens de ce monde. Dans le sens où l'a conçu Proudhon, le paupérisme, qui tient à un certain état de l'âme, à la concupiscence, a plutôt augmenté que diminué ; mais l'on peut considérer que c'est là une maladie mentale qui est passagère et propre à l'état de surexcitation où nous a mis l'apparition soudaine de la grande industrie, le renouvellement de l'outillage du monde, coïncidant avec la suppression de toutes les barrières sociales et de tous les privilèges légaux.

Quant au paupérisme vrai, celui qui indique l'indigence réelle à l'état chronique, le manque des objets nécessaires pour subsister, a-t-il augmenté ou diminué? Nous croyons qu'il a considérablement décrû. Il faut d'abord observer que l'indigence est variable : la mesure de l'indigence n'est pas la même dans tous les siècles et dans tous les pays : les affreux gueux qu'ont connus les siècles passés n'existent plus guère ; l'indigence de nos jours, en France du moins, est plus relevée. Aujourd'hui celui qui n'a et ne peut se procurer ni souliers, ni bas, ni chemise, est déclaré un indigent ; autrefois les trois quarts de la population étaient à ce régime de dénûment et ne songeaient pas à s'en plaindre. De même celui qui ne peut manger du pain blanc et l'assaisonner d'un peu de viande ou de salaison est réputé un pauvre, quand des classes entières se trouvaient jadis dans une situation analogue. Beaucoup de gens sont donc pauvres aujourd'hui et secourus qui auraient passé pour aisés il y a un siècle ou deux.

L'indigence indique une relation morale, tout autant qu'un rapport physique ; elle résulte de la comparaison des ressources d'une personne non pas avec les besoins tout à fait indispensables de l'humanité, mais avec la manière de vivre qui est habituelle à l'ensemble de la classe ouvrière. Le niveau du paupérisme a donc haussé au fur et à mesure des progrès de l'aisance générale. Si la moyenne des hommes avait quatre mètres de haut, celui qui n'en aurait que deux passerait pour un nain, tout en étant plus grand que nous ne sommes.

Cette élévation du niveau du paupérisme n'est pas en elle-même indifférente. Les souffrances physiques et le dénûment des individus secourus sont moindres aujourd'hui qu'autrefois, c'est déjà un bien. En admettant, ce que nous ne faisons que par hypothèse, que l'indigence se soit étendue à une plus forte proportion d'individus dans les sociétés modernes que dans les sociétés anciennes, elle a certainement perdu en intensité ; personne ne le peut nier. Lassalle lui-même ne le conteste pas. Ce qu'il prétend et avec lui les socialistes, c'est que des sentiments plus raffinés, une intelligence plus cultivée, rendent plus cuisantes les douleurs de la misère, alors même que celle-ci est moins sordide, moins repoussante qu'autrefois (1).

Est-il vrai que le paupérisme, s'il a perdu en intensité, ait gagné en étendue? Les faits prouvent le contraire. Sans remonter aux âges anciens qui sont difficilement comparables au nôtre, on constate que dans le courant de ce siècle la misère a perdu une partie de sa proie. En 1829, d'après M. de Villeneuve Bargemont, le nombre des indigents était en France de 1,329,000; c'était à peu près un indigent sur 25 habitants ; retenez cette proportion : sur 25 êtres humains dans un pays civilisé il y en a un qui ne peut se suffire à lui-même. Cela est triste, certes ; mais il y a, à coup sûr, une plus forte proportion d'êtres humains qui sont atteints d'infirmités incurables, de maladies repoussantes, de souffrances morales déchirantes. Si le sort de l'humanité était que sur 25 personnes une seule ne fût pas heureuse, l'humanité certes ne serait pas à plaindre. Il ne faut donc pas grossir outre mesure dans l'imagination le fléau de la misère ; c'est encore un des moindres maux qui souillent le genre humain ; il n'atteignait en France, en 1829, qu'un individu sur 25. Encore doit-on dire que cette misère n'est pas absolue, qu'elle ne se manifeste pas par un dénûment entier, un délâbrement complet, beaucoup des personnes qui reçoivent la charité peuvent encore mener une vie ayant quelque décence. Comme les très-grandes fortunes, la vraie misère est un infiniment petit dans une société telle que la nôtre.

(1) Voir plus haut (pages 44 et suivantes) les paroles mêmes de Lassalle.

En 1837, le nombre des indigents secourus en France par les bureaux de bienfaisance était de 806,000 ; mais il n'existait alors que 6,715 bureaux. En 1860, il y avait 11,351 bureaux, soit près du double, le nombre des personnes qu'ils assistaient montait à 1,159,000, soit 40 p. 100 de plus qu'un quart de siècle auparavant. Ces 11,351 bureaux de bienfaisance comprenaient non seulement les villes, mais les communes rurales de quelque importance ; ils embrassaient les deux tiers, vraisemblablement, de la population française ; on sait en outre que le paupérisme est surtout concentré dans les villes ou dans les bourgs, qu'il est peu répandu dans les campagnes, dans les très-petites communes. En supposant qu'aux 1,159,000 personnes secourues par les bureaux de bienfaisance, il fallût ajouter 341,000 autres pour les localités qui étaient dépourvues de ces institutions, on fait une grande concession et l'on n'arrive encore qu'au chiffre de 1,500,000 indigents, à peine 1 sur 25 de la population.

Ces chiffres, il est vrai, et, tous ceux que l'on peut citer en cette matière n'ont pas malheureusement une exactitude rigoureuse ; nous les prenons comme approximatifs, ce qui suffit à notre raisonnement. Dans les grandes villes, cependant, à Paris surtout, les renseignements sont plus précis et, bien loin d'indiquer une recrudescence de l'indigence, ils témoignent qu'elle a diminué. On comptait en l'an X dans notre capitale 43,552 ménages indigents, comprenant 111,000 individus, sur une population totale de 547,000 habitants. Alors sans doute le mal était affreux, la plaie profonde, puisqu'il y avait un pauvre sur cinq personnes résidant à Paris. On sortait, il est vrai, de la crise révolutionnaire qui n'avait pu donner beaucoup d'activité à l'industrie, au commerce et aux travaux entrepris par les particuliers. Dix ans plus tard, en 1813, l'ordre était revenu, mais la conscription, la guerre, épuisaient le pays : la part de l'indigence était un peu plus faible, non pas de beaucoup ; on comptait à Paris un indigent sur 5.69 habitants. Depuis lors le progrès est notable et ne s'arrête pas : on constate successivement les rapports suivants du nombre des indigents avec la population de Paris : en 1829, 1 indigent sur 13.02 habitants ; en 1841, 1 sur 13.30 ; en 1856, 1 sur 13.59 ; en 1863, 1 sur 16.94 ; en 1869, 1 sur 16.16 ; et cependant depuis 1860 on avait annexé la banlieue, repaire des gens sans ressources. En 1879, d'après le budget de l'assistance publique, le chiffre des indigents inscrits a été de 120,000 : cette année était particulièrement affligée par la crise commerciale et par un rude et précoce hiver, le plus rigoureux peut-être de ce siècle ; la population de Paris qui, d'après le recensement de 1876, montait à 1,988,000 habitants, devait bien être de 2 millions 120,000 âmes en 1879 : la proportion des indigents au nombre des habitants était donc de 1 sur 17.66 rapport notablement plus faible que tous les rapports antérieurs. Il est vrai qu'en plus des 120,000 indigents inscrits, on a relevé 24,000 nécessiteux recevant des secours temporaires. Ces derniers ne sont pas des pauvres, ce sont des personnes momentanément dans le besoin ; il y aurait une confusion d'idées à les assimiler à la catégorie précédente. Bien des hommes dont la destinée a pu être satisfaisante, même brillante, ont éprouvé à certains moments de leur existence des embarras. Joignons néanmoins ces 24,000 nécessiteux temporaires aux 120,000 indigents inscrits, nous avons un total de 144,000 personnes sur 2,120,000, ce n'est encore que 1 sur 14.72 p. 100, proportion plus favorable que toutes celles qui ont précédé 1860. Les statistiques démentent ainsi de la façon la plus catégorique la prétendue augmentation du paupérisme. De même qu'il diminue en intensité, le paupérisme s'affaiblit aussi en étendue.

En Angleterre où la prévoyance est beaucoup moins répandue qu'en France, où l'industrie est bien plus développée, où les fortunes sont plus inégales, où l'assistance est obligatoire pour les communes, il existe des statistiques exactes du paupérisme. On peut constater dans ce pays si cette plaie augmente ou se restreint ; le doute n'est pas possible : elle se restreint dans de notables proportions. Le tableau suivant emprunté aux *Statistical Abstracts* en donne la démonstration ; il s'agit ici de l'Angleterre proprement dite et du pays de Galles.

| Années. | Nombre de pauvres. les secourus dans workhouses. | à domicile. | total. | Population totale de l'Angleterre. |
|---|---|---|---|---|
| | — | — | — | — |
| 1849 | 119,375 | 815,044 | 934,419 | 17,552,000 |
| 1850 | 118,559 | 801,984 | 920,543 | 17,766,000 |
| 1851 | 110,565 | 750,328 | 860,893 | 17,983,000 |
| 1852 | 106,413 | 728,011 | 834,424 | 18,205,000 |
| 1853 | 104,126 | 694,636 | 798,822 | 18,403,000 |
| 1854 | 113,676 | 704,661 | 818,337 | 18,618,000 |
| 1855 | 121,563 | 729,806 | 851,369 | 18,787,000 |
| 1856 | 125,597 | 752,170 | 877,767 | 19,045,000 |
| 1857 | 123,382 | 720,424 | 843,806 | 19,305,000 |
| 1858 | 126,481 | 781,705 | 908,186 | 19,523,000 |
| 1859 | 123,305 | 737,165 | 860,470 | 19,746,000 |
| 1860 | 119,026 | 731,994 | 851,020 | 19,902,000 |
| 1861 | 130,961 | 759,462 | 890,423 | 20,119,496 |
| 1862 | 143,191 | 802,975 | 946,166 | 20,336,467 |
| 1863 | 146,167 | 996,427 | 1,142,624 | 20,554,134 |
| 1864 | 137,300 | 844,000 | 981,300 | 20,834,496 |
| 1865 | 138,119 | 833,314 | 971,433 | 21,085,139 |
| 1866 | 137,986 | 782,358 | 920,344 | 21,342,864 |
| 1867 | 144,629 | 814,195 | 958,824 | 21,608,286 |
| 1868 | 158,723 | 876,100 | 1,034,823 | 21,882,059 |
| 1869 | 163,071 | 876,478 | 1,039,549 | 22,164,847 |
| 1870 | 165,324 | 914,067 | 1,079,391 | 22,457,366 |
| 1871 | 165,289 | 916,637 | 1,081,926 | 22,760,359 |
| 1872 | 154,233 | 823,431 | 977,644 | 23,067,835 |
| 1873 | 154,171 | 736,201 | 890,372 | 23,356,414 |
| 1874 | 149,558 | 679,723 | 829,281 | 23,648,609 |
| 1875 | 153,711 | 661,876 | 815,587 | 23,944,459 |
| 1876 | 148,931 | 600,662 | 749,793 | 24,244,010 |
| 1877 | 157,191 | 571,159 | 728,350 | 24,547,309 |
| 1878 | 166,875 | 575,828 | 742,703 | 24,854,397 |

Nous avons tenu à citer toutes les années sans en passer une seule. Ce tableau, en effet, est singulièrement démonstratif. Dans cette Angleterre qu'on représente comme la patrie du paupérisme, la population, de 1849 à 1878, a augmenté de 30 p. 100, et le chiffre des pauvres secourus soit dans les *workhouses*, soit à domicile, a diminué de 20 p. 100. En 1849, le rapport des pauvres à la population était de 5. 33 p. 100, c'est-à-dire qu'il se rencontrait environ un indigent sur vingt habitants. En 1859, le rapport n'était plus que de 4. 36 p. 100; en 1869, par des circonstances passagères, il s'était un peu relevé et atteignait 4. 70 p. 100, restant encore bien au-dessous de la proportion de 1849 ; enfin, en 1878, il était tombé à 2.99 p. 100, c'est-à-dire que sur cent habitants il n'y avait pas trois pauvres. Si, au lieu de considérer des années isolées, on observe des périodes décennales, les résultats restent aussi favorables. Dans la période de 1849 à 1858 le nombre moyen d'indigents secourus annuellement a été de 864,800 pour une population moyenne annuelle de 18,480,000 habitants, ce qui représente 4.67 indigents pour cent habitants ; dans la période suivante, celle de 1859 à 1869, le nombre moyen d'indigents assistés annuellement est de 955,710 et la population moyenne s'élève à 20,720,000, ce qui fournit un rapport de 4.61, légèrement plus faible que le rapport précédent ; enfin dans la dernière période décennale, celle de 1869 à 1878, qui fut cependant signalée par une crise commerciale et industrielle intense, le nombre moyen des indigents assistés annuellement n'a atteint que 893,200 pour une population moyenne de 23,440,000, ce qui donne le rapport de 3.81 p. 100 infiniment plus faible que celui des deux décades précédentes.

Que le paupérisme ait diminué dans l'industrielle Angleterre, c'est une vérité absolument certaine. Tandis que, de 1849 à 1859 il y avait près de 5 pauvres pour 100 habitants, il s'en rencontre maintenant moins de 4 ; si, au lieu de considérer les dix dernières années, on ne tenait compte que des quatre plus récentes, le rapport serait encore beaucoup plus avantageux et tomberait à 3 p. 100. Il n'est pas indifférent de remarquer que plus des trois quarts des pauvres de l'Angleterre reçoivent l'assistance à domicile, par conséquent jouissent de toute leur liberté. L'asile ou *workhouse* ne contient dans ce pays que 0.68 p. 100 des habitants.

On voit combien la sentimentalité, très-excusable en soi, mais guide d'erreur, a faussé le jugement de beaucoup d'écrivains. Il est inexact que l'industrie engendre fatalement le paupérisme. L'indigence est un fléau dont on a singulièrement grossi l'importance : 3, 4 ou 5 individus pour cent en sont frappés dans les sociétés les plus avancées en civilisation. Qu'est-ce que cette proportion par comparaison à celle des êtres humains qui sont atteints d'infirmités, de maladies incurables ou organiques, comme la scrofule, la phthisie? Qu'est-ce surtout en comparaison avec le nombre plus grand encore des hommes qui sont tourmentés de cuisantes douleurs morales? Certes, l'indigence est un mal; mais, pour un esprit réfléchi, c'est encore un des plus bénins, un des moins étendus qui frappent les sociétés civilisées. Supposez, par exemple, que l'on pratiquât le principe chrétien qui conseille aux hommes riches ou simplement aisés d'employer en bonnes œuvres le dixième de leur revenu, les indigents arriveraient à se trouver dans l'opulence puisqu'ils ne représentent que 3, 4 ou 5 p. 100 de l'ensemble de la population, et que les secours qui leur seraient dévolus atteindraient, par hypothèse, le dixième environ des revenus sociaux.

Les chiffres que nous venons de donner pour l'Angleterre concernent non seulement les indigents adultes, capables d'un travail physique, mais les enfants, les vieillards, les femmes. Le nombre des pauvres adultes et susceptibles d'occupation a surtout singulièrement diminué (*adult able-bodied*) : dans la période de 1849 à 1859 le chiffre annuel le plus élevé des pauvres de cette catégorie atteignait 201,644 ; le plus faible, 108,082; dans la période de 1869 à 1878, le chiffre le plus élevé des indigents adultes capables de travail a été de 194,089 en 1870, le plus faible de 92,806 en 1877. Ce sont les pauvres des autres catégories qui forment donc la grande masse de l'indigence, et c'est naturel : vieillards sans épargne ou sans soutiens, orphelins, veuves, infirmes, telles sont les recrues ordinaires de la pauvreté.

Si l'on veut bien parcourir attentivement le tableau que nous avons dressé, d'après les *Statistical abstracts*, du nombre des indigents en Angleterre et dans le pays de Galles pendant les trente dernières années, on y verra que non seulement le rapport des indigents à la population a diminué, ce qui pourrait tenir à l'augmentation de celle-ci, mais encore que, d'une manière absolue, le nombre des indigents est notablement plus faible dans les cinq dernières années, de 1874 à 1878, qu'à aucune époque de toute cette période trentenaire.

Que deviennent, en présence de ces chiffres, les assertions si légèrement répétées que le nombre des pauvres va sans cesse en augmentant dans les sociétés modernes ?

La ville de Londres, qui est réputée pour le plus grand repaire d'indigents du monde entier, donne-t-elle un démenti à nos conclusions? Certes, s'il y a eu un temps propice au développement de la misère, c'est bien la triste année 1879 où la crise commerciale et industrielle a atteint son apogée et les premiers mois de 1880 où le fléau d'une mauvaise récolte s'est joint à celui d'un hiver d'une exceptionnelle rigueur. Le nombre des indigents a donc augmenté à Londres dans ces dernières années; mais approche-t-il de ce que suppose l'imagination émue de beaucoup de romanciers et de quelques économistes ? Chose étrange, il semble que le nombre des indigents soit moins grand à Londres qu'il ne l'est à Paris, de même qu'il est constaté que la mortalité dans la métropole anglaise est plus faible que dans la capitale de la France. Dans la dernière semaine de février de chacune des années qui vont suivre, le nombre des pauvres assistés soit dans les asiles ou *workhouses*, soit à domicile, était :

| | | |
|---|---|---|
| En 1877 | de | 85,640 |
| 1878 | | 86,313 |
| 1879 | | 89,338 |
| 1880 | | 95,800 |

La population de Londres dépasse 4 millions d'habitants. Nous admettons que les indigents secourus ne l'étant pas tous toute l'année, si l'on voulait avoir le total des individus qui à un moment quelconque ont été obligés de recourir à la charité légale on obtiendrait un total plus élevé ; nous ne méconnaissons pas non plus que des personnes dans une situation très-étroite, équivalant à l'indigence ou y touchant de près, peuvent n'être pas secourues par l'assistance officielle, n'obtenir d'aide que de comités privés, ou même traîner misérablement, sans subsides d'aucune sorte, une vie d'excessives privations ; néanmoins il est fort douteux qu'en ajoutant tous ces contingents nouveaux et inconnus on arrive pour la ville de Londres à une proportion de 5 p. 100 de pauvres avec l'ensemble de la population.

Plus défectueuses que celles de l'Angleterre proprement dite sont les statistiques de l'Écosse et de l'Irlande; moins probantes aussi. Telles qu'elles sont, elles témoignent d'une réduction, non d'une augmentation du paupérisme. De 1849 à 1859, on ne comptait en Écosse que les pauvres directement assistés sans y comprendre leur famille (*dependents*) ; c'est seulement à partir de 1860 qu'on fit cette nécessaire addition. En 1849 il y avait en Écosse 82,357 pauvres directement assistés pour une population de 3,000,000 d'habitants (1) ; c'était un rapport de 2,73 p. 100, plus favorable que le rapport existant en Angleterre à la même époque ; mais il ne faut pas oublier que le chiffre des pauvres écossais en 1849 était incomplet, puisque les *dependents* ne s'y trouvaient pas compris. En 1859, le nombre des indigents assistés en Écosse a fléchi à 78,501 pour une population de 3,123,174 âmes : il y a donc eu une diminution absolue du nombre des pauvres dans cet intervalle de dix années, la diminution relative est encore plus forte, car le rapport des indigents à la population n'est plus que de 2,51 p. 100. A partir seulement de l'année 1860 les chiffres sont complets : dans cet exercice le nombre total des indigents assistés était de 114,209 (soit 77,306 assistés directement et 36,903 composant leurs familles *dependents*); la population montait alors à 3,044,070 âmes, ce qui donne un rapport de 3,75 indigents pour 100 habitants. En 1869, le chiffre des pauvres assistés écossais monte à 128,339 pour une population de 3,304,747, soit 3,88 pauvres pour 100 âmes, rapport faiblement plus élevé que celui de 1859; mais, en 1877, le nombre des indigents écossais assistés est tombé à 96,404 pour 3,560,715 âmes, ce qui donne un rapport de 2,70 p. 100 seulement. Le nombre des indigents en Écosse a donc diminué considérablement de 1849 ou de 1859 à 1877 : il a décrû de deux façons et absolument et encore plus relativement à la population. L'année 1877, dira-t-on peut-

(1) Nous n'avons pas le chiffre exact des habitants en 1849, celui que nous donnons est le chiffre du recensement de 1855, par conséquent un peu supérieur.

être, a été exceptionnelle ; mais dans chacune des cinq années précédentes le chiffre des indigents en Écosse est notablement inférieur au chiffre de chacune des années antérieures à 1872. On sait que c'est dans les quinze ou vingt dernières années que le développement industriel en Écosse a pris de très-grandes proportions, ce qui inflige encore un démenti à l'opinion d'après laquelle le paupérisme est la conséquence naturelle de la grande industrie.

Nous pourrions poursuivre cette étude en analysant le paupérisme irlandais ; mais l'Irlande est un mauvais terrain d'expérience ; par diverses causes, sociales, politiques, économiques, elle est une contrée exceptionnelle dans le monde civilisé. On peut presque dire qu'elle n'appartient ni au dix-neuvième siècle, ni à l'Europe ; en tout cas ce n'est pas un pays industriel, et le paupérisme qui la ronge a d'autres origines que celui des autres pays civilisés. Relevons cependant quelques chiffres sur l'Irlande dans la collection des *Statistical Abstracts.* En 1849 et dans les années qui suivent, temps de famine et de profondes misères pour l'Ile-Sœur, une grande partie de la population recevait les secours publics. Sur un peu moins de 7 millions d'habitants (le chiffre du recensement de 1851 est 6,552,386) il y avait, dans l'année 1849, 620,747 personnes assistées en Irlande, dont 197,392 dans les workhouses ou maisons de secours et 423,355 à domicile. En 1850, le nombre des assistés était encore de 307,970, dont 203,320 dans les asiles et 114,650 au dehors. En 1851, on comptait 209,187 assistés, dont 2,719 seulement à domicile et 206,468 dans les workhouses. On relève pour les années suivantes : 171,418 indigents secourus, soit dans les workhouses, soit au dehors, en 1852 ; 141,822, en 1853 ; 106,802, en 1854. Dans cette période la proportion des indigents assistés avec le chiffre total de la population variait de 9 p. 100 au maximum à moins de 2 p. 100 au minimum. Depuis lors, elle a singulièrement diminué, au point qu'en 1860 le nombre des indigents irlandais officiellement secourus n'était plus que de 44,929, pour une population de 5,798,967 âmes ; c'était moins de 1 p. 100. L'émigration explique surtout la faiblesse de ce rapport; on peut admettre aussi qu'en Irlande l'assistance publique est sans doute moins étendue qu'en Angleterre. Dans les années postérieures le nombre des indigents en Irlande a augmenté dans une certaine mesure, mais tout en présentant un rapport encore assez faible avec la population ; jamais le chiffre des pauvres secourus n'a depuis lors atteint 100,000 âmes dans ce pays. En 1877, il s'élevait à 78,528 et en 1878, à 85,030, dont 49,365 dans les asiles et 35,500 au dehors. La population de l'île était alors évaluée à 5,350,950 ; la proportion des indigents au chiffre des habitants était de 1,59 p. 100. C'est une proportion plus favorable que celle que nous avons constatée pour l'Écosse et pour l'Angleterre; mais on s'abuserait singulièrement si l'on pensait que le degré de misère réelle est moindre en Irlande que dans la Grande-Bretagne.

Les études comparatives sur le paupérisme sont pleines de difficultés : il est impossible d'atteindre à des résultats exacts, parce que, à côté de l'indigence officiellement secourue, il y en a une autre qui se dissimule ; il y a des souffrances et des privations matérielles singulièrement intenses parmi bien des gens qui ne sont pas publiquement reconnus pour pauvres. Tout témoigne, néanmoins, de ces deux vérités : en premier lieu, l'indigence officielle et même la misère n'augmentent pas dans les pays civilisés ; elles diminuent plutôt. Elles sont, en outre, moins intenses dans les pays industriels que dans les contrées purement agricoles; cette dernière proposition doit s'entendre dans un sens large; on ne lui infligerait pas de démenti en opposant tel ou tel district rural prospère à une grande cité manufacturière ; il faut opposer un vaste pays, tout un peuple, à un autre : on aura alors la démonstration de la thèse que nous soutenons.

D'après des statistiques recueillies par M. Maurice Block et qui ont le tort d'être un peu vieilles et incomplètes, il y avait, en 1855, en Angleterre un individu secouru sur 22 habitants (on en comptait, d'après les *Statistical Abstracts*, 1 sur 27 seulement en 1878); en France, d'après M. Block, il s'en trouvait 1 sur 30 en 1866, tandis qu'on n'en constatait que 1 sur 35 en 1856, mais cette différence nous paraît seulement tenir au nombre croissant des bureaux de bienfaisance et à l'augmentation de leurs ressources. En Norwège, il se rencontrait 1 indigent sur 20 habitants, dans le pays d'Oldenbourg 1 sur 22, dans la Saxe royale, contrée singulièrement industrielle, 1 sur 56. Ainsi dans deux pays agricoles, l'Oldenbourg et la Norwège, le paupérisme était notablement plus intense qu'en Angleterre, en France et surtout en Saxe. Il est vrai que, d'après M. Maurice Block, on compte 1 indigent sur 7 habitants en Belgique, et 1 sur 6,68 dans les Pays-Bas; nous avons quelques raisons de suspecter l'exactitude de ces derniers chiffres : fussent-ils francs de toute exagération, ils tiendraient surtout à l'énorme population spécifique de ces contrées, et à l'insuffisance de l'émigration.

Que l'on considère le pays de l'Europe occidentale, le plus affligé de paupérisme industriel, si on le rapproche de l'Inde et de la Chine, que l'industrialisme moderne n'a certainement pas gâtées, on se sent moins sévère pour notre civilisation. La misère est infiniment plus grande dans ces vieilles contrées agricoles de l'ancien monde que dans les pays les plus manufacturiers de l'Europe.

Sans traverser les mers et sortir de notre continent, il n'est pas malaisé de rencontrer des contrées purement agricoles où l'indigence est beaucoup plus étendue et plus intense que chez les nations industrielles de l'Europe occidentale ou centrale : la Terre de Labour en Italie, les Calabres, presque tout le royaume de Naples.

On décide, en général, dans ces questions d'après des préjugés ; les écrivains et les moralistes se répètent les uns les autres dans leurs lamentations. Le véritable savant ne doit pas s'en tenir à ces idées reçues qui sont souvent des idées fausses. On a calomnié l'Angleterre, en la considérant comme la patrie du paupérisme; c'est, au contraire, une des contrées de l'Europe où ce fléau est le moins intense. Encore doit-on dire qu'en ce pays la législation entretient l'imprévoyance, et que la misère y est, pour la plupart de ceux qui en sont victimes, un mal qu'ils ont entrevu, qu'ils pourraient éviter, qu'ils ont fait entrer dans leurs calculs et qu'ils ont accepté. Presque tous les ouvriers anglais pourraient assurer le repos de leurs vieux jours et se prémunir contre le chômage ; un bon nombre ne se soucient pas de cette longue prudence qui, selon eux, entraîne trop de soucis. Un membre du Parlement nous citait en 1879, ce mot d'un très-habile ouvrier de Rochdale, gagnant de fort beaux salaires et les dépensant joyeusement : comme on lui en faisait des reproches et qu'on attirait son attention sur l'utilité de l'économie : « Rochdale, disait-il, en souriant est une bonne mère ; elle saura bien me nourrir et me vêtir dans ma vieillesse. » Voilà la pensée qui conduit au *workhouse* des hommes ayant mené une vie fort supportable et où le superflu tenait une bonne place ; elle y achemine aussi leurs femmes et leurs enfants. Néanmoins le nombre des indigents assistés en Angleterre est moindre que dans la plupart des autres pays d'Europe (1).

(1) Quoique les Anglais ne soient pas un peuple très-économe, on ne doit pas oublier que les statistiques de ce pays constatent plus de 3 millions de livrets aux caisses d'épargne.

## CHAPITRE XVI

### DE L'ACCROISSEMENT DES SALAIRES RÉELS.

Une grande partie de l'accroissement de la force productive a été consacrée à l'augmentation des articles de luxe ou de demi-luxe ; ce n'est pas un résultat regrettable. — Il est resté, néanmoins, une partie de l'accroissement de la force productive pour être employée en augmentation des salaires et des loisirs.

Recherches sur le taux des salaires dans les trois derniers siècles. — Comparaison des variations des salaires avec les variations du prix du blé. — Sous Élisabeth un travailleur ordinaire gagnait un *quarter* de blé en 48 jours, il le gagne aujourd'hui en 15 jours. — Calcul analogue pour la France.

De la hausse des salaires dans l'industrie manufacturière. — De la hausse dans les métiers urbains : la rémunération des ouvriers boulangers à Paris depuis 1830 ; elle a augmenté de 80 p. 100.

Cause particulière qui facilite les accroissements de salaires dans la grande industrie : part de plus en plus faible que représentent les salaires dans le prix de revient des produits. — A une hausse des salaires ne correspond pas une hausse, dans la même proportion, de l'objet fabriqué.

A l'élévation des salaires en argent correspond-il une amélioration réelle de la destinée de l'ouvrier ? — Coup d'œil sur le mouvement des prix et sur les budgets des ménages d'ouvriers. — Proportions des dépenses du logement, du vêtement, de la nourriture et des dépenses diverses dans ces ménages. — Le prix des vêtements a baissé ; les dépenses diverses n'ont pas haussé ; le prix du pain et des articles d'épicerie a plutôt fléchi ; seuls le logement, la viande et quelques autres comestibles ont haussé. — La généralité des salaires a haussé de 80 p. 100 depuis un demi-siècle ; les dépenses de la vie de l'ouvrier ne se seraient accrues que de 25 à 33 p. 100 dans la même période, en supposant que le régime fût resté le même.

Les cinq périodes différentes de la vie de l'ouvrier : les deux périodes largement productives et pouvant offrir de notables excédants de recettes ; le service militaire sur le continent prend la plus grande partie de la première de ces périodes fécondes. — Le travail des femmes et des enfants est utile, au point de vue économique ; il ne déprime pas, autant qu'on le prétend, le salaire des hommes.

Augmentation de la consommation de la viande et des différentes consommations depuis cinquante ans. — Qu'il est impossible d'expliquer cet accroissement sinon par une amélioration de la destinée de l'ouvrier. — Exemples.

On a détruit dans le précédent chapitre l'étrange préjugé que le paupérisme a augmenté dans les sociétés modernes. Il est singulier que des écrivains sérieux puissent présenter comme un axiome ce prétendu accroissement du paupérisme, en se dispensant commodément de donner la preuve d'une proposition aussi surprenante.

Revenons maintenant à l'examen de l'influence de la civilisation : 1° sur le taux des salaires; 2° sur les loisirs ; 3° sur la salubrité du travail ; 4° sur les garanties contre la vieillesse et les maladies; 5° sur les chances qu'a l'homme sans fortune de s'élever dans l'échelle sociale.

Il est survenu dans la société française 30 millions de travailleurs nouveaux de fer et d'acier, dépensant seulement 1 centime et demi par heure, pour le charbon, pour les frais d'amortissement, pour l'intérêt ; produisant énormément et consommant peu. Quel a été l'effet, sur la destinée générale des Français, de la collaboration presque gratuite de ces 30 millions d'ouvriers inanimés (1,500,000 chevaux vapeur), triplant la force de la population active de la France? Il semble que chacun des 10 millions de Français adultes du sexe masculin ait ainsi à son service trois esclaves de fer qui ne réclament pour nourriture qu'un peu de houille (1).

L'ensemble de la société a pu être affectée de trois manières par ce phénomène propre à notre siècle; trois résultats ont pu se manifester : 1° un accroissement proportionnel des loisirs et du bien-être de l'ouvrier ; 2° une augmentation nouvelle de la production, particulièrement de celle des objets de luxe ou de demi-luxe, la seule qui soit indéfiniment extensible ; 3° une augmentation de la population.

En général ces trois effets se sont développés simultanément et se sont combinés; les proportions de cette combinaison ont beaucoup varié suivant les pays. En Belgique, en Allemagne même, c'est l'accroissement de la population qui a été la conséquence principale du développement de la puissance productive de l'humanité. Dans les autres pays d'Europe, la plus grande partie des progrès industriels s'est résolue, non

(1) Nous avons, néanmoins, dans un précédent chapitre, prouvé que ces calculs, quoique matériellement vrais, sont, quant aux conséquences qu'on en tire, exagérés.

pas en une augmentation des salaires ou des loisirs de l'ouvrier, mais en augmentation de la production, notamment de la production des objets de luxe ou plutôt de demi-luxe et en baisse de prix de ces articles.

Il ne faut pas se hâter de condamner cet emploi de la puissance productive nouvelle de l'humanité. Deux observations sont ici nécessaires. En parlant de l'accroissement de la production des objets de luxe, nous entendons beaucoup moins les articles de grande élégance et d'incontestable superfluité, qui sont à l'usage des classes élevées, que tous les objets dont la masse de la population se privait ou se passait jadis, qui maintenant sont devenus d'un usage général et contribuent soit à une meilleure hygiène, soit à plus de décence, plus de dignité dans les ménages d'ouvriers. Les bas, les mouchoirs, des vêtements plus variés et plus propres, des rideaux aux fenêtres, des tapis sous les pieds, un mobilier moins sommaire, voilà ce luxe démocratique, fruit du développement de la force productive de l'humanité (1). Le luxe ainsi compris est le signe de la suprématie que l'homme exerce sur la matière; c'est ce qui, au point de vue économique, élève l'homme audessus de la bête; la satisfaction des besoins matériels les plus indispensables et purement animaux exige chaque jour une moindre proportion des efforts d'un peuple civilisé.

La seconde observation qui doit empêcher de regretter à l'excès le principal emploi que les peuples civilisés ont fait du développement de leur force productive, c'est que si la plus grande partie des progrès industriels s'est traduite en accroissement de la production plutôt que des salaires et des loisirs, la hausse des salaires, l'augmentation des loisirs de l'ouvrier depuis un siècle ou un demi-siècle sont néanmoins considérables. Nous allons le démontrer.

(1) Le luxe est souvent hygiénique. Étant en Normandie, au mois de juin 1880, je vis un ouvrier de campagne, qui demandait à placer son fils âgé de 16 ans, comme domestique d'intérieur. L'un et l'autre étaient très-convenablement mis en apparence; le fils était un peu poitrinaire: on lui disait qu'il fallait mettre des gilets de flanelle. Le père répondit: c'est que ça coûte bien cher, les gilets de flanelle.

La constatation du taux moyen des salaires à différentes époques et dans différents pays présente des difficultés presque inextricables. Le salaire est si varié et ondoyant qu'il échappe presque par sa mobilité à la statistique. On doit renoncer en pareille matière à une absolue exactitude et se contenter de données approximatives. Les relevés officiels des salaires, ceux qui sont dressés en France par les maires, sont empreints de la plus grande légèreté. Les statistiques de la Chambre de commerce de Paris en 1850 et 1860, les documents fournis aux expositions de 1867 et de 1878, les enquêtes privées près des industriels comme celles de Villermé, de Blanqui, de Louis Reybaud ou comme nos propres investigations méritent plus de confiance. En général, on exagère le taux des salaires; on le croit plus élevé qu'il n'est parce que l'on ne tient pas compte des interruptions forcées dans le travail, de la morte saison, des fournitures faites par l'ouvrier, ou bien encore parce que l'on considère comme la rémunération moyenne et habituelle celle qui n'est atteinte que par des ouvriers d'élite. Les déclarations des fabricants, dans les enquêtes, sont d'ordinaire au-dessus de la vérité, l'industriel ayant presque toujours intérêt à représenter ses frais de production comme supérieurs à ce qu'ils sont réellement.

Si l'on veut ne pas s'écarter de la vérité, on doit apporter une grande prudence dans les rapprochements que l'on fait entre les salaires des différentes époques et des divers pays. Cette prudence sera notre règle dans les *indications* que nous allons donner.

Considérons d'abord l'Angleterre, la contrée la plus industrielle du monde. D'après Macaulay, le salaire moyen en argent sous Charles II était moitié aussi haut qu'en 1848; les objets de première nécessité, selon l'historien anglais, coûtaient alors, pris en bloc, plus qu'aujourd'hui. La bière et la viande, il est vrai, ont augmenté, mais le pain est resté au même prix, l'épicerie et les objets manufacturés ont notablement diminué. C'est une formule universellement reçue et complètement fausse que les vivres ont doublé depuis trente ou quarante ans : la viande est dans ce cas, mais non pas le pain ; or, il ne faut pas oublier qu'autrefois les ouvriers ne mangeaient jamais de viande et qu'aujourd'hui encore le pain forme 40 p. 100 du prix de la nourriture pour les familles ouvrières inférieures et 25 à 30 p. 100 pour les familles ouvrières supérieures. Quant à l'accroissement du prix du loyer, il est compensé par la diminution du prix du vêtement. Le *criterium* de l'élévation du coût de la vie n'est pas le même pour les familles bourgeoises et pour les familles ouvrières.

La grande hausse des salaires au dix-huitième siècle est un fait constant qui n'a échappé à aucun observateur perspicace. Nul ne l'était plus qu'Adam Smith et n'apportait autant de discernement à distinguer le salaire réel du salaire apparent. D'après lui, de la fin du dix-septième siècle à la fin du dix-huitième, les salaires avaient presque doublé, le prix du blé et par conséquent du pain baissant dans la même période. Au dix-neuvième siècle, la hausse du prix de la main-d'œuvre en Angleterre n'est pas moins sensible, mais elle procède d'une manière irrégulière, par des bonds énormes, suivis souvent de légers reculs. Les grèves, les *Trades Unions*, les *Lock-out* en sont la cause. L'élévation des salaires représente en Angleterre depuis une trentaine d'années une ligne brisée qui, néanmoins, dans l'ensemble suit une direction très-nette, chaque recul étant fort inférieur au progrès précédent. De 1839 à 1859 les salaires dans l'industrie britannique ont haussé d'environ 20 p. 100; on admet — il y a là sans doute quelque exagération — que de 1859 à 1875 ils se sont élevés encore de 60 à 70 p. 100. Depuis lors, ils ont rétrogradé dans une certaine mesure. L'instabilité des salaires est, tout aussi bien que leur tendance à la hausse, le trait caractéristique de cette période. A une augmentation de 60 à 70 p. 100 succède, à partir de 1876, une baisse de 10 à 20 ou 25 p. 100. L'accroissement total depuis le commencement du siècle et depuis 1830 reste énorme : si la viande coûte plus cher et le logement aussi, le pain est à meilleur marché, le sucre également et beaucoup d'autres denrées, plus encore le vêtement, le mobilier, les objets de ménage. Les sociétés coopératives de consommation ont notablement réduit le prix de la plupart des articles d'épicerie.

Comparé au prix du blé, le salaire depuis Élisabeth s'est prodigieusement accrû. D'après les recherches de Roscher, l'un des savants les plus érudits et les plus consciencieux qui soient, un travailleur ordinaire gagnait sous Élisabeth le *quarter* (280 litres) de blé en 48 jours; au dix-septième siècle, en 43 jours; de 1700 à 1766, en 32 jours; de 1815 à 1850, en 19 jours ou en 28 au plus; vers 1860 et 1865, en 15 ou 20 jours. Aujourd'hui, il gagnerait le quarter de blé en moins encore. Si l'on prenait le blé comme seule mesure, le salaire de l'ouvrier anglais aurait triplé depuis Élisabeth, plus que doublé depuis la fin du dix-huitième siècle; il aurait augmenté de 30 à 40 p. 100 depuis 1850. Ces résultats ne s'éloignent guère de la vérité, tellement a baissé le prix de toutes les superfluités d'un usage général.

L'examen des variations du salaire en France confirmera ces données. Boisguillebert dans son traité des grains, écrivant dans la seconde moitié du dix-septième siècle, fixe à 7 ou 8 sous de notre monnaie le salaire minimum du travailleur des champs; pendant la moisson le salaire était double. En 1697, d'après le même auteur, les ouvriers de Paris gagnaient de 40 à 50 sous par jour, évaluation qui nous semble exagérée. Vauban n'estimait qu'à 22 ou à 45 sous les salaires des ouvriers de Paris, à 18 sous ceux des artisans de province, à 12 ou 13 sous ceux des travailleurs des champs. L'écart était alors beaucoup plus considérable qu'il ne l'est actuellement entre les différentes catégories d'ouvriers. D'un côté, les corporations supprimaient la concurrence dans les arts et métiers et déprimaient les ouvriers de la dernière catégorie; d'un autre côté, l'instruction était moins répandue et le privilège des ouvriers habiles était mieux assuré. En 1819, Chaptal parlait de 25 sous comme salaire moyen : aujourd'hui ce salaire est d'au moins 50 sous; à Paris il dépasse 4 francs. La rémunération des simples manœuvres a plus haussé que celle des artisans, par les raisons que nous venons de dire. D'après un autre minutieux statisticien, Moreau de Jonnès, le salaire moyen annuel d'une famille de travailleurs ruraux s'élevait à 135 francs seulement en 1700, à 126 francs en 1760, à 161 en 1788, à 400 francs en 1813, à 500 en 1840; aujourd'hui on l'estime à 8 ou 900 francs (1).

Prenons les chiffres de Vauban, de Chaptal, les nôtres propres, et comparons-les au prix du blé. Le setier de blé (125 kilogrammes) coûtait 24 francs en 1692, ce qui représente à peu près 16 francs l'hectolitre, en 1820 l'hectolitre se vendait environ 18 francs; aujourd'hui 21 ou 22 francs; nous entendons parler de l'hectolitre de 80 kilogrammes. Il fallait donc en 1692 environ 30 ou 32 journées de travail des champs pour gagner un hectolitre de blé, en 1819 il suffisait de seize à dix-huit journées, il n'en faut maintenant que dix à onze, en mettant à 2 francs ou 2 fr. 20 en moyenne la journée de l'homme; or, celle-ci est souvent beaucoup plus forte, notamment pendant le temps de la moisson, de la fenaison, des vendanges. Ainsi les salaires, estimés en blé, auraient triplé depuis la fin du dix-septième siècle, et augmenté de 70 à 80 p. 100 depuis 1819. Ajoutez l'abaissement du prix des vêtements, des ustensiles de ménage, des condiments et de l'épicerie, vous aurez plus que la compensation de l'augmentation du prix de la viande et du loyer. L'ouvrier, d'ailleurs, mangeait-il de la viande au dix-septième siècle ou même au commencement de celui-ci?

D'autres renseignements viennent appuyer les chiffres qui précèdent. D'après M. de Villeneuve-Bargemourt qui écrivait en 1839, la moitié « de la dépense d'une famille ouvrière », soit 303 francs sur 600 francs de revenu annuel était consacrée au pain. Aujourd'hui on calcule que l'achat du pain représente 20 p. 100 seulement de la dépense totale de la famille d'un bon ouvrier de manufacture, et 30 p. 100 de la dépense totale d'une famille d'ouvriers inférieurs (2).

Si l'on se borne aux cinquante dernières années et que l'on compare les enquêtes faites par Villermé au milieu du règne

(1) M. de Foville donne même un chiffre plus élevé.

(2) Voir *l'Enquête décennale de la société industrielle de Mulhouse en* 1878.

de Louis-Philippe, par Louis Reybaud de 1860 à 1862, les documents pour l'Exposition universelle de 1867 et pour celle de 1878, ainsi que les dépositions faites devant les commissions législatives des tarifs de douane en 1878 ou 1879, on constate une progression continue des salaires.

Cette hausse est particulièrement sensible pour le salaire des femmes. Celui-ci variait dans les fabriques, d'après Villermé, de 12 à 20 sous par jour, exceptionnellement de 20 à 40 sous. M. Louis Reybaud fixait le salaire moyen des femmes dans les manufactures entre 20 et 35 sous, et le salaire exceptionnel entre 35 et 55 sous. D'après les dépositions des industriels aux enquêtes sur les tarifs, les salaires moyens des filatures normandes auraient haussé de 25 p. 100 dans la période de 1868 à 1878. L'amélioration a été plus grande pour les enfants que pour les hommes, pour les ouvriers des dernières catégories que pour ceux des catégories supérieures. Le même fait a été constaté en Angleterre, et il s'explique par des raisons très-naturelles. L'usage de la vapeur comme force motrice et les perfectionnements de la mécanique rendent un grand déploiement de force musculaire inutile pour la plupart des opérations manufacturières; une certaine agilité des doigts et une attention soutenue suffisent; les femmes et les enfants ont la première qualité à l'égal des hommes, et ils sont susceptibles d'acquérir la seconde. La civilisation a donc diminué la différence de capacité productive qui existait entre les femmes et les enfants, d'une part, et les hommes faits, de l'autre.

Cette élévation des salaires, tous les documents sont d'accord pour la constater. L'enquête décennale faite, à l'occasion de l'Exposition de 1878, par la société industrielle de Mulhouse, ayant pour rapporteur M. Engel-Dollfus, a démontré que, de 1857 à 1867, l'augmentation des salaires avait été de 28 à 40 p. 100 dans les filatures et les tissages, et que de 1867 à 1877 elle avait encore été de 26 à 30 p. 100.

La même amélioration s'est produite pour les ouvriers occupés dans des industries non concentrées. Nous allons en citer un frappant exemple. En 1879 et 1880 la boulangerie parisienne a été troublée par une agitation ouvrière ayant pour objet de faire élever les salaires. A l'occasion de ce conflit entre les boulangers et leurs ouvriers il a été publié des documents qui montrent avec évidence la hausse rapide des salaires depuis un demi-siècle.

Le 30 octobre 1879, une réunion des ouvriers boulangers, tenue au Cirque-d'Été, décida qu'il serait soumis au syndicat de la boulangerie parisienne des propositions tendant à obtenir : 1° que la journée, qui était de 6 francs fût portée à 7 francs, ce qui, de 42 francs élevait à 49 francs la semaine, à la fin de laquelle il est d'usage de faire la paie; 2° que le prix des fournées supplémentaires, qui était de 1 franc par ouvrier, fût porté à 1 fr. 50. Les ouvriers motivaient cette demande par l'augmentation des vivres et des loyers, et par les dépenses extraordinaires qu'exige le travail de nuit. Ils réclamaient en outre le maintien de l'usage en vertu duquel le patron doit donner 1 kilogramme de pain et 20 centimes de vin par jour à chaque ouvrier.

La chambre syndicale de la boulangerie se réunit le 6 novembre pour examiner ces réclamations. Le président communiqua un intéressant tableau des augmentations de salaire successivement exigées par les ouvriers :

« 1830. — Les ouvriers sont payés 26 fr. 25 la semaine ou 3 fr. 75 par jour.

« 1840. — Les ouvriers sont payés 28 francs la semaine ou 4 francs par jour; les fournées supplémentaires, 50 centimes.

« 1848. — Arrêté de M. Caussidière, préfet de police, qui établit le tarif suivant (28 mars 1848) : 31 fr. 50 par semaine ou 4 fr. 50 par jour. Pour 4 fournées à 2 ouvriers comme pour 6 fournées à 3 ouvriers. Les fournées supplémentaires, 60 et 75 centimes, la septième est payée.

« 1849. — Grève causée parce que l'arrêté de M. Caussidière est d'abord abandonné, puis rapporté (M. Carlier, 15 février 1850) : les prix de 1847 sont rétablis jusqu'en 1854 environ.

« 1854. — Les ouvriers sont payés 30 francs par semaine, soit 4 fr. 30 par jour (guerre de Crimée) ; la septième fournée n'est pas payée.

« 1859. — Les ouvriers sont payés 32 francs par semaine ou 4 fr. 55 par jour (guerre d'Italie).

« 1863-64. — Effet du décret du 22 juin 1863 qui établit la liberté de la boulangerie. Ouverture de nouvelles boulangeries et manque réel d'ouvriers. Ils sont payés 35 francs par semaine ou 5 francs par jour; les fournées supplémentaires sont à 1 franc.

« 1867-68. — Exposition universelle. Grand mouvement social; grèves de tous côtés; les nouvelles ouvertures recherchent les bons ouvriers et les payent plus cher. Quoique les placeurs fassent venir environ 2 ou 3,000 ouvriers de la province, les prix montent quand même. Les ouvriers sont payés 38 francs par semaine ou 5 fr. 55 par jour.

« 1870-71. — Siège de Paris. Les ouvriers élèvent la semaine à 40 et 42 francs, soit 5 fr. 75 et 6 francs par jour. »

Le président de la chambre syndicale fit remarquer que chacune de ces augmentations correspondait à quelque grand trouble social. Aucune perturbation de ce genre n'expliquait cette fois la demande des ouvriers. D'autres personnes exposèrent les graves conséquences que pourrait avoir une augmentation du prix du pain que l'augmentation des salaires ne manquerait pas d'amener. Cependant, pour faire preuve d'un esprit conciliant, la chambre syndicale décida qu'elle consentirait à augmenter de 3 francs le salaire de la semaine et à le porter à 45 francs. Il n'était point touché au prix des fournées.

Les ouvriers refusèrent ces propositions : ils ne se mirent pas en grève pour ne pas exciter contre eux la réprobation publique, mais ils adoptèrent le système connu sous le nom de « rotation », lequel consiste à changer chaque jour de maison, ce qui est pour le patron une cause d'ennuis et de mauvaise façon dans le travail. Il est probable que les patrons auront accédé aux demandes des ouvriers, quand paraîtront ces lignes. Ainsi, voilà un métier, très-pénible il est vrai, où les salaires auront augmenté de plus de 80 p. 100 depuis cinquante ans, de 40 p. 100 environ depuis dix-sept ans.

Une cause nouvelle rend possibles les accroissements continus des salaires dans la grande industrie, c'est la baisse constante du prix de revient des produits grâce aux perfectionnements mécaniques. C'est une observation curieuse que la très faible quote-part que représente la main-d'œuvre proprement dite dans le prix de la plupart des objets manufacturés. En rapprochant, d'après l'enquête de 1861-1865, les seize principales industries, on obtient la décomposition suivante du prix de revient moyen de leurs produits : dans un prix de revient de 100 francs, l'intérêt du capital ne représente que 2,45 p. 100, la main-d'œuvre 13,75, les matières premières 58,45, le combustible 6,42, les frais généraux 18,93. Il est vrai de dire que si l'on considère l'ensemble des salaires dans le pays et non les salaires de telle ou telle industrie qui donne seulement à l'objet une façon, une main d'œuvre, on obtient une proportion plus forte des salaires avec le prix des objets. Il y a, en effet, même dans les matières premières, même dans le combustible, même dans les frais généraux, une part de main-d'œuvre et de salaires ou de traitements. Si, par exemple, les salaires particuliers de l'industrie textile ne représentent que 13,75 p. 100 du prix des tissus, il ne faut pas en conclure que tous les salaires pourraient doubler en France sans que le prix de revient des tissus augmentât de plus de 13,75 p. 100. Comme en effet, la part des salaires entrant dans le prix de la matière première, du combustible, des frais généraux aurait, elle aussi, doublé par hypothèse, il est évident que l'accroissement du prix de revient des tissus par la hausse de tous les salaires du pays serait de plus de 13,75 p. 100 ; elle serait peut-être de 25 p. 100, peut-être de 30 : quoiqu'il en soit, ce qu'il importe de retenir c'est que le doublement des salaires n'amènerait pas le doublement du prix de revient et du prix de vente. La hausse des salaires a pour effet encore de provoquer l'invention de machines nouvelles ou le perfectionnement des machines anciennes, ce qui est pour l'ouvrier parfois un mal passager, mais toujours un bien définitif.

A la fin du siècle dernier on calculait que les salaires représentaient 60 p. 100 de la production générale, aujourd'hui ils ne formeraient plus que 40 p. 100 seulement; et, malgré l'apparence contraire, ce changement est tout à l'avantage des salaires. Il vient, en effet, de ce que les capitaux s'étant prodigieusement accrus, l'outillage industriel s'étant merveilleusement développé, les matières premières exotiques entrant en abondance, les salaires forment une moindre quote-part du prix de revient des objets eux-mêmes, et cette situation leur permet une grande élasticité; elle laisse aux salaires la faculté de s'élever considérablement sans que le prix des produits supporte une augmentation exactement correspondante. Quand il s'agit d'articles manufacturés les salaires peuvent hausser et les prix baisser, ou ne s'élever que de fort peu ; nulle situation n'est plus favorable à l'ouvrier.

Cette observation est d'une capitale importance : les salaires des manufactures monteraient dans des proportions beaucoup plus considérables encore si l'agriculture pouvait faire des progrès aussi rapides que l'industrie, si l'on pouvait multiplier sur le même espace la production des hectolitres de blé ou des têtes de bétail dans la proportion où l'on multiplie pour une même usine la production des fils de coton ou des barres de fer. L'agriculture est la compagne inséparable de l'industrie, elle ne peut avoir une allure rapide, et la progression nécessairement lente des salaires agricoles retarde la progression qui isolément pourrait être très-rapide des salaires industriels. Tandis que ces derniers pourraient doubler sans que le prix des produits en fût notablement modifié, les premiers ne pourraient bénéficier soudainement d'une hausse considérable sans que le prix de revient des denrées en fût sensiblement affecté ou du moins sans que la rente de la terre en fût singulièrement réduite.

Le phénomène indéniable de l'élévation des salaires en argent est-il une simple apparence, ou bien, au contraire, correspond-il à une amélioration réelle, sérieuse de la condition de l'ouvrier ? Beaucoup de personnes prétendent que l'accroissement du « coût de la vie » compense l'augmentation des salaires en argent. C'est le cri général que le prix de la vie a doublé depuis cinquante ans ; cette formule n'exprime qu'un préjugé vulgaire ; elle est entachée d'une grande exagération.

Les calculs sur l'ensemble du mouvement des prix sont très compliqués et difficiles à faire. Rien n'est plus malaisé que de dresser un tableau des proportions que les différents objets de consommation ont entre eux, de les classer suivant leur importance et d'établir une moyenne, non pas seulement exacte au point de vue de l'arithmétique, mais économiquement vraie, des variations des prix. Toutes les denrées n'ont pas la même importance pour toutes les classes de citoyens. Que les diamants, que la martre zibeline ou le renard bleu aient beaucoup haussé depuis un demi-siècle, qu'il en soit de même pour les chevaux de luxe, pour certaines denrées de bouche, comme les huîtres, comme les vins de grands crûs, cela ne concerne guère l'ouvrier ; ce sont des faits qui se passent au-dessus de sa tête. Que les gages des domestiques soient beaucoup plus élevés, qu'un grand train de maison revienne à beaucoup plus qu'autrefois, l'ouvrier n'a pas non plus à s'en inquiéter, puisqu'il n'a ni valet de chambre, ni cuisinière à son service et qu'il n'use pas de ces superfluités qui composent ce que l'on appelle un train de maison. La mesure de l'augmentation du coût de la vie ne peut être la même pour une famille aristocratique, pour une famille bourgeoise et une famille d'ouvriers, parce que les éléments de dépenses sont fort différents.

Ce sont les divers chapitres du budget de l'ouvrier qu'il importe d'étudier. Rien n'est plus difficile à dresser que ce budget. Presque tous ceux qui se sont essayés à cette tâche y ont échoué ; ils arrivaient toujours à des déficits, à une insuffisance des recettes pour couvrir les dépenses, sans doute parce qu'ils introduisaient dans ces prévisions des consommations de l'ouvrier trop de souvenirs de leurs propres habitudes bourgeoises.

L'enquête décennale de la Société industrielle de Mulhouse, en 1878, fournit sur les dépenses des ménages d'ouvriers des renseignements plus précis et plus exacts, autant qu'on en peut juger, que les documents antérieurs. M. Engel Dollfus, qui en est le rapporteur, a étudié en détail seize familles chargées d'enfants : il a constaté qu'en moyenne le logement représente 15 p. 100 de la dépense, le vêtement 16 p. 100, la nourriture 61 p. 100, les dépenses diverses 8 p. 100. Or, le prix du vêtement n'a pas haussé depuis trente ans ; depuis cinquante, il a plutôt baissé. Il en est de même des dépenses diverses indispensables : l'instruction des enfants est devenue partout gratuite, les soins médicaux le sont souvent ou à peu près ; voilà donc 24 p. 100 environ, soit le quart des dépenses qui n'est pas augmenté. Le logement a peut-être doublé de prix, mais il est plus confortable qu'il n'était autrefois.

Quant à la nourriture, qui compose en moyenne 61 p. 100 des dépenses d'un ménage d'ouvriers, il faut en distinguer les éléments divers qui ont été très-inégalement affectés par le mouvement des prix. Le pain entre pour 33 p. 100 et même pour 50 p. 100 dans les dépenses de table de l'ouvrier, suivant qu'il est plus ou moins aisé ; or le pain n'a pas augmenté de prix depuis vingt ans ou depuis cinquante ; il aurait plutôt une tendance à baisser. Ainsi, la moitié des dépenses de l'ouvrier n'a subi aucune hausse. L'autre moitié (la viande, l'épicerie (1), le lait, le vin, le logement) a augmenté de prix, mais elle n'a pas doublé ; elle a peut-être augmenté de 60 ou 70 p. 100, si l'on veut comparer des choses absolument semblables. De cette brève analyse, on peut tirer la conclusion que depuis quarante ou cinquante ans, les dépenses de la vie d'un ménage d'ouvriers peuvent s'être accrues de 25 à 33 p. 100, du quart au tiers. Or, comme depuis quarante ou cinquante ans, la généralité des salaires en France a monté de 80 à 100 p. 100 au moins, on voit que le progrès réel, en tenant compte des variations des prix, reste encore de 40 à 75 p. 100, c'est-à-dire qu'une famille d'ouvriers peut en 1880 se procurer environ moitié plus d'objets utiles ou agréables que ne le pouvait une famille de même catégorie il y a quarante ou cinquante ans.

(1) L'épicerie n'a pas renchéri dans une très-forte proportion, surtout si l'on tient compte du dégrèvement sur les sucres effectué en octobre 1880. Quant au vin, avant le phylloxera, il tendait à devenir très-bon marché.

Il est avantageux, d'ailleurs, pour l'ouvrier que le salaire nominal hausse, alors même que le prix des vivres, des subsistances, dans le sens le plus restreint du mot, viendrait à hausser, même dans une proportion correspondante, si les objets manufacturés et les articles de demi-superfluité restent aux mêmes prix. L'ouvrier isolé, qui n'est pas encore chef de famille ou qui a des enfants grands et se suffisant à eux-mêmes, peut faire plus d'épargnes. La vie de l'ouvrier se partage en six périodes : 1° celle où il est à la charge de ses parents : elle commence à sa naissance et dure jusqu'à l'âge de 14 ou 15 ans environ; 2° celle où il peut se suffire, sans avoir encore d'excédant de recettes qui soit disponible pour l'épargne, elle va de l'âge de 14 ou 15 ans à celui de 17 ou de 18; 3° l'âge vraiment productif pour l'épargne et décisif pour l'avenir de l'ouvrier : ce sont les huit ou dix années qui s'étendent de l'âge de 17 ou 18 ans jusqu'au mariage, c'est-à-dire jusqu'à 25, 28 ou 30 ans ; alors l'ouvrier jouit de tous les gains de l'homme fait sans avoir encore les charges du ménage ; il est rare qu'il ne puisse pas épargner le quart, le tiers, parfois la moitié de sa rémunération ; c'est la période importante pour le travailleur capable et frugal, il peut y accumuler un trésor de plusieurs milliers de francs ; 4° l'ouvrier se marie à 25, 28, 30 ans, il a des enfants, ses charges deviennent lourdes; s'il n'a pas d'économies, il est rare que la gêne ne survienne pas ; en tout cas l'épargne se ralentit; cette période dure 15 ou 18 ans, jusqu'à l'âge de 45 ou de 48 ans; 5° survient une autre période, mais plus brève, d'aisance et où l'économie est de nouveau facile, c'est celle où les enfants sont d'âge à se suffire et où l'ouvrier, n'ayant pas encore perdu sa vigueur et son habileté, peut continuer d'exercer son métier : cela dure huit ou dix ans, de 45 ou de 48 à 55 : il peut encore de nouveau épargner le quart, le tiers, parfois plus de ses gains ; 6° la vieillesse qui pour le simple travailleur manuel est souvent précoce, débute à 55 ou 58 ans et se divise elle-même en deux époques, celle où l'ouvrier peut encore se livrer au travail, mais avec moins de succès et en obtenant une rémunération moindre, et celle, vers l'âge de 65 ou de 70 ans, où il ne peut plus guère rien gagner.

Dans les six périodes de la vie de l'ouvrier, il y en a donc deux, les plus courtes, embrassant ensemble 15 ou 20 ans seulement, qui peuvent présenter un excédant des recettes sur les dépenses. Dans ces deux périodes, l'ouvrier peut épargner soit le quart, soit le tiers, soit parfois la moitié de ses recettes. Sans doute, il y a des exceptions, de la part des infirmes, des hommes maladifs ; nous parlons ici de la généralité. En face de ces deux périodes fécondes en économies, il y en a quatre autres qui sont stériles, où l'ouvrier suffit seulement à ses dépenses et ne peut qu'exceptionnellement faire des épargnes un peu notables. Malheureusement la première des périodes prospères pour l'ouvrier, celle qui s'étend de l'âge de 17 ou 18 ans à celui de 28 ou 30, la plus favorable de son existence, est traversée, diminuée, souvent supprimée par le service militaire qui prend cinq années, ou du moins quatre. Le grand ennemi de l'amélioration du sort de l'ouvrier, c'est le service militaire exagéré ; c'est là le poids mort qui pèse sur la plus belle partie de sa vie, sur celle qui serait naturellement la plus féconde en ressources et en économies. Si dans la saison où se forment les bourgeons, d'où naissent plus tard les fruits, une main ennemie venait en arracher la plupart, l'automne ne pourrait pas réparer les pertes du printemps ; il en est de même pour la vie de l'ouvrier ; la période décisive est celle qui s'étend de 17 ou de 18 ans à 27 ou 28, le service militaire la réduit de moitié ; le service militaire est pour la destinée de l'ouvrier ce que la grêle du printemps est pour les arbres à fruits.

Si l'ouvrier emploie bien les deux périodes prospères de son existence, il lui est, disions-nous, fort avantageux que le salaire nominal ait haussé, alors même que le prix de certaines subsistances et celui du logement auraient monté. Toute la partie de sa rémunération qui n'est pas destinée à son logement et à celles des consommations alimentaires ayant haussé de prix lui laisse une disponibilité beaucoup plus grande pour l'épargne, dans l'âge où il n'est pas encore chargé de famille.

Quand il a des enfants, on soutient parfois qu'il vaudrait mieux pour lui que ceux-ci ne travaillassent pas. Sans doute il ne faut pas, dans l'intérêt de leur santé, de leur instruction, de leur moralité, les assujettir à un labeur prématuré. Il est bon que jusqu'à douze ou quatorze ans ils ne se livrent à aucune tâche continue et absorbante ; mais après cet âge il est, au contraire, utile à tous les points de vue, qu'ils viennent par un travail modéré au secours de leur famille, qu'ils lui apportent à peu près le prix de leur entretien. C'est une erreur de prétendre que le travail des enfants déprécie celui des parents : cela peut arriver d'une manière passagère dans quelques industries ; on peut trouver avantage pour certaines occupations à substituer aux hommes des adolescents ou des femmes ; il n'en résulte pas que le débouché pour le travail des hommes se restreigne ou soit moins rémunérateur. Les femmes et les enfants ne sont pas pour les hommes de simples concurrents ; ils augmentent la production ; or, comme il faudrait toujours que les ouvriers nourrissent leurs familles ou que la société se chargeât de ce soin, il est clair qu'il vaut mieux qu'il y ait moins de consommateurs improductifs et qu'autant que possible le nombre des producteurs se rapproche de celui des consommateurs. Dire que le travail des enfants ou des femmes déprécie le travail des hommes, c'est croire qu'il n'y a aucun rapport entre le taux des salaires et la production ; il est clair que plus la production augmente, plus les salaires, estimés en marchandises, ont tendance à s'élever. Ce qui est vrai, c'est que l'écart entre la rémunération des hommes et celle des femmes ou des enfants tend à diminuer, non pas que la première baisse, mais la dernière hausse davantage. Voulût-on admettre que, dans certains métiers, le travail des enfants ou des femmes fait baisser le salaire des hommes ou, ce qui serait moins inexact, ralentit un peu l'essor du salaire des hommes, ce ne serait un inconvénient que pour l'ouvrier isolé, mais la famille ouvrière percevrait toujours beaucoup plus par le travail de tous ou de plusieurs qu'elle ne l'eût fait par le travail d'un seul.

Que les salaires réels aient notablement augmenté, même en tenant compte de l'accroissement du prix des subsistances et du logement, c'est ce que nous avons démontré. Comme cette vérité échappe, néanmoins, à beaucoup d'esprits, il n'est pas superflu de la confirmer par quelques faits. L'enquête de M. Engel-Dollfus sur l'Alsace a relevé les chiffres suivants pour la consommation de la viande à Mulhouse par tête :

| | | |
|---|---|---|
| En 1857.............. | 55 kilog. | 20 |
| 1867.............. | 65 » | 40 |
| 1877.............. | 74 » | 60 |

On ne peut soutenir qu'une augmentation aussi sensible, équivalant presque à 40 p. 100 en vingt ans, tienne à une consommation plus grande dans la partie riche ou aisée de la population : celle-ci n'a jamais dû se restreindre beaucoup pour l'usage de la viande; d'autre part, les habitants riches ou aisés, ne vivant pas de leur labeur quotidien, dans une ville industrielle comme Mulhouse, ne forment qu'une faible fraction de la population totale, le cinquième ou le quart, au plus, si vous voulez; quand cette fraction de la population aurait augmenté de 50 kilogrammes par tête — ce qui est inadmissible — sa consommation annuelle de viande, cela ne représenterait encore qu'un accroissement moyen de 10 à 12 kilogrammes par habitant de cette ville; or, comme l'augmentation dans cette période a été de 20 kilogrammes, il résulte incontestablement que la consommation de la viande dans les ménages d'ouvriers aisés a dû notablement s'accroître pendant ces vingt dernières années : elle est sans doute d'un tiers plus grande qu'elle ne l'était en 1857.

Un statisticien minutieux, qui n'a pas consulté l'enquête particulière de la Société industrielle de Mulhouse et qui même écrivait auparavant, M. de Foville, a calculé que de 1820 à 1870 la consommation par tête des matières végétales en France s'est accrue de 20 p. 100, celle des matières animales de 30, celle des boissons indigènes de 80, et que la consommation des denrées diverses a triplé. Il est impossible d'attribuer aux classes riches ou aisées qui sont peu nombreuses une action aussi profonde sur la consommation : dire que ces classes riches ou aisées comprennent aujourd'hui beaucoup plus d'individus qu'autrefois est encore une explication insuffisante. Le progrès de la consommation chez les ouvriers est certain : quelles qu'aient été les variations des prix, elles n'ont pas absorbé toute la hausse des salaires, elles sont restées bien au-dessous. L'accroissement du salaire n'est donc pas seulement nominal ; il est réel ; à une rémunération qui a doublé en argent correspond une puissance d'achat qui n'est pas double, il est vrai, mais qui est au moins moitié plus grande que celle de la rémunération d'il y a quarante ou cinquante ans.

---

# CHAPITRE XVII

## DE L'INFLUENCE DU DÉVELOPPEMENT INDUSTRIEL SUR LES LOISIRS, SUR LA FACILITÉ DU TRAVAIL, ETC.

La civilisation se mesure à l'accroissement simultané et des produits et des loisirs. — De l'utilité des loisirs pour la grande masse de la nation. — Objections; réponse. — Pourquoi les loisirs ont parfois été plus nuisibles qu'utiles à la classe ouvrière : c'est une situation transitoire et qui tient encore à la phase chaotique de la grande industrie.

Excès de travail dans les premières manufactures. — Justes récriminations de Sismondi, Blanqui et Villermé. — Les trois causes qui rendent de jour en jour plus doux le régime des manufactures.

Du développement de la philanthropie soit sincère, soit affectée. — Influence considérable des grèves sur le régime des ateliers. — De l'intervention du législateur dans le travail des fabriques. — Du principe sur lequel cette intervention repose et des limites qu'elle doit avoir.

Les lois anglaises sur le travail des enfants et des femmes. — L'état actuel dans la Grande-Bretagne. — La loi suisse de 1877 sur les manufactures. — La situation en France. — Les grèves de 1880, le travail de dix heures et le législateur. — L'agitation aux États-Unis pour le travail de huit heures. — Crainte que l'ouvrier des nations occidentales n'abuse de ses avantages : concurrence redoutable que lui feront un jour les peuples asiatiques. — Dans peu de temps les heures de loisir dont disposera l'ouvrier, déduction faite des heures consacrées au repos et aux besoins du corps, dépasseront les heures de travail.

Tendance à l'augmentation de la commodité et de la sécurité du travail. — Des sociétés de secours mutuels et du développement de l'assurance.

Les salaires ne sont pas le seul élément qui importe à l'ouvrier, d'où découlent sa misère ou son bien-être, ses privations ou ses souffrances : un matérialisme étroit et superficiel peut seul restreindre à la question de rémunération le problème de la destinée des classes laborieuses.

On doit rechercher aussi quelle est l'influence de cette civilisation d'abord sur les loisirs, puis sur la commodité, la facilité, la salubrité du travail, ensuite sur les garanties contre les maladies, contre le chômage, contre le dénuement de la vieillesse, enfin sur la facilité qu'a l'homme des classes ou des couches inférieures de s'élever au-dessus de son point de départ.

Pour les salaires, le chapitre précédent a démontré que le progrès est incontestable : la rémunération de l'ouvrier s'est accrue, même en tenant compte des variations du prix des choses. Constate-t-on le même progrès pour les autres éléments de bien-être ou de sécurité que nous venons d'énumérer ?

Le but de la vie n'est, certes, pas un travail continu, sans autre relâche que celle qui est indispensable aux besoins du corps. Nous avons caractérisé plus haut ce que l'on a appelé le « sisyphisme », et cet état nous est apparu comme une sorte d'enfer terrestre ; tous les ingénieux mécanismes qu'invente l'esprit fécond de l'humanité, toutes les victoires que nous remportons sur les forces de la nature et qui se terminent par leur asservissement, ne doivent pas uniquement aboutir à multiplier la production, la consommation, sans diminuer d'une minute la longueur de la journée de travail, sans rien ajouter aux doux loisirs de l'homme.

Si les 30 millions de nouveaux travailleurs de fer et d'acier, qui représentent en France la force captive et docile des machines à vapeur, n'avaient fait qu'accroître un peu la rémunération de l'ouvrier, que lui permettre de se mettre sous la dent un peu plus de viande, sur le corps ou dans sa demeure un peu plus d'étoffes, ce serait un bien mince et presque insignifiant service qu'ils auraient rendu à l'humanité.

L'idéalisme ne doit pas être absent de l'économie politique. Toute notre lutte contre la nature doit avoir pour but de nous mettre au-dessus d'elle, de nous affranchir d'elle, non pas pour toute notre vie, mais pour un certain nombre d'heures par jour. Plus il devient facile à l'homme de satisfaire ses besoins matériels de première nécessité, plus il convient qu'il se réserve du temps pour ses besoins intellectuels et moraux, pour cette vie supérieure à laquelle il est appelé. Tout progrès humain est duperie s'il n'assure pas à l'homme une plus grande indépendance des besoins physiques, s'il ne lui procure pas plus de repos, plus de temps affranchi de la servitude des soucis de l'existence purement matérielle. Proudhon se trompe quand il prétend que l'homme est condamné à la pauvreté absolue, irrémédiable, qu'il est, pour employer son énergique expression, « constitué en pauvreté ». Si la loi du travail s'impose à l'homme, elle doit devenir plus légère avec le développement de la civilisation. Il faut juger de l'état d'une société, non seulement d'après l'intensité de la production et de la consommation par tête d'habitant, mais aussi d'après les loisirs raisonnables que cette société fait à l'ensemble des producteurs. Une société où les loisirs sont très-grands, comme chez les peuples primitifs, mais où la production est très-faible, passe à juste titre pour une société barbare. Une autre société où la production et la consommation seraient énormes mais où les loisirs manqueraient absolument à l'ouvrier serait, d'une autre façon, une société barbare. La civilisation se mesure à l'accroissement simultané et des produits et des loisirs. Ces considérations lavent l'économie politique du reproche de matérialisme, que méritent, d'ailleurs, certains économistes.

Nombre de personnes, cependant, parmi lesquelles certains philanthropes, nient que les loisirs de l'ouvrier soient une bonne chose. Plus il en a, disent-elles, plus il dépense en boisson, au jeu, plus il détériore sa situation matérielle et morale. Les faits ne manquent pas à l'appui de cette opinion, et ils semblent péremptoires. En Angleterre, la clientèle des cabarets s'est accrue d'autant plus que la journée de travail a subi plus de réductions. Chaque diminution d'une demi-heure du travail quotidien correspond à un accroissement d'une ou deux centaines de millions de francs de la consommation de *gin* ou d'alcool. En France, le chômage du lundi, les nombreuses absences des ouvriers parisiens, sont l'objet des critiques universelles. Ils ont fourni des sujets à la littérature *naturaliste* ; le type du *Sublime* et l'*Assommoir* en sont sortis.

Dans toutes ces plaintes il y a une grande part de vérité. Qu'une partie de la population ouvrière fasse de ses loisirs un fort mauvais usage, c'est un fait trop certain. Cependant, l'on généralise trop, et l'on a le tort d'attribuer ce gaspillage de la vie et des ressources de l'ouvrier à une cause d'où il ne sort pas nécessairement. Tous les ouvriers ne fréquentent pas l'*Assommoir* et tous ne sont pas des *sublimes de sublimes;* beaucoup sont sobres, rangés, économes. On ne se rend pas compte, en outre, de ce qu'a naturellement de passager la situation actuelle de l'ouvrier. L'ouvrier a acquis plus de droits, plus d'indépendance, plus de loisirs à un moment où il n'avait pas encore acquis plus d'éducation, plus d'instruction, plus d'expérience, à un moment aussi où il manquait des conditions extérieures mêmes pour l'utile emploi de ses loisirs. Ces conditions, ce sont des habitations convenables pour sa famille, des locaux appropriés à ses réunions, des distractions conformes à ses goûts et à ses besoins intellectuels, des bibliothèques populaires, etc. En tant qu'il serait général, tout ce mauvais emploi des loisirs peut donc n'être que passager. Il se produit souvent dans la société des anomalies qui rendent suspects à beaucoup de gens les progrès économiques. Ces anomalies tiennent à la rapidité, la soudaineté des progrès économiques, et à la lenteur des progrès moraux qui doivent y correspondre. De ce défaut de simultanéité il résulte que des progrès économiques incontestables ne paraissent pas avoir amélioré la situation morale du pays ou de la classe qui en profite. Tout changement économique soudain, et il est rare qu'il ne le soit pas, amène une perturbation, un désordre au moins momentané. Il en a été ainsi de la grande industrie, des machines; Sismondi ne se trompait pas en constatant les désastreux effets de l'explosion en quelque sorte de cette force nouvelle; mais il se trompait quand il croyait que ces effets seraient éternels : ce n'était ni la grande industrie, ni les machines qui en étaient la cause à proprement parler; c'était la soudaineté du changement dans une société mal préparée. Il y a pour tous les progrès économiques une période en quelque sorte chaotique : tout est en mouvement, sens dessus dessous; les observateurs croient que c'est un état durable et se lamentent; ce n'est qu'une phase. De cette période chaotique de la grande industrie, c'est à peine si nous commençons à sortir.

Si l'ouvrier depuis vingt ans n'a pas su faire de l'accroissement de ses loisirs un usage sain, moral, intellectuel, qui soit profitable à lui et aux autres, on ne doit pas juger de l'avenir d'après le passé, ni même d'après le présent. L'instruction, l'éducation, l'expérience, qui n'est pas seulement personnelle, mais qui est, en partie du moins, traditionnelle (1), les circonstances extérieures aussi aidant, les habitations de l'ouvrier, ses lieux de réunion s'améliorant, il arrivera un jour à mieux employer le temps que l'accroissement de la productivité du travail lui laissera disponible. A tout prendre, les loisirs de l'ouvrier, quand ils sont convenablement répartis, sont un bien.

Cette question préliminaire tranchée, est-il vrai que le développement de la civilisation ait accru les loisirs de l'ouvrier, amélioré les conditions de son travail, sous le rapport de la commodité, de la facilité et de l'hygiène?

Tout un ensemble de faits que nous avons étudiés a complètement modifié la situation respective des patrons et des ouvriers depuis un demi-siècle. C'était un axiome de la vieille école économique, de Turgot, de Smith, que l'ouvrier était absolument à la discrétion du « maître » ; et quoique John Stuart Mill, avec une surprenante légèreté, ait reproduit et même exagéré cette thèse, nous avons prouvé que l'opinion contraire se rapproche beaucoup plus de la vérité pour l'époque présente. D'un autre côté, en dehors du changement qui s'est opéré dans les relations purement économiques entre ouvriers et patrons, nous avons démontré dans un précédent chapitre que la législation qui, autrefois, presque en tout pays, était singulièrement partiale pour le patron et pour l'acheteur de travail, est devenue depuis vingt ou trente ans beaucoup plus équitable, qu'elle pencherait même plutôt aujourd'hui en faveur de l'ouvrier.

Il serait bien étrange que ce double changement dans les conditions économiques et dans les dispositions du législateur

(1) C'est un des grands mérites de la théorie de l'*Évolution*, dont nous ne sommes pas d'ailleurs l'adepte, d'avoir montré que chaque progrès social, intellectuel ou moral, demande le concours de plusieurs générations. Les bonnes habitudes se transmettent plus encore qu'elles ne s'acquièrent.

n'eût pas profité à l'ouvrier pour l'accroissement de ses loisirs et pour une meilleure et plus hygiénique organisation de sa tâche. Ces effets sont en réalité sortis de ces causes, et chaque jour ils en sortent davantage.

Au début de la grande industrie, dans cette ère que nous avons appelée la période chaotique de la grande industrie, c'est-à-dire depuis le commencement du premier empire jusque vers la fin du règne de Louis-Philippe, le travail des manufactures offrait les plus choquants abus. Il y avait là une exploitation inhumaine des forces de l'homme et une dégradation de sa dignité. Sismondi, plus tard Blanqui l'aîné et Villermé pouvaient avec raison considérer comme désastreuse cette nouvelle organisation du travail. La durée de la journée était excessive pour les hommes, pour les femmes, pour les enfants surtout. Elle allait fréquemment jusqu'à 15, 16 ou 17 heures, même pour les enfants. On se livrait sans aucune précaution et sans mesure au travail de nuit. Les manufactures étaient insalubres, manquaient d'espace et d'air; on ne prenait aucun soin que les machines ou les transmissions fussent abritées et que les ouvriers fussent préservés des chances d'accident. La santé et même la vie de l'homme n'étaient l'objet d'aucune sollicitude, pas plus qu'elles ne le sont aujourd'hui encore pour certains armateurs anglais ou pour les expéditeurs américains qui chargent le blé en vrac dans leurs navires, et qui font courir les mers à de vieux vaisseaux éclopés ou avariés, mais assurés. Pendant toute cette période qui s'étend de 1810 jusque vers 1848 on épuisait littéralement les forces nationales.

Depuis la fin du règne de Louis-Philippe cette situation s'est modifiée sous l'action de trois causes diverses : 1° une plus grande intelligence, de la part des patrons, de leurs intérêts permanents; 2° la pression exercée par les ouvriers, usant du droit de coalition ou de grève, pour obtenir des réductions de la journée de travail, une meilleure organisation des ateliers, des traitements plus équitables, une plus grande somme d'égards et de courtoisie chez les contre-maîtres et les directeurs des usines; 3° l'intervention de la législation.

De ces trois causes qui ont concouru au même effet, la première n'aurait agi, si elle avait été seule, qu'avec une bien grande lenteur; elle eût été insuffisante, quoique dans certaines régions, en Alsace et dans les houillères du Nord, elle ait été féconde en initiatives heureuses. Le nouveau régime politique, le suffrage universel, les expositions, la tendance philanthropique et humanitaire qui a dominé la société depuis 1848, ont influé aussi sur les dispositions des patrons et des directeurs d'usines. Ils se sont pris d'émulation, piqués d'amour-propre, et ont voulu se gagner la réputation d'hommes de bien, de citoyens vertueux et progressistes, en même temps qu'ils cherchaient à se concilier leur personnel devenu chaque jour plus indépendant, plus soucieux de ses droits, plus instruit de ses forces, parfois aussi plus susceptible et plus ombrageux. Ceux d'entre les industriels, et ils étaient singulièrement nombreux, qui, sous le régime du suffrage universel, voulaient obtenir quelque fonction élective, ou même dont l'ambition se bornait à rechercher quelque croix ou quelque médaille aux Expositions, se croyaient obligés et l'étaient souvent en effet de se montrer philanthropes. Cette préoccupation de passer pour philanthrope est devenue générale depuis 1848, de même qu'au dix-huitième siècle chacun voulait avoir la réputation d'un homme sensible; on n'avait guère de ces soucis, de 1800 à 1848.

La seconde cause des améliorations dont nous parlons, l'action directe des ouvriers se concertant ou coalisés, a été à elle seule plus efficace encore, au moins d'une manière générale et pour l'ensemble du territoire, que la précédente. La grève n'a pas seulement de l'influence quand elle est déclarée et effective; elle a une action préventive considérable : la simple menace d'une grève, bien plus, la possibilité, l'éventualité d'une grève, en dehors même de toute menace réelle, est un frein d'une grande puissance. On peut dire autant de mal qu'on le veut des coalitions d'ouvriers, on peut se livrer aux calculs les plus démonstratifs sur les ruines que les grèves entassent, il n'en est pas moins vrai que le droit de coalition a singulièrement contribué à faire respecter l'ouvrier par le patron, à améliorer l'organisation et l'hygiène des ateliers, à diminuer la journée de travail. La grève appartient à cet ensemble de moyens coercitifs, tels que la guerre, le duel, les procès dispendieux, etc., qui ont sans doute beaucoup d'effets subversifs, mais qui, en définitive, amènent dans les relations sociales ou nationales des habitudes de courtoisie, de déférence et de mutuel respect.

C'est, néanmoins, la troisième cause, l'intervention du législateur, qui a le plus contribué à la réforme de la grande industrie. Rompant avec ses traditions antérieures, le législateur, agissant graduellement, timidement d'abord, puis avec plus d'audace, a été le principal auteur de la réduction de la journée de travail et d'améliorations sérieuses dans l'organisation des ateliers.

On a souvent débattu, entre économistes, la question de savoir si le législateur est sorti de son rôle en s'informant des conditions du travail dans les ateliers et les usines, et au besoin en les réglementant. Peu d'États ont cru devoir s'arrêter au système de l'absolue abstention en ce qui concerne la police du travail en commun ; peu d'écrivains aussi ont recommandé cette indifférence ou cette inaction. C'est l'aristocratique Angleterre, le partisan le plus déclaré et le plus tenace de la liberté individuelle, qui la première a pris l'initiative des lois sur les manufactures. La petite république fédérale et démocratique de l'Helvétie, entrée en 1877 la dernière dans cette voie, y a fait plus de progrès que ceux qui lui avaient donné l'exemple.

Il ne peut y avoir d'abord aucun doute sur la légitimité et l'utilité de l'intervention de l'État pour la réglementation du travail des mineurs et des femmes. L'État a envers ces deux catégories de personnes un droit de protection ; il doit l'exercer, assurément, avec réserve et circonspection pour ne pas annuler le droit du mari et celui du père, mais il ne saurait non plus renoncer à en faire complètement usage. L'État a aussi des devoirs envers lui-même, envers les générations futures, celui notamment de préserver les forces nationales. Sur ce premier point, il ne peut y avoir de contestation. L'intervention de l'État est encore en principe légitime pour stipuler les conditions matérielles, l'ensemble des garanties que l'on peut exiger des industriels au point de vue de la salubrité et de la sécurité du travail de l'ouvrier. Dans une certaine mesure les fabriques se rapprochent des lieux publics. L'État qui a un droit de surveillance sur les lieux publics, les écoles, les églises, les théâtres, les garnis, les cafés et les restaurants, peut aussi en revendiquer un sur les usines.

Le principe est certain ; l'application doit en être prudente ; c'est seulement dans les cas particuliers que des contestations peuvent s'élever.

Quant à la limitation du travail des hommes adultes, l'intervention de l'État à ce sujet est inutile, dangereuse même. Les hommes adultes peuvent stipuler le nombre d'heures de travail qui leur convient. Dans l'état présent des choses, l'ouvrier est assez fort, assez vigilant pour ne pas se soumettre à une tâche exagérée, déraisonnable. Diminuer la journée de travail des adultes par une loi est un acte imprudent et généralement téméraire d'intrusion législative. On l'a fait en 1848, quand on fixa à un maximum de 12 heures la journée des fabriques : on a eu tort, quoique cette limite soit à coup sûr la plus élevée que permettent les forces humaines ; mais les ouvriers seraient arrivés d'eux-mêmes, par leurs propres stipulations, à cette journée de 12 heures. Ce qui le prouve c'est que, dans beaucoup de cas, elle n'est plus maintenant que de 11 et parfois de 10. Aujourd'hui certains députés réclament (session de 1879) que la loi réduise à 10 heures la journée de travail dans les fabriques : pourquoi 10 heures et non pas 8 ou 6 ou 5? cela est du domaine des conventions particulières entre majeurs. Il est regrettable que le gouvernement ait semblé prêter la main à une proposition de ce genre.

Il serait curieux de suivre le progrès des lois sur les manufactures, nous l'avons fait dans un autre ouvrage (1), nous ne reviendrons ici qu'en passant et d'une manière très-sommaire sur l'ensemble de ces mesures.

(1) *Le travail des femmes au* XIX*e* *siècle.*

Introduites en Angleterre, d'abord avec des scrupules qui nous semblent aujourd'hui puérils, s'amendant et s'étendant continuellement dans ce pays, édictant des dispositions de plus en plus rigoureuses, les lois sur le travail des fabriques ont fini par être adoptées presque en tout pays; la Belgique et, croyons-nous, aussi l'Italie font seules exception dans l'industrieuse Europe.

C'est le premier Robert Peel qui, en 1802, fit voter la première loi sur le travail des manufactures. Depuis lors, tous les quatre ou cinq ans, les Anglais en ont fait de nouvelles. En 1864, on en comptait déjà 17, aujourd'hui plus de 25, y compris la plus importante qui est celle du 17 mai 1878. La loi anglaise de 1802 fixait à douze heures le travail effectif maximum des enfants dans les fabriques, sans limiter, d'ailleurs, l'âge d'admission de ces jeunes ouvriers. On frémit à la pensée qu'un régime qui nous paraîtrait aujourd'hui si révoltant fut regardé alors comme une atténuation philanthropique. Une loi de 1819 défendit de recevoir dans les manufactures des enfants au-dessous de 9 ans. On connaît le titre célèbre d'un livre de M. Jules Simon : *l'Ouvrier de huit ans*. Une autre loi importante, inaugurant un régime nouveau, celle de 1833, fit une nouvelle catégorie d'ouvriers protégés : non seulement, en effet, elle réglementa le travail des enfants à proprement parler, mais encore celui des jeunes gens (*young persons*) au-dessous de 18 ans, et par une hardiesse ingénieuse elle assimila à ceux-ci les femmes, quel que fût leur âge.

Toutes ces mesures législatives avaient été très-combattues ; leurs adversaires annonçaient qu'elles amèneraient la baisse des salaires, la ruine de l'industrie nationale. A ces prédictions intéressées et trompeuses, le grand historien Macaulay, membre du Parlement, faisait une splendide réponse ; c'était en 1846 :

« La loi a déjà réduit dans une large proportion, disait-il, « le temps de travail dans les manufactures. Il y a trente ans, « l'usage était de faire travailler des enfants de huit ans quinze « heures par jour ; mais une loi a été rendue depuis qui réduit

« la journée à douze heures au-dessous de dix-huit ans. Cette loi « fut combattue pour les mêmes raisons qu'on oppose aujour- « d'hui à la réduction nouvelle que nous demandons. On dit alors « au Parlement, comme aujourd'hui, que le produit du tra- « vail diminuerait avec sa durée, que les salaires tomberaient « avec la production, que nos manufactures ne pourraient « soutenir la concurrence avec l'étranger, et qu'en résumé « l'intervention de la loi, au lieu d'améliorer, aggraverait la « situation de la population ouvrière. Relisez les débats de « cette époque, et vous croirez lire un compte rendu de la « séance de cette nuit. La Chambre n'a pas tenu compte de « ces sinistres prophéties. La durée du travail a été limitée. « Les salaires sont-ils tombés? L'industrie cotonnière a-t-elle « abandonné Manchester pour la France ou l'Allemagne? La « condition de la classe ouvrière a-t-elle empiré? n'est-il pas « universellement reconnu qu'aucune des calamités qu'on pré- « disait ne s'est réalisée? »

Un autre passage du discours de Macaulay, où il parle du repos du dimanche, exprime avec une pénétrante éloquence les mêmes vérités :

« L'homme! l'homme! voilà le grand créateur de la richesse. « La différence entre le sol de la Campanie et celui du Spitzberg « est insignifiante à côté de la différence que présentent deux « pays habités par l'un des hommes pleins de vigueur morale et « physique, et l'autre par des êtres plongés dans la décrépitude « des sens et de l'intelligence. Voilà pourquoi nous ne nous « sommes pas appauvris, mais au contraire enrichis par ce « septième jour que depuis tant d'années nous consacrons au « repos. Ce jour n'est pas perdu. Pendant que la manufac- « ture s'arrête, pendant que la charrue dort dans le sillon, « pendant que la Bourse est silencieuse, pendant que la fumée « cesse de s'échapper de la cheminée de la fabrique, la nation « ne s'enrichit pas moins que dans les jours laborieux de la « semaine. L'homme, la machine des machines, celle auprès « de laquelle toutes les inventions des Watt et des Arkwright « ne sont rien, se répare et se remonte, si bien qu'il retourne

« à son travail le lundi avec l'intelligence plus claire, plus « de courage à l'œuvre, et une vigueur renouvelée. Jamais « je ne croirai que ce qui rend une population plus forte, plus « riche, plus sage, puisse finir par l'appauvrir. Vous essayez de « nous effrayer en nous disant que, dans quelques manufac- « tures allemandes, les enfants travaillent 17 heures sur 24 ; « qu'ils s'épuisent tellement au travail que sur mille il n'en « est pas un qui atteigne la taille nécessaire pour entrer dans « l'armée, et vous me demandez si, après que nous aurons « voté la loi proposée, nous pourrons nous défendre contre « une pareille concurrence ! Je ris à la pensée de cette con- « currence. Si jamais nous devons perdre la place que nous « occupons à la tête des nations industrielles, nous ne la céde- « rons pas à une nation de nains dégénérés, mais à quelque « peuple qui l'emportera sur nous par la vigueur de son intelli- « gence et de ses bras. »

Toutes les lois sur les fabriques se proposaient comme seul objet la protection des faibles; mais aussi d'une manière indirecte, par voie de conséquence, elles réagissaient sur le travail des hommes faits. On ne pouvait guère dans une même filature assujettir les femmes à un travail de dix heures et demie ou onze heures par jour et exiger des hommes treize ou quatorze heures. Il y eût eu, sous ce régime, une déperdition de force motrice et de frais généraux. La limite posée au travail des femmes avait donc quelque chance de s'étendre au travail des hommes. D'un autre côté, si les hommes dans les filatures et les tissages ne travaillaient plus que dix heures et demie ou onze heures par journée, il était peu vraisemblable que les ouvriers des houillères ou des mines qui n'emploient pas de femmes acceptassent une tâche plus prolongée.

La loi du 27 mai 1878 est venue refondre et modifier les dispositions législatives antérieures. Les enfants ne peuvent être admis dans les ateliers au-dessous de dix ans ; de dix à quatorze ans ils ne peuvent travailler que 5 heures par jour ou 56 heures et demie par quinzaine. Bien plus encore, pour les adolescents de quatorze à dix-huit ans et pour les femmes de tout âge le travail ne peut dépasser 10 heures par jour et 56 heures par semaine, la durée de la journée n'étant que de 6 heures le samedi. Cette abréviation du travail le samedi se rattache aux habitudes religieuses anglaises qui comprennent le repos du dimanche dans le sens le plus littéral, interdisant moralement même les travaux de ménage, comme le blanchissage domestique, la couture et jusqu'à la cuisine. Le chômage est obligatoire dans les usines et dans les ateliers les 52 dimanches de l'année, le jour de Noël, le vendredi saint et quatre autres jours par an, ou huit demi-journées, en plus des 52 demi-journées du samedi. En résumé, l'ouvrier des fabriques et des ateliers doit jouir d'un repos complet pendant cinquante-huit jours par an, d'une demi-journée de loisir pendant cinquante-deux journées : il reste 255 jours pendant chacun desquels il ne peut pas travailler plus de dix heures. Ce n'est pas là une vie accablante ; la part qu'elle laisse aux loisirs est considérable ; combien elle serait fructueuse si l'on savait utilement, moralement l'employer !

Les *Trades' Unions* ont, cependant, encore renchéri sur ces dispositions légales, elles ont, en fait, réduit le travail à 54 ou 51 heures par semaine. Si l'on se rappelle qu'une semaine se compose de 168 heures, qu'avec 9 heures par jour pour le sommeil et les repas on a un prélèvement indispensable de 63 heures, qu'il en reste, par conséquent 105, on voit que l'ouvrier anglais a à sa disposition en dehors de ce qui lui est nécessaire pour ses besoins physiques essentiels, autant d'heures disponibles à consacrer aux nobles loisirs, aux distractions, aux promenades, à l'étude, aux occupations intellectuelles et morales, qu'il emploie d'heures au travail professionnel le faisant vivre, soit 51 ou 54 heures.

Quelques personnes pensent que le législateur anglais a été trop loin ; nous ne le croyons pas. Il a assuré cette chose sacrée, le repos de l'enfance, et cette autre, le ménagement des forces des adolescents et des femmes. Peut-on faire encore davantage? Le législateur ne le saurait sans imprudence, et aussi sans sortir de sa mission. Il ne faudrait pas vouloir faire l'application du mot d'un célèbre socialiste allemand, Karl

Marx, qui soutient que la force de production du travail est en « raison inverse du temps consacré au travail ». Il est trop clair que cet adage, d'une vérité relative quand la durée de la journée est excessive, finirait par aboutir à un pur non-sens.

Une loi suisse, votée dans ces dernières années, celle du 23 mars 1877, a sur certains points dépassé la loi anglaise de 1878. Une enquête avait démontré que le travail dans les manufactures helvétiques variait entre 13, 14 et 15 heures, même pour les enfants de dix à treize ans. Après huit années d'études, après avoir subi l'épreuve du *referendum*, c'est-à-dire du vote populaire, la loi suisse défend d'employer dans les fabriques les enfants au-dessous de quatorze ans révolus. Cela nous paraît excessif : la limite extrême devrait être à douze ans.

De quatorze à seize ans les heures d'école et de travail réunies ne doivent pas dépasser onze heures. Pour les adultes la journée de travail est fixée à onze heures au maximum, et même à dix heures la veille des dimanches et des jours fériés. Le travail est interdit le dimanche, sauf dans de très-rares établissements ; les législations cantonales peuvent en outre établir des jours de fête obligatoires jusqu'à concurrence de huit par an. Le travail de nuit est prohibé sauf des autorisations spéciales. Les femmes ne peuvent en aucun cas travailler le dimanche ou la nuit. Les femmes en couches doivent avoir un repos de huit semaines en tout pendant lequel la fabrique leur est fermée. La loi contient des dispositions assez sévères sur la ventilation des ateliers, l'éclairage, l'entretien des machines, la responsabilité des patrons pour les accidents, même arrivés sans leur faute. Il y a dans cette loi suisse quelques exagérations, à côté d'excellentes mesures.

La France a été en ces matières moins hardie que sa grande voisine aristocratique et que sa petite voisine démocratique. On s'est pendant longtemps chez nous contenté de faire des enquêtes. Une loi de 1841, qui d'ailleurs est toujours restée illusoire, permettait d'employer dans les usines des enfants de huit ans ; de là vient le titre navrant du livre de M. Jules Simon dont nous avons parlé ; mais dans la pratique on trouvait encore des travailleurs au-dessous de cet âge. On se résolut en 1874 à faire une loi sérieuse : elle fixe à douze ans l'âge où les enfants peuvent être employés dans les manufactures, les usines ou les ateliers, s'étendant ainsi à un champ beaucoup plus vaste que celui de la loi de 1841 ; mais elle admet des exceptions pour certaines industries, celle de la papeterie par exemple. Dans ces branches de travail spécialement indiquées par la loi on peut occuper des enfants de dix ans, sans que le travail de ceux-ci dépasse six heures par jour. Le travail de nuit est interdit pour les enfants au-dessous de seize ans et pour les filles mineures. Jusqu'à quinze ans l'enfant qui ne justifie pas d'avoir reçu l'instruction primaire ne peut travailler que six heures par jour : s'il est suffisamment instruit il peut, même à partir de douze ans, être occupé, comme les adultes, douze heures dans la journée, ce qui est excessif.

Une loi de 1848 a réduit, on l'a vu, à douze heures au maximum le travail effectif des fabriques pour tous les ouvriers. Cette loi est, en général, appliquée dans l'industrie textile du nord de la France, mais, depuis un certain nombre d'années, dans beaucoup d'industries et dans presque toute la région du Midi, le travail des usines n'atteint pas cette limite ; la journée se borne assez souvent à 11 heures, parfois même à 10 ou 10 1/2. Au moment où nous revoyons ces lignes, au printemps de 1880, les ouvriers des manufactures de Reims, ceux de Lille aussi se mettent en grève pour obtenir la journée de dix heures (1). Il est rare que dans les mines la journée dépasse cette durée, souvent même elle n'est que de huit ou neuf heures.

Dans la petite industrie, dans la plupart des métiers divers

(1) Au mois de juin 1880 les ouvriers des ateliers de construction de Lille se mirent en grève pour obtenir une réduction de la journée de travail. Beaucoup de patrons s'étaient cependant montrés conciliants, notamment la Société de Fives-Lille qui occupait dans cette région 2,000 ouvriers et qui fit à son personnel les propositions suivantes :

1° La journée réduite à dix heures de travail; 2° l'heure de travail payée à raison de 40 centimes; 3° les heures supplémentaires rétribuées à raison de 60 centimes; 4° les heures de travail de nuit payées environ 25 p. 100 en plus.

Les ouvriers repoussèrent ces offres; on remarquera que par les heures supplémentaires ils allongent la journée d'une manière très-productive.

des villes, la journée de travail ne s'élève presque jamais au-dessus de 10 heures, et souvent elle reste au-dessous. Il arrive fréquemment, surtout à Paris, que les ouvriers font réduire par des grèves la durée de la journée régulière, afin de se faire payer plus cher les heures supplémentaires qu'ils rendent ainsi presque nécessaires et pour lesquelles ils stipulent une rémunération proportionnellement plus forte. Chacun sait que l'ouvrier parisien travaille bien, vite, mais peu de temps. Nous serions étonné qu'en moyenne il fît par jour plus de 8 ou 9 heures de travail constant.

Sans aucune intervention ultérieure du législateur, du moins pour réglementer le travail des adultes, il est probable que dans peu de temps la durée de la journée, même dans les manufactures textiles, sera abaissée à 10 heures. Quelques députés ont déposé en 1879 un projet de loi pour faire appliquer cette réforme par mesure coercitive; nous regretterions que cette loi fût votée, parce que le législateur, en intervenant au profit des adultes, sort de ses attributions naturelles et légitimes, qu'il peut ainsi être entraîné à des infractions nombreuses et regrettables. On n'a que faire d'ailleurs ici de ses règlements; les ouvriers sont aujourd'hui socialement assez forts pour amener en peu de temps la réduction à 10 heures de la journée; peut-être aussi, à l'imitation des Anglais, pourraient-ils obtenir que le samedi elle ne fût que de 8 heures, afin d'avoir un peu de temps, en dehors du dimanche, pour les diverses occupations de leur ménage et même pour leurs affaires.

Ce progrès, une fois obtenu, est suffisant. Quand l'ouvrier ne travaillera plus que 58 ou 60 heures par semaine, en ajoutant à ce chiffre, à raison de 9 heures par jour, 63 heures pour le sommeil et les repas, il restera 45 heures pour les délassements, les distractions, l'instruction, les joies et les occupations de famille, pour les affaires aussi, car l'ouvrier tient de plus en plus à n'être pas absolument détaché du monde et à avoir des intérêts en dehors de son travail professionnel. Trouver un bon emploi pour ces loisirs, c'est un problème dont l'heureuse solution importe plus au bien-être de l'ouvrier que de les accroître encore.

En Amérique l'idéal des ouvriers est, sans doute, placé plus haut. Une journée de 9 ou 10 heures leur paraît exagérée ; ils voudraient la réduire à 8. Les heures de loisir dépasseraient alors les heures de travail : ces dernières seraient de 48 par semaine, les premières atteindraient 57, déduction faite des 63 heures, à raison de 9 par jour, que nous regardons comme indispensables pour le sommeil et les repas. A Chicago, en 1879, on a vu des grèves pour obtenir la journée de 8 heures ; le gouvernement qui, aux États-Unis comme partout, est en quête de popularité et qui, si on le laissait faire, deviendrait un agent de démoralisation, avait, pendant une certaine période, réduit à 8 heures le travail de ses arsenaux.

Ces prétentions, croyons-nous, sont excessives ; du moins sont-elles prématurées. Abaisser la journée de travail au-dessous de 9 ou 10 heures serait une grande témérité pour la civilisation occidentale ; qu'elle prenne garde aux Asiatiques, dont elle ne devine pas assez la prochaine et redoutable concurrence. Déjà le Chinois, *John the Celestial* ou *Cheap John* (John le Céleste, John à bon marché) a fait son apparition aux États-Unis, ne demandant qu'à travailler dur et longtemps pourvu qu'on lui paie sa journée. Avant vingt ou trente ans, les hommes jaunes viendront aussi en Europe, se souciant peu de toutes les prétentions démocratiques de nos ouvriers et les considérant à leur tour comme des aristocrates. Les repoussât-on, fermât-on à ces immigrants le territoire des nations européennes, ils n'en feraient pas moins chez eux, Chinois, Japonais, Indiens, nègres de l'Afrique qu'on explore et qu'on va coloniser, une concurrence redoutable aux ouvriers européens qui ne voudraient plus supporter une journée de 9 ou 10 heures de travail. Quand Chinois, Japonais, Indiens et nègres auront adopté nos machines, qu'ils auront créé chez eux des chemins de fer, qu'ils se seront mis au courant de nos procédés, l'infatuation des ouvriers occidentaux, si elle devenait trop grande, leur attirerait de terribles mécomptes et de durs châtiments. Or, dès l'aurore du vingtième siècle, on verra à l'œuvre, armés de nos engins et de notre science, Japonais, Chinois, Indiens, nègres du Soudan, du Congo ou du Zambèze. Dût-on prohiber leurs marchandises qu'ils n'en seraient guère moins redoutables. Leur travail plus actif, plus soutenu, leurs habitudes plus sobres leur permettraient de produire à meilleur marché pour eux-mêmes, et de supprimer l'exportation européenne dans les pays non européens. Aux désirs intempérants et aux prétentions excessives de nos ouvriers, il y a un avertissement que l'on doit opposer et dont ils feront leur profit s'ils ont quelque sagesse : « prenez garde aux Asiatiques, ces rivaux qui ont pour idéal du bonheur une écuelle pleine de riz. »

On prétend que l'abréviation de la journée de travail accroît la force productive de l'ouvrier, de telle sorte qu'une tâche de 10 heures finit par équivaloir à une de 12. Il y a dans cette proposition une part de vérité ; mais, sous peine de tomber dans l'absurde et le ridicule, comme le fait Karl Marx, il faut se garder d'exagération en cette matière. Un industriel d'Alsace, il y a quelque trente ans, écrivait à M. Michel Chevalier, qu'ayant réduit d'une demi-heure la journée de travail, il avait obtenu un produit un peu plus considérable qu'auparavant. Cette année même (juin 1880), un manufacturier important de Normandie qui avait, à cause de la crise, réduit à 10 heures le travail de ses ateliers, sans changer le tarif des tâches, nous disait que ses ouvriers, qui étaient aux pièces, produisaient dans cette journée de 10 heures autant qu'en 10 heures et demie à peu près auparavant quand la journée était de 12 heures effectives. Il est vraisemblable que si la population était de longue date habituée à un travail de 10 heures ou de 9 heures et demie, si elle avait des habitudes régulières, un bon régime alimentaire, qu'elle sût faire un utile emploi de ses loisirs, elle rendrait autant de services en ce laps de temps qu'elle le faisait autrefois en 12 heures ; mais nous ne croyons pas qu'on pût aller plus loin. Une trop grande intensité de travail, une activité exagérée, finissent par être nuisibles, par surexciter les nerfs, et par détruire l'équilibre des facultés de l'homme. On fera bien de borner ses espérances à la journée de 10 heures et plus tard peut-être de 9.

Les loisirs de l'ouvrier se sont, on l'a vu, singulièrement accrus en Europe depuis trente ou quarante ans ; ils sont encore en voie d'accroissement, et l'on peut presque craindre qu'on ne commette à la longue quelque excès de ce côté. Les plaintes que la grande industrie abuse des forces de l'homme se rapportent, pour la plupart, à la période chaotique d'installation première. Les abus qui subsistent encore disparaissent un à un chaque jour, par l'action, soit de la raison sur les patrons, soit de la loi sur tout le monde, soit aussi par l'influence des ouvriers sachant se concerter entre eux. Un jour prochain, il ne restera guère rien des griefs légitimes que les observateurs impartiaux adressaient, il y a peu de temps, au régime des manufactures. Sans doute, on ne pourra supprimer toutes les conséquences, parfois fâcheuses, de l'agglomération d'un grand nombre d'êtres humains dans de vastes ateliers, non plus que faire disparaître tous les dangers de certaines professions. Cependant, même contre ces maux, la science, la philanthropie, la morale, l'accord des intéressés, la loi elle-même ont, si ce n'est des remèdes absolus, du moins des palliatifs. La commodité et la sécurité du travail de l'ouvrier tendent à augmenter, même dans les mines, même dans les occupations les plus dangereuses.

La civilisation a-t-elle aussi accru et peut-elle accroître les garanties qui sont offertes à l'ouvrier contre les maladies, contre les accidents, contre le dénuement de la vieillesse? L'affirmation est d'une incontestable vérité.

Pour ce qui est des garanties matérielles contre les maladies, les accidents, on les trouve dans une hygiène de jour en jour meilleure des ateliers et des logements, dans l'usage d'instruments qui permettent de triompher des forces nuisibles, de prévenir les explosions, etc. : on a encore, sans doute, beaucoup d'améliorations à faire sous ce rapport; mais on les fera.

Quant aux garanties pécuniaires, qui ne préviennent pas le mal, qui n'empêchent pas la maladie, les accidents, mais qui assurent des soins, des indemnités, qui mettent à couvert de l'indigence imméritée, elles sont bien connues, quoique encore trop médiocrement usitées. Il reste à les propager, à les rendre universelles, plutôt qu'à les inventer ou même qu'à les perfectionner.

Voici, par exemple, les sociétés de secours mutuels. Le développement depuis 25 ans en est considérable. On s'en rendra compte par les chiffres suivants, qui résultent des statistiques officielles :

SOCIÉTÉS DE SECOURS MUTUELS.

| | Nombre des membres. | Avoir total des sociétés. |
|---|---|---|
| En 1854 | 315,000 | 13 millions de francs. |
| 1860 | 494,000 | 25 — |
| 1876 | 901,000 | 76 — |

C'est un grand progrès, puisqu'en trente ans le nombre des membres a presque triplé, et l'avoir total presque sextuplé. Néanmoins, si l'on considère que le nombre des employés, des ouvriers et des journaliers est en France de 4,370,000, soit presque quintuple du chiffre actuel des membres, on voit quel développement ces sociétés doivent prendre encore. Il faudra, sans doute, 30 ou 40 ans avant que les quatre cinquièmes des personnes appartenant aux catégories que nous venons d'indiquer fassent partie d'associations de ce genre. On peut espérer que de 1876 à 1900 le développement sera proportionnellement aussi considérable que de 1854 à 1876, c'est-à-dire qu'il y aura alors près de 3 millions d'ouvriers, employés et journaliers, ayant recours au bienfait de la mutualité. Il ne faut pas oublier, non plus, que parmi les personnes qu'on classe comme journaliers, ouvriers et employés, il y en a un grand nombre, la moitié peut-être, tout au moins un tiers ou un quart, qui ont des ressources personnelles, des économies, une petite fortune ou une petite aisance. Quant à l'avoir des sociétés de secours mutuels, il représentait en 1876 environ

85 francs par membre, ce qui ne laisse pas que d'être déjà quelque chose.

C'est surtout parmi les femmes qu'il est désirable que les sociétés de secours mutuels conquièrent des adhérents : sur un nombre d'ouvrières que l'on estime à 1,627,000 en France, il n'y en avait en 1876 que 120,000 affiliées à des sociétés de ce genre, pas une sur dix.

Si utiles qu'elles soient, les sociétés de secours mutuels contre la maladie ne sont que la forme la plus rudimentaire des associations de prévoyance. Elles ne rendent que des services bornés; elles devraient se mettre en état d'accorder des pensions pour la vieillesse, de garantir même dans une certaine mesure leurs membres contre le chômage immérité. Au lieu d'être de 12 à 16 francs par an, soit de 5 centimes environ par journée de travail, la cotisation devrait s'élever à 30 francs au moins comme dans les unions anglaises, ou même à plus, de manière à comprendre une assurance sur la vie ou une rente viagère pour la vieillesse.

Presque toutes les compagnies industrielles ou financières ont fondé des caisses de prévoyance, et la plupart des grandes usines sont dans le même cas. Un progrès énorme devra s'effectuer de ce côté d'ici à la fin du siècle.

Indépendamment des œuvres philanthropiques qui se créent journellement, les sociétés purement financières, comme les assurances, peuvent singulièrement étendre encore leur domaine et varier leurs combinaisons. Les années 1878, 1879 et 1880 auront été sous ce rapport fécondes. Il y a eu dans cette période une fièvre de spéculation sur les titres des Compagnies d'assurances; il en est éclos de toutes parts, et l'on a singulièrement abusé de la crédulité du public (1). Celui-ci a payé trois, quatre ou cinq fois trop cher les actions que d'habiles faiseurs consentaient à lui vendre. Il n'en est pas moins vrai

(1) On a calculé qu'en 1879 et en 1880 il s'était fondé 80 sociétés d'assurances nouvelles; il n'en existait pas 80 avant 1879 : le nombre a donc doublé en deux ans. Beaucoup sans doute seront ruinées; mais cette concurrence finira par profiter au public.

que la théorie et la pratique des assurances ont fait plus de progrès dans ces trois années que pendant les trente années antérieures. La route du progrès est jonchée de ruines et de débris humains ; mais une fois que le passage est ouvert et déblayé, que le chemin est connu, l'humanité y marche sans danger, sans regrets, sans se souvenir même de ceux qui l'ont parcouru en tâtonnant et qui souvent y ont perdu la fortune ou la vie. La spéculation, que l'on accuse tant et qui, en effet, est une effrontée sans pudeur ni scrupules, a fait néanmoins son œuvre admirable : par pur égoïsme, pour offrir au public l'appât de combinaisons nouvelles, elle s'est montrée ingénieuse, inventive. L'assurance contre l'incendie s'est développée, elle s'est appliquée aux chômages par suite d'incendie, ce qui est un progrès considérable : c'est une société toute de spéculation, la *Foncière*, qui a introduit en France cette nouveauté. Les assurances contre les accidents se sont multipliées sous toutes les formes; celles sur la vie se sont perfectionnées. Ainsi au prix des pertes des premiers souscripteurs, l'humanité se trouve en possession de sociétés beaucoup plus agissantes, ayant des domaines plus variés et plus vastes, étendant la protection de leurs indemnités à des catégories beaucoup plus nombreuses et plus diverses de sinistres.

Ce serait sortir du cadre de ce livre que de s'étendre sur ces sujets ; ce serait encore davantage s'en écarter que de décrire toutes les combinaisons heureuses de salaires progressifs, de participation aux bénéfices, de coopération. Nous en avons examiné scientifiquement le principe dans un autre ouvrage (1) ; nous avons essayé d'y redresser les confusions de langue ou de pensée, les exagérations intempestives que certains de ces systèmes provoquaient, ce qui ne veut pas dire le moins du monde que nous ayons de l'indifférence pour ces essais de rémunération perfectionnée ou d'association. Nous pensons même qu'on n'a pas tiré de ces modes variés tout le parti qu'ils comportaient, et sans croire en aucune façon à la suppression du salariat,

(1) *La question ouvrière au* XIX^e *siècle.*

nous pensons que le salaire pourra être la souche résistante et vivace sur laquelle il sera possible de greffer dans beaucoup de cas des systèmes plus nouveaux de rémunération.

L'année 1879 et l'année 1880 ont été témoins de quelques essais remarquables, dûs uniquement à l'initiative privée — cet auteur principal de tous les progrès sociaux — pour donner aux populations laborieuses des garanties nouvelles de bien-être. L'une de ces tentatives, dont le succès est infaillible, consiste à faire assurer directement contre l'incendie, par les soins du patron, le mobilier de tous ses ouvriers. On évite ainsi beaucoup de déperdition de temps et de frais ; on arrive à une assurance plus économique. Le patron n'est ici qu'un intermédiaire ; il perçoit ensuite sur chaque ouvrier la prime qui le concerne. Le procédé d'assurance collective a été pratiqué d'abord en Alsace ; un grand industriel, M. Engel-Dollfus, s'est efforcé de la propager en France. Par une extension du même principe, plusieurs industriels se sont mis à assurer tout leur personnel contre les accidents ; on sait que les compagnies d'assurances contre les accidents, lesquelles étaient presque inconnues en France il y a deux ans, foisonnent aujourd'hui chez nous. Un nouveau et facile progrès consistera à assurer sur la vie tout le personnel d'une usine. Il y a beaucoup d'améliorations à effectuer dans le jeu des compagnies d'assurance, quoique malheureusement la baisse du taux de l'intérêt soit défavorable à ces sociétés.

Deux autres tentatives récentes méritent aussi d'être signalées. L'une c'est le legs d'environ 2 millions fait par un regretté économiste, M. Rampal, au Conseil Municipal de Paris pour être distribués en prêts portant intérêt aux associations coopératives ouvrières. La seconde, c'est la création à Paris d'une *Caisse Centrale du travail et de l'épargne, banque populaire, au capital de 50 millions* (dont 12 millions 1/2 versés). Nous n'affirmerons pas que toute idée de spéculation ait été étrangère à cette fondation ; et nous ne nous portons pas garant du succès de cette société. Ce sont là, néanmoins, deux expériences sociales intéressantes.

On doit citer encore, comme un autre exemple de ces œuvres d'initiative individuelle, les cercles populaires qui deviennent de plus en plus nombreux, les sociétés qui commencent à pulluler pour la construction de maisons économiques.

L'esprit philanthropique qui pénètre toutes les classes de la population, et qui est devenu à la fois un instinct, une conviction et une mode, ne peut manquer, au milieu de beaucoup de fondations éphémères ou inefficaces, d'en susciter quelques-unes qui soient durables et utiles.

---

# CHAPITRE XVIII

## DE L'AUGMENTATION INCESSANTE DE LA RICHESSE COMMUNE ET INDIVISE.

Les deux phénomènes simultanés qui se produisent dans la société : appropriation de plus en plus complète des forces naturelles; reconstitution d'un patrimoine commun, d'une richesse sociale dont l'humanité a la jouissance collective et gratuite. — Importance croissante du domaine public. — Les diverses branches de ce domaine. — Le domaine public monumental : son accroissement. — Le domaine municipal dont le public a la jouissance gratuite.

Comparaison de la situation de l'homme avant l'établissement de la propriété privée avec la situation de l'homme moderne. — En quoi la perte des quatre droits primitifs de chasse, de pêche, de cueillette et de pâture, est amplement compensée. — Comment la situation même de l'homme le plus dénué est moins précaire dans nos sociétés civilisées que dans les sociétés primitives.

Il se produit dans la société deux phénomènes contraires : l'un frappe les yeux de tous, n'échappe à la connaissance et à l'attention de personne; l'autre reste presque inaperçu ; en le signalant, on dirait que l'on fait une révélation. Ces deux phénomènes les voici : le premier qui est très ancien, c'est l'appropriation du sol et de la plupart des forces naturelles qui sont localisées. La terre, les chutes d'eau, les dépôts de houille, le vent, le bon air même sont tombés en grande partie sous le régime de la propriété privée. Voilà le phénomène universellement connu ; les uns s'en félicitent, considérant que toutes ces forces naturelles sont ainsi beaucoup mieux exploitées à la fois et mieux ménagées, que le genre humain en retire ainsi toute l'utilité qu'elles sont susceptibles de donner. D'autres en gémissent, déplorant l'aliénation de l'antique patrimoine commun de l'humanité ; ils prétendent que le pauvre est, pour ainsi dire, mis en dehors de la nature : il ne trouve pas de sol qu'il puisse labourer, pas de forêt où il puisse chasser, pas de ruisseau où il lui soit donné de pêcher en tout temps; il ne peut même reposer sa tête, faute d'autre demeure, dans des cavernes, car il risque d'être appréhendé et mis en geôle comme vagabond. Voilà le premier fait, le grand fait social qui prête à tant de contestations.

Comment se fait-il que l'on n'aperçoive pas le second fait, le phénomène, de date plus récente peut-être, mais appelé à se développer dans de vastes proportions? Cet autre phénomène, c'est la reconstitution d'un patrimoine commun, d'une richesse sociale dont l'humanité a la jouissance collective presque inconsciente. Il s'accumule chaque année des centaines de millions qui viennent grossir un capital dont aucun homme en particulier n'est le propriétaire, mais dont tous sont les usufruitiers. Ce capital, quel est-il, où le trouve-t-on? C'est le domaine public et le domaine privé de l'Etat, des départements, des communes; ce sont toutes les institutions d'assistance, toutes les dotations pour les services publics; ce sont toutes les œuvres, grandes ou petites, entreprises au moyen d'impôts, de taxes, de contributions, d'emprunts publics et dont le capital a été amorti, qui par conséquent sont retombées dans le domaine commun. On ne doit pas croire que cette nouvelle richesse collective qui se forme soit une bagatelle, qu'elle n'ait presque pas d'importance. C'est par milliards qu'elle peut s'évaluer, presque par dizaines de milliards dans un vieux pays : et l'on peut prévoir le jour, dans un siècle ou deux, où elle égalera presque en valeur la richesse privée, appropriée, divisée entre les hommes.

Le domaine public de l'État, des départements et des communes est immense et s'accroît sans cesse. Plus la civilisation d'un pays est ancienne et progressive, plus on y ajoute. Chaque année des capitaux considérables, prélevés sur le revenu des impôts soit généraux, soit locaux, ou recueillis par la voie d'emprunts amortissables, sont employés à élargir cette richesse collective. Nous avons évalué ailleurs (1) à plus de

(1) Voir notre *Traité de la Science des finances* (2e édition, t. I, pages 27 et suivantes).

300 millions de francs par année les sommes que l'État français, les départements, les communes, consacrent à des travaux neufs devant accroître le domaine public. Si ce chiffre restait stationnaire, ce serait de 30 milliards environ en un siècle que s'accroîtrait le patrimoine commun des habitants de la France. Or, l'on ne peut estimer aujourd'hui à plus de 150 ou 160 milliards l'ensemble de la richesse du pays. Mais c'est bien plus de 300 millions, c'est au moins 500 que l'on affecte dans notre pays chaque année à cet élargissement du patrimoine collectif.

Nous ne pouvons ici entrer dans de grands détails ; contentons-nous de quelques remarques précises. On divise, d'ordinaire, le domaine public en différentes catégories : domaine public maritime, domaine public militaire, domaine public de la navigation intérieure, domaine public de la viabilité, domaine public monumental. Il y a, sous ces diverses formes, toute une richesse énorme, dont la plus grande partie n'est pas inventoriée, qui échappe aux statistiques et qui, sans produire de revenus directs, est souvent pour les citoyens une cause d'utilité et d'agrément. Chacun jouit, sans s'en rendre compte, de cette richesse commune dont le développement dans ces derniers temps a été si rapide et le sera encore plus à l'avenir. Qui pense, en se promenant dans les magnifiques jardins de la ville de Paris, en s'asseyant sur les bancs qui y sont prodigués qu'il a fallu des dépenses considérables pour mettre à la disposition de tous les citoyens ces parcs riants, si bien dessinés et d'un aspect enchanteur? Qui songe, en parcourant les salles somptueuses de nos musées, ornées des chefs-d'œuvre de l'art humain, que c'est là une splendide richesse sociale qui n'était pas gratuite à l'origine et qui est devenue commune? Qui, en se rendant d'un point à un autre par un chemin commodément tracé, fait la réflexion qu'il a coûté beaucoup d'efforts et de peines pour épargner aux voyageurs une route pénible à travers champs? Dans vingt, trente ou quarante ans, lorsqu'auront expiré les concessions de la plupart des Compagnies d'éclairage et des eaux, quand tous les frais d'installation de ces entreprises seront amortis, quand le propriétaire et le locataire auront pour une somme minime l'éclairage et l'eau à leur disposition dans les appartements les plus modestes, lequel parmi eux se dira que sa modique redevance représente seulement l'entretien, mais non les dépenses de premier établissement, de services aussi dispendieux à installer et aussi essentiels? A l'heure actuelle même, dans les lavoirs qui se rencontrent en tant de villes et dans les bains publics que l'on trouve en quelques-unes, qui se dit que ce sont là des arrangements qui ont été coûteux, qui sont l'œuvre des hommes et pour lesquels l'on ne paie rien? Qui fait une réflexion du même genre pour les égouts? Dans 70 ans quand tous les chemins de fer existant en France et ayant coûté une vingtaine de milliards à construire auront fait retour à l'État, quand il sera possible de réduire de moitié, peut-être même des deux tiers, les prix de transport, qui se rendra compte, en payant 20 ou 25 francs (le salaire de trois ou quatre journées du travail le plus ordinaire) pour se rendre de Paris à Marseille, qu'il n'acquitte que les frais d'entretien et d'exploitation des chemins de fer, mais qu'il jouit gratuitement du capital énorme ayant servi à les établir?

La richesse sociale commune, dont chacun a la jouissance collective, nous entoure; et de plus en plus elle nous entourera; de plus en plus elle approchera en valeur de la richesse appropriée, pour un jour la dépasser.

Il n'a jamais été fait de statistique générale de la valeur de l'ensemble du domaine public en France; une partie seule de ce domaine, non pas la plus considérable, a été, à quarante années de distance, en vertu d'une loi de 1833 et d'une loi de 1873, l'objet d'évaluations plus ou moins précises. A la première de ces dates on estimait à 536 millions de francs en chiffres ronds, les propriétés immobilières appartenant à l'État tant à Paris que dans les départements, qui étaient affectées à un service public quelconque. C'était là un chiffre bien faible, dont la modicité au premier abord surprend. Mais il ne s'agissait que du domaine public monumental appartenant à l'État; celui des départements et des communes restait en dehors. En outre beaucoup de propriétés figurant dans cet inventaire n'étaient inscrites que pour mémoire, les recenseurs n'ayant pu leur attribuer de valeur même approximative. D'autres étaient estimées à des sommes dérisoires : ainsi 358 articles du ministère de la justice et des cultes représentant les palais épiscopaux, les grands et les petits séminaires, les cathédrales, ne montaient qu'à 33,467,573 francs, somme qui ne pourrait suffire à la construction de deux églises comme la cathédrale d'Amiens et celle de Paris.

Le *tableau général des propriétés de l'État*, déposé devant les Chambres au printemps de 1876, donne des indications plus récentes. Cet inventaire encore n'est que partiel, il est fort loin de s'étendre à tout le domaine de l'État. Il ne comprend pas les immeubles du domaine public proprement dit, tels que les rivages de la mer, les canaux et leurs francs bords, les routes nationales, les chemins de fer. Il ne renferme rien du domaine public des départements et des communes; les préfectures, par exemple, les tribunaux, les hôtels de ville, les écoles, les marchés, les églises, sauf les cathédrales, n'y figurent pas. On a enfin soin de nous dire que l'on a porté à ce tableau « sans aucune « évaluation, certains immeubles d'une nature particulière tels « que les cathédrales, les grands édifices publics ou monuments « d'art, auxquels il n'était pas possible d'attribuer une valeur « vénale. »

Si incomplet qu'il soit, cet inventaire s'élève encore à des chiffres énormes. Les propriétés de l'État affectées à des services publics étaient, d'après ce document, au nombre de 17,899, ayant une valeur de 1,948,301,130 francs. Si l'on tient compte de ce que beaucoup d'articles ne sont inscrits que pour mémoire, on peut porter à 2 milliards et demi au moins l'évaluation.

D'autre part, les propriétés de l'Etat non affectées à des services publics étaient, en 1876, au nombre de 9,098, et on leur attribuait une valeur de 1,650 millions de francs : les bois et les forêts formaient la principale part de cette richesse. Ainsi on peut porter à 4 milliards environ la valeur des propriétés de l'État qui ont été inventoriées à une date récente. Les citoyens n'ont pas la jouissance indivise de tous ces biens, mais ils l'ont d'une partie. La ville de Paris a fait publier en 1879, un inventaire de son domaine municipal. Il s'élève aussi à des chiffres énormes, dépassant un milliard de francs pour monuments civils et religieux, écoles, marchés, promenades, etc. Que l'on juge du domaine public des autres 40,000 communes de France!

Le domaine public monumental qui est le plus susceptible d'évaluation est, toutefois, peu de chose auprès du domaine public de la viabilité ou de la navigation intérieure. Donnons quelques chiffres sur le domaine public de la viabilité. En 1875, — depuis lors on a fait de grands progrès — il y avait en France 37,300 kilomètres de routes nationales, 47,500 de routes départementales, 84,116 kilomètres de chemins de grande communication, 79,184 de chemins d'intérêt commun et 381,564 kilomètres de chemins vicinaux ordinaires. Une partie, il est vrai, le quart environ des chemins de ces trois dernières catégories, étaient seulement en construction ou à l'état de lacune, c'est-à-dire qu'ils n'existaient guère. On estime à 4,000 francs le coût moyen d'établissement du kilomètre de chemin vicinal ordinaire, à 6,000 celui du chemin d'intérêt commun, à 12,000 celui du chemin de grande communication. On reste au-dessous de la vérité en évaluant à 15,000 francs les frais d'établissement de chaque kilomètre de route départementale, et à 20,000 celui de chaque kilomètre de route nationale, ces frais variant, d'ailleurs, considérablement suivant la nature du sol, les accidents de terrain et le prix de la main-d'œuvre. On arrive, d'après ces moyennes, à une valeur de 4 milliards et demi à 5 milliards. Qu'on y joigne les ports, les canaux, les autres parties du domaine public; qu'on y ajoute les hospices, les hôpitaux, les asiles, etc., on atteindra à peine la vérité en disant que le domaine de l'État, des départements et des communes en France, doit représenter une dépense, au cours du jour, de 15 à 20 milliards de francs. Quand les chemins de fer auront fait retour à l'État, dans soixante-dix ans, quand dans vingt, trente ou quarante ans, toutes les concessions municipales d'éclairage ou d'eaux auront expiré et que la canalisation établie par les sociétés privées aura fait retour aux villes, cette valeur aura doublé. Il est peu probable que dans les prochaines années l'activité sociale cesse d'élargir le domaine public de la viabilité, de la navigation, ainsi que le domaine public monumental. Vers le milieu du vingtième siècle, c'est à 30 milliards et peut-être à plus que s'élèvera, nous ne disons pas la valeur (car ce mot ici n'a plus de sens), mais l'ensemble des capitaux dépensés par l'État, les communes et les départements de France, pour créer toute une richesse collective dont la plus grande partie sera mise à la disposition gratuite des habitants.

Il faudrait y joindre les fondations privées qui ne laissent pas aussi que d'avoir quelque importance. On calcule en France que les dons et legs, ceux du moins qui sont officiellement recensés, faits à des établissements religieux ou charitables et aux communes, montent en moyenne à une trentaine de millions de francs par an. Ce sont les chiffres des statistiques. Ils restent, croyons-nous, fort au-dessous de la vérité ; il s'en faut que toutes les souscriptions ou tous les versements à des œuvres philanthropiques soient compris dans ces constatations administratives ; tout ce qui se donne de la main à la main échappe à cet enregistrement ; les œuvres individuelles non plus n'y figurent pas. Ce n'est pas à 30 millions, c'est à coup sûr à une centaine qu'il faut évaluer, dans un vaste pays comme la France, la part des cotisations, des charités, qui viennent annuellement constituer un capital permanent pour le soulagement des infortunes individuelles ou pour l'instruction, l'éducation, la récréation de tous. Or, cent millions par an, cela fait un milliard en dix ans et dix milliards par siècle.

Bien loin que l'on soit au terme de cette formation d'une richesse commune et indivise, nous pensons qu'on n'en est encore qu'au début. La civilisation moderne qui a été singulièrement individualiste (et c'était une nécessité, une condition de progrès) pendant les trois derniers quarts de siècle, tend à devenir plus socialiste, dans le sens que ce mot devrait avoir, ou plus *altruiste,* pour nous servir d'une expression souvent employée en sociologie. On a aujourd'hui une conception plus exacte des besoins de tous ; le sentiment de la solidarité humaine, le désir de manifester cette foi par des œuvres visibles et durables se propagent dans toutes les couches de la société. Les corps collectifs et officiels, de même que les individus, se piquent de travailler par des œuvres spéciales au bien général. On parlait beaucoup au dix-huitième siècle de sensibilité, et l'on entendait par là je ne sais quelle émotion qui s'emparait de l'âme et la faisait frissonner d'amour, de compassion, de pitié ou de tendresse pour tous les êtres humains, en face de toutes les souffrances et de toutes les joies humaines. Mais cette sensibilité était tout intérieure, subjective, contemplative ; elle ne s'épanchait qu'en beaux discours ou en beaux écrits. Aujourd'hui on est moins sentimental, mais on ressent tout aussi profondément les maux d'autrui, et tout en les pleurant moins, on s'occupe plus de les guérir.

Les municipalités sur tous les points du territoire créent des écoles, des lavoirs, des bains publics, installent des fontaines, font des égouts, des conduites d'eaux et de gaz, établissent des promenades publiques, des musées, ouvrent des lieux d'instruction, de récréation. Une fois ces dépenses amorties, au bout de vingt, trente, quarante ans, quand les emprunts contractés pour ces entreprises ont été totalement remboursés, le public a la jouissance absolument gratuite de toutes ces richesses sociales. Pendant ce temps, soit encore les municipalités, soit des associations philanthropiques, charitables, religieuses, édifient ou agrandissent des hôpitaux, des hospices, des asiles, fondent des refuges de nuit, des fourneaux économiques, etc. Comme aucun de ces établissements une fois nés ne disparaît, comme chaque jour il en surgit un nouveau, on peut juger de ce que sera un grand pays civilisé dans un siècle ou deux, de l'importance énorme qu'y aura prise la richesse commune. Certes, il reste encore beaucoup à faire, et ce ne sont pas les œuvres qui manqueront. Nos villes, par exemple, n'ont, pour la plupart, pas de portiques où la population puisse s'abriter en se promenant pendant la pluie, de parcs étendus où il lui soit donné de se distraire, de bains confortables où l'homme modeste puisse, moyennant une faible obole, se rafraîchir le corps, d'asiles de nuit où les personnes, momentanément sans refuge, trouvent décemment à reposer leur tête, de bibliothèques populaires ouvertes dans tous les quartiers, de cercles où puissent se rencontrer le soir et les jours fériés, soit gratuitement, soit moyennant une modique rémunération, les hommes de toute classe qui ont le goût de la sociabilité et qui ne possèdent qu'un logement étroit. Mais patience : peu à peu, par l'initiative individuelle, par les sacrifices spontanés des hommes de bien, et par l'action des municipalités et des corps collectifs, toute cette richesse commune se constituera. Pour qu'une richesse soit commune, pour qu'on en ait la jouissance gratuite, il n'est pas, d'ailleurs, nécessaire qu'on ne paie absolument aucune cotisation pour s'en servir. Il suffit que la cotisation exigée représente seulement les frais d'entretien, et non les frais de premier établissement. Quand ceux-ci ont été amortis et que rien n'est demandé pour eux, on a vraiment l'usage gratuit de la chose. Quand, dans soixante-dix ans, les chemins de fer auront, par le cours naturel des choses, fait retour à l'État, et que les prix de transport seront abaissés de 60 ou 70 p. 100, qu'on ne paiera plus que 25 ou 30 francs pour se rendre en seconde classe de Paris à Marseille, on aura vraiment l'usage gratuit des chemins de fer, c'est-à-dire de la voie, des gares, de toutes les installations permanentes, puisqu'on ne paiera plus que pour l'entretien, pour l'exploitation.

L'amortissement des capitaux par un prélèvement sur le revenu est une forme particulière de l'épargne, qui a pour effet de transformer en richesse sociale et collective une richesse privée, individuelle.

Heureux nos descendants qui, succédant à l'époque de l'installation de la grande industrie, bénéficieront d'œuvres ainsi amorties, et jouiront d'un capital commun de 40 ou 50 milliards peut-être dans un pays comme la France ! Ce capital, il il est vrai, ne permettra pas aux particuliers sans épargne de vivre oisifs ; il ne leur donnera pas la nourriture, le vêtement et le logement ; mais il leur procurera une foule de commodités, de facilités d'existence, de récréations, de garanties en cas de détresse, et vraiment, c'est tout ce que l'on peut réclamer.

Comparons la situation de l'homme avant l'établissement de la propriété privée, et celle de l'homme dans la société présente ou dans la société future. Quand la terre était commune, chaque être humain jouissait de ce que l'on a appelé les quatre droits primitifs qui, pour certains publicistes, sont des droits imprescriptibles : les droits de chasse, de pêche, de cueillette et de pâture. Chaque être humain pouvait poursuivre le gibier dans toute forêt, pêcher le poisson dans tout ruisseau, cueillir les fruits sauvages et les baies qui poussaient naturellement aux arbres, conduire son troupeau, s'il en avait un, dans tout pâturage. Voilà les quatre droits primitifs. Ces droits, il était impossible de les conserver sans les modifier ; car, l'exercice pur et simple pour tous les êtres humains de ces prérogatives empêchait la terre de produire et de se peupler. Ils ne mettaient pas, d'ailleurs, à l'abri de la disette, des intempéries, des fléaux de la nature, les rares individus existant dans ces sociétés primitives. Le droit de chasse n'assurait pas de la nourriture à l'homme malhabile, peu rapide à la course, ou d'une constitution faible ; cet homme se voyait enlever sous ses yeux le gibier par un voisin plus robuste, plus agile ou plus adroit. Il en était de même du droit de pêche, de ceux de pâture et de cueillette. Ces quatre droits primitifs ne garantissaient ni l'enfance, ni la vieillesse, ne fournissaient aucun abri contre les intempéries, aucune sauvegarde contre les maladies. Les faibles mouraient de détresse, de misère, d'abandon sous ce régime antérieur à toute civilisation, ou bien ils n'avaient pour secours que la charité de leurs voisins plus heureux; mais ces voisins plus heureux avaient eux-mêmes peu de moyens d'aider ceux qui étaient maltraités du sort (1).

(1) On trouve dans une coutume océanienne la preuve du peu de garantie qu'offrait la jouissance des quatre droits primitifs : dans la Nouvelle-Calédonie et dans beaucoup d'autres îles les sauvages, quand ils sont parvenus à la vieillesse, qui pour eux arrive tôt, se font mettre à mort par leurs enfants. Les quatre droits primitifs ne permettent pas aux faibles de subsister.

Aujourd'hui, après l'établissement de la propriété privée, l'homme a perdu la jouissance de ces quatre droits primitifs de chasse, de pêche, de cueillette et de pâture. Qu'a-t-il reçu en échange ? Quelle compensation lui a été donnée ? D'abord, il se trouve dans une société où il y a une énorme accumulation de travail antérieur, de capital en grande partie amorti, il en résulte que son travail est infiniment plus productif, et lui vaut plus d'objets utiles ou agréables en même temps que plus de loisirs. S'il est faible, infirme, il lui faut recourir, comme il l'eût fait autrefois à la charité, soit publique, soit privée ; mais comme la société et chacun des membres qui la composent ont beaucoup plus de richesses, c'est-à-dire plus de provisions, il est assuré d'être plus efficacement secouru qu'autrefois. Enfant, il trouve une école gratuite pour le recevoir, pour l'abriter pendant le jour, pour l'instruire ; si les vêtements convenables lui manquent, il se rencontre une institution, la Caisse des écoles, qui lui en donne ; vieillard et infirme, il a l'hospice qui lui est ouvert ; des soins hygiéniques, la vaccine gratuite, le préservent de maladies cruelles qui autrefois enlevaient des tribus entières ; malade, l'hôpital le reçoit, le traite avec humanité et avec science. A chaque instant de sa vie, il fait un usage inconscient d'une fraction de cette énorme richesse commune qui va toujours en s'accumulant. En vérité, n'est-ce pas là une compensation suffisante de la perte de ces droits primitifs, qu'on prétend si précieux, de chasse, de pêche, de cueillette et de pâture, droits dont l'exercice est impossible pour tout le monde sans faire disparaître avec la culture les 99 centièmes des humains, droits d'ailleurs qui n'ont jamais empêché les faibles de mourir de faim, de froid et d'abandon !

---

# CHAPITRE XIX

## DE LA RÉPARTITION ACTUELLE DES RICHESSES ET DES REVENUS DANS LES SOCIÉTÉS MODERNES.

Sauf des cas exceptionnels et très rares la tendance à une moindre inégalité des richesses est très marquée dans les sociétés modernes. — Préventions dans le sens contraire répandues dans le public.

L'examen de tous les documents statistiques, en même temps que l'observation directe des faits particuliers, démontrent la vérité de notre thèse. — Examen des documents qui peuvent renseigner sur la répartition des richesses.

Distribution des revenus en Prusse d'après les statistiques des deux impôts l'*Einkommensteuer* et la *Classensteuer*. — Répartition des revenus dans le royaume de Prusse en 1853, en 1864, en 1878. — Classification des revenus prussiens en six catégories : les très petits revenus, les petits, les modiques, les moyens, les grands et les très grands revenus. — Les deux prrmières catégories représentent plus des deux tiers du total des revenus des habitants de la Prusse. — La troisième catégorie forme moins de 16 p. 100 de l'ensemble ; la quatrième, moins de 7 et demi p. 100; la cinquième, moins de 3.60 p. 100; la sixième, 1.26 p. 100. — Énumération des très gros revenus prussiens.

Mouvement de la répartition des richesses en Prusse dans la période de 1853 à 1878. — Quoique cette période ait été très favorable à l'agiotage, les changements ne témoignent pas d'une tendance à la concentration des richesses : au contraire. — Les petits, les modiques et les moyens revenus sont ceux auxquels la civilisation profite le plus. — L'élévation de ces catégories de revenus est continue, ininterrompue, et se poursuit en dépit de toutes les crises sociales, industrielles, agricoles, financières. — Ces crises influent, au contraire, considérablement sur les gros revenus.

La statistique des revenus en Saxe confirme les faits démontrés par la statistique des revenus en Prusse.

De la répartition des fortunes dans le Royaume-Uni. — Impossibilité d'arriver pour ce pays à des résultats même approximativement exacts. — La distribution de la propriété foncière. — Le nombre des propriétaires parcellaires est considérable. — Les très grosses fortunes territoriales.

Les revenus commerciaux et professionnels dans le Royaume-Uni. — Relevé et décomposition de ces revenus d'après la statistique de l'*Income tax*. — Les très gros revenus commerciaux ou professionnels sont beaucoup plus rares dans ce pays qu'on ne le pense généralement. — Les traitements des fonctionnaires et des employés dans la Grande-Bretagne. — Toutes ces statistiques montrent que même dans la Grande-Bretagne les énormes revenus, autres que les revenus fonciers, sont plus rares qu'on ne le pense. — Démonstration de cette assertion par le produit de l'impôt sur les domestiques mâles. — Le nombre considérable des déposants aux Caisses d'épargne en Angleterre. — Les assurances sur la vie. — Cause du petit nombre de détenteurs de titres de consolidés.

De la répartition des richesses en France. — La distribution de la propriété foncière. — Il n'y a pas en France 60,000 personnes ayant un revenu net foncier de 6 ou 7,000 francs ou davantage.

De l'évaluation des revenus parisiens d'après les statistiques de l'impôt sur les loyers. — Petit nombre des grandes et énormes fortunes à Paris. — Classification des revenus parisiens. — Les statistiques de l'impôt sur les chevaux et les voitures confirment les indications de l'impôt mobilier. — Il en est de même des statistiques des *Pompes funèbres*. — Hypothèses sur la répartition des fortunes dans le reste de la France.

Conclusions que l'on peut tirer des relevés de l'impôt sur le revenu aux États-Unis en 1865 et en 1866, et des impôts sur le revenu et sur le capital dans quelques cantons suisses.

Résumé de toutes ces recherches. — En tout pays les grandes fortunes sont plus rares que ne se le figure l'imagination du vulgaire. — Il sera beaucoup plus difficile dans le prochain demi-siècle d'accumuler de rapides fortunes, qu'il ne l'a été dans le demi-siècle écoulé.

Les chapitres précédents ont démontré que la répartition des richesses avait une tendance à se faire d'une manière de moins en moins inégale dans les sociétés modernes. Baisse sensible du taux de l'intérêt, baisse des profits des industriels et des commerçants, arrêt et même recul dans la marche ascendante de la rente de la terre, disparition des gros traitements, élévation des traitements moyens et petits, hausse des salaires, surtout de ceux des ouvriers des dernières catégories, taux stationnaire ou moins rapidement croissant du salaire des ouvriers habiles (*skilled labour*), enfin formation incessante d'une richesse collective gratuite dont l'importance deviendra bientôt énorme. Voilà les phénomènes qui ont successivement passé sous nos yeux. Nous n'avons guère découvert que quelques exceptions à cette approximation vers une plus grande égalité des revenus : ces exceptions on les trouve chez les artistes, et surtout chez les chanteurs et les chanteuses, les comédiens et les comédiennes; on en rencontre aussi dans quelques professions libérales, chez les chirurgiens et les médecins d'un talent tout à fait hors ligne, un peu moins chez les avocats ; enfin, il s'en présente aussi chez les industriels ou les ingénieurs qui ont eu le mérite ou le bonheur de faire des découvertes très appréciées de l'humanité (1). Sauf ces cas rares, la tendance à une moindre inégalité des revenus est incontestable.

Cette proposition qui deviendra chaque jour de plus en plus vraie se heurte, néanmoins, à beaucoup de préventions. Le préjugé public est contre elle. La foule et tous les esprits irréfléchis admettent que la répartition des revenus se fait d'une manière de plus en plus inégale. La jalousie, l'envie et aussi ce sentiment qui porte l'homme à l'admiration, trouvent leur compte dans de ridicules exagérations sur le nombre et l'importance des grandes fortunes. Les journaux propagent encore dans le public ces idées fausses. Ils attribuent à chaque financier un nombre de millions quintuple ou décuple de ceux qu'il possède réellement : ils dotent chaque riche héritière d'autant de millions qu'elle a de centaines de mille francs. En se promenant dans les avenues élégantes des grandes villes, en admirant de fastueux hôtels et de luxueux équipages, le bourgeois qui va à pied ou en fiacre et qui demeure au quatrième suppose qu'il y a des dixaines de milliers de personnes autour de lui ayant des centaines de mille francs de rente.

J'ai toujours été étonné, attristé en même temps, de cette sorte de badauderie qui change complètement la face de la société. Des réflexions nombreuses, approfondies, l'examen de tous les documents instructifs, l'étude de tous les indices, la connaissance aussi de beaucoup de cas particuliers, m'ont démontré que les grandes fortunes sont partout infiniment plus rares qu'on ne le suppose, qu'elles représentent en revenu une partie infime du revenu national, et que les fortunes moyennes elles-mêmes ne sont ni aussi fréquentes, ni individuellement aussi grosses qu'on l'admet. La France et cette ville brillante entre toutes qui s'appelle Paris ne font pas exception à la règle générale.

(1) Ces découvertes peuvent être essentielles ou frivoles, peu importe. Il suffit qu'une fraction importante de l'humanité les apprécie. Un parfum, par exemple, une eau de toilette, peuvent mener à une grande fortune, tout comme un procédé pour fabriquer l'acier ou pour l'éclairage électrique.

Ce qui dans mon esprit était une conviction lentement formée, j'ai tâché d'en avoir la démonstration positive par des chiffres. Les chiffres sont le seul argument que notre siècle défiant et sceptique considère comme probant. Il est vrai que les statistiques sont incomplètes ou manquent même dans beaucoup de pays sur le nombre relatif des citoyens qui ont de très petits revenus, de ceux qui en ont de moyens, de ceux qui en ont de grands, de ceux enfin qui en ont d'énormes. Néanmoins, quoiqu'il se rencontre des lacunes dans les renseignements statistiques sur la répartition des richesses, il n'est pas impossible d'arriver à une certitude approximative sur ce point capital de l'économie sociale. Certains pays, comme la Prusse, la Saxe, beaucoup de cantons Suisses, ont un impôt général sur le revenu qui permet de classer les citoyens d'après les ressources que possède chacun d'eux. Qu'il y ait des fraudes, des inexactitudes, dans les déclarations ou dans les perceptions de cet impôt, c'est incontestable : mais quand une administration est aussi sévère que l'administration prussienne, on peut être assuré que ces fraudes et ces inexactitudes sont contenues dans des limites assez étroites. Il n'en est pas de même en Italie où l'impôt sur le revenu n'est que partiel, portant seulement sur les revenus mobiliers, où d'un autre côté il est excessif, s'élevant jusqu'à 13, 20 p. 100, où enfin les moyens de perception et le personnel des percepteurs sont défectueux. Aux États-Unis l'impôt sur le revenu a été appliqué pendant la guerre de sécession et quelques années après, les documents qui le concernent offrent de l'intérêt. En Angleterre, l'*Income tax*, cet impôt appliqué depuis près de quarante ans, fournit des indications moins précieuses parce que cette taxe frappe les choses plutôt que les personnes, qu'elle se morcèle en plusieurs impôts différents et qu'elle ne relève pas le revenu total du contribuable. Néanmoins, en ce qui concerne deux des catégories de l'*Income tax*, la cédule D qui frappe les revenus industriels, commerciaux, professionnels, et la cédule E, qui atteint les traitements et les pensions, on a des tables où les contribuables sont rangés par ordre d'importance.

En France il semble au premier abord que tous les documents manquent sur la répartition des fortunes. Il n'en est pas ainsi, cependant, et nous en avons même de fort précieux. Il n'existe pas chez nous, il est vrai, d'impôt sur le revenu. Les droits de succession ne peuvent pas, non plus, nous servir de guide. L'administration pourrait classer les successions par ordre d'importance, elle ne le fait pas, ou du moins elle garde pour elle ces relevés et n'en publie aucun. Un tableau de cette nature serait, d'ailleurs, peu probant : les droits de succession, en effet, sont payés pour les meubles et la fortune mobilière au domicile du décédé, pour les immeubles au bureau d'enregistrement de la circonscription où ils se trouvent. Les déclarations concernant une même succession peuvent donc être morcelées et se faire à des bureaux différents, de sorte que la connaissance du chiffre total de la succession peut échapper à la connaissance du fisc. En second lieu, les droits de succession portent en France sur l'actif brut, sans aucune déduction du passif ; une succession peut ainsi dans beaucoup de cas être plus importante en apparence qu'en réalité ; c'est ce qui arrive quand le décédé était grevé de dettes, soit hypothécaires, soit chirographaires. D'autre part et en sens inverse, il faut tenir compte de la fraude que les valeurs mobilières au porteur rendent souvent facile. Il dépend des héritiers, s'ils sont d'accord et s'ils n'ont aucun intérêt à conserver l'origine de leur fortune, de déclarer ces valeurs au fisc ou, par leur silence, de les soustraire aux droits.

Si les valeurs successorales sont pour toutes ces raisons un mauvais fil conducteur, il en est de même des statistiques concernant la dette publique, les rentes sur l'État. On répète partout qu'il y a en France quatre millions de rentiers, ce qui est une absurdité. Il y a, en effet, sur notre grand livre de la Dette publique plus de quatre millions d'inscriptions de rentes, dont les trois quarts (plus de trois millions) sont des inscriptions au porteur, de sorte qu'une seule personne peut en posséder cent ou mille. Quant aux onze ou douze cent mille inscriptions nominatives, il s'en faut aussi qu'elles correspondent à un nombre égal de rentiers : un seul capitaliste peut être propriétaire de dix, douze, vingt inscriptions nominatives dans les cinq catégories de rentes perpétuelles qui existent en France, à savoir : le 3 p. 100 ancien, le 3 p. 100 amortissable, le 4 p. 100, le 4 1/2 p. 100 et le 5 p. 100. Une statistique des rentiers, même par ordre d'importance, serait donc de peu de secours.

Si les documents semblent ainsi manquer poûr guider l'économiste dans ses recherches sur la répartition de la richesse et des revenus en France, on finit avec un peu de zèle par rencontrer sur ce point des indications précieuses et plus dignes de foi que celles qui existent dans la plupart des pays. Ces informations, ce sont d'abord celles qui concernent les cotes foncières ; mais elles sont encore défectueuses. Des renseignements plus sûrs, tout à fait topiques, mais qui ont le malheur de n'être que partiels, ce sont ceux qui concernent les loyers dans les grandes villes, à Paris notamment, et qui proviennent des statistiques de l'impôt mobilier, ce sont aussi ceux qui se rapportent à l'impôt sur les chevaux et voitures. On peut y joindre encore les statistiques des enterrements des différentes classes, d'après les relevés des Pompes funèbres. L'importance des gros revenus peut, avec une suffisante exactitude dans l'ensemble, être appréciée d'après ces indices. Il suffit de connaître les mœurs françaises, les habitudes parisiennes, pour savoir, par exemple, quel est le revenu qui correspond en général, en mettant de côté les exceptions négligeables, à un loyer déterminé.

Commençons cette étude statistique par l'Allemagne et particulièrement par le royaume de Prusse qui est le pays sur lequel nous avons les informations les plus précises. Il existe en Prusse des impôts qui permettent de se faire une idée assez exacte de la distribution des revenus du pays. Ces impôts sont l'*Einkommensteuer* et la *Classensteuer*. Quoique portant deux noms différents que l'on doit traduire en français par « l'impôt sur le revenu » et « l'impôt de classes », ces deux taxes sont en réalité deux parties d'un même impôt. L'une et l'autre frappent l'ensemble des revenus du contribuable, avec cette différence que la *Classensteuer* s'adresse seulement aux petits revenus, ceux au-dessous de 3,000 marks, ou 3,750 francs, tandis que l'*Einkommensteuer* grève uniquement les revenus au-dessus de ce dernier chiffre. Il y a bien aussi des divergences pour l'assiette et pour la quotité du droit entre ces deux taxes qui, en définitive, n'en forment qu'une; mais ces divergences n'ont pour nous, en ce moment, aucun intérêt, puisque nous nous occupons non de la question fiscale, mais de la simple question économique de la répartition des richesses. L'impôt sur le revenu est, en principe, en Prusse de 3 p. 100 ; seulement, comme les revenus sont distribués par catégories, ainsi de 3,000 marks à 3,600, de 3,600 à 4,200, etc., et que pour chaque catégorie la taxe est uniforme, il en résulte que la plupart des contribuables paient un peu moins de 3 p. 100 qui est le taux maximum. Quant aux petits revenus, ceux entre 400 marks (500 francs) et 3,000 marks (3,750 francs), le droit varie pour eux de 1/2 à 2 1/2 p. 100. Au-dessous de 400 marks, il n'y a aucune taxe, un revenu inférieur étant considéré comme l'indigence. On sait que pour qu'un impôt sur le revenu soit tolérable, il faut qu'il soit excessivement modéré : ni en Allemagne, ni en Angleterre, sauf dans des circonstances extraordinaires, cette taxe ne dépasse 3 p. 100.

Grâce à ces deux impôts et aux publications officielles dont ils sont l'objet, nous avons à différentes époques des tableaux approximativement exacts des revenus des différentes classes composant la population prussienne.

En 1853, dans la Prusse primitive, celle qui existait avant les annexions du dernier quart de siècle, on comptait 18 millions d'habitants environ. Sur ce nombre il n'y avait que 44,407 personnes jouissant d'un revenu supérieur à 1,000 thalers ou à 3,750 francs et imposables par conséquent à l'*Einkommensteuer*. A ces 44,407 contribuables il faudrait joindre, il est vrai, les membres de leur famille, ce qui porterait à 176,000 environ sur 18 millions le nombre des personnes faisant alors partie de familles ayant plus de 3,750 francs de revenu. Si l'on peut appeler du nom pompeux de riches ceux qui ont un revenu de cette importance, il y aurait eu dans la Prusse de 1853 un riche sur cent habitants. Il faut tenir compte de ce fait que le revenu imposable n'est pas seulement celui qui provient de capitaux ou de terres, que c'est encore le revenu professionnel, industriel ou commercial. Le total de l'impôt que payaient ces contribuables à l'*Einkommensteuer* ne représentait pas le tiers du produit de l'impôt perçu, à un taux généralement un peu moindre, sur les contribuables dont les revenus étaient inférieurs à 3,750 francs.

Sur les 44,407 personnes qui, dans la Prusse de 1853, possédaient un revenu supérieur à ce chiffre de 3,750 francs (1,000 thalers ou 3,000 marks) (1), la moitié environ, soit 21,783, avaient moins de 5,250, francs (1,400 thalers) de revenu; les cinq sixièmes de ces 44,407 contribuables restaient au-dessous d'un revenu de 10,500 francs (2,800 thalers) ; 444 contribuables seulement dans tout le royaume de Prusse avaient plus de 45,000 francs de revenu (12,000 thalers). Parmi ces 444 heureux de la terre, on n'en comptait que 160 dont le revenu dépassât 75,000 francs (20,000 thalers); 29 seulement de ces derniers jouissaient d'un revenu supérieur à 195,000 francs (52,000 thalers) ; enfin 7 personnes seulement avaient plus de 450,000 francs de revenu (120,000 thalers).

Par ces chiffres on peut juger du nombre infinitésimal de personnes qui, à l'époque dont nous parlons, possédaient en Prusse, non seulement l'opulence, mais plus simplement une large aisance. On objectera peut-être que la Prusse est un pays pauvre, que la statistique qui vient d'être citée remonte à 1853, que la dissimulation et les fraudes dans les déclarations ou les constatations ont dû être considérables, que depuis lors la richesse a dû se concentrer davantage et que les grandes fortunes y doivent être plus nombreuses qu'autrefois. Que la Prusse ne soit pas un des pays les plus riches de l'Europe, c'est incontestable; elle contient, cependant, des provinces très-prospères, telles que celles du Rhin ; depuis lors elle en a ac-

(1) Jusqu'en 1871 la monnaie prussienne était le *thaler* qui valait 3 fr. 75; depuis lors, c'est le *mark* qui vaut 1 fr. 25.

quis de plus riches encore. Quant aux fraudes et aux dissimulations, elles doivent être nombreuses; mais, sauf dans des cas exceptionnels, elles ont des limites qu'elles ne peuvent guère dépasser. Les modes de taxation à l'*Einkommensteuer* sont très stricts : ce sont des commissions, composées en grande partie de fonctionnaires administratifs ou financiers, qui lèvent l'impôt; ces commissions sont armées de très-grands pouvoirs, elles peuvent exiger la production des titres, contrats, livres de commerce, et déférer le serment (1). Ces mesures ne suppriment pas absolument la fraude, mais elles la restreignent. On peut considérer que les dissimulations ne s'étendent guère au delà du quart ou du cinquième de la matière imposable, si bien qu'en relevant du quart ou du tiers les chiffres que nous venons de donner on atteint, si on ne la dépasse même pas, l'exacte vérité.

On vient de considérer une première époque, celle de 1853. En 1864, la fortune générale s'était développée en Prusse comme partout, à la fois d'une manière nominale par la simple dépréciation du signe monétaire, et d'une manière réelle par l'essor de l'industrie et par l'ouverture de nombreux chemins de fer. Aussi comptait-on en 1864 dans le royaume de Prusse 68,111 contribuables possédant plus de 3,750 francs de revenu ; c'était moitié plus que onze ans auparavant. Mais ces 68,111 contribuables, riches ou aisés, ne payaient au fisc par l'impôt sur le revenu guère plus du tiers de ce qu'acquittaient par la taxe correspondante les revenus inférieurs à 3,750 francs. La proportion était donc demeurée à peu près la même qu'auparavant entre les revenus de la classe aisée ou riche et les revenus de la classe laborieuse. Les premiers étaient aux seconds comme 1 est à 3.

Reportons-nous quinze ans plus tard, à l'époque actuelle. Le royaume de Prusse s'est singulièrement agrandi par les annexions, il s'est aussi enrichi : il compte dans son sein la ville qui, proportionnellement à sa population, est la plus ri-

(1) Voir sur l'assiette de l'*Eincommensteuer* et de la *Classensteuer* notre *Traité de la Science des finances* (2e édition, t. I, pages 404 et suivantes).

che du monde, Francfort. La proportion des grandes fortunes ou même des moyennes sera-t-elle devenue beaucoup plus forte? Les chiffres qui suivent vont nous l'apprendre (1).

D'après les rôles de l'impôt la population du royaume de Prusse en 1878-79 était de 26,356,866 personnes. Sur ce nombre environ le quart, soit 6,664,590, étaient exemptes de tout impôt sur le revenu, parce qu'elles n'avaient pas 400 marks (500 francs) de ressources annuelles par famille ou par individu isolé, ou bien encore parce qu'elles rentraient dans quelques autres des rares cas d'exemption. Sur le reste de la population, les trente-cinq trente-sixièmes environ étaient assujettis à la *Classensteuer*, l'impôt qui frappe les revenus de 400 marks (500 francs) à 3,000 marks (3,750 francs); le total de ces contribuables à la *Classensteuer* montait à 18,473,864 personnes, dont 3,923,365 chefs de famille (*Haushaltungs vorstände*), 1,193,190 personnes isolées (*Einzelerwerbende*), et 13,357,309 membres de famille (*Haushaltungsangehörige*). Ainsi, la presque totalité de la nation prussienne avait moins de 3,750 francs de revenu par famille ou par individu vivant seul. L'*Einkommensteuer* qui frappe les revenus au-dessus de 3,750 francs n'atteignait que 609,206 personnes, soit 139,118 chefs de famille, 441,899 personnes dépendant d'eux, et 28,189 contribuables isolés, célibataires.

C'est déjà un point intéressant que sur les 26 millions 356,000 habitants de la Prusse en 1878, il n'y en ait que 609,000 appartenant à des familles ayant plus de 3,750 francs de revenu, 1 sur 43 seulement. Aussi, quoique le taux de la *Classensteuer* (impôt frappant les revenus au-dessous de 3,750 francs) soit notablement moins élevé que le taux de l'*Einkommensteuer* qui grève les revenus supérieurs à ce dernier chiffre, néanmoins le premier de ces impôts rend beaucoup plus que le second : 45 millions de marks ou 56 millions et demi de francs

(1) Les éléments de cette analyse nous ont été fournis par deux études du statisticien allemand bien connu M. Adolphe Soëtber : *Umfang und Vertheilung des Volks-Einkommen im Preussischen Staat* 1872-1878, von Dr Adolph Soëtber, Leipzig, 1879, et du même un article dans les *Jahrbücher fur National Œkonomie und Statistik*, février 1880. M. Soëtber a lui-même tiré tous ses chiffres des documents officiels présentés aux Chambres.

en 1878 contre 23 millions de marks ou 29 millions de francs environ.

Entrons davantage dans les détails. Les statistiques prussiennes sur les deux impôts dont nous parlons arrivent à une évaluation totale du revenu des habitants de la Prusse de 8 milliards 69 millions 837,000 marks, soit 10 milliards 87 millions de francs environ. On peut classer les revenus en Prusse en six catégories : 1° les très-petits revenus, que nos voisins appellent revenus nécessiteux ou d'indigents (*dürftige Einkommen*), qui vont jusqu'à 525 marks, soit 657 francs par contribuable, qu'il soit chef de famille ou célibataire ; 2° les petits revenus qui partent de 525 marks pour s'élever jusqu'à 2,000, de 657 francs à 2,500 ; on voit que ces derniers peuvent procurer une certaine aisance ; 3° les revenus modiques (*mässige Einkommen*), qui, de 2,000 marks, s'élèvent jusqu'à 6,000, soit de 2,500 à 7,500 francs ; 4° les revenus moyens (*mittlere Einkommen*), de 6,000 marks à 20,000, soit de 7,500 à 25,000 francs : cette catégorie comporte déjà la richesse ; 5° les grands revenus, entre 20,000 marks et 100,000 (entre 25,000 et 125,000 fr.) ; enfin, 6° les très-grands revenus (*sehr grosse Einkommen*) dépassant 100,000 marks ou 125,000 francs.

Veut-on savoir comment se partage le revenu national en Prusse entre ces six catégories ? Les deux premières, celles des très-petits et des petits revenus comprennent plus des deux tiers du total, à savoir : la première 1 milliard 402 millions et demi de marks (1,770 millions de francs), ou 17.38 p. 100 de l'ensemble du revenu des habitants du royaume, la seconde 4 milliards 417 millions de marks (5,521 millions de francs), ou 54.71 p. 100 de l'ensemble. Ainsi, près des trois quarts des revenus totaux des Prussiens appartiennent à des personnes dont les plus riches ont 2,500 francs de revenu annuel.

La troisième catégorie, celle des revenus modiques, qui va de 2,500 francs à 7,500, représente 1 milliard 266 millions de marks de revenu (1,582 millions de francs), et 15.68 p. 100 de l'ensemble des revenus du pays. Ces trois catégories réunies forment près des neuf dixièmes du revenu total de la Prusse, exactement 87.80 p. 100 : cependant on n'est pas encore arrivé à la véritable richesse.

La quatrième catégorie, celle des revenus dits moyens, variant entre 7,500 et 25,000 francs, comporte, elle, une très large aisance : elle ne renferme que 61,972 contribuables et, si on y comprend les membres des familles, 225,576 personnes ; toutes réunies, elles ont un revenu de 593,215,000 marks ou moins de 750 millions de francs, ce qui constitue 7.35 p. 100 du revenu total du pays.

Il est temps d'arriver aux gros revenus. La cinquième catégorie, celle qui les comprend, concerne les revenus entre 20,000 marks et 100,000, soit entre 25,000 et 125,000 francs ; on compte 7,671 contribuables de cette catégorie, soit 27,920 personnes avec les enfants et les femmes. Le revenu total de cette classe est de 289,394,000 marks ou 365 millions de francs, environ 3.59 p. 100 du revenu total de la nation. Enfin, la sixième catégorie, c'est-à-dire celle des très-gros revenus qui dépassent 125,000 francs, comprend, dans tout le royaume de Prusse, 491 contribuables en 1878, soit, avec les membres de leurs familles, 1,800 personnes ; le chiffre du revenu de cette classe est de 101,770,000 marks, environ 127 millions et demi de francs, ou 1.26 p. 100 du revenu total des habitants de la Prusse. Si donc l'on confisquait les revenus des deux catégories qui précèdent, soit tous les revenus au-dessus de 25,000 francs de rente, pour les partager entre les autres catégories de contribuables, chacun de ces derniers verrait ses ressources annuelles augmenter de 4 1/2 p. 100. Si, poussant la confiscation plus loin, l'État s'attribuait tous les revenus au-dessus de 7,500 francs et en faisait des largesses à tous les individus moins bien lotis, chacun de ces derniers verrait son propre revenu hausser de 10 à 12 p. 100, en admettant, bien entendu, que ces procédés sommaires et iniques n'eussent pas pour effet de jeter le plus grand désordre dans l'industrie, de décourager l'épargne et de faire fuir les capitaux. Or, ce dernier résultat serait inévitable.

Ce n'est pas qu'il n'y ait en Prusse de fort grandes fortunes :

la Prusse actuelle, il ne faut pas l'oublier, comprend, outre Berlin, des villes comme Francfort, Cologne, Breslau, qui ont toujours été fort opulentes. Sur les 491 contribuables qui ont plus de 125,000 francs de revenu, il s'en trouve 49 qui possèdent de 255,000 à 375,000 francs de ressources annuelles ; 15 ont de 375,000 à 450,000 fr. ; 8 de 450,000 à 525,000 fr. ; 6 de 525,000 à 600,000 fr. ; 2 contribuables possèdent un revenu de 600,000 à 675,000 fr. ; 4 en ont un de 675,000 à 750,000 fr. ; 1 jouit d'un revenu de 750,000 à 825,000 fr. ; 4 ont un revenu de 825,000 à 975,000 fr. Nous voici arrivés au revenu d'un million. Un contribuable a un revenu qu'on évalue entre 975,000 et 1 million 50,000 fr. ; 2 autres payent pour un revenu de 1,125,000 à 1,200,000 fr. ; 2 encore sont taxés pour 1,275,000 à 1,350,000 fr. ; 2 aussi pour 1,350,000 à 1,425,000 fr. Un contribuable paie pour un revenu de 1,425,000 à 1,500,000 fr., un autre pour un revenu de 1,650,000 à 1,725,000 fr. ; un encore pour un revenu de 2,475,000 fr. à 2,550,000. Il reste deux contribuables : l'un est taxé pour un chiffre de revenu supérieur à 2,850,000 fr., mais inférieur à 2,925,000 ; enfin celui qui tient la tête de cette brillante catégorie, le contribuable le plus fortuné de Prusse, acquitte l'impôt sur un revenu supérieur à 2,925,000 fr., mais inférieur à 3 millions de francs. On voit que les très-grandes fortunes ne manquent pas en Prusse ; il y en a une douzaine de fort notables, et l'on s'aperçoit que la ville de Francfort est devenue prussienne ; un des gros contribuables est aussi, croyons-nous, le célèbre fabricant de canons, M. Krupp. Mais combien toutes ces fortunes sont peu de chose dans l'ensemble de la richesse nationale !

Il est intéressant de comparer la statistique des revenus prussiens en 1878 avec celle des revenus du même pays en 1853 et en 1864, quoique la Prusse de 1878 soit beaucoup plus étendue et beaucoup plus peuplée que celle de 1864 ou de 1853. De cette dernière date à 1878, la Prusse a gagné plus de 8 millions d'habitants, ce qui est un accroissement de 45 p. 100, et elle s'est enrichie de provinces et de villes très-prospères. En 1853, le total de l'impôt payé à l'*Einkommensteuer* par les personnes ayant plus de 3,750 francs de revenu ne représentait pas tout à fait le tiers des sommes payées à la *Classensteuer* par les personnes ayant un revenu moindre de 3,750 francs. En 1864, la proportion n'avait que très-légèrement changé : l'impôt payé par les revenus de plus de 3,750 fr. ne dépassait que très-légèrement le tiers de l'impôt payé par les revenus moindres. En 1878-79, il n'en est plus tout à fait de même : les revenus de plus de 3,750 fr. fournissent au fisc 29 millions de fr., et les revenus inférieurs 56 millions et demi ; les premiers versent au fisc un peu plus de la moitié de ce que versent les seconds. Si la proportion a aussi notablement changée, c'est principalement parce qu'on a dégrevé dans une certaine mesure, par des remaniements de la législation fiscale, les contribuables à la *Classensteuer*, c'est-à-dire les petites gens. Cela ressort de ce fait, constaté plus haut, qu'en 1878, près des trois quarts (72,09 p. 100) des revenus prussiens appartenaient à des personnes ayant moins de 2,500 fr. de revenu.

En 1853, les contribuables prussiens imposés pour un revenu supérieur à 3,750 fr. étaient au nombre de 44,407 ; en 1864, on en comptait 68,111 ; en 1878-79, dans la Prusse plus vaste et beaucoup plus peuplée, il y en avait 167,307. La population avait augmenté de moitié, le nombre des personnes ayant des revenus de plus de 3,750 fr. avait presque quadruplé. Cela ne veut pas nécessairement dire que l'accumulation de la richesse ait été plus rapide dans les classes supérieures que dans les classes inférieures. D'abord l'annexion de contrées et de villes très-riches fait que les deux Prusses, celle de 1853 et celle de 1878, ne sont pas absolument comparables. Ensuite les revenus généraux, soit réellement, soit nominalement, s'étaient énormément accrus, dans cet intervalle de vingt-cinq ans, par le développement de l'industrie et du commerce, par les voies de communication et même par la dépréciation des métaux précieux. Quand l'ensemble des revenus d'un pays augmente, il est naturel, inévitable, qu'un certain nombre de personnes sortent de la classe des petits revenus pour entrer dans celle des revenus moyens, et qu'un nombre assez considérable d'autres sorte de cette dernière classe pour entrer dans celle des gros revenus : il n'en résulte pas que la richesse se répartisse plus inégalement qu'autrefois, cela signifie uniquement que toute la population a fait un pas en avant, que chaque classe, par exemple, a avancé d'un rang, prenant le rang occupé antérieurement par la classe immédiatement supérieure.

Il est vrai que quelques-unes des catégories les plus élevées de contribuables semblent avoir vu multiplier, dans une proportion plus forte que la proportion usuelle, le nombre des individus qui les composent. En 1853, dans le royaume de Prusse, contenant 18 millions d'habitants, il n'y avait que 444 personnes imposées pour un revenu de plus de 45,000 fr. ; en 1878, dans la Prusse peuplée de plus de 26 millions d'âmes, on compte 2,273 contribuables qui sont dans ce cas, soit cinq fois plus qu'un quart de siècle auparavant ; il faut tenir compte, non seulement de ce que la population générale a augmenté de moitié, mais aussi de ce que le pouvoir d'achat des métaux précieux ayant baissé d'environ 30 ou 40 p. 100, un revenu de 45,000 fr. ne représentait pas, en 1878, plus de jouissances et d'importance qu'un revenu de 30 ou 35,000 fr. en 1853. Dans ces circonstances, après les annexions de 1866, après le prodigieux développement du commerce, de l'industrie et de la finance, on doit plutôt s'étonner de ce que la quantité de personnes ayant plus de 45,000 fr. de revenu ne se soit pas accrue davantage dans le dernier demi-siècle.

En 1853, il y avait en Prusse 160 personnes imposées pour plus de 75,000 fr. de revenu ; en 1878, dans la Prusse agrandie, on en compte 928 ; ce n'est pas six fois plus, proportion qui n'a rien d'anormal. On pourrait dire que, vu le progrès de la richesse nationale et la dépréciation des métaux précieux, un revenu de 75,000 fr. en 1878 est l'équivalent d'un revenu de 45,000 fr. en 1853 ; or, comme dans la petite Prusse de 1853 il y avait 444 personnes imposées pour un revenu de plus de 45,000 fr., et que dans la grande Prusse de 1878 il y a 928 personnes imposées pour un revenu de plus de 75,000 fr., l'augmentation des classes riches a été très-lente, puisque la population a augmenté de moitié dans l'intervalle. La période traversée de 1853 à 1878 a été cependant singulièrement féconde en inventions industrielles, en fondations commerciales, en créations financières qui sembleraient avoir dû décupler le nombre des grandes fortunes.

Dans la Prusse de 1853 vingt-neuf personnes avaient plus de 195,000 francs de rentes (52,000 thalers) ; dans la Prusse de 1878, cent quarante-quatre personnes sont imposées pour plus de 210,000 francs de revenu (168,000 marks) ; le nombre n'a pas quintuplé, or la population a augmenté de 40 p. 100, et il est incontestable que 210,000 francs de revenu représentent beaucoup moins de puissance d'achat et d'importance sociale en 1868 que 195,000 francs de revenu en 1853. Enfin, sept personnes dans la Prusse de 1853 avaient plus de 450,000 francs de revenu, trente-quatre personnes dans la Prusse de 1878 sont dans le même cas : ce n'est pas tout à fait cinq fois plus ; mais outre qu'il faut bien tenir compte de l'accroissement de la richesse générale et de la dépréciation des métaux précieux, la seule annexion de Francfort doit avoir singulièrement augmenté cette classe des gens énormément riches.

Le statisticien allemand qui a le plus et le mieux étudié la répartition du revenu national, M. Soëtber, a dressé une série de tableaux sur les modifications subies par les différentes classes de revenus dans la période de 1872 à 1878, qui a été marquée jusqu'en 1874 par une très-grande animation commerciale, industrielle et financière et, depuis 1874, par une égale dépression dont nous sommes à peine débarrassés. Nous allons le suivre dans ces recherches et en tirer quelques conclusions.

ENSEMBLE DES REVENUS DES HABITANTS DE LA PRUSSE.

| Années. | Population d'après les rôles. | Nombre des contribuables (1). | Ensemble des revenus marks (2). | Moyenne des revenus par contribuable marks. | Moyenne des revenus par tête marks. |
|---|---|---|---|---|---|
| — | — | — | — | — | — |
| 1872 | 23,820,000 | 8,058,183 | 6,969,385,000 | 865 | 293 |
| 1873 | 24,060,000 | 8,140,438 | 7,195,614,700 | 884 | 299 |
| 1874 | 24,525,778 | 8,220,029 | 7,532,365,800 | 916 | 307 |
| 1875 | 24,543,082 | 8,301,287 | 7,628,308,700 | 919 | 311 |
| 1876 | 24,832,784 | 8,467,076 | 7,857,192,400 | 928 | 316 |
| 1877 | 25,346,277 | 8,648,649 | 7,992,203,600 | 924 | 315 |
| 1878 | 25,747,660 | 8,790,285 | 8,069,837,300 | 918 | 323 |

Dans les six dernières années, malgré le *Krach* et la grande crise commerciale, le revenu des habitants de la Prusse a augmenté d'environ 16 p. 100 en monnaie, la population n'a crû que de 7 1/2 p. 100. Il en résulte que le revenu moyen par tête s'est élevé de près de 10 p. 100, passant de 293 marcks ou 376 francs à 323 marks ou 403 fr. 75.

Ce sont surtout les petits, les modiques et les moyens revenus qui ont profité de cette amélioration. Le nombre des personnes composant la classe des revenus indigents (au-dessous de 525 marks ou de 651 francs) est passé de 6,242,000 en 1872 à 6,664,000 en 1878, ce qui est un accroissement d'un peu moins de 7 p. 100, soit très-légèrement inférieur à la proportion de l'accroissement moyen de la population. Le revenu moyen par tête, dans cette catégorie inférieure de revenu, s'est élevé de 202 marks (252 fr. 50) à 210 marks (262 fr. 50). La catégorie des petits revenus, de 525 marks à 2,000 marks (de 651 fr. à 2,500), comptait 16,217,500 personnes en 1872, en 1878 on y en recensait 17,390,767, ce qui était une augmentation de 1,173,000 personnes, ou 7 p. 100 environ, soit un peu moins encore que la proportion moyenne de l'accroissement général : le revenu moyen par tête dans cette classe s'est élevé dans

(1) Le nombre des contribuables ne représente guère que 33 ou 34 p. 100 de la population, non pas à cause des exemptions qui sont peu nombreuses, mais parce que les contribuables sont seulement les chefs de famille ou les personnes isolées qui ont un revenu propre.

(2) Le mark vaut 1 fr. 25.

cette période de 245 marks (306 fr. 25) à 254 marks (317 fr. 50). Le progrès est sensible, il est encore plus marqué pour les deux classes supérieures. Celle des revenus modiques (*mässige Einkommen*) ou des revenus de 2,000 à 6,000 marks (de 2,500 à 7,500 fr.) comptait 1,191,100 personnes en 1872 et 1,437,000 en 1878, ce qui est un accroissement de 245,000 personnes, soit de plus de 20 p. 100, très-supérieur par conséquent à la proportion de l'accroissement général de la population. Le revenu par tête dans cette classe était de 866 marks (1082 fr. 50) en 1872, il s'est élevé à 881 marks (1,101 fr. 25 en 1878). La classe des revenus moyens (de 6,000 marks à 20,000 ou de 7,500 à 25,000 francs) s'est accrue en population, mais a légèrement baissé pour la moyenne du revenu par tête. Elle comptait 146,000 personnes en 1872, 225,600 en 1878, accroissement énorme de plus de 50 p. 100 ; le revenu par tête qui était de 2,641 marks ou 3,301 fr. 25 est tombé à 2,630 marks ou 3,287 fr. 50 : ce n'en est pas moins pour cette classe un progrès considérable. La catégorie des gros revenus, de 20,000 marks à 100,000 marks (de 25,000 francs à 125,000), comptait 22,120 personnes en 1872 et 27,920 en 1878, augmentation de 5,800 personnes ou plus de 20 p. 100 ; le revenu moyen n'a que très légèrement augmenté dans cette classe : de 10,229 marks ou 12,787 francs, il s'est élevé à 10,365 marks ou 12,956 francs. La catégorie supérieure, celle des très-gros revenus qui sont supérieurs à 100,000 marks ou 125,000 francs, s'est aussi accrue comme nombre dans cette période de 1872 à 1873, mais le revenu moyen par tête dans cette classe a aussi baissé : les contribuables de cette catégorie (y compris les membres de leurs familles), étaient au nombre de 1,300 en 1872, ils sont 1800 en 1878 ; le revenu moyen par tête y était de 62,403 marks ou 78,003 francs en 1872, il est tombé à 56,539 marks ou 70,666 francs en 1878. Il ne faut pas oublier que cette période de six années n'est pas une période normale : elle a été marquée par un entraînement extraordinaire de spéculation qui a profité surtout aux gens de finances, aux habiles fondateurs de sociétés et aux joueurs à la Bourse.

Quoique cette période soit défavorable pour l'observation des phénomènes normaux, quoiqu'elle ait été spécialement propice à l'agiotage, c'est-à-dire à la fondation d'énormes fortunes dans la classe des gens d'affaires et à l'appauvrissement des gens naïfs de la petite bourgeoisie, le progrès de l'aisance et des revenus s'est néanmoins fait sentir dans toutes les catégories de la population sans exception. Les revenus dits d'indigents ont gagné 4 p. 100 par tête, les petits revenus autant, les revenus modiques 2 p. 100, mais le nombre de ces derniers s'est plus accru que la moyenne de l'accroissement de la population. Les revenus moyens, au contraire, ont légèrement diminué d'importance par tête, mais ils sont aussi devenus plus nombreux; les grands revenus ont augmenté aussi en nombre, mais ils ont peu gagné comme importance moyenne par tête. Les très-gros revenus, ceux au-dessus de 125,000 francs, sont devenus plus nombreux eux aussi, mais comme importance moyenne par tête ils ont assez notablement diminué.

Si, au lieu de considérer toute la période de 1872 à 1878, on prenait pour point de départ le point culminant de la spéculation et de l'agiotage, c'est-à-dire l'année 1874, on verrait que les quatre premières catégories de revenus, les revenus d'indigents, les petits revenus, les revenus modiques, les revenus moyens se sont beaucoup moins ressenti de la crise industrielle et financière que les deux catégories supérieures, les gros et les très-gros revenus. Dans les quatre premières catégories le progrès a été continu ; chaque année l'ensemble du revenu de chaque classe a donné une plus-value supérieure à celle de l'année précédente. Il n'en a pas été de même pour les deux catégories les plus élevées de revenus : la classe des gros revenus offre des chiffres moins considérables en 1875, en 1876, en 1877 qu'en 1874, et c'est à peine si les résultats de cette dernière année sont regagnés dans cette classe en 1878. Les très-gros revenus ont été plus éprouvés encore par la crise. En 1874, l'ensemble des revenus constatés dans cette catégorie, c'est-à-dire pour les revenus de plus de 100,000 marks ou de 125.000 francs, était de 121,750,000 marks ou 152.187.000 francs ; chaque année depuis lors l'ensemble des revenus de cette classe a décru; il ne s'élevait plus, en 1878, qu'à 101,770,000 marks ou 127,212,000 francs : la perte éprouvée par les très-gros revenus atteignait ainsi 25 millions de francs environ ou 16 p. 100. Au lieu de représenter 1.62 p. 100 de l'ensemble des revenus de la Prusse, cette catégorie n'en formait plus que 1.26 p. 100.

De ces faits particuliers, desquels on pourrait rapprocher beaucoup d'autres analogues, on peut tirer une induction générale : c'est que l'élévation des très petits et des moyens revenus est continue dans un pays civilisé, que c'est un phénomène qui se manifeste sans interruption; il peut y avoir ralentissement du mouvement ascendant; il n'y a jamais arrêt complet. L'amélioration, la hausse du niveau des couches inférieures et moyennes de la société est constante. Les crises industrielles, commerciales, financières affectent beaucoup plus les sommets que les régions plus basses. On croit que la misère générale va résulter d'un embarras industriel ou commercial, de mauvaises récoltes successives, d'un *Krach* à la bourse : il n'en est rien; autrefois, c'était une des conséquences naturelles de ces fléaux intermittents ; aujourd'hui, pris dans leur masse, les petits, les modiques et les moyens revenus ne cessent pas de progresser contre vents et marée. Les gros revenus seuls, surtout les très gros, sont sujets, en tant que classe, à rétrograder ou à rester stationnaires. Ceux qui ignorent ces vérités, ceux qui n'ont pas su les dégager de la multiplicité des faits contemporains ne comprennent rien au mouvement économique du monde actuel. Ils s'ébahissent à chaque instant devant les plus-values d'impôts, l'augmentation des dépôts aux caisses d'épargnes, la hausse des valeurs mobilières, l'essor des recettes des chemins de fer, phénomènes qui coïncident souvent avec des crises agricoles, des crises industrielles, des crises financières. Les petits revenus, de même que les revenus modiques et les revenus moyens, ont dans nos sociétés civilisées un essor régulier, constant, ininterrompu, tandis que le mouvement ascendant des gros et des très-gros revenus est saccadé, variable, sujet à suspensions, à reculs, dépend, en un mot d'une foule de hasards.

Ajoutons, en ce qui concerne l'Allemagne, que la hausse par tête des catégories inférieures de revenu, de 1872 à 1878, est d'autant plus satisfaisante que, dans cette période, contrairement à ce qui s'était passé dans le demi-siècle antérieur, les prix des principaux objets de consommation populaire, même le prix des loyers, n'avaient pas haussé, qu'ils avaient eu plutôt une tendance à la baisse.

La Prusse n'est pas le seul pays germanique qui possède un impôt sur le revenu permettant de classer les citoyens en catégories suivant leur avoir. Une autre contrée très prospère en agriculture et en industrie est dans le même cas : c'est le petit royaume de Saxe. Il n'y a pas dans ce pays de ces énormes fortunes de banque comme celles qu'on rencontre dans la Prusse nouvelle, adonnée à l'agiotage. En 1878, on comptait en Saxe 1,007,020 contribuables à l'impôt sur le revenu, sans y comprendre les membres des familles de ces contribuables. L'ensemble du revenu de la Saxe était évalué à 896 millions de marks, un peu plus de 1 milliard 120 millions de francs. Les très-petits revenus, au-dessous de 625 francs, formaient la première catégorie, se composant de 472,644 contribuables, soit 46.91 p. 100 du chiffre total, et représentant un revenu de 225 millions de francs environ ou 20.01 p. 100 de l'ensemble du revenu. La seconde catégorie, celle des petits revenus allant de 625 à 2,375 francs, comprenait 465,706 imposés, soit encore 46.22 p. 100 de l'ensemble, et 492 millions de francs ou 43.92 p. 100 du total des revenus du pays. La catégorie des revenus modiques, qui vient après, concernant les revenus de 2,375 fr. à 7,850 francs, comptait 59,445 contribuables ou 5.90 p. 100 de l'ensemble, et 230 millions de francs de revenu imposable, soit 20.48 du total. Les revenus moyens, de 7,850 francs à 25,000, n'étaient possédés que par 8,432 individus, soit 0.84 de l'ensemble des contribuables; ils représentaient environ 106 millions de francs ou 9.40 p. 100 de l'ensemble du revenu. La cinquième catégorie, comprenant les gros revenus de 25,000 à 125,000 francs, comptait en Saxe 1,220 contribuables, soit 0.13 p. 100 du nombre total, pour un revenu de 53 millions de francs ou 4.72 p. 100 de l'ensemble des revenus du pays. Enfin, la sixième catégorie, celle des très gros revenus, supérieurs à 125,000 francs, comprenait 73 contribuables, pour une somme de 16 millions et demi de francs de revenu imposable, soit 1.47 p. 100 du revenu total du pays.

L'exemple de la Saxe confirme celui de la Prusse, avec cette légère différence que les très petits et les petits revenus sont plus infimes encore en moyenne dans le royaume de Saxe que dans celui de Prusse, et que les moyens revenus y sont, au contraire, plus nombreux. Néanmoins, si l'on confisquait tous les revenus supérieurs à 7,875 francs et qu'on les répartît entre le reste de la population, chacun de ceux auxquels on accorderait cette aubaine ne verrait encore ses ressources annuelles augmenter que de 14 à 15 p. 100. Nous nous plaçons, d'ailleurs, au point de vue des socialistes, et nous supposons ici — ce qui est absurde — qu'il n'y aurait aucune déperdition de revenu par la disparition de la classe qui possède les revenus les plus élevés. Cependant, la société serait alors comme décapitée : elle aurait perdu ses meilleurs industriels, ses meilleurs commerçants, ses meilleurs ingénieurs, ou ceux-ci n'auraient plus le stimulant qui les pousse à faire d'incessants efforts et à exercer sans relâche leurs puissantes facultés. On connaît la parabole du réformateur Saint-Simon sur les conséquences qu'aurait pour une nation la perte subite de ses cinquante premiers industriels, ses cinquante premiers savants, ses cinquante premiers ingénieurs, ses cinquante premiers artistes, ses cinquante premiers médecins, etc. Si l'on confisquait tous les revenus au-dessus de 7,875 francs, ce ne sont pas seulement les cinquante premiers sujets de chacune de ces spécialités, ce sont tous ceux qui ont quelque talent dans chacune d'elles que l'on ferait en quelque sorte disparaître, ou auxquels on enlèverait toute force d'initiative.

Les recherches qui précèdent démontrent que, en Allemagne du moins, les revenus un peu élevés forment une part très modique de l'ensemble des revenus du pays. En est-il autrement en Angleterre, en France, dans les autres contrées civilisées? *A priori*, on est tenté de répondre affirmativement pour l'Angleterre ; on éprouve plus d'hésitation pour la France.

Le Royaume-Uni est un pays de grande propriété, de grande industrie, de commerce concentré et de gros traitements. On doit donc s'attendre à y rencontrer plus d'inégalités dans la répartition des richesses que partout ailleurs. La race anglaise est prolifique et médiocrement économe. Se reposant sur la charité légale, ne redoutant pas pour ses vieux jours l'hôpital et le *workhouse*, l'ouvrier anglais fait moins d'épargnes que celui du continent. Ce serait exagérer, néanmoins, que de dire qu'il n'en fait pas, puisqu'il y a trois millions et demi de livrets et deux milliards de dépôts aux caisses d'épargne britaniques. Mais ces chiffres perdent de leur importance relative, quand on sait que la caisse d'épargne reçoit à peu près toutes les économies de la classe laborieuse et de la petite classe moyenne d'Angleterre, la propriété foncière, les fonds publics et la plupart des valeurs mobilières n'attirant pas, comme en France, les placements des petites gens.

Malheureusement nous ne possédons pas sur la distribution des revenus en Angleterre des données aussi positives que celles que nous offre sur le même phénomène l'Allemagne. Une étude faite en 1868 par M. Dudley Baxter sur les revenus dans le Royaume-Uni a été l'objet d'abord d'extraits et de commentaires sur le continent, de la part du Dr Soëtber en Allemagne et de M. le duc d'Ayen en France ; mais, soumis ensuite à une critique plus attentive, le travail de M. Dudley Baxter a paru tant à M. Nasse, professeur très compétent d'Allemagne, qu'à M. Soëtber lui-même, ne pas offrir une base suffisamment certaine et précise pour qu'on pût y rien édifier de solide. Nous sommes donc obligé de nous en tenir aux indications approximatives que nous offrent certains documents officiels, tels que le *Domesday Book* ou grand livre de la propriété territoriale, les statistiques de l'impôt sur le revenu, celles aussi de la taxe sur les domestiques mâles. Si incomplets que soient ces documents, le lecteur nous permettra d'en faire usage; ils nous suffiront pour jeter quelque lumière sur un sujet intéressant et, grâce à ces sources, si limitées qu'elles soient, nous aurons encore l'occasion de dissiper quelques préjugés.

Il ne faut pas juger de la distribution des revenus dans la Grande-Bretagne d'après la propriété terrienne : celle-ci est en peu de mains ; il n'en peut être autrement avec les lois actuelles qui perpétuent la féodalité en plein dix-neuvième siècle. On ne pourra juger de ce que produit, même dans un pays de vieilles fortunes et de grand commerce, le cours naturel des choses relativement à la distribution de la propriété foncière que lorsqu'on aura établi le *free trade in land*, le libre commerce de la terre, comme le demande la fraction la plus avancée du parti libéral anglais. Ce n'est pas qu'il ne se rencontre dans les statistiques officielles anglaises, dans le *New Domesday Book*, datant d'il y a trois ou quatre ans, un nombre fort respectable de propriétaires : on en a recensé alors pour les trois royaumes 1,152,816, dont 972,836 pour l'Angleterre proprement dite. Ce chiffre est considérable et dépasse singulièrement toutes les évaluations qui avaient cours dans le public, beaucoup de personnes s'imaginant que l'Angleterre comptait seulement 30,000 propriétaires fonciers.

Toutefois, quand on examine d'un peu plus près ce gros chiffre de 972,836 auquel on estime le nombre des propriétaires anglais, on voit qu'il a beaucoup moins d'importance réelle qu'on ne lui en supposait. En effet, 703,289 propriétaires anglais ne détiennent que des parcelles inférieures à un acre, c'est-à-dire à 41 ares : ils possèdent, sans doute, un simple *cottage* et un jardin potager, peut-être même seulement l'un ou l'autre. Parmi les 269,547 propriétaires de plus d'un acre, il y a sans doute beaucoup de doubles emplois. N'en tenons pas compte : 220,642 personnes possèdent de 1 acre à 100 (de 0,41 ares à 41 hectares) ; 37,216 personnes ont de 100 acres à 1,000 (de 41 à 410 hectares) ; c'est là ce qui correspond à la grande propriété française. Enfin, 5,408 propriétaires ont plus de 1,000 acres ou de 410 hectares. Un recueil intéressant que nous avons déjà cité à propos des pensions dans le Royaume-Uni, le *Financial Reform Almanach*, a fait une catégorie particulière parmi ces 5,408 très-gros propriétaires. Il a dressé la liste alphabétique, comté par comté, de 2,184 individus, dont aucun ne possède moins de 5,000 acres (2,000 hectares), et qui, tous réunis, détiennent une étendue de 38,875,522 acres, soit 15,550,208 hectares, un peu plus de la moitié de toute la superficie du Royaume-Uni. Ce n'est pas tout encore : sur ces 2,184 propriétaires si fortunés, il s'en rencontre 421 dont la part totale n'est pas inférieure à 9,152,302 hectares, soit 21,700 hectares en moyenne par personne. Citons quelques-unes de ces surprenantes fortunes territoriales, qui sont un reste de la féodalité : le duc de Sutherland possède à lui seul 1,206,694 acres, 482,676 hectares, presque l'étendue moyenne d'un département français. Le duc de Buccleugh et le marquis de Breadalbane ont l'un 459,000 acres (184,000 hectares), l'autre 437,400 acres (175,000 hectares) ; quatre autres personnages, dont il serait superflu de dire les noms, possèdent plus de 200,000 acres (80,000 hectares), soit l'étendue d'un de nos petits arrondissements. Toutes ces propriétés géantes sont en Écosse ; mais en Angleterre il s'en rencontre plusieurs au-dessus de 150,000 acres (60,000 hectares). Ne nous arrêtons pas plus longtemps à ce phénomène qui tient, non au libre mouvement desfortunes, mais à des lois restrictives, aux substitutions et aux majorats (1). On doit espérer que ces lois d'un autre âge finiront par disparaître, et que la législation ne s'efforcera plus de maintenir artificiellement l'inégalité des richesses territoriales.

La propriété mobilière est-elle, dans la Grande-Bretagne, concentrée comme la propriété foncière ? Nous n'avons pas à ce sujet de moyens certains de nous renseigner. Mais nous pouvons savoir *grosso modo*, par les statistiques de l'*Income tax*, quelle est la distribution des revenus commerciaux ou professionnels, ainsi que des traitements ; ces deux catégories de

(1) On trouvera sur ce sujet de très nombreux détails dans *l'Économiste français* du 9 mars 1878 : *La distribution du sol et la taxe de la terre en Angleterre*.

revenus correspondent aux cédules D et E de l'impôt sur le revenu.

En 1876-77, la dernière année sur laquelle nous ayons des renseignements détaillés, l'ensemble des revenus imposés à la cédule D (bénéfices professionnels et commerciaux, y compris les chemins de fer, canaux, mines, établissements de gaz et d'eau), s'élevait à la somme de 258,908,743 livres sterling ou 6 milliards 473 millions de francs, c'était un peu moins de la moitié du total des revenus imposés aux différentes catégories de l'*Income tax*. Les états détaillés présentés aux chambres (*Income tax. Return*, etc. 17 july 1879. *Parliamentary paper*, n° 298) donnent le relevé des différentes classes de contribuables d'après l'importance de chacune d'elles (1) : mais le total de ces revenus individuels, provenant de bénéfices commerciaux ou professionnels, assujettis à l'impôt et figurant dans ce tableau, ne monte qu'à 130,825,878 livres sterling (3 milliards 270 millions de francs) pour la Grande-Bretagne (non compris l'Irlande), et à 5,533,442 livres sterling (139 millions de francs) pour l'Irlande). On est loin ainsi du chiffre de 258,908,743 livres ou 6 milliards 473 millions qui figure dans d'autres documents comme le montant des revenus imposés à la cédule D ; la raison en est, vraisemblablement, que dans les états détaillés on n'a tenu compte que des bénéficcs commerciaux ou professionnels *individuels*, et qu'on a laissé de côté les revenus des sociétés anonymes, tels que les chemins de fer, les banques, les mines, etc.

Ainsi en 1876-77, l'ensemble des revenus commerciaux et professionnels individuels imposés à la cédule D de l'*Income tax*, pour la Grande-Bretagne proprement dite (non compris l'Irlande), s'élevait à 130,825,878 livres sterling ou 3 milliards 270 millions de francs. Les revenus au-dessous de 150 livres sterling (3,750 francs) (2) n'étaient en principe pas imposés. Ce-

(1) Nous n'avons pas eu dans les mains le document parlementaire en question, mais nous avons puisé les chiffres que nous citons dans la brochure du Dr Soëtber intitulée *Umfang und Zertheilung* des *Volkseinkommen*, etc., 1879.

(2) Jusqu'en 1876 l'exemption n'était accordée qu'aux revenus inférieurs à

pendant, comme l'exemption n'est accordée qu'à ceux qui, pour l'ensemble de leur revenu, n'avaient pas 3,750 francs, il en résulte qu'il figure dans les relevés officiels un certain nombre de revenus commerciaux ou professionnels au-dessous de 3,750 fr. : ce sont les revenus professionnels qui, quoique étant inférieurs à 3,750 francs, se trouvaient appartenir à des personnes qui, grâce à l'appoint d'autres ressources, avaient un revenu total supérieur à ce chiffre.

Le chiffre de 3 milliards 270 millions de francs, pour l'ensemble des revenus professionnels et commerciaux individuels dans la Grande-Bretagne (non compris l'Irlande), doit probablement dans la pratique être relevé d'un tiers, l'expérience prouvant que l'impôt sur le revenu est perçu sur des déclarations qui sont, en général, inférieures de 30 p. 100 à la réalité (1). On peut donc admettre que l'ensemble des bénéfices professionnels et des profits commerciaux individuels dans la Grande-Bretagne atteint 4 milliards et demi de francs environ. Ces 4 milliards et demi sont distribués entre 381,972 personnes. De ce que 381,972 personnes (parmi lesquelles, il est vrai, sont les gens exerçant des professions diverses) acquittent l'impôt sur le revenu dans la cédule D, on peut conclure que le commerce et l'industrie ne laissent pas que d'être disséminés dans la Grande-Bretagne en plus de mains qu'on ne le pense généralement. Un peu moins de la moitié du revenu total des contribuables individuels imposés à la cédule D échoit à ceux qui sont taxés pour moins de 25,000 francs de revenu. Cette première catégorie représente un revenu total de 57 millions 300,000 livres, sur 130 millions 800,000 livres : si l'on tient compte de ce que tous les très petits commerçants et industriels, ceux qui n'ont pas un ensemble de

100 livres sterl. (2,500 fr.) ; à partir de 1876, on en fit bénéficier tous les revenus au-dessous de 150 livres.

(1) Voir sur les dissimulations à l'*Income tax* notre *Traité de la Science des finances* (2e édition, t. I, pages 155 et suivantes). D'après des enquêtes faites en 1865 on estimait que 40 p. 100 des contribuables faisaient des déclarations inexactes. Des agents du fisc ont, d'autre part, pensé que les déclarations de la cédule D devaient être relevées de moitié. Depuis lors les procédés de perception sont plus rigoureux ; nous pensons être assez exact en relevant d'un tiers les chiffres officiels.

revenus dépassant officiellement 3,750 francs, c'est-à-dire réellement 5,000 francs, ne figurent pas dans ce tableau, on peut conclure que c'est tout au plus le tiers ou le quart des bénéfices commerciaux et industriels du pays qui appartient à des personnes ayant plus de 25,000 francs de revenu.

Voici, d'ailleurs, d'après les documents parlementaires, la classification des revenus industriels imposés à la cédule D.

CÉDULE D DE L'*Income tax*

(Revenus commerciaux et professionnels).

| Classes : Revenus. | | | Nombre de contribuables. | Revenu total de chaque classe en livres sterling. |
|---|---|---|---|---|
| — | | | — | — |
| Au-dessous de | 3,750 (1) | fr. | 56,671 | 2,018,754 |
| De 3,750 à | 5,000 | » | 126,692 | 6,397,103 |
| 5,000 à | 7,500 | » | 89,030 | 12,429,912 |
| 7,500 à | 10,000 | » | 39,909 | 10,845,924 |
| 10,000 à | 12,500 | » | 17,179 | 6,989,131 |
| 12,500 à | 15,000 | » | 12,818 | 6,461,280 |
| 15,000 à | 25,000 | » | 17,738 | 12,550,983 |
| 25,000 à | 50,000 | » | 12,274 | 15,464,818 |
| 50,000 à | 75,000 | » | 3,861 | 8,748,034 |
| 75,000 à | 100,000 | » | 1,774 | 5,789,808 |
| 100,000 à | 125,000 | » | 1,008 | 4,324,435 |
| 125,000 à | 250,000 | » | 1,896 | 12,533,015 |
| 250,000 à | 1,250,000 | » | 1,036 | 18,312,724 |
| Au-dessus de | 1,250,000 | » | 86 | 7,958,957 |
| | Total............. | | 381,972 | 130,825,878 |

Ces chiffres ne laissent pas que d'être instructifs. Ce tableau, on doit le rappeler, s'applique seulement à la Grande-Bretagne proprement dite et laisse de côté l'Irlande. Il ne comprend pas les très petits commerçants, ceux qui ont moins de 3,750 francs de revenu total, soit de 5,000 francs en réalité, si l'on tient compte des dissimulations d'usage. Néanmoins, il reste encore, même dans ce pays de commerce concentré et de sociétés coo-

(1) Nous rappelons qu'en principe les revenus au-dessous de 3,750 fr. ne paient pas l'impôt, mais que, lorsqu'un revenu commercial ou professionnel, inférieur à 3,750 fr. appartient à une personne qui, avec des revenus d'autre nature, a plus de 3,750 fr. de revenu total, ce revenu commercial ou professionnel, quoique inférieur à 3,750 fr., est taxé à la cédule D : de là la première catégorie du tableau qui est dans le texte.

pératives de consommation, un nombre fort respectable de petits industriels et de petits commerçants ou d'industriels moyens (1). Les 381,972 personnes recensées dans ce tableau font bien, en effet, avec leurs familles, 2 millions d'individus, peut-être même 2 millions et demi. Le petit commerce ou la petite industrie (2) et les petites professions indépendantes, que l'on peut considérer comme s'arrêtant à un revenu officiel de 7,500 francs correspondant à un revenu réel de 10 à 12,000 fr., sont représentés par 272,000 contribuables. Le moyen commerce, la moyenne industrie et les professions diverses aléatoires, qui vont d'un revenu officiel de 7,500 francs à un revenu officiel de 25,000 francs, correspondant à 11,000 et 34,000 fr. de revenu réel, comprennent 88,000 contribuables. Le grand commerce, la grande industrie et l'exercice lucratif des professions libérales s'étendent, selon nous, de 25,000 francs de revenu officiel à 250,000 francs inclusivement; ce qui correspond à des revenus réels de 34,000 à 325,000 francs environ; 21,000 personnes à peu près sont dans ce cas. Enfin les très grandes fortunes commerciales ou industrielles, ou plutôt les très gros revenus, pour être plus correct, commencent au chiffre de 250,000 francs de revenu officiel ou de 325,000 francs de revenu réel : on voit que 1,122 individus seulement sont dans cette situation, dont 86 pour un revenu évalué à plus de 1,250,000 francs, correspondant à un revenu réel de 1,600,000 à 1,700,000 francs.

Si nous ne nous trompons, ces chiffres sont de nature à corriger des erreurs fort répandues. Même dans ce pays de commerce et d'industrie concentrés, les fortunes géantes sont donc beaucoup plus rares qu'on ne le pense, puisqu'on ne recense que 1,122 contribuables à la cédule D (Revenus commerciaux et pro-

(1) La cédule D ne comprend pas seulement, il est vrai, les industriels et les commerçants, il s'y joint aussi les personnes exerçant des professions diverses autres que les fonctions du gouvernement ou que les emplois des sociétés (*corporate bodies*) donnant lieu à un traitement fixe. On peut estimer que les neuf dixièmes des contribuables de la cédule D doivent être des industriels et des commerçants.

(2) Nous employons ici le mot de *petite industrie* dans le sens de *petit industriel*.

fessionels) pour un revenu de plus de 250,000 francs, lequel correspond, il est vrai, à un revenu réel de 325,000 ou 350,000 francs environ. Quant aux énormes revenus commerciaux et professionnels, ceux qui dépassent annuellement 1,250,000 francs, on se serait attendu, au premier abord, à trouver un chiffre supérieur à 86, lequel renferme probablement quelques personnes morales. C'est encore un fait remarquable qu'il ne se rencontre pas en Angleterre 22,000 personnes ayant un revenu industriel, commercial ou professionnel (autre qu'un traitement fixe) de plus de 25,000 francs d'évaluation officielle et de plus de 34,000 francs en réalité.

Si, de la cédule D nous passons à la cédule E qui concerne les traitements des administrations, les pensions, les salaires et gages payés par les sociétés (*all public offices and pensions paid out of the Public Revenue and salaries and employs of Corporate Bodies*, etc.), nous relevons pour l'année 1876-77 et pour la Grande-Bretagne (non compris l'Irlande) le tableau suivant :

| Catégories. | Nombre de personnes. | Revenus imposables livres sterling. |
|---|---|---|
| Au-dessous de 3,750 (1) fr. | 66,889 | 2,875,348 |
| De 3,750 à 5,000 » | 24,752 | 1,991,936 |
| 5,000 à 7,500 » | 22,811 | 3,551,203 |
| 7,500 à 10,000 » | 10,596 | 2,922,531 |
| 10,000 à 12,500 » | 5,541 | 2,305,251 |
| 12,500 à 15,000 » | 4,063 | 1,565,176 |
| 15,000 à 25,000 » | 4,317 | 3,070,605 |
| 25,000 à 50,000 » | 2,284 | 2,815,412 |
| 50,000 à 75,000 » | 356 | 776,024 |
| 75,000 à 100,000 » | 120 | 385,623 |
| 100,000 à 125,000 » | 39 | 179,603 |
| Supérieurs à 125,000 » | 84 | 549,237 |
| | 140,852 | 22,987,949 |

Ce tableau fait aussi connaître que, même en Angleterre, les revenus sont moins concentrés qu'on ne le suppose. Ainsi, sur 140,852 personnes imposées pour des traitements, il ne s'en trouve que 123 ayant un traitement supérieur à 100,000 francs,

(1) Nous faisons ici la même remarque qu'à la page 520.

et il y a là aussi des personnes morales, comme les universités, les corporations ou les églises. Dans toute l'Angleterre, il ne se rencontre que 599 personnes percevant un traitement de plus de 50,000 francs, et moins de 3,000 personnes ayant un traitement de plus de 25,000 francs. Si l'on distribuait l'excédent des traitements au-dessus de 25,000 francs entre tous les traitements inférieurs, on n'obtiendrait pas non plus une énorme augmentation de ces derniers : et cependant, il n'y a pas de pays où les traitements et les pensions (1) approchent de ceux de la Grande-Bretagne, et l'on peut dire que, dans bien des cas, ils y sont exagérés.

L'étude rapide que nous venons de faire, s'appliquant au pays le plus aristocratique du monde, à celui où l'industrie et le commerce présentent la plus grande concentration, est donc, elle aussi, instructive, et contribue à mettre en lumière ce phénomène, déjà observé en Allemagne, que dans les sociétés modernes la richesse est beaucoup plus répandue qu'on ne le pense, et que les énormes fortunes y sont plus rares qu'on ne le croit.

Le produit de l'impôt sur les domestiques mâles dans la Grande-Bretagne pourrait encore servir d'indice relativement à la distribution des fortunes. Nous avons déjà (page 290, note) analysé les statistiques anglaises concernant la taxe *on male servants*, établie en 1777. Malheureusement on avait, à l'origine, et jusque vers 1834, donné à l'expression de domestique mâle une extension singulièrement exagérée, y comprenant les garçons d'hôtel ou de café, certaines catégories de commis, notamment les caissiers et les commis-voyageurs. Aussi l'impôt rapportait-il deux fois et demie plus vers 1812 que maintenant. A l'heure actuelle ce droit ne pèse que sur les véritables domestiques mâles ; il portait, en 1878, sur 207,237 personnes exerçant cette profession. Il est assez difficile d'en conclure le nombre exact des personnes qui sont, par leur revenu, en état d'entretenir un domestique mâle. Les grands seigneurs anglais et les grands commerçants, les lords du coton de même que les

(1) Voir plus haut sur *les Pensions britanniques* le chapitre XIII, pages 356.

lords de la terre, ont chacun à leur service dix, douze, quinze, vingt laquais, valets de chambre, cochers. Les personnes dans une situation plus réduite, les simples *squires* ou riches propriétaires campagnards en ont souvent deux ou trois. Si l'on parcourt les annonces du *Times*, on voit qu'une colonne et demie, soit 500 lignes environ, à raison de 3 lignes pour chacun, est remplie des offres de serviteurs masculins. Ceux-ci ont les désignations les plus diverses, qui indiquent combien les riches maisons anglaises ont de variétés de domestiques. Nous trouvons le *butler* ou maître d'hôtel qui en général n'accepte une place que quand il a sous ses ordres un ou plusieurs autres hommes, *where one or more footmen are kept, where two in livery are kept, where a footman or page is kept;* puis viennent l'*in door servant*, notre simple et solitaire domestique d'intérieur; le *valet* qui s'occupe ou de la chasse ou des voyages ; le *footman* ou valet de pied qui s'intitule, dans ses réclames, tantôt premier, tantôt second, tantôt troisième valet de pied : *Footman first, footman second, footman third;* puis toute la variété des cochers et palefreniers, *coachmen, horsemen first and second, grooms, tigers*, etc., sans comprendre les cuisiniers *mancooks.* A parcourir ces listes du *Times* on ne peut douter que la plus grande partie des domestiques mâles ne soit occupée dans des maisons où la livrée est nombreuse. Or, comme en 1878 il y avait 207,257 domestiques mâles imposés, on peut penser que 50,000 ou 60,000 personnes tout au plus dans la Grande-Bretagne avaient un ou plusieurs domestiques mâles à leurs gages. En France il y a bien peu de personnes jouissant de 30,000 francs de rente qui n'aient pas un domestique mâle à leur service; en Angleterre on peut mettre cette limite à 40,000 francs de rente peut-être ; il en résulterait que 50 ou 60,000 personnes au maximum auraient dans ce pays 40,000 francs de revenu ou davantage.

Il ne paraît pas, d'ailleurs, que le nombre des domestiques mâles ait une tendance à augmenter dans la Grande-Bretagne, soit parce que les hommes ayant d'énormes fortunes réduisent leur train extérieur pour se conformer aux habitudes démocratiques de notre temps, soit parce que, les gages s'élevant, beaucoup de personnes renoncent à ce luxe. En 1868 le nombre des domestiques mâles imposés était de 279,836, en 1876 il s'élevait à 223,143, en 1878 il était tombé à 207,257. Que la civilisation tende à réduire le nombre des hommes, nous ne disons pas des femmes, directement attachés au service personnel d'autres hommes, c'est incontestable.

Si les très grandes fortunes ne sont pas, même en Angleterre, aussi communes qu'on le juge généralement, il s'en faut que le paupérisme soit aussi grand dans ce pays qu'on le pense d'ordinaire, et que la classe inférieure soit dénuée d'épargnes. Nous ne reviendrons pas sur les chiffres que nous avons donnés concernant le paupérisme britannique (voir pages 430 et suiv.). Quant aux épargnes des basses classes, elles sont importantes, puisqu'on ne compte pas moins de 3 millions et demi de livrets de caisses d'épargne. Il est vrai que, par contre, les petites gens en Angleterre ont moins que chez nous des valeurs mobilières. On ne compte que 108,000 détenteurs de titres de la dette consolidée ; mais cela tient uniquement à ce que l'administration anglaise n'a pris aucune mesure pour mettre les fonds publics à la portée des petites bourses. Les assurances sur la vie prospèrent singulièrement en Angleterre.

Après l'Allemagne et l'Angleterre, il est naturel que nous soumettions la France à notre étude. Plus haut nous avons expliqué les causes qui rendent au premier abord difficile un travail sur la répartition des richesses dans notre pays (1). Néanmoins, à défaut d'impôt sur le revenu à la mode allemande ou à la mode anglaise, nous possédons divers indices qui permettent de se faire une idée de la distribution des fortunes : les statistiques des cotes foncières, les relevés relatifs à l'impôt mobilier à Paris, les renseignements qui concernent l'impôt sur les chevaux et voitures et même les pompes funèbres. Essayons d'user de ces documents avec sagacité et circonspection.

(1) Voir page 497.

Nous ne reviendrons pas sur l'étude que nous avons faite de la propriété rurale en France (1) : résumons-en seulement les traits principaux.

Il y avait, en 1877, dans notre pays, 14,200,000 cotes foncières, ce qui ne veut pas dire qu'il y eût 14 millions de propriétaires. De même qu'une personne peut avoir plusieurs inscriptions de rente, elle peut acquitter plusieurs cotes foncières, et nous connaissons des gens qui, sans avoir d'énormes fortunes, en payent cinq ou six. Il suffit, pour être dans ce cas, d'avoir une maison de ville et quatre ou cinq fermes situées dans des perceptions différentes. Le recensement de 1876 relevait 10,620,000 propriétaires cultivant eux-mêmes leurs terres, plus 1,957,000 propriétaires ou rentiers vivant de leur revenu. Ces renseignements sont singulièrement confus ; on a eu le premier tort de réunir, pour les personnes vivant de leur revenu, les propriétaires et les rentiers, qui sont deux catégories fort différentes. Ensuite, beaucoup de personnes sont inscrites dans les professions libérales, en qualité d'avocat, de magistrat, etc., qui sont en même temps propriétaires, soit urbains, soit ruraux. Enfin, d'autres sont recensés comme ouvriers, comme employés qui possèdent néanmoins quelque lopin de sol. On peut *grosso modo* admettre qu'il y a en France une douzaine ou une quinzaine de millions de personnes ayant un intérêt dans la propriété foncière ; ces douze ou quinze millions de personnes représentent aussi bien les femmes et les enfants des propriétaires que les propriétaires eux-mêmes. Plus du tiers, près de la moitié des habitants a donc quelque propriété ; mais souvent c'est bien peu de chose.

Le dernier recensement des cotes foncières par catégorie est, à notre connaissance, celui qui a été fait en 1858. On comptait alors 13,100,000 cotes, sur lesquelles 6,686,000 étaient taxées à moins de 5 francs (2), ce qui peut être considéré comme correspondant à un revenu maximum de 40 à 80 francs suivant

(1) Voir le chapitre VI, pages 167 et suivantes.

(2) Ce chiffre comprend à la fois le principal de l'impôt et les centimes additionnels.

les localités (1). Sur les six millions et demi de cotes restantes, 2 millions étaient imposées de 5 à 10 francs, ce qui correspondait, suivant les lieux, à un revenu maximum de 60 à 80 francs. Deux autres millions de cotes foncières variaient entre 10 et 20 francs d'imposition, et ce dernier chiffre paraît indiquer un revenu net de 160 à 320 francs; quelques propriétés de cette catégorie peuvent, à la rigueur, faire vivre une famille, le revenu brut étant au moins double, souvent triple, parfois quadruple, du revenu net.

Les trois millions de cotes foncières plus élevées constituent la propriété de quelque importance. La presque totalité de ces trois millions de cotes variait entre 20 et 500 francs, soit entre un revenu net minimum de 160 ou 320 francs, suivant les lieux, et un revenu net maximum de 4,000 à 8,000 francs. On ne comptait en 1858 que 37,000 cotes foncières de 500 à 1,000 fr., soit de 4,000 à 15,000 ou 18,000 francs de revenu net; les cotes supérieures à 1,000 francs n'étaient qu'au nombre de 15,800. On voit combien est faible le nombre des grands propriétaires en France.

Ces chiffres doivent être sans doute accrus, parce qu'il y a des personnes qui ont des propriétés dans plusieurs circonscriptions différentes et qui acquittent plusieurs cotes foncières. Il n'en est pas moins vrai qu'il n'y a vraisemblablement pas en France 60,000 personnes ayant un revenu net foncier égal à 6 ou 7,000 francs ou supérieur à ce chiffre. Ces 60,000 personnes ne représentent pas seulement les propriétaires ruraux; car les propriétés urbaines sont comprises dans les statistiques des cotes foncières. Il n'y a vraisemblablement pas en France plus de 30,000 personnes (350 en moyenne par département) à posséder un revenu net foncier rural de 6 ou 7,000 francs ou

(1) Dans les départements les plus chargés, comme les environs de Paris et certaines parties de la Normandie, l'impôt représente en général le septième ou le huitième du revenu net; dans les départements les moins chargés, comme certains départements du Midi, l'impôt foncier (y compris les centimes additionnels) ne prélève en général que le douzième, parfois le quinzième du revenu.

de plus; et cette catégorie de propriétaires ne doit pas détenir le sixième du sol français (1).

Ces nombres seraient encore réduits de beaucoup si l'on tenait compte des hypothèques. Bien loin de rester au-dessous de la vérité, nous sommes, sans doute, au-dessus. Des juges compétents estiment que le nombre des propriétaires fonciers de quelque importance est en France encore moins considérable que nous ne l'admettons. M. Casimir Périer, dans son rapport sur le budget rectifié de 1871, s'exprimait, par exemple, en ces termes (séance de l'Assemblée nationale du 31 août 1871) : « Les revenus élevés provenant du sol sont une exception en France. Sur huit millions de propriétaires il y en a « six millions qui paient moins de 30 francs de contribution « foncière; il n'y en a pas quinze mille qui paient plus de « 1,000 francs; et comme il s'agit ici du principal et des centimes additionnels, cela équivaut à dire qu'il n'y a pas « quinze mille personnes ayant 7 à 8,000 francs de revenus « fonciers (2). »

M. Casimir Périer allait trop loin. Il oubliait que les statistiques auxquelles il faisait allusion étaient déjà un peu anciennes et que le revenu foncier s'était développé depuis lors; il ne tenait pas compte surtout de ce que dans un grand nombre de départements, notamment dans la plupart de ceux du midi, une cote foncière de 6 ou 700 francs correspond en général à un revenu d'au moins 7 ou 8,000 francs, souvent même de 10,000. En évaluant, comme nous l'avons fait, à 50 ou à 60,000 le nombre des personnes qui en France possèdent des propriétés soit urbaines, soit rurales, rapportant 6 ou 7,000 francs de rentes, on approche autant que possible de la vérité.

Ces conclusions étonneront sans doute beaucoup de gens.

(1) Dans un article de l'*Économiste français* du 19 juin 1880 nous avions parlé de 100,000 propriétaires fonciers, dont 50,000 ruraux ayant au moins 6 à 7,000 fr. de rentes, un examen plus attentif nous a convaincu que ces chiffres étaient exagérés.

(2) Nous empruntons cette citation à un Rapport fait par M. de Luçay au nom de la *Société des agriculteurs de France* (voir le *Bulletin de la Société des agriculteurs*, n° du 1er mai 1880, p. 362).

Elles sont cependant confirmées par les observations les plus sérieuses faites dans un pays voisin, en Belgique. M. Emile de Laveleye a publié dernièrement, en y joignant une savante introduction, un ensemble de documents sur l'*Agriculture belge* (1). Il résulte des recherches de l'économiste belge et de tous les documents qu'il analyse qu'en 1830 le tiers des revenus de la propriété foncière en Belgique appartenait à 668,914 petits propriétaires, ayant un revenu cadastral qui ne dépassait pas 400 francs, soit 800 francs environ de revenu net réel. Le second tiers des revenus du sol en Belgique était la propriété, la même époque, de 58,657 personnes ayant un revenu cadastral de 400 à 2,000 francs, soit un revenu réel de 800 à 4,000 francs. Enfin, le tiers seulement du revenu foncier se répartissait entre 10,941 grands propriétaires dont le revenu cadastral était au-dessus de 2,000 francs, et le revenu réel au-dessus de 4,000. On ne comptait en Belgique que 3,500 propriétaires ayant plus de 5,000 francs de revenu net cadastral, ce qui correspond approximativement à 10,000 francs de revenu net réel.

Nous ne croyons pas nous éloigner beaucoup de la vérité en disant qu'en France à l'heure actuelle la moitié environ des revenus nets du sol revient à la petite propriété, celle dont le revenu net réel ne dépasse pas 1,000 francs; qu'un quart échoit à la propriété moyenne, celle qui jouit d'un revenu net réel de 1,000 à 3,000 francs ; et que c'est tout au plus le dernier quart qui appartient à ce que l'on appelle pompeusement la grande propriété, celle qui fournit au minimum plus de 3,000 francs de revenu net.

Les renseignements qui précèdent et les conclusions que nous en avons tirées ont un caractère conjectural qui les rend susceptibles de controverse. On arrive à un degré de beaucoup plus grande précision quand on veut juger des fortunes ou des revenus d'après les statistiques de l'impôt mobilier dans les grandes villes et particulièrement à Paris. La statistique

(1) *L'Agriculture belge en* 1878.

des loyers est beaucoup plus exacte que ne le sont tous les relevés de l'impôt sur le revenu dans les pays où cet impôt existe. La dissimulation de la valeur locative est malaisée, surtout dans les villes comme Paris où les comparaisons sont faciles et où, d'ailleurs, tous les baux sont soumis à l'enregistrement. Les chiffres officiels doivent être relevés toutefois dans la proportion d'un tiers, l'impôt mobilier admettant une réduction de 25 0/0 sur la valeur locative réelle.

Quelle est la proportion de leur revenu que les Parisiens mettent à leur loyer? Cette proportion n'est sans doute pas rigoureusement uniforme. Il y a des personnes prodigues qui aiment l'ostentation ; il y en a d'autres qui sont avares, ou du moins fort économes, et qui se soucient fort peu d'être largement et élégamment logées. Ces deux catégories sont toutefois des exceptions. La gent humaine et principalement la gent parisienne est fort moutonnière; elle aime assez à sauvegarder sa dignité, sa « respectabilité ». La portion du revenu que l'on consacre au loyer est vraisemblablement un peu plus forte pour les très petits revenus que pour les revenus moyens, mais nous croyons qu'elle est à peu près la même pour ceux-ci et pour les grands revenus, surtout depuis l'habitude, qui devient de plus en plus générale chez les personnes très riches, d'avoir un *hôtel* ou une maison uniquement occupée par le propriétaire et sa famille. Nous ne croyons pas être éloigné de la vérité en admettant que jusqu'à un loyer de 1,200 à 1,500 francs on consacre en moyenne au logement le sixième du revenu, et que, pour un loyer supérieur, la dépense du logement représente en général le huitième du revenu. Néanmoins, beaucoup plus pour complaire à l'opinion vulgaire que pour tenir compte de ce que nous croyons la vérité, nous admettrons qu'au-dessus de 64,000 francs de revenu on ne consacre plus que le dixième au loyer. C'est d'après ces données que nous allons dresser le tableau des revenus parisiens, en prenant pour base l'impôt mobilier perçu d'après le cadastre révisé en 1878.

On sait qu'il y a dans notre capitale 684,952 logements. De

ce nombre, près des trois quarts, soit 468,641, représentent une valeur locative de 300 francs au maximum d'après les constatations officielles, soit réellement de 400 francs, en relevant, comme nous l'avons dit, d'un tiers toutes les évaluations qui servent de base à l'impôt mobilier. Pour cette catégorie d'appartements on met, croyons-nous, le sixième de son revenu à son loyer ; ainsi 468,641 personnes, soit célibataires, soit chefs de famille, auraient à Paris un revenu inférieur à 2,400 francs. De 300 à 500 fr. le nombre des logements est de 74,360 ; le chiffre du loyer, devant être relevé d'un tiers, représente une valeur locative de 400 à 667 francs, ou un revenu de 2,400 à 4,000 francs environ. On trouve ensuite 61,083 personnes occupant des logements d'une valeur matricielle de 500 à 750 francs, d'une valeur réelle de 666 à 1,000 francs, et correspondant à un revenu de 4,000 à 6,000 francs : c'est la petite classe moyenne.

Les loyers de 750 à 1,000 francs de valeur matricielle et de 1,000 à 1,333 francs de valeur réelle, indiquant un revenu net de 6,000 à 7,500 fr., sont au nombre de 21,147 : c'est encore là la petite bourgeoisie. On peut ranger dans la même classe la catégorie suivante qui se compose des logements de 1,000 à 1,250 fr. de valeur matricielle, soit de 1,333 à 1,660 francs de valeur réelle : ils sont au nombre de 17,202 et correspondent chacun à un revenu net de 7,500 à 10,000 francs.

Les loyers plus élevés indiquent déjà une certaine fortune. Les appartements de 1,250 à 1,500 francs de valeur officielle, soit de 1,700 à 2,000 francs de valeur réelle, ne sont qu'au nombre de 6,198. On peut multiplier encore par six pour avoir le revenu net : il varie, pour cette catégorie de personnes, entre 10,000 et 12,000 francs. Il y a 21,453 contribuables qui habitent des logements de 1,500 à 3,000 francs, soit réellement de 2,000 à 4,000. Ici nous pouvons admettre que le loyer représente seulement le huitième du revenu ; il y aurait, par conséquent, à Paris 21,453 individus dont les revenus seraient de 16,000 à 32,000 francs de rente. Toutes les catégories que nous venons d'examiner dans ce paragraphe correspondent assez à ce que l'on appelle la moyenne bourgeoisi e

Nous arrivons à la classe opulente, à la haute bourgeoisie. Les loyers de 3,000 à 6,000 francs de valeur officielle, correspondant à 4,000 et 8,000 francs de valeur réelle, sont au nombre de 9,985. En multipliant le chiffre du loyer par huit, on a le revenu approximatif, soit 32,000 à 64,000 francs.

Au dessus de 6,000 fr. de loyer nous userons du multiple 10, au lieu du multiple 8, pour avoir le revenu. En agissant ainsi, je répète que je me conforme plutôt à l'opinion vulgaire qu'à mes propres observations. Car, avec l'habitude d'avoir un hôtel à soi, il est peu de personnes jouissant de 100,000 francs de rente qui ne dépensent pas plus de 10,000 francs à leur loyer. Beaucoup de personnes ayant 150,000 ou 200,000 francs de rente mettent le quart ou le cinquième de leur revenu à leur habitation. De 6,000 à 10,000 francs de valeur officielle, soit de 8,000 à 13,300 francs de valeur réelle, on compte à Paris 3,049 appartements, correspondant à des revenus de 80,000 à 130,000 francs. On ne relève que 1,413 appartements de 10,000 à 20,000 francs de valeur locative officielle, ou de 13,300 à 26,600 francs de valeur réelle, indiquant des revenus de 133,000 à 266,000 francs. Enfin il y a dans notre belle capitale 421 appartements de plus de 20,000 francs de valeur matricielle ou de plus de 26,600 francs de valeur réelle, occupés par des personnes qui, si l'on multiplie le loyer par dix, ont plus de 260,000 francs de revenu.

D'après ces données, la classe opulente à Paris, celle qui habite des appartements de plus de 3,000 francs de valeur officielle et de 4,000 francs de valeur réelle, correspondant à un revenu de plus de 32,000 francs, se compose de 14,858 contribuables seulement, dont 9,985 ont un revenu de 32,000 à 64,000 francs; 3,049 en possèdent un allant de 64,000 à 130,000; 1,413 personnes auraient un revenu de 130,000 à 266,000 francs, et seulement 421 personnes posséderaient dans notre capitale un revenu supérieur à ce dernier chiffre. Nous croyons plutôt ces conclusions au-dessus de la vérité qu'au-dessous.

Les statistiques de l'impôt mobilier, interprétées avec sagacité et circonspection, permettent de distribuer, comme il suit, les revenus de la population parisienne.

| Nombre de revenus de chaque classe. | | Chiffre des revenus dans chaque classe. | Proportion pour mille du nombre des revenus de chaque classe au nombre total des revenus parisiens. |
|---|---|---|---|
| 421 | revenus dépassant | 266,000 francs | 0,65 |
| 1,413 | revenus variant de | 133,000 à 266,000 fr. | 2,35 |
| 3,049 | | 70,000 à 133,000 | 5,00 |
| 9,985 | | 32,000 à 70,000 | 15,00 |
| 21,453 | | 12,000 à 32,000 | 31,00 |
| 6,198 | | 10,000 à 12,000 | 9,00 |
| 17,202 | | 7,500 à 10,000 | 25,00 |
| 21,147 | | 6,000 à 7,500 | 31,00 |
| 61,083 | | 4,000 à 6,000 | 89,00 |
| 74,360 | | 2,400 à 4,000 | 108,00 |
| 468,641 | inférieurs à | 2,400 | 684,00 |
| 684,952 | revenus. | | 1,000 00 |

La classe très riche, qui se compose des personnes possédant un revenu au-dessus de 133,000 francs, représenterait 3 pour 1,000 de la population parisienne ; la classe riche qui comprend les revenus de 32,000 à 133,000 fr. formerait 20 pour 1,000 de la même population ; la classe aisée qui renferme tous les revenus de 6,000 à 32,000 fr., constituerait 96 pour 1,000, près du dixième des habitants de Paris. Les revenus modiques qui vont de 2,400 à 6,000 francs seraient possédés par 197 p. 1,000, à peu près 20 p. 100 en chiffres ronds de la population ; enfin les petits revenus qui n'atteignent pas 2,400 francs seraient le lot des deux tiers de la population de notre capitale (1).

Les renseignements fournis par la statistique des chevaux et

(1) Pour infirmer les conclusions que nous tirons de l'impôt mobilier d'après le cadastre révisé en 1878, peut-être dira-t-on que le nombre des grands appartements a considérablement augmenté en 1879 et en 1880. Il est très vrai que des Compagnies d'assurances et des spéculateurs ont dans ces deux années édifié un grand nombre de maisons contenant des appartements de 6,000 à 25,000 francs ; mais nous croyons que ces spéculateurs ont fait un faux calcul, que tous ces appartements nouveaux auront de la peine à se louer, et qu'il en résultera dans un an ou deux une baisse notable sur les gros loyers.

voitures ne semblent pas contredire ceux que vient de nous donner la statistique de l'impôt mobilier. En 1879, le service des contributions directes a recensé à Paris 6,436 contribuables pour la taxe sur les voitures et sur les chevaux ; dans ce chiffre, il est vrai, figurent un certain nombre de loueurs, de sorte qu'on peut évaluer à 7,500 ou 8,000 les personnes qui, à Paris, ont des chevaux et des voitures ou qui louent des voitures au mois. La possession de chevaux ou de voitures correspond en général à des revenus supérieurs à 30,000 francs. Beaucoup de personnes, sans doute, ayant des revenus supérieurs à ce chiffre, s'interdisent ce luxe; mais d'autres, qui ont un revenu moindre, se le permettent. En supposant que ces deux exceptions en sens contraire se compensent, il y aurait à Paris 7 ou 8,000 personnes ayant plus de 30,000 francs de revenu ; c'est bien aussi à peu près ce qu'indique la statistique de l'impôt sur les loyers, puisque, d'après cette dernière, il y a 4,883 personnes imposées pour un loyer matriciel de plus de 6,000 francs, ce qui correspond à peu près à un minimum de revenu de 70,000 francs, et qu'en outre il y a 9,985 personnes imposées pour un loyer variant de 3,000 à 6,000 francs, parmi lesquelles le quart ou le tiers peut être considéré comme ayant une cinquantaine de mille francs de revenu (1).

Un statisticien expérimenté, M. de Foville, a voulu dans le journal *l'Économiste français* (2) soumettre à une contre-épreuve l'analyse que nous avions faite de la répartition des revenus à

(1) L'évaluation que nous donnons dans le texte est même plutôt trop élevée, et il est douteux qu'il y ait à Paris 7 ou 8,000 personnes ayant des chevaux ou des voitures, ou bien en louant au mois. En effet, le dimanche 6 juin 1880, jour où se tenaient à Longchamps les courses pour le *Grand Prix de Paris,* il s'est présenté au *turf* d'après le pointage officiel : 17 voitures *daumont* ou demi-daumont, 64 voitures à quatre chevaux, 1,180 voitures de maître à deux chevaux, 3,720 voitures de maître à un cheval, 8,728 fiacres, soit, indépendamment des fiacres, 4,981 voitures de maître ou de grande remise. Or, quand on sait la passion qu'ont maintenant les Parisiens pour les courses et l'attraction tout exceptionnelle qu'exerce le grand prix de Paris, on peut admettre que les trois quarts au moins des personnes ayant chevaux et voitures à Paris ont dû assister à cette fête, et en outre pour cette partie de plaisir beaucoup de personnes louent à la journée des voitures de grande remise qui doivent venir en déduction du chiffre de 4,981 donné plus haut.

(2) Numéro du 10 juillet 1880.

Paris. Il a recouru, pour avoir un autre indice, au relevé de l'administration des pompes funèbres. Ou sait qu'à Paris les inhumations sont divisées en classes d'après le prix de chacune d'elles. Les enterrements riches sont dans notre capitale excessivement coûteux, et les bénéfices qu'ils produisent servent à payer les enterrements gratuits. Il y a incontestablement une relation entre la classe d'une inhumation et la fortune ou le revenu soit du défunt soit de la famille. Dans beaucoup de cas, cependant, la bienséance, le rang social de la personne décédée, le désir qu'ont ses proches d'honorer sa mémoire font que l'enterrement est d'une classe assez élevée, quoique la fortune laissée aux héritiers soit modique. D'autres fois, par compensation, des personnes possédant de grandes richesses désirent, soit par sentiment religieux, soit par modestie, soit même par affectation, être enterrées sans luxe. On peut considérer que ces deux exceptions en sens contraire se balancent à peu près ; si l'on avait quelque doute sur ce point on devrait admettre que la première exception est la plus fréquente, c'est-à-dire qu'il est plus usuel d'élever la classe de l'enterrement au-dessus de ce qu'indiqueraient la fortune ou les revenus du défunt que de l'abaisser au-dessous.

Ces observations faites, voici comment se divisent les 202,490 inhumations auxquelles l'administration des pompes funèbres a eu à pourvoir pendant les quatre dernières années :

| Inhumations effectuées. | 1876 | 1877 | 1878 | 1879 | Totaux. |
|---|---|---|---|---|---|
| 1re classe.......... | 11 | 19 | 16 | 23 | 69 |
| 2e — .......... | 178 | 156 | 165 | 187 | 686 |
| 3e — .......... | 485 | 521 | 562 | 587 | 2,155 |
| 4e — .......... | 1,028 | 940 | 950 | 1,051 | 3,969 |
| 5e — .......... | 2,314 | 2,112 | 2,214 | 2,407 | 9,047 |
| 6e — .......... | 4,876 | 4,766 | 4,973 | 5,194 | 19,809 |
| 7e — .......... | 11,461 | 11,053 | 11,564 | 12,201 | 46,279 |
| 8e — .......... | 2,110 | 2,157 | 2,412 | 2,774 | 9,453 |
| 9e — .......... | 27 | 24 | 27 | 27 | 105 |
| Gratis............. | 27,811 | 27,286 | 27,054 | 28,767 | 110,918 |
| Totaux............ | 50,301 | 49,034 | 49,937 | 53,218 | 202,490 |

Les enterrements de chaque classe, comparés au nombre

total, représentent les proportions indiquées par le tableau suivant :

| Inhumations. | Nombre proportionnel. |
| --- | --- |
| De 1re et de 2e classe | 4 sur 1,000 |
| 3e classe | 10 — |
| 4e — | 20 — |
| 5e — | 45 — |
| 6e — | 98 — |
| 7e, 8e et 9e classe | 276 — |
| Gratis | 547 — |
| Total | 1,000 |

Voulant faire coïncider ce tableau avec celui que nous avons dressé par l'évaluation des fortunes d'après les loyers (voir page 534), M. de Foville remarque que pour qu'il y eût concordance entre ces deux tableaux, il faudrait que les enterrements de première et de deuxième classe correspondissent à un revenu de plus de 100,000 francs, que ceux de troisième classe correspondissent à des revenus de plus de 50,000 fr., ceux de quatrième classe à des revenus de 25,000 à 50,000 fr., ceux de cinquième classe à des revenus de 8,000, enfin ceux de septième classe à des revenus restant au-dessous de 4,500 fr.

M. de Foville a des doutes sur l'exactitude de cette corrélation : « On trouvera peut-être fort exagérés, dit-il, les revenus in-« diqués ici comme correspondant aux deuxième, troisième, « quatrième et cinquième classes du tarif. Il ne faut pas oublier « que les tout petits enfants tiennent une grande place dans la « nécrologie parisienne, et que leurs funérailles ne comportent « pas d'ordinaire autant d'apparat que les autres. Cependant, « tout en tenant compte de cette considération, nous croyons « nous-même qu'on se rapprocherait de la vérité au lieu de s'en « éloigner en réduisant notablement les fortunes attribuées « tout à l'heure aux familles qui forment la clientèle respective « des deuxième, troisième, quatrième et cinquième classes.

« Or, si cela est, qu'en faut-il conclure? Il faut en conclure « que la statistique des loyers, telle que M. Leroy-Beaulieu l'a « interprétée, ferait plutôt aux riches la part trop grande que

« trop petite (1). La statistique des inhumations vient donc « confirmer et au delà les indications antérieures : les million- « naires, nous sommes doublement en droit de l'affirmer, ne « représentent même pas la centième partie des chefs de « famille parisiens. »

Ainsi un statisticien des plus compétents critique comme entaché d'exagération le tableau que nous avons dressé à la page 534 de la distribution des revenus à Paris d'après les loyers. Ces critiques ne nous étonnent pas puisque nous-même avons déclaré que nous nous tenions plutôt au-dessus de la vérité qu'au-dessous, augmentant plutôt que diminuant le nombre des gros revenus. En ce qui concerne les conclusions que M. de Foville tire de l'examen des statistiques des *pompes funèbres*, il est toutefois une observation importante, c'est que la partie riche de la population de Paris n'habite pas toute l'année la capitale, de sorte que beaucoup de personnages opulents, qui ont à Paris leur domicile, meurent à la campagne et dans les villes d'eaux. Il n'est guère de millionnaires qui ne s'absentent de Paris au moins pendant un ou deux mois, souvent pendant trois, quelquefois pendant quatre, cinq ou six. Cette réflexion peut expliquer, en partie du moins, le défaut de concordance que M. de Foville constatait entre les évaluations des revenus d'après les valeurs locatives d'habitations et les évaluations des revenus d'après les classes des *pompes funèbres*.

Il nous a été possible de nous faire une idée approximative de la distribution des revenus à Paris, pourrait-on avoir aussi quelques indices sur le même phénomène dans toute la France ? C'est difficile : cependant on y peut arriver, par voie d'induction, pour les gros revenus. Il n'est pas téméraire d'affirmer que le nombre des très gros revenus français (ceux qui dépassent 266,000 fr.) n'est pas double du nombre des très gros revenus parisiens. C'est à Paris, en effet, que sont concentrées toutes les grandes fortunes de banque ; c'est à Paris aussi que la plu-

(1) Nous rappelons que des extraits de notre analyse de la répartition des revenus avaient paru dans le journal *l'Économiste français ;* c'est ainsi qu'ils ont pu être, avant la publication de ce livre, l'objet de commentaires.

part des personnes ayant de très gros revenus viennent passer l'hiver et le printemps. Il y aurait ainsi peut-être en France 7 ou 800 personnes au plus ayant 250,000 francs de rentes ou davantage. Quant aux fortunes plus modiques, mais comportant déjà une certaine opulence, celles au-dessus de 50,000 fr. de rentes, l'observation indique qu'à Paris il s'en rencontre au maximum 7 ou 8,000; dans toute la France y compris Paris, d'après nos études personnelles faites sur plusieurs des arrondissements les plus riches du nord et du midi, il ne doit pas y avoir plus de 18 ou 20,000 fortunes de ce genre. La richesse est infiniment plus rare qu'on ne le suppose.

On a vu plus haut (page 505) que si l'État prussien confisquait tous les revenus au-dessus de 7,500 francs et distribuait aux revenus inférieurs l'excédant des revenus individuels au-dessus de ce chiffre, l'amélioration dont bénéficieraient les classes pauvres ou médiocrement aisées ne serait que de 10 à 12 p. 100, en supposant (ce qui est une hypothèse inadmissible) que cette sorte de confiscation ne diminuât pas la richesse sociale et l'ensemble du revenu national par le découragement qu'elle causerait aux capitalistes, aux entrepreneurs, à tous les hommes actifs et intelligents. En France, en se livrant à la même hypothèse, nous ne croyons pas que la distribution, aux revenus inférieurs, de tout l'excédant des revenus au delà de 6 ou 7,000 francs accrût de plus de 10 à 12 p. 100 également la part des hommes aujourd'hui les moins bien pourvus. Si, en effet, il y a en France plus de richesse qu'en Prusse, il ne faut pas oublier que dans notre pays la classe ouvrière et la petite classe moyenne sont beaucoup plus à leur aise, de sorte qu'un *quantum* plus considérable qu'on aurait à leur distribuer, par la confiscation hypothétique des revenus au-dessus de 6 ou 7,000 francs, se rapportant déjà à de petits ou de moyens revenus individuellement plus gros qu'en Prusse, ne les modifierait que médiocrement. Si jamais l'on établit en France un impôt général sur le revenu, on sera étonné de voir combien sont rares les revenus au delà d'un certain taux.

Partout où l'impôt sur le revenu a existé, soit sous la forme simple, soit sous la forme progressive, il a jeté de la lumière sur ce phénomène qui échappe à la plupart des yeux : la rareté des grandes fortunes.

Aux États-Unis, pendant la guerre de sécession, on établit un impôt sur le revenu qui avait une forme en partie progressive : cet impôt dura encore quelques années après la guerre.

En 1866, la taxe était de 5 p. 100 pour les revenus entre 600 dollars et 5,000, de 7 1/2 et de 10 p. 100, suivant les cas, sur les revenus supérieurs à 5,000 dollars (25,000 francs). Le produit de la taxe fut de 72,982,000 dollars, soit 365 millions de francs environ ; sur ce chiffre 34,501,000 dollars, soit 171,500,000 francs, étaient fournis par les revenus au delà de 5,000 dollars ou de 25,000 francs. Ainsi les revenus des personnes riches ou aisées, quoique grevés d'un droit qui était de moitié ou du double plus élevé que le droit sur les petits revenus, ne fournissaient pas la moitié du produit de l'impôt. Si l'on tient compte de cette circonstance que les revenus au-dessous de 600 dollars étaient complètement exemptés, on voit que, même aux États-Unis, les revenus supérieurs à 5,000 dollars ou 25,000 francs ne devaient guère représenter plus du dixième de l'ensemble des revenus nationaux. Mais il faut remarquer aussi qu'à cette époque le cours forcé régnait aux États-Unis, que tous ces revenus sont estimés en papier qui perdait 30 ou 40 p. 100 (1), qu'en outre, même en tout temps, la valeur de la monnaie relativement au travail humain est moindre aux États-Unis qu'en Europe ; si l'on tient compte de toutes ces circonstances, on voit qu'un revenu de 5,000 dollars en papier dans l'année 1866 aux États-Unis n'équivalait guère qu'à un revenu de 12,000 ou 15,000 francs en argent dans l'Europe continentale. Ces explications démontrent quelle faible proportion les classes riches détiennent de l'ensemble des revenus nationaux.

M. David Wells, l'ancien commissaire du trésor de l'Union

(1) Le 16 février 1866, l'or était coté 137 1/4 p. 100; au 17 septembre de la même année, il était monté à 145.

américaine (1), nous donne d'autres détails qui mettent ce fait encore plus en lumière. En 1866, sur une population de 35 millions d'âmes, le nombre des personnes assujetties à l'*Income tax*, c'est-à-dire possédant un revenu de plus de 600 dollars en outre du loyer de leur maison et des sommes nécessaires pour les réparations et pour les taxes, n'était que de 460,170. L'année suivante, l'exemption de l'*Income tax* ayant été accordée aux revenus au-dessous de 1,000 dollars (5,000 francs), le nombre des personnes payant l'impôt ne fut plus que de 259,385. Dans cette même année, 50,088 personnes seulement payaient plus de 500 dollars (2,500 francs) à l'impôt sur le revenu ; la taxe étant de 10 p. 100 pour les revenus élevés, il n'y avait donc que 50,000 personnes possédant un revenu de 25,000 francs en papier déprécié, revenu que l'on peut considérer comme équivalent à un revenu de 15,000 francs en Europe (2).

On ne manquera pas de parler des fraudes. Les fraudes, nous les admettons ; mais alors même qu'on devrait doubler les chiffres qui précèdent et admettre que les 50,000 personnes dont il s'agit aux États-Unis en 1866 avaient un revenu, évalué en or, non pas de 15,000 francs au minimum, mais de 25,000 ou 30,000 francs, ce serait toujours sur l'ensemble de la population une proportion infiniment moindre que ne le pense le vulgaire.

Les petits pays ne diffèrent pas sur ce point des grands : les cantons de la République helvétique nous en fournissent la preuve. Le petit État de Neufchâtel a publié dernièrement à ce sujet des statistiques curieuses. Il s'agissait d'un projet de transformation de l'impôt proportionnel existant sur les revenus et sur les capitaux en un impôt progressif. Le gouvernement du canton crut devoir, pour édifier le public, faire connaître le classement par catégories des contribuables à l'impôt proportionnel sur les capitaux et à l'impôt proportionnel sur les revenus. Voici quel était ce classement pour l'un et l'autre impôt en l'année 1874 :

(1) *A curious chapter in politico-economic history*, publié dans la collection des *Cobden Club Essays*, 1871-1872, p. 497.

(2) Le passage relatif aux États-Unis est tiré de notre *Traité de la science des finances*, tome Ier, chapitre de l'Impôt progressif.

**Impôt sur les capitaux dans le canton de Neufchâtel.**

CLASSEMENT DES CONTRIBUABLES D'APRÈS LES REGISTRES DE L'IMPÔT, EN 1874.

| Fortunes. | Nombre des contribuables. | Moyenne de la fortune pour chaque classe. | Chiffre des capitaux imposables. |
|---|---|---|---|
| — | — | — | — |
| De 0 à 50.000 fr. | 42.245 | 4.000 fr. | 168.980.000 fr. |
| 50.001 à 100 000 | 765 | 70.000 | 53.550.800 |
| 100.001 à 150.000 | 231 | 125.000 | 28.875.000 |
| 150.001 à 200.000 | 125 | 175.000 | 21.875.000 |
| 200.001 à 250.000 | 84 | 225.000 | 18.900.000 |
| 250.001 à 300.000 | 48 | 275.000 | 13.200.000 |
| 300.001 à 350.000 | 5 | 325.000 | 1.625.000 |
| 350.001 à 400.000 | 57 | 375.000 | 21.375.000 |
| 400.001 à 500.000 | 33 | 450.000 | 14.850.000 |
| 500.001 à 600.000 | 22 | 550.000 | 12.100.000 |
| 600.001 à 700.000 | 18 | 650.000 | 11.700.000 |
| 700.001 à 800.000 | 7 | 750.000 | 5.250.000 |
| 800.001 à 900.000 | 5 | 850.000 | 4.250.000 |
| 900.001 à 1.000.000 | 2 | 950.000 | 1.900.000 |
| 1.000.000 et au-dessus | 14 | 1.625.000 | 22.750.900 |
| | 43.661 | | 401.180.000 |

Le tableau qui précède concerne l'impôt sur les capitaux; mais à Neufchâtel, comme dans beaucoup d'autres cantons suisses, il y a à la fois un impôt sur les capitaux et un impôt sur les revenus. Voici le tableau concernant ce dernier :

**Impôt sur les revenus dans le canton de Neufchâtel.**

CLASSEMENT DES CONTRIBUABLES D'APRÈS LES REGISTRES DE L'IMPÔT, EN 1874.

| Revenus. | Nombre des contribuables. | Moyenne du revenu dans chaque classe. | Chiffre des revenus imposables. |
|---|---|---|---|
| — | — | — | — |
| De 0 à 3.000 fr. | 42.714 | 600 fr. | 25.628.400 fr. |
| 3.001 à 4.000 | 410 | 3.500 | 1.435.000 |
| 4.001 à 5.000 | 196 | 4.550 | 891.800 |
| 5.001 à 6.000 | 106 | 5.500 | 583.000 |
| 6.001 à 7.000 | 53 | 6.500 | 344.500 |
| 7.001 à 8.000 | 60 | 7.500 | 450.000 |
| 8.001 à 9.000 | 24 | 8.500 | 204.000 |
| 9.001 à 10.000 | 35 | 9.500 | 332.500 |
| 10.001 à 12.000 | 19 | 11.000 | 209.000 |
| 12.001 à 15.000 | 15 | 13.500 | 202.500 |
| 15.001 à 20.000 | 10 | 17.500 | 175.000 |
| 20.001 à 30.000 | 14 | 25.000 | 350.000 |
| 30.001 à 40.000 | 2 | 35.000 | 70.000 |
| 40.001 à 50.000 | 1 | 45.000 | 45.000 |
| 50.001 et au-dessus | 2 | 50.000 | 100.000 |
| | 43.664 | | 31.020.700 |

Comme le taux de l'impôt, qui était d'ailleurs proportionnel, était fort modéré dans le canton de Neufchâtel, ne dépassant guère 1 ou 2 p. 100, il est probable que les fraudes, les évasions de la taxe, comme disent les Anglais, se trouvaient réduites au minimum.

Or, qu'indiquent ces deux tableaux? C'est que les fortunes un peu notables sont très peu nombreuses par rapport à l'ensemble de la richesse, et surtout que les revenus de quelque importance forment une très minime part de l'ensemble des revenus nationaux.

Dans l'Etat de Neufchâtel, sur un total de 401 millions de francs pour l'ensemble des fortunes privées, les très petites fortunes, celles qui ne dépassent pas 50,000 francs, forment plus des 2 cinquièmes, soit 169 millions en chiffres ronds. Les fortunes ne dépassant pas 100,000 francs composent plus de la moitié (222 millions sur 401) de l'ensemble des fortunes privées. Plus des trois quarts de l'ensemble de la richesse du pays est dans les mains d'hommes dont la fortune ne dépasse pas 300,000 francs. Les fortunes au-dessus de 600,000 francs ne représentent pas le huitième du total de la richesse du canton (46 millions sur 401). Cependant il s'agit là d'un pays industrieux et fort avancé en civilisation. La démonstration est encore plus frappante pour la distribution des revenus. Sur un total de 31 millions de francs de revenu pour le canton de Neufchâtel les 5 sixièmes (25,628,000 francs) sont dans les mains de personnes qui n'ont pas plus de 3,000 francs de revenu; un trentième seulement de l'ensemble des revenus se trouve appartenir à des personnes dont le revenu dépasse 10,000 francs (1).

Ce sont surtout les revenus qu'il faut considérer, puisque les hommes vivent sur leurs revenus. Or on voit que si dans le canton de Neufchâtel, en 1874, on eût pu confisquer tous les revenus au-dessus de 5,000 francs et distribuer l'excédant au-dessus de cette somme aux revenus inférieurs, sans que par cette

(1) Ces passages sont extraits de notre *Traité de la science des finances*, t. I.

opération la production fût diminuée — ce qui est d'ailleurs une hypothèse absurde — c'est à peine de 10 p. 100 que se fussent accrues les ressources des petits et des moyens contribuables.

Tous les faits assez nombreux que nous avons réunis dans ce chapitre, tirés de toutes les statistiques diverses qui peuvent jeter quelque jour sur cette grave question, témoignent de la très faible proportion que représente la somme des revenus de quelque importance relativement à l'ensemble des revenus nationaux. Les statistiques de l'impôt sur le revenu et de l'impôt de classes en Prusse, en Saxe, en Angleterre, aux États-Unis, en Suisse, les relevés de la taxe sur les domestiques mâles, les documents relatifs à la perception de l'impôt sur les loyers dans la ville de Paris, à l'impôt sur les chevaux et voitures, aux pompes funèbres, tous ces renseignements, si divers et si variés quant à leurs origines, confirment que dans tous les pays, même dans les plus aristocratiques, non seulement la grande opulence, mais aussi la très large aisance sont exceptionnelles, et que si l'on pouvait déverser sur l'ensemble de la nation l'excédant de l'une et de l'autre, on accroîtrait de bien peu la part de chacun.

Ce qui a créé et ce qui entretient dans la masse de la nation des préjugés anti-scientifiques à ce sujet, ce sont diverses causes dont l'action est très puissante : une littérature superficielle ; puis deux sentiments contraires, d'un côté l'envie, qui grossit l'importance de l'objet envié, de l'autre côté l'admiration béate qui enfle dans l'imagination du vulgaire les fortunes et les jouissances des prétendus favorisés de ce monde ; enfin la concentration de plus en plus habituelle des grandes fortunes dans les capitales et dans quelques villes, un degré ultérieur encore de concentration dans certains quartiers des grandes villes qui sont la résidence exclusive de l'opulence. Par suite de ces circonstances, certains faits matériels, quoique exceptionnels, frappent vivement les yeux du public et produisent sur son esprit une impression exagérée. Quand on assiste à la sortie du grand Opéra ou au défilé du retour des courses, qu'on voit se suivre et se presser tant de brillants équipages, on a peine à échapper à une sorte de vertige, et l'on croit facilement que le nombre des hommes riches est presque infini. Il n'y en a pas moins là une illusion d'optique que dissipent la réflexion et l'étude.

Si dans l'état actuel les revenus un peu élevés représentent une part si modique de l'ensemble des revenus de la nation, cette part, on l'a vu dans le courant de ce livre, ira toujours en diminuant; il nous reste à grouper, dans un chapitre final, les diverses raisons que nous avons successivement analysées et qui chacune isolément nous ont acheminé à cette conviction

---

# CHAPITRE XX

## CONCLUSION.

Résumé des causes qui doivent amener une moindre inégalité des conditions. — La question sociale, en tant qu'elle est résoluble, se résout d'elle-même graduellement et pacifiquement.

L'intervention de l'État est-elle utile? — Le rôle de l'État est plutôt de supprimer les obstacles légaux qui s'opposent à une moindre inégalité des richesses que de créer des institutions positives pour rendre les revenus moins inégaux. — La liberté de tester. — Du rôle de l'État dans l'enseignement. — De l'instruction intégrale et des écoles professionnelles. — Des dangers que peut offrir un développement excessif et trop soudain de ces écoles.

De l'assurance obligatoire. — Des invalides civils. — Du capital ou pécule à fournir par la commune aux jeunes gens arrivant à l'âge adulte. — Défauts de tous ces projets.

Du compagnonnage et des corporations obligatoires. — L'impôt progressif. — Les dangers du socialisme d'État. — Affaiblissement de l'initiative individuelle. — Les compagnies privilégiées.

Des réformes fiscales nécessaires. — Diminution des droits de mutation et de succession, des taxes sur les transports. — Des conversions de dettes publiques. — Abaissement des droits protecteurs. — Des sociétés anonymes et de la répression des abus financiers.

Une plus grande égalité des conditions sortira toute seule du libre jeu des lois économiques. — Cette plus grande égalité des conditions est un bien, mais non pas un bien sans mélange. — Les grandes fortunes sont souvent un instrument de progrès et rendent plus prompte la propagation du progrès. — Opinion de l'économiste allemand Soëtber. — Opinion de l'industriel anglais M. Brassey. — Les sociétés anonymes sont toujours plus mal gérées que les entreprises individuelles. — Opinion d'Herbert Spencer sur ce qu'il est utile que les hommes supérieurs retirent tous les avantages possibles de leur supériorité.

Avantage d'une moindre inégalité des conditions. — La société sera plus assise. — Il y aura moins d'américanisme, moins de recherche exagérée de la fortune. — Consolation offerte aux riches relativement à la déchéance probable de leurs descendants.

Ou nous nous trompons fort, ou les faits exposés dans le cours de cet ouvrage sont démonstratifs et péremptoires. Les sociétés civilisées, surtout les vieilles sociétés européennes, s'avancent vers un état où les richesses seront beaucoup moins inégalement réparties que dans le présent, quoique l'imagination grossisse outre mesure les inégalités de la répartition actuelle.

L'ensemble de causes que nous avons constatées travaille d'une manière continue et avec une croissante énergie. La rente de la terre, menacée par la concurrence des contrées neuves, de l'Amérique, de la Russie, de l'Australie, bientôt du Soudan, de l'Asie centrale et de la Sibérie, a plus de tendance à reculer qu'à se développer de nouveau. N'en déplaise à Ricardo, les propriétaires fonciers, du moins les propriétaires ruraux, ne sont plus les favoris de la civilisation ; on ne peut aujourd'hui les assimiler aux frelons qui pillent la ruche où ils n'ont pas travaillé.

Le privilège de situation territoriale s'amoindrit chaque jour par la facilité et le bon marché des transports ; bien loin que l'on soit au terme de la révolution produite par les voies de communication nouvelles, on se trouve en pleine opération de cette cause si puissante. Transports par terre et surtout transports par eau, fret maritime, iront encore en diminuant ; et le cultivateur européen, ne profitant plus que dans une mesure infinitésimale de la protection des distances, ne tirera de sa terre que le juste équivalent de son travail et aura de la peine à y joindre l'intérêt des capitaux incorporés au sol par ses prédéceseurs. Seuls quelques propriétaires particulièrement heureux, en nombre d'ailleurs insignifiant, ceux qui détiennent un sol exceptionnellement apte à la production de certaines denrées raffinées, comme des vins de grands crus, pourront voir leur opulence triompher de cette cause si active de nivellement. Mais qu'est-ce qu'une exception aussi rare? Ce n'est pas, d'ailleurs, l'égalité des richesses que nous annonçons, c'est seulement une moindre inégalité des conditions. Du sein de la presque universelle médiocrité des revenus il émergera toujours quelques énormes fortunes, colosses aux pieds d'argile.

Pour n'être pas aussi menacées que les propriétés rurales, nous ne croyons pas que les propriétés urbaines soient réservées, cependant, à un développement aussi brillant et aussi rapide dans l'avenir qu'il l'a été dans le passé. Un certain nombre d'entre elles jouiront d'une plus-value, c'est incontestable. Presque toutes d'abord gagneront en capital, c'est-à-dire en valeur vénale ; mais l'augmentation des revenus de ce genre d'immeubles sera beaucoup plus lente que depuis trente ou quarante ans, si même cette augmentation se manifeste. Il y a, en effet, deux causes diverses qui commencent à peine à faire sentir leur action : l'une, c'est la baisse du taux de l'intérêt qui permet, avec un même capital, de construire des maisons nouvelles pour lesquelles on se contentera d'un moindre revenu que celui qu'on eût exigé autrefois pour la même somme ; l'autre, c'est le progrès des moyens de communication dans l'intérieur et dans la banlieue des villes, qui permet aux habitations de se disperser sur une plus grande étendue. Que d'améliorations sur ce point attendent encore la plupart des villes du continent et notamment notre grande capitale parisienne ! Si l'état et les municipalités, plus éclairés que dans le passé, supprimaient ou réduisaient à peu de chose l'impôt sur les transmissions d'immeubles et les droits sur les transports, sur les fourrages, sur les matériaux, le résultat serait promptement sensible. L'action des sociétés philanthropiques s'y joignant, on aurait résolu, ce qui serait un si grand bien, le problème du loyer décent, hygiénique et peu coûteux pour les ouvriers et pour la petite bourgeoisie.

A la réduction chaque jour plus sensible du privilège de situation territoriale, il faut ajouter cette autre cause si puissante, ce facteur si énergique du nivellement des conditions, la baisse du taux de l'intérêt. Nous nous sommes assez étendu sur cet important sujet pour qu'il soit superflu d'y revenir. Depuis dix ans nous annonçons chaque jour un pas nouveau dans la réduction de l'intérêt : sans cesse contredit par les hommes qui se croient bien informés, nous voyons néanmoins nos prévisions vérifiées par les faits. L'intérêt, qui, il y a vingt-cinq ans, était encore à 4 1/2 ou 5 p. 100 sur le continent européen, est tombé à 3 1/2 en France, à 3 p. 100 en Angleterre (les consolidés viennent de dépasser le pair) ; on le verra à 2 1/2 et même à 2 p. 100, peut-être un jour à moins ; mais pendant un demi-siècle ou un siècle encore, la mise en exploitation des contrées neuves, l'Amérique, l'Afrique, l'Océanie, une partie de l'Asie, le soutiendra et l'empêchera de descendre au taux de 1 p. 100 où il arrivera vraisemblablement quand le monde entier sera civilisé, et que les premières œuvres, les plus productives, de la mise en valeur des pays en dehors de l'Europe auront été achevées.

Avec la baisse du taux de l'intérêt, que deviennent les fortunes mobilières? Que devient la possibilité de former des fortunes nouvelles? Au fur et à mesure des remboursements des capitaux engagés, au fur et à mesure des conversions, les fortunes mobilières, tout en conservant la même importance nominale et parfois même en l'augmentant, voient diminuer peu à peu leur revenu. Chaque jour insensiblement les rentiers perdent quelque chose de leur rente et de la puissance d'achat qu'elles avaient. Nous n'en voulons d'autre preuve que les deux exemples cités par nous, celui du capitaliste anglais, détenteur de 60,000 livres de rentes sur l'Échiquier britannique, du temps de Robert Walpole au commencement du dix-huitième siècle, qui a vu par des conversions successives son revenu tomber à 30,000 livres à partir du milieu de ce siècle, en attendant qu'il le voie s'abaisser prochainement à 25,000, puis à 20,000 par la conversion projetée du 3 p. 100 consolidé en 2 $1/_2$ p. 100 et un jour en 2 p. 100; l'exemple aussi du rentier possédant il y a quinze ans 60,000 francs de rentes sur le trésor des États-Unis, qui a déjà vu, par toute une série de conversions, son revenu se réduire à 35,000 francs en attendant qu'il s'abaisse à 30,000, puis à 25,000, puis à 20,000. Alors même que l'État, soit par ineptie, soit par faiblesse de caractère, soit par de machiavéliques considérations politiques, manquant à tous ses devoirs, ajourne indéfiniment les conversions comme c'est la coutume en France, la classe des capitalistes, prise dans sa masse, subit néanmoins avec le temps la diminution graduelle de revenu que comporte la baisse du taux de l'intérêt. Les sociétés anonymes en effet, les compagnies commerciales, les départements, les villes, les particuliers, tous les emprunteurs, moins benêts ou moins engourdis que l'État, se hâtent de rembourser leurs emprunts contractés à l'ancien taux et de leur substituer des emprunts nouveaux contractés à un taux plus réduit. C'est ce qu'ont fait dans les récentes années en France le Crédit foncier, plusieurs sociétés de transports, trente ou quarante départements, une centaine de villes et tous les particuliers solvables.

Quant à la facilité de former d'importantes et de rapides fortunes nouvelles, combien n'est-elle pas amoindrie par la baisse du taux de l'intérêt? Combien n'est-il pas plus malaisé d'arriver avec des économies annuelles considérables à se faire un chiffre respectable de rentes et à pouvoir se retirer des affaires avec une opulence assurée?

On a montré, dans le cours de cet ouvrage, toute la série de causes trop inaperçues qui tendent à réduire de plus en plus les profits des industriels et des commerçants. Les profits, tout en étant distincts de l'intérêt du capital, en suivent, d'ordinaire, les fluctuations, si bien que, lorsque l'intérêt baisse, les profits des industriels et des commerçants tendent à baisser dans une proportion équivalente. Cette assertion choque les préjugés vulgaires et paraîtra même, à quelques observateurs superficiels, contraire aux faits. Elle n'en est pas moins d'une vérité certaine. A la longue, non pas immédiatement, les bénéfices industriels et commerciaux fléchissent comme le taux de l'intérêt lui-même.

Que de causes d'ailleurs, toutes nouvelles et très actives, déprécient la situation des industriels et des commerçants? La concentration des affaires leur porte un coup sensible; la propagation de l'instruction et la vulgarisation de l'aisance mettent chaque jour un nombre de plus en plus grand de citoyens en possession des moyens intellectuels et moraux d'exercer convenablement le négoce; il en résulte que la concurrence est de plus en plus pressante dans les professions commerciales. L'aléa se restreint, les opérations deviennent plus connues, les découvertes se répandent plus vite, les secrets industriels sont plus difficiles à garder. Toutes les industries déjà anciennes ne peuvent plus procurer que des gains réduits. Il n'y a guère que l'inventeur d'un produit nouveau ou d'un procédé perfectionné qui puisse faire rapidement fortune, s'il est assez heureux pour que ce procédé épargne beaucoup de dépenses ou pour que ce nouveau produit soit très goûté.

Ce que nous avons appelé « la période chaotique de la grande industrie », celle des grands hasards, de la concurrence restreinte, des surprises fréquentes, des énormes écarts de prix, est close ou sur le point de se clore. Or, c'est dans les commencements, dans les tâtonnements des entreprises peu connues que les esprits éveillés et agiles, d'ailleurs pourvus des moyens matériels nécessaires, peuvent ramasser de grandes fortunes. Cet âge des récoltes faciles est bien vite épuisé.

Dans les professions libérales — sauf pour quelques artistes et quelques sujets tout à fait exceptionnels que nous avons appelés les princes, les élus de la civilisation moderne — s'effectue ou plutôt s'annonce le même phénomène de nivellement. L'instruction universellement répandue multiplie outre mesure la concurrence dans ces occupations; il en est de même pour la classe des fonctionnaires, pour celle surtout des employés. Tous ces milliers de jeunes gens que les sacrifices de leurs familles ou la générosité de l'État ont dotés d'une instruction complète se précipitent dans ce champ étroit qu'ils encombrent; pressés les uns contre les autres, se disputant à outrance les clients et les places, ils n'arrivent qu'à déprimer la rémunération moyenne de leur classe.

Le privilège de l'instruction — cette autre cause d'inégalité des fortunes — a presque disparu, de même que le privilège de situation pour les terres. La capacité moyenne, utile, estimable, qui était bien appointée jadis, parce qu'elle constituait encore une rareté, se paye aujourd'hui à un prix dérisoire. Les employés, les bacheliers, les gens qui ont des diplômes ou des degrés quelconques, ce sont là les prolétaires de l'avenir, mille fois plus à plaindre, pour la disproportion entre leurs besoins et leurs ressources, que les simples artisans qui d'ailleurs partout seront bientôt plus rémunérés, le sont même souvent déjà, que tous ces demi-savants sortis de nos superficielles écoles. Ce qui va entretenir et développer le paupérisme, c'est le lycée ou le collège gratuit.

Combien est différent, combien le sera, surtout dans l'avenir, le sort du travailleur manuel! Toutes les forces de notre civilisation tendent à l'améliorer, à l'élever. C'est ici que l'on saisit toute la fausseté, du moins dans ses applications au temps présent, de l'ancienne école économique. Toutes les dissertations de Turgot et d'Adam Smith sur la dépendance où se trouve l'ouvrier vis-à-vis du patron, toutes les distinctions subtiles de Ricardo et de Stuart Mill sur le prétendu « salaire naturel » et sur le non moins chimérique « fonds des salaires, » sont de véritables enfantillages sans aucune portée pratique. La célèbre « loi d'airain, » inventée par Lassalle, la « constitution de l'humanité en pauvreté, » imaginée par Proudhon, sont des rêveries qui n'ont aucune analogie avec la réalité.

Fort de l'abondance des capitaux, de la multiplication des machines, de la demande de bras sans cesse accrue, étant depuis vingt ans seulement en pleine possession de la liberté industrielle, ayant désormais toutes les faveurs du législateur et de l'opinion publique, pouvant s'entendre, se concerter, possédant soit individuellement, soit collectivement des épargnes, ayant en main cette arme si redoutable et, quoi qu'on en ait dit, si puissamment efficace de la grève, le travailleur manuel va devenir le favori de la civilisation. Sa rémunération réelle s'accroît et s'accroîtra, même en tenant compte du renchérissement de certains objets; ses loisirs s'élargissent, la sécurité de sa vieillesse augmente. Toutes les situations acquises se dépriment au-dessus et autour de lui; la sienne seule grandit. Les causes diverses qui contribuent à ce relèvement du travailleur manuel, nous les avons analysées; nous avons dissipé notamment les préjugés si nombreux sur les grèves, et nous avons démontré qu'en définitive les grèves avaient été, dans le passé du moins, beaucoup plus utiles que funestes à l'ouvrier. Cela est si vrai, qu'il lui est difficile aujourd'hui de conserver la modération et de ne pas abuser de ses avantages au point de finir par souffrir de conquêtes exagérées ou prématurées.

Si la condition moyenne des ouvriers s'élève, les situations exceptionnelles de détresse et de misère ont aussi, nous l'avons prouvé, une tendance à devenir plus rares. Il nous a été facile de dissiper sur ce point les préjugés, non seulement de la foule, mais des hommes instruits et de quelques savants. Il est faux que l'industrie engendre le paupérisme : la diminution depuis trente ans du nombre de personnes assistées en Angleterre est la preuve irrécusable de notre assertion. Sans doute il est absurde d'espérer que l'on supprimera la misère ; autant vaudrait prétendre supprimer le vice ou la plithisie. Mais d'année en année la vraie misère fera dans l'ensemble de la population une moindre proportion de victimes. Quand les combinaisons ingénieuses que l'humanité n'a commencé à appliquer que depuis cinquante ans seront avec le temps universellement connues, quand les secours mutuels, les assurances contre les accidents, sur la vie, seront devenues d'une pratique vulgaire, le nombre des pauvres sera singulièrement réduit. L'assurance est un procédé qui est encore dans l'enfance. On peut dire qu'en théorie l'assurance n'a pas conquis la moitié peut-être du domaine qui lui appartient et que dans la pratique les neuf dixièmes de ce domaine sont en friche. L'indigence deviendra alors un fait beaucoup plus rare : au lieu d'un pauvre sur vingt ou trente habitants comme aujourd'hui en France et en Angleterre, il ne se rencontrera peut-être dans les contrées civilisées qu'un pauvre sur cinquante, sur soixante, sur quatre-vingts, même sur cent individus. L'indigence est produite soit par des accidents, soit par des vices. On peut parer, par d'heureuses combinaisons sociales, à presque tous les accidents. Il n'en est pas de même des vices ; mais, sans être un partisan déterminé de la doctrine de l'évolution, on ne peut nier qu'à travers les âges les vices, sans perdre peut-être en intensité, se modifient ; il n'y aurait rien d'étonnant à ce que le vice le plus productif d'indigence — l'ivrognerie — devînt dans un quart ou un demi-siècle plus exceptionnel dans la population ouvrière. Quand celle-ci aura à sa disposition des logements plus convenables, plus spacieux, plus propres, quand son éducation se sera davantage développée, qu'on aura résolu le problème des récréations et des distractions pour le peuple, quand d'ailleurs le régime général alimentaire des ouvriers se sera amélioré (1), il

(1) On sait que dans les pays où le vin est la boisson usuelle, l'ivrognerie est très rare. Si le phylloxera n'avait pas ravagé nos vignobles, la France aurait

n'est pas impossible que l'ivrognerie, qui fait aujourd'hui tant de victimes directes et indirectes, ait beaucoup moins d'empire et qu'elle cesse de dégrader une notable partie de la population qui vit du travail manuel ; ce vice n'est-il pas devenu singulièrement rare dans l'aristocratie, qui autrefois était, en grande partie, soumise à son joug ? Les mêmes causes, s'appliquant au peuple, produiront chez lui les mêmes effets.

De tout ce qui précède il résulte que ce que l'on appelle la question sociale se résout d'elle-même, autant du moins qu'elle est résoluble, peu à peu, par parcelles, avec la simple collaboration du temps, du capital, de l'instruction, de la liberté, de la philanthropie, de la charité aussi, que beaucoup d'économistes traitent trop sévèrement et que nous ne dédaignons pas.

Cette solution qui s'accomplit naturellement, peut-on la hâter par des arrangements artificiels et imposés par l'État ? C'est assurément une séduisante tentative que celle de faire intervenir l'État, l'agent souverainement régulateur, le premier banquier de chaque nation, si nous pouvons ainsi parler, dans les relations entre les diverses classes et de lui confier le soin de pourvoir à une moindre inégalité des conditions. Que ne peut faire l'État ? Il légifère, et l'on doit lui obéir; il emprunte à bon marché, et il peut prêter de même. Tout ce qu'il fournit aux citoyens à grands frais a l'apparence de la gratuité. Il semble à beaucoup de gens qu'il y ait de la part de l'État soit une excessive timidité, soit une impardonnable dureté à se tenir à l'écart.

Telle n'est pas notre opinion. L'État a sans doute un rôle à jouer, des devoirs à remplir; mais ce rôle n'est pas aussi prédominant qu'on veut bien le croire, ni ces devoirs aussi vastes. Les lois, en ce qui concerne une approximation vers une moindre inégalité des conditions, ont plutôt une puissance négative, qu'une positive action. Il y a dans les lois et dans les règlements beaucoup d'obstacles artificiels à la libre répartition des

produit cent ou cent cinquante millions d'hectolitres de vin, dont la plus grande partie n'eût pas valu plus de 5 centimes le litre ; tous les Français eussent pu en boire à discrétion, et l'ivrognerie eût été très atténuée. Le phylloxéra disparaîtra ou sera vaincu, et le même résultat se manifestera un peu plus tard.

richesses et des revenus ; ces obstacles ont, en général, pour effet de créer des privilèges, et de maintenir certaines catégories de personnes en possession d'avantages qui naturellement ne leur appartiennent pas ou qui leur seraient depuis longtemps échappés si elles n'avaient pas eu, pour les retenir, le secours de la force publique. Ces lois-là, il faut les supprimer, c'est équité et c'est en même temps utilité.

L'Angleterre par exemple a tout intérêt à rapporter les lois terriennes qui consacrent les substitutions et les majorats, et à adopter si ce n'est le système français de l'égalité des partages entre enfants, légèrement tempérée par une faible quotité disponible, du moins le système rationnel de la liberté de tester. Beaucoup de nos lecteurs s'étonneront de ce que dans un ouvrage sur la répartition des richesses nous n'ayons pas parlé abondamment de l'influence de nos lois de succession. C'est qu'il nous suffisait de traiter des grandes causes économiques générales, infiniment plus puissantes que toutes les lois humaines. Comparées aux lois économiques qui régissent le taux de l'intérêt, ou la rente de la terre, ou les salaires, nos lois de succession n'ont qu'une action secondaire. Ces lois, d'ailleurs, nous les désapprouvons comme trop rigoureuses, nous avons émis bien des fois cette opinion dans l'*Économiste français* et ailleurs. Nous souhaitons que l'on donne à la liberté de tester plus d'ampleur et que jamais la quotité disponible ne soit inférieure à la moitié du patrimoine, tandis qu'elle est seulement du quart quand il y a trois enfants ou plus. Il ne faut pas se dissimuler, cependant, qu'octroyée dans ces limites, la liberté de tester, utile dans des cas particuliers, n'aurait pas une influence considérable sur la répartition des richesses. Les mœurs et les idées démocratiques se sont emparées de toutes les classes de la population, à peu d'exceptions près, et il sera toujours exceptionnel qu'un père avantage de plus du quart l'un de ses enfants. Aujourd'hui, d'ailleurs, avec les titres de valeurs mobilières qui sont si répandus, les personnes de la bourgeoisie ont bien des facilités pour tourner la loi si elle leur déplaît ou si elle les froisse. Une extension de la liberté de tester doit être réclamée comme conforme à l'équité dans beaucoup de cas particuliers, mais cette réforme ne changera pas notre état social (1).

Les publicistes qui veulent que l'État travaille activement à amener une moindre inégalité des conditions ont vis-à-vis de lui des exigences beaucoup plus grandes que celles que nous venons de relater. Ils prétendent qu'au moyen des écoles, des règlements industriels, de l'impôt et du crédit dont il jouit, il rabaisse les riches et il exalte les pauvres.

L'instruction semble un instrument tout-puissant de nivellement. On a vu plus haut qu'en effet la vulgarisation de l'instruction avait enlevé à la classe bourgeoise un véritable monopole de fait qui avait été pour elle très productif. L'instruction générale réduit les gains et les bénéfices dans les professions libérales, dans les fonctions du gouvernement, dans les emplois des sociétés, dans l'industrie et le commerce même, en multipliant les individus qui sont aptes à être de bons employés, de bons fonctionnaires, de bons commerçants. L'instruction peut encore se répandre davantage en amenant à sa suite d'une manière plus accentuée et plus intense les effets que nous venons d'indiquer. L'école primaire est déjà gratuite dans toutes les villes et elle va l'être obligatoirement même dans les campagnes. Les bourses sont très nombreuses et elles le deviennent de plus en plus. On crée des écoles primaires supérieures, on augmente le nombre des écoles d'arts et métiers, on va instituer des lycées féminins. Rien de mieux : en rendant l'instruction moins rare, on multiplie dans la société le nombre d'hommes capables de travaux intellectuels ; mais en même temps, par une conséquence forcée, on diminue le prix vénal de cette catégorie de travaux et de services. L'instruction dans cette mesure n'en reste pas moins un bien social, même un bien individuel, en ce sens qu'elle ouvre l'esprit à plus d'idées, à plus de jouissances, à une vie plus ample et plus variée; mais les services intellectuels, en devenant de plus en plus offerts, si, comme il est probable,

(1) Ce qui est surtout absolument indispensable, c'est la suppression ou la modification des articles du Code qui exigent le partage des immeubles en nature et ne permettent pas la compensation par des sommes d'argent équivalentes.

leur accroissement dépasse l'accroissement de la demande, perdront considérablement, ont déjà perdu de leur valeur d'échange.

Cette dépréciation des services intellectuels n'a que de médiocres inconvénients quand elle est contenue dans certaines limites; c'est une des formes de ce phénomène si remarquable de l'approximation à une moins grande inégalité des conditions. Il se pourrait cependant que, par un excès de zèle et de bonnes intentions, l'État, les municipalités, les institutions philanthropiques et charitables dépassassent de beaucoup la mesure. Si l'on rendait subitement gratuite l'instruction intégrale ; si, au moyen de concours où la faveur a toujours beaucoup de place et où l'indulgence est exagérée, on faisait donner l'instruction secondaire et l'instruction supérieure à une foule d'individus sans fortune et d'une capacité médiocre; si l'on créait, comme on l'a demandé, des écoles professionnelles dans tous les quartiers des grandes villes, dans tous les chefs-lieux de canton, ou même dans toutes les communes; si l'on agissait ainsi à la légère, préparant chaque année des dizaines de mille hommes et de femmes aux professions libérales, aux emplois de bureau, aux carrières artistiques, aux métiers manuels les plus relevés, on n'arriverait sans doute qu'à fausser tous les rapports économiques, à rendre l'offre de certains services surabondante relativement à la demande, à déprimer outre mesure les salaires des états les plus intellectuels, à jeter au sein de la société des légions d'individus qui n'auraient aucun moyen de vivre. C'est là la voie dans laquelle on veut, par un zèle malentendu, pousser le gouvernement et où il entrera peut-être.

Rien n'est plus délicat, rien ne demande plus de mesure que l'enseignement professionnel. Si l'État veut se mettre à fabriquer outre des bacheliers, des comptables, des teneurs de livres, des peintres, des sculpteurs, des praticiens, des dessinateurs, des horlogers, des bijoutiers, des mécaniciens, des ébénistes, des serruriers, des menuisiers, des charpentiers, des tailleurs, etc. ; si, au lieu de donner aux enfants certaines connaissances générales, des indications qui peuvent être utiles dans beaucoup de situations différentes, il veut leur enseigner un métier spécial, alors il encourt la responsabilité la plus lourde ; il se fait distributeur du travail et des tâches ; il imite le législateur antique ou celui du moyen âge qui fixait le nombre d'ouvriers devant travailler dans chaque profession ; il prétend dominer le marché du travail, déterminer l'offre et la demande. En voulant être régulateur, il est perturbateur. L'État, dans ces conditions, serait un agent de paupérisme, un créateur d'indigents. Qu'on y prenne garde : de même que la charité légale entretient la misère, ainsi l'enseignement professionnel, distribué par l'Etat sans mesure et sans réflexion, produirait des légions nouvelles de pauvres.

Proudhon déjà s'était ému, dans ses *Contradictions économiques*, du nombre croissant d'artistes, d'ingénieurs, de constructeurs, qui sortaient de nos écoles. Mais qu'était du temps de Proudhon la concurrence dans ces professions auprès de ce qu'elle est aujourd'hui ? Un exemple récent montre les dangers d'une intervention excessive de l'État ou des institutions philanthropiques dans l'enseignement professionnel. Une femme dévouée et intelligente ouvrit, il y a quelques années, une école professionnelle pour les jeunes filles à Paris ; parmi les métiers élégants qu'on leur enseignait se trouvait la peinture sur porcelaine, tâche lucrative alors. Ce joli travail tenta beaucoup d'élèves. Au bout de peu d'années il était sorti de cette école tant de jeunes filles sachant peindre sur porcelaine que la rémunération dans cet état baissait considérablement, et que beaucoup de ces jeunes filles ne pouvaient plus trouver de travail. Que serait-il arrivé si, la philanthropie étant plus développée, on eût ouvert au même moment en France cent écoles professionnelles pour les jeunes filles, où l'on eût enseigné la peinture sur porcelaine ? On se fût donné beaucoup de mal pour apprendre laborieusement à de pauvres femmes un métier qui ne les eût pas nourries (1).

Le paupérisme qui est à craindre aujourd'hui, ce n'est pas celui des misérables qui ne savent ni lire ni écrire, c'est le paupérisme des hommes instruits, plus ou moins capables de toute tâche de

(1) Quand l'instruction professionnelle est distribuée par les soins de corporations libres, d'associations syndicales, les inconvénients sont beaucoup moindre que lorsque l'État avec sa lourde et lente bureaucratie se charge de ce service.

bureau; voilà les vrais pauvres dont la civilisation, si elle n'y prend garde, produira des légions à l'avenir.

Sans doute un temps viendra peut-être où l'instruction moyenne sera tellement vulgaire qu'elle ne donnera aucune haute opinion de lui-même à celui qui l'aura reçue, qu'on entendra un laboureur poussant sa charrue réciter les vers harmonieux des Géorgiques, ou qu'on verra les ouvriers des métiers les plus rebutants disserter avec compétence sur la physique et la chimie. Ce temps peut venir; mais il est encore loin. On est trop près de l'âge où l'instruction était un monopole pour qu'elle ne gonfle pas d'espérances illimitées le nombre de ceux qui la possèdent. De là cette désertion des métiers manuels dont la rémunération hausse toujours, et cet encombrement des professions intellectuelles dont les profits s'abaissent. Jusqu'à ce qu'un lent travail d'adaptation se soit produit, jusqu'à ce que l'homme instruit se soit résigné à des tâches qui jusque-là étaient confiées aux simples illettrés, l'État, s'il ne veut pas, dans cette période de transition, être un agent de déclassement et de découragement, devra apporter beaucoup de mesure et de réserve à répandre ce que l'on appelle l'instruction intégrale et l'enseignement vraiment professionnel. Il devra s'en tenir à un enseignement préparatoire général.

Dans le mois de septembre dernier, on écrivait de Sydney au *Times* que les maçons gagnaient de 11 à 13 shellings (13 fr. 75 à 16 fr. 25) par journée de huit heures, et que la plupart des autres métiers manuels (*mechanics*) étaient payés à l'avenant; qu'au contraire les jeunes gens ayant de l'instruction ne pouvaient que très difficilement trouver à vivre. Ainsi un jeune homme de bon caractère et instruit, après avoir frappé pendant plusieurs années à beaucoup de portes, avait dû finir par se faire sergent de ville (*I know one steady, well educated young man here, who after several years of knocking about, is now a policeman*); un autre était parvenu à entrer dans une banque où il gagnait 75 livres sterling (1,875 francs) par an, tandis que la plupart des artisans, s'ils ont une bonne conduite, possèdent en peu d'années une maison à eux. Ces observations d'un Anglais d'Australie s'appliquent fort bien à la société de l'avenir. Déjà dans les grandes villes de France il se produit quelque chose d'analogue. Un bon artisan ordinaire gagne à Paris 7 ou 8 francs par jour, auxquels viennent souvent s'ajouter des heures supplémentaires grassement payées, ce qui lui fait en tout 2,000 à 2,500 francs par an. Un employé capable, rangé, a beaucoup de peine à trouver une place de 125 à 150 francs par mois, c'est-à-dire de 1,500 à 1,800 francs par an. L'écart entre ces deux natures de rémunération devra encore s'accentuer dans le même sens.

Si l'État ne doit céder qu'avec circonspection à ceux qui lui demandent de distribuer à tout venant l'instruction intégrale et l'instruction professionnelle, il doit résister encore davantage à ceux qui voudraient qu'il constituât des retraites civiles, qu'il rendît obligatoire l'assurance sur la vie et toutes sortes d'autres combinaisons aussi séduisantes.

Certes, s'il était efficace, ce serait un procédé facile et commode d'établir le bonheur universel que d'édicter que chaque ouvrier supportera sur son salaire une retenue de 5 p. 100, que chaque patron devra fournir, pour le compte de chacun des ouvriers qu'il emploie, une cotisation de 5 p. 100 aussi, et que l'État, le père commun des citoyens, survenant en dernier lieu et comblant la mesure, aurait à allouer une subvention égale aux cotisations réunies de l'ouvrier et du patron. Ce ne serait pas sans doute un mince sacrifice que l'on imposerait à l'État, puisque, en calculant à dix milliards de francs — ce qui n'est pas exagéré — le montant total des salaires en France, on réclamerait ainsi de lui un milliard annuellement. On ne manquera pas de dire que les retenues et les subventions dont nous venons de fixer le chiffre seraient trop élevées, qu'on pourrait les réduire de moitié, ce qui réduirait à 500 millions environ la subvention de l'État, ou même des trois quarts, ce qui la limiterait à 250 ou 300 millions. Dans ces proportions, la retenue obligatoire sur le salaire de l'ouvrier serait de 1,25 p. 100, soit de 12 fr. 50 par 1,000 francs ; le patron devrait fournir une somme égale, et l'État doubler le tout. De ces trois éléments il résulterait que l'ouvrier bénéficierait, à la Caisse nationale des retraites, d'un versement annuel égal à 5 p. 100 de son salaire, et en outre des intérêts composés de chacun des versements qu'il aurait faits ou qu'on aurait faits pour lui jusqu'au jour où sa pension serait liquidée. Chaque travailleur manuel deviendrait ainsi un fonctionnaire. Dans l'hypothèse de la retenue la plus faible que nous venons d'indiquer, la pension de retraite échéant à chaque ouvrier serait singulièrement minime. Au taux de 3 1/2 p. 100, qui est le taux de capitalisation qu'on peut admettre comme le plus élevé possible d'ici à la fin du siècle, l'ouvrier arrivant à cinquante-cinq ans, après trente-cinq ans de retenues consécutives, ne pourrait guère avoir droit qu'à un capital de 4,000 francs au plus, ou à une rente viagère de 250 ou 300 francs. Nous faisons ces calculs approximativement, ne nous piquant pas d'être actuaire (1).

Pour arriver à un résultat sérieux, il faudrait doubler les retenues imposées à l'ouvrier et au patron et les sacrifices demandés à l'État, de façon que l'ensemble de la somme capitalisée annuellement au profit de l'ouvrier équivalût à 10 p. 100 de son salaire. La subvention de l'État monterait alors à 500 ou 600 millions par an environ, c'est-à-dire que les impôts devraient être accrus d'autant, par conséquent le prix des vivres ou du moins le prix de la vie notablement augmenté. Or, nous allons voir que l'un des plus puissants moyens qu'ait l'État de contribuer à l'avènement d'une moindre inégalité des conditions, c'est précisément de supprimer beaucoup d'impôts mal établis qu'il serait, d'ailleurs, très difficile de remplacer par de meilleurs. D'autre part, il est incontestable que la retenue imposée au patron serait en fait supportée par l'ouvrier, le premier s'efforçant de réduire les salaires d'autant. L'ouvrier verrait donc sa rémunération baisser en même temps que le surcroît d'impôts élèverait le prix de la vie. Tous les ouvriers supporteraient-ils facilement un semblable régime, et regarderaient-ils comme

(1) D'après les *Formules et tables d'intérêts* de MM. Vintéjoux et de Reinach (page 126) une somme de 50 francs (5 p. 100 d'un salaire moyen de 1,000 francs annuellement) placée chaque année à intérêts composés pendant trente-cinq ans, à une capitalisation de 3 1/2 p. 100, produirait au bout de la trente-cinquième année, 3,450 francs ; si le taux de l'intérêt n'était que de 3 p. 100, ce qui est plus conforme aux circonstances économiques de l'avenir, le produit serait seulement de 3,113 francs.

un bienfait cette contrainte imposée? On dira qu'on ne leur demandera pas leur opinion et que, malgré eux, on leur fera du bien. Cette réponse n'est pas persuasive, sous un régime démocratique. On arriverait, sans doute, par degrés à dispenser l'ouvrier, ou du moins certaines catégories d'ouvriers, de la retenue et à faire supporter par les patrons[1] et par l'État seuls la totalité des cotisations. Les impôts enfleraient d'autant.

Obtiendrait-on, même au moyen de tous ces sacrifices, le résultat que l'on se propose? Supprimerait-on le paupérisme? Non, car il y aurait toujours des êtres faibles qui ne pourraient guère travailler, et des êtres paresseux qui ne voudraient pas travailler. Il y en aurait d'autres imprudents, dépensiers, insouciants, qui engageraient d'avance leur assurance sur la vie ou leur pension; on aurait beau déclarer celle-ci insaisissable, on trouverait toujours des moyens de tourner la loi.

Ce système si bruyamment recommandé et en apparence d'une si facile application aurait le sort de tous les arrangements imposés, de toutes les combinaisons qui veulent améliorer la destinée de l'homme, sans améliorer l'homme même, son esprit, ses mœurs. Il contribuerait simplement à décourager les industries privées concurrentes, les compagnies d'assurances sur la vie soit anonymes et intéressées, soit mutuelles; à l'organisation toujours souple, féconde, inventrice des sociétés particulières, des institutions philanthropiques, des particuliers, il substituerait la lourde, uniforme et paresseuse bureaucratie de l'État.

Il existe en France une Caisse des retraites que l'État a fondée il y a près de trente ans. Cette caisse fait aux petits épargnants des avantages considérables. Non seulement l'État ne retire aucun bénéfice de cette catégorie d'opérations; mais encore il s'impose des pertes sensibles; il fonde ses calculs sur un taux d'intérêt bien supérieur au taux du marché des capitaux à l'heure actuelle, c'est le budget qui doit fournir une partie des ressources de cette institution, qui autrement tomberait en faillite. Néanmoins cette caisse n'attire pas le public, qui préfère, en général, s'adresser aux compagnies d'assurances privées, tellement l'État trouve toujours le moyen, même avec les meilleures intentions, d'être désagréable et rebutant. Il ne suffit pas de faire le bien ; il faut savoir le faire : l'État ne sait pas le faire ; il en est empêché par une sorte d'incapacité naturelle qui est sa rigidité et son invincible attachement à la routine.

Beaucoup d'autres projets ont été proposés soit par des publicistes, soit même dernièrement (en 1879) par des membres de notre Chambre des députés. Un de nos honorables représentants s'est avisé de vouloir que la commune soit contrainte de fournir à chacun de ses enfants un pécule, un capital destiné à lui ouvrir une carrière, au moment où il arriverait à la majorité. Rien ne serait plus simple : on établirait un impôt spécial, probablement progressif, sur les capitaux ou les revenus des habitants de la commune, et au moyen de cette sorte de tontine forcée on constituerait à chaque jeune homme et à chaque jeune fille de 21 ans une dot qui pourrait être de 1,000, 2,000, 3 ou 4,000 francs. Avec de pareils enfantillages on croit résoudre ce que l'on est convenu d'appeler la question sociale. Si l'on voulait organiser dans tout le pays une gigantesque bombance, on ne s'y prendrait pas autrement. Le seul argent qui, d'ordinaire, est bien employé est celui que l'on a gagné. Dans les trois quarts des cas, les 1,000, 2,000, 3 ou 4,000 fr. de dot ou de pécule ainsi fournis obligatoirement par chaque commune à chaque jeune homme ou à chaque jeune fille seraient sottement ou inutilement dépensés. D'ailleurs tous ces projets tendent toujours à l'augmentation des impôts. Il y a sept cent mille jeunes gens des deux sexes environ qui arrivent chaque année à l'âge de 20 ans ; pour leur donner à chacun 1,000 francs, il faudrait donc 7 ou 800 millions d'impôts en plus de ceux que nous supportons déjà. Puis, ces 1,000 fr. communiqueraient-ils à ceux qui les recevraient l'esprit d'ordre, d'économie, l'ardeur au travail, supprimeraient-ils toutes les défaillances de caractère ou d'intelligence ? Qui oserait le soutenir ?

Par cette intervention dans la répartition des richesses, l'État atteindrait un résultat opposé à celui qu'il poursuit. Au lieu d'encourager l'épargne, il en détournerait, puisqu'il ferait à ceux qui n'épargnent pas des dons gratuits ; au lieu de pousser au travail, il mettrait les hommes indolents, ayant quelque penchant à la fainéantise, en situation de bien vivre plusieurs semaines, plusieurs mois, sans travailler.

Il est inutile de discuter plus longtemps toutes ces hypothèses et beaucoup d'autres. Quelques personnes, par exemple, ne voient le salut que dans le rétablissement de la corporation. Si par ce mot elles entendent uniquement une plus ample liberté d'association et de réunion, la suppression de diverses entraves soit administratives, soit fiscales, qui empêchent les intérêts similaires de se grouper, de se fortifier et de se soutenir par leur union; elles ont raison. Mais si, comme c'est le désir manifeste ou secret de la plupart d'entre elles, on entend par ce mot de corporation une institution, ayant les caractères principaux des corporations d'autrefois, c'est-à-dire ayant le pouvoir d'édicter des règlements obligatoires, de repousser certaines personnes, sous des prétextes quelconques, de l'exercice d'un métier, d'imposer à tous ceux qui exercent une profession certains procédés, certaine manière de conduite, nous ne craignons pas de dire qu'au bout de peu de temps on se trouverait en présence d'intolérables tyrannies, qui arrêteraient ou du moins ralentiraient le progrès, qui entraveraient le principal agent de la civilisation moderne, l'initiative individuelle dans toute sa liberté et toute sa spontanéité.

La liberté et le temps suffisent pour résoudre toutes les difficultés sociales, qui sont humainement résolubles. Le grand danger d'aujourd'hui, c'est le socialisme d'État, c'est-à-dire non pas le socialisme imposé par les ardeurs d'une foule en émeute, mais le socialisme sournoisement introduit et graduellement développé par des législateurs présomptueux et ignorants. L'extension de toute administration d'État nous est suspecte; on trouve toujours dans les administrations de l'État plus de sinécures, plus de privilèges, plus de paresse, plus d'arrogance et de servilité à la fois que dans les administrations particulières.

Le rôle de l'État relativement à la répartition des richesses est très simple: il ne consiste pas à prendre aux uns pour donner aux autres, à faire de l'impôt un instrument de redressement des inégalités sociales. Quand il poursuit cet idéal de quelques-uns, l'État devient dans la vie économique un élément perturbateur;

il n'obtient, d'ailleurs, que des résultats illusoires. C'est ainsi que l'impôt progressif, préconisé par tant d'esprits étourdis et par quelques économistes mal inspirés, ne conduit qu'à des déceptions, à des dissimulations ou à des émigrations de capitaux; quand le fisc se montre ainsi violent, inégal, ou bien on le fraude, ou on le fuit, en mettant la frontière entre sa fortune et lui, et en prenant quelque banque étrangère pour dépositaire des capitaux ou des revenus qu'on a. Nous avons fourni ailleurs la démonstration de l'iniquité et de l'inefficacité de cet impôt (1), dans lequel les badauds seuls peuvent aujourd'hui avoir confiance.

Le rôle de l'État consiste uniquement à enlever les obstacles d'origine administrative ou législative qui s'opposent à une moindre inégalité des richesses. L'État n'a pas à se proposer pour but le plus grand bonheur du plus grand nombre, comme l'imaginent d'un côté certains utilitaires tels que Bentham, et de l'autre côté les socialistes. Un grand philosophe, d'une étonnante puissance d'analyse, Herbert Spencer, a admirablement réfuté cette doctrine aussi fausse que séduisante (2). La justice, c'est le seul idéal que l'État doive poursuivre, et la justice dans les sociétés modernes consiste à supprimer toutes les causes artificielles qui favorisent certains individus aux dépens des autres, qui empêchent toutes les activités de se développer librement en tant qu'elles n'empiètent pas sur la liberté des autres activités. La stricte justice, et rien de plus, voilà l'idéal social, et la justice doit s'entendre en ce sens que les individus font eux-mêmes leurs destinées, que l'Etat leur doit seulement une aide négative, celle qui consiste à ne pas les entraver dans leurs efforts, dans leurs initiatives, et à ne pas permettre qu'ils soient entravés par autrui. Nous citions tout à l'heure le plus grand philosophe de ce temps, Herbert Spencer; on ne saurait trop admirer la lumineuse précision avec laquelle il traite en passant, dans un mot, dans une phrase, les sujets économiques les plus ardus. Quand il parle de la « coopération harmonieuse », quand il dit que « la base de la coo-

(1) Voir notre *Traité de la Science des finances*, 2e édition, t. I, chapitre de l'*Impôt progressif*.

(2) Herbert Spencer, *les Bases de la morale évolutionniste*, voir le chapitre intitulé : *le Point de vue sociologique*.

pération est la proportion établie entre les bénéfices reçus et les services rendus, » il rejette toutes les combinaisons artificielles des socialistes soit de l'ancienne, soit de la nouvelle école. Sans doute la justice, comme il le dit, n'exclut pas la bienfaisance, nous ajouterons qu'elle n'exclut pas la charité, ce mot qu'on a voulu ridiculement expulser de la langue française. Mais la bienfaisance et la charité, sauf quelques cas d'assistance tout à fait rudimentaire dont l'État peut se mêler, appartiennent essentiellement au domaine des particuliers et des sociétés libres.

En se bornant à procurer la justice dans la plus large acception du mot, l'État a, d'ailleurs, bien assez de réformes à opérer. Jusqu'ici l'État a été un des facteurs de l'inégalité des richesses. Ce n'est que dans ces derniers temps qu'il s'est décidé à rendre égales la situation de l'ouvrier et celle du patron. La liberté complète du contrat de salaire, on l'a prouvé dans un des chapitres de ce livre, ne date pas de vingt ans. L'Etat est encore un obstacle à l'exercice régulier du droit d'association.

Au point de vue de la justice vulgaire, l'État mérite bien des critiques. On le voit créer sans motif des sociétés financières privilégiées dont il nomme les directeurs ou les gouverneurs, attribuant ainsi à des incapables de riches sinécures qui n'ont été gagnées, d'ordinaire, que par la courtisanerie et l'intrigue. On le voit encore tolérer un brigandage, une piraterie effrontée, sous le couvert des sociétés anonymes et d'émissions d'actions ou d'obligations. L'État laisse de prétendus financiers avec le secours d'une presse vénale dérober audacieusement, publiquement, les épargnes des petites gens; il ne fait aucun effort pour arrêter les spoliations dont il est le témoin, et dont beaucoup de membres des assemblées législatives, en leur qualité d'hommes privés il est vrai, sont les complices et les bénéficiers. L'État qui punit sévèrement l'escroc de bas étage et le voleur vulgaire respecte, honore, charge de décorations et de cordons les grands détrousseurs du public. La corruption des sociétés anonymes est aujourd'hui la cause principale, presque la seule, des énormes fortunes. Mais comment l'État s'occuperait-il de couper court à ces scandales, comment ne les couvrirait-il pas de l'impunité quand sur 800 membres d'un parlement, plus du tiers, peut-être plus de la moitié, participe aux syndicats, aux fondations, aux émissions, aux *razzias* de primes?

Si nous examinons la fiscalité, nous sommes frappé non pas de l'énormité des droits de consommation, qui comme compensation font hausser les salaires, mais de certaines taxes absurdes d'enregistrement, celles qui confisquent la totalité des petits héritages, celles qui, frappant démesurément les transmissions d'immeubles entre vifs, empêchent l'ouvrier d'acquérir facilement sa demeure, celles qui en grevant lés transports contraignent les ouvriers de s'agglomérer au sein des villes populeuses au lieu de leur permettre de se répandre dans la campagne, celles encore qui en prélevant une dîme sur les dons et les legs entravent la formation de cette richesse commune et collective dont l'extension doit être la contre-partie et comme la rançon de la propriété privée.

Quand il représente la généralité des contribuables, l'État, dans certains pays du moins, en France surtout, est d'une déplorable faiblesse, d'une imprévoyance inexcusable. Il sacrifie presque toujours l'intérêt général à l'intérêt particulier, quand cet intérêt particulier groupe toute une catégorie de personnes, pour ainsi dire toute une classe. Si la concurrence des pays neufs vient à diminuer le prix du pain et de la viande, par conséquent à faire baisser la rente de la terre, on voit le gouvernement s'inquiéter et être prêt à intervenir pour empêcher, par le renchérissement artificiel de la viande et du pain, que les fermages ne viennent à baisser. L'État ne s'aperçoit pas qu'il s'oppose ainsi au mouvement naturel qui nous porte vers une moindre inégalité des conditions; qu'il intervient en faveur des riches ou des gens aisés, les propriétaires fonciers, contre le gros du public qui est toujours plus ou moins gêné. Si des causes de même nature viennent à faire baisser le taux de l'intérêt, ce qui est encore un des moyens d'arriver à une moindre inégalité des conditions, on voit aussi dans certains pays l'État s'alarmer et se mettre en travers; il prend fait et cause pour les rentiers, il hésite à les rembourser, à convertir ses dettes, il leur fait des largesses au détriment de l'ensemble des contribuables.

Ainsi l'État, dans des contrées aussi avancées en civilisation et aussi démocratiques en apparence que la France, n'hésite pas à recourir à des combinaisons artificielles, à des arrangements d'autorité pour prévenir une baisse graduelle de la rente de la terre et de la rente du capital. Cependant, en produisant l'une et l'autre baisse, la nature travaille à l'avènement d'une moindre inégalité des conditions.

Devant de tels faits et beaucoup d'autres encore, n'est-on pas fondé à dire qu'un grand progrès s'effectuerait le jour où l'Etat pratiquerait la justice ?

Une moindre inégalité des conditions doit à brève échéance, dans un quart de siècle, un demi-siècle, sortir des causes multiples que nous avons indiquées dans cet ouvrage, pourvu que l'État n'y fasse pas obstacle. Cette moindre inégalité des conditions sera-t-elle un bien ? C'est incontestable à nos yeux ; elle ne s'effectuera pas, en effet, seulement par l'abaissement graduel des situations les plus élevées, mais aussi et surtout par le relèvement continu des situations les plus basses. Elle produira dans l'humanité tout entière plus de bien-être, plus de loisirs, plus de repos d'esprit, plus de simplicité, nous voudrions dire aussi plus de moralité et plus de bonheur. Que ces conséquences dans l'ordre intellectuel et moral accompagnent exactement tous les progrès vers une moins grande inégalité des conditions, qu'elles se manifestent simultanément avec ce phénomène économique, il ne faut peut-être pas l'espérer. Plusieurs fois dans ce livre nous avons prouvé que, si le progrès économique engendre le progrès intellectuel et moral, ce n'est qu'à la longue, après beaucoup de temps. Il y a un lent travail d'adaptation entre l'âme, l'esprit de l'homme et les conditions nouvelles de l'existence humaine ; très souvent il arrive que l'homme est en quelque sorte surpris, désorienté ou enivré par une amélioration trop soudaine de son sort, et que l'accroissement des salaires ou des loisirs semble plutôt nuisible qu'utile ; ce sont là, toutefois, des conséquences passagères.

L'avènement à un état social qui aura pour caractère une moindre inégalité des conditions sera donc un bien, mais non pas un bien sans mélange. Sans parler des effets perturbateurs qui accompagnent la période de transition, il y a quelques inconvénients économiques qui, pour n'être pas permanents peut-être, sont plus durables. Un économiste allemand, M. Soëtber, dans son étude sur la distribution des revenus en Allemagne, fait ressortir que les énormes fortunes britanniques donnent au commerce de la Grande-Bretagne beaucoup plus d'ampleur, de hardiesse, de solidité même que ne peut en avoir le commerce allemand. Cette proposition n'est peut-être pas vraie dans tous ses termes, mais elle contient beaucoup de vérité. Une maison de commerce ou d'industrie, quand elle appartient à un seul individu, qu'elle est conduite par lui-même, est d'ordinaire beaucoup mieux administrée, avec plus d'économie, plus d'esprit de suite, qu'une société anonyme quelle qu'elle soit. Or là où les énormes fortunes sont rares, les sociétés anonymes pullulent. Un écrivain anglais, qui est un des plus opulents industriels d'outre-Manche, M. Brassey, attribuait déjà la crise économique si intense qui a frappé la Grande-Bretagne dans la dernière période quinquennale à la mauvaise gestion des sociétés anonymes dirigeant des usines, et à cette autre circonstance que les industriels britanniques se retiraient plus tôt qu'autrefois des affaires, laissant la conduite de la maison à des associés (*partners*) plus jeunes et moins expérimentés. Dans l'agriculture aussi, les grands propriétaires, quand ils ne détiennent qu'une partie du pays, servent très utilement à la diffusion du progrès économique, en répandant les notions les meilleures, les perfectionnements les plus récents, les méthodes les plus nouvelles.

A un point de vue plus général et plus élevé, on peut dire que les causes qui doivent amener une moindre inégalité des conditions peuvent, dans une certaine mesure, diminuer le ressort de l'activité individuelle. « Tous les arrangements, a écrit Her-« bert Spencer, qui empêchent à un haut degré la supériorité « de profiter des avantages de la supériorité, ou qui protègent « l'infériorité contre les maux qu'elle produit ; tous les arran-« gements qui tendent à supprimer toute différence entre le su-« périeur et l'inférieur sont des arrangements diamétralement

« opposés au progrès de l'organisation et à l'avènement d'une vie « plus haute (1). » La moindre inégalité des conditions ne fera pas disparaître toute différence entre l'inférieur et le supérieur; mais en rapprochant entre eux les distances, en rendant plus difficile, soit une complète déchéance, soit un prompt et définitif succès, elle pourra avoir pour résultat de diminuer un peu l'activité industrielle exubérante qui a été à la fois l'honneur et le tourment du dix-neuvième siècle.

Il faut néanmoins prendre son parti de la tendance à une moindre inégalité des conditions; on doit non seulement s'y résigner, comme à un phénomène nécessaire, mais s'en réjouir comme d'une transformation heureuse; car, si elle offre des inconvénients qui sont incontestables, qui peut-être seront passagers, elle présentera des avantages permanents beaucoup plus grands.

Nous tous qui sommes, à un degré plus ou moins élevé, des privilégiés de la fortune, nous ne devons pas envisager le passé avec regret, ni l'avenir avec défiance. Si nous pensons à l'existence de nos descendants, si nous considérons qu'elle sera peut-être moins opulente, moins brillante que la nôtre, nous devons songer en même temps qu'ils auront un esprit plus calme, des désirs plus limités, qu'ils seront aussi plus à l'abri des revers et des chutes profondes. Les descendants des riches d'autrefois sont souvent les ouvriers d'aujourd'hui. Ainsi beaucoup des enfants ou des arrière-petits-enfants des bourgeois de ce siècle retomberont ou par leur faute ou par les accidents dans ce vaste réceptacle que l'on appelle la classe des prolétaires : ils y auront une destinée plus douce, plus assurée que les prolétaires d'à présent. Riches ou pauvres, bourgeois ou ouvriers, peuvent rêver avec tranquillité d'esprit au sort de leurs descendants; cette pensée doit réconcilier toutes les classes de la société avec ce phénomène économique si considérable : la tendance à une moindre inégalité des conditions.

(1) *Les Bases de la morale évolutionniste*, édition de Germer Baillière, p. 163.

FIN.

# TABLE DES MATIÈRES

## CHAPITRE PREMIER.

### DE LA NATURE ET DE L'ORIGINE DE LA PROPRIÉTÉ FONCIÈRE RURALE.



## CHAPITRE II

### DU CARACTÈRE PARTICULIER DU REVENU FONCIER. — EXAMEN DE LA DOCTRINE DE RICARDO SUR LA RENTE DE LA TERRE.

## CHAPITRE IV

### DE QUELQUES ANOMALIES DE LA PROPRIÉTÉ FONCIÈRE.



## CHAPITRE V

### DE LA CLASSE DES FERMIERS ET DES MÉTAYERS.

## CHAPITRE VI

### DE L'INFLUENCE DE LA CIVILISATION SUR LA RÉPARTITION DE LA TERRE. LES LATIFUNDIA ET LA PULVÉRISATION DU SOL.



## CHAPITRE VII

### DE LA PROPRIÉTÉ URBAINE, SA PART DANS L'INÉGALITÉ DES CONDITIONS.

## CHAPITRE VIII

### DE LA PROPRIÉTÉ MOBILIÈRE ET DU TAUX DE L'INTÉRÊT.

## CHAPITRE IX

### DES CONSÉQUENCES DE LA BAISSE DU TAUX DE L'INTÉRÊT PAR RAPPORT A L'INÉGALITÉ DES CONDITIONS.

## CHAPITRE X

### DE L'INTERVENTION DE L'ÉTAT DANS LES QUESTIONS QUI CONCERNENT L'INTÉRÊT DES CAPITAUX.

## CHAPITRE XI

### DE LA CLASSE DES INDUSTRIELS ET DES COMMERÇANTS, COMMENT ELLE EST AFFECTÉE PAR LE MOUVEMENT DE LA CIVILISATION MODERNE.



## CHAPITRE XII

### DE L'ORGANISATION DE PLUS EN PLUS BUREAUCRATIQUE DE LA SOCIÉTÉ MODERNE. — LA CONCENTRATION DU COMMERCE DE DÉTAIL. — LES SOCIÉTÉS ANONYMES ET LEURS EFFETS.

## CHAPITRE XIII

### DE LA CLASSE DES FONCTIONNAIRES ET DES PROFESSIONS LIBÉRALES.

## CHAPITRE XIV

### DE L'INFLUENCE DE LA CIVILISATION SUR LA DESTINÉE DES SALARIÉS.

## CHAPITRE XV

### DU SISYPHISME ET DU PAUPÉRISME.

## CHAPITRE XVI

### DE L'ACCROISSEMENT DES SALAIRES RÉELS.

## CHAPITRE XVII

### DE L'INFLUENCE DU DÉVELOPPEMENT INDUSTRIEL SUR LES LOISIRS, SUR LA FACILITÉ DU TRAVAIL, ETC.



## CHAPITRE XVIII

### DE L'AUGMENTATION INCESSANTE DE LA RICHESSE COMMUNE ET INDIVISE.

## CHAPITRE XIX

### DE LA RÉPARTITION ACTUELLE DES RICHESSES DANS LES SOCIÉTÉS MODERNES.

## CHAPITRE XX

### CONCLUSION.



FIN DE LA TABLE DES MATIÈRES.

# ERRATA.

Page 1, *au lieu de :* Sysiphisme, *lire :* Sisyphisme.

Page 116, (note) *au lieu de :* Jevous, *lire :* Jevons.

Page 249, *au lieu de :* si le taux de l'intérêt a baissé à cette époque, *lire :* a haussé.

Page 270, *au lieu de :* qui fait profiter le créancier, *lire :* le débiteur.

www.ingramcontent.com/pod-product-compliance
Lightning Source LLC
Chambersburg PA
CBHW031725210326
41599CB00018B/2514

* 9 7 8 2 0 1 2 6 6 1 1 0 3 *